**Die Bonus-Seite**

Ihr Vorteil als Käufer dieses Buches

Auf der Bonus-Webseite zu diesem Buch finden Sie zusätzliche Informationen und Services. Dazu gehört auch ein kostenloser **Testzugang** zur Online-Fassung Ihres Buches. Und der besondere Vorteil: Wenn Sie Ihr **Online-Buch** auch weiterhin nutzen wollen, erhalten Sie den vollen Zugang zum **Vorzugspreis**.

So nutzen Sie Ihren Vorteil

Halten Sie den unten abgedruckten Zugangscode bereit und gehen Sie auf **www.galileodesign.de**. Dort finden Sie den Kasten **Die Bonus-Seite für Buchkäufer**. Klicken Sie auf **Zur Bonus-Seite / Buch registrieren**, und geben Sie Ihren **Zugangs-code** ein. Schon stehen Ihnen die Bonus-Angebote zur Verfügung.

Ihr persönlicher
Zugangscode   84ar-67e2-dtm5-win3

Robert Klaßen

Adobe Premiere Pro CS6

Schritt für Schritt zum perfekten Film

Liebe Leserin, lieber Leser,

wer Filme macht, ist immer mit vollem Herzen dabei. Denn schließlich geht es Ihnen darum, Ihre Zuschauer zu begeistern und in den Bann zu ziehen. Dass dabei nicht nur der Schnitt eine entscheidende Rolle spielt, ist klar. Genauso wichtig sind eine gute Vorbereitung und die richtige Ausrüstung. Sind die Szenen aber erst einmal im Kasten, benötigen Sie auch hier das richtige Know-how, um aus einzelnen Aufnahmen ein zusammenhängendes Video zu machen, das schlüssig und dabei auch noch spannend ist.

Für diese Aufgaben sind Sie mit Premiere Pro CS6 bestens gerüstet, denn die Software ist einfach zu bedienen, bietet aber trotzdem Profi-Funktionen, die Ihnen das Videocutter-Leben erleichtern. Welche Funktionen das sind und wie Sie mit dem Programm Schritt für Schritt zu Ihrem ersten Film gelangen, zeigt Ihnen unser Autor Robert Klaßen in diesem Buch. Er begleitet Sie von der Aufnahme der Videos bis zur perfekten Ausgabe auf DVD oder im Internet durch den gesamten Video-Workflow. Anhand eines kompletten Beispielfilms, der gute und schlechte Schnitte und Effekte zeigt, erlernen Sie alle Techniken und können diese anschließend problemlos auf Ihre eigenen Filme übertragen. Die benötigte Theorie, wichtige Grundlagen und technisches Hintergrundwissen werden kompakt und leicht verständlich in Anhang A des Buchs, »Fachkunde«, vermittelt. Fernsehnormen, Formate, Pixel-Seitenverhältnisse, Kompressoren, Bitraten u.v.m. sind so schon bald kein Problem mehr für Sie. Wenn Sie das Kapitel nicht am Stück lesen wollen, können Sie natürlich bei Fragen auch zur jeweiligen Erklärung springen und die Theorie kurz nachlesen. So werden Sie bei der praktischen Arbeit nicht ausgebremst und erhalten trotzdem alle Infos, die Sie brauchen, um zum Ziel zu kommen.

Als besonderes Extra finden Sie in dieser Auflage auch ausgesuchte Video-Lektionen des Autors auf der Buch-DVD. So können Sie Premiere einmal »live« im Einsatz erleben. Außerdem stellen wir Ihnen auch alle Beispieldateien aus den Workshops des Buchs sowie eine Testversion von Premiere Pro CS6 zur Verfügung.

Sollten Sie Anmerkungen, Lob oder Kritik zum Buch haben, so sind wir gerne für Sie da. Nun bleibt mir noch, Ihnen viel Erfolg beim Videoschnitt zu wünschen.

Ihre Katharina Geißler
Lektorat Galileo Design
katharina.geissler@galileo-press.de

Galileo Press • Rheinwerkallee 4 • 53227 Bonn
www.galileodesign.de

Auf einen Blick

Inhalt

7 Effekteinstellungen und Bewegungsanimationen 225

8   Masken und Keying

9   Bildkorrekturen

Anhang

Das Buchprojekt – Schritt für Schritt

Weitere Workshops

Vorwort

Bestimmt wollen Sie gleich loslegen und sich nicht lange mit der Vorrede aufhalten. Deshalb möchte ich es auch kurz machen. Lediglich ein paar Kleinigkeiten sollen erwähnt werden, um Ihnen den Umgang mit diesem Buch und den dazugehörigen Beispieldateien zu erleichtern. Da gibt es nämlich einiges, was Sie wissen sollten ...

Ein Buch für Windows und Mac

Premiere Pro ist gleichermaßen für Windows und Mac verfügbar. Deshalb richtet sich dieses Buch auch an beide Anwendergruppen. Entsprechend verhält es sich mit den verwendeten Tastaturkürzeln. Sie sind ebenfalls auf Windows und Mac ausgelegt. Wenn es beispielsweise irgendwo heißt: Drücken Sie [Strg]/[cmd]+[Z], ist der Teil vor einem Schrägstrich für Windows und der hinter dem Schrägstrich für Mac gedacht. Cool, oder?

Die Neuerungen

Premiere Pro CS6 hat eine Art Rundumerneuerung hinter sich. Die Oberfläche ist sehr viel klarer geworden. Das ging letztendlich nur auf Kosten der Schaltflächenvielfalt. Es sind nun weniger Buttons, Regler und Objekte vorhanden. Das bedeutet aber nicht, dass es auch weniger Funktionen gibt. Im Gegenteil. Es sind sogar zahllose neue Funktionen hinzugekommen. Damit Sie sich im Dschungel zwischen Altbewährtem und Innovation zurechtfinden, finden Sie neben dem Text das nebenstehende Symbol wieder. Es deutet auf Neuerungen oder Aktualisierungen seit der Version CS5 hin (nicht jeder wird ja die Zwischenversion CS5.5 genutzt haben).

Das Buchprojekt

Sie finden in diesem Buch auch noch ein weiteres Icon. Dem Filmstreifen folgen wichtige Infos zum Beispielfilm, der in diesem Buch montiert wird. Wenn Sie also mit der Entwicklung unserer Reportage über die Glasbläserei auf dem Laufenden bleiben wollen, dürfen Sie diese Abschnitte auf gar keinen Fall überblättern.

Übrigens können Sie das Ergebnis schon jetzt ansehen. Es ist mit »Gecko-Glas.mpg« betitelt und befindet sich im Ordner ERGEBNISSE des Beispielmaterials auf der beiliegenden DVD. Die Datei lässt sich sowohl unter Windows (Media Player) als auch auf dem Mac (QuickTime) abspielen.

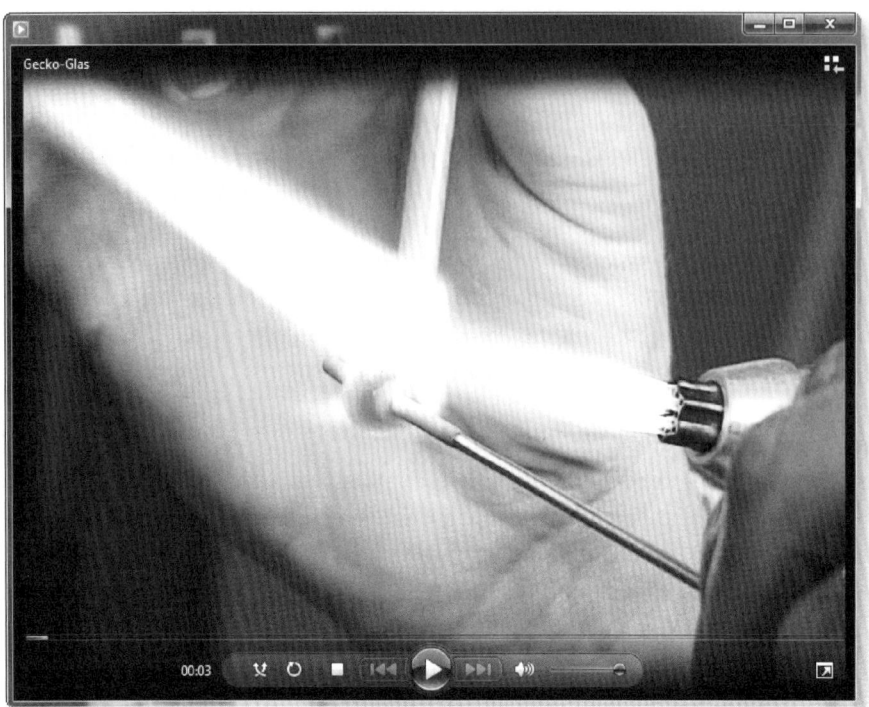

▲ **Abbildung 1** Der Film gibt einen Überblick über das, was Sie in diesem Buch erwartet.

Mein besonderer Dank gilt in diesem Zusammenhang Axel Rogge, der dieses tolle Bild- und Tonmaterial zur Verfügung gestellt hat. Sie werden sehen, dass es richtig Spaß macht, damit zu arbeiten.

Dateien übertragen

Wo wir einmal dabei sind: Übertragen Sie doch den gesamten Ordner, der das Beispielmaterial enthält, auf Ihren Rechner. Der DVD-Player ist nämlich viel zu langsam, als dass er mit dem Arbeitstakt von Premiere Pro mithalten könnte. Ihre Festplatte kann das viel besser. Außerdem werden damit jetzt schon wichtige Arbeiten verrichtet, während Sie noch in Ruhe das Vorwort lesen.

Begriffsdefinition

Ach ja, im Buch werden einige Begriffe auftauchen, die Ihnen vielleicht nicht unbedingt geläufig sind – zumindest dann nicht, wenn Sie sich zum ersten Mal mit dem professionellen Videoschnitt beschäftigen. Da es auch »ausbremsende« Wirkung hätte, wenn der jeweilige Begriff stets innerhalb eines Workshops erläutert werden müsste, erledigen wir das doch lieber gleich hier; zumal die Übertragung des Beispielmaterials ja noch läuft.

▸ **Asset:** Jedes Element, das im Videoprojekt eingesetzt wird, ist ein Asset. Damit gemeint sind also nicht nur Filme, sondern auch Audiodateien, Bilder, Titel usw.

▶ **Clip:** Hier gibt es unterschiedliche Formen. So haben Sie es beispielsweise mit einem AV-Clip zu tun, wenn das Asset aus Video und Audio besteht. Des Weiteren gibt es den reinen Videoclip (ohne Audio) und den Audioclip (ohne Video).

▶ **Codec:** Vom Begriff her handelt es sich hierbei um eine Zusammensetzung aus En**co**der und **Dec**oder. Damit werden Dateien beim Speichern komprimiert, damit sie weniger Platz einnehmen. Bei der Wiedergabe eines encodierten Films wird dieser decodiert, damit er abgespielt werden kann.

▶ **Footage:** Das ist das unbearbeitete Material, welches dem Projekt zur Verfügung steht, also prinzipiell alle Assets gemeinsam. Ursprünglich bezeichnete Footage das ungeschnittene, in Fuß (engl. Foot) gemessene Filmmaterial.

▶ **Frame:** Das Wort hat generell zwei Bedeutungen. Meist ist damit ein einzelnes Videobild innerhalb eines Clips gemeint. Mitunter werden allerdings auch einzelne Rubriken auf Registerkarten als Frame bezeichnet. Das sieht dann etwa so aus wie in Abbildung 2.

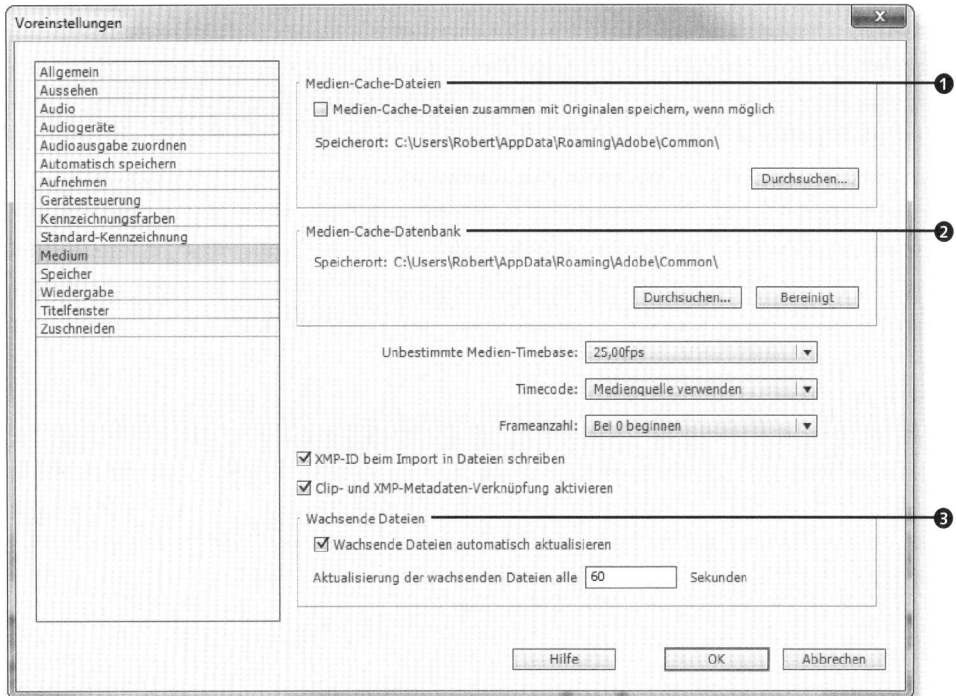

▲ **Abbildung 2** In diesem Fenster sind die Frames MEDIEN-CACHE-DATEIEN ❶, MEDIEN-CACHE-DATENBANK ❷ und WACHSENDE DATEIEN ❸ enthalten, die jeweils über eigene, individuelle Bedienelemente (Steuerelemente) verfügen.

▶ **Hot-Text-Steuerelement:** Das ist ein Bedienelement, das unmittelbar durch Verschieben der Maus bei gedrückter linker Maustaste eingestellt werden kann ❶. Also anklicken, Maustaste festhalten und nach links oder rechts schieben. Die Ziffern von Hot-Text-Steuerelementen sind je nach Helligkeit der Arbeitsoberfläche unterschiedlich eingefärbt (orange oder blau). Sie können die Helligkeit der Arbeitsoberfläche übrigens selbst bestimmen, indem Sie über BEARBEITEN/PREMIERE PRO • VOREINSTELLUNGEN • AUSSEHEN • HELLIGKEIT gehen. Doch dazu später mehr.

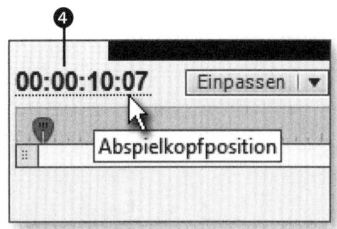

◄ **Abbildung 3** Hot-Text-Steuerelemente zeichnen sich nicht nur durch ihre markante Farbgebung aus (orange oder blau), sondern auch durch die gepunktete Linie (hier die Abspielkopfposition in einem der Monitore).

Pro & Co.

Sie werden in diesem Buch bisweilen Infos zu anderen Software-Applikationen vorfinden. Selbstverständlich geht das eine oder andere leichter, wenn Sie Photoshop und Anverwandte hinzuziehen. Sollte die angesprochene Software nicht auf Ihrem Rechner installiert sein, können Sie eine entsprechende (auf 30 Tage begrenzte) Testversion von *www.adobe.com/de* herunterladen. Die Testversionen von Adobe Premiere Pro CS6 für Windows und Mac finden Sie übrigens auf der Buch-DVD. Darin enthalten sind auch der Adobe Media Encoder sowie Adobe Bridge CS6. Auch Encore CS6 ist integriert, kann allerdings nicht als Testversion ausgeführt werden (mehr dazu erfahren Sie in Kapitel 1, »Kontaktaufnahme mit Premiere Pro CS6«). Bitte beachten Sie, dass es bei den Testversionen vereinzelt zu Einschränkungen kommen kann. So stehen beispielsweise gegenüber der Premiere-Pro-Vollversion keine Titelvorlagen zur Verfügung.

Jetzt aber los!

Das war's schon. Was macht eigentlich der Dateitransfer? – Ach, eins noch: Falls Sie Anmerkungen oder Kritik zu diesem Buch haben, schreiben Sie mir. Ich freue mich, wenn Sie mir mitteilen, was Ihnen besonders gut und was Ihnen weniger gut gefallen hat. Und jetzt wünsche ich Ihnen viel Spaß und stets gelungene Ergebnisse mit Adobe Premiere Pro CS6 und Anverwandten.

Robert Klaßen

info@dtpx.de
www.dtpx.de

Teil I
Grundlagen

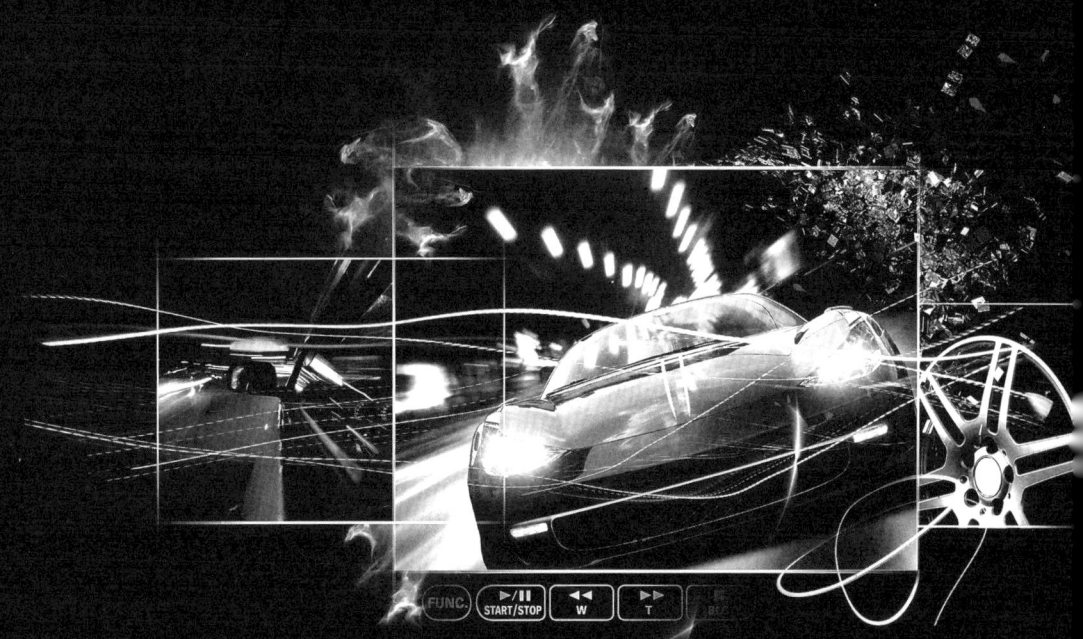

1 Kontaktaufnahme mit Premiere Pro CS6

Sicher können Sie es kaum erwarten, die Anwendung zu starten und mit dem Video-schnitt zu beginnen. Das ist absolut verständlich. Aber dennoch sollten Sie vorab eini-ges wissen. Premiere Pro ist nämlich nicht gleich Premiere Pro. Es gibt z. B. beträchtliche Unterschiede dahin gehend, ob Sie es nun mit einer Vollversion oder einer Testversion zu tun haben. Auch das Thema 64 Bit bedarf noch einer Erläuterung.

Dieses Kapitel beantwortet folgende Fragen:

▶ Welche Voraussetzungen werden an das Betriebssystem gestellt?
▶ Was ist in der Testversion anders als in der Vollversion?
▶ Was ist im Premiere-Pro-Paket enthalten?
▶ Was ist zu tun, wenn es Probleme mit den verknüpften Dateien gibt?

◀ Abbildung 1.1
Jetzt geht's rund.
Premiere Pro CS6
wartet mit einigen Ver-
änderungen auf.

1.1 Das sollten Sie vorab wissen

Sie sollten auf diese kleine Einführung nicht verzichten, denn dafür werden Sie auch belohnt. Sie dürfen nämlich im nächsten Kapitel gleich loslegen und ein eigenes klei-nes Projekt auf die Beine stellen. Na, ist das ein Angebot?

1.1.1 Voraussetzung: 64-Bit-Technologie

Premiere Pro hat sich bereits in der Version CS5 zur nativen 64-Bit-Anwendung gemausert. Das war zunächst einmal begrüßenswert, denn damit ließen sich erheblich beschleunigte Prozesse realisieren. HD-Material ließ sich dank der *Mercury-Wiedergabe-Engine* genauso flüssig abspielen wie SD. Außerdem konnte der Rechner bei 64 Bit wirkungsvoll mit RAM aufgerüstet werden, was wiederum nicht nur dem Betriebssystem, sondern letztendlich auch Premiere Pro richtig guttat. Für CS6 ist die Engine noch weiter optimiert worden. Sie wurde auf aktuelle CPUs (Prozessoren) zugeschnitten und in Sachen GPU-Beschleunigung weiter ausgebaut. Letzteres bedeutet, dass auch der Arbeitsspeicher Ihrer Grafikkarte (sofern unterstützt, siehe folgenden Abschnitt) genutzt werden kann.

Wie so oft gibt es allerdings auch hier eine Kehrseite der Medaille. Premiere Pro kann nämlich ausschließlich auf 64-Bit-Systemen verwendet werden. Das bedeutet leider auch: Auf 32-Bit-Rechnern lässt sich die Anwendung gar nicht erst installieren. Ebenso werden alte Betriebssysteme nicht mehr unterstützt. Sie benötigen Windows 7 mit Service Pack 1. Auf dem Mac sind Sie ab OS X 10.6.8 dabei.

1.1.2 Grafikkartenunterstützung testen

Wenn Sie wissen wollen, welche Grafikkarten unterstützt werden, gehen Sie auf *www.adobe.com/de/products/premiere/extend.html*. Im Bereich KOMPATIBILITÄT MIT HARD-WARE VON DRITTANBIETERN klicken Sie auf ADOBE PREMIERE PRO CS6 ❶.

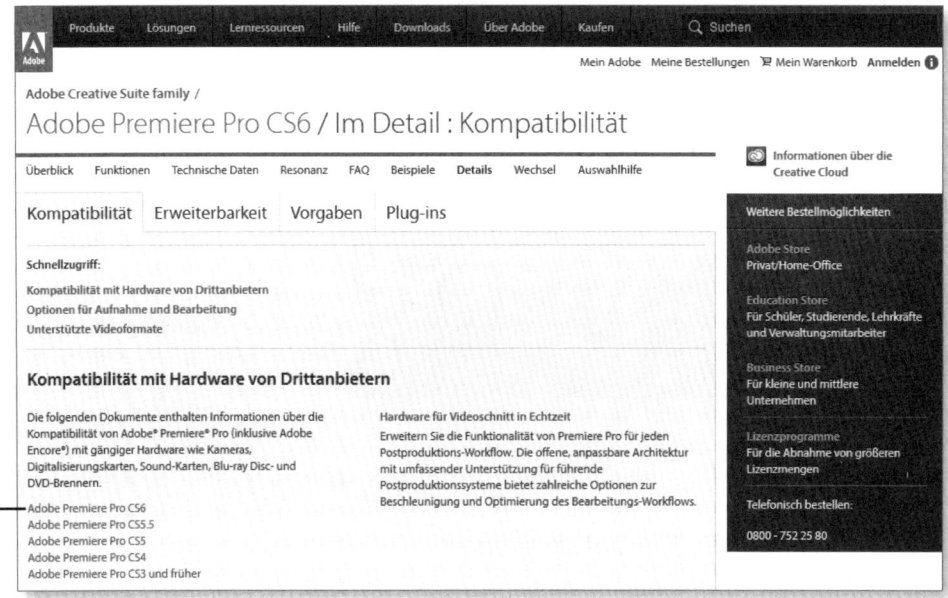

▲ **Abbildung 1.2** Im Internet finden Sie Informationen über die Hardware-Kompatibilität.

Sie wollen wissen, ob Ihre Karte unterstützt wird, ohne lange zu suchen? Dann schauen Sie direkt in Premiere Pro nach. Dazu muss allerdings ein Projekt geöffnet sein (wie das geht, erfahren Sie im folgenden Kapitel). Gehen Sie im Menü auf PROJEKT • PROJEKTEIN-STELLUNGEN • ALLGEMEIN, und kontrollieren Sie das oberste Pulldown-Menü.

▲ **Abbildung 1.3** Sollte das Feld ❷ ausgegraut dargestellt werden, wird Ihre Grafikkarte nicht unterstützt.

▲ **Abbildung 1.4** Wenn das Menü anwählbar ist, wird die Grafikkarte in der Regel bereits gelistet. Ist das nicht der Fall, stellen Sie diese manuell ein.

Nun gibt es keinen Grund zur Betrübnis, wenn Ihre Grafikkarte nicht darunter ist. Sie können trotzdem mit Premiere Pro CS6 arbeiten – wenngleich nicht immer ganz so schnell wie mit kompatiblen Grafikkarten. Die Gesamtleistung ist dennoch beeindruckend.

Umfangreiche native Unterstützung

Neben neuen Film- und Videoformaten (z. B. RED Scarlet-X, Red EPIC-Rohdaten, ARRI-RAW sowie Canon XF) lässt sich auch das Material neuerer DSLR-Kameras nativ (also ohne Konvertierung/Transcodierung) verarbeiten. Derzeit werden diverse Canon-, Nikon- und Panasonic-Modelle unterstützt. Weitere Infos finden Sie unter *www.adobe. com/de/products/premiere/native-tapeless-workflows.html.*

1.1.3 Encore CS6 nicht als Testversion

Sollten Sie die Vollversion erworben haben, steht der Verwendung der in Premiere Pro integrierten Authoring-Software Encore CS6 nichts im Wege. Anders sieht das bei der Testversion aus. Darin ist Encore zwar ebenfalls enthalten, kann auch installiert, aber nicht ausgeführt werden. Bedauerlich, denn so bleibt dem Testkunden die Beurteilung von Encore vorenthalten. Wer sich jetzt fragt, warum Encore dann überhaupt installiert wird: Nun, Sie können nach der Testphase eine Lizenz erwerben und Premiere Pro somit zur Vollversion erheben. Dann funktioniert auch die Authoring-Software.

1.1.4 Keine Vorlagen im Titeldesigner

Der Titeldesigner bringt in der Vollversion zahlreiche vorgefertigte Titel mit, die sich individuell anpassen lassen. Diese stehen jedoch in der Testversion leider nicht zur Verfügung. Wenn Sie TITEL • NEUER TITEL • BASIEREND AUF VORLAGE anwählen, wird ein leeres Verzeichnis angezeigt.

All das soll Sie natürlich nicht davon abhalten, zunächst die Testversion von Premiere Pro zu installieren (sofern Sie nicht im Besitz einer Vollversion sind). Sie werden fast alle in diesem Buch beschriebenen Techniken auch ohne Vollversion nachvollziehen können; allerdings müssen tatsächlich einige Elemente (und Encore sogar komplett) außen vor bleiben.

Am Rande sei noch erwähnt, dass weder Verlag noch Autor irgendeinen Einfluss darauf haben, wie die zur Verfügung gestellten Adobe-Testversionen ausgestattet sind.

1.1.5 Automatische Produktaktivierung

Beim Erwerb einer Vollversion haben Sie stets die Wahl, ob Sie das Produkt zunächst für 30 Tage testen, oder gleich voll installieren wollen. Letzteres erreichen Sie nur dann, wenn Sie während der Installation die dazugehörige Seriennummer eingeben. Eine manuelle Aktivierung entfällt. Adobe-Software aktiviert sich mittlerweile selbstständig im Hintergrund. Schauen Sie einmal im Menü HILFE nach, werden Sie dort auch nur noch den Eintrag DEAKTIVIEREN vorfinden. Diesen wiederum betätigen Sie vor einer eventuellen Deinstallation. In der Testphase erscheint der Befehl ausgegraut.

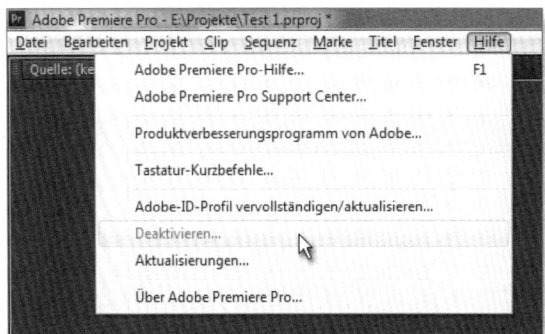

▲ **Abbildung 1.5** Da Test-Software nicht aktiviert wird, lässt sie sich folgerichtig auch nicht deaktivieren.

Adobe-ID

Premiere Pro CS6 setzt die Anmeldung in Form einer Adobe-ID voraus. Sollten Sie noch keine ID haben, müssen Sie zunächst Mitglied im Adobe-Club werden. Die Mitgliedschaft ist kostenlos und ermöglicht den Zugang zu weiterer Adobe-Test-Software. Während der Installation werden Sie zur Eingabe Ihrer ID-Daten aufgefordert. Neukunden müssen an dieser Stelle einen neuen Account anlegen, ehe sich die Installation fortsetzen lässt.

1.1.6 Das Premiere-Pro-Paket

Premiere Pro ist nicht mehr, wie das ursprünglich einmal war, als Einzelapplikation zu betrachten. Vielmehr ist schon die Videoschnitt-Software selbst ein kleines Paket, mit dem Sie von der Planung bis zur Ausgabe auf die Zielmedien alles »aus einer Hand« erledigen können. Wenn Sie Premiere Pro erwerben, bekommen Sie nämlich gleichzeitig auch:

▶ Adobe Bridge CS6
▶ Adobe Media Encoder CS6
▶ Adobe Encore CS6

CS6 ohne OnLocation

Wer Premiere Pro bereits von Vorgängerversionen her kennt, wird OnLocation vermissen. Der On-Field-Recorder, der direktes Aufnehmen auf die Festplatte via Bandkamera ermöglichte, ist leider Geschichte.

1.1.7 Suite oder einzelne Bausteine

Nun ist damit das Ende der Fahnenstange längst noch nicht erreicht. Wem das nämlich nicht genug ist, der greift auf eine der Adobe Suites zurück. Beim Videoschnitt bietet sich da vor allem die *Production Premium Suite* an, die neben Premiere Pro, Encore, Media Encoder und Bridge auch noch folgende Anwendungen enthält:

▶ After Effects CS6
▶ Photoshop CS6 Extended
▶ Illustrator CS6
▶ Audition CS6
▶ SpeedGrade CS6
▶ Prelude CS6
▶ Flash Professional CS6
▶ Dynamic Link

Letzteres ist vor allem deshalb empfehlenswert, weil Sie so Ihre Arbeitsdateien besonders komfortabel zwischen den Anwendungen hin- und herschieben können. Wie das funktioniert, erfahren Sie in Kapitel 17, »Integration in der Production Premium Suite«. Dieses Privileg genießen Sie im Übrigen nicht, wenn Sie die benötigten Anwendungen einzeln kaufen. Dynamic Link ist nur Bestandteil der Adobe Suites. Also ist schon bei der Anschaffung zu überlegen, ob es sich für Sie lohnt, in eine Suite zu investieren.

1.1.8 Zusätzliche Plug-ins

Für Premiere Pro gibt es noch zahlreiche Third-Party-Plug-ins, die für den einen oder anderen etwas sein könnten. Wenn Sie sich dafür interessieren, schauen Sie doch einmal auf der Internetseite *www.adobe.com/de/products/plugins/premiere/* vorbei.

1.1.9 QuickTime separat installieren

Grundsätzlich benötigen Sie keine weitere Software, um mit Premiere Pro arbeiten zu können. Für die eine oder andere nicht alltägliche Funktion ist es jedoch erforderlich, dass Sie QuickTime von Apple installieren (auch als Windows-Anwender). Spätestens bei der Ausgabe von Videodateien für iPod, iPhone und dergleichen ist QuickTime unerlässlich. Sie müssen die Software allerdings separat installieren. Begeben Sie sich dazu auf die Seite *www.apple.com/de/quicktime/download*. Deaktivieren Sie die einzige Checkbox ❶, falls Sie keine Rundschreiben von Apple erhalten wollen, und betätigen Sie JETZT LADEN ❷. Den heruntergeladenen QuickTimeInstaller installieren Sie dann wie jede andere Software auch.

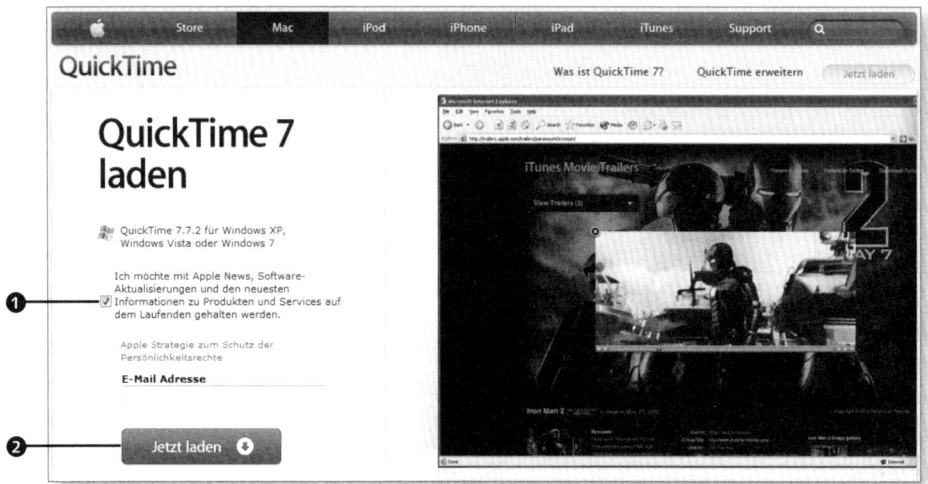

▲ **Abbildung 1.6** Der kostenlose QuickTime-Player muss separat heruntergeladen und installiert werden.

1.2 Adobe Creative Cloud

Wer sich für die große Adobe Suite Master Collection CS6 interessiert, jedoch den hohen Preis scheut, der kann der Adobe Creative Cloud beitreten. Dabei handelt es sich um ein Abonnement, für das 61,49 € pro Monat bei einem Jahresabo und 92,24 € beim Monatsabonnement zu Buche schlagen (Stand Juni 2012). Dadurch erhalten Sie nicht nur Zugriff auf die gesamte Master Collection, sondern auch auf zusätzliche Programme wie *Muse* (HTML-Webseiten-Editor) oder *Edge* (Gestaltung von statischen und animierten Objekten für Webseiten) sowie zahlreiche weitere Services.

Sie können Adobe Creative Cloud 30 Tage kostenlos testen. Sollten Sie vorab bereits Software getestet haben, die Bestandteil der Creative Cloud ist, lässt diese sich jedoch nicht noch einmal probieren. Weitere Informationen finden Sie unter *www.adobe. com/de/products/creativecloud.html*.

▲ **Abbildung 1.7** Adobe Creative Cloud

1.3 Was tun, wenn ...?

Bevor Sie sich auf Premiere Pro einlassen oder gar eigene Projekte beginnen, möchte ich Ihnen empfehlen, sich mit den Eventualitäten vertraut zu machen, die eine flüssige (und vor allem Spaß bringende) Arbeit von jetzt auf gleich ausbremsen könnten. Was ist z. B. nach einem Absturz zu tun, oder wie kann ich verloren gegangene Verknüpfungen reparieren? Auf derartige Fragen müssen Sie jederzeit reagieren können. Deshalb ist es wichtig, dass Sie sich von Anfang an mit diesem Thema beschäftigen.

1.3.1 Dateien wiederherstellen

Premiere Pro läuft wirklich absolut stabil, da gibt es nichts zu meckern. Dennoch kann es passieren, dass sich die Anwendung einmal verabschiedet. Zwar sorgt Premiere Pro in der Regel selbstständig dafür, dass ein Absturz abgefangen und das Projekt noch schnell gespeichert werden kann, doch bei einem schweren Fehler oder gar einem Systemabsturz ist das oft nicht mehr möglich. Im günstigsten Fall passiert Folgendes: Sie fahren den Rechner wieder hoch, starten Premiere Pro und können dann in der Liste AKTUELLE PROJEKTE ❸ des Willkommen-Dialogs auf das letzte Projekt zurückgreifen und dieses wieder starten.

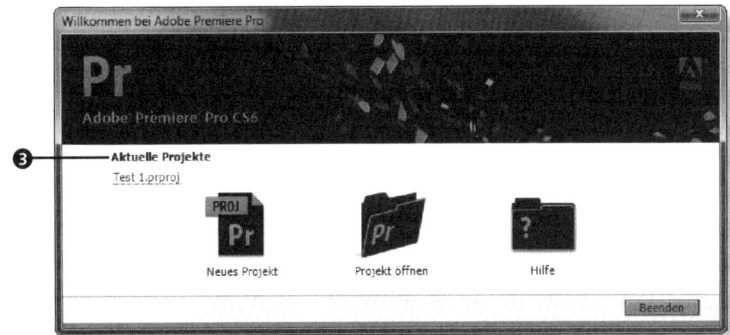

◄ **Abbildung 1.8**
Bei den Listeneinträgen handelt es sich um Schaltflächen, mit denen die letzten Projekte wieder aufgerufen werden können.

So weit zu den fröhlichen Dingen des Lebens. Im ungünstigsten Fall jedoch wird sich der Name des zuletzt bearbeiteten Projekts gar nicht mehr in der Liste befinden. Möglicherweise ist diese sogar komplett leer. Sie müssen aber dennoch nicht befürchten, dass die vielen Stunden Arbeit umsonst gewesen sind. Denn Ihr Projekt ist nicht, wie es zunächst scheint, verloren gegangen. Navigieren Sie zu dem Ordner, der Ihre Projektdateien enthält, und widmen Sie sich dem darin enthaltenen Verzeichnis ADOBE PREMIERE PRO AUTO-SAVE.

Adobe Premiere
Pro Auto-Save

Adobe Premiere
Pro Preview Files

Test 1.prproj

◀ **Abbildung 1.9** Innerhalb des Projektordners findet sich auch ein Verzeichnis, welches Sicherungsdateien anlegt.

Platzieren Sie einen beherzten Doppelklick darauf, und schauen Sie sich dessen Inhalt genau an. Standardmäßig dürften sich hier bis zu fünf Dateien befinden. Wählen Sie die neueste (Sie erkennen sie an Bezeichnung, Änderungsdatum und Uhrzeit), und öffnen Sie diese Projektdatei mit einem Doppelklick. Bevor Sie jetzt irgendetwas anderes tun (z. B. am Projekt weiterarbeiten), sollten Sie die Datei unter einem anderen Namen und am ursprünglich vorgesehenen Speicherort absichern. Jetzt können Sie nach Herzenslust fortfahren und haben dabei allenfalls die letzten Aktionen verloren – da haben Sie aber noch mal Glück gehabt, was?

1.3.2 Automatische Sicherung

Für die Erzeugung derartiger Auto-Save-Dateien ist eine Voreinstellung in Premiere Pro verantwortlich. Diese finden Sie im Menü BEARBEITEN/PREMIERE PRO • VOREINSTELLUNGEN • AUTOMATISCH SPEICHERN. Hier ist zunächst einmal die Checkbox PROJEKTE AUTOMATISCH SPEICHERN interessant. Ist diese inaktiv, werden keine Sicherungsdateien erstellt. Gleich unterhalb der Box legen Sie fest, in welchen Intervallen eine derartige Datei produziert wird. Und es war natürlich auch kein Zufall, dass sich im Auto-Save-Ordner ausgerechnet fünf Dateien befunden haben. Wie viele Dateien aufbewahrt werden, regelt nämlich das unterste Steuerelement. In der Praxis bedeutet dies: Sobald die sechste Sicherungsdatei erzeugt wird, wird die erste gelöscht.

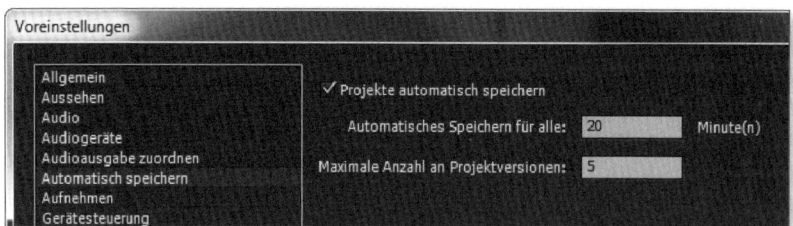

▲ **Abbildung 1.10** Eine Voreinstellung sorgt für regelmäßiges Abspeichern der Projektdateien.

1.3.3 Projektverknüpfungen reparieren

Premiere Pro verwendet in Projekten keine Original-**Assets** (= Originalvideos, -Bilder, -Sounddateien o. Ä.), sondern stellt lediglich Pfade zu ihnen her. Diese Pfade werden natürlich konsequent beibehalten und gehen unter normalen Umständen auch niemals verloren. Nun kann es aber passieren (etwa wenn Sie mit mehreren externen Festplatten arbeiten), dass die Laufwerksbuchstaben der angeschlossenen Festplatten verändert werden. In diesem Fall kann Premiere Pro den Pfad ebenso wenig wiederherstellen, wie wenn Ordner oder Verzeichnisse manuell umbenannt werden. Ihre Videoschnittanwendung reagiert darauf mit einem Dialog.

▲ **Abbildung 1.11** Premiere Pro erkundigt sich nach dem Verbleib einer Videodatei (hier 00038.MTS ❶).

Das kann sogar passieren, während Premiere Pro geöffnet ist. Die Anwendung reagiert sofort, wenn sich ein Pfad nicht wieder herstellen lässt. In diesem Fall ist Folgendes zu tun: Navigieren Sie über den angebotenen Dialog zu dem Speicherort, an dem sich die vermissten Assets befinden. Prüfen Sie jetzt genau, *welche* Datei aktuell vermisst wird. In der Kopfleiste des Dialogs wird nämlich nach einem ganz bestimmten Asset gefragt. Genau dieses müssen Sie in der Fenstermitte markieren, ehe Sie auf AUSWÄHLEN klicken.

Sobald das erledigt ist, wird Premiere Pro mit der Neuverknüpfung beginnen – und dabei nicht nur das markierte Asset berücksichtigen, sondern alle, die sich im gleichen Verzeichnis befinden. Sie müssen also nicht befürchten, jede Datei einzeln neu einbinden zu müssen. Würden auch noch Dateien aus anderen Ordnern vermisst, würde sich der Dialog abermals selbstständig öffnen und nach einer vermissten Datei fragen.

Projekte archivieren

Möglicherweise wollen Sie ein Projekt komplett mit allen Assets verschieben. Das lässt sich prima realisieren, indem Sie im Menü PROJEKT den Eintrag PROJEKTMANAGER wählen. Welche Einstelloptionen in diesem Zusammenhang wichtig sind, erfahren Sie in Kapitel 12, »Export«.

Alternative: Keine Unterordner | Das Erzeugen von Unterordnern innerhalb des Projektordners dient natürlich der besseren Orientierung. Wer es aber weniger »ordentlich« mag, ist in einer Hinsicht klar im Vorteil: Er muss sich um unterschiedliche Verknüpfungen keine Sorgen machen. Wenn Sie also sämtliche Filme, Clips, Bilder und Sounds direkt in den Ordner befördern, der auch Ihr Premiere-Pro-Projekt beherbergt, wird Ihre Schnitt-Software die Verknüpfung zu allen verwendeten Dateien jederzeit mit einer einzelnen Aktion wiederherstellen können – egal, wohin Sie den Ordner verschieben. Das ist zwar nicht gerade chic, aber in Sachen Dateiverknüpfung die unkomplizierte Variante.

1.3.4 Helle Arbeitsoberfläche

An dieser Stelle noch ein vorgezogener Hinweis. Standardmäßig kommt Premiere Pro mit einer dunklen Arbeitsoberfläche daher. Das ist auch gut so. Dennoch haben wir uns dafür entschieden, eine helle Oberfläche einzustellen (damit die Abbildungen in diesem Buch besser zu erkennen sind). Wenn Sie diese Einstellung ebenfalls wünschen, gehen Sie auf BEARBEITEN/PREMIERE PRO • VOREINSTELLUNGEN • AUSSEHEN und ziehen den Regler HELLIGKEIT ganz nach rechts, ehe Sie den Dialog mit OK verlassen. Wem das zu hell ist, klickt anschließend im erwähnten Dialog wieder auf STANDARD (weitere Infos zur Oberfläche finden Sie in Kapitel 3, »Arbeitsoberfläche kennenlernen und bedienen«).

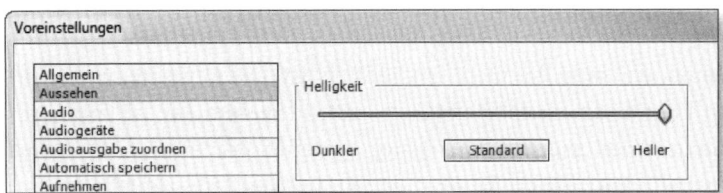

▲ **Abbildung 1.12** Die helle Oberfläche ist für die Abbildungen im Buch besser geeignet. Zur täglichen Arbeit ist das dunkle Interface jedoch vorzuziehen.

1.3.5 Medien-Cache

Neben anderen Adobe-Anwendungen verfügt auch Premiere Pro über eine sogenannte Medien-Cache-Datenbank. Hier werden Dateien abgelegt, die speziell zur

Verarbeitung Ihrer Assets mit Premiere Pro benötigt werden (z. B. angepasste Sound-dateien). Hier sammeln sich je nach Projektgröße unter Umständen riesige Datenmengen an. Nun möchte man diese Mengen meist nicht irgendwo auf dem Rechner liegen haben, sondern selbst bestimmen, wo diese archiviert werden.

Dazu ein Beispiel: Ich benutze auf meinem Windows-Rechner eine sehr schnelle, aber kleine Festplatte für Betriebssystem und Adobe-Anwendungen. Auf einer anderen, großen Festplatte, die Normalgeschwindigkeit erreicht, archiviere ich sämtliche Assets und installiere weitere Programme. Nun können Sie sich vorstellen, dass es mir gar nicht recht ist, die kleine, schnelle Festplatte mit Medien-Cache-Daten zu überladen. Genau das ist aber standardmäßig der Fall, sofern Sie nicht eingreifen. Lassen Sie sich einmal die Größe des Ordners anzeigen. Deswegen sollten Sie im Bedarfsfall auf BEARBEITEN/PREMIERE PRO • VOREINSTELLUNGEN • MEDIEN/MEDIUM gehen und sich den SPEICHERORT im Frame MEDIEN-CACHE-DATENBANK ansehen. Über DURCHSUCHEN ändern Sie den Ort. Über BEREINIGT könnten Sie ihn manuell leeren.

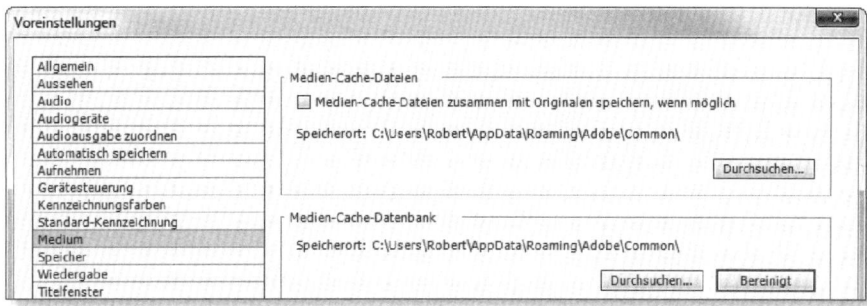

▲ **Abbildung 1.13** Dieser Speicherort ist unter Umständen gar nicht gewünscht. Verlegen Sie die Cache-Daten in diesem Fall auf eine andere Festplatte.

AppData

Der Ordner APPDATA ist unter Windows standardmäßig nicht zu finden, da es sich dabei um einen versteckten Ordner handelt. Wenn das bei Ihnen auch der Fall ist, gehen Sie zunächst über START • SYSTEM-STEUERUNG • ORDNEROPTIONEN • ANSICHT. Im Bereich ERWEITERTE EINSTELLUNGEN scrollen Sie ganz nach unten und aktivieren den Radiobutton AUSGEBLENDETE DATEIEN, ORDNER UND LAUFWERKE ANZEIGEN.

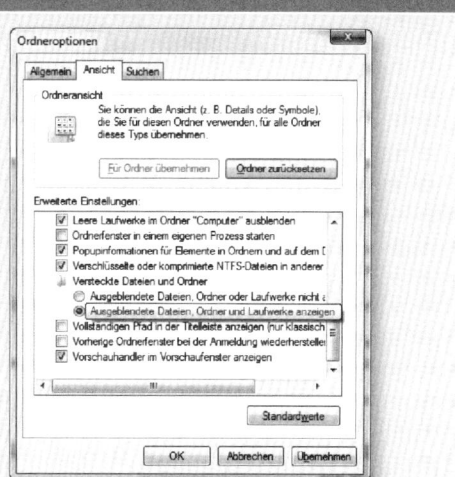

▶ **Abbildung 1.14** Um den angegebenen Pfad einstellen zu können, müssen vorab sämtliche Ordner sichtbar gemacht werden.

Und Action! | Jetzt wollen wir einsteigen und mit der Arbeit beginnen. Damit Sie auf die Schnelle einen ersten Eindruck davon bekommen, wie das Ganze so abläuft, werden Sie im nächsten Kapitel gleich einmal ein komplettes (wenn auch kleines) Filmchen zusammenstellen. Viel Spaß dabei.

2 Blind Date –
Schnellstart mit einem ersten Projekt

Wenn Sie Premiere Pro zum ersten Mal öffnen, wollen Sie wahrscheinlich gleich loslegen. Logisch – ist das Interesse auf das, was kommt, doch viel zu groß. Also wollen wir nicht lange rumtrödeln, sondern gleich einsteigen und das versprochene Filmchen zusammenstellen. Bitte machen Sie sich hier noch keine Gedanken über das »Warum« der einen oder anderen Aktion. Die Hintergründe und die technischen Feinheiten werden in den anschließenden Kapiteln vertieft. Hier geht es lediglich um eine erste Kontaktaufnahme. Sie haben also sozusagen ein »Blind Date« mit Premiere Pro.

In diesem Kapitel finden Sie Antworten auf die folgenden Fragen:

▸ Wie erstelle ich ein Projekt?
▸ Welche Projekteinstellungen werden benötigt?
▸ Wie werden Clips sortiert und verarbeitet?
▸ Wie wird im Schnittfenster schnell geschnitten?
▸ Wie kann ich Überblendungen einbauen?
▸ Wie wird ein Video ausgegeben?

2.1 Ein Film in 20 Minuten

Ziel dieses Kapitels ist es, einen etwa 45 Sekunden langen Film zu erstellen. Nicht viel – für den Einstieg sollte es aber reichen. Sie wollen sich das Ergebnis vorab ansehen? Kein Problem. Öffnen Sie den Ordner ERGEBNISSE auf der beiliegenden DVD, und sehen Sie sich »Perle.avi« an.

Helligkeit der Oberfläche anpassen

Wie Sie bereits im vorangegangenen Kapitel erfahren haben, ist die dunkle Arbeitsoberfläche zum Arbeiten bestens geeignet. Die Abbildungen dieses Buches lassen sich jedoch bei heller Arbeitsoberfläche viel besser erkennen. Falls Sie auch auf hell gehen wollen, hier noch einmal die erforderlichen Schritte: Betätigen Sie BEARBEITEN/PREMIERE PRO • VOREINSTELLUNGEN • AUSSEHEN. Dort ziehen Sie dann den Schieberegler HELLIGKEIT nach rechts und bestätigen anschließend mit OK. Wenn Sie später doch wieder zum dunklen Ton zurückkehren wollen, müssen Sie in diesem Dialog lediglich auf STANDARD klicken und auch diese Aktion dann mit OK abschließen.

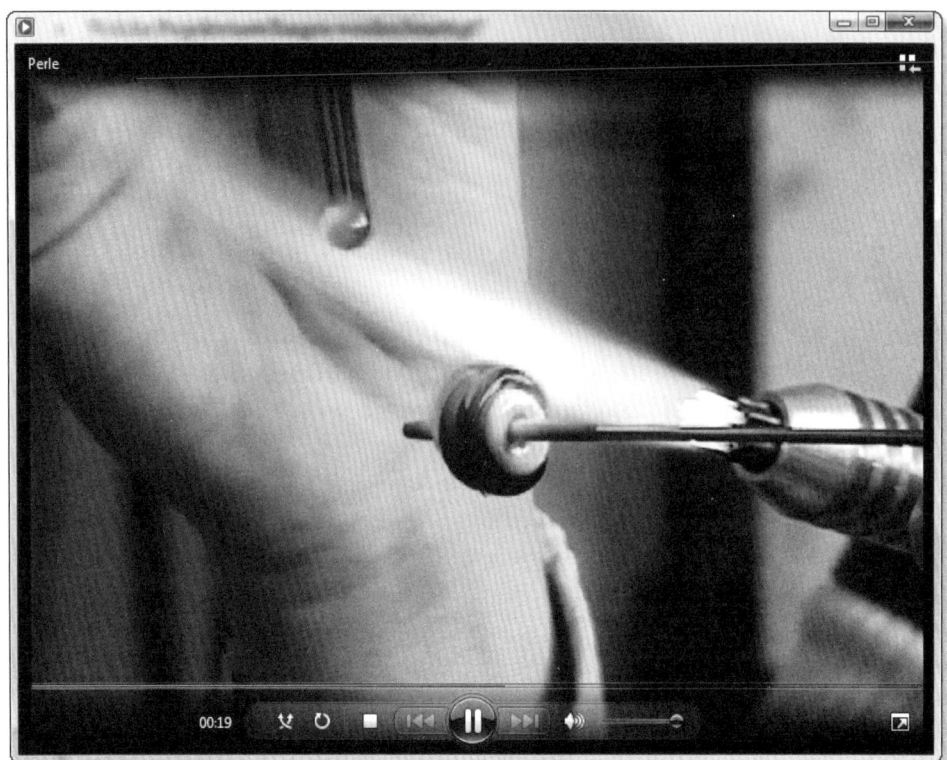

▲ **Abbildung 2.1** Wenn Sie den Inhalt des Films kennen, geht die spätere Montage leichter von der Hand.

2.1.1 Ein neues Projekt erstellen

Zu Beginn jeder Arbeit mit Premiere Pro steht das Erstellen einer neuen Arbeitsdatei. Hier müssen Sie bereits die »Eckdaten« Ihres Projekts definieren.

Schritt für Schritt: Projekteigenschaften erstellen

Zunächst wartet Premiere Pro mit einem Startbildschirm auf. Sollten Sie bereits ein Projekt geöffnet haben, wählen Sie DATEI • PROJEKT SCHLIESSEN, oder betätigen Sie ⌈Strg⌉/ ⌈cmd⌉+⌈⇧⌉+⌈W⌉. Der Startbildschirm erscheint.

1 Neues Projekt erstellen

Im Startbildschirm können Sie auf bereits vorhandene Projekte zugreifen (Liste AKTUELLE PROJEKTE) oder direkt mit einem neuen Projekt beginnen. Wählen Sie daher den Button NEUES PROJEKT.

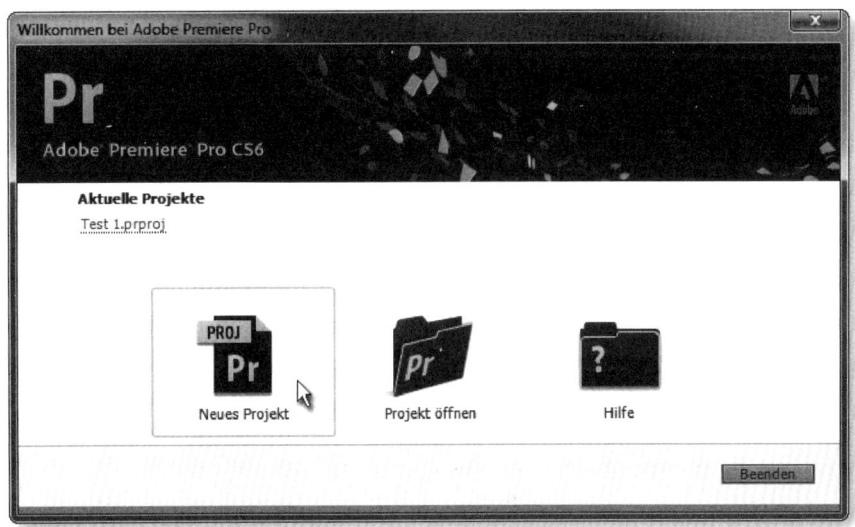

▲ **Abbildung 2.2** Der Button unten links eröffnet Ihnen die Möglichkeit, mit einer neuen Arbeitsdatei zu beginnen.

2 Pfad festlegen

Im nächsten Bildschim werden Sie aufgefordert, die spezifischen Daten Ihres neuen Projekts festzulegen. Nehmen Sie hier zunächst einmal keine Änderungen vor. Lediglich ganz unten sollten Sie auf DURCHSUCHEN ❷ klicken, um dem neuen Projekt einen Speicherort zuzuweisen. Im Beispiel wurde auf der Festplatte E: ein Ordner mit dem Namen PROJEKTE erzeugt. Als Projektname wurde hier im Übrigen »Schnelleinstieg« ❶ verwendet. Schließen Sie das Fenster, indem Sie OK betätigen.

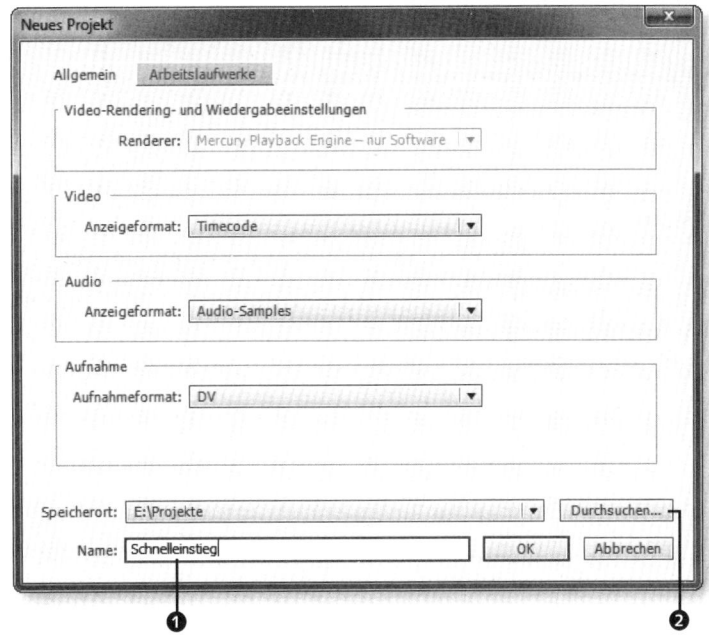

◄ **Abbildung 2.3** Im Fenster NEUES PROJEKT werden lediglich Speicherort und Name geändert.

3 Sequenzvorgaben festlegen

Als Nächstes sind die Sequenzvorgaben von Bedeutung. Öffnen Sie den Ordner DV-PAL
❶, und selektieren Sie den Eintrag STANDARD 48kHz ❷. Danach dürfen Sie auch hier mit
OK bestätigen.

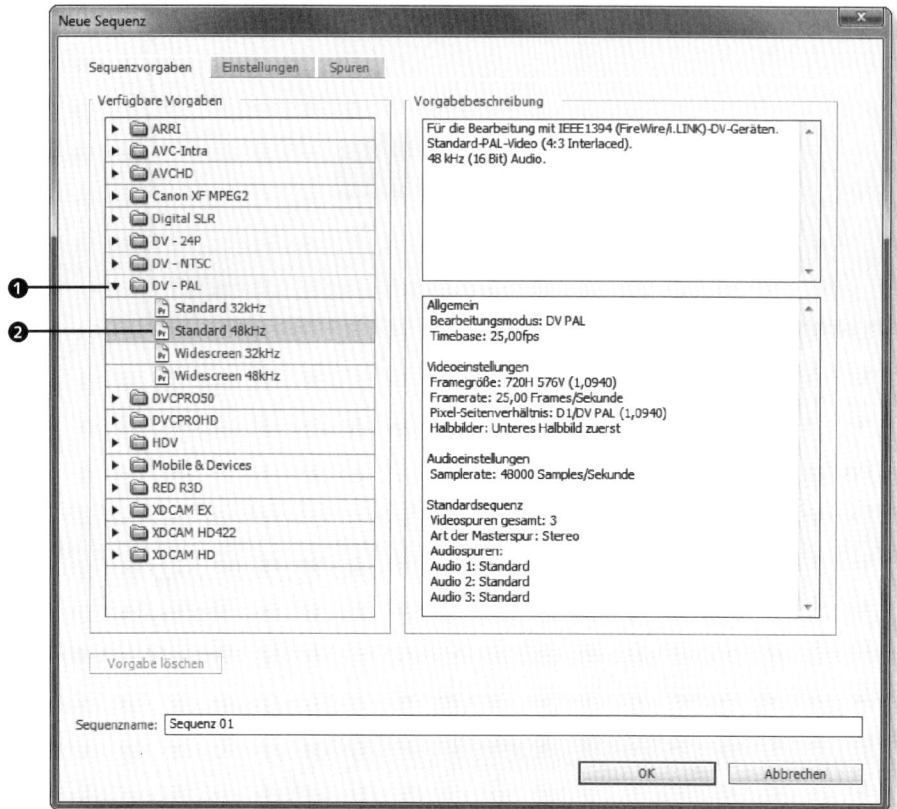

▲ **Abbildung 2.4** Für das erste Projekt soll eine Sequenz mit der Vorgabe DV-PAL STANDARD
48kHz ausgewählt werden.

2.1.2 Assets importieren

Sämtliche Dateien, die Premiere Pro verarbeiten kann, werden als **Assets** bezeichnet.
Das Importieren solcher Assets steht natürlich immer zu Beginn eines Projekts an. Das
wollen wir im folgenden Workshop auch erledigen.

◢ Schritt für Schritt: Dateien importieren

Premiere Pro liegt nun in all seiner Schönheit vor Ihnen. Doch lassen Sie sich nicht blenden, denn immerhin gilt es ja, einen Film zu erstellen. Und dazu benötigen Sie zunächst
einmal Filmmaterial. Es befindet sich auf der DVD zum Buch. So weit, so gut.

1 Dateien kopieren

Nicht so gut ist es jedoch, mit Dateien zu arbeiten, die sich noch auf einem Wechseldatenträger befinden. Die Laufwerke erbringen nicht die für eine optimale Bearbeitung notwendige Leistung. Außerdem ginge dann nie etwas ohne die Rohdaten-DVD. Deshalb sollten Sie vorab Premiere Pro minimieren. Ziehen Sie den Ordner KAPITEL_02 auf Ihre Festplatte. Am besten wird es sein, Sie verwenden den gleichen Ordner, der Ihr soeben erzeugtes Projekt beherbergt. So erhalten Sie zudem einen Überblick darüber, welche Arbeiten Premiere Pro zwischenzeitlich für Sie erledigt hat.

Ordner umbenennen

Es ist überhaupt nichts dagegen einzuwenden, den Ordner KAPITEL_02 im Anschluss an dessen Import umzubenennen. Vielleicht ist Ihnen ja der Name ROHMATERIAL oder etwas Ähnliches lieber. Sie sollten das jedoch nicht erst erledigen, nachdem Sie die Dateien in Premiere Pro eingebettet haben (siehe nächste Schritte). In diesem Fall stimmen nämlich die Verknüpfungen nicht mehr überein und müssten repariert werden. Weitere Infos zur Reparatur von Verknüpfungen finden Sie in Abschnitt 1.3.3, »Projektverknüpfungen reparieren«.

Adobe Premiere
Pro Auto-Save

Adobe Premiere
Pro Preview Files

Rohmaterial

Schnelleinstieg.pr
proj

◄ **Abbildung 2.5** So sollte jetzt der Inhalt des Projektordners aussehen. Der Ordner ADOBE PREMIERE PRO AUTO-SAVE ist zu Beginn noch nicht existent. Dieser wird erst nach 20 Minuten erzeugt, wenn das Projekt erstmals automatisch nachgespeichert wird (daher hier teiltransparent dargestellt).

2 Dateien bereitstellen

Danach können Sie wieder zu Premiere Pro wechseln und die Assets importieren. Sie müssen dazu nichts weiter tun, als einen Doppelklick in einen freien Bereich des Projektfensters unten links (außerhalb der Fläche SEQUENZ 01) zu setzen. Alternativ könnten Sie auch DATEI • IMPORTIEREN wählen oder sich der Tastenkombination $\boxed{\text{Strg}}$/ $\boxed{\text{cmd}}$+$\boxed{\text{I}}$ bedienen.

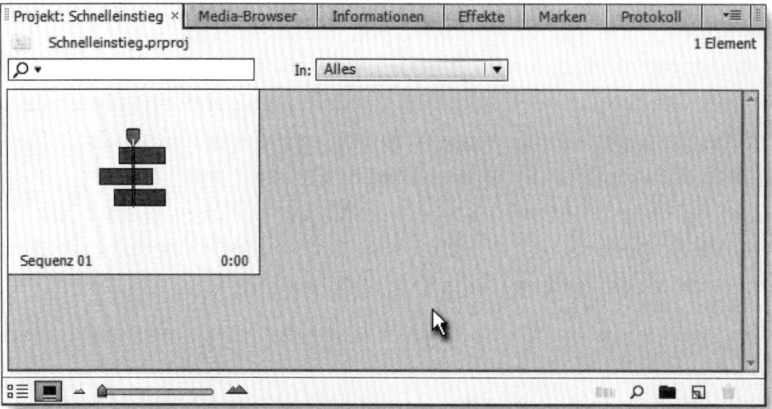

▲ **Abbildung 2.6** Doppelt in den freien Bereich geklickt, und schon wartet der Importieren-Dialog auf Sie.

Navigieren Sie im Importieren-Dialog zum soeben übertragenen Ordner (er heißt ja jetzt ROHMATERIAL). Markieren Sie ihn mit einem einfachen Mausklick, und betätigen Sie anschließend die Schaltfläche ORDNER IMPORTIEREN ❶.

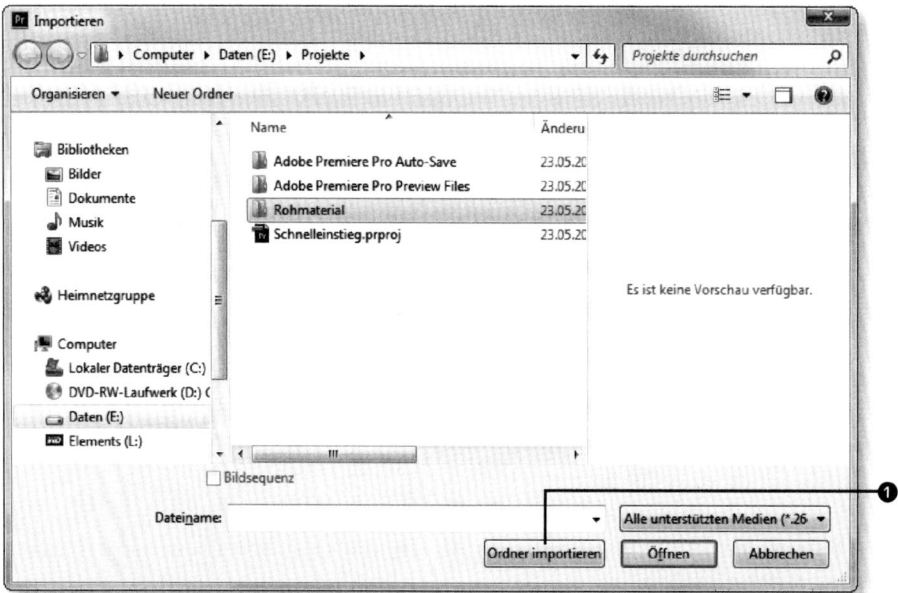

▲ **Abbildung 2.7** Der Ordner muss nicht geöffnet werden – zumindest dann nicht, wenn Sie seinen gesamten Inhalt importieren wollen.

3 Ordner öffnen

Der Ordner befindet sich jetzt im Bedienfeld PROJEKT: SCHNELLEINSTIEG von Premiere Pro. Damit Sie aber nun auch Zugriff auf die einzelnen Assets bekommen, sollten Sie den Ordner ROHMATERIAL doppelklicken. Die Folge: Es öffnet sich ein Fenster (eine sogenannte Ablage) mit dem Titel ROHMATERIAL. Und darin sehen Sie dann auch sämtliche Assets. Achten Sie bitte darauf, dass Sie innerhalb der Zeile nicht auf den Namen klicken. Das würde nämlich dazu führen, dass Sie den Ordner umbenennen können.

Dieses Fenster können Sie übrigens jederzeit wieder schließen, ohne dass Sie den Verlust von Arbeitsschritten, Daten oder Assets befürchten müssen. Die Ablage dient lediglich als Referenz.

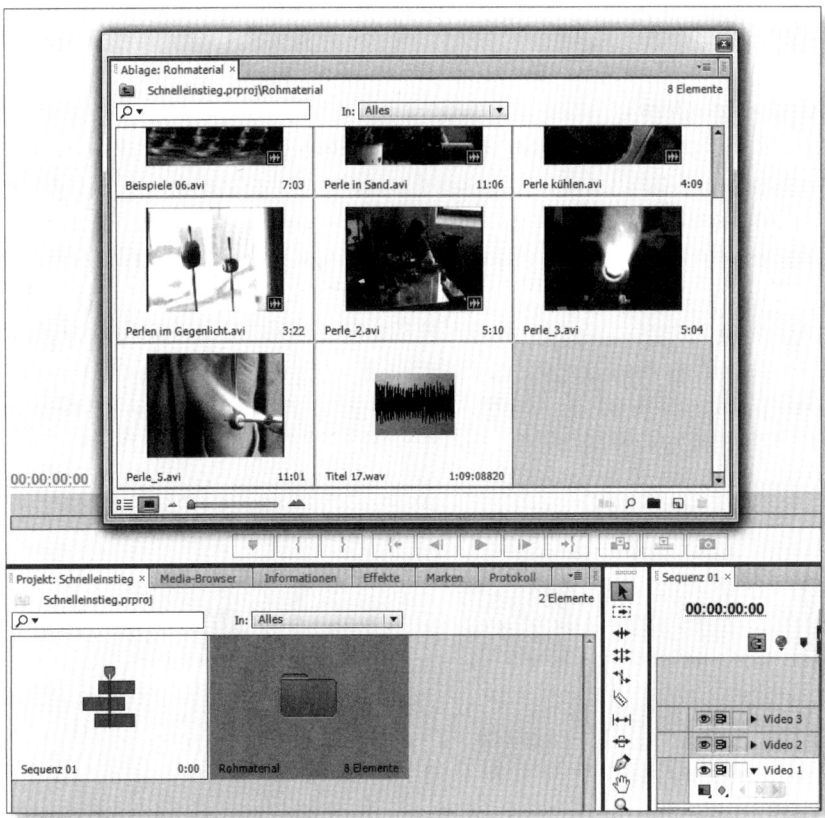

▲ **Abbildung 2.8** Sämtliche Assets des Ordners sind jetzt zu sehen.

2.1.3 Storyboard erstellen

Innerhalb der soeben geöffneten Ablage sind die Dateien natürlich noch nicht so angeordnet, wie wir das gerne hätten. Also müssen diese sortiert werden.

◢ *Schritt für Schritt: Dateien im Projektfenster sortieren*

Sortieren? Irgendwie klingt das nicht sonderlich professionell, oder? Man kann vielleicht Fotos in einem Schuhkarton sortieren, aber bestimmt keine professionelle Editing-Software damit bedienen. Aus diesem Grund sprechen wir ab sofort nur noch von »Story-board erstellen«. Das ist zwar im Prinzip das Gleiche, hört sich aber tausendmal besser an – und ist zudem die korrekte Bezeichnung.

1 Ausschnitt vergrößern

Zum Sortieren von Clips ist das Fenster jetzt vielleicht etwas zu klein. Setzen Sie den Mauszeiger deshalb auf einen der Ränder des Fensters, und skalieren Sie es mit gedrückter linker Maustaste entsprechend Ihren Wünschen. Sie sollten dafür sorgen, dass sich unterhalb der Miniaturen eine große leere Fläche zeigt.

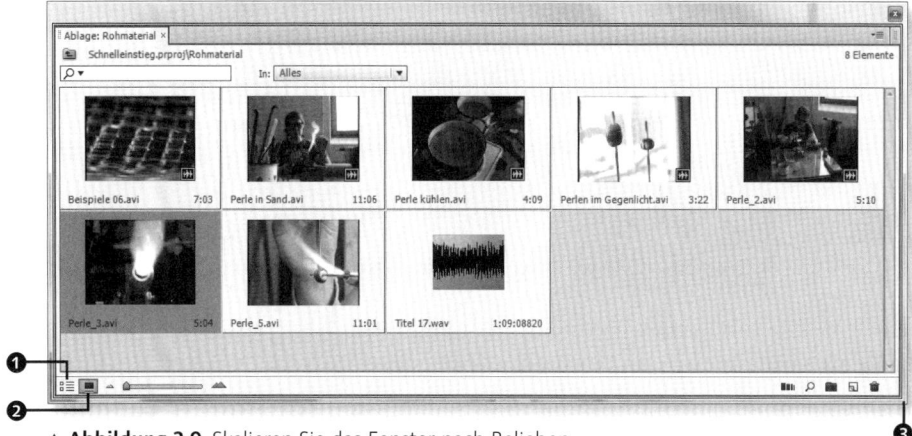

▲ **Abbildung 2.9** Skalieren Sie das Fenster nach Belieben.

2 Clips verschieben

Zwar müssen die Clips noch geschnitten werden, doch lässt sich deren Abspielreihenfolge schon jetzt festlegen. Dazu können Sie die Miniaturen per Drag & Drop an die gewünschte Position bringen. So soll beispielsweise »Perle im Gegenlicht.avi« als zweiter Clip (nach »Beispiele 06.avi«) abgespielt werden. Ziehen Sie ihn deshalb mit gedrückter linker Maustaste zwischen Clip 1 und Clip 2. Die richtige Stelle ist gefunden, wenn ein senkrechter schwarzer Balken zwischen den beiden erscheint. Rechts daneben befindliche Clips machen artig Platz, sobald Sie die Maustaste loslassen.

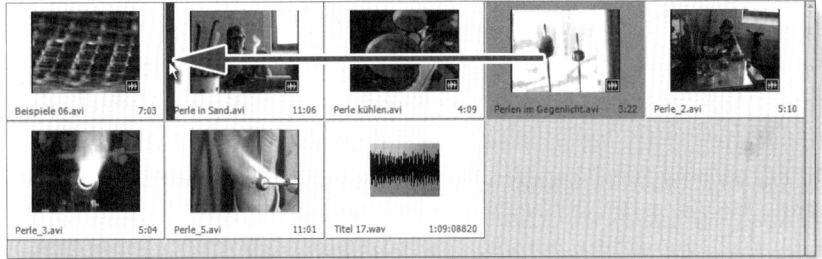

▲ **Abbildung 2.10** Ziehen Sie das Asset an die gewünschte Position.

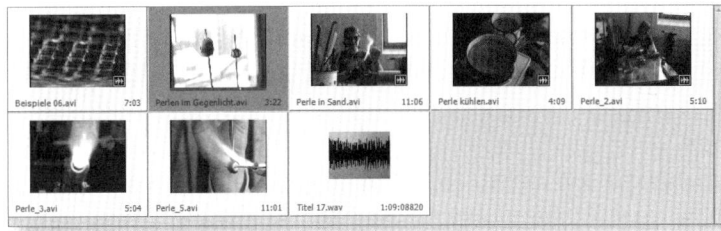

◄ **Abbildung 2.11**
Der Clip ist einge-
reiht.

Genauso könnten Sie den Clip auf die freie Fläche unterhalb der Miniaturen ziehen – also dorthin, wo sich noch kein Clip befindet. Sie sehen: Die Ablage erweist sich nicht nur als Archiv, sondern fungiert auch als intuitiv gestaltbares Storyboard.

3   *Storyboard vervollständigen*

Gestalten Sie das Storyboard nun weiter aus, und legen Sie fest, in welcher Reihenfolge die Clips später abgespielt werden sollen. Stellen Sie die folgende Clip-Folge her:

1. »Beispiele 06.avi«
2. »Perlen im Gegenlicht.avi«
3. »Perle_2.avi«
4. »Perle_3.avi«
5. »Perle_5.avi«
6. »Perle in Sand.avi«
7. »Perle kühlen.avi«
8. »Titel 17.wav«

▲ **Abbildung 2.12** Stellen Sie diese Clip-Reihenfolge her.

4 Clips duplizieren

Den Clip »Perlen im Gegenlicht.avi« benötigen wir zweimal. Er soll nämlich am Schluss unseres Videos erneut auftauchen. Deshalb markieren Sie ihn (auch hier bitte nicht auf den Namen, sondern auf das Bildchen klicken), und drücken Sie anschließend Strg/ cmd + C. Es ist natürlich nichts dagegen einzuwenden, wenn Sie alternativ über das Menü gehen und BEARBEITEN • KOPIEREN wählen. Drücken Sie anschließend Strg/ cmd + V, oder entscheiden Sie sich für BEARBEITEN • EINFÜGEN. Das Duplikat springt übrigens automatisch an das Ende des Storyboards.

Noch einfacher geht das Kopieren übrigens, indem Sie die Miniatur anklicken, Strg/cmd gedrückt halten und das Duplikat an eine freie Stelle ziehen. Dort lassen Sie dann zunächst die Maustaste und anschließend Strg/cmd wieder los.

5 Clip positionieren

Bevor Sie fortfahren, ziehen Sie den soeben kopierten Clip noch an die letzte Stelle der Videos (also vor »Titel 17.wav«). Kontrollieren Sie die Clip-Reihenfolge.

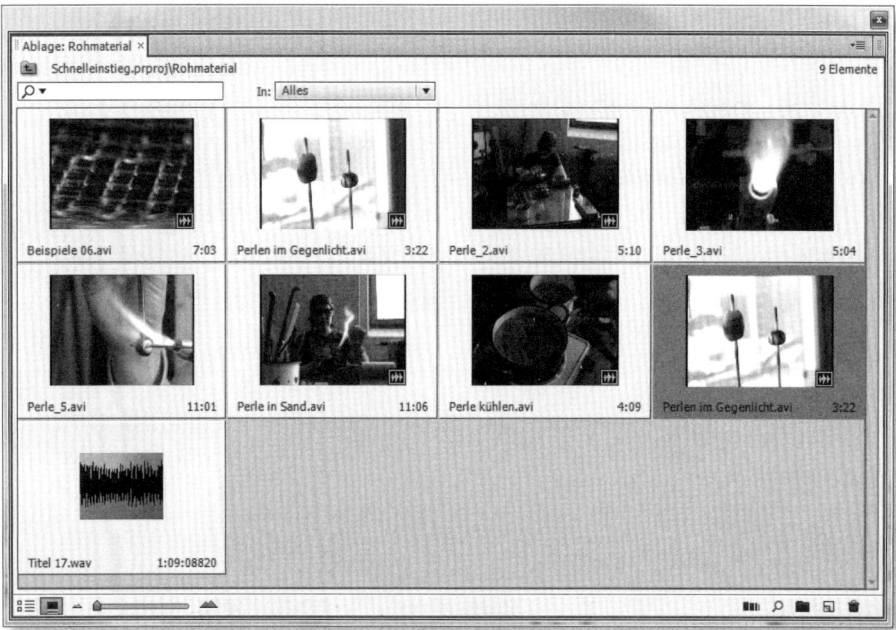

▲ **Abbildung 2.13** Wenn Sie ein Asset mehrfach benötigen, kopieren Sie es einfach.

2.2 Clips im Schnittfenster bearbeiten

Damit wäre die eigentliche Vorarbeit geleistet, und wir können mit dem Schneiden des Videos beginnen. Dazu müssen die Videos aber in das Schnittfenster (auch Sequenz-fenster genannt) gebracht werden. Nur was sich dort befindet, wird später auch

Bestandteil des Films sein. Zwar könnte die Länge eines jeden Clips bereits im Projektfenster definiert werden, doch diese Technik schauen wir uns später an. Machen Sie sich die Möglichkeit zunutze, Clips im Schnittfenster zu kürzen.

Schritt für Schritt: Clips in das Schnittfenster stellen

Sicher ist Ihnen schon der orangefarbene Rahmen an den einzelnen Fenstern aufgefallen (sollten Sie mit einer hellen Oberfläche arbeiten, wie hier im Buch, ist dieser blau). Mit dieser Markierung hat es eine besondere Bewandtnis. Zwar stellt Premiere Pro eine Fülle von Fenstern zur Verfügung, doch können Sie de facto immer nur in einem davon arbeiten.

1 Fenster auswählen

Sollte der Rahmen im überlagernden Fenster ABLAGE: ROHMATERIAL nicht sichtbar sein, klicken Sie es einmal an. Wo Sie den Mausklick hinsetzen, ist dabei gar nicht von Bedeutung. Sie können auch auf die Kopfleiste des Fensters klicken. Wichtig ist nur, dass am Ende der Rahmen ❶ sichtbar ist.

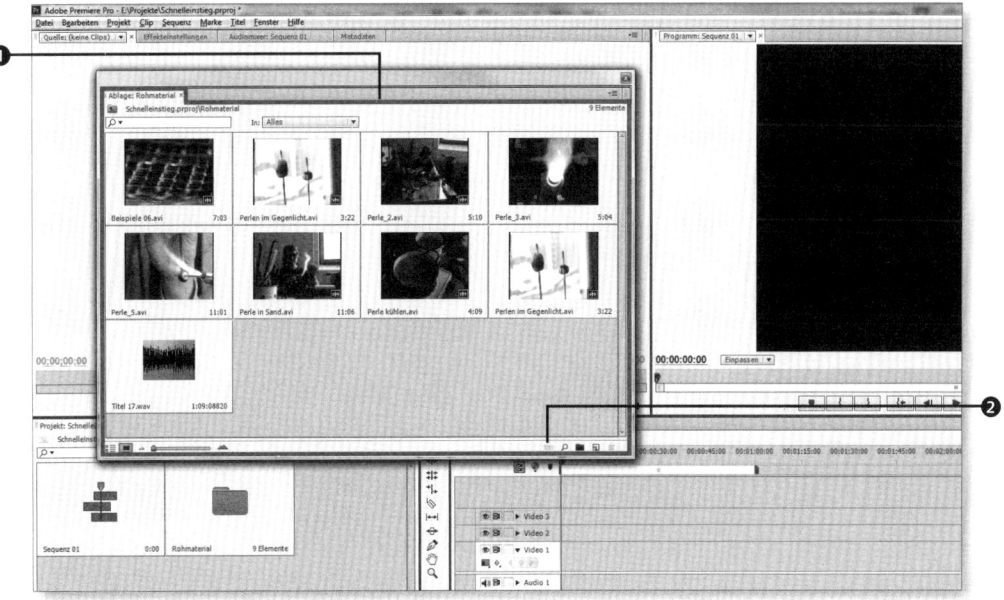

▲ **Abbildung 2.14** Das überlagernde Fenster muss mit einem dünnen Rahmen versehen sein (zur besseren Ansicht wird der Rahmen hier verstärkt dargestellt).

2 Timeline bestücken

Drücken Sie anschließend die Tastenkombination ⌈Strg⌉/⌈cmd⌉+⌈A⌉, um alle in der Ablage befindlichen Dateien zu markieren. Nun klicken Sie unten rechts im Fenster auf die

Schaltfläche AUTOMATISCH IN SEQUENZ UMWANDELN ❷ (die Schaltfläche ist übrigens durch das vorherige Markieren der Clips nun anwählbar).

3 Reihenfolge festlegen

Wichtig ist, dass Sie im folgenden Dialog das Pulldown-Menü ANORDNUNG öffnen und auf SORTIERREIHENFOLGE umschalten. Die PLATZIERUNG soll NACHEINANDER erfolgen. Außerdem entscheiden Sie sich für die METHODE: EINFÜGEN und eine CLIP-ÜBERLAPPUNG von 0 Frames. Sämtliche Checkboxen müssen zudem deaktiviert sein. Verlassen Sie den Dialog mit Klick auf OK.

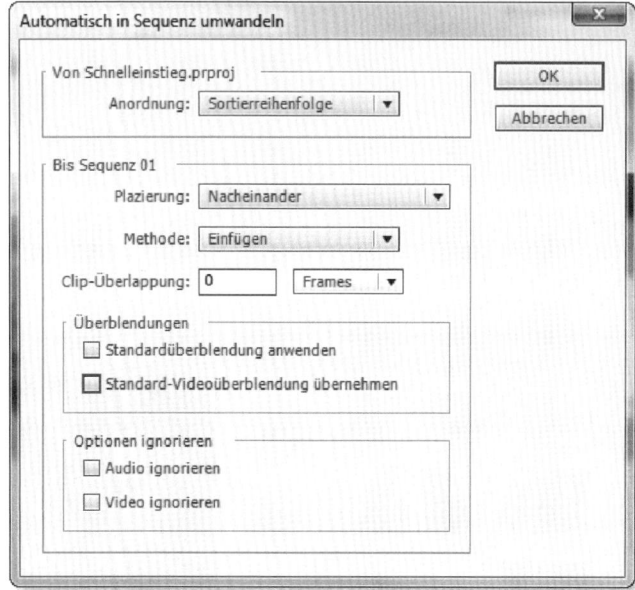

◄ **Abbildung 2.15** Die Anordnung der Clips erfolgt in der zuvor festgelegten Reihenfolge. Clip-Überlappungen und Überblendungen sind zudem nicht gewünscht.

4 Ablage schließen

Das war's. Die Ablage wird nun nicht mehr benötigt. Schließen Sie das überlagernde Fenster, da es bei der weiteren Arbeit nur hinderlich wäre.

Anordnung wird beibehalten

Nachdem Sie die Ablage geschlossen haben, ist diese keinesfalls auf ewig verloren. Doppelklicken Sie abermals den Ordner im Projektfenster, wird sich die zuvor geschlossene Ablage wieder öffnen. Die Reihenfolge der Assets ist dann immer noch die von Ihnen zuvor eingestellte.

5 Einfügung kontrollieren

Widmen Sie sich nun dem Schnittfenster unten rechts. Dort sind sämtliche Clips aneinandergereiht worden – und zwar in der Reihenfolge, die zuvor via Ablagefenster festgelegt worden ist. Natürlich könnten wir jetzt alles lassen, wie es ist. Das würde aber nur dazu führen, dass zunächst einige Videoclips und erst danach der Sound abgespielt würde. Achten Sie einmal auf »Titel 17.wav«. Hierbei handelt es sich um eine reine Sounddatei. Und die soll natürlich in dem Moment abgespielt werden, indem auch die Videos zu sehen sind.

▲ **Abbildung 2.16** Videoclips sind blau, während Audioclips grün dargestellt werden.

6 *Audioclip neu positionieren*

Setzen Sie daher jetzt einen Mausklick auf die Sounddatei, und ziehen Sie diese mit gedrückter linker Maustaste in die Spur AUDIO 2. Achten Sie darauf, die Maustaste erst dann loszulassen, wenn sich am Anfang der Timeline eine vertikale schwarze Linie ❶ zeigt – stets Indiz dafür, dass das bewegte Asset am Anfang positioniert worden ist.

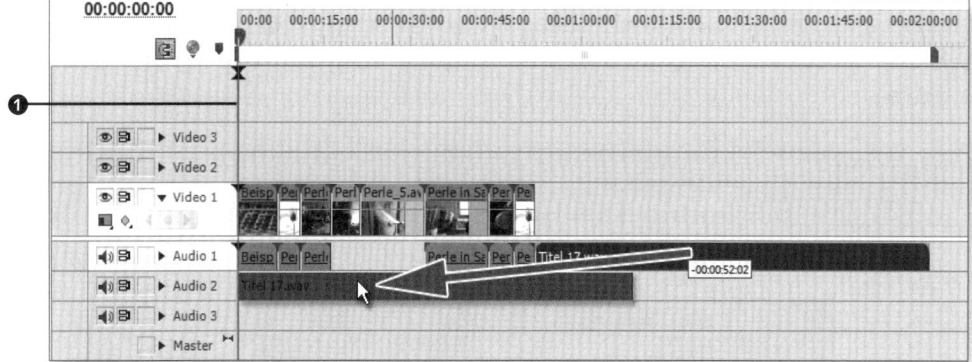

▲ **Abbildung 2.17** So sollte der Anfang des Schnittfensters jetzt aussehen.

7 *Projekt speichern*

Spätestens jetzt sollten Sie Ihr Projekt speichern, und zwar über ⌈Strg⌉/⌈cmd⌉+⌈S⌉ bzw. über DATEI • SPEICHERN. Zwar wird das Projekt von Premiere Pro alle 20 Minuten automatisch nachgesichert, jedoch ist das manuelle Zwischenspeichern nach wichtigen Schritten dringend zu empfehlen.

8 Film abspielen

Schauen Sie sich das vorläufige Ergebnis einmal an. So einiges ist noch nicht ganz stimmig und muss in den nächsten Schritten verbessert werden. Sie können das Video abspielen bzw. wieder anhalten, indem Sie die Leertaste betätigen. Achten Sie dabei auf die Bewegungen des *Abspielkopfes* (senkrechte rote Linie), auch *Abspielmarke* oder *Einfügemarke* genannt. Möchten Sie diese an den Anfang des Schnittfensters bringen, können Sie die Marke an deren Kopf per Drag & Drop bewegen, oder Sie drücken `Pos1` auf der Tastatur. Mac-User, die eine normale Apple-Tastatur verwenden (also nicht die kabellose Mini-Ausgabe der iMacs, die für einen adäquaten Videoschnitt ohnehin nicht zu empfehlen ist), drücken `↖`.

◢ Schritt für Schritt: Clips kürzen

Natürlich ist in Sachen Clip-Länge noch nichts unternommen worden. Sämtliche Assets liegen in Originallänge im Schnittfenster. Das wird jetzt geändert.

1 Schnittfenster-Ansicht verändern

Für die nächsten Arbeiten ist es besser, wenn Sie die Ansicht innerhalb des Schnittfensters etwas vergrößern, indem Sie das Pluszeichen auf der Tastatur (Achtung, nicht auf dem Ziffernblock!) drücken. Des Weiteren könnten Sie den linken Anfasser des unterhalb befindlichen Schiebereglers ❸ zum Vergrößern nach rechts schieben. Entsprechendes erreichen Sie durch Verschiebung des rechten Anfassers ❺ nach links. Mit Verschieben der Griffffläche ❹ ließe sich der gesamte Ausschnitt des Schnittfensters verstellen.

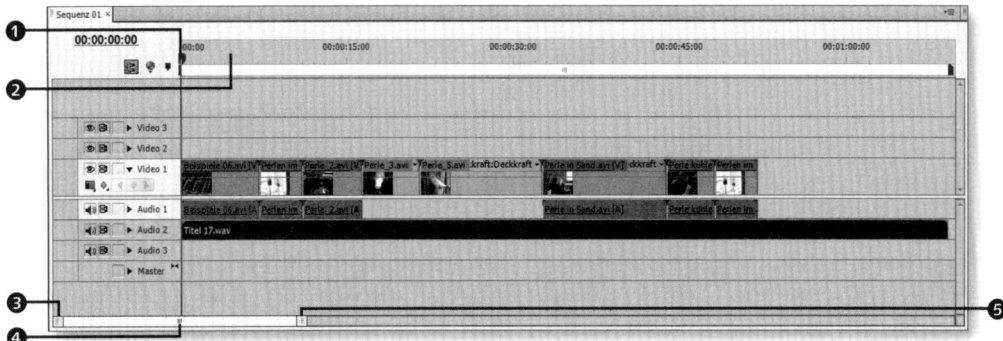

▲ **Abbildung 2.18** Die Darstellung der Clip-Länge kann gezoomt werden. Das hat natürlich keinerlei Einfluss auf die tatsächlichen Clip-Längen.

2 Abspielkopf positionieren

Zwischen dem zweiten und dritten Clip (also zwischen dem ersten Gegenlicht-Clip und »Perle_2.avi«) tauchen einige Bilder auf, die nicht hineingehören. Scrubben Sie doch einmal von Sekunde 10 (ablesbar an der Skala ❷ oben im Schnittfenster) bis 12 durch, indem Sie den Abspielkopf an dessen Anfasser ❶ nach rechts ziehen. Sie werden feststellen, dass die störenden Bilder vom Clip »Perlen im Gegenlicht.avi« herrühren.

Positionieren Sie die Marke auf das letzte Bild, das noch die Perlen zeigt. Der Kontrolle dient Ihnen die Ansicht des Programmmonitors oben rechts. Dieser gibt nämlich stets die aktuelle Position des Abspielkopfes wieder. Zur exakten Positionierung können Sie auch ⬅ oder ➡ betätigen, was zur Folge hat, dass die Abspielmarke jeweils ein Bild zurück oder eines nach vorne springt. Kontrollieren Sie die Position des Kopfes. Er sollte genau bei 00:00:10:16 ❻ oder ❼ stehen.

▲ **Abbildung 2.19** An Position 00:00:10:16 befindet sich das letzte relevante Einzelbild.

Scrubbing

Das Verschieben der Einfügemarke mit gedrückter linker Maustaste wird als **Scrubbing** (engl. für schrubben) bezeichnet. Hierbei bewegen Sie die Play-Funktion in Premiere Pro gewissermaßen von Hand und können so Einfluss auf die Geschwindigkeit der Wiedergabe und die anschließende Positionierung der Marke nehmen.

3 Alternativ: Position ermitteln

Alternativ können Sie den Abspielkopf auch positionieren, indem Sie die genaue Zeit angeben, an der sie im Film stehen soll. Oben links im Schnittfenster sehen Sie eine blaue Ziffernkombination ❼, die auffallend identisch mit jener oben im Schnittfenster ❻ ist. Die Ziffernkombination entspricht optisch einem Timecode, obwohl damit nur die Position des Abspielkopfes wiedergegeben wird. Dabei gibt das erste Zahlenpärchen die Stunden, das zweite die Minuten, das dritte die Sekunden und das letzte – nein, nicht die Hundertstelsekunden, sondern die Frames wieder. Eine Sekunde besteht in diesem Projekt aus 25 Einzelbildern.

Wenn Sie eines dieser beiden Steuerelemente anklicken und die Zahl »1016« eingeben, wird dieser Wert übernommen, sobald Sie die ↵-Taste des Nummernblocks betätigen (bitte nicht die Standard-↵-Taste benutzen, da das Video ansonsten von dieser Position an abgepielt wird). Sie können die Eingabe übrigens auch mit Hilfe der Tasten Ihres Nummernblocks erledigen. Dann müssen Sie das Ziffern-Steuerelement vorab noch nicht einmal anklicken. Drücken Sie anschließend ↵, und zwar ebenfalls auf dem Nummernblock.

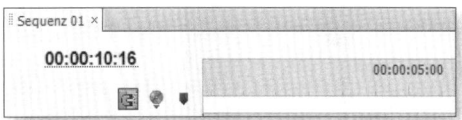

◄ **Abbildung 2.20** Mit den Ziffern wird die Position des Abspielkopfes festgelegt.

4 Clip-Kürzung vorbereiten

Bewegen Sie den Mauszeiger nun an das Ende des Clips »Perlen im Gegenlicht.avi«, und verweilen Sie dort einen Moment. Achten Sie darauf, dass der Mauszeiger zum roten Pfeil mit nach links geöffneter Klammer ❶ mutiert. Zudem sollte daneben eine Quick-Info zu sehen sein, die Aufschluss über Namen, Anfang und Ende des Clips im Schnittfenster und seine Dauer gibt ❷. Sollten Sie zu diesem Zeitpunkt noch keinen Mausklick ausgeführt haben – wenn diese Position erreicht ist und die Öffnung der Klammer tatsächlich nach links weist, liegen Sie goldrichtig. Falls erforderlich, vergrößern Sie die Ansicht zuvor noch etwas (+).

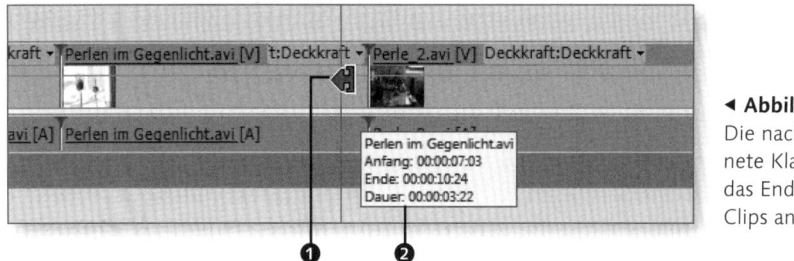

◄ **Abbildung 2.21** Die nach links geöffnete Klammer zeigt das Ende des linken Clips an.

5 Clip kürzen

Ist die Klammer nach rechts hin geöffnet, bedeutet das, dass Sie den Anfang von »Perle_2.avi« erwischt haben. Korrigieren Sie in diesem Fall die Position des Mauszeigers. Am Ende führen Sie einen Mausklick aus und ziehen das Ende des linken Clips nach links, bis Sie die rote Linie des Abspielkopfes erreicht haben. Lassen Sie die Maustaste anschließend los.

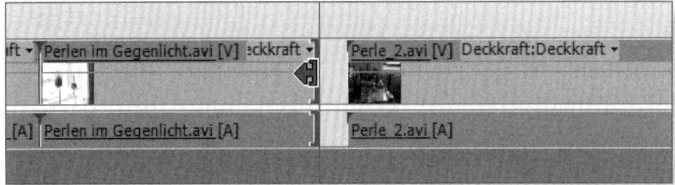

◄ **Abbildung 2.22** Der Clip wird gekürzt. Allerdings entsteht dabei eine Lücke.

6 *Lücke schließen*

Zu dumm, dass jetzt an der Stelle eine Lücke entstanden ist. Beim Abspielen des Films entstünden dort Schwarzbilder. Um das zu vermeiden, muss die Lücke geschlossen werden, indem Sie einen Rechtsklick in den freien Bereich setzen. Achten Sie darauf, dass Sie dabei weder das Ende des linken noch den Anfang des rechten Clips treffen. Andernfalls würde ein Dialogfenster geöffnet, und Sie müssten den Mausklick wiederholen. Bei korrekter Positionierung ist die Lücke markiert und nur ein einziger Eintrag im Kontextmenü zu sehen. Er heißt LÖSCHEN UND LÜCKE SCHLIESSEN und muss betätigt werden. Falls Sie Schwierigkeiten haben, den Punkt zu treffen, zoomen Sie ein wenig ein.

▲ **Abbildung 2.23** Die Lücke wird geschlossen.

Kürzen und gleichzeitig Lücke schließen

Hätten Sie beim Verziehen des Clip-Endes Strg/cmd festgehalten (die Taste muss vor dem Mausklick gedrückt werden), wäre die Lücke automatisch geschlossen worden. In diesem Fall hätten Sie als Mauszeiger übrigens einen gelben Pfeil bekommen. Wenn Sie es selbst einmal ausprobieren wollen, machen Sie die letzen beiden Schritte mit Strg/cmd+Z rückgängig. Nun halten Sie zuerst Strg/cmd gedrückt und führen erst danach den Mausklick aus. Nach der Verschiebung des Clip-Endes lassen Sie zuerst die Maustaste und danach Strg/cmd wieder los.

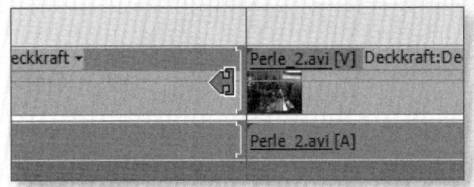

◄ **Abbildung 2.24** Die Kürzung des Clip-Endes sowie das Schließen der Lücke können in einem Arbeitsgang erledigt werden.

2.2.1 Erste Timecode-Navigation

Wie Sie sehen konnten, spielt der im Schnittfenster angegebene Timecode beim Video-schnitt eine wichtige Rolle. Die nächsten Schnitte sollen deshalb unter Zuhilfenahme dieses Codes durchgeführt werden.

Schritt für Schritt: Film fertig schneiden

Auch in diesem Workshop werden Sie wieder eine Menge Neues erfahren. So wird bei-spielsweise neben der Timecode-Navigation auch das Schneiden eines Clips mit Hilfe der RASIERKLINGE angesprochen.

1 Schnitte mit dem Timecode durchführen

Im Programmmonitor von Premiere Pro wird der Timecode permanent aktualisiert, so-bald Sie einen Clip-Anfang bzw. ein Clip-Ende verschieben. Während der linke Wert ❶ unterhalb des Videos die Position der Abspielmarke repräsentiert, zeigt der rechte Wert ❸ stets an, an welcher Position des aktuellen Clips Sie sich gerade befinden, wenn Sie Arbeiten im Schnittfenster durchführen. Dieses nützliche Hilfsmittel soll jetzt eingesetzt werden, um den ersten Clip (»Beispiele 06.avi«) bei Sekunde 5 enden zu lassen. Dazu ziehen Sie das Ende dieses Clips so weit nach links, bis im rechten Timecode des Pro-grammmonitors 00:00:05:00 erscheint. Wenn Sie fertig sind, schließen Sie auch hier die entstandene Lücke wieder.

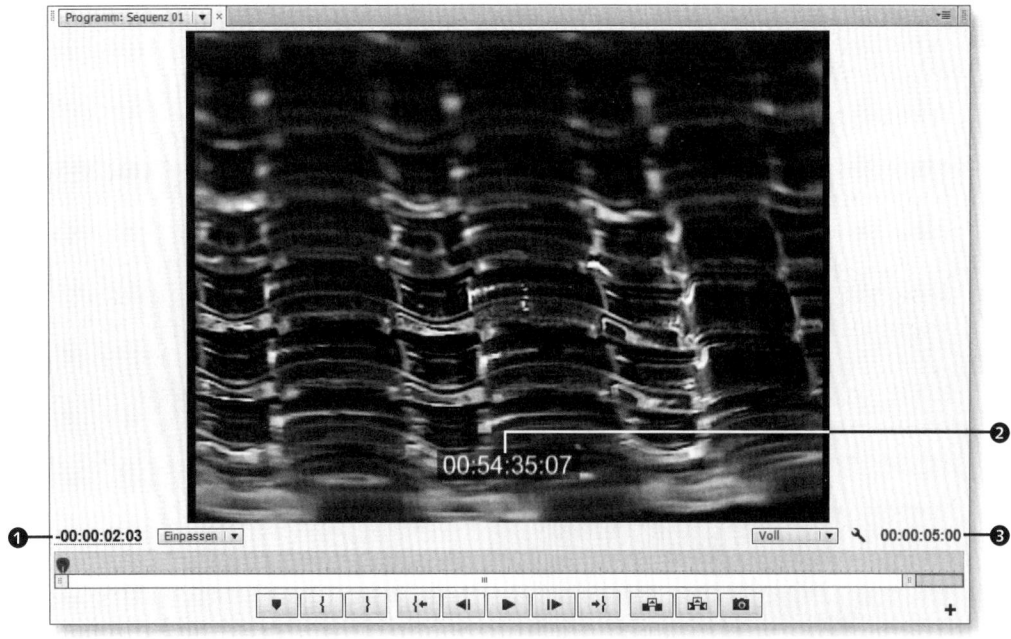

▲ **Abbildung 2.25** Wenn der Timecode unten rechts ❸ Sekunde 5 erreicht hat, lassen Sie los.

Im Programmmonitor selbst wird während des Ziehens übrigens auch ein Timecode ❷ eingeblendet. Dieser repräsentiert aber den Original-Timecode des Videos und hat zunächst einmal nichts mit dem Timecode des Schnittfensters zu tun.

Die Anordnung gelingt nicht? Eine Ursache könnte sein, dass sich die Einfügemarke in der Nähe von Sekunde 5 befindet, aber nicht genau darauf positioniert ist. Weil die Marke magnetisch ist, springt das Clip-Ende nun unweigerlich an diese Position, und Sekunde 5 kann somit nicht erreicht werden. Bringen Sie in diesem Fall die Einfügemarke genau auf Position 500, oder ziehen Sie sie so weit von Sekunde 5 weg, dass sie dort keinen Schaden anrichten kann.

2 *Weitere Kürzungen vornehmen*

Scrubben Sie jetzt vor bis auf Position 00:00:17:11. Bewegen Sie danach (falls erforderlich) den Scrollbalken im Fuß des Schnittfensters etwas nach rechts, damit die gewählte Position besser eingesehen werden kann (sollten Sie übrigens über eine Maus mit Scrollrad verfügen, können Sie den Timeline-Inhalt damit ebenfalls nach links oder rechts verschieben). Die einfachste Methode ist allerdings die Eingabe »1711« via Nummernblock mit Bestätigung durch die dortige ⏎-Taste.

Danach halten Sie Strg/cmd fest und klicken im Anschluss das Ende des Clips »Perle_3.avi« an. Hierbei müssen Sie unbedingt darauf achten, dass sich bereits vor dem Klick ein gelber Pfeil zeigt. Sollten Sie einen roten Doppelpfeil sehen, fahren Sie mit der Maus etwas weiter nach links. Danach führen Sie einen Mausklick aus und halten die Maustaste gedrückt. Ziehen Sie das Ende bis an die Abspielmarke heran. Wenn diese Position erreicht ist, lassen Sie zuerst die Maustaste und danach die Taste auf der Tastatur los – schwupps wird die Lücke gleich mit geschlossen. Cool, oder?

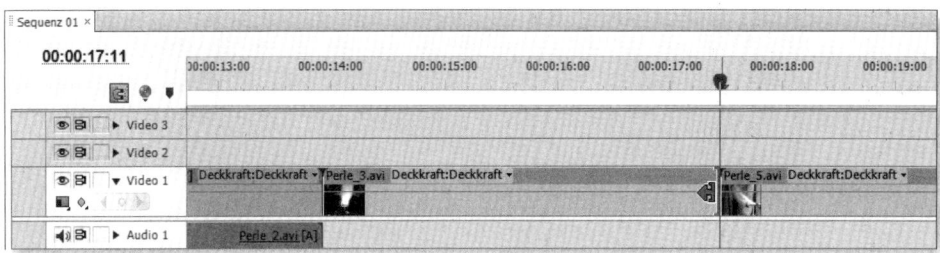

▲ **Abbildung 2.26** Ziehen Sie das Ende des Clips an die Abspielmarke heran.

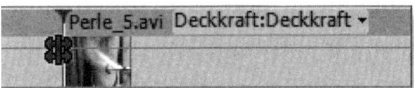

◄ **Abbildung 2.27** Wenn Sie ein derartiges Symbol sehen, fahren Sie mit der Maus weiter nach links, ehe Sie den Mausklick platzieren. Ein gelber Pfeil (siehe vorherige Abbildung) ist Pflicht!

3 Timecode eingeben

Ziel dieses Schrittes soll es sein, den Clip »Perle_5.avi« an Position 00:00:23:05 enden zu lassen. Natürlich könnten Sie die Einfügemarke dorthin schieben; doch wäre das mittlerweile keine Herausforderung mehr. Markieren Sie das Schnittfenster mit einfachem Mausklick (sofern es nicht noch von der letzten Aktion markiert ist), und geben Sie »2305« via Nummernblock ein. Bestätigen Sie mit der ⏎-Taste des Nummernblocks. Der Nummernblock ist, wie Sie sehen, Ihr direkter Draht zum Schnittfenster-Timecode.

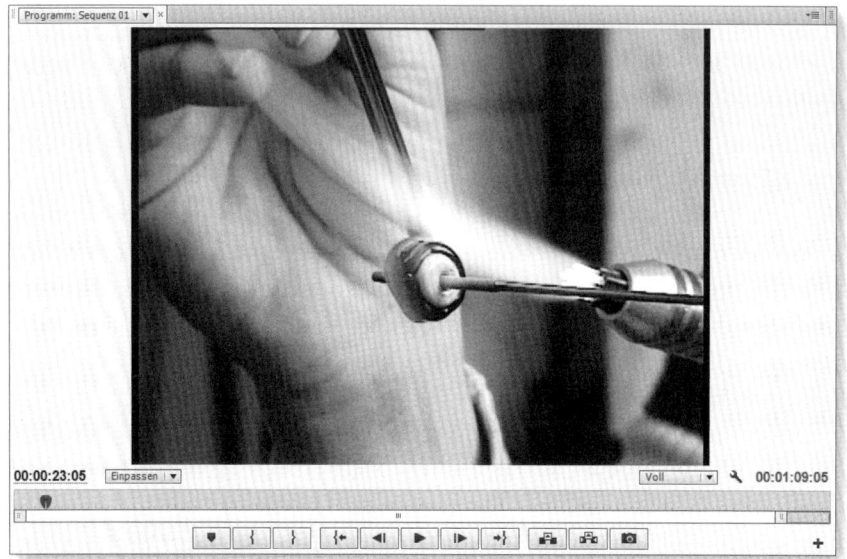

▲ **Abbildung 2.28** Die Timecode-Navigation macht das Leben leichter.

Mit dieser Aktion haben Sie die letzten vier Ziffern des Timecodes (Sekunden und Frames) festgelegt. Wenn Ihnen das System dahinter noch nicht geläufig ist: kein Problem. Die Thematik wird an anderer Stelle noch ausführlich behandelt.

Natürlich haben wir dieses Einzelbild nicht zufällig ausgewählt. Denn der Clip »Perle_5.avi« soll genau an dieser Stelle enden, und »Perle in Sand.avi« soll dort beginnen. Führen Sie die Kürzung jetzt auf die zuvor beschriebene Weise durch, ohne dabei eine Lücke entstehen zu lassen.

4 Spuren öffnen

Ich möchte Ihnen aber auch gerne verraten, warum ausgerechnet an dieser Stelle ein Schnitt erfolgt ist. Dazu müssen Sie allerdings die Spur Audio 2 öffnen, indem Sie im Kopf der Spur das nach rechts weisende kleine Dreieck ❶ anklicken. Die Spur sollte sich daraufhin in der vertikalen Darstellung vergrößern. Dass Sie mit einem erneuten Klick auf das kleine Dreieck die Spur wieder schließen können, sei dabei nur am Rande erwähnt.

▲ **Abbildung 2.29** Spuren öffnen und schließen Sie über das Dreieck.

Zoomen Sie nun ein wenig in das Schnittfenster hinein, um die Wellenform der Audiodatei erkennen zu können. An dieser Stelle soll nämlich der Szenenübergang mit der Musik harmonieren. Um das Erreichte nun auch im Ergebnis sehen bzw. hören zu können, bewegen Sie die Einfügemarke etwas nach links. Danach starten Sie die Wiedergabe durch ein erneutes Drücken der Leertaste. Der Schnitt dürfte recht genau auf dem Takt liegen und somit zu einem harmonischen Gesamteindruck beigetragen haben.

5   Clip am Anfang kürzen

Nun geht es der Datei »Perle in Sand.avi« an den Kragen. Diese soll aber zunächst am Anfang eingekürzt werden. Da das Ende des vorangegangenen Clips noch aktiv ist, sollten Sie zunächst einen Mausklick in das Schnittfenster setzen. Nehmen Sie abermals eine Stelle, an der sich kein Clip befindet. Alternativ markieren Sie »Perle in Sand.avi«. Denn durch Anwahl des zu verändernden Clips wird der vorangegangene automatisch abgewählt. Setzen Sie den Mauszeiger auf den Anfang des Clips, und achten Sie darauf, dass die Öffnung der roten Klammer ❸ nach rechts weist.

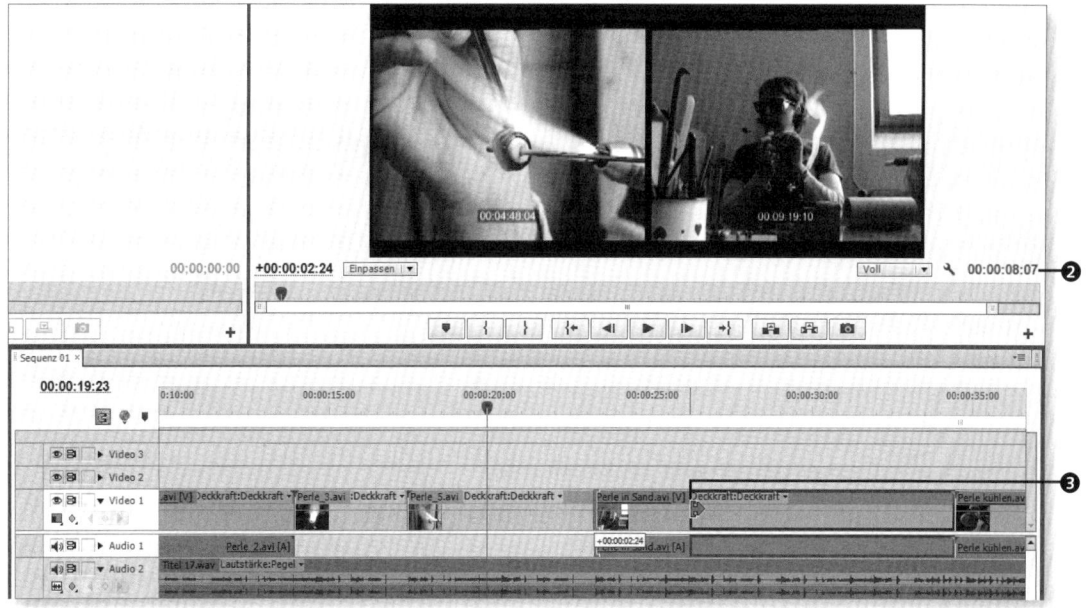

▲ **Abbildung 2.30** Lassen Sie los, wenn Sie diese Anzeigen ausmachen können.

Bevor Sie den Mausklick ausführen, drücken Sie [Strg]/[cmd], und halten Sie diese Taste gedrückt. Jetzt ist das Maussymbol gelb. Schieben Sie den Anfang des Clips so weit nach rechts, bis in der rechten Anzeige des Vorschaumonitors ❷ 00:00:08:07 angezeigt wird.

6 Clips mit der Rasierklinge schneiden

Beim Schnitt am Ende von »Perle in Sand.avi« soll eine neue Technik ins Spiel kommen. Diesmal soll nämlich nicht das Clip-Ende verschoben, sondern der Filmstreifen kurzerhand durchgeschnitten werden. Das realisieren Sie folgendermaßen: Bringen Sie die Einfügemarke auf Position 00:00:29:00. Aktivieren Sie anschließend die RASIERKLINGE ❺ in der Toolbox links neben dem Schnittfenster, indem Sie sie per Mausklick markieren oder [C] (wie Cut) auf Ihrer Tastatur drücken.

Setzen Sie das Werkzeug ziemlich genau auf der Einfügemarke des Schnittfensters an, und klicken Sie damit auf den Videoclip. Dieser wird daraufhin in zwei Teile geteilt. Danach schalten Sie wieder um auf das Auswahl-Werkzeug ❹. Ob Sie das per Mausklick oder Druck auf [V] tun, bleibt Ihnen überlassen.

Klicken Sie jetzt auf den zweiten (rechten) Teil des Clips. Dass er ausgewählt ist, wird dadurch angezeigt, dass seine Ränder abgedunkelt (negativ) dargestellt werden.

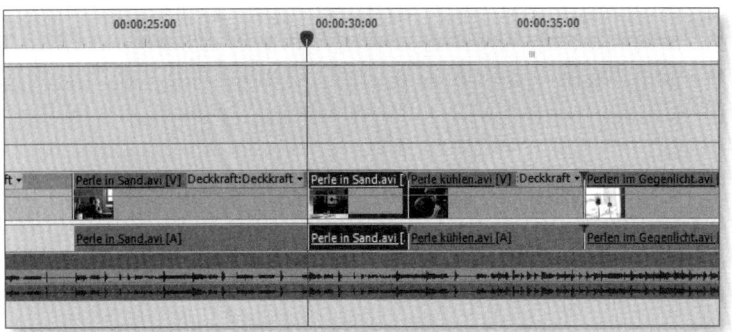

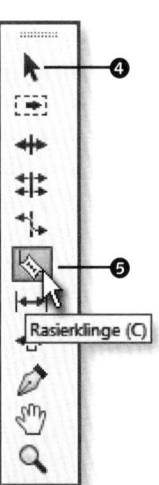

▲ **Abbildung 2.31** Der Clip wurde per Mausklick markiert.

▲ **Abbildung 2.32** Für diesen Schritt benötigen Sie das Rasierklinge-Werkzeug.

7 Clips entfernen und Lücke schließen

Nun müssen Sie nichts weiter tun, als [⇧]+[Entf] auf Ihrer Tastatur zu drücken. Mit [Entf] würden Sie den markierten Clip zwar ebenfalls aus dem Sequenzfenster katapultieren, allerdings entstünde dadurch wieder eine Lücke, die dann wieder manuell geschlossen werden müsste.

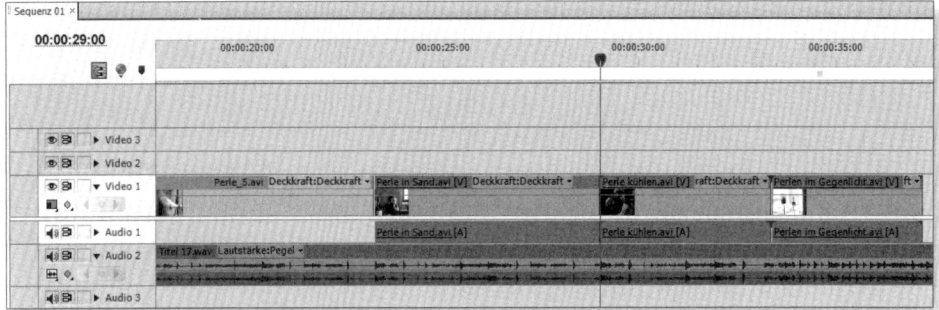

▲ **Abbildung 2.33** Vergleichen Sie Ihr Projekt mit der Position des Abspielkopfes. »Perle kühlen.avi« beginnt jetzt bei 00:00:29:00.

2.3 Überblendungen hinzufügen

Wenn Sie Ihre Zuschauer gemächlich von einem Handlungsstrang in den nächsten führen wollen, können Sie das prima mit Überblendungen realisieren. Derartige weiche Übergänge lassen sich aber nicht nur in der Mitte, sondern auch am Anfang oder Ende eines Films umsetzen. Und selbst Audiospuren können harmonisch überblendet werden.

2.3.1 Audioüberblendungen hinzufügen

Wenn Sie einen Blick auf die Sounddatei werfen, werden Sie schnell feststellen, dass diese viel zu lang ist. Würden wir alles so belassen, wäre der Sound eine halbe Minute länger als das Video, und in dieser Zeit bliebe der Bildschirm schwarz. So etwas macht natürlich keiner Ihrer Zuschauer lange mit!

■ *Schritt für Schritt: Audioclip bearbeiten*

Der Audioclip muss also gekürzt werden. Das allein reicht aber noch nicht. Zusätzlich soll er nämlich noch soft ausgeblendet werden. Das hört sich ja nicht gut an, wenn die Musik am Filmende abrupt abreißt.

1 *Soundclip einkürzen*

Um den Audioclip zu kürzen, bringen Sie die Einfügemarke an Position 00:00:36:22, und schneiden Sie den Rest einfach ab (RASIERKLINGE) oder kürzen ihn ein (Auswahl-Werkzeug). Damit wäre der Schnitt fürs Erste erledigt.

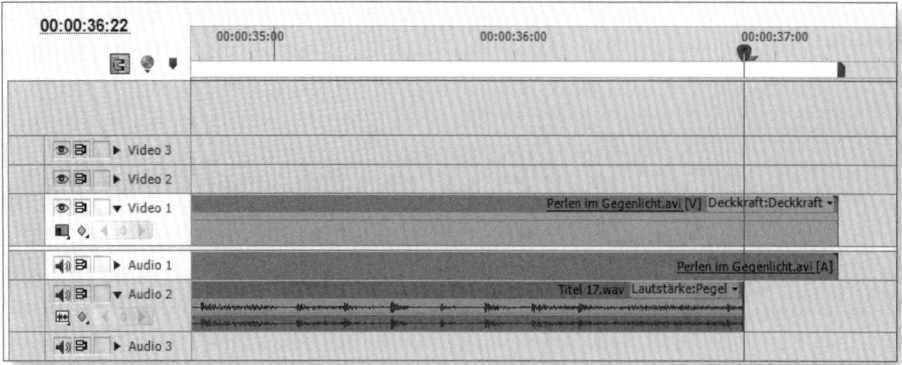

▲ **Abbildung 2.34** Dass das Audio nun kürzer ist als das Video, ist durchaus in Ordnung. Das Ende des Videos wird später ebenfalls noch angepasst.

2 Audioeffekte öffnen

Jetzt soll das Ende weich ausgeblendet werden, wozu wir eine *Audioüberblendung* verwenden wollen. Das ist die vielleicht unkomplizierteste Methode.

Öffnen Sie die Registerkarte EFFEKTE. Sie verbirgt sich standardmäßig unten links hinter den Registern PROJEKT, MEDIA-BROWSER und INFORMATIONEN. Sie wird per Klick auf das gleichnamige Register nach vorne gebracht. Widmen Sie sich jetzt dem darin befindlichen Ordner AUDIOÜBERBLENDUNGEN, den Sie mit einem Klick auf das vorangestellte Dreiecksymbol oder per Doppelklick öffnen. Hier werden Sie zunächst aber nur einen weiteren Ordner namens CROSSFADE finden. Öffnen Sie auch diesen. Klicken Sie anschließend auf den Eintrag EXPONENTIELLE ÜBERBLENDUNG.

◄ **Abbildung 2.35** Im Ordner CROSS-FADE verbirgt sich auch die EXPONENTIELLE ÜBERBLENDUNG.

Keine Effekte-Palette?

Möglicherweise haben Sie Ihre Arbeitsoberfläche schon individuell angepasst. Wenn dieser Aktion die Sichtbarkeit der Effekte-Palette zum Opfer gefallen ist, können Sie diese wieder einblenden, indem Sie sich für FENSTER • EFFEKTE entscheiden.

Ziehen Sie diesen Effekt jetzt mit gedrückter linker Maustaste auf das Ende des Audioclips. Sobald sich das Ende der Sounddatei lila einfärbt, haben Sie die richtige Position gefunden und können die Maustaste wieder loslassen.

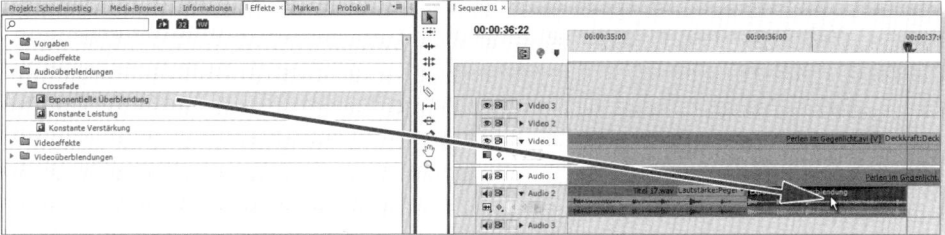

▲ **Abbildung 2.36** Ziehen Sie den Effekt auf das Ende des Clips.

3 Überblendung verlängern

Bereits mit dieser Aktion haben Sie erreicht, dass der Clip ausgeblendet wird. Wenn das Ganze jedoch länger dauern soll, muss die Blende selbst noch gestreckt werden. Das erreichen Sie, indem Sie die Überblendung wie einen Videoclip ziehen. Setzen Sie den Mauszeiger einfach am Anfang der Überblendung innerhalb des Schnittfensters an (der Mauszeiger muss sich im oberen Drittel des Clips befinden), und ziehen Sie ihn nach links.

Sie müssen darauf achten, dass neben der lila eingefärbten Überblendung eine kleine Klammer auftaucht. Die Klammer stellt sich in diesem Fall übrigens optisch anders dar als die bereits bekannte, was Indiz dafür ist, dass Sie an dieser Position nur die Überblendung, nicht aber den eigentlichen Clip verändern können. Dehnen Sie die Überblendung etwa auf das Doppelte ihrer ursprünglichen Länge aus. Wenn in der QuickInfo ein Wert ab –00:00:00:22 eingeblendet wird, passt es.

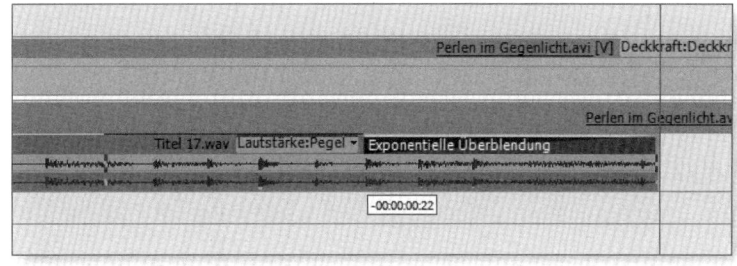

◄ **Abbildung 2.37**
Verlängern Sie so
die Überblendung.

4 Audiospur deaktivieren

Eigentlich benötigen wir den Originalsound unserer Videoclips gar nicht. Deshalb sollte die Audiospur 1 noch ausgeschaltet werden. Dazu klicken Sie auf das kleine Lautsprechersymbol ❶ im Kopf der Spur Audio 1 – fertig. Das Symbol blendet sich aus, und die quadratische Fläche bleibt leer.

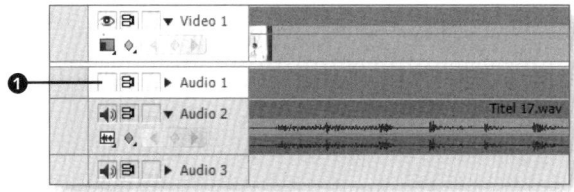

◄ **Abbildung 2.38** Blenden Sie die
Audiospur über das Lautsprechersymbol
aus.

2.3.2 Videoüberblendungen hinzufügen

Sie wissen jetzt also, wie Sie eine Audioüberblendung hinzufügen können. Dann wird es Sie besonders interessieren, dass sich Videoüberblendungen prinzipiell auf die gleiche Weise einsetzen lassen.

◢ Schritt für Schritt: Auf- und Abblende hinzufügen

Es würde doch viel sauberer aussehen, wenn das Ende des Films mit einer weichen Blende (vom Video zum Schwarzbild) herausgenommen würde, finden Sie nicht auch? Nichts leichter als das.

1 Clip kürzen

Befindet sich die Abspielmarke noch an Position 00:00:36:22? Falls nicht, platzieren Sie sie dort, und lassen Sie das Video an dieser Stelle enden. Audio und Video sind dadurch synchron.

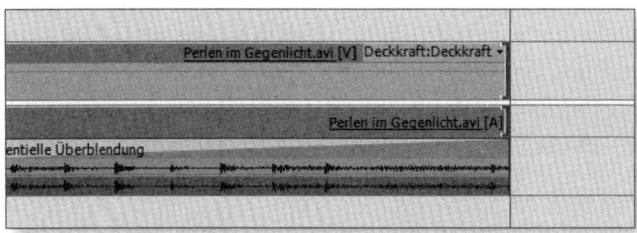

◀ **Abbildung 2.39** Das Video soll nicht länger sein als der Audioclip.

2 Abblende platzieren

Öffnen Sie den Ordner VIDEOÜBERBLENDUNGEN aus dem Bedienfeld EFFEKTE. Darin befindet sich das Verzeichnis BLENDE, das Sie ebenfalls öffnen. Ziehen Sie jetzt den Eintrag WEICHE BLENDE an das Ende des letzten Videoclips – und schon wird der Film harmonisch ausgeblendet.

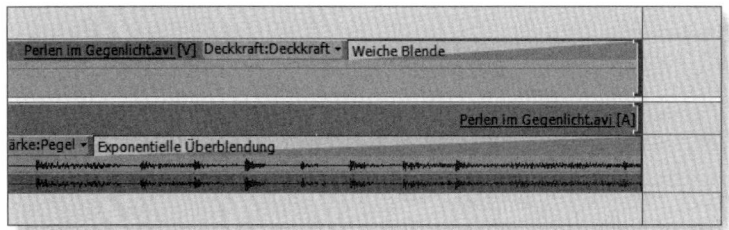

▲ **Abbildung 2.40** Die Überblendung wird am Ende des letzten Videoclips fallen gelassen.

3 Aufblende am Anfang

Wenn Sie den Film auch am Anfang noch weich einblenden wollen (und das sollten Sie auf jeden Fall tun), haben Sie es sogar noch einfacher: Drücken Sie bei aktiviertem

Schnittfenster $\boxed{\text{Pos1}}$/$\boxed{\nwarrow}$, gefolgt von $\boxed{\text{Strg}}$/$\boxed{\text{cmd}}$+$\boxed{\text{D}}$. Die Technik schauen wir uns natürlich in Kapitel 6, »Überblendungen«, noch genauer an – versprochen.

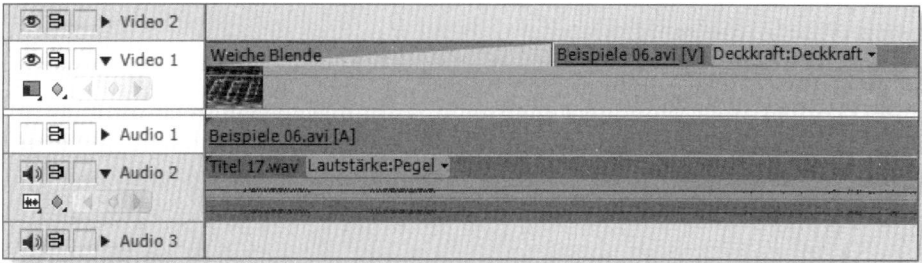

▲ **Abbildung 2.41** Wie von Geisterhand ist der Anfang des ersten Clips mit einer Aufblende versorgt worden.

2.4 Film ausgeben

Am Ende wollen wir natürlich eine eigenständige Datei in Händen halten. Deshalb soll das fertig geschnittene Video als DV-AVI-Datei ausgegeben werden. Solche Filme eignen sich hervorragend zur weiteren Verwendung (z. B. in anderen Projekten). Speichern Sie Ihr Projekt zuvor noch einmal ab ($\boxed{\text{Strg}}$/$\boxed{\text{cmd}}$+$\boxed{\text{S}}$).

Schritt für Schritt: Einen Film ausgeben

In diesem Beispiel soll der Film so ausgegeben werden, dass er auch in anderen Projekten noch als Rohmaterial genutzt werden kann. Wir legen hier also mehr Wert auf Qualität als auf eine effiziente Dateigröße.

1 Export-Dialog öffnen

Entscheiden Sie sich im Dateimenü für EXPORTIEREN • MEDIEN. Falls der Befehl EXPORTIEREN im Menü ausgegraut erscheint und sich deshalb nicht anwählen lässt, gibt es dafür eine denkbar einfache Begründung: Das Schnittfenster (Timeline) ist nicht markiert. Dies ist jedoch ein Muss, um die aktuelle Sequenz als Film ausgeben zu können. Alternativ könnten Sie noch die Sequenz im Projektfenster markieren.

Klicken Sie in diesem Beispiel aber das Schnittfenster an, und achten Sie darauf, dass sich dort der bereits bekannte Rand zeigt. Danach können Sie im Menü auch den Befehl EXPORTIEREN anwählen.

2 Exporteinstellungen vornehmen

Nun öffnet sich der Dialog EXPORTEINSTELLUNGEN. Hier sollen zunächst nur wenige grundlegende Einstellungen behandelt werden. Weiterführende Hinweise zu den Exporteinstellungen finden Sie in Kapitel 12, »Export«.

Selektieren Sie zunächst ganz oben im Pulldown-Menü FORMAT den Listeneintrag AVI ❶, sofern Sie an einem Windows-Rechner sitzen. Mac-User entscheiden sich hier für QUICKTIME. Im darunter befindlichen Selektionsfeld VORGABE sollten Sie PAL DV ❷ einstellen (damit es hier nicht zu einer Änderung des Videoformats kommt). Klicken Sie zudem noch auf die Schrift neben der Bezeichnung AUSGABENAME ❸, und legen Sie den gewünschten Ausgabeort für die Datei fest. Jetzt betätigen Sie noch die Schaltfläche EXPORTIEREN ❹ – und schon erzeugt Premiere Pro die gewünschte Filmdatei.

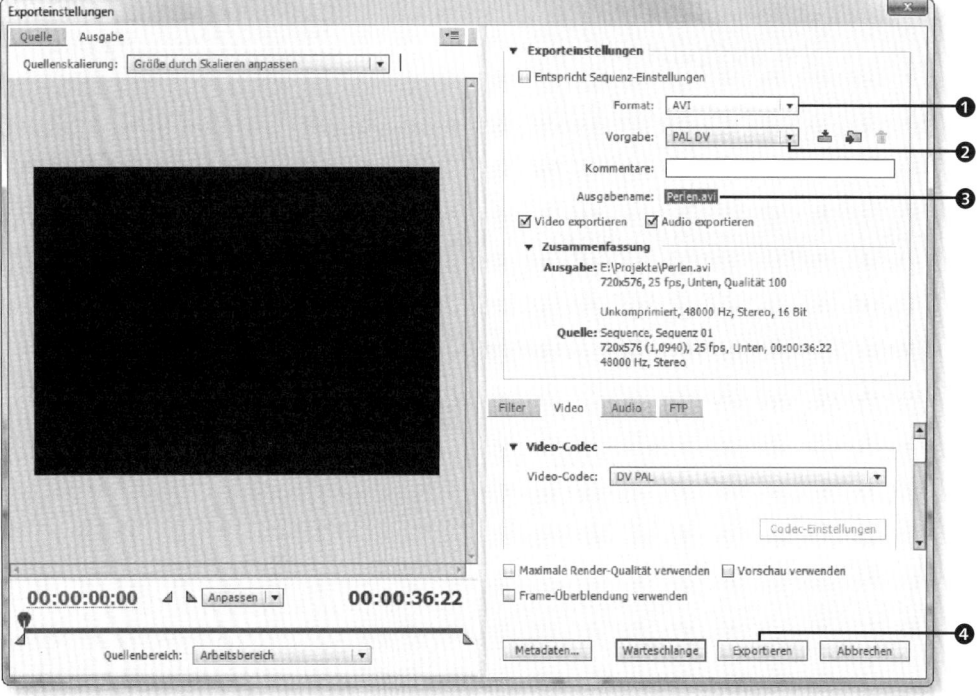

▲ **Abbildung 2.42** In diesem Fenster wird der Export von Videosequenzen realisiert.

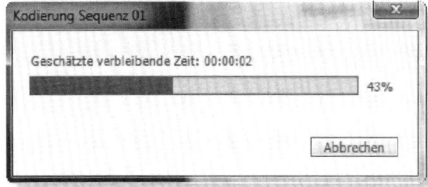

▲ **Abbildung 2.43** Das Projekt wird berechnet. Das dürfte nur wenige Sekunden dauern.

3 Datei kontrollieren

Unter dem zuvor von Ihnen unter ❸ festgelegten Speicherort befindet sich nun die Ausgabedatei, die Sie jetzt in Ihrem bevorzugten Player (z. B. Windows Media (Win) oder QuickTime (Mac)) abspielen und begutachten können. Viel Spaß dabei!

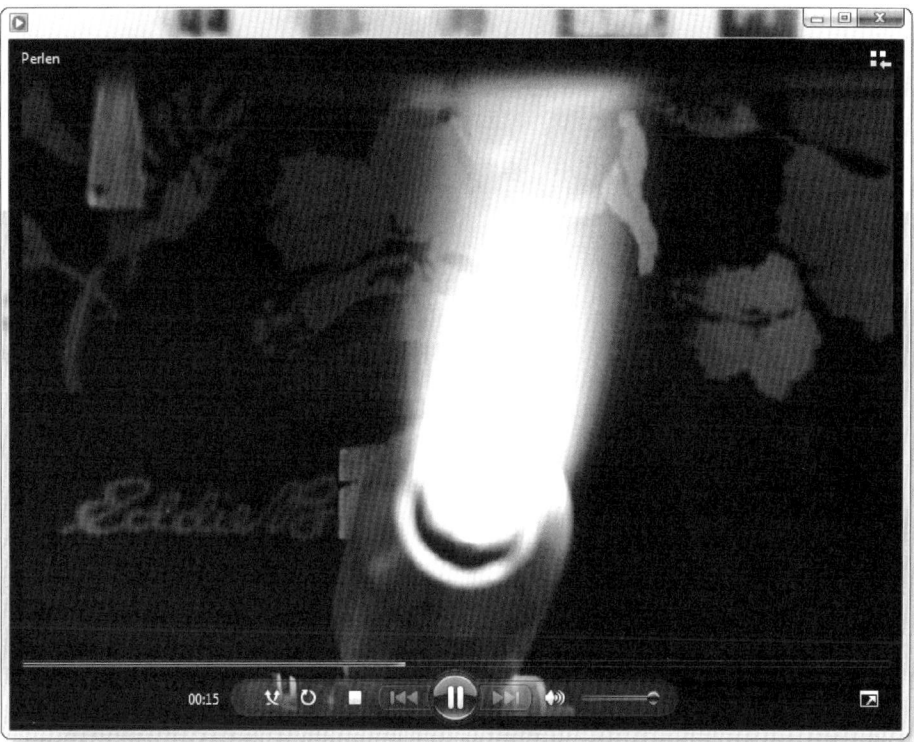

▲ **Abbildung 2.44** Der Film ist fertig und kann jetzt sogar außerhalb von Premiere Pro begutachtet werden!

3 Arbeitsoberfläche kennenlernen und bedienen

Die Arbeitsoberfläche von Premiere Pro ist wie ein »Fachdiscounter« in Sachen Videoschnitt. Zwar gibt es dort alles, was das Herz begehrt, doch ist nicht alles immer gleich zu finden. Einen entscheidenden Vorteil gegenüber dem Discounter hat Premiere aber zu bieten. Sie können sich nämlich Ihren Laden so einrichten, wie Sie es gerne hätten.

In diesem Kapitel erfahren Sie Folgendes:

▶ Wie ist der Arbeitsbereich von Premiere Pro aufgebaut?
▶ Wie werden Fenster, Paletten und Register bedient?
▶ Wie wird der Media-Browser bedient?
▶ Wie wird eine Sprachanalyse durchgeführt?
▶ Wie wird der Schnitt im Schnittfenster organisiert?
▶ Wie funktioniert die Protokoll-Palette?
▶ Wie kann ich meine eigenen Tastaturkürzel einstellen?

3.1 Die Arbeitsbereiche

Nach dem Öffnen der Anwendung wird sich möglicherweise noch keine rechte Begeisterung einstellen, sieht die Oberfläche doch relativ nüchtern aus (Voraussetzung für die Ansicht der Oberfläche ist, dass Sie zuvor bereits, wie im vorangegangenen Kapitel beschrieben, ein Projekt angelegt haben).

Helle Arbeitsoberfläche

Bitte beachten Sie, dass die Arbeitsoberfläche zur besseren Darstellung der Abbildungen in diesem Buch stark erhellt worden ist (siehe Kapitel 2, »Blind Date – Schnellstart mit einem ersten Projekt«). Sie müssen das bei Ihrer Software nicht machen, da sich ein dunkler Hintergrund zur Videobearbeitung bestens eignet. Falls Sie dennoch geneigt sind, die Arbeitsoberfläche aufzuhellen, gehen Sie auf BEARBEITEN/PREMIERE PRO • VOREINSTELLUNGEN • AUSSEHEN und schieben den Regler HELLIGKEIT ganz nach rechts, ehe Sie den Dialog mit OK verlassen. Ein späterer Klick auf den Button STANDARD dunkelt die Arbeitsoberfläche wieder ab.

Damit es in diesem Buch nicht zu Missverständnissen kommt, werfen wir einen Blick auf die einzelnen Baugruppen des Interfaces (Arbeitsoberfläche) und deren

Bezeichnungen. Bitte stören Sie sich nicht daran, dass die Fenster noch nicht mit »Leben« gefüllt sind. Das erfolgt später.

❶ Quellmonitor – (auch *Quellenmonitor*) zeigt den Inhalt eines Clips an, der zuvor im Projektfenster selektiert worden ist.

❷ Programmmonitor – (auch *Sequenzmonitor*) zeigt den Inhalt der Timeline an.

❸ Sequenzminiatur – repräsentiert das Schnittfenster in Form eines einzelnen Assets.

❹ Projektfenster – zeigt alle dem Projekt zugehörigen Assets

❺ Sequenzfenster – (auch *Schnittfenster*) repräsentiert den Inhalt der Sequenz (sprich des eigentlichen Films).

❻ Timeline – zeigt alle dem Film zugehörigen Clips in zeitlicher Reihenfolge an.

❼ Aussteuerung – (auch *Pegel*) zeigt den Lautstärkeumfang der Audiokanäle an.

❽ Werkzeuge – (auch *Werkzeugleiste*, *Tools* oder *Toolbox*) zeigt eine Übersicht der bereitstehenden Werkzeuge (meist zur Anpassung und Bearbeitung eines oder mehrerer Videoclips).

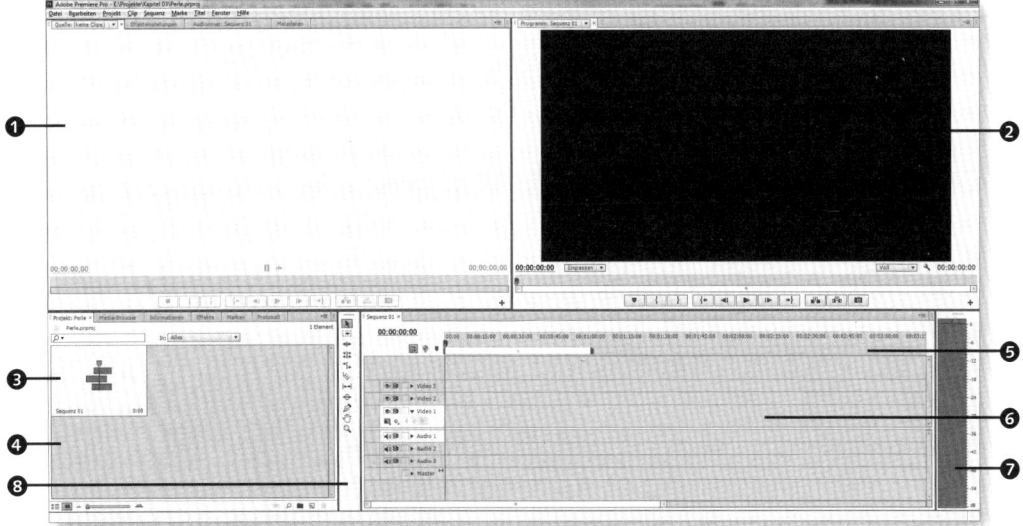

▲ **Abbildung 3.1** Nicht gerade anmutig – die neue Oberfläche von Premiere Pro CS6

Fenster vs. Bedienfelder

Die vorgestellten Elemente befinden sich in der Regel in sogenannten Fenstern (die räumlich von anderen Fenstern getrennt sind und noch individuell angepasst werden können). Für diese Objekte ist auch der Begriff *Bedienfelder* geläufig.

Paletten und Register

Mitunter sind innerhalb eines Fensters mehrere Bereiche integriert – die sogenannten Paletten. Um sie innerhalb eines Fensters nach vorne zu stellen, betätigen Sie die sogenannten Reiter (oder Register), wie z. B. Media-Browser, Informationen, Effekte usw., unten links im Projektfenster.

Vordefinierte Arbeitsbereiche | Premiere Pro bringt vordefinierte Bereiche mit, die für jeweils unterschiedliche Aufgaben optimiert sind. Standardmäßig befinden Sie sich im Modus BEARBEITUNG, der sich genauso darstellt, wie in Abbildung 3.1 zu sehen ist. Wollen Sie eine andere Oberfläche verwenden, beispielsweise um ein für Effekte optimiertes Interface zu erhalten, öffnen Sie das Menü FENSTER. Dort entscheiden Sie sich für ARBEITSBEREICH • EFFEKTE. Alternativ reicht es auch, wenn Sie die Tastenkombination [Alt]+[⇧]+[4] drücken.

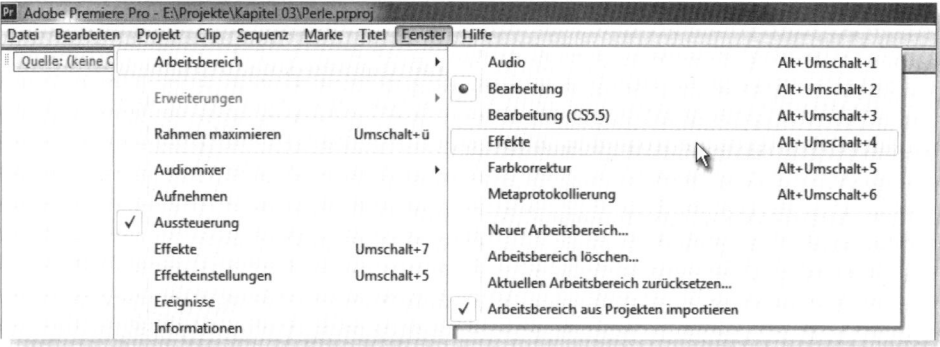

▲ **Abbildung 3.2** Im Fenster-Menü werden verschiedene Arbeitsbereiche angeboten.

Arbeitsbereich per Tastatur auswählen | Wer seine Software gerne per Tastatur bedient, der kann auch einmal schnell eine Tastenkombination absetzen, um den gewünschten Arbeitsbereich auszuwählen. Die Kürzel sehen Sie hinter den Menüeinträgen im Menü FENSTER • ARBEITSBEREICH • EFFEKTE.

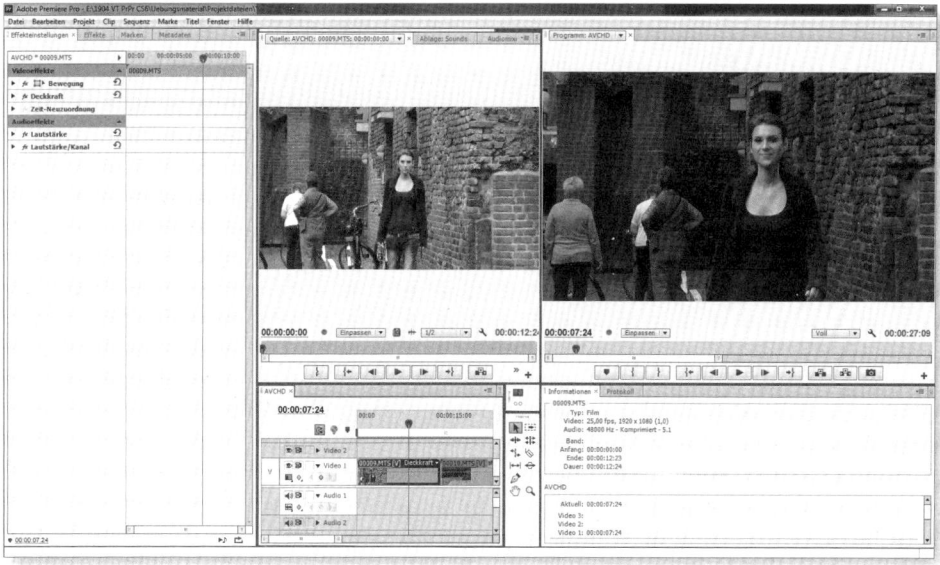

▲ **Abbildung 3.3** Eine Software mit vielen Gesichtern – hier in der optimierten Ansicht zur Farbkorrektur

Kinomodus

Mit Ü wird das Fenster maximiert. Das bedeutet, dass Register, Menüleiste usw. erhalten bleiben. Wollen Sie einen echten Fullscreen erreichen (den sogenannten *Kinomodus*), müssen Sie bei aktiviertem Monitor-Bedienfeld Strg/cmd+Ü betätigen.

3.1.1 Arbeitsoberfläche umgestalten

Premiere Pro verfügt über eine dynamische Oberfläche. Das bedeutet, kein Fenster wird von einem anderen verdeckt – selbst dann nicht, wenn Sie einzelne Fenster skalieren. Es ist also möglich, Fenster und Paletten gemeinsam zu verschieben und zu skalieren. Auf diese Weise lässt sich jeder Arbeitsbereich den eigenen Wünschen und Bedürfnissen anpassen. Setzen Sie den Mauszeiger an einen Zwischensteg ❶, der zwei Fenster voneinander trennt. Die richtige Position ist gefunden, wenn der Mauszeiger zum Doppelpfeil mutiert. Wenn Sie jetzt den Zwischensteg bei gedrückter linker Maustaste verziehen, werden beide Fenster entsprechend reagieren.

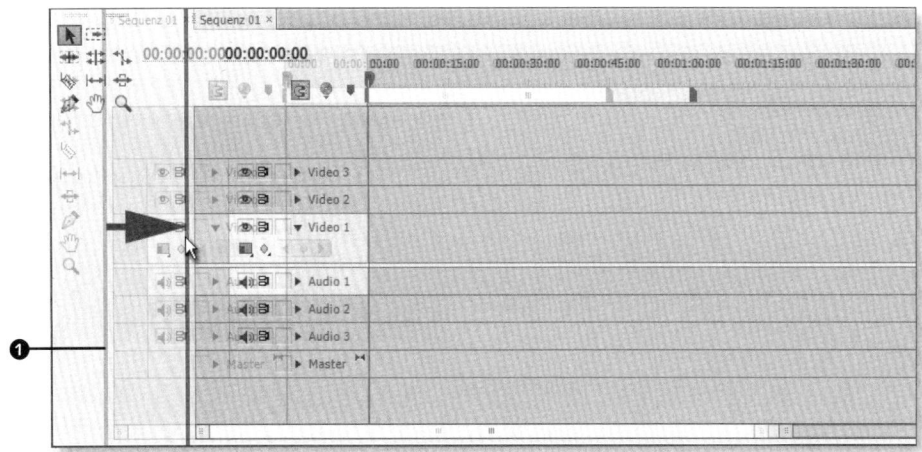

▲ **Abbildung 3.4** Diese Technik funktioniert bei horizontalen und vertikalen Stegen.

Auf diese Weise lassen sich auch drei oder sogar vier Fenster gleichzeitig verstellen. Dazu bewegen Sie den Mauszeiger nicht an einen Zwischensteg, sondern auf eine »Kreuzung«.

Palettenbereiche scrollen | Bestimmt sind Ihnen schon die kleinen grauen Balken ❷ oberhalb der Bedienfelder aufgefallen. Falls nicht, deaktivieren Sie doch kurz den Maximierungsmodus der Anwendung oder ziehen eines der größeren Fenster einmal ziemlich weit zusammen (hier Projektfenster). Diese Balken verändern sich in der horizontalen Ausdehnung, je nachdem, wie viel Platz für die jeweilige Gruppe zur Verfügung steht. Das Geheimnis dieser Balken: Es handelt sich um Scrollleisten. Wenn also eine Registerkarte nicht zugänglich ist, weil dem jeweiligen Fenster zu wenig Platz zur Verfügung steht, können Sie die Leiste per Drag & Drop verschieben und so die verborgenen Registerkarten erreichen.

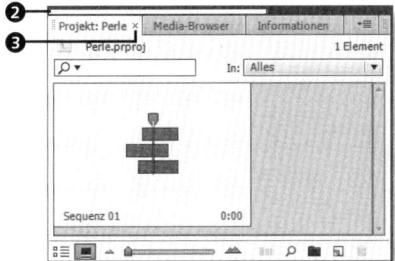

◀ **Abbildung 3.5** Mit Hilfe dieser Leiste lassen sich verdeckte Register zugänglich machen.

Paletten schließen und wieder öffnen | Sämtliche Bedienfelder (= Fenster, = Paletten) können über die jeweilige Kreuzschaltfläche ❸ geschlossen werden, was für den versierten Anwender natürlich nichts Neues ist. Interessanter ist da schon die Möglichkeit, dass sich sämtliche Bedienfelder auch wieder über das FENSTER-Menü öffnen lassen. Sollten Sie also einmal eine Palette vermissen, gehen Sie auf FENSTER und wählen den entsprechenden Untereintrag. Achten Sie in diesem Zusammenhang darauf, dass alle Fenster, die mit einem Häkchen versehen sind, aktuell im Vordergrund der Anwendung stehen.

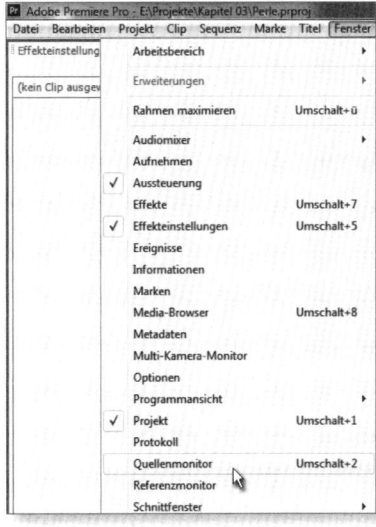

◀ **Abbildung 3.6** Sie suchen eine bestimmte Palette? Im Menü FENSTER werden Sie fündig.

Paletten verschieben | Wenn Sie eine Palette oder ein Fenster komplett vom vordefinierten Ort lösen und an anderer Stelle einsortieren möchten, klicken Sie einfach auf den Kopf der Registerkarte und ziehen das gute Stück mit gedrückter linker Maustaste an die gewünschte Position. Dort lassen Sie die Taste dann los. Achten Sie darauf, dass teiltransparente Rechteck-Flächen symbolisieren, wo die Palette eingeordnet werden kann. Dabei ist Folgendes zu beachten: Wird die Färbung in der Fenstermitte präsentiert, wird sie den bereits vorhandenen Registern hinzugefügt. Erscheint sie am Rand, wird stattdessen ein neues Fenster eröffnet.

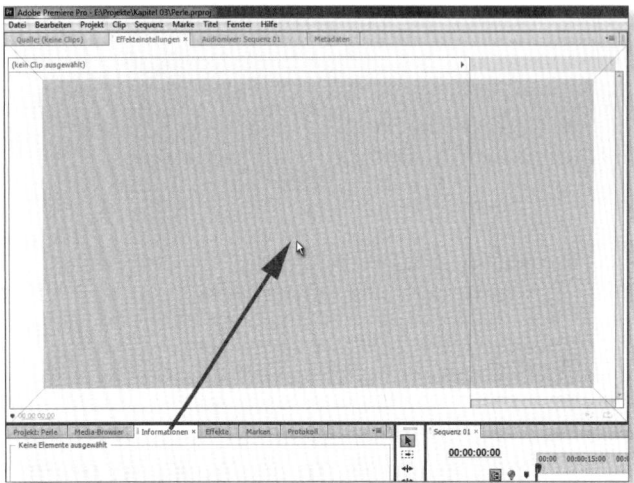

▲ **Abbildung 3.7** Diese Aktion hätte zur Folge, dass das Register INFORMATIONEN den oben links bereits bestehenden Registern hinzugefügt würde.

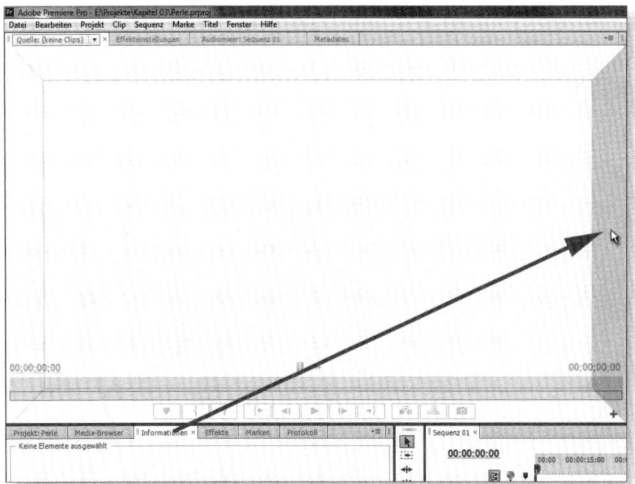

▲ **Abbildung 3.8** Mit dieser Aktion erreichen Sie, dass rechts neben dem Fenster des Quellmonitors ein weiteres Fenster geöffnet wird.

Paletten herauslösen | Nun ist diese Art der Dynamisierung von Oberflächen natürlich ganz reizvoll – in der Praxis werden aber noch längst nicht alle Gestaltungswünsche erfüllt. Wenn Sie beispielsweise mit zwei Monitoren arbeiten, werden Sie den Wunsch verspüren, Paletten komplett herauszulösen und als eigenständige Fenster anzuordnen. Auch das ist kein Problem: Ziehen Sie das zu separierende Fenster an eine beliebige Position, während Sie $\boxed{\text{Strg}}$/$\boxed{\text{cmd}}$ gedrückt halten.

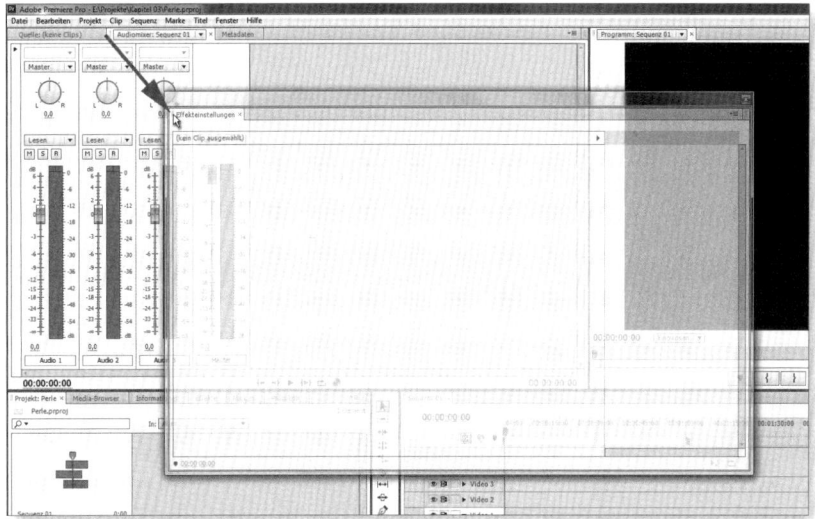

▲ **Abbildung 3.9** Das Fenster wird nach dem Herausziehen überlagernd angezeigt.

3.1.2 Einen eigenen Arbeitsbereich speichern

Nun ist es ja ganz nett, dass Premiere Pro mit mehreren verschiedenen Oberflächen aufwartet und Sie überdies noch Ihre eigenen Arbeitsbereiche definieren können. Aber wie sieht es aus, wenn Sie Ihr ganz persönliches Interface wünschen, doch der liebe, am gleichen Rechner arbeitende Kollege damit gar nicht so recht einverstanden ist? Als friedvoller Mensch sollten Sie ihm anbieten, dass jeder sein eigenes Interface haben darf. Mein Tipp: Wählen Sie in seinem Beisein zunächst FENSTER • ARBEITSBEREICH • NEUER ARBEITSBEREICH. Geben Sie der zu erstellenden Oberfläche einen Namen (bitte nicht den Ihres Kollegen).

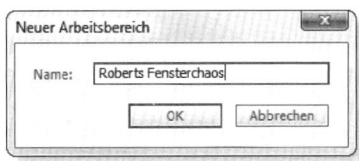

◄ **Abbildung 3.10** Benennen Sie die Arbeitsbereiche eindeutig.

Danach ziehen Sie die Fenster und Paletten so in Position, wie Sie das für die jeweilige Aufgabe gerne hätten. Es ist auch gar nicht schlimm, wenn Sie den wütenden Protest Ihres Gegenübers mit einem salomonischen Lächeln kommentieren. Denn jetzt kommt

Ihre Stunde: Sie gehen nämlich anschließend über FENSTER • ARBEITSBEREICH • BEAR-
BEITUNG wieder zur ursprünglichen Ansicht zurück. Wie wäre es, wenn Sie dem lieben
Fachgenossen auch einen solchen Arbeitsbereich einrichteten? Er wird begeistert sein.

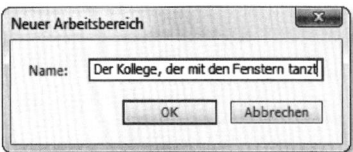

◀ **Abbildung 3.11** Jetzt ist Ihr Nebenmann dran.

Wenn Sie jetzt abermals das Arbeitsbereichsmenü (FENSTER • ARBEITSBEREICH) öffnen,
werden Sie feststellen, dass Premiere Pro beide Namen in das Menü übernommen
hat. Fortan kann jeder mit seinem Arbeitsbereich machen, was er will. Und wenn Sie
nachträgliche Korrekturen vornehmen, bleiben diese automatisch erhalten.

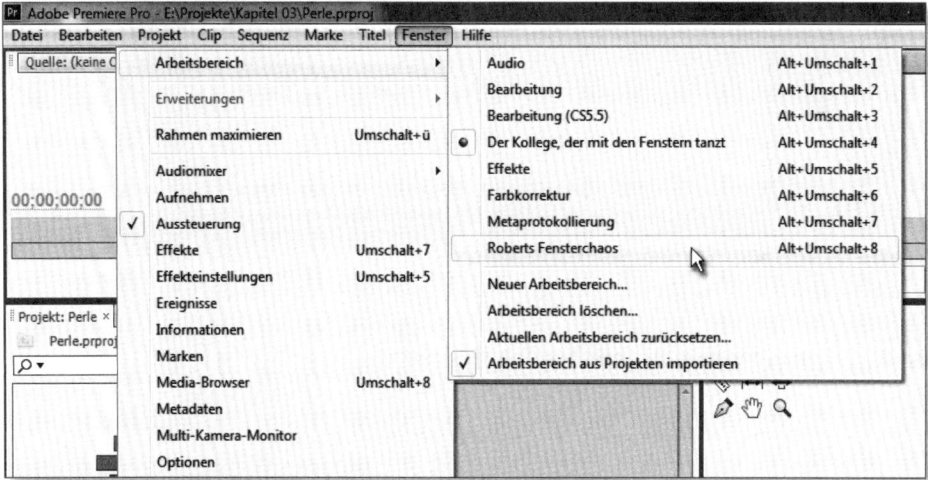

▲ **Abbildung 3.12** Auf diese Weise können zuvor angelegte Arbeitsbereiche erneut aufgerufen
werden.

Shortcuts ändern sich

Berücksichtigen Sie, dass bei dieser Aktion die Tastaturkürzel für nachfolgende Arbeitsbereiche aktualisiert werden. Diese werden nämlich grundsätzlich alphabetisch einge-
ordnet. So wird im Beispiel »Der Kollege, der mit den Fenstern tanzt« künftig über
Alt + ⬆ + 4 aktivierbar sein, obwohl dieser Shortcut ursprünglich dem Arbeitsbereich
EFFEKTE zugewiesen war. Das sollten Sie bei der Benennung der Arbeitsbereiche gegebenenfalls berücksichtigen.

Arbeitsbereich löschen | Glücklicherweise lassen sich zuvor definierte Arbeitsbereiche
auch wieder löschen. Dazu müssen Sie nichts weiter tun, als FENSTER • ARBEITSBEREICH
• ARBEITSBEREICH LÖSCHEN auszuwählen, im bereitgestellten Pulldown-Menü auf den

Arbeitsbereich und anschließend auf LÖSCHEN zu klicken. Allerdings müssen Sie dabei Folgendes beachten: Der Arbeitsbereich, den Sie löschen wollen, darf dabei auf der Oberfläche nicht eingestellt sein. In diesem Fall wird er gar nicht erst zum Löschen angeboten. Wenn der werte Kollege also (wovon über kurz oder lang definitiv auszugehen ist) sich in dem von Ihnen genutzten Arbeitsbereich wesentlich wohler fühlt, müssen Sie zunächst einen anderen Arbeitsbereich wählen (z. B. Audio) und erst im Anschluss ARBEITSBEREICH LÖSCHEN auswählen.

◀ **Abbildung 3.13** Also doch! Dieser Arbeitsbereich taugt ja gar nichts.

Letztendlich werden aber alle Änderungen, die Sie nachträglich an einem Arbeitsbereich vornehmen, in das aktuelle Layout der Arbeitsoberfläche übernommen. Dies ist auch zunächst einmal gut so, weil Sie andernfalls nach jeder Änderung einen neuen Arbeitsbereich definieren müssten. Manchmal ist das Ganze aber auch hinderlich, und Sie wünschen sich das ursprünglich eingestellte Interface zurück. Das realisieren Sie dann kurzerhand über FENSTER • ARBEITSBEREICH • AKTUELLEN ARBEITSBEREICH ZURÜCKSETZEN. Den Folgedialog bestätigen Sie dann mit JA.

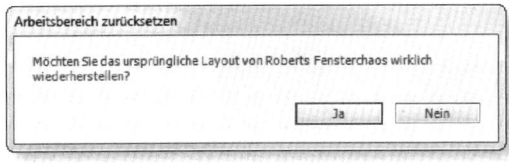

◀ **Abbildung 3.14** Premiere Pro will es ganz genau wissen und fragt lieber noch einmal nach.

3.1.3 Arbeitsbereich aus Projekten importieren

Die Sache mit den Arbeitsbereichen funktioniert übrigens auch projektübergreifend. Wenn Sie nämlich ein vorhandenes Projekt oder das eines anderen öffnen, wird der dort gültige Arbeitsbereich automatisch übernommen. Wenn Sie derartige Eigenmächtigkeiten jedoch auf gar keinen Fall hinnehmen wollen, müssen Sie sich dem Menüeintrag FENSTER • ARBEITSBEREICH • ARBEITSBEREICH AUS PROJEKTEN IMPORTIEREN widmen. Diesem ist nämlich standardmäßig ein Häkchen vorangestellt. Das bedeutet: Die Arbeitsbereiche werden mit importiert. Wählen Sie das Häkchen ab, indem Sie erneut auf diesen Eintrag klicken, sind Sie fortan von derartigen Importen geschützt. Ein erneuter Klick darauf würde die Option wieder aktivieren und das Häkchen voranstellen.

3.2　Der Media-Browser

In Adobe Premiere Pro existiert seit einigen Versionen ein sogenannter *Media-Browser*, der sich standardmäßig in der Bedienfeldgruppe unten links befindet. Sollte er nicht sichtbar sein, wählen Sie ihn über FENSTER • MEDIA-BROWSER an. Dieser ist quasi die Verbindungsbrücke zwischen Ihren Videos, Bildern, Audiodateien usw., die sich auf Ihrer Festplatte befinden. Damit diese im Film eingesetzt werden können, müssen sie zunächst dem Projektfenster hinzugefügt werden. Zwar können Assets auch außerhalb von Premiere Pro markiert und per Drag & Drop in das Projektfenster gebracht werden, doch ist der Einsatz des Media-Browsers in vielerlei Hinsicht optimal, wie Sie in diesem Abschnitt erfahren werden.

3.2.1　Ansicht des Media-Browsers optimieren

Um Assets via Media-Browser ins Projektfenster zu befördern, bietet sich FENSTER • ARBEITSBEREICH • METAPROTOKOLLIERUNG an. Diese Oberfläche hat den Vorteil, dass sich die Projekt- und die Media-Browser-Palette in unterschiedlichen Fenstern befinden. Innerhalb des Media-Browsers lassen sich die Festplattenverzeichnisse öffnen, indem Sie die vorangestellten Dreiecksymbole markieren. Navigieren Sie weiter bis zum Ordner, der die gewünschten Arbeitsdateien enthält, und markieren Sie diesen links in der Spalte mit einem Mausklick. Die Dateien werden dann auf der rechten Seite des Media-Browsers angezeigt und können von dort aus bequem in das Projektfenster gezogen werden.

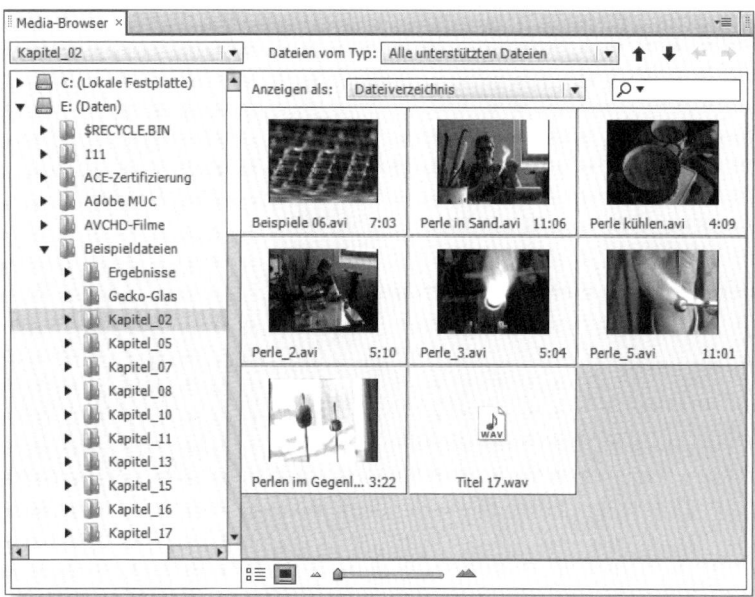

▲ **Abbildung 3.15** Von hier aus lassen sich die Assets in das Projektfenster ziehen, das sich in diesem Arbeitsbereich oberhalb des Media-Browsers befindet.

So haben Sie also direkt aus Premiere Pro heraus Zugriff auf sämtliche Festplattenverzeichnisse und können diese Ihren Projekten hinzufügen, ohne Premiere Pro verlassen zu müssen. Die Dateien werden bei diesem Vorgehen übrigens nicht verschoben. Die Option hat lediglich zur Folge, dass Verweise auf die Assets nun im Projektfenster zu finden sind. Die Originaldateien bleiben grundsätzlich unangetastet – auch in der weiteren Bearbeitung.

3.2.2 Assets im gleichen Fenster verschieben

Wer die Arbeitsumgebung nicht wechseln möchte, also lieber im Arbeitsbereich BEARBEITUNG bleibt (weil er seinem Projekt beispielsweise nur einen einzelnen Clip nachliefern möchte), der geht folgendermaßen vor: Zuerst wird der Clip im Media-Browser, wie beschrieben, angeklickt und die Maustaste festgehalten. Danach zeigen Sie auf das Register PROJEKT und warten so lange, bis dieses im Vordergrund angezeigt wird. Ziehen Sie die Maus (mit immer noch gehaltener linker Taste) nach unten bis in den freien Bereich des Projektfensters. Dort angekommen, lassen Sie los.

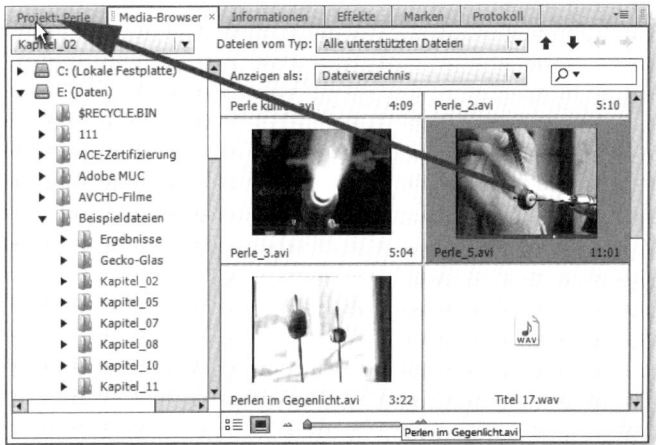

◄ **Abbildung 3.16** Binden Sie die Register beim Hinzufügen von Assets mit ein.

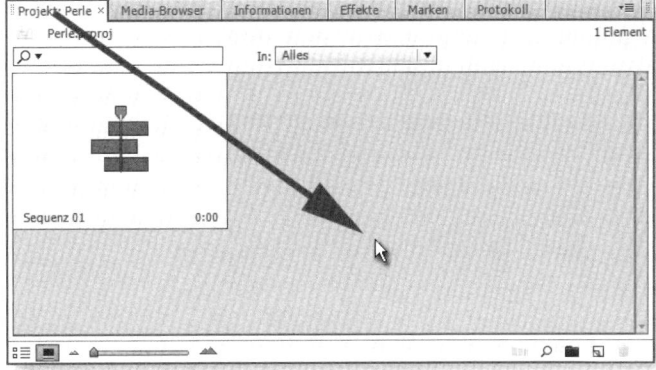

◄ **Abbildung 3.17** Sobald das Projektfenster vorne steht, lassen Sie den Clip im freien Bereich fallen.

Ein auf diese Weise transportierter Clip kann auch direkt einsortiert werden. In diesem Fall ziehen Sie das Asset zwischen zwei andere. An Positionen, an denen der Clip einge-lagert werden kann, taucht der bereits bekannte vertikale Balken auf.

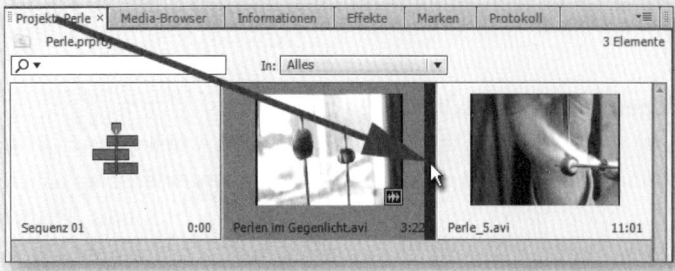

▲ **Abbildung 3.18** Sogar das direkte Einsortieren ist möglich.

3.2.3 Clips abspielen und scrubben

Bei sehr vielen ähnlichen Clips (und somit auch mehr oder weniger identischen Minia-turen) ist es nicht immer ganz einfach, den gewünschten gleich zu finden. Es gibt aber eine Option, mit der sich der Inhalt des Videoclips besser beurteilen lässt. Stellen Sie die Maus auf die Vorschauminiatur, und bewegen Sie das Zeigegerät nach rechts und links. So sind Sie imstande, den Clip-Inhalt grob zu »durchfahren« (Scrubbing). Ent-sprechendes funktioniert auch, indem Sie den kleinen Abspielkopf ❶ verziehen.

Wer sich anstelle des Scrubbings eine Wiedergabe in Echtzeit wünscht, kann nach Anwahl des Assets die Leertaste betätigen. Ein erneuter Druck darauf beendet die Wiedergabe.

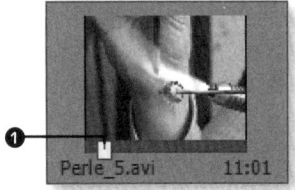

◀ **Abbildung 3.19** Schon im Media-Browser kann der Clip-Inhalt angesehen werden.

Ein neues Feature in Premiere Pro CS6 ermöglicht es, die Clips auch einzelbildweise durchzusehen. Dazu halten Sie permanent K gedrückt. Betätigen Sie zusätzlich noch L, geht es ein Bild nach vorne. Mit J springen Sie ein Einzelbild zurück.

3.2.4 Miniaturen vergrößern

Nun ist die Darstellung recht klein. Wer eine größere Bildfläche wünscht, kann sich des Schiebereglers in der Fußleiste bedienen ❹. Nach rechts hin lassen sich die Miniaturen vergrößern. Allerdings gelangen Sie damit nicht unbedingt zur Maximalgröße, die letztendlich nämlich auch von der Größe des Fensters abhängig ist. Ziehen Sie den Regler doch einmal ganz nach rechts, und vergrößern Sie das Fenster (den Mauszeiger darauf parken und Ü betätigen).

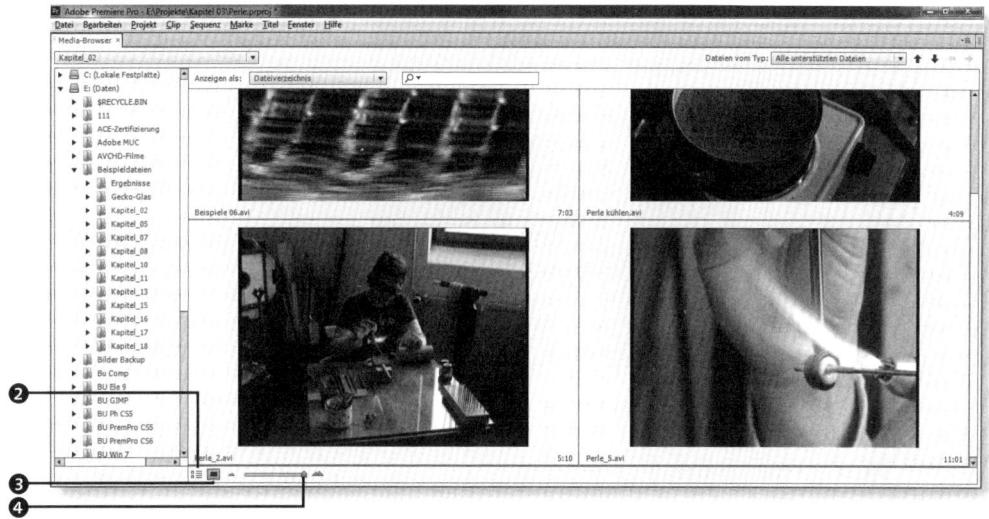

▲ **Abbildung 3.20** Den Media-Browser sowie die darin enthaltenen Assets gibt es auch »in groß«.

Im Quellmonitor abspielen | Manche Assets unterscheiden sich mitunter ja nur in Nuancen voneinander, beispielsweise, wenn Sie eine Szene mit Schauspielern mehrfach wiederholt haben. In einem solchen Fall kann es sinnvoll sein, den Clip im Quellmonitor zu begutachten. Um das zu ermöglichen, reicht übrigens ein Doppelklick auf das Asset im Media-Browser.

3.2.5 Listen- und Miniaturansicht

Links neben dem Schieberegler sind zwei Schaltflächen zu finden, von denen die rechte ❸ standardmäßig aktiv ist. Das ist auch gut so, denn nur diese ermöglicht es, die einzelnen Assets als Miniaturen zu sehen. Schalten Sie auf LISTENANSICHT ❷ um, taucht zwar in der Regel mehr Content auf, jedoch ist die schnelle Begutachtung, wie zuvor beschrieben, nicht möglich.

3.2.6 Assets filtern

Grundsätzlich werden im Media-Browser alle mit Premiere Pro kompatiblen Dateien angezeigt. Wenn Sie allerdings bestimmte Dateien aus einem ansonsten prall gefüllten Ordner heraussuchen wollen, wird die Sache ganz schnell unübersichtlich. Deshalb ist es möglich, die Auswahl auf bestimmte Dateitypen zu beschränken. Dazu klicken Sie in das Pulldown-Menu DATEIEN VOM TYP ❺ (hier steht aktuell ALLE UNTERSTÜTZTEN DATEIEN) und entscheiden sich für das Dateiformat, das angezeigt werden soll.

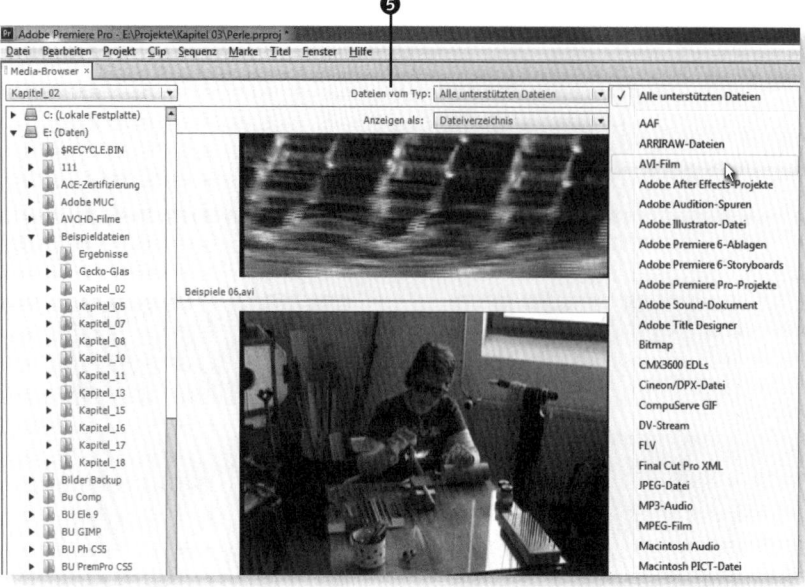

▲ **Abbildung 3.21** Suchen Sie im Menü aus, welche Dateien angezeigt werden sollen.

3.2.7 Anzeige für Kameras optimieren

Unterhalb dieses Pulldown-Menüs befindet sich ein weiteres Auswahlfeld, das mit ANZEIGEN ALS ❻ betitelt ist. Hier haben Sie die Möglichkeit, kameraspezifische Anzeigen zu wählen. Was hat es nun damit auf sich? Solange DATEIVERZEICHNIS eingestellt ist, sehen Sie stets alle Dateien, die sich innerhalb eines Ordners befinden. Das ist ja prinzipiell auch so in Ordnung. Aber wenn Sie beispielsweise auf die Verzeichnisse einer angeschlossenen, bandlosen Kamera zugreifen wollen, wird das sehr schnell unübersichtlich: Hier sind nämlich üblicherweise zahllose Daten integriert, die für den Videoschnitt gar nicht benötigt werden. Und genau die werden mit Hilfe von ANZEIGEN ALS ausgeblendet. Premiere Pro erkennt übrigens in der Regel selbstständig, um welche Formate es sich handelt, und schaltet dann eigenmächtig um.

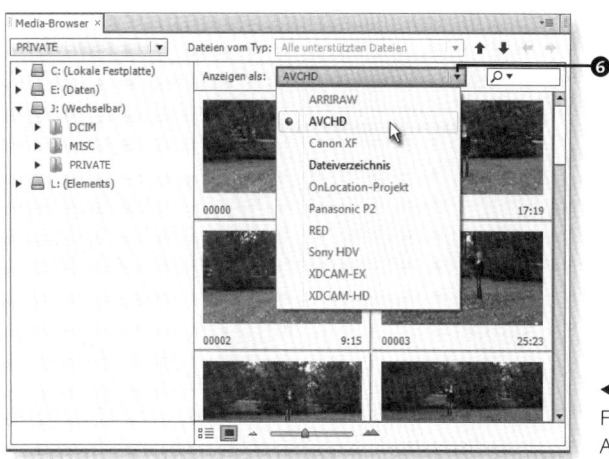

◄ **Abbildung 3.22** Hier werden die Filmdateien einer angeschlossenen AVCHD-Kamera angezeigt.

3.2.8   Auf Assets von bandlosen Kameras zugreifen

Einzelne Assets könnten nun auch direkt in das Projektfenster integriert werden. Der einfachste Weg: Sie klicken mit rechts auf einen Clip und entscheiden sich anschließend für IMPORTIEREN.

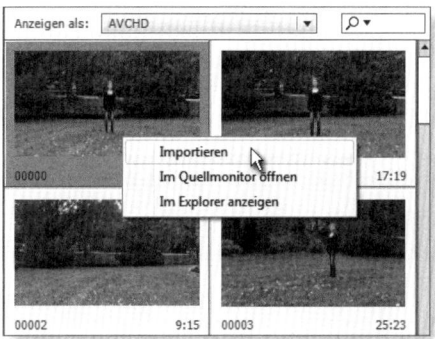

▲ **Abbildung 3.23** Clips lassen sich direkt vom Camcorder aus integrieren. Doch Vorsicht! Das bedeutet, dass die Verbindung zur Kamera stets gehalten werden muss.

Allerdings müssen Sie hier einiges berücksichtigen: Der Clip wird zwar daraufhin Bestandteil des Projekts, jedoch liegt das Original immer noch auf dem Speichermedium der Kamera. Wenn Sie die Verbindung nun kappen und so den Zugriff auf das Original-Asset unmöglich machen, reagiert Premiere Pro sofort mit einem Dialog ➊. Außerdem wird im Projektfenster angezeigt, dass das Asset nicht mehr verfügbar ist. Anstelle der üblichen Bildminiatur erscheint hier ein Fragezeichen ➋.

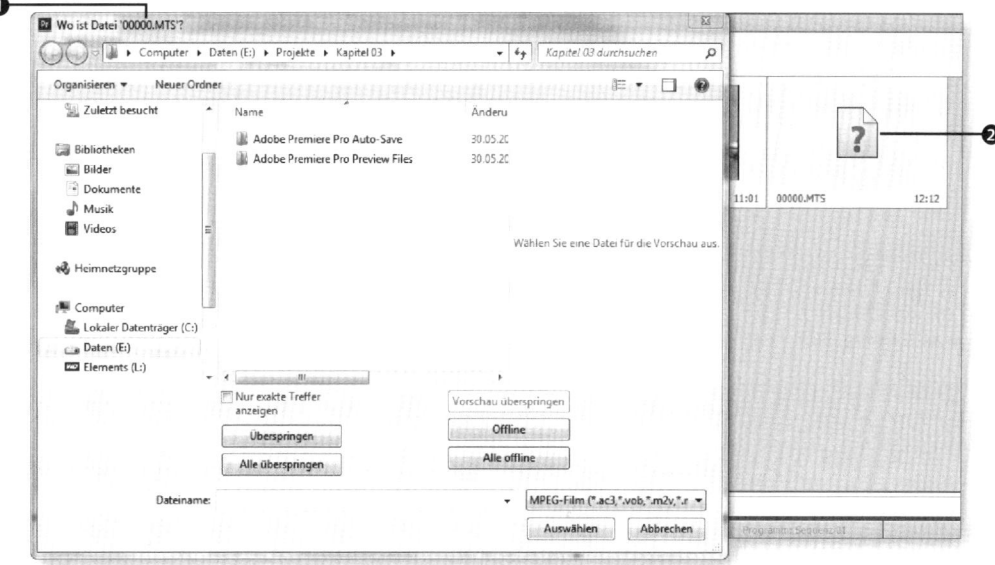

▲ **Abbildung 3.24** Die Verbindung zum Clip geht bei Trennung des Camcorders verloren.

Der Media-Browser ist zwar für den direkten Zugriff auf Speichermedien konzipiert, jedoch lässt sich mit ihm kein Transfer zwischen Camcorder-Chip und Ihrer Festplatte realisieren. Das müssen Sie immer noch von Hand erledigen. (Hinweise dazu finden Sie in Abschnitt 13.1, »Der bandlose Workflow«.)

3.3   Das Projektfenster

Betrachten Sie das Projektfenster (im Arbeitsbereich BEARBEITUNG unten links zu finden) als das Archiv Ihres jeweiligen Projekts. Hier lagern alle Utensilien, die für den zu erstellenden Film benötigt werden, und zwar, man kann es nicht oft genug sagen, lediglich in Form einer Verknüpfung zu den Originalen. Dabei spielt es überhaupt keine Rolle, ob Sie Videoclips, Audioclips, Titel, Bilder o.Ä. verwenden wollen. Zwar gibt es Ausnahmen, doch liegt in der Regel alles, was Inhalt Ihres Projekts werden soll, zunächst einmal hier als Datei vor. Wie Sie eben schon erfahren haben, sollten sämtliche Assets auf Festplatten liegen, zu denen der Rechner ständigen Zugang hat.

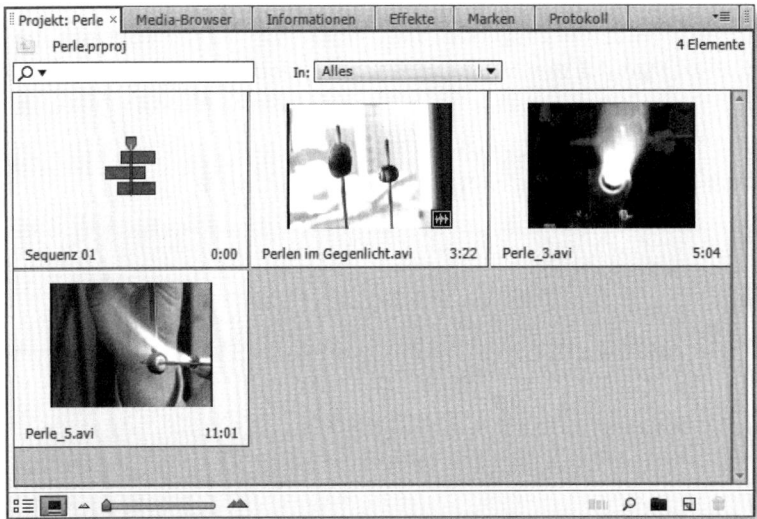

▲ **Abbildung 3.25** Das Projektfenster bildet das Archiv für Ihren Film.

Mit dem zuvor beschriebenen Media-Browser haben Sie ja bereits Einblick in diverse Funktionen erhalten, die auch hier im Projektfenster zu finden sind. So dürften die Steuerelemente unten links in der Fußleiste bereits alte Bekannte sein. Entsprechendes gilt übrigens für sämtliche Wiedergabefunktionen innerhalb des Projektfensters. Um es kurz zu machen: Hier funktioniert zunächst einmal alles genauso, wie im Media-Browser.

3.3.1 Assets importieren

Nun haben Sie im vorangegangenen Abschnitt bereits erfahren, dass sich Dateien ganz komfortabel per Drag & Drop über den Media-Browser in das Projekt integrieren lassen. Wenn Sie die Assets allerdings lieber direkt über das Projektfenster integrieren wollen, können Sie das ebenfalls machen. Am einfachsten ist der bereits in Kapitel 2, »Blind Date – Schnellstart mit einem ersten Projekt«, erwähnte Doppelklick in einen freien Bereich des Projektfensters. Wenn Ihnen das Menü mehr liegt, können Sie auch DATEI • IMPORTIEREN wählen, während Tastaturkürzelfans sich mit [Strg]/[cmd]+[I] begnügen. Im folgenden Dialog können dann einzelne Dateien per Anwahl und anschließendem Klick auf ÖFFNEN hinzugefügt werden.

Mehrere Dateien gleichzeitig hinzufügen

Wenn Sie mehrere nebeneinanderliegende Assets importieren wollen, markieren Sie die erste Datei, halten dann [⇧] gedrückt und klicken anschließend auf die letzte Datei. Mit [Strg]/[cmd] können mehrere nicht untereinanderliegende Dateien markiert bzw. bereits selektierte Assets wieder abgewählt werden.

Ordner importieren | Mitunter kann es sinnvoll sein, komplette Ordner zu importieren. Starten Sie dazu den Importvorgang, wie zuvor beschrieben. Navigieren Sie zum Zielordner, der in das Projekt eingeführt werden soll, und entscheiden Sie sich anschließend für die Schaltfläche ORDNER IMPORTIEREN. Sollten sich in diesem Ordner keine Premiere-Pro-Projektdateien befinden (dazu gleich mehr), werden die Assets geladen, wobei sie jedoch innerhalb dieses Ordners bleiben – auch im Projektfenster.

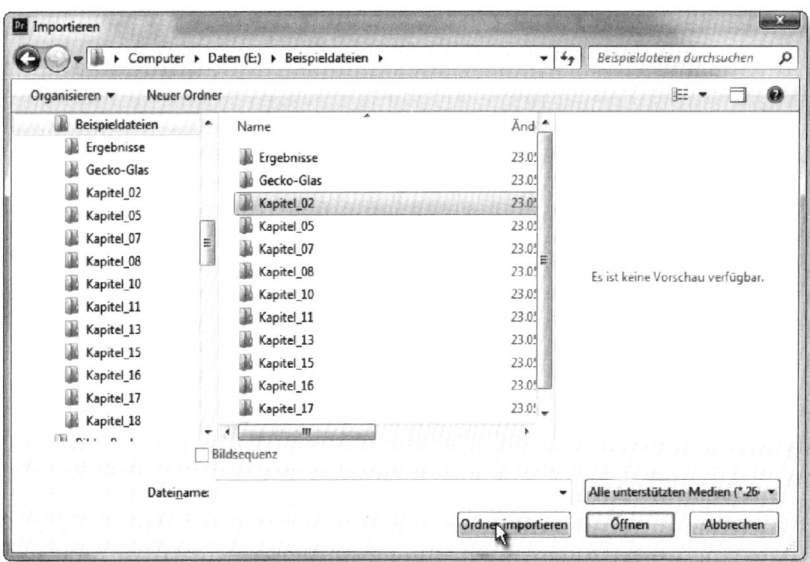

▲ **Abbildung 3.26** Mit Hilfe der Schaltfläche ganz unten im Dialog lassen sich ganze Ordner in das Projektfenster importieren.

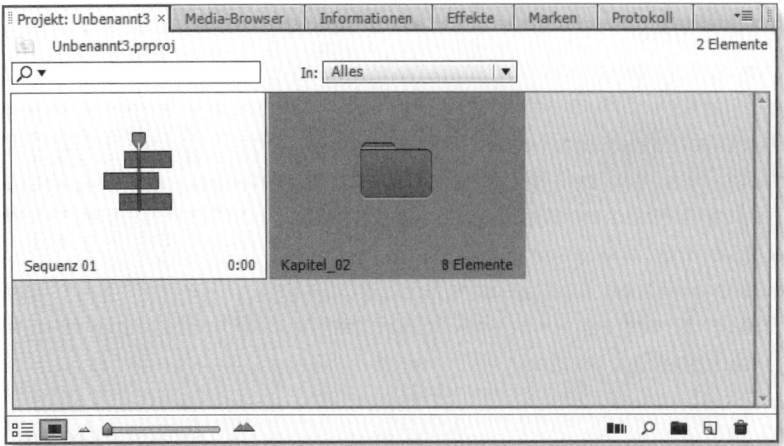

▲ **Abbildung 3.27** Der importierte Ordner bleibt auch innerhalb des Projektfensters als solcher erhalten.

 Sie haben soeben erfahren, dass der Import gut funktioniert, sofern sich innerhalb des Verzeichnisses *keine* Projektdateien (z. B. Premiere-Pro-Dateien mit der Endung .prproj) befinden. Ist eine derartige Datei jedoch vorhanden, geht die Anwendung davon aus, dass nicht nur Assets, sondern auch Projekte integriert werden sollen, und schickt einen Dialog hinterher.

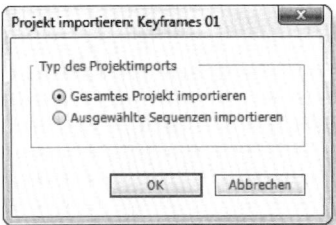

▲ **Abbildung 3.28** Die Anwendung schickt eine Frage hinterher.

Dieser ist zwar ganz hilfreich, allerdings nicht im Zusammenhang mit dem reinen Import von Assets. Sie sollten den Vorgang in diesem Fall abbrechen und statt des gesamten Ordners lieber die darin enthaltenen Clips usw. importieren. Die Funktion ist zum Sequenzimport vorgesehen. Weitere Hinweise dazu finden Sie in Abschnitt 5.4.2, »Sequenzen importieren«.

Ablagen öffnen | Wollen Sie auf den Inhalt eines Ordners (hier nennt er sich *Ablage*) zugreifen, platzieren Sie einen Doppelklick darauf. Dies bewirkt, dass der Inhalt in einem separaten (überlagernden) Projektfenster angezeigt wird. Wer lieber mit einem einzelnen Projektfenster arbeitet, hält während des Doppelklicks [Strg]/[cmd] gedrückt. Hierbei ist jedoch zu berücksichtigen, dass Sie zur Rückkehr in das übergeordnete Projektfenster den Ordner-Button oben links betätigen müssen.

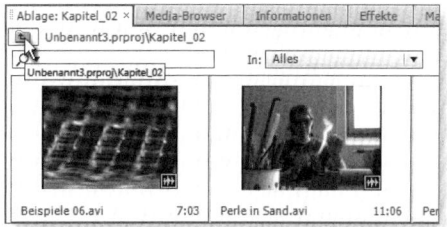

◄ **Abbildung 3.29** Ein Klick auf dieses Symbol bringt den Anwender eine Ebene höher.

3.3.2 Symbole im Projektfenster

Sowohl in der Listen- ❹ als auch der Miniaturansicht ❺ lässt sich sehr gut ablesen, um welche Art von Assets es sich handelt. Die angezeigten Symbole spielen dabei eine entscheidende Rolle. Wird in der Listenansicht sowohl ein Film- als auch ein Wellenformsymbol präsentiert, handelt es sich um Filmdateien mit Sound ❶. Wenn hingegen nur eines der beiden Symbole angezeigt wird, liegt nur Filmmaterial ❷ bzw. nur eine Sounddatei ❸ vor. In der Miniaturansicht ist noch eindeutiger verdeutlicht, ob es sich um Videos mit Ton handelt ❻.

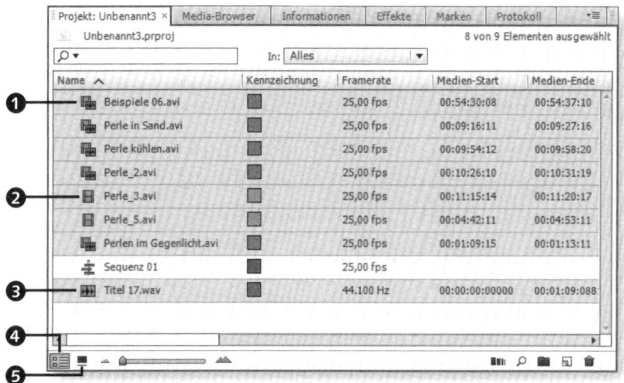

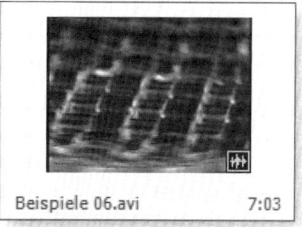

▲ **Abbildung 3.30** Auch die Listenansicht verrät, um welche Art Asset es sich jeweils handelt.

▲ **Abbildung 3.31** Dieser kleine Hinweis verrät, dass mindestens eine Audiospur vorhanden ist.

Sobald der Clip Gegenstand des Schnittfensters wird, zeigen sich auf der Miniatur im Projektfenster orange eingefärbte Symbole – und zwar je nachdem, was ins Schnittfenster integriert worden ist, jeweils ein Video- und/oder Audiosymbol. Zeigen Sie mit dem Mauszeiger darauf, lässt sich ablesen, wie oft das Video (bzw. die dazugehörige Audiospur) im Projekt verwendet worden ist. Ein linker Mausklick darauf verrät Ihnen sogar, an welcher Stelle der jeweiligen Sequenz der Clip eingebettet ist.

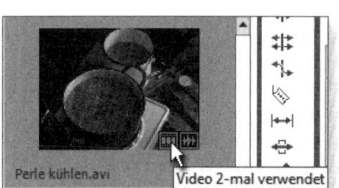

◄ **Abbildung 3.32** Wie oft Video oder Audio verwendet worden sind, wird angezeigt, wenn sich der Mauszeiger über dem jeweiligen Symbol befindet.

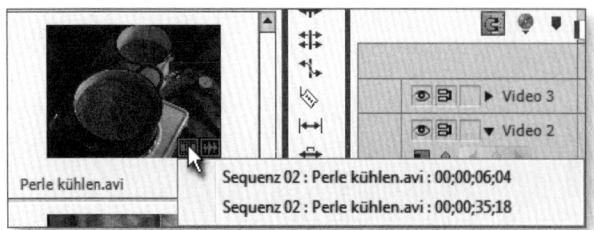

◀ **Abbildung 3.33** Nach einem Mausklick lässt sich ablesen, an welcher Position sich die Clips befinden.

3.3.3 Miniaturen ändern – Titelframe einstellen

Wie sich die einzelnen Clips abspielen lassen, haben Sie ja bereits in Abschnitt 3.2.3, »Clips abspielen und scrubben«, erfahren. Sie wissen ja: Was in Bezug auf die Clips im Media-Browser geht, das funktioniert genauso im Projektfenster. Letzteres verfügt jedoch über eine löbliche Eigenschaft, die Sie im Media-Browser vergeblich suchen werden – nämlich das Einstellen eines sogenannten *Titelframes*. Grundsätzlich sehen Sie in der Clip-Miniatur den ersten Frame (= Einzelbild) des Videos. Selbst nach dem Scrubbing springt die Anzeige zurück auf Bild 1. Eine zuverlässige Beurteilung des Clip-Inhalts ist somit oft gar nicht möglich. Besonders bei langen Clips kann es sinnvoll sein, ein anderes Einzelbild zu verwenden, welches wesentlich repräsentativer für den Clip ist.

Zur Änderung des Titelframes gehen Sie so vor: Scrubben Sie, wie beschrieben, durch den Clip. Auch der Einsatz der Leertaste zum Abspielen und Stoppen des Clips ist legitim. Navigieren Sie, falls erforderlich, einzelbildweise durch den Clip ([K] gedrückt halten und [J] oder [L] betätigen). Sobald das gewünschte Bild sichtbar ist, klicken Sie mit rechts auf die Miniatur und wählen TITELFRAME EINSTELLEN.

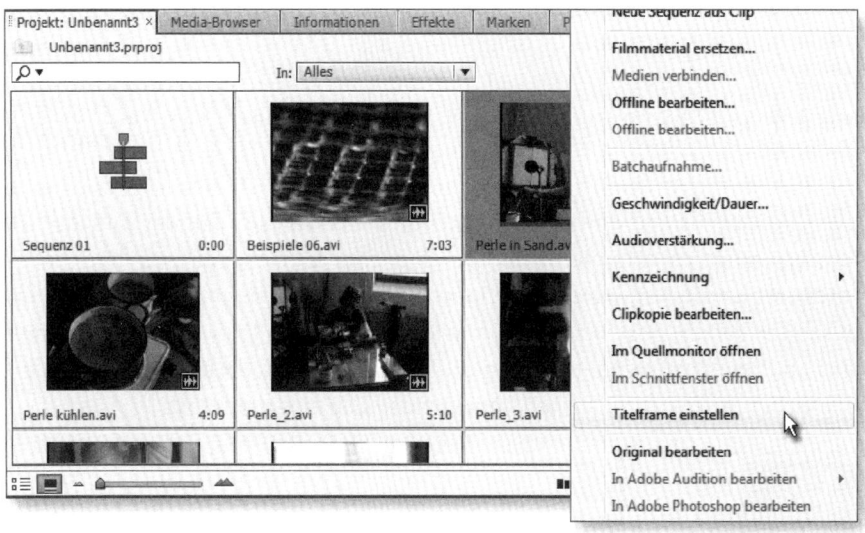

▲ **Abbildung 3.34** Frieren Sie das aktuell gezeigte Einzelbild ein. Fortan wird es den Clip repräsentieren.

3.3.4 Das Projektfenster organisieren

Sie wissen ja bereits, dass Sie ganze Ordner importieren können. Wenn aber irgendwann zu viele Assets Ihr Projektfenster schmücken, wird das Ganze leicht unübersichtlich. Für diesen Fall können Sie selbst weitere Ablagen erzeugen, indem Sie auf das Symbol Neue Ablage in der Fußleiste des Projektfensters klicken. Danach können Sie die Assets nach Wunsch dort einsortieren, was Sie einfach per Drag & Drop erledigen. Ziehen Sie die jeweilige Datei auf die Ablage. Bitte bedenken Sie aber Folgendes: Die neue Ablage wird stets dort einsortiert, wo Sie sich gerade befinden. Sollten Sie also im Projektfenster bereits eine Ablage geöffnet haben und dann eine neue erzeugen, wird diese gewissermaßen als Unterordner eingebettet.

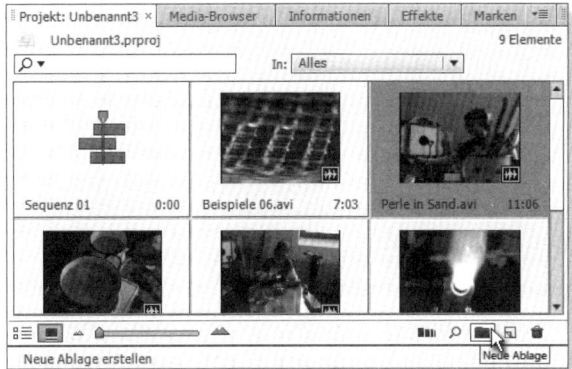

▲ **Abbildung 3.35** Mit dieser Schaltfläche wird eine neue Ablage erzeugt.

Interessant in diesem Zusammenhang: Ablagen und Dateien können nach Wunsch per Drag & Drop hin- und hergeschoben oder verschachtelt werden. Das dürfen Sie sogar mit Assets (z. B. Filmen) machen, wenn diese bereits in das Schnittfenster integriert worden sind. Sie müssen nicht befürchten, dass der Verweis zur Datei verloren geht.

Assets suchen | Im Laufe der Zeit wird sich das Projektfenster mehr und mehr füllen. Wenn irgendwann der Punkt gekommen ist, an dem Sie den gerade benötigten Clip nicht mehr finden, sollten Sie eine der Suchfunktionen im Projektfenster nutzen. Klicken Sie in das Eingabefeld Suchen ❶ (siehe Abbildung 3.36), und geben Sie den gewünschten Begriff bzw. Teile davon ein. Im nebenstehenden Feld In ❸ lässt sich die Suche zudem auf bestimmte Bereiche eingrenzen.

Suchergebnis löschen

Durch die Eingabe des Suchbegriffs sind natürlich alle Assets ausgeblendet, auf die der Begriff nicht zutrifft. Deshalb sollten Sie nach erfolgreicher Recherche die kleine Kreuz-Schaltfläche ❷ rechts im Eingabefeld betätigen. Daraufhin werden wieder alle Clips sichtbar.

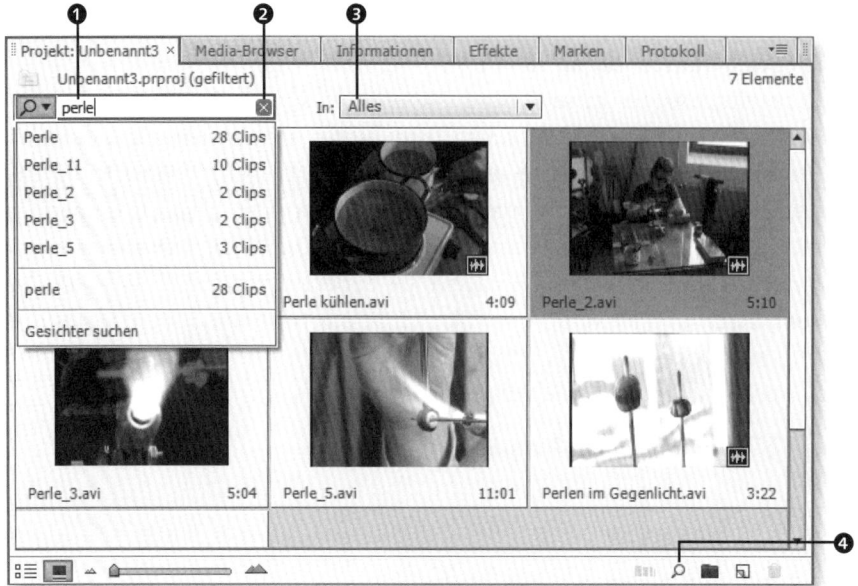

▲ **Abbildung 3.36** Wenn die Übersicht verloren geht, helfen die Suchfunktionen weiter.

Um eine umfangreichere Suche mit mehreren potenziellen Suchoptionen in Gang zu setzen, betätigen Sie das Lupensymbol ❹ in der Fußleiste bzw. verwenden bei aktiviertem Projektfenster die Tastenkombination [Strg]/[cmd]+[F]. Die Anwendung stellt daraufhin einen zunächst wenig spektakulären Dialog zur Verfügung. Wenn Sie jedoch im Bereich Spalte auf das Listenfeld mit dem Eintrag Name klicken, offenbart sich eine beeindruckende Riege von Parametern. Wählen Sie aus, wonach Sie suchen. Im Feld rechts daneben können Sie den Suchbegriff weiter eingrenzen.

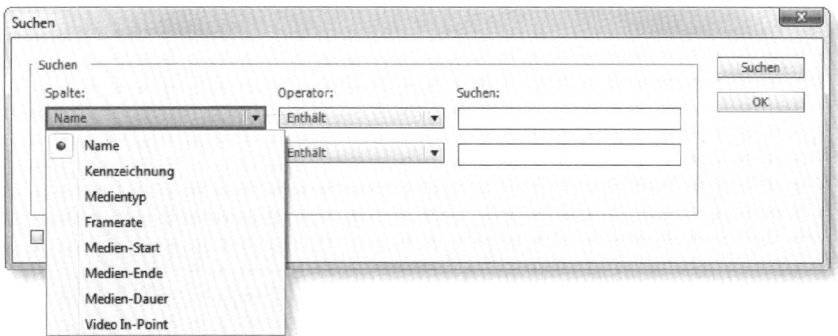

▲ **Abbildung 3.37** Im Listenfeld Spalte (oben) bestimmen Sie, wonach gesucht wird.

Ganz wichtig in diesem Zusammenhang ist jedoch folgender Punkt: Es wird immer nur der nächste zutreffende Eintrag innerhalb des Projektfensters angezeigt, nachdem Sie Suchen angewählt haben – und zwar ausgehend von dem Clip, der im Projektfenster gerade markiert ist. Sollte es sich dabei noch nicht um die gewünschte Datei handeln, müssen Sie abermals auf Suchen klicken. Ein Ergebnisfenster o. Ä. gibt es nicht.

Gesichter suchen | Hätten Sie es für möglich gehalten, dass sich Videoclips gezielt nach Gesichtern durchsuchen lassen? Dazu müssen die Clips aber zunächst analysiert werden. Nur wenn Premiere Pro sich die Filme vorher »angesehen« hat, kann die Anwendung später auch Gesichter finden. Markieren Sie alle Assets (oder zumindest jene, bei denen davon auszugehen ist, dass Akteure mitgewirkt haben). Danach erfolgt ein Rechtsklick auf eines der markierten Objekte (das können übrigens auch Bilder sein), gefolgt von INHALT ANALYSIEREN. Lassen Sie nur die Checkbox GESICHTSERKEN-NUNG aktiv und bestätigen Sie mit OK.

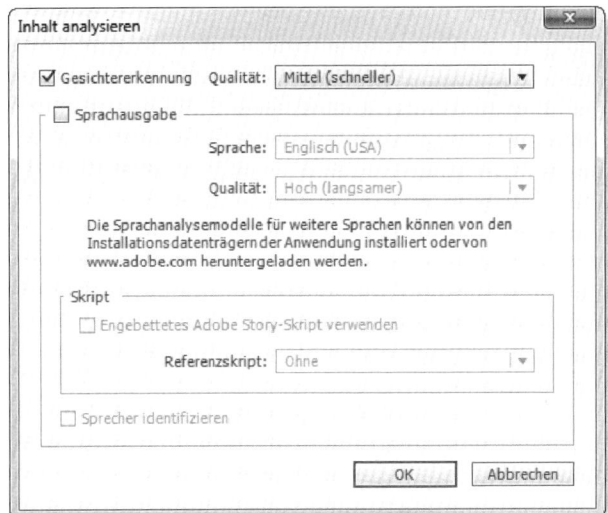

◄ **Abbildung 3.38** Da es in diesem Beispiel nur um die GESICHTSERKENNUNG geht, kann die SPRACHAUSGABE deaktiviert werden.

Qualität einstellen

Die Qualitätseinstellungen im oberen Pulldown-Menü müssen prinzipiell nicht verändert werden. Erst wenn Sie im Ergebnis feststellen, dass nicht alle Clips gefunden worden sind, in denen Gesichter zu erkennen sind, sollten Sie den Vorgang mit der Funktion HOCH (LANGSAMER) wiederholen.

Jetzt öffnet sich der Adobe Media Encoder (Sie werden ihn in Kapitel 12, »Export«, noch ausgiebig kennenlernen), der die Clips inhaltlich begutachtet. Fertig analysierte Clips werden oben links im Bereich WARTESCHLANGE abgehakt.

Dateien finden

Beachten Sie, dass Premiere Pro bei einer solchen Aktion erhebliche Datenmengen produziert. Den Speicherplatz der Daten finden Sie, indem Sie auf eine der orange hinterlegten Zeilen klicken. Allerdings gilt auch: Sollten Sie einen Clip mehrfach analysieren, wird die bereits bestehende Analysedatei des Clips überschrieben – selbst wenn Sie die Erkennungsqualität erhöhen.

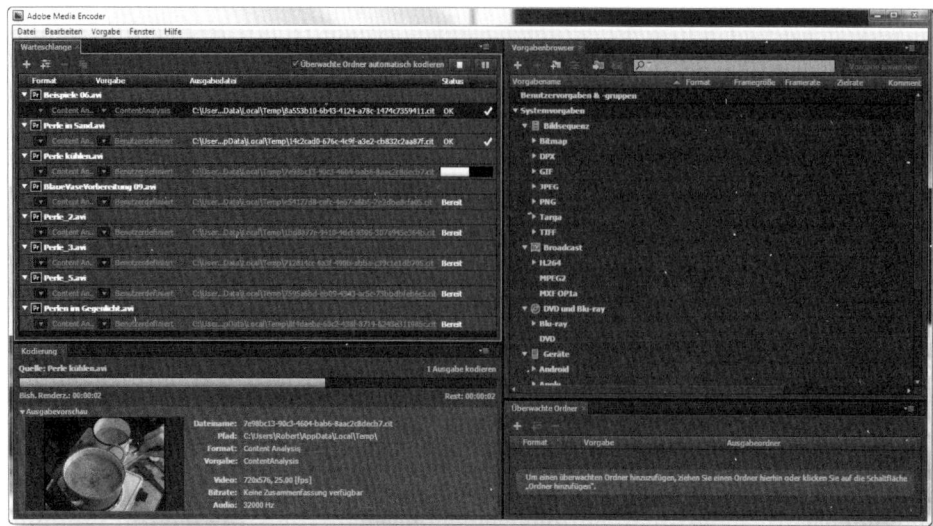

▲ **Abbildung 3.39** Da die Schrift bei heller Arbeitsoberfläche kaum lesbar ist, haben wir die dunkle Oberfläche erhalten (im Übrigen müsste sie hier über die VOREINSTELLUNGEN separat eingestellt werden, da es sich beim Media Encoder um eine separate Anwendung handelt).

Wenn alle Zeilen mit einem Häkchen ausgezeichnet sind, können Sie den Media Encoder schließen und zu Premiere Pro zurückkehren. Widmen Sie sich abermals dem Projektfenster, und setzen Sie einen Mausklick auf die Lupe des Suchfeldes. In der Liste entscheiden Sie sich für GESICHTER SUCHEN.

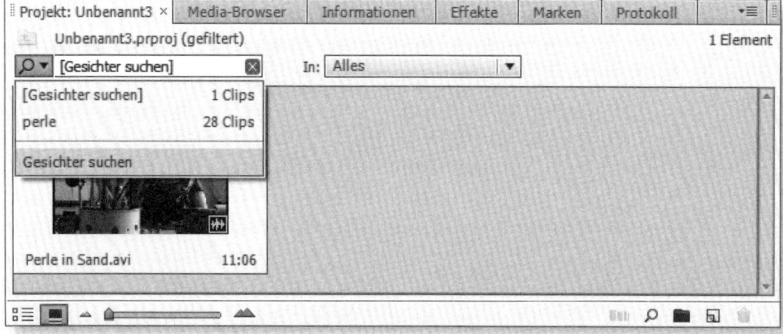

▲ **Abbildung 3.40** Nach Analyse der Beispiel-Clips aus Kapitel 2 wird »Perle in Sand.avi« gefunden. Bei »Perle_2.avi« ist das Gesicht so klein, dass der Media Encoder es nicht als solches erkennen kann.

Assets löschen | In der Praxis kommt es vor, dass zunächst wesentlich mehr Assets in Ihr Projekt aufgenommen werden, als für den Film benötigt werden. Deshalb lassen sich einzelne Dateien prima löschen, indem sie zunächst markiert und dann mit einem Klick auf das Papierkorbsymbol in der Fußleiste des Projektfensters in die ewigen Jagdgründe geschickt werden. Dasselbe erreichen Sie im Übrigen mit ⌐Entf⌐ oder ⌐←⌐. Sollte es sich bei dem Asset allerdings um eine bereits im Schnittfenster integrierte

Datei handeln, die also schon Bestandteil Ihres Films ist, reagiert Premiere Pro mit einem Hinweis. Löschen Sie das Asset dennoch, wird es auch aus dem Schnittfenster entfernt. Dort klafft nun eine Lücke.

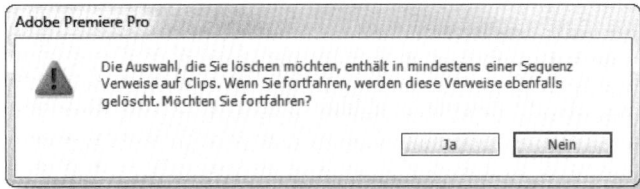

Schritte rückgängig machen und wiederherstellen | Sollten Sie versehentlich eine Datei entfernt haben, die Sie eigentlich noch benötigen, können Sie das Löschen (wie im Übrigen so ziemlich jeden anderen Arbeitsschritt auch) rückgängig machen, indem Sie BEARBEITEN • RÜCKGÄNGIG auswählen oder die Tastenkombination Strg/cmd+Z drücken. Rückgängig gemachte Schritte lassen sich überdies mit Strg/cmd+⇧+Z wiederherstellen.

3.4   Metadaten

Die Verarbeitung von Metadaten, auch im Zusammenhang mit Video-Editing, wird immer wichtiger und populärer. Damit gemeint sind Beschreibungen und Informationen, die in die dazugehörige Quelldatei, z. B. ein Video, eingebettet werden können. Nun bestehen derartige Daten aus zwei unterschiedlichen Kategorien. Zum einen finden sich bereits vorhandene Informationen, beispielsweise über die Beschaffenheit eines Clips, deren Dauer oder Framerate. Zum anderen können Sie aber selbst Metadaten hinzufügen. Doch das herausragende Kriterium ist, dass einige Metadaten anwendungsübergreifend während des gesamten Workflows erhalten bleiben. Dazu ein Beispiel: Sie geben in Premiere Pro Metadaten vor und können darauf auch in Encore noch zugreifen. Oder Sie produzieren Metadaten in Adobe Story und schleifen diese bis zum Projektende mit. Sie sind zu jedem Zeitpunkt des Workflows vorhanden.

Und jetzt zur Praxis: Für die Arbeit mit Metadaten gibt es einen eigenen Arbeitsbereich, den Sie über FENSTER • ARBEITSBEREICH • METAPROTOKOLLIERUNG einstellen können.

3.4.1   Clip-Daten

Ganz oben rechts in der Ecke befindet sich das Bedienfeld METADATEN. Hier sind die sogenannten *Clip-Daten* enthalten. Damit sind die Eigenschaften gemeint, die der jeweiligen Clip-Instanz zugrunde liegen. Diese Daten werden direkt mit der Projektdatei von Premiere Pro gespeichert und stehen demzufolge auch nur in Premiere Pro zur Verfügung (das ist bei Datei-Metadaten bzw. XMP-Metadaten anders, wie Sie gleich noch sehen werden).

Wenn in der rechten Spalte nichts angezeigt wird, liegt das daran, dass kein Clip markiert ist. Holen Sie das nach, indem Sie eine beliebige Datei (aus dem Projekt- oder Schnittfenster) per einfachen Mausklick auswählen. Weiß bzw. hellgrau dargestellte Parameter sind nicht veränderbar. Sie können ja beispielsweise die Framerate nicht nachträglich verändern. Anders verhält es sich bei den punktiert unterstrichenen Parametern, die jederzeit geändert werden können. Da wir uns später damit noch ausführlich beschäftigen werden, wollen wir an dieser Stelle nicht näher darauf eingehen.

Wenn Sie jetzt in der Liste etwas nach unten scrollen, werden Sie auf Eingabefelder stoßen, in die Sie Ihre eigenen Metadaten eintragen können. Hier lassen sich z. B. Informationen über das verwendete Aufnahmeband sowie diverse Kommentare unterbringen.

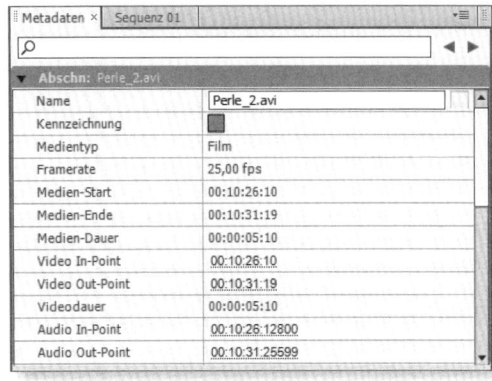

◀ **Abbildung 3.42** Im METADATEN-Bedienfeld muss zwischen veränderbaren (mit einer Punktlinie unterstrichenen) und nicht veränderbaren Informationen unterschieden werden.

3.4.2 Dateidaten/XMP-Daten

Im Gegensatz zu Clip-Daten zeigen die Dateidaten (XMP-Daten) die Eigenschaften der Quelldatei auf. Demzufolge werden sie auch direkt in die Quelldateien eingebettet, was es letztendlich ermöglicht, Dateidaten auch anwendungsübergreifend zu verwenden bzw. darauf zuzugreifen (z. B. in Bridge, After Effects oder Encore). Auch hier gibt es veränderbare und nicht veränderbare Daten. Die Dateieigenschaften selbst beispielsweise, die sich hinter dem obersten Eintrag verbergen, können nicht geändert werden, während sich andere Listen, wie z. B. die DUBLIN CORE, editieren lassen.

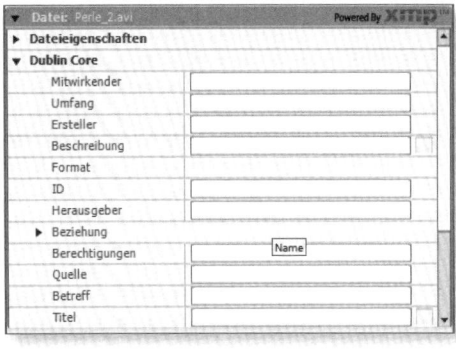

◀ **Abbildung 3.43** Weiter unten finden Sie weitere, zum Teil editierbare Clip-Eigenschaften, wie z. B. die DUBLIN CORE. Dort lassen sich eigene Metadaten verfassen.

3.4.3 Metadaten filtern

Gleich unter dem Reiter METADATEN, ganz oben im Bedienfeld, befindet sich eine Eingabemaske ❶, mit der Sie nach Metadaten-Eingabefeldern suchen können. Geben Sie beispielsweise »name« ein, reduziert sich die Maske auf jene Bereiche, die mit einem Namen zu tun haben (z. B. Projektname, Dateiname, Bandname usw.)

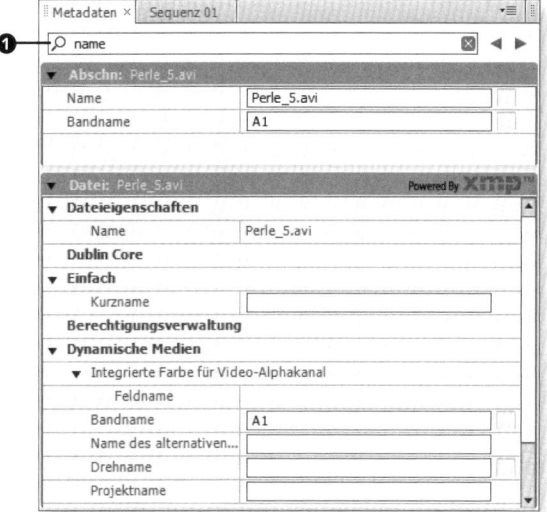

▲ **Abbildung 3.44** Jetzt tauchen nur noch Zeilen auf, die etwas mit dem Namen zu tun haben.

Dass sich die Zeilen auf diese Weise prima auflisten lassen, ist zwar ganz nett, bringt uns in der Praxis aber nicht wirklich weiter. Viel sinnvoller wird das Ganze bei der Umbenennung von Clips oder beispielsweise der Vergabe eines Projektnamens, eines Erstellers oder Mitwirkenden usw.

■ Schritt für Schritt: Clips mit Metadaten beschreiben

Wir greifen das Beispiel einer Beschreibung für einzelne Clips auf. Sie erfahren in diesem Workshop, wie Metadaten verfasst werden. Zusätzlich sollen Sie natürlich auch erfahren, wie Sie sich das Vorhandensein dieser Daten zunutze machen können.

1 Projekt vorbereiten

Falls kein Projekt geöffnet ist, erzeugen Sie zunächst ein neues. Welche Sequenzeinstellungen Sie verwenden, spielt keine Rolle. Anschließend importieren Sie die Clips aus KAPITEL_02 der Buch-DVD in das Projektfenster. Zuletzt schalten Sie um auf METAPROTOKOLLIERUNG (FENSTER • ARBEITSBEREICH).

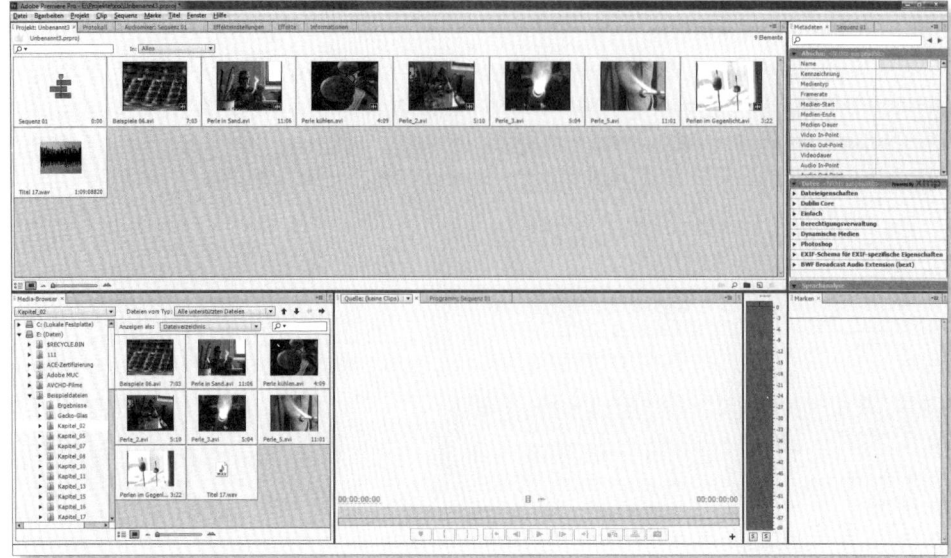

▲ **Abbildung 3.45** Die importierten Clips sind im jetzt oben angeordneten Projektfenster gelistet.

2 Suchfelder optimieren

Geben Sie »Beschreibung« (eigentlich reicht schon »bes« ❶) oben rechts in die Suche des Metadaten-Bedienfeldes ein. Danach finden Sie sowohl im oberen Metadatenfeld als auch im XMP-Bereich (Segment DUBLIN CORE ❷) ein entsprechendes Feld.

3 Clip aktivieren

Dass die Eingabefelder noch nicht bedienbar sind, liegt daran, dass noch kein Clip markiert ist. Holen Sie das nach, indem Sie innerhalb des Projektfensters auf »Perle_3.avi« klicken.

◀ **Abbildung 3.46** Jetzt sind die Eingabefelder bereit zur Textaufnahme.

4 Beschreibung eingeben

Welches der beiden Eingabefelder Sie nun benutzen, spielt für unseren Workshop eigentlich keine Rolle. Ich habe mich für das obere entschieden. Tragen Sie den Wunschtext ein (hier: »Bettina erhitzt das Werkstück«; um das Beispiel nachvollziehen zu können, ist zu empfehlen, denselben Text zu verwenden).

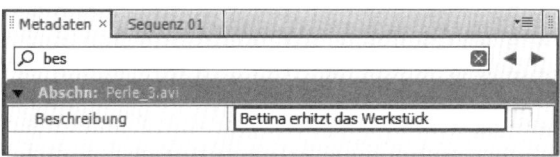

◄ **Abbildung 3.47** Setzen Sie eine passende Beschreibung ein.

5 Nächsten Clip bearbeiten

Mit einem einzigen Clip wollen wir uns nicht begnügen. Deshalb sollten Sie im Projektfenster den nächsten Clip markieren (»Perle_5.avi«) und auch hier eine Beschreibung innerhalb des Metadaten-Bedienfeldes folgen lassen (diesmal: »Die Künstlerin formt das Werkstück«).

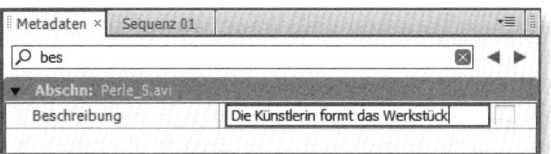

◄ **Abbildung 3.48** So sieht die zweite Beschreibung aus.

6 Clip deaktivieren

Das war es schon. Deaktivieren Sie alle Clips innerhalb des Projektfensters, indem Sie einen Mausklick in einen freien Bereich des Bedienfeldes setzen. Denn jetzt folgt die Suche.

7 Clips suchen

Das Ergebnis wird unterschiedlich ausfallen, je nachdem, welches Stichwort Sie nun in das Suchfeld des Projektfensters eingeben. Versuchen Sie es zunächst mit »Bettina«. Schon nach der Eingabe von »bet« werden Sie fündig.

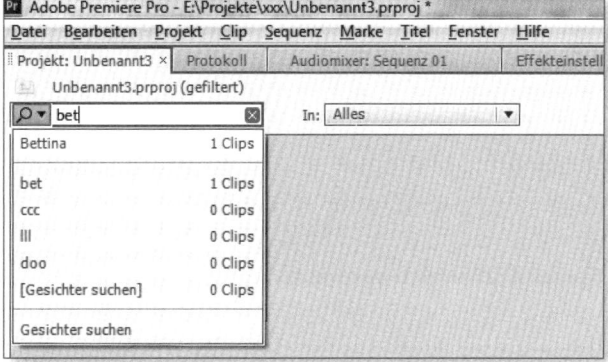

▲ **Abbildung 3.49** Es wird angezeigt, dass es »1 Clips« mit dem gewünschten Suchbegriff gibt.

8 *Zweiten Begriff suchen*

Das Suchergebnis wird jetzt vom Pulldown-Menü verdeckt. Klicken Sie daher in einen freien Bereich des Projektfensters, um das Ergebnis zu begutachten. Dass soeben nur ein einzelner Clip gefunden wurde, liegt daran, dass der Vorname im zweiten Durchgang nicht mehr benutzt worden ist. Sie ist ja dort als Künstlerin ausgewiesen worden. Den Begriff »Werkstück« haben wir jedoch zweimal platziert. Suchen Sie also nach diesem Schlagwort.

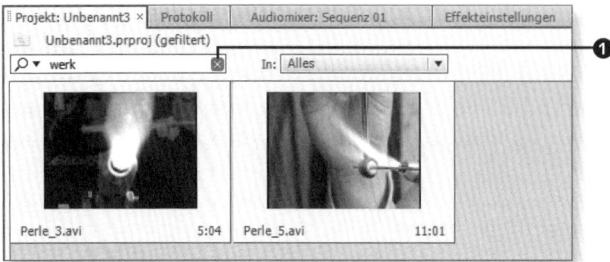

▲ **Abbildung 3.50** Bei der Suche nach »Werkstück« werden beide Clips aufgelistet.

Denken Sie am Schluss daran, die Suchmaske wieder zu löschen, indem Sie das kleine Schließen-Symbol ❶ auf der rechten Seite betätigen. Ansonsten werden nämlich nur ergebnisbildrelevante Daten angezeigt.

3.5   Sprachanalyse

Premiere Pro geht in Sachen Metadaten noch einen Schritt weiter. So ist es auch möglich, gesprochene Worte aus Video- oder Audioclips in Metadaten umzuwandeln. Das ist vor allen Dingen dann sinnvoll, wenn Sie es mit Kommentar-Clips zu tun haben und nach einem bestimmten Zitat suchen müssen. Zunächst einmal sollten Sie auch hier auf FENSTER • ARBEITSBEREICH • METAPROTOKOLLIERUNG umschalten.

> **Testversion versteht kein Deutsch**
>
> Sollten Sie eine Testversion von Premiere Pro verwenden, müssen Sie wissen, dass diese der deutschen Sprache nicht mächtig ist. Sie müssen das dazugehörige »Sprachanalysewörterbuch« nachinstallieren. Wie das geht, erfahren Sie im folgenden Workshop.

◾ *Schritt für Schritt: Deutsches Sprachwörterbuch nachinstallieren*

Wie bereits erwähnt, müssen Testversionen separat mit dem Deutschen vertraut gemacht werden. Aber auch bei Verwendung einer Vollversion ist dieser Workshop lohnenswert. Hier erfahren Sie nämlich, wo sich die Wörterbücher befinden.

1 Sprachsatz prüfen

Im ersten Schritt wollen wir prüfen, ob Deutsch bereits installiert ist. Klicken Sie mit rechts auf einen beliebigen Projektfenster-Clip, der über eine Audiospur verfügt. Danach gehen Sie auf INHALT ANALYSIEREN und aktivieren die Checkbox SPRACHAUSGABE. Öffnen sie das Pulldown-Menü SPRACHE und schauen Sie nach, ob der gewünschte Sprachsatz vorhanden ist. Fehlende Sprachsätze wie hier DEUTSCH (DEUTSCHLAND) werden ausgegraut angezeigt. Ist dieser Sprachsatz anwählbar, selektieren Sie ihn. Glückwunsch. Sie sind bereits fertig mit diesem Workshop. Wer ihn nicht aktivieren kann, bricht den Dialog ab.

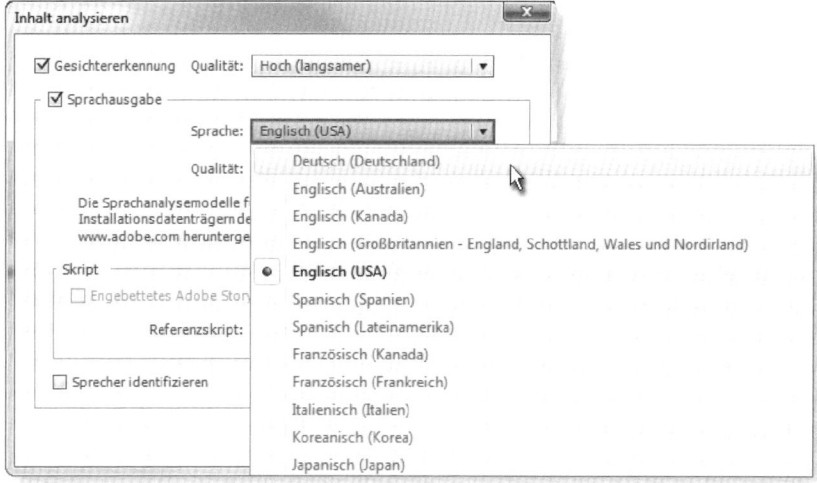

▲ **Abbildung 3.51** Hier ist kein deutscher Sprachsatz integriert.

Wollen Sie auch etwas über den Speicherort der Sprachsätze in Erfahrung bringen? Dann sehen Sie unter dem folgenden Pfad nach. Dort werden sämtliche Sprachsätze in jeweils eigenen Ordnern gelistet. Die Testversion verfügt lediglich über das Verzeichnis EN_US.

▶ Pfad unter Windows: [LAUFWERKSBUCHSTABE]\PROGRAMME (x86)\COMMON FILES\ ADOBE\SPEECHANALYSISMODELS\CS6

▶ Pfad unter Mac: [BENUTZER]/LIBRARY/APPLICATION SUPPORT/ADOBE/SPEECHANALY- SISMODELS/CS6

2 Sprachsatz herunterladen

Zunächst müssen Sie sich den Sprachsatz aus dem Internet besorgen. Dazu gehen Sie auf die Seite *www.adobe.com/de/products/premiere/extend.html*. Gehen Sie auf das Register VORGABEN, und wählen Sie das ADOBE SPRACHANALYSE-MODELL – DEUTSCH je nach Bedarf unter FÜR WINDOWS oder FÜR MAC OS aus.

Sprachanalyse-Modelle für Version CS6

Klicken Sie unter dem für Sie relevanten Betriebssystem auf die gewünschte Sprache, um den Download zu starten.

Für Windows	
Name	Größe
Adobe Sprachanalyse-Modell — Amerikanisches Englisch	139MB
Adobe Sprachanalyse-Modell — Internationales Englisch	285MB
Adobe Sprachanalyse-Modell — Französisch	303MB
Adobe Sprachanalyse-Modell — Deutsch	127MB
Adobe Sprachanalyse-Modell — Italienisch	128MB
Adobe Sprachanalyse-Modell — Japanisch	126MB
Adobe Sprachanalyse-Modell — Koreanisch	111MB
Adobe Sprachanalyse-Modell — Spanisch	181MB
Für Mac OS	
Adobe Sprachanalyse-Modell — Amerikanisches Englisch	146MB
Adobe Sprachanalyse-Modell — Internationales Englisch	285MB
Adobe Sprachanalyse-Modell — Französisch	295MB
Adobe Sprachanalyse-Modell — Deutsch	131MB
Adobe Sprachanalyse-Modell — Italienisch	133MB
Adobe Sprachanalyse-Modell — Japanisch	130MB
Adobe Sprachanalyse-Modell — Koreanisch	118MB
Adobe Sprachanalyse-Modell — Spanisch	181MB

◄ **Abbildung 3.52**
Adobe stellt zahlreiche Sprachanalyse-Modelle für Windows und Mac zur Verfügung.

3   Sprachsatz installieren

Setzen Sie einen Doppelklick auf die zuvor heruntergeladene Datei, und betätigen Sie AUSFÜHREN. Daraufhin werden Sie nach einem Speicherort gefragt, welcher ausschließlich zur Extrahierung des Downloads gedacht ist (im Beispiel extrahieren wir die Datei im Ordner ADOBE CS6 auf dem DESKTOP, der im Anschluss an die Installation entsorgt werden kann). Kurze Zeit später öffnet sich ein weiterer Dialog, der den zuvor beschriebenen Pfad als Speicherort vorschlägt. Bestätigen Sie mit INSTALLIEREN. Nach Fertigstellung schließen Sie das Dialogfeld.

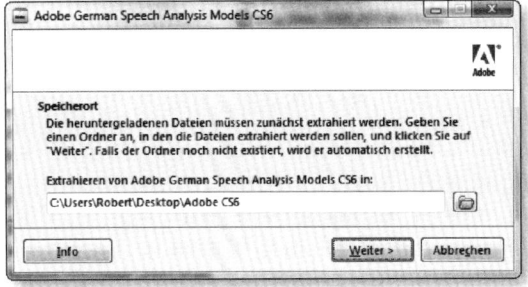

▲ **Abbildung 3.53** Die Datei muss extrahiert werden.

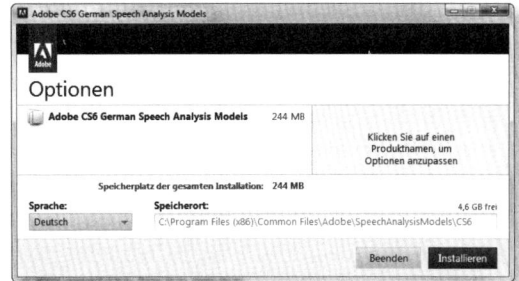

▲ **Abbildung 3.54** Nach dem Öffnen des Programmpakets kann das Sprachanalyse-Modell installiert werden.

4 Installation prüfen

Zuletzt führen Sie den ersten Schritt dieses Workshops noch einmal aus. Sie werden feststellen, dass der entsprechende Sprachsatz nun angeboten wird. Außerdem werden Sie unter besagtem Pfad nun einen Ordner mit der bezeichnung DE_DE finden. Glückwunsch! Premiere Pro versteht ab sofort Deutsch.

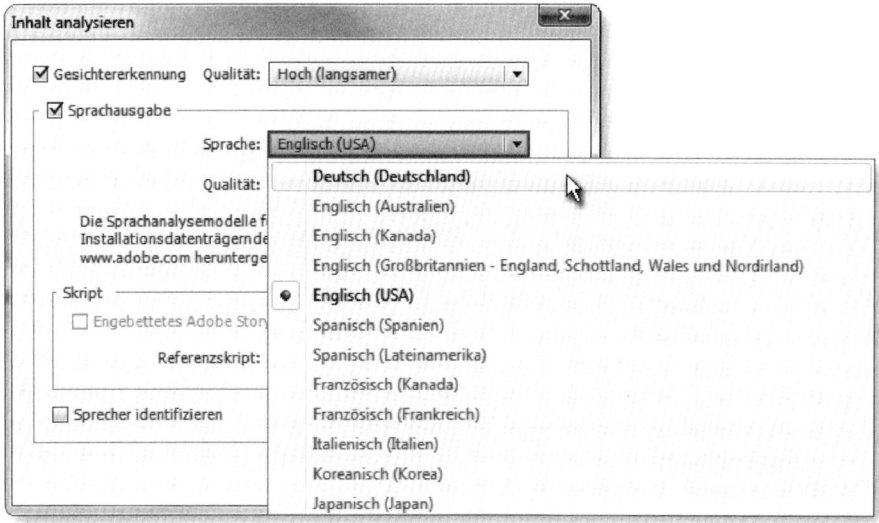

▲ **Abbildung 3.55** Jetzt kann auf Deutsch umgeschaltet werden.

Schritt für Schritt: Testanalyse durchführen

Nachdem Ihnen der deutsche Sprachsatz zur Verfügung steht, soll er auch gleich mal zeigen, was er kann. Ohne etwas vorwegzunehmen: Sie sollten nicht zu viel erwarten!

1 Datei öffnen

Probieren wir es doch einmal mit einem Kommentar. Dazu entscheiden Sie sich für den Clip »Sprachanalyse.wav«, den Sie im Ordner KAPITEL_03 der Beispieldateien finden. Importieren Sie ihn in das Projektfenster.

2 Sprache und Qualität festlegen

Klicken Sie mit rechts auf den Clip und im Kontextmenü auf INHALT ANALYSIEREN. Alternativ entscheiden Sie sich für den Button ANALYSIEREN im Feld SPRACHANALYSE des Metadaten-Fensters. Aktivieren Sie SPRACHAUSGABE, stellen Sie die SPRACHE auf DEUTSCH und die QUALITÄT auf HOCH (LANGSAMER), und verlassen Sie den Dialog durch Klick auf OK.

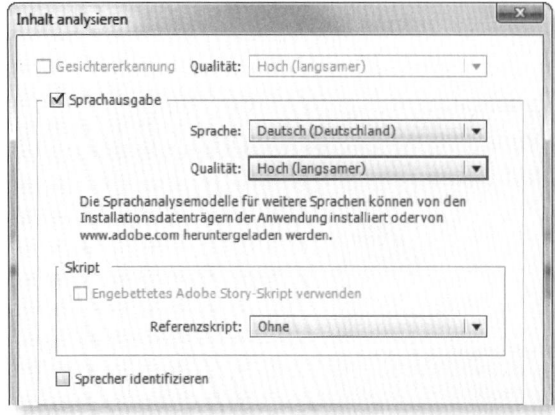

◄ **Abbildung 3.56** Gleich kann es mit der Analyse des Textes losgehen.

3 Clip analysieren

Jetzt öffnet sich der Media Encoder, und die Sprachanalyse beginnt. Nach einiger Zeit wird der Job als fertig angezeigt (siehe grünes Häkchen ❶ am Ende der Zeile), und der Encoder kann geschlossen werden. Weitere Infos zum Adobe Media Encoder erhalten Sie in Kapitel 12, »Export«.

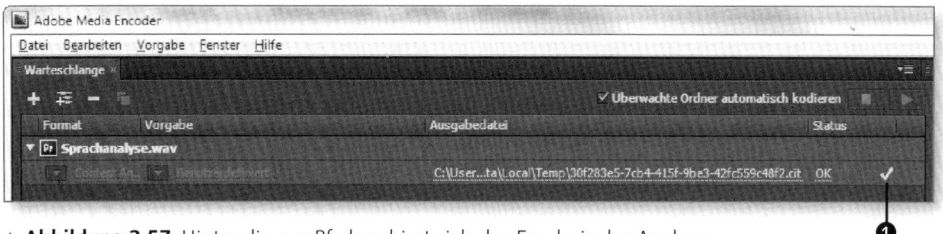

▲ **Abbildung 3.57** Hinter diesem Pfad verbirgt sich das Ergebnis der Analyse.   ❶

4 Ergebnis ansehen

Wechseln Sie in das Register METADATEN, und beachten Sie das Feld SPRACHANALYSE. Im Bereich ANALYSETEXT finden Sie nun das gesprochene Wort in Textform. Die Transkription ist zwar gut gelungen, aber nicht ganz fehlerfrei. Sie können den Clip übrigens auch einmal im Quellmonitor abspielen (dazu müssen Sie ihn im Projektfenster doppelklicken) und anschließend die Leertaste drücken. Überwachen Sie während der Wiedergabe den Analysetext. Sie werden dann sehen, wie jedes Wort synchron mit dem Ton markiert wird.

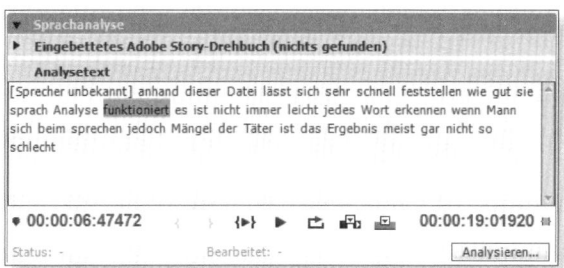

◄ **Abbildung 3.58** Jedes Wort wird synchron zur Audioausgabe markiert.

5 Wortposition aufsuchen

Umgekehrt ist es möglich, ein bestimmtes Wort innerhalb der Sprachanalyse zu markieren. Das hat dann zur Folge, dass die Abspielmarke des Quellmonitors automatisch an diese Stelle springt. Bei der Durchsuchung von Skripten ist das natürlich von Vorteil.

Metadaten der Sprachanalyse nutzen

Nun lässt sich ein gesprochenes Wort bzw. eine bestimmte Textpassage auch bei umfangreichen Aufnahme-Clips schnell wiederfinden, wenn Sie das Ergebnis einer Sprachanalyse verwenden. Gäbe es keine Metadaten davon, müssten Sie unter Umständen den gesamten Clip anhören. Außerdem lässt sich die Suchfunktion der Metadaten in diesem Zusammenhang ebenfalls einsetzen.

Sprachanalyse korrigieren | Das Ergebnis ist, wie gesagt, nicht fehlerfrei. Jedoch haben Sie auch jetzt noch die Möglichkeit, einzelne oder mehrere Wörter zu verändern. Wollen Sie ein einzelnes Wort überschreiben, empfiehlt sich ein Dreifachklick, mit dessen Hilfe sich ein Wort komplett markieren lässt. Überschreiben Sie das Ganze, und bestätigen Sie die Änderungen mit ⏎. Umfangreichere Arbeiten werden über das Kontextmenü (Rechtsklick) erledigt. Hier werden zahlreiche weitere Optionen bereitgehalten, wie z. B. das Hinzufügen einzelner Wörter vor oder hinter dem markierten Begriff.

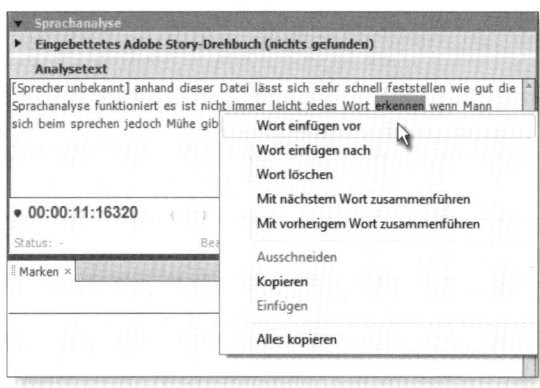

◄ **Abbildung 3.59** Im Kontextmenü lassen sich Wörter hinzufügen, zusammenführen und löschen.

Die Textanalyse ist weit mehr als nur ein nettes Feature. So lassen sich beispielsweise gesprochene Wörter mit der Suchfunktion des Projektfensters ausfindig machen. Stellen Sie sich vor, Sie haben es mit zahllosen Sprachdateien zu tun. Dann können Sie einen gesuchten Clip mit Hilfe der Stichwortsuche ruck zuck wiederfinden. Aber nicht nur das: Auch die Vergabe von In- und Out-Points (also Ein- und Ausstiegspunkten von Clips – das Thema wird noch ausführlich behandelt) mit Hilfe der Sprachanalyse-Palette ist möglich – und zwar mit Hilfe der Buttons in der Fußleiste.

3.6 Die Monitore

Im Arbeitsbereich BEARBEITUNG präsentiert sich Premiere Pro mit zwei Monitoren. Der linke ist der *Quellmonitor*, der rechte der *Programmmonitor*. Wie die Namen schon andeuten, begutachten Sie mit dem linken in der Regel das Quellenmaterial, welches dem Projektfenster entstammt, während der Programmmonitor (auch Sequenzmonitor) das wiedergibt, was sich innerhalb der Timeline (unten rechts) befindet. Nach der Erzeugung eines neuen Projekts ist der Quellmonitor noch leer. Das ändert sich, wenn Sie einen Doppelklick auf einen beliebigen Clip im Projektfenster setzen. Um den rechten Monitor mit Leben zu füllen, muss sich ein Clip im Schnittfenster befinden.

▲ **Abbildung 3.60** Beide Monitore sind mit unterschiedlichen Clips gefüllt.

Nun haben natürlich auch beide Monitore ihre ganz individuellen Funktionen:

▶ Betrachten Sie den **Quellmonitor** (links) als Verbindung zu Ihrem Projektfenster. Hier sichten Sie die Clips, setzen In- und Out-Points und bereiten die Assets für die spätere Verwendung im Schnittfenster vor.

▶ Der **Programmmonitor** (rechts) hingegen ist Repräsentant Ihres Schnittfensters und zeigt an, was sich aktuell in der Sequenz befindet, genau genommen, wo sich gerade die Abspielmarke befindet.

3.6.1 Die Monitorsteuerelemente

Bis auf den zweiten und dritten Button von rechts sind die Steuerelemente unterhalb beider Monitore identisch:

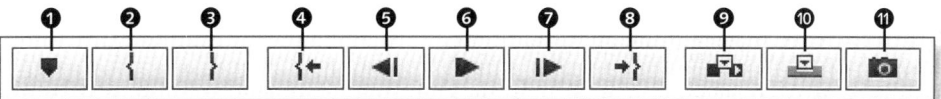

▲ **Abbildung 3.61** Die meisten Bedienelemente sind in beiden Monitoren gleich (hier Quellmonitor).

❶ MARKE HINZUFÜGEN – fügt an der aktuellen Position eine Marke ein, an der u. a. Clips ausgerichtet werden können. Weitere Hinweise dazu finden Sie in Abschnitt 5.5, »Marken«.

❷ IN-POINT MARKIEREN – legt fest, ab welchem Punkt der Clip berücksichtigt werden soll.

❸ OUT-POINT MARKIEREN – legt fest, bis zu welchem Punkt der Clip berücksichtigt werden soll.

❹ ZU IN-POINT GEHEN – springt zum In-Point eines Clips (ist noch kein In-Point gesetzt worden, wird zum Clip-Anfang gesprungen).

❺ SCHRITT ZURÜCK – springt ein einzelnes Bild (Frame) zurück.

❻ ABSPIELEN/STOPP – gibt den Inhalt des Clips wieder bzw. stoppt die Wiedergabe.

❼ SCHRITT VOR – springt ein einzelnes Bild (Frame) vor.

❽ ZU OUT-POINT GEHEN – springt zum Out-Point eines Clips (ist noch kein Out-Point gesetzt worden, wird zum Clip-Ende gesprungen).

Quellmonitor | Folgende drei Schaltflächen gibt es nur im Quellmonitor:

❾ EINFÜGEN – der Clip wird an der aktuellen Position der Einfügemarke in das Schnittfenster eingebettet. Nachfolgende Clips verschieben sich.

❿ ÜBERSCHREIBEN – (vormals *Überlagern*) der Clip wird an der aktuellen Position der Einfügemarke in das Schnittfenster eingebettet. Nachfolgende Clips werden überdeckt.

⓫ FRAME EXPORTIEREN – hiermit lässt sich das aktuell im Monitor angezeigte Einzelbild speichern (den Dateipfad legen Sie über DURCHSUCHEN fest).

Programmmonitor | Auch im Programmmonitor gibt es drei Schaltflächen, die nur dort zu finden sind.

⓬ HERAUSNEHMEN – ein zuvor im Schnittfenster markierter Clip wird von dort entfernt. An dieser Stelle bleibt eine Lücke zurück.

⓭ EXTRAHIEREN – ein zuvor im Schnittfenster markierter Clip wird von dort entfernt. Die dadurch entstandene Lücke wird geschlossen, indem dahinter befindliche Clips nach links verschoben werden.

⓮ FRAME EXPORTIEREN – siehe Erklärung zu FRAME EXPORTIEREN des Quellmonitors

▲ **Abbildung 3.62** Weitere Schaltflächen im Programmmonitor

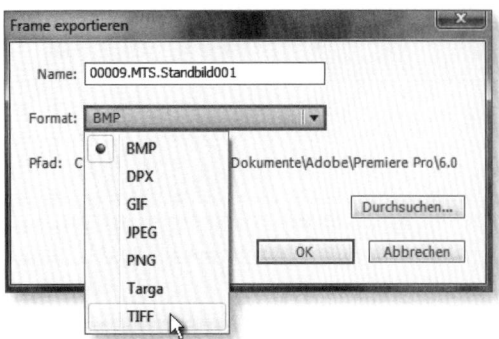

◄ **Abbildung 3.62** Tiff sorgt für optimale Bildqualität.

3.6.2 Schaltflächen hinzufügen – der Schaltflächeneditor

Mit diesen Schaltflächen müssen Sie sich keinesfalls zufriedengeben. Per Klick auf das kleine Plussymbol unten rechts im Monitorfenster gelangen Sie nämlich zum SCHALT-FLÄCHENEDITOR. Und dieser gestattet die individuelle Anpassung des Schaltflächenbereichs. Ein wirklich cooles Feature. Und so geht's: Nach Öffnen des Schaltflächeneditors klicken Sie auf einen Button, den Sie hinzufügen möchten, und ziehen ihn per Drag & Drop an die gewünschte Stelle. Dort angekommen, lassen Sie los. Dabei ist es auch legitim, eine zweite Zeile zu eröffnen.

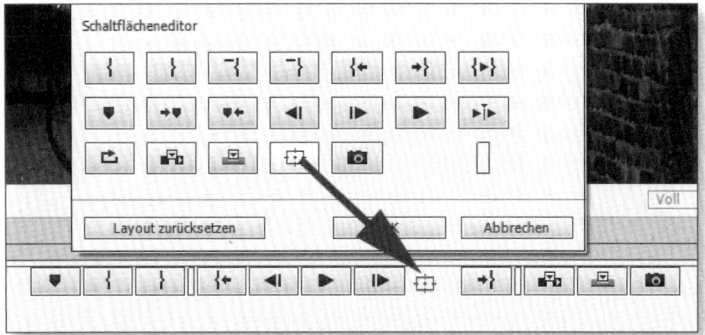

▲ **Abbildung 3.63** Hier wird gerade SICHERE RÄNDER in die Schaltflächenleiste des Quellmonitors integriert.

Übrigens lässt sich die Reihenfolge der einzelnen Buttons ganz intuitiv per Drag & Drop ändern. Sollten Sie einmal einen Abstand zwischen zwei Buttons erzeugen wollen, ziehen Sie ⑭ (siehe Abbildung 3.64) an die gewünschte Stelle der Schaltflächenleiste. Wer einen Button wieder loswerden möchte, zieht ihn bei gedrückter linker Maustaste zurück in den SCHALTFLÄCHENEDITOR oder aus dem jeweiligen Monitorfenster heraus (dabei muss der Editor geöffnet sein). Am Ende bestätigen Sie mit OK. Falls nun alles durcheinandergeraten ist, öffnen Sie den Editor abermals und betätigen LAYOUT ZURÜCKSETZEN, gefolgt von OK. – Hier noch die bislang nicht angesprochenen Buttons des Schaltflächeneditors (hier der Programmmonitor):

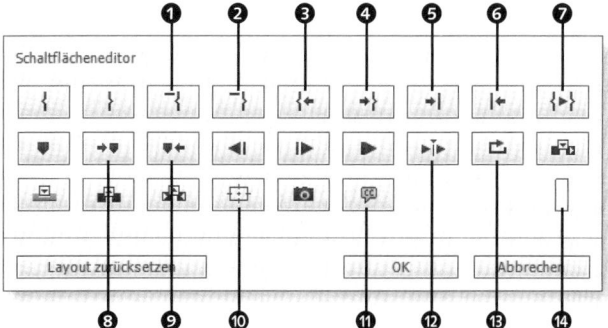

◀ **Abbildung 3.64** Der Editor des Programmmonitors

❶ IN-POINT LÖSCHEN: nachdem Sie die Abspielmarke auf dem In-Point platziert haben (z. B. durch ZU IN-POINT GEHEN ❸), kann dieser mit Hilfe dieser Schaltfläche gelöscht werden.

❷ OUT-POINT LÖSCHEN: nach Platzierung der Abspielmarke auf dem Out-Point (z. B. durch ZU OUT-POINT GEHEN ❹) lässt sich dieser mit ❷ löschen.

❺ ZUM NÄCHSTEN SCHNITTPUNKT GEHEN (nur Programmmonitor): wählt bei jedem Klick den nach rechts hin nächsten Punkt an, an dem zwei Clips aneinandergrenzen.

❻ ZUM VORHERIGEN SCHNITTPUNKT GEHEN (nur Programmmonitor): wählt bei jedem Klick den nach links hin nächsten Schnittpunkt an.

❼ VON IN BIS OUT ABSPIELEN: spielt den Clip zwischen In- und Out-Point ab.

❽ ZUR NÄCHSTEN MARKE GEHEN: springt zur nächsten Marke, die rechts von der Abspielmarke positioniert ist.

❾ ZUR VORHERIGEN MARKE GEHEN: springt zur nächsten Marke, die links von der Abspielmarke positioniert ist.

❿ SICHERE RÄNDER: schaltet den Bereich für geschützte Titel und den Bereich für geschützte Aktionen ein/aus. Nähere Hinweise dazu finden Sie in Kapitel 18, »Fachkunde«.

⓫ UNTERTITEL (nur Programmmonitor): Zeigt eventuell vorhandene Untertitel an bzw. blendet sie aus. Untertitel werden von Fremd-Software (CPC oder Scenarist) generiert (Dateiendungen .mcc oder .scc). Deren Import erfolgt bei markiertem Schnittfenster über SEQUENZ • UNTERTITEL • DATEI ANHÄNGEN.

⓬ EXPERIMENTIEREN: dieser Button funktioniert im Zusammenhang mit der Abspielmarke. Klicken Sie darauf, wird der Bereich ab zwei Sekunden vor der Marke, bis zwei Sekunden dahinter abgespielt. Danach springt die Marke an ihre ursprüngliche Position zurück. Diese Funktion ist besonders bei Feinabstimmungen (Schnitte oder Überblendungen) sehr hilfreich.

⓭ Endlosschleife: schaltet die Funktionen zum permanenten Abspielen eines Clips zwischen In- und Out-Point ein. Das eigentliche Abspielen wird mit dem Play-Button (bzw. der Leertaste) erreicht. Ein erneuter Klick auf diese Schaltfläche hebt die Funktion wieder auf.

Scrollrad benutzen

Falls Ihre Maus über ein Scrollrad verfügt, lässt sich dieses auch zur Navigation nutzen. Dabei ist aber – einmal mehr – zu entscheiden, welches Fenster gerade markiert ist. Haben Sie beispielsweise den Quellmonitor ausgewählt, können Sie mit Hilfe des Rades bildweise vor- oder zurückscrollen. Wenn hingegen das Schnittfenster ausgewählt ist, wird dessen Ansicht nach links oder rechts verschoben.

Profi-Tipp: Schaltflächen ausblenden

Wer sich richtig gut mit den Tastaturkürzeln auskennt und auf eine Button-Leiste verzichten kann, der geht im Bedienfeldmenü oben rechts des jeweiligen Monitors auf Transportsteuerung anzeigen. Dadurch wird nicht nur das dort vorangestellte Häkchen deaktiviert, sondern auch die Schaltflächenleiste ausgeblendet. Den Monitoren steht dadurch wieder mehr Platz zur Verfügung.

3.6.3 Monitoreinstellungen

Wichtig für die Arbeit mit den Monitoren ist auch die Möglichkeit, diese genau an Ihre Bedürfnisse anpassen zu können. Dazu zählt vor allem die Qualität der Wiedergabe.

Wiedergabeauflösung anpassen | Im Zeitalter von Full HD kann es (besonders bei Nicht-High-End-PCs) schwierig werden, ein Video in voller Qualität zu präsentieren. Sollte es während der Wiedergabe zu »Ruckelbildern« kommen, können Sie die Wiedergabeauflösung herabsetzen. Klicken Sie dazu auf das Pulldown-Menü, welches sich rechts unterhalb des Monitorbildes befindet. Dort können Sie mit der Auflösung heruntergehen.

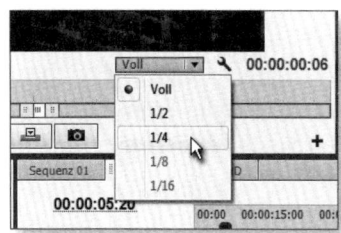

◀ **Abbildung 3.65** Eine geringere Auflösung wirkt sich nicht auf die tatsächliche Qualität des Films aus, sondern lediglich auf dessen Wiedergabequalität.

Zeitlineal einblenden | Der Schraubenschlüssel ❷ ist neu in Premiere Pro CS6. Nicht dass sich die dahinter verbergenden Features alle neu wären (viele davon befinden sich auch im Bedienfeldmenü des Monitors ❶), doch eröffnet sich dadurch eine Art Schnellzugriff auf wichtige Befehle.

▲ **Abbildung 3.66** Der Schraubenschlüssel ist Ihr direkter Draht zu den Einstellungen.

Ein Beispiel: Das unterhalb des Bildes angeordnete *Zeitlineal* ❸ muss ohne Zeitangaben auskommen. Wenn Sie das ändern wollen, können Sie nach Klick auf den Schraubenschlüssel ZEITLINEALNUMMERN anwählen. Dann wird diese Linie beziffert. Führen Sie die Aktion abermals aus, werden die Nummern wieder entfernt.

▲ **Abbildung 3.67** Jetzt sehen Sie eine Art Timecode auf dem Balken.

Ausgelassene Frames | Ein besonderes Novum soll an dieser Stelle noch angeführt werden, welches zwar in beiden Monitoren vorhanden ist, meist aber vor allem im Programmmonitor Verwendung findet. Bei Vorhandensein zahlreicher Clips in der Timeline und eventuell noch etlicher Effekte kann es passieren, dass die Anwendung den einen oder anderen Frame (Einzelbild) einmal »überspringt«. Ob Frames ausgelassen werden, können Sie überwachen lassen, indem Sie via Schraubenschlüssel oder Bedienfeldmenü MARKE FÜR AUSGELASSENE FRAMES ANZEIGEN aktivieren. Fortan erscheint unten links im Monitor ein kleiner grüner Punkt ❹. Wird dieser während des Abspielens rot, wissen Sie, dass nicht alle Frames angezeigt worden sind. Zu Beginn jeder Wiedergabe wird die Anzeige wieder auf Grün zurückgesetzt.

◀ **Abbildung 3.68** Der kleine Punkt zeigt an, ob alles ordnungsgemäß abgelaufen ist.

3.6.4 Mehrere Clips im Quellmonitor bereitstellen

Nun haben Sie ja lediglich die Möglichkeit, einen einzelnen Clip aus dem Projektfenster im Quellmonitor zu begutachten. Das Gute daran ist, dass sich Premiere alle Clips merkt, die Sie im Quellmonitor angeschaut haben. Um diese nun abermals zugänglich zu machen, können Sie sich den Doppelklick im Projektfenster sparen. Klicken Sie einfach auf die Registerkarte QUELLE, und wählen Sie den Clip aus, den Sie abermals im Quellmonitor abspielen wollen. Mit SCHLIESSEN bzw. ALLE SCHLIESSEN können Sie einzelne oder alle Clips aus dieser Liste entfernen.

Clip-Gruppen bereitstellen

Die Funktion ist vor allem dann praxisnah einsetzbar, wenn Sie kleinere Gruppen von Clips begutachten und vorschneiden wollen. So sorgen Sie dafür, dass die Übersicht erhalten bleibt. Markieren Sie zunächst (während Sie [Strg]/[cmd] gedrückt halten) mehrere Clips im Projektfenster, und ziehen Sie diese dann auf den Quellmonitor. Führen Sie die gewünschten Arbeiten aus (z. B. In- und Out-Points setzen), und wählen Sie anschließend ALLE SCHLIESSEN, ehe Sie mit der nächsten Clip-Gruppe ebenso verfahren.

▲ **Abbildung 3.69** Bereits begutachtete Clips werden über das Pulldown-Menü QUELLE zugänglich gemacht. Diese lassen sich auch alle auf einmal schließen.

3.7 Organisation im Schnittfenster

Das Herzstück Ihrer Software ist das Schnittfenster. Was sich hier befindet, wird später im fertigen Film berücksichtigt. Deshalb sollten Sie sich hier besonders gut mit den einzelnen Steuerelementen auskennen.

Schnittfenster skalieren | Bei größeren Projekten wird der Platz im Schnittfenster natürlich schnell eng. Ohne eine Änderung der Ansicht wären Sie gezwungen, ständig hin- und herzuscrollen, um den gewünschten Bereich einsehen zu können. Hier sollten Sie die Skalierungsmöglichkeiten der Software nutzen. Entsprechende Steuerelemente stellt Premiere Pro unten links im Schnittfenster zur Verfügung. Klicken Sie auf einen freien Bereich links oder rechts neben dem Balken (❶ und ❺), um den Inhalt der Timeline nach links oder rechts zu verschieben. Ziehen Sie die äußeren Anfasser (❷ und ❹) weiter nach außen, um die Timeline-Ansicht zu vergrößern, bzw. nach innen, um sie zu verkleinern. (Wie hier beschrieben, funktioniert die Skalierung übrigens auch in den Monitoren. Denn auch dort sind derartige Balken enthalten.) Um den Ausschnitt zu verschieben, klicken Sie auf die Grifffläche ❸ und ziehen mit der Maus zur gewünschten Seite.

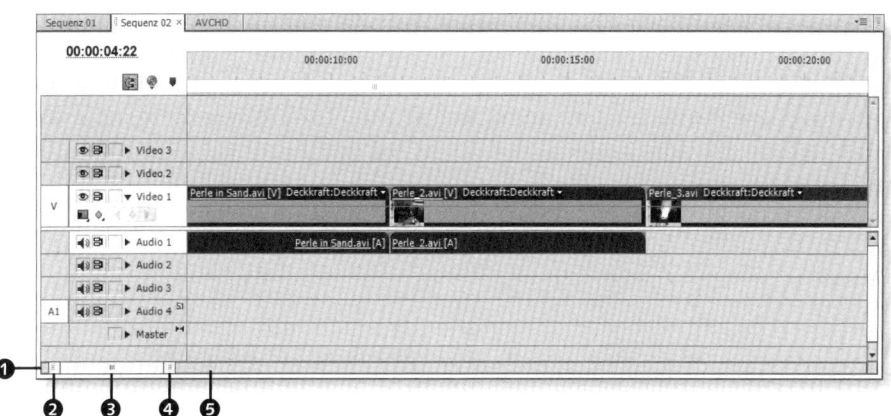

▲ **Abbildung 3.70** Nutzen Sie die Zoom- und Verschiebefunktionen des Schnittfensters.

Zoomen per Tastatur | Die einfachste Art und Weise, den Inhalt eines Schnittfensters zu vergrößern oder zu verkleinern, sind ⊞ und ⊟ auf der Tastatur (nicht auf dem Nummernblock!). Damit können Sie schnell an eine Stelle heranzoomen, um diffizile Arbeiten zu erledigen und anschließend wieder auf eine verkleinerte Ansicht zurückkehren. Dabei müssen Sie jedoch berücksichtigen, dass der Abspielkopf stets den Mittelpunkt des neuen Bildausschnitts darstellen wird.

Bildlauf | Der Inhalt einer Sequenz lässt sich bei aktivem Schnittfenster mit der Leertaste abspielen und wieder anhalten – genauso wie innerhalb der Monitore. Wenn Sie auf das Schnittfenster schauen, werden Sie feststellen, dass der Abspielkopf am Ende gewissermaßen überspringt. Der Inhalt des Fensters wird also erneuert und die Abspielmarke bewegt sich wieder von vorn. Diese Methode wird als *Seitenbildlauf* betitelt.

Wer das nicht mag, der kann BEARBEITEN/PREMIERE PRO • VOREINSTELLUNGEN • ALLGEMEIN selektieren und das Steuerelement SCHNITTFENSTERWIEDERGABE AUTO-ROLLEN

➊ umstellen. Wählen Sie Langsamer Bildlauf, bleibt der Abspielkopf immer in der Mitte. Kein Bildlauf sorgt dafür, dass die Abspielmarke am Ende des sichtbaren Timeline-Bereichs hinausläuft. Nach Wiedergabe-Stopp befindet sie sich jedoch wieder in der Bildmitte.

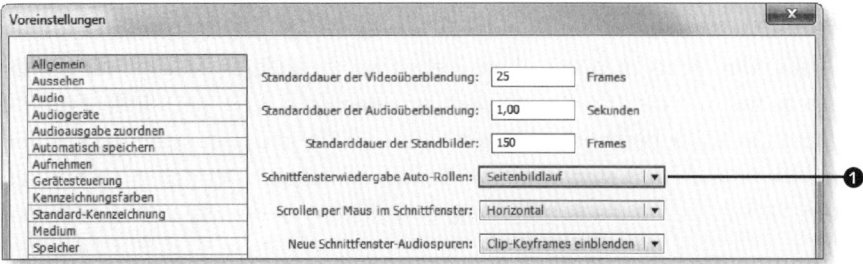

▲ **Abbildung 3.71** Standardmäßig wird der Seitenbildlauf verwendet.

Spuren zusammenfalten/erweitern | Platz ist ein kostbares Gut auf der Arbeitsoberfläche einer jeden umfangreichen Software. Deshalb kann es in Premiere Pro mitunter sinnvoll sein, Spuren zu öffnen oder zu schließen. Das realisieren Sie, indem Sie das Dreiecksymbol der jeweiligen Spur markieren.

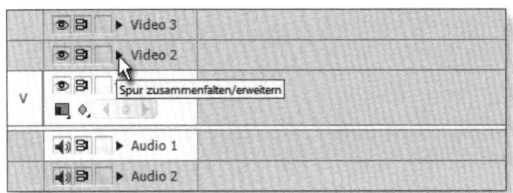

◄ **Abbildung 3.72** Die Spuren lassen sich per Klick auf das Dreiecksymbol zusammenfalten bzw. öffnen.

Spurausgabe deaktivieren | Falls Sie eine Spur ausblenden wollen – sie wird dann bei der Wiedergabe ignoriert –, klicken Sie einfach auf das vorangestellte Augensymbol. Diese Funktion benutzt man häufig, um eine Spur vorübergehend auszublenden, damit man einen Effekt oder eine Bewegung auf einer anderen Spur besser beurteilen kann. Beachten Sie in diesem Zusammenhang aber, dass ausgeschaltete Spuren auch bei der Ausgabe des fertigen Videos ignoriert werden. Vergessen Sie also nicht, das Auge nach getaner Arbeit durch einen erneuten Klick auf diese Schaltfläche wieder sichtbar zu machen.

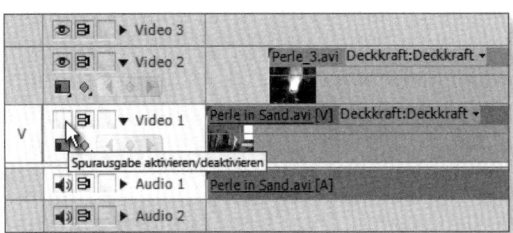

◄ **Abbildung 3.73** Das Auge sorgt für die Sichtbarkeit einer Spur.

Synchronisationssperre | Beim EINFÜGEN UND LÖSCHEN sowie beim LÖSCHEN UND LÜCKE SCHLIESSEN verschieben sich nachfolgende Clips entsprechend. Das bedeutet: Wenn Sie beispielsweise eine Lücke schließen, rücken alle rechts von dieser Lücke befindlichen Clips nach links auf. Mit der Synchronisationssperre können Sie nun bestimmen, wie sich die Clips auf den anderen Spuren verhalten sollen, also auf den Spuren, die nicht unmittelbar von der Aktion betroffen sind. Bei aktivierter Synchronisationssperre werden auch diese Clips entsprechend verschoben. Wenn Sie also realisieren möchten, dass sich bestimmte Clip-Inhalte außerhalb der Zielspuren nicht mit verschieben, müssen Sie für diese Spuren die Synchronisationssperre vorab deaktivieren.

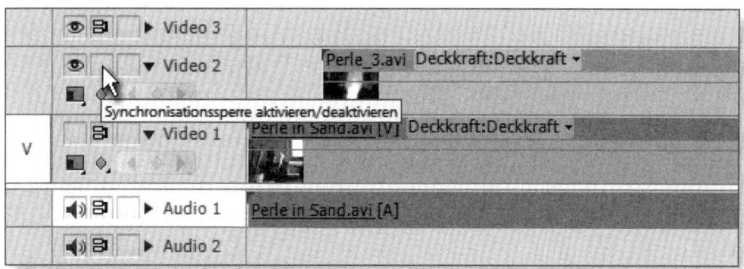

▲ **Abbildung 3.74** Die Synchronisationssperre kann über ein kleines Icon im Spurkopf aktiviert bzw. deaktiviert werden.

Spur schützen | Rechts neben der Synchronisationssperre befindet sich noch ein gleich großes inhaltsloses Quadrat, dem man auf den ersten Blick seine Schaltflächeneigenschaft nicht so recht ansieht. Wenn Sie es jedoch anklicken, erscheint ein Schlosssymbol, mit dem Sie die aktuelle Spur schützen können. Ist das Schloss aktiv, lässt sich die Spur nicht mehr bearbeiten. Dies verdeutlichen auch die diagonalen Linien in der Spur selbst.

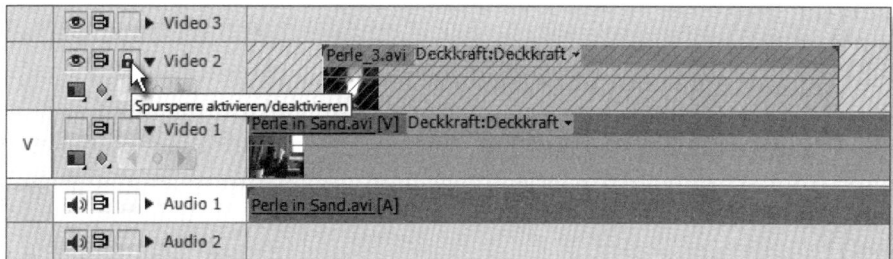

▲ **Abbildung 3.75** Die Spur VIDEO 2 ist jetzt gegen Bearbeitung geschützt.

Schutz nur für ausgewählte Spur

Beachten Sie, dass dieser »Spurschutz« nur auf die ausgewählte Spur angewendet wird. Im konkreten Fall würde das bedeuten, dass die zu dieser Videospur gehörige Audiospur weiterhin bearbeitbar bleibt.

3.8   Die Protokoll-Palette

Sofern Sie sich in der Standardansicht (FENSTER • ARBEITSBEREICH • BEARBEITUNG) befinden, wird hinter dem Projektfenster eine Registerkarte mit der Bezeichnung PROTO-
KOLL zur Verfügung gestellt. Klicken Sie daher auf das gleichnamige Register, oder
entscheiden Sie sich für FENSTER • PROTOKOLL.

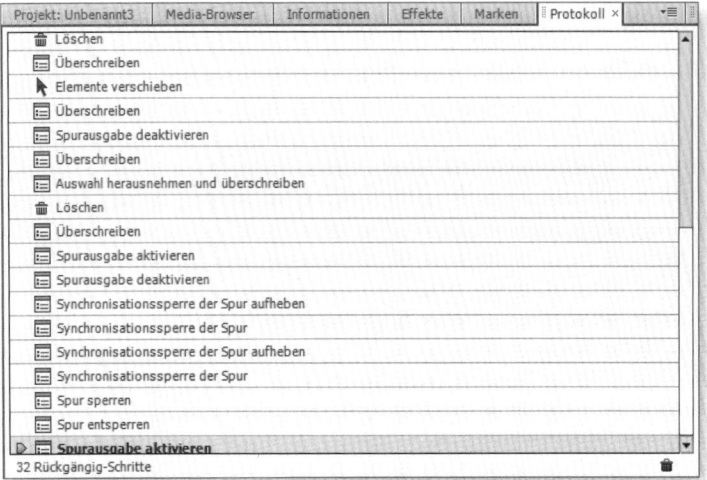

▲ **Abbildung 3.76** Eine Funktion mit Überwachungscharakter: Alle Ihre
Schritte werden protokolliert.

Wenn Sie bereits mit Adobe-Produkten (z. B. Photoshop) arbeiten, wird das Bedienfeld
ein alter Bekannter für Sie sein. Hier werden nämlich die letzten Schritte gelistet, und
zwar in der Reihenfolge ihrer Ausführung von oben nach unten. Sie sehen, Premiere
Pro entgeht nichts. Klicken Sie auf einen übergeordneten Eintrag, um zu diesem Punkt
zurückzugelangen. Erst wenn Sie anschließend einen neuen Schritt ausführen, werden
unterhalb befindliche Einträge unwiderruflich gelöscht.

Undo per Tastatur rückgängig machen

Die letzten Schritte lassen sich in umgekehrter Reihenfolge widerrufen, indem Sie die
Tastenkombination Strg/cmd+Z benutzen. Um jedoch rückgängig gemachte Schritte
wiederherzustellen, verwenden Sie Strg/cmd+⇧+Z. Das ersetzt dann den Gang
zur Protokoll-Palette.

3.9   Tastaturanpassung

Wenn Sie viel mit Adobe-Produkten arbeiten, wird Ihnen die Tastenkombination zum Wiederherstellen (siehe Kasten) vertraut sein. Wer jedoch häufiger mit

Microsoft-Anwendungen zu tun hat, dem wird eventuell eher die Tastenkombination $\boxed{\text{Strg}}$/$\boxed{\text{cmd}}$+$\boxed{\text{Y}}$ für das Wiederherstellen entgegenkommen. Sie ahnen es: Auch so etwas lässt sich in Premiere Pro anpassen. Zeit für den nächsten Workshop.

◢ *Schritt für Schritt: Tastaturkürzel anpassen*

Die Tastenkombination $\boxed{\text{Strg}}$/$\boxed{\text{cmd}}$+$\boxed{\text{⇧}}$+$\boxed{\text{Z}}$ zum Wiederherstellen bereits editierter Schritte soll in diesem Workshop gegen $\boxed{\text{Strg}}$/$\boxed{\text{cmd}}$+$\boxed{\text{Y}}$ ausgetauscht werden.

1 *Tastaturanpassung aktivieren*

Entscheiden Sie sich zunächst für BEARBEITEN • TASTATURBEFEHLE. Eigentlich sollte es auch dafür eine Tastenkombination geben, finden Sie nicht? Gut, erledigen wir das in diesem Workshop doch gleich mit. Zunächst geht es aber um das Wiederherstellen. Sie befinden sich jetzt im Dialog TASTATURBEFEHLE.

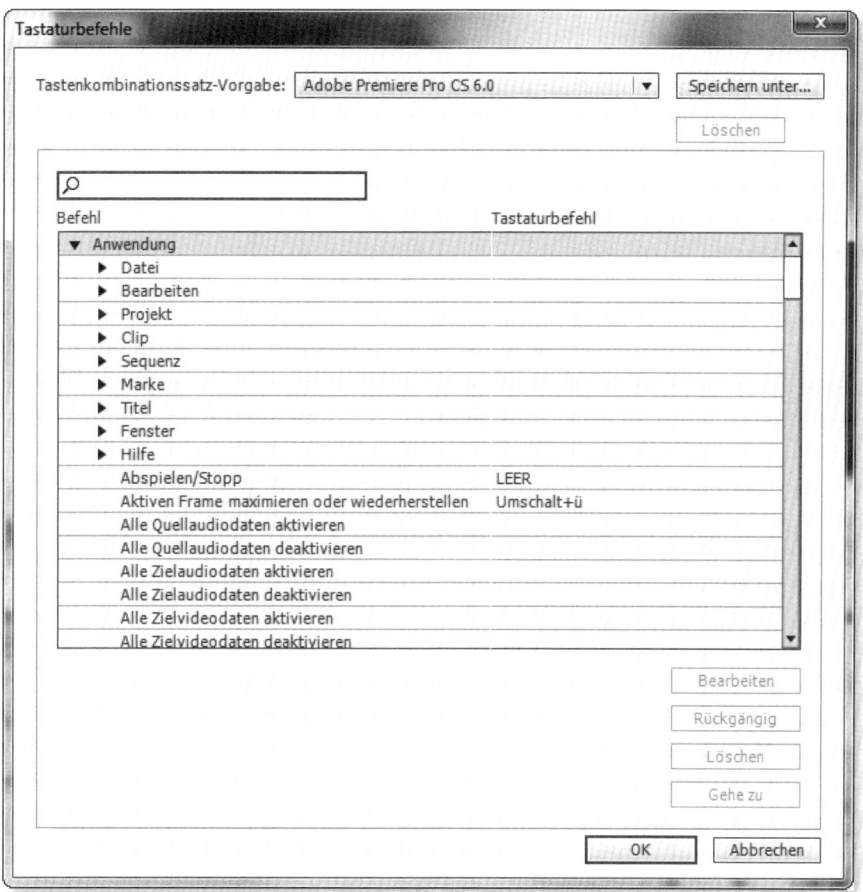

▲ **Abbildung 3.77** Der Dialog TASTATURBEFEHLE lässt eigentlich kaum Wünsche offen.

Sollten Sie bisher mit Schnittlösungen wie Avid Xpress oder Final Cut Pro gearbeitet haben, können Sie die dort allgemeingültigen Tastenkombinationen auch in Premiere Pro verwenden. Dazu müssen Sie lediglich den entsprechenden Eintrag im Selektions-feld TASTENKOMBINATIONSSATZ-VORGABE aktivieren.

◄ **Abbildung 3.78**
Umsteiger anderer Editing-Software können den bekannten Tastatur-befehlssatz einstellen. So fällt der Wechsel zu Premiere Pro ein bisschen leichter.

2 Befehl suchen

In Premiere Pro gibt es nicht gerade wenige Tastaturkürzel. Um innerhalb dieser Mam-mutliste nicht den Überblick zu verlieren, gibt es zahlreiche Gruppierungen. Glückli-cherweise gibt es seit Premiere Pro CS6 eine Suchfunktion. So ersparen Sie sich das manuelle Herumstöbern in den Befehlslisten. Da wir nach Wiederherstellung suchen, beginnen Sie damit, die ersten Teile des Begriffs in das Suchfeld ❶ zu tippen. Bereits nach Eingabe von »wi« werden Sie fündig ❷.

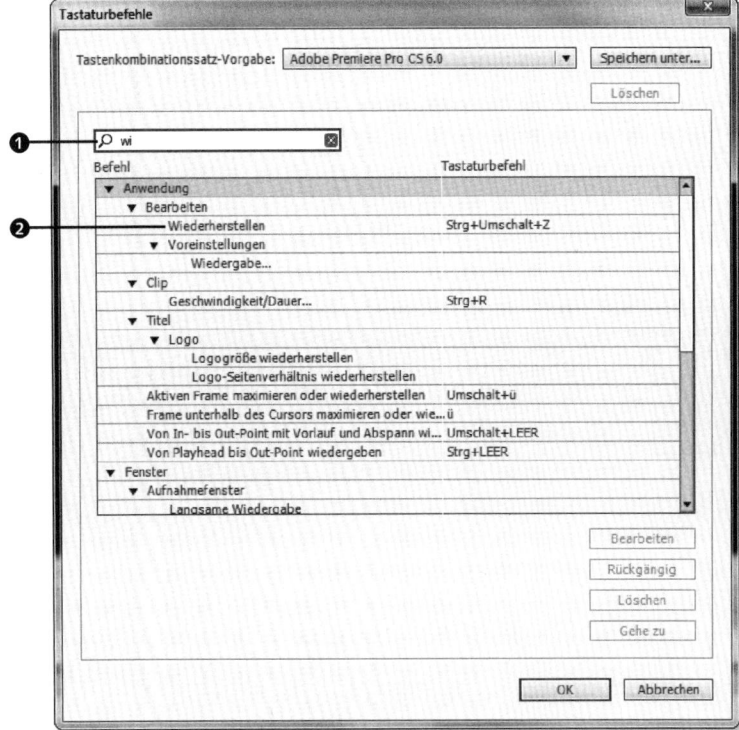

◄ **Abbildung 3.79**
Wählen Sie zwischen Tastaturkürzeln für die Anwendung, die Fenster und die Werkzeuge.

3 Eintrag auswählen

Rechts neben WIEDERHERSTELLEN ist der Tastaturbefehl gelistet. Setzen Sie einen Doppelklick darauf, führt das dazu, dass nun die komplette Tastenkombination betätigt werden kann, mit der dieser Befehl fortan verbunden sein soll, sprich: ⌈Strg⌉+⌈Y⌉ unter Windows bzw. ⌈cmd⌉+⌈Y⌉ am Mac.

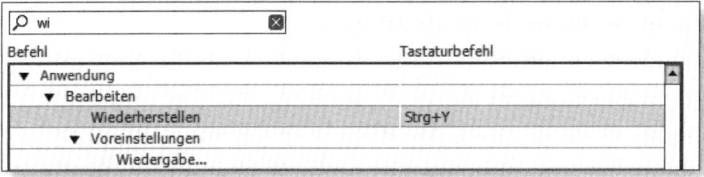

◄ **Abbildung 3.80**
Der Befehl ist mit einer neuen Tasten-kombi versehen worden.

4 Optional: Eintrag ändern

Sollte die Kombination bereits vergeben sein, wird ein Hinweis von Premiere Pro ausgegeben. In diesem Fall sollten Sie abwägen, ob Sie den Tipp ignorieren wollen (die Tastenkombi wird dann vom alten Befehl getrennt) oder ob Sie doch lieber auf RÜCKGÄNGIG klicken, um eine andere Kombination auszusuchen. Beginnen Sie die Neufestlegung wieder mit dem beschriebenen Doppelklick.

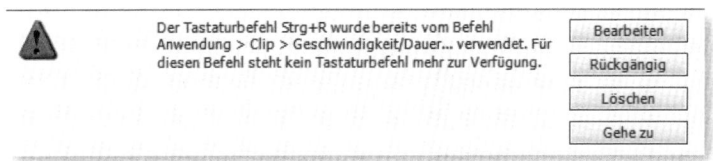

◄ **Abbildung 3.81**
Premiere Pro warnt.

5 Zweiten Eintrag ändern

Kümmern wir uns nun um eine Tastenkombination zum Aufruf der Tastaturanpassung. Die Funktion hat auch erst dann wirklich Stil, finden Sie nicht auch? Doppelklicken Sie den im Suchfeld vorhandenen Eintrag (wi) und tippen Sie den Anfang von »Tastaturbe-fehle« ein. Nach den ersten drei Zeichen (»tas«) ist alles geregelt. Markieren Sie die rechte Spalte der Zeile TASTATURBEFEHLE neuerlich mit einem Doppelklick, um die Tastenkombi festlegen zu können. Es wäre ja naheliegend, die Tastaturanpassung mit ⌈Strg⌉/⌈cmd⌉+⌈T⌉ zu versorgen. Doch die ist schon für die wichtigen Titel vergeben. Nehmen Sie stattdessen ⌈Strg⌉/⌈cmd⌉+⌈Alt⌉+⌈T⌉. Hier dürfte Premiere Pro nichts zu meckern haben.

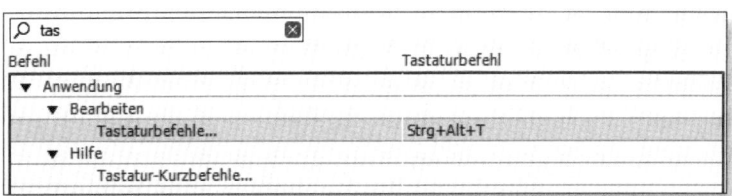

▲ **Abbildung 3.82** Diese Kombination ist noch frei.

6 Einstellungen speichern

Danach könnten Sie den Dialog mit einem Klick auf OK verlassen. Das hätte jedoch zur Folge, dass diese neue Tastatureinstellung ab sofort [BENUTZERDEFINIERT] heißt. Kein schöner Name. Deshalb sollten Sie noch auf SPEICHERN UNTER klicken und der neuen Tastaturbelegung einen aussagekräftigeren Namen geben. Betätigen Sie SPEICHERN und im Anschluss OK.

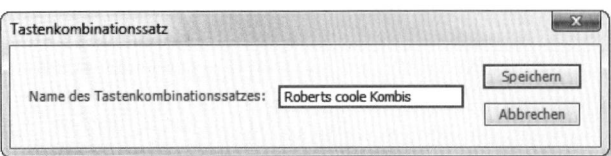

◄ **Abbildung 3.83** Vergeben Sie zunächst einen Namen.

7 Änderungen kontrollieren

Die Änderungen lassen sich prima kontrollieren, indem Sie das entsprechende Menü öffnen. Dort sollten neben dem relevanten Eintrag auch die neuen Tastaturkürzel (❶ und ❷) auftauchen.

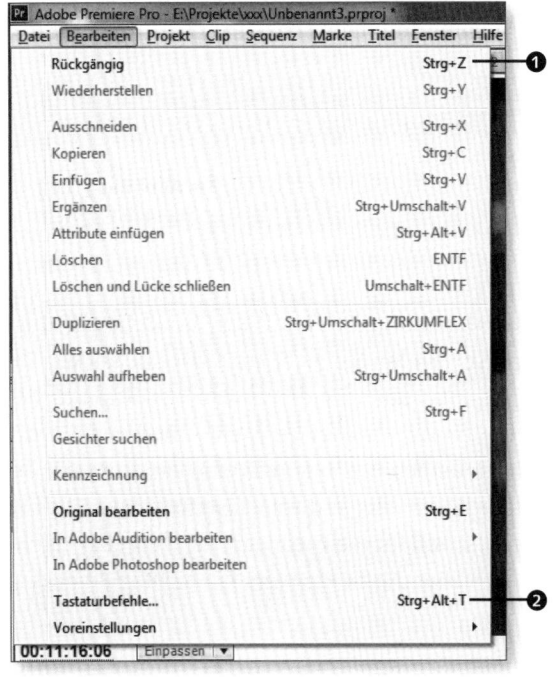

◄ **Abbildung 3.84** Die Tastenkombinationen (WIEDERHERSTELLEN und TASTATURBEFEHLE) wurden von Premiere Pro übernommen und im Menü entsprechend ausgewiesen.

Werkseinstellungen wiederherstellen | Im Dialog TASTATURBEFEHLE haben Sie jederzeit die Möglichkeit, wieder zu den ursprünglich festgelegten Tastaturkombinationen zurückzukehren. Wenn Sie nämlich das Selektionsfeld TASTENKOMBINATIONSSATZ-VORGABE ganz oben öffnen, finden Sie auch den Eintrag ADOBE PREMIERE PRO 6.0. Wenn Sie diesen auswählen und den Dialog mit OK bestätigen, ist alles wieder so wie früher.

Teil II
Videoschnitt, Bearbeitung und Ausgabe

4   Schneiden und Trimmen

Nachdem Sie sich mit der Arbeitsoberfläche vertraut gemacht haben, soll nun mit der eigentlichen Schnittarbeit begonnen werden. Zu einem guten Schnitt gehört nämlich weit mehr, als nur In- und Out-Points zu setzen. Sie erfahren hier, wie Sie mit dem Schnittfenster optimal arbeiten und welche Spezialschnitte es gibt:

- ▶ Wie werden Clips im Quellmonitor und im Projektfenster geschnitten?
- ▶ Wie wird ein Clip im Schnittfenster geschnitten?
- ▶ Wie wird Premiere Pro mittels Timecode bedient?
- ▶ Wie werden Clips getrimmt?
- ▶ Wie führe ich 3-Punkt- und 4-Punkt-Schnitte aus?
- ▶ Wie führe ich L- und J-Schnitte aus?

4.1   Clips vorschneiden

Natürlich werden Sie für Ihre Projekte nicht immer das gesamte zur Verfügung stehende Clip-Material benötigen. Beim Filmen werden zudem sicherheitshalber interessante Motive länger als nötig gefilmt, um später genügend Auswahlmaterial zu haben. In der Postproduktion, also zum Zeitpunkt der Bearbeitung am Rechner, müssen Sie sich dann von redundantem Material trennen. Dazu müssen Sie sogenannte In- und Out-Points setzen. Mit Hilfe dieser teilen Sie Premiere Pro mit, welcher Teil eines jeden Clips verwendet und welcher vernachlässigt werden soll. Alles, was sich zwischen einem In- und einem Out-Point befindet, wird benutzt; alles jenseits der Points bleibt außen vor.

4.1.1   Clips im Projektfenster vorschneiden

Wie Sie bereits wissen, lassen sich Clips direkt aus dem Projektfenster heraus in das Schnittfenster ziehen. Dabei wird jedoch der gesamte Clip transferiert und somit auch Teil des Films. Im Schnittfenster ließe sich der Clip zwar anschließend noch einkürzen, doch ist das mitunter zu aufwendig.

Schritt für Schritt: Rohschnitt im Projektfenster

Beispielhaft wollen wir einen recht langen Clip am Anfang und Ende einkürzen. Zusätzlich schauen wir uns noch an, wie ein Direktimport ins Schnittfenster mittels Drag & Drop realisiert werden kann.

1 Neue Sequenz erzeugen

Sollte aktuell noch kein Premiere-Pro-Projekt geöffnet sein, holen Sie das bitte jetzt nach. Die Sequenzeinstellungen spielen für diesen kleinen Workshop keine Rolle, da wir die Arbeiten ausschließlich im Projektfenster durchführen werden.

2 Clip aussuchen

Minimieren Sie Premiere Pro. Navigieren Sie zum Ordner GECKO-GLAS, der sich in den BEISPIELDATEIEN befindet. Suchen Sie nach der Datei »Flaschenhals05_001.avi«.

3 Clip hinzufügen

Klicken Sie auf diese Filmdatei, und lassen Sie die Maustaste vorerst nicht mehr los. Ziehen Sie den Film auf das Premiere-Pro-Icon in der Taskleiste (Windows) bzw. im Dock (Mac). Dort angelangt, warten Sie, bis sich das Premiere-Pro-Fenster öffnet, und ziehen den Clip direkt in das Projektfenster hinein. (Sollte das Projektfenster hinter anderen Registerkarten liegen, zeigen Sie zunächst auf das Register PROJEKT, ziehen es dann in den Clip-Bereich und lassen dort die Maustaste los.) Falls bereits Clips vorhanden sind, besteht sogar die Möglichkeit, den Clip anhand des senkrechten Balkens einzusortieren. Danach können Sie die Maustaste loslassen.

▲ **Abbildung 4.1** Zuerst geht es auf das Icon …　　　　▲ **Abbildung 4.2** … und von dort aus direkt in das Projektfenster.

Übergabe auf dem Mac

Noch ein Hinweis für Mac-User: Nachdem Sie das Symbol aufs Icon gezogen haben, müssen Sie einen Moment verharren. Kurze Zeit später wird nämlich eine Miniatur der Premiere-Pro-Arbeitsfläche angezeigt. Dort müssen Sie den Clip hinziehen und die Maustaste weiterhin gedrückt halten. Zuletzt vergrößert sich die Anwendung. Jetzt können auch Sie den Clip, wie beschrieben, ins Projektfenster ziehen.

---

4 Ansicht optimieren

Zur besseren Übersicht parken Sie den Mauszeiger auf dem Projektfenster und drücken Ü. Ziehen Sie zudem den Schieberegler für die Miniaturgröße unten links im Fenster ganz nach rechts.

5 In-Point setzen

Stellen Sie den Mauszeiger auf die Clip-Miniatur, und bewegen Sie das Zeigegerät (ohne Mausklick) langsam nach rechts. Sie werden feststellen, dass nach kurzer Zeit ein Zoom-in stattfindet (also die Kamera das Schweißgerät gewissermaßen »heranholt«). An dieser Position schieben Sie den Mauszeiger langsam ein wenig zurück (nach links), um an eine Position kurz vor dem Zoom zu gelangen. Danach klicken Sie auf die Miniatur und drücken anschließend I, wodurch ein sogenannter In-Point platziert wird. Der Clip soll nämlich später erst ab dieser Position zu sehen sein.

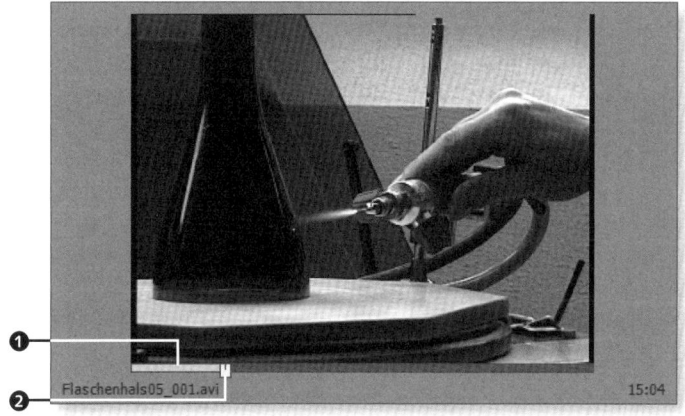

◀ **Abbildung 4.3** Unmittelbar vor dem Heranholen soll der Film beginnen.

Profi-Tipp: JKL-Navigation

Das Ziehen der kleinen Abspielmarke unterhalb der Miniatur ist zwar recht intuitiv, jedoch meist leider nicht sehr genau. Wer die Marke ganz exakt platzieren möchte, benutzt nach einem Mausklick L zum vorwärts abspielen, während es mit J rückwärts geht. Mehrfaches Drücken einer der beiden Tasten beschleunigt das Abspielen. Mit K halten Sie den Clip an. Drücken Sie L, während K festgehalten wird, können Sie einzelbildweise im Bild nach vorne gehen. J (während K gedrückt ist) bewirkt hingegen, dass Sie sich Bild für Bild zurückbewegen können.

---

6 Out-Point setzen

Ist Ihnen aufgefallen, dass sich der kleine farbige Balken direkt unterhalb der Miniatur verändert hat? Links vom Abspielkopf ❷ ist dieser nämlich jetzt grau ❶. Dabei handelt es sich um den Bereich, der im fertigen Video nicht mehr zu sehen sein soll. Den Schieberegler ziehen Sie jetzt knapp bis zur Mitte des Balkens und drücken anschließend O. Das hat zur Folge, dass auch der rechte Bereich ❸ grau eingefärbt wird.

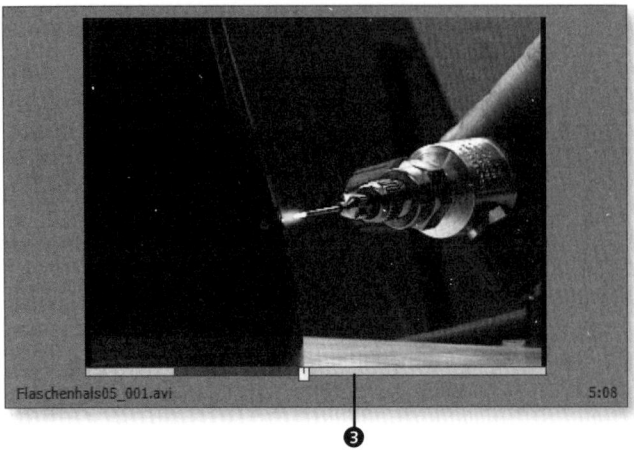

◄ **Abbildung 4.4** Der farbige Bereich des Clips zeigt, welche Stelle des Films verwendet wird – nämlich exakt der zwischen In- und Out-Point.

7 Clip abspielen

Wollen Sie das Resultat einmal im Quellmonitor begutachten? Dann setzen Sie einen Doppelklick auf die Miniatur. Das sorgt nicht nur dafür, dass der Clip nun im Quellmonitor sichtbar wird, sondern auch für die Rückkehr zur Standardansicht der Arbeitsoberfläche (anstelle von Ü). Zuletzt betätigen Sie Strg/cmd+⇧+Leertaste. Das hat zur Folge, dass der Clip zwischen den beiden zuvor gesetzten Punkten abgespielt und anschließend wieder gestoppt wird.

Clips duplizieren

Falls Sie einen Clip im Projektfenster mehrfach benötigen, kann dieser mit rechts angeklickt und per Anwahl von DUPLIZIEREN vervielfältigt werden. Das Gleiche funktioniert per Drag & Drop, während Strg/cmd festgehalten wird.

4.1.2 Clips im Quellmonitor vorschneiden

Das Zuschneiden von Clips im Quellmonitor dürfte durch die herausragenden CS6-Neuerungen innerhalb des Projektfensters ein wenig in den Hintergrund treten. Dennoch ist auch hier das Festlegen eines bestimmten Clip-Bereichs sehr gut möglich.

◼ Schritt für Schritt: In- und Out-Points im Quellmonitor setzen

In diesem Workshop werden (wie zuvor auch) In- und Out-Points gesetzt. Allerdings werden wir das diesmal im Quellmonitor machen. Außerdem werden Sie erfahren, wie das Schnittfenster mit den fertig markierten Clips versehen wird.

1 Projekt vorbereiten

Prinzipiell können Sie mit Ihrem eigenen Filmmaterial arbeiten, da Sie in diesem Workshop kein vordefiniertes Projekt erstellen. Wenn Sie jedoch lieber noch einmal mit dem

Material aus Kapitel 2 experimentieren wollen, erstellen Sie gegebenenfalls ein neues Projekt mit den folgenden Sequenzeinstellungen. Falls bereits eins geöffnet ist, erzeugen Sie eine neue Sequenz ⎡Strg⎤/⎡cmd⎤+⎡N⎤ mit den Einstellungen DV-PAL STANDARD 48 KHZ.

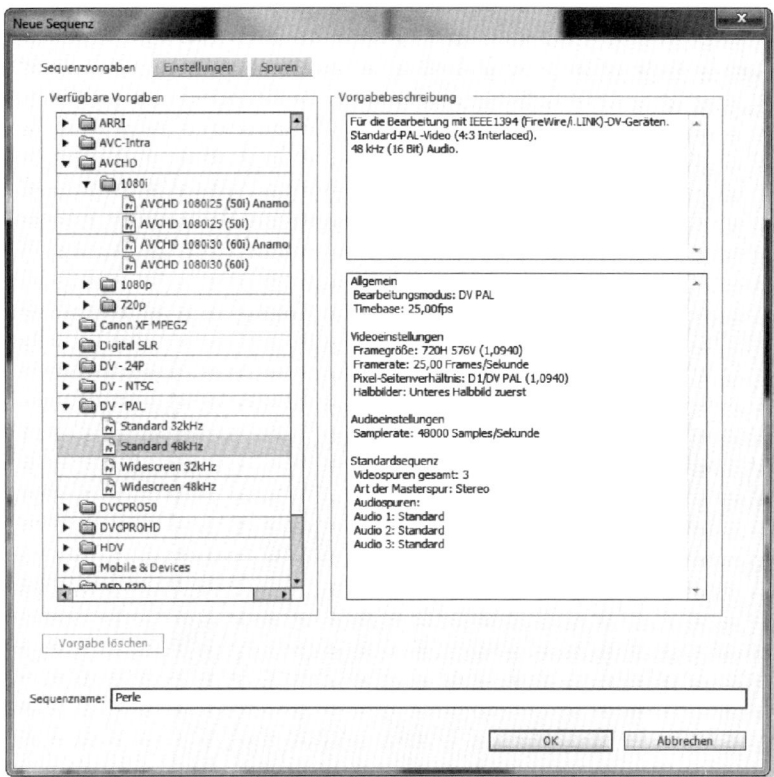

▲ **Abbildung 4.5** Diese Vorgabe entspricht dem Quellenmaterial.

2 *Assets importieren*

Sollten die Clips des Ordners KAPITEL_02 bereits integriert sein, dürfen Sie diesen Schritt überspringen. Ist das nicht der Fall, drücken Sie ⎡Strg⎤/⎡cmd⎤+⎡I⎤ und integrieren den gesamten Ordner KAPITEL_02 in das Projektfenster. Reduzieren Sie vorab die im vorangegangenen Workshop vergrößerten Miniaturen wieder, indem Sie den entsprechenden Schieberegler unten links im Projektfenster wieder ganz nach links ziehen. Wenn der Import erledigt ist, doppelklicken Sie den Ordner KAPITEL_02, während Sie ⎡Strg⎤/⎡cmd⎤ gedrückt halten. Das sorgt dafür, dass kein neues Projektfenster erstellt wird.

3 *Clips in den Quellmonitor stellen*

Nehmen Sie sich den zweiten Videoclip im Projektfenster vor (»Perle in Sand.avi«). Führen Sie einen Doppelklick darauf aus, und der Film wird im Quellmonitor zur Verfügung gestellt.

4 Clips abspielen

Klicken Sie auf den Wiedergabe-Button unterhalb des Bildes, oder drücken Sie einfach die Leertaste. Achten Sie auf die Abspielmarke ❶, die sich oberhalb der Steuerelemente dieses Fensters nach rechts bewegt. Stoppen Sie die Wiedergabe durch erneutes Drücken der Leertaste.

5 In- und Out-Points setzen

Schieben Sie die Marke jetzt manuell in Position, indem Sie deren Kopf mit gedrückter linker Maustaste hin- und herschieben (Scrubbing). Die ersten Bilder, in denen die Handwerkerin ihre Hände zusammenführt, sollen im fertigen Film keine Berücksichtigung finden. Deshalb platzieren Sie sie in etwa so, wie es in der Abbildung 4.6 zu sehen ist.

▲ **Abbildung 4.6** Die Marke steht etwas rechts vom Anfang. An dieser Position hat Bettina die Hände bereits zusammengeführt.

Danach drücken Sie die Taste IN-POINT MARKIEREN ❷. Lassen Sie das Video weiterlaufen, und stoppen Sie erst, wenn Bettina den Stab in den Topf steckt. Danach klicken Sie auf den Button OUT-POINT MARKIEREN ❸.

Somit haben Sie den Bereich, den Sie für Ihr Projekt verwenden wollen, vorselektiert. Unterhalb des Monitors wird dieser Bereich ebenfalls angezeigt (farbig). Genau dieser Teil wird jetzt verwendet, und alles, was sich links und rechts daneben befindet, wird fein säuberlich ignoriert.

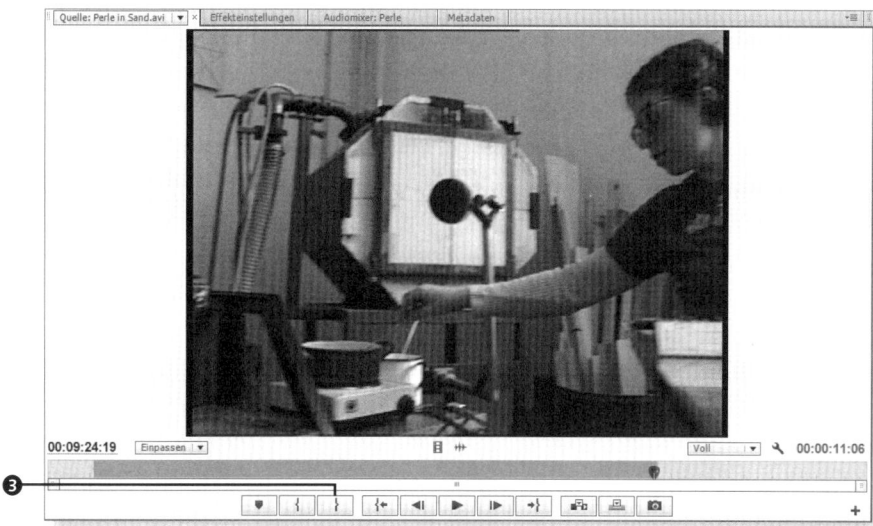

▲ **Abbildung 4.7** Das ist genau die richtige Position.

6 Zweiten Clip schneiden

Nehmen Sie sich jetzt den dritten Clip vor. Klicken Sie dazu »Perle kühlen.avi« im Projektfenster doppelt an. Drücken Sie die Leertaste, damit der Clip einige Sekunden lang abgespielt wird. Wenn etwa die Mitte des Videos erreicht ist (beachten Sie das Zeitlineal unterhalb der Vorschau), drücken Sie abermals die Leertaste. Betätigen Sie jetzt 0. Damit haben Sie einen Out-Point erzeugt, der den Clip an dessen Ende begrenzt. Einen In-Point am Anfang benötigen Sie nicht, da das Video vom ersten Bild an abgespielt werden soll.

▲ **Abbildung 4.8** Hier wird der zweite Clip beendet.

7 Symbolansicht aktivieren

Da beide Clips in der richtigen Reihenfolge im Projektfenster liegen, müssen Sie sich um die Reihenfolge eigentlich gar keine Gedanken machen. Dennoch soll dieser Schritt hier angesprochen werden, denn meist werden Sie die Clips eben noch sortieren müssen.

8 Optional: Einfügemarke positionieren

Derzeit haben Sie ja noch nicht im Schnittfenster gearbeitet. Daher befindet sich die Einfügemarke bereits am Anfang der Timeline. Sollte das jedoch nicht der Fall sein, drücken Sie Pos1 bzw. ◄. Für die gleich folgende Einfügung der Clips ist nämlich die Position des Abspielkopfes wichtig.

9 Clips einfügen

Markieren Sie jetzt, während Sie Strg/cmd gedrückt halten, beide zuvor bearbeiteten Clips. Danach klicken Sie in der Fußleiste auf AUTOMATISCH IN SEQUENZ UMWANDELN ❶. Im folgenden Dialog schalten Sie die ANORDNUNG auf SORTIERREIHENFOLGE (dazu später mehr). Die Checkbox STANDARD-VIDEOÜBERBLENDUNG ÜBERNEHMEN ❷ deaktivieren Sie bitte, da es ansonsten zwischen den beiden Clips zu einer Überblendung kommt.

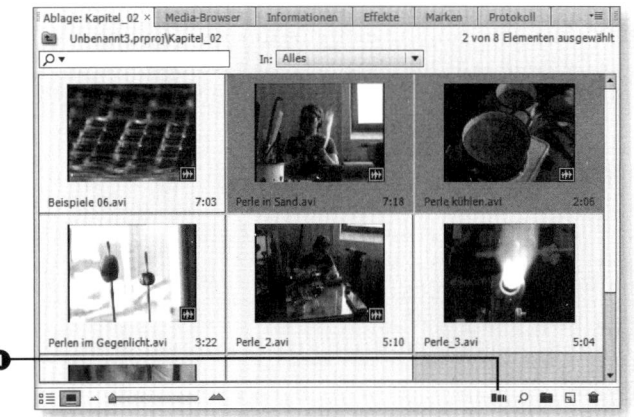

▲ **Abbildung 4.9** Nach der Markierung beider Clips werden diese in die Sequenz eingefügt.

▲ **Abbildung 4.10** Hier ist die SORTIERREIHEN-FOLGE entscheidend.

10 Clips abspielen

Klicken Sie jetzt mit der Maus auf das Schnittfenster, damit dieses aktiviert wird. Spielen Sie die Sequenz ab (Leertaste), werden Sie feststellen, dass ein Anschlussschnitt erfolgt ist, der inhaltlich passt und mit dem Bewegungsablauf der Darstellerin harmoniert.

Automatisch in Sequenz umwandeln | Im vorangegangenen Workshop haben sie die Funktion AUTOMATISCH IN SEQUENZ UMWANDELN kennengelernt. Hier wollen wir noch einmal etwas genauer hinschauen:

- ▶ ANORDNUNG: Hier entscheiden Sie sich für die SORTIERREIHENFOLGE, wenn die Clips in der Reihenfolge übernommen werden sollen, in der sie im Projektfenster vorliegen. Mit AUSWAHLREIHENFOLGE würden sie in der Reihenfolge eingefügt, in der sie zuvor im Projektfenster mittels Mausklick markiert worden sind.

- ▶ PLATZIERUNG: Zunächst einmal steht hier nur NACHEINANDER zur Verfügung. Die Clips reihen sich also hintereinander auf. Sollten Sie zuvor Sequenzmarken gesetzt haben, steht auch AN NICHT NUMMERIERTEN MARKEN zur Auswahl.

- ▶ METHODE: Wählen Sie EINFÜGEN, wenn nachfolgende Clips im Schnittfenster artig Platz machen sollen, sobald die Clips integriert werden. Mit ÜBERSCHREIBEN würden eventuell schon vorhandene Clips überdeckt. Deren Inhalt ginge also verloren.

- ▶ CLIP-ÜBERLAPPUNG: Eine Clip-Überlappung findet nur dann statt, wenn Sie STANDARD-VIDEOÜBERBLENDUNG ÜBERNEHMEN angewählt haben. In diesem Fall überlappen sich angrenzende Clips, um eine Überblendung zu realisieren. Wenn dies die standardmäßig definierte sein soll, muss STANDARDÜBERBLENDUNG ANWENDEN ebenfalls angehakt sein. Wie viele Einzelbilder dafür herangezogen werden, legen Sie mit dem Wert für die CLIP-ÜBERLAPPUNG fest. Entscheiden Sie ferner, ob die Clips ineinander überblendet werden sollen.

- ▶ OPTIONEN IGNORIEREN: Setzen Sie ein Häkchen vor AUDIO IGNORIEREN, wenn Sie nur die Videos, nicht jedoch die dazugehörige Soundspur integrieren wollen. Wenn hingegen nur die Audiospur Verwendung finden soll, aktivieren Sie VIDEO IGNORIEREN.

Mehr Kontrolle über das Projektfenster | Im vorangegangenen Workshop haben Sie zwei Clips exakt an einen Handlungsablauf angepasst. Dazu mussten Sie die Filme vom Projektfenster aus in den Quellmonitor stellen und dort schneiden. Oftmals werden Sie aber nach Sichtung des Filmmaterials noch gar nicht genau wissen, wo denn ein Schnitt hin soll und wohin nicht. In einem solchen Fall dürfen Sie die Assets zunächst auch »ungefähr« vorschneiden. Dazu müssen Sie das Projektfenster noch nicht einmal verlassen.

Schritt für Schritt: In- und Out-Points im Projektfenster platzieren

Diesmal werden wir mit dem Projektfenster und dem Quellmonitor zu tun bekommen. Dass diese in Sachen Schnitt aufeinander abgestimmt sind, werden Sie in den folgenden Schritten sehen.

1 Projektfenster vorbereiten

Bereiten Sie zunächst einmal das Projektfenster vor, indem Sie zur LISTENANSICHT wechseln. Ziehen Sie danach den rechten Steg des Fensters so weit nach rechts, dass Sie die Spalten VIDEO IN-POINT und VIDEO OUT-POINT einsehen können.

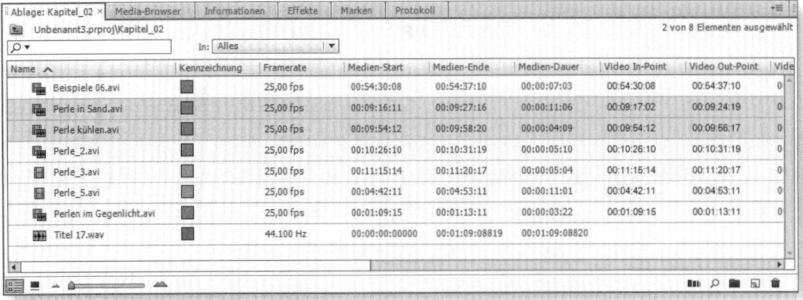

▲ **Abbildung 4.11** Das Projektfenster wird breit aufgezogen.

Umbenennen und Points ändern

Sollten Sie statt eines Doppelklicks zwei einzelne Mausklicks hintereinander auf den Namen des Clips setzen, lässt sich dieser neu eingeben. Ein einfacher Mausklick im Bereich der Spalten VIDEO IN-POINT oder VIDEO OUT-POINT sorgt hingegen dafür, dass der entsprechende Point ausgewählt wird und zur Neueingabe bereit wäre. Auch so können Ein- und Ausstiegspunkte definiert werden.

---

2 Clip aussuchen

Suchen Sie sich nun einen beliebigen Clip aus, den Sie verändern wollen (im Beispiel »Perle_2.avi«). Mit einem Doppelklick wird das Video an den Quellmonitor übergeben. Alternativ setzen Sie einen einfachen Mausklick auf das Asset im Projektfenster und ziehen es mit gedrückter linker Maustaste in den Bereich des Quellmonitors. Dort angekommen, lassen Sie los.

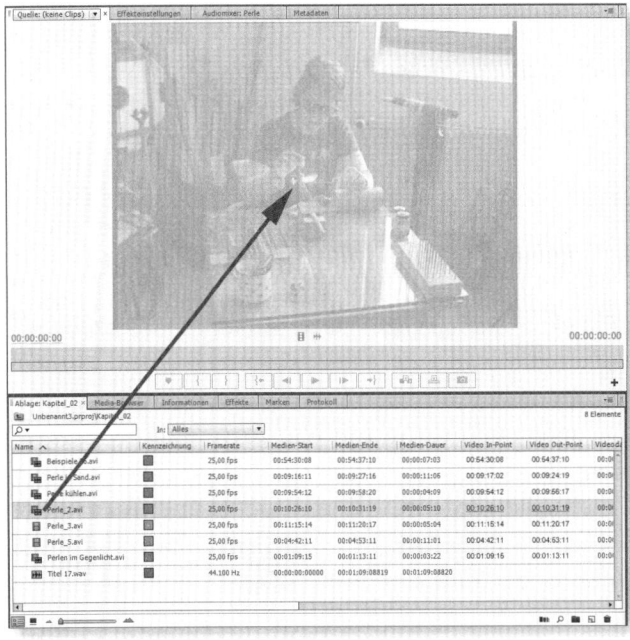

◀ **Abbildung 4.12** Per Drag & Drop geht es auch. Sobald Sie loslassen, wird das Video im Quellmonitor sichtbar.

3 In-Point im Projektfenster verändern

Ziehen Sie jetzt den Abspielkopf ❷ in Position, bzw. geben Sie den gewünschten Einstiegspunkt über das Steuerelement ABSPIELKOPFPOSITION ❶ neu ein (hier 00:10:27:13). Danach drücken Sie abermals ⌶ oder betätigen den Schalter IN-POINT MARKIEREN ❸. Achten Sie in diesem Zusammenhang auch darauf, dass der VIDEO IN-POINT des Clips im Projektfenster ebenfalls aktualisiert worden ist ❹.

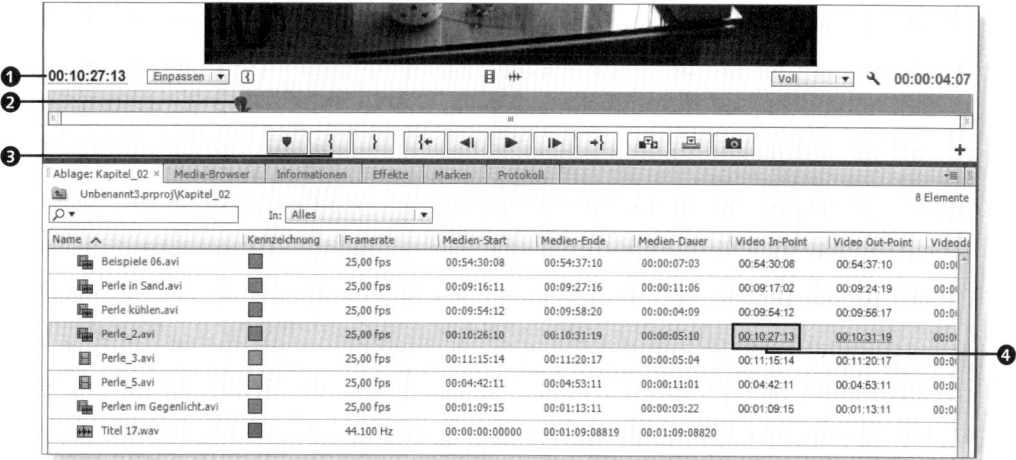

▲ **Abbildung 4.13** Quellmonitor und Projektfenster verhalten sich in Sachen In- und Out-Points synchron zueinander.

4 Weitere Punkte setzen

Verfahren Sie entsprechend mit dem Out-Point, und legen Sie so die Endposition für diesen Clip fest. Wenn Sie mit diesem Clip fertig sind, doppelklicken Sie auf den nächsten und wiederholen die zuvor beschriebenen Schritte.

> **Setzen von Points ist nicht zwingend erforderlich**
>
> Sie müssen grundsätzlich keine In- und Out-Points setzen. Wenn Sie diese weglassen, nimmt Premiere Pro das erste Bild eines Clips als In- und das letzte als Out-Point – der Clip wird in diesem Fall komplett berücksichtigt.

5 Projekt vervollständigen

Verfahren Sie auf die beschriebene Weise auch mit allen anderen Clips des Ordners KAPITEL_02. Wo die Punkte platziert werden, ist für dieses Beispiel nicht so wichtig. Sie sollten lediglich dafür sorgen, dass durch In- und Out-Point-Vergabe Clip-Anfänge und Clip-Enden außen vorbleiben. Wenn Sie fertig sind, gehen Sie in das Pulldown-Menü des Quellmonitors (oben links) und schließen alle Clips (je mehr Clips hier geöffnet sind, desto mehr wird nämlich Ihr Arbeitsspeicher beansprucht). Lassen Sie das Projekt bitte noch geöffnet. So lässt sich in den folgenden Schritten besser nachvollziehen, was es mit dem Timecode auf sich hat und wie sich die Clips später ins Schnittfenster bringen lassen (siehe folgende Abschnitte).

▲ **Abbildung 4.14** Am Ende werden alle Clips wieder aus dem Quellmonitor entfernt.

4.1.3 In- und Out-Points korrigieren

Haben Sie die Ein- und Ausstiegspunkte erst einmal verändert, können diese auch noch prima nachjustiert werden. Dazu stellen Sie die Clips abermals in den Quellmonitor und ziehen an den kleinen Mengenklammern (❶ = In-Point, ❸ = Out-Point) links und rechts der farbigen Fläche ❷. Der Mauszeiger mutiert dabei zur Klammer ❹. Falls der Abspielkopf stört, schieben Sie ihn vorab ein wenig zur Seite. Die Alternative dazu: Bringen Sie den Abspielkopf an die gewünschte Position und betätigen Sie anschließend erneut Ⓘ oder Ⓞ.

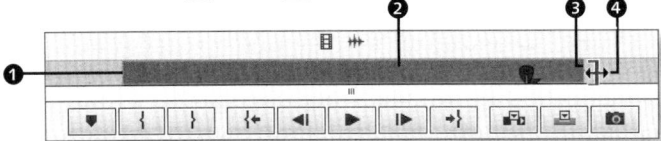

▲ **Abbildung 4.15** In- und Out-Point lassen sich auch mit Hilfe der Zeitskala verziehen.

Auch das Projektfenster ist für Aktualisierungen der Points geeignet. Bei den Anzeigen in den Spalten VIDEO IN-POINT und VIDEO OUT-POINT handelt es sich nämlich um Bedienelemente, genauer gesagt um Hot-Text-Steuerelemente. Ihre Funktionsweise: Markieren Sie zunächst die Zeile, klicken Sie dann die Ziffernkombination an, und halten Sie die Maustaste gedrückt. Ziehen Sie nach links oder rechts. Probieren Sie es aus. Achten Sie darauf, wie sich der In- oder der Out-Point in der Zeitskala des Quellmonitors verändern, sobald Sie die Maustaste loslassen. Wer In- oder Out-Points lieber über die Tastatur eingibt (dazu gleich mehr), kann auch eines der Steuerelemente anklicken und die entsprechenden Werte über die Tastatur festlegen.

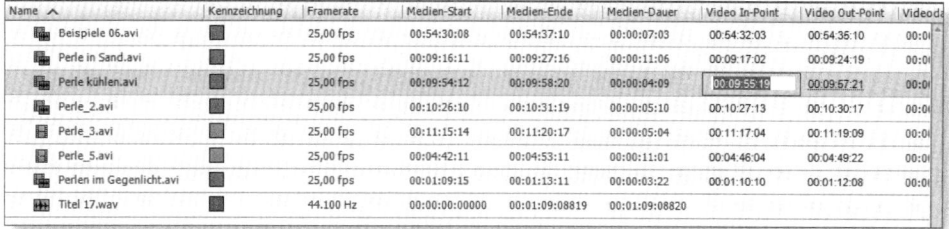

Name ∧	Kennzeichnung	Framerate	Medien-Start	Medien-Ende	Medien-Dauer	Video In-Point	Video Out-Point	Videod
Beispiele 06.avi		25,00 fps	00:54:30:08	00:54:37:10	00:00:07:03	00:54:32:03	00:54:35:10	00:0
Perle in Sand.avi		25,00 fps	00:09:16:11	00:09:27:16	00:00:11:06	00:09:17:02	00:09:24:19	00:0
Perle kühlen.avi		25,00 fps	00:09:54:12	00:09:58:20	00:00:04:09	00:09:55:19	00:09:57:21	00:0
Perle_2.avi		25,00 fps	00:10:26:10	00:10:31:19	00:00:05:10	00:10:27:13	00:10:30:17	00:0
Perle_3.avi		25,00 fps	00:11:15:14	00:11:20:17	00:00:05:04	00:11:17:04	00:11:19:09	00:0
Perle_5.avi		25,00 fps	00:04:42:11	00:04:53:11	00:00:11:01	00:04:46:04	00:04:49:22	00:0
Perlen im Gegenlicht.avi		25,00 fps	00:01:09:15	00:01:13:11	00:00:03:22	00:01:10:10	00:01:12:08	00:0
Titel 17.wav		44.100 Hz	00:00:00:00000	00:01:09:08819	00:01:09:08820			

▲ **Abbildung 4.16** Der Wert kann nach Markierung auch mit Hilfe der Tastatur eingegeben werden.

Profi-Tipp: Exakte Navigation

Der fortgeschrittene User setzt für die exakte Bestimmung von In- und Out-Point die Tastatur ein. Halten Sie bei aktiviertem Quellmonitor-Fenster ← oder → gedrückt, um sich dem gewünschten Punkt (In oder Out) zu nähern. Die exakte Positionierung des Abspielkopfes erfolgt dann durch mehrfache kurze Betätigung von ← und →. Ist die Position gefunden, drücken Sie I oder O.

4.2 Der Timecode

Timecode ist vom Ursprung her die Bezeichnung von Zeiteinheiten, die zusammen mit der Videoaufnahme auf Band oder auf sonstige Speichermedien gesichert werden. Der Timecode sollte idealerweise fortlaufend sein und bleibt auch beim Import in die Videoschnitt-Software erhalten. Dort kann er hilfreiche Dienste verrichten. So lässt sich anhand des Timecodes beispielsweise eine bestimmte Stelle der Aufnahmen gezielt ansteuern.

Innerhalb von Premiere Pro befinden sich zahlreiche Steuerelemente, die den Timecode ausweisen. Das trifft beispielsweise auf die Zeitanzeigen unten links in den Monitoren zu. Korrekterweise muss man zwar sagen, dass damit die Position des Abspielkopfes wiedergegeben wird, dass diese sich aber am Original-Timecode orientiert. Das ist auch der Grund dafür, dass nicht jeder Clip bei 00:00:00:00 beginnt. Der Clip »Beispiele 06.avi« aus dem Ordner KAPITEL_02 beispielsweise beginnt an Position 00:54:30:08 ❶ und hat eine Dauer von etwas mehr als zwei Sekunden ❷.

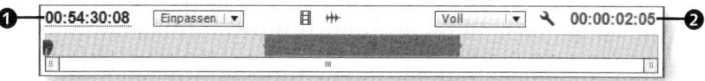

▲ **Abbildung 4.17** Während der linke Zahlencode veränderbar ist, bleibt der rechte starr.

4.2.1 Aufbau des Timecodes

Alle vorgenannten Anzeigen beziehen sich auf den jeweils zugehörigen Clip. Anders ist das beim Schnittfenster-Timecode. Dieser bezieht sich stets auf die gesamte Sequenz, also den Inhalt des Schnittfensters, und beginnt von Haus aus immer bei 00:00:00:00 (im Gegensatz zum Clip-Timecode).

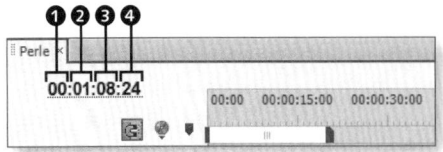

◄ **Abbildung 4.18** Der Timecode innerhalb des Sequenzfensters

Die Zahlenpärchen haben folgende Bedeutung:

❶ Stunden

❷ Minuten

❸ Sekunden

❹ Frames

Die ersten drei Zahlenpärchen sind wenig spektakulär und erklären sich von selbst. Anders sieht es mit den Frames aus. Hier wird nämlich die Anzahl von Bildern pro Sekunde als Maßeinheit herangezogen. In einem PAL-Projekt, das aus 25 Einzelbildern pro Sekunde besteht, werden auch hier nur 25 Einheiten benutzt, bei einem NTSC-Projekt wären es hingegen 30 Einheiten. Beachten Sie in diesem Zusammenhang aber, dass das erste Bild einer Sekunde immer das Bild 00 ist. Die Zählung beginnt also nicht bei 1, sondern bei 0. Demzufolge ist das letzte Bild einer Sekunde auch stets Bild Nummer 24. Anfangs mag dies etwas befremdlich wirken, Sie werden sich aber schnell daran gewöhnen.

4.2.2 Timecode-Eingabe

Sie haben verschiedene Möglichkeiten, den Wert des Timecodes zu ändern und damit, speziell im Schnittfenster, zu erreichen, dass die Einfügemarke an die Stelle springt, die Sie mit Hilfe des Timecodes angeben. Hierzu gibt es drei Methoden: Sie können die Hot-Text-Steuerelemente bedienen, den jeweiligen Abspielkopf verschieben oder den Timecode per Tastatur eingeben. Dazu klicken Sie den Timecode-Wert einfach an und lassen die Maustaste los. Geben Sie nun den gewünschten Timecode über die Tastatur ein, und schließen Sie die Eingabe mit ⏎ ab.

Eingabe über den Nummernblock | Noch einfacher geht es, wenn Sie den Nummernblock Ihrer Tastatur benutzen. Dieser funktioniert übrigens nicht nur in den Monitorfenstern, sondern auch im Schnittfenster. Das vorherige Selektieren des Steuerelements entfällt. Beenden Sie die Eingabe aber bitte stets mit ⏎ auf Ihrem Nummernblock. Andernfalls wird der Clip oder der Inhalt des Schnittfensters abgespielt.

Schreibweise bei der Eingabe des Timecodes | Bei der Eingabe können Sie getrost die Doppelpunkte ignorieren. Selbst vorangestellte Nullen dürfen Sie missachten. Wenn Sie also z. B. zu Sekunde 1, Frame 05 springen wollen, reicht es, wenn Sie die Zahlenkombinationen »105« eingeben. Praktisch, oder? Sie müssen dabei allerdings stets den Wert bis zum letzten Frame auffüllen. Wenn Sie also genau auf Sekunde 1 springen möchten, reicht es keinesfalls, nur die Zahl »1« einzugeben. Das würde die

Einfügemarke nämlich auf Sekunde 0, Frame 1 positionieren. Premiere Pro ermittelt den Wert stets von der letzten Ziffer aus. Um Sekunde 1 zu erreichen, müssen Sie also »100« eingeben. Bestätigen Sie derartige Werte nach deren Eingabe stets mit ⏎.

PAL- und NTSC-Timecode

Achten Sie bitte auf die unterschiedliche Darstellung des Timecodes in PAL und NTSC. Während die Zahlenpärchen bei 25 Einzelbildern (PAL) stets mit Doppelpunkten voneinander getrennt sind, stellt sich der Timecode mit 30 Einzelbildern (NTSC) mit Semikola dar.

4.3 Clips dem Schnittfenster hinzufügen und anordnen

Sie haben in diesem Kapitel bereits erfahren, wie Clips in Bezug auf In- und Out-Points vorbereitet werden können – und zwar sowohl im Projektfenster als auch im Quellmonitor. Nun müssen die Clips aber auch irgendwie in das Schnittfenster befördert werden.

4.3.1 Clips per Drag & Drop einfügen

Ziehen Sie Clips direkt aus dem Projektfenster in das Schnittfenster. Aus dem Quellmonitor heraus funktioniert das auch. Hier setzen Sie den Mauszeiger einfach auf den Monitor selbst und ziehen das gute Stück herunter in Ihr Schnittfenster. Falls Sie den Clip direkt am Anfang der Sequenz integrieren wollen, achten Sie darauf, dass sich eine vertikale schwarze Linie zeigt ❶.

▲ **Abbildung 4.19** Ein Weg ins Schnittfenster: Drag & Drop vom Quellmonitor aus

Nur Audio oder nur Video ziehen | Beim Ziehen eines AV-Clips (also aus Audio und Video bestehend) wird stets beides transportiert – Audio und Video. Was aber, wenn nur eines von beiden Verwendung finden soll und Sie nicht bereit sind, von der Drag-&-Drop-Methode abzuweichen? Nun, dann ziehen Sie den Clip nicht aus dem Monitor heraus, sondern aus dem kleinen Filmsymbol ❶ (befördert nur die Videospur) bzw. dem Wellenformsymbol ❷ (befördert nur die Audiospur).

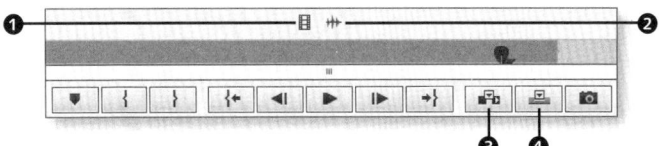

◀ **Abbildung 4.20** Das Film- bzw. das Wellenformsymbol gleich unterhalb des Monitors kann ebenfalls gezogen werden.

Clips in den Programmmonitor ziehen | Eine weitere Möglichkeit, Clips in das Schnittfenster zu bringen: Drag & Drop unter Zuhilfenahme des Programmmonitors. Dazu bringen Sie den Abspielkopf des Schnittfensters zunächst an die Position, an der der Clip integriert werden soll. Ziehen Sie den Clip danach aus dem Quellmonitor oder dem Projektfenster direkt auf die Monitorfläche des rechten Monitors. Lassen Sie los, wird der Clip eingefügt. Solange Sie jedoch noch nicht losgelassen haben, besteht die Möglichkeit, (Strg)/(cmd) zu betätigen, was zu einer Überschreibung führen würde (dazu gleich mehr). Bei diesem Verfahren kommt es auch darauf an, welche Spur ausgewählt worden ist (auch dieses Thema wird gleich noch vertieft).

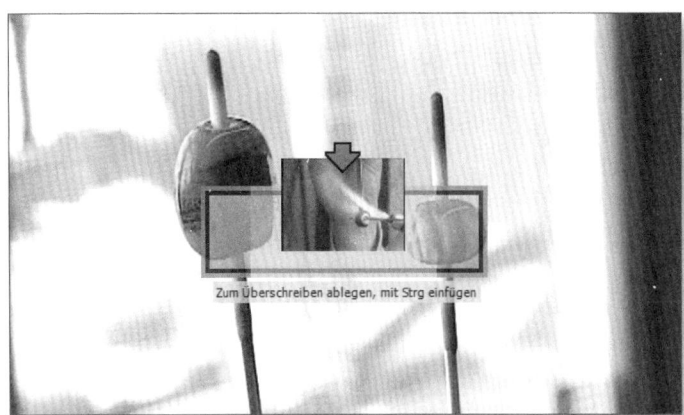

◀ **Abbildung 4.21** Ziehen Sie einen Clip auf den Programmmonitor, können Sie entscheiden, ob eingefügt oder überschrieben werden soll.

Falls Sie bereits mit einer Vorgängerversion von Premiere Pro CS6 gearbeitet haben, wird Ihnen der Begriff *Überlagern* geläufig sein, bei dem ein einzufügender Clip über einen bereits vorhandenen gelegt wird. Die Bezeichnung für dieses Verfahren wird jetzt durch *Überschreiben* ersetzt, was der prinzipiellen Vorgehensweise auch eher entspricht. Rein technisch hat sich dadurch aber nichts geändert.

4.3.2 Clips per Tastatur einfügen

Wem das Drag & Drop nicht so liegt, der kann auch die Tastatur oder die Steuerelemente des Quellmonitors benutzen. Sie haben die Wahl, ob Sie lieber die Buttons EINFÜGEN ❸ bzw. ÜBERSCHREIBEN ❹ in der Schaltflächenleiste des Quellmonitors oder ⌷ bzw. ⌷ benutzen, um die Clips in das Schnittfenster zu bringen. Für die Position der Einfügung sind grundsätzlich zwei Dinge entscheidend (sowohl bei der hier beschriebenen Methode als auch bei der Integration über den Programmmonitor):
1. Wo befindet sich die Einfügemarke?
2. Welche Videospur ist gerade ausgewählt (Spurauswahl)?

Spurauswahl | Bei dieser Art der Einfügung müssen Sie also darauf achten, welche Spurköpfe im Schnittfenster markiert sind. Vor den Spurköpfen befinden sich zudem noch zwei kleine, graue Schaltflächen, mit denen Sie markieren können, welche Spuren für die nächste Einfügung bzw. Überlagerung berücksichtigt werden sollen.

Dazu folgendes Beispiel: Sie wollen ein Video auf Spur VIDEO 1 integrieren, während das Audio auf Spur AUDIO 2 eingebettet werden soll. In diesem Fall müssen Sie zunächst den Spurkopf von AUDIO 2 ❻ aktivieren, sofern dieser nicht bereits aktiviert ist (ein erneuter Klick darauf würde ihn übrigens wieder abwählen). Sie sehen, dass auch der Spurkopf von AUDIO 1 aktiviert bleibt. Das bedeutet prinzipiell, dass jetzt jede der beiden Spuren zur Einfügung berücksichtigt werden könnte. Welche aber nun Ihre Zielspur ist, legen Sie mit Hilfe der hellgrauen Flächen ❺ links neben dem Spurkopf fest. Diese Flächen lassen sich per Drag & Drop verschieben.

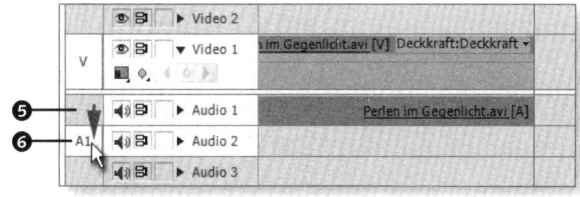

◄ **Abbildung 4.22** Markieren Sie die Zielspur, bevor Sie den Clip aus dem Quellmonitor integrieren.

Bitte achten Sie darauf, dass Sie zur Markierung nicht auf einen der im Spurkopf integrierten Buttons klicken. Damit würden Sie die jeweilige Funktion aus- oder einschalten, den Spurkopf jedoch nicht markieren.

Nur Video einfügen | Und noch ein wichtiges Beispiel: Sie haben den Spurkopf von AUDIO 1 angewählt, jedoch AUDIO 2 als Einfügespur markiert. Wenn Sie jetzt einen Clip einfügen, wird nur die Videospur integriert; das Audio bleibt außen vor. Diese Technik ist vor allem dann interessant, wenn Sie Ihre Videoclips später mit einem Sound nachvertonen und deshalb schon von Beginn an auf den Originalton verzichten wollen.

Integration von In bis Out

Beachten Sie, dass bei jeder Art von Clip-Transport in das Schnittfenster grundsätzlich nur der Bereich zwischen In- und Out-Point Berücksichtigung findet, den Sie zuvor festgelegt haben – also nie der gesamte Clip.

4.4   Clips im Schnittfenster trimmen

Wenn Sie den Anfang bzw. das Ende eines Clips Ihren Erfordernissen anpassen, indem Sie den Clip kürzen, handelt es sich um das sogenannte *Trimmen*. Zwar besteht die Möglichkeit, Clips im Quellmonitor oder im Projektfenster exakt vorzubereiten, jedoch wird es immer wieder vorkommen, dass Sie innerhalb der Sequenz (also im Schnittfenster) doch noch Anpassungen vornehmen müssen. Möglicherweise wollen Sie genau auf den Takt der Musik schneiden. Da ist eine nachträgliche Korrektur des Schnittpunktes unausweichlich.

4.4.1   Clips kürzen oder erweitern

Zum Verkürzen oder Erweitern stellen Sie die Einfügemarke an den Anfang oder an das Ende des Clips (der Mauszeiger mutiert zu einer roten Klammer) und ziehen ihn mit dem standardmäßig aktivierten Verschieben-Werkzeug in die gewünschte Richtung.

Wenn Sie dabei nur die Maustaste benutzen, wird eine Lücke entstehen. Halten Sie hingegen ⌊Strg⌋/⌊cmd⌋ gedrückt (der Mauszeiger mutiert zur gelben Klammer), wird die Lücke geschlossen, und nachkommende Clips rücken entsprechend auf (entspricht der Funktion des Werkzeugs LÖSCHEN UND LÜCKE SCHLIESSEN.

Auf Pfeil mit Klammer achten

Achten Sie unbedingt darauf, dass der Mauszeiger zum Pfeil mit Klammer wird (siehe Abbildungen). Zeigen sich zwei übereinander angeordnete Doppelpfeile, lassen Sie die Maustaste los und schieben das Zeigegerät zunächst ein wenig weiter nach rechts oder links (je nachdem, ob Sie das Ende oder den Anfang eines Clips verändern wollen).

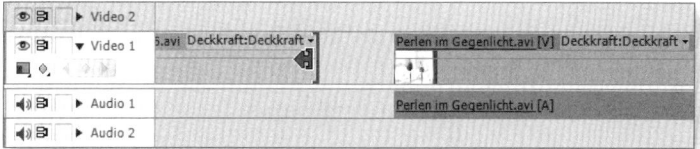

▲ **Abbildung 4.23** Hier wurde das Clip-Ende ganz normal per Drag & Drop verkürzt. Es entsteht eine Lücke zwischen den beiden Clips.

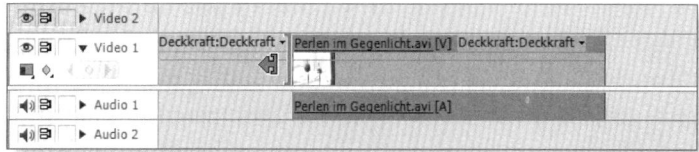

▲ **Abbildung 4.24** Wenn Pfeil und Markierung gelb sind, wurde ⌈Strg⌉/⌈cmd⌉ gehalten. Der nachfolgende Clip rückt in diesem Fall auf, und es entsteht keine Lücke.

Achten Sie im Zusammenhang mit diesen Funktionen stets auf die Richtung der Klammern (sowohl die Klammer des Mauszeigers als auch die Klammer, die sich auf dem Clip zeigt). Weist die Öffnung nach links, wird das Clip-Ende des linken Clips bearbeitet, zeigt sie nach rechts, wird der Clip-Anfang des rechten Clips verändert.

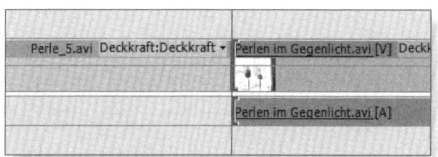

◄ **Abbildung 4.25** Die nach rechts geöffnete Klammer bedeutet: Der Anfang des rechten Clips kann im nächsten Schritt verändert werden.

Mitunter ist nicht ganz leicht, die richtige Seite zu treffen. Bei stark ausgezoomtem Schnittfenster wird beispielsweise anstelle des In-Points des rechten Clips der Out-Point des linken markiert. Die Korrektur gestaltet sich schwierig. Setzen Sie in diesem Fall einen Rechtsklick auf die Stelle, und wählen Sie die korrekte Einstellung.

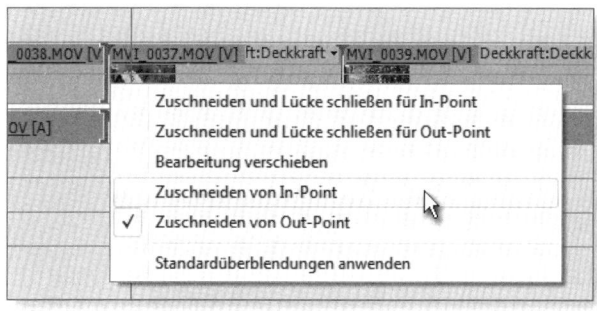

◄ **Abbildung 4.26** Falsch positionierte Klammern lassen sich per Kontextmenü berichtigen.

Clip-Enden per Tastatur bearbeiten | Das Bearbeiten von Clip-Anfang oder -ende ist prinzipiell nichts Neues. Neu ist aber, dass Sie Anfang oder Ende eines Clips markieren und anschließend mittels ⌈Strg⌉/⌈cmd⌉+⌈←⌉ bzw. ⌈Strg⌉/⌈cmd⌉+⌈→⌉ Bild für Bild verschieben können. Dadurch arbeiten Sie nicht nur schnell, sondern auch exakt. Und wenn es noch schneller gehen soll, betätigen Sie ⌈Strg⌉/⌈cmd⌉+⌈⇧⌉+ die entsprechende Pfeiltaste. Dann geht es um jeweils fünf Frames vor oder zurück.

4.4.2 Löschen und Lücke mit dem Werkzeug schließen

Sollten Sie eine größere Anzahl von Clips nacheinander kürzen und die entstehenden Lücken schließen wollen, dürfen Sie auf das Werkzeug LÖSCHEN UND LÜCKE SCHLIES-SEN (⌈B⌉) zurückgreifen (die Funktion ist identisch mit dem Halten von ⌈Strg⌉/⌈cmd⌉ bei aktiviertem Verschieben-Tool). Hier müssen Sie nur Clip-Anfang oder -Ende ziehen. Das Halten einer Taste entfällt. Beachten Sie in diesem Zusammenhang aber, dass Sie anschließend wieder auf das Auswahl-Werkzeug (⌈V⌉) wechseln müssen. Benutzen Sie das Werkzeug LÖSCHEN UND LÜCKE SCHLIESSEN zusammen mit ⌈Strg⌉/⌈cmd⌉, findet temporär der Wechsel zum Verschieben-Werkzeug statt. In diesem Fall würde also wieder eine Lücke entstehen.

Bevor Sie nun das Rollen-Werkzeug kennenlernen, mit dem Anfang und Ende gleichermaßen verschoben werden, noch ein wichtiger Punkt zur Beschaffenheit des Schnittmaterials.

4.4.3 Genügend Material ist wichtig

Die gängigsten Bearbeitungsmöglichkeiten innerhalb des Schnittfensters möchte ich Ihnen in Form von Mini-Workshops präsentieren. Welches Videomaterial Sie dazu benutzen, ist prinzipiell unerheblich. Sie sollten aber dafür sorgen, dass ausreichend Material innerhalb der einzelnen Clips zur Verfügung steht. Ist dies nicht der Fall, lassen sich diese Funktionen nicht anwenden.

Wenn das Ende eines Clips erreicht ist, kann dieses nur noch verkürzt, nicht aber verlängert werden, da der Clip ja dann über kein Material mehr verfügt. Haben Sie hingegen einen Clip mit In- und Out-Points versehen, die sich quasi im Mittelteil des Clips befinden, bleibt immerhin noch »verdecktes« Material erhalten, das zur Anwendung der folgenden Techniken auch dringend erforderlich ist.

Dass ein Clip am Anfang oder Ende »ausgereizt« ist, erkennen Sie an den kleinen mittelgrauen Dreiecken ❶ oben links oder rechts ❷. In diesem Fall sollten Sie die Clips zuvor mit dem Verschieben-Werkzeug ⌈V⌉ kürzen und dabei das Entstehen von Lücken verhindern. Sie wissen ja, ⌈Strg⌉/⌈cmd⌉ gedrückt halten.

▲ **Abbildung 4.27** Die kleinen grauen Ecken zeigen an, dass das Clip-Ende erreicht ist. Hier kann nichts mehr verlängert werden.

Da es sich beim Beispielprojekt zu diesem Buch um ein gesammeltes Projekt handelt, in dem die Clips neu erstellt wurden, ist es möglich, dass sich viele der Videodateien nicht mehr strecken lassen, obwohl sie kein graues Dreieck aufweisen. Hier wird also nicht auf das Ende des Clips hingewiesen. Die Folge: Es sieht aus, als sei noch Material vorhanden, der Clip lässt sich jedoch nicht mehr auseinanderziehen. Im Übrigen erfahren Sie in Kapitel 12, »Export«, wie derartige Sammlungen zu bewerkstelligen sind.

Ein diagonal durchgestrichenes Werkzeugsymbol bedeutet, dass das entsprechende Werkzeug an dieser Stelle nicht angewendet werden kann. So lassen sich einzelne Werkzeuge z. B. nicht in der Clip-Mitte, sondern nur am Anfang oder Ende verwenden. Korrigieren Sie in diesem Fall die Position des Werkzeugs, was zur Folge haben sollte, dass das Werkzeug wieder bedienbar wird.

4.4.4 Clips rollen

Das Rollen-Werkzeug (auch zu aktivieren über N) erlaubt es, Schnittpunkte zwischen zwei Clips zu verschieben, ohne dass die Clips selbst verschoben werden.

Schritt für Schritt: Einsatz des Rollen-Werkzeugs

Wie versprochen, kommen wir nun zum Rollen-Werkzeug. Damit ist es möglich, die Position der beiden Clips beizubehalten und dennoch den Schnittpunkt zwischen beiden zu verschieben.

1   Rollen vorbereiten

Um das Rollen nachvollziehen zu können, benutzen Sie bitte zwei Clips, die Sie zuvor mit In- und Out-Points versehen haben, und legen Sie diese (hintereinander) auf eine Spur. Anstelle der Ein- und Ausstiegspunkte können Sie die Clips vorab selbstverständlich auch mit dem Auswahl-Werkzeug im Schnittfenster einkürzen und wieder fest aneinander legen.

2   Rollen-Werkzeug einsetzen

Aktivieren Sie anschließend das Rollen-Werkzeug in der Werkzeugleiste N, und stellen Sie es auf den Schnittpunkt zwischen beiden Clips. Alternativ lassen Sie das Verschieben-Werkzeug aktiv und halten Strg/cmd gedrückt. Nähern Sie sich anschließend dem Schnittpunkt, und verschieben Sie diesen mit gedrückter linker Maustaste in die gewünschte Richtung.

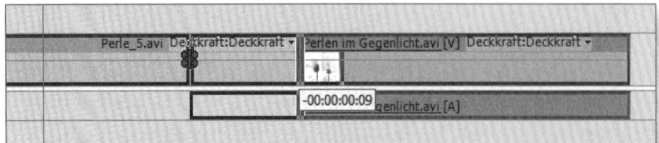

▲ **Abbildung 4.28** Das Rollen-Werkzeug verschiebt den Schnittpunkt zwischen zwei Clips, ohne deren eigentliche Position zu verändern.

3 Veränderungen im Programmmonitor beobachten

Die Verschiebung des Schnittpunktes lässt sich sehr schön im Programmmonitor beobachten. Hier wird sogar der Timecode mit eingeblendet. Des Weiteren sehen Sie anhand des geteilten Monitors sofort, wie sich der Schnittpunkt verändert. Sobald Sie die Maustaste loslassen, wird hier wieder der aktuell durch die Einfügemarke bestimmte Frame angezeigt.

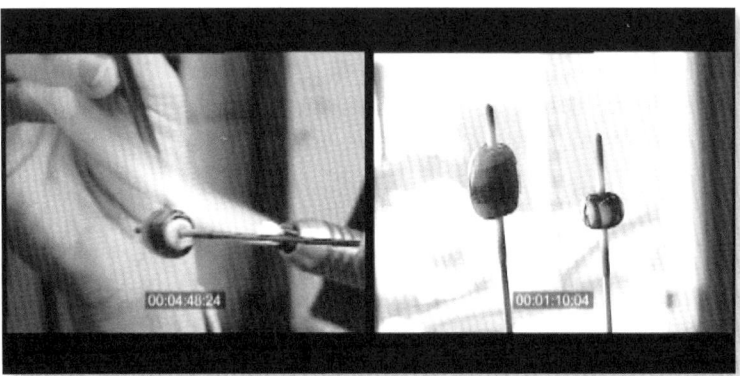

▲ **Abbildung 4.29** Beobachten Sie die Verschiebung im Programmmonitor.

4.4.5 Mehrere Schnittpunkte gemeinsam bearbeiten

Premiere Pro CS6 macht es möglich, mehrere Schnittpunkte gemeinsam zu verschieben. Das funktioniert sowohl mit dem Werkzeug LÖSCHEN UND LÜCKE SCHLIESSEN als auch mit ROLLEN. Und so geht's: Setzen Sie den Mauszeiger bei aktiviertem Werkzeug (LÖSCHEN … oder ROLLEN) außerhalb der Clips an, deren Schnittpunkte verschoben oder gerollt werden sollen. Halten Sie die linke Maustaste gedrückt, und ziehen Sie durch Verschieben der Maus einen Rahmen auf, der alle Clips markiert. Danach lassen Sie los und ziehen einen der markierten Schnittpunkte in die gewünschte Richtung.

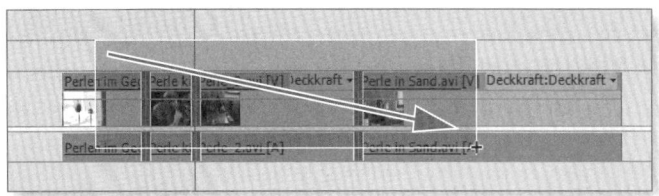

▲ **Abbildung 4.30** Durch das Überfahren werden alle Schnittpunkte markiert.

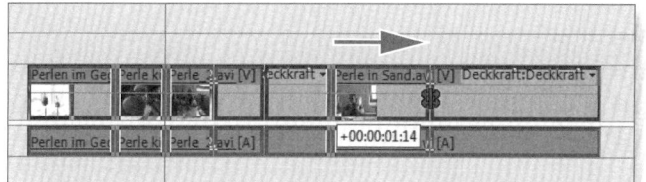

▲ **Abbildung 4.31** Wenn Sie jetzt einen Schnittpunkt ziehen
(hier der rechte) folgen alle ebenfalls markierten nach.

4.4.6 Schnittpunkte exakt bearbeiten

Nun ist das Bearbeiten der Schnittpunkte per Drag & Drop natürlich nichts Genaues. Exakter arbeiten Sie, wenn Sie den gewünschten Schnittpunkt beispielsweise mit dem Rollen-Tool markieren und diesen dann mittels $\boxed{\text{Strg}}$/$\boxed{\text{cmd}}$+$\boxed{\leftarrow}$ oder $\boxed{\rightarrow}$ an die gewünschte Stelle befördern. Sie kennen das ja bereits vom Verschieben-Werkzeug und den Clip-Enden. Auch die Fünferschritte unter Zuhilfenahme von $\boxed{\Diamond}$ sind bereits erklärt worden.

In diesem Zusammenhang ist aber auch noch das sogenannte *Trimmen* interessant, das ab Seite 151 dieses Kapitels ausführlich behandelt wird. Wer nämlich statt der angebotenen Tastaturkürzel doch lieber erst mal mit Buttons arbeitet (die Shortcuts erfordern ja ein wenig Übung), kann den Schnittpunkt anklicken oder die Einfügemarke grob in der Nähe des Schnittpunktes platzieren und dann $\boxed{\text{T}}$ drücken (dadurch springt die Abspielmarke zum Schnittpunkt, wobei dieser gleichzeitig markiert wird). Nun öffnet sich der Zuschneiden-Bereich, der die besagten Tasten im Programmmonitor anbietet. Und mit denen geht es dann ebenfalls ganz genau. Übrigens erreichen Sie den Zuschneiden-Monitor auch, wenn Sie einen Doppelklick auf eines der Clip-Enden setzen.

▲ **Abbildung 4.32** Machen Sie den Programmmonitor zum Zuschneidemonitor.

4.4.7 Clips verschieben

Mit der Verschieben-Funktion ist es möglich, einen Clip, der sich zwischen zwei anderen befindet, zu verschieben, ohne dass sich die Startposition des ersten bzw. die Endposition des dritten Clips verändert.

Schritt für Schritt: Einsatz des Verschieben-Werkzeugs

Um dieses Beispiel nachvollziehen zu können, benötigen Sie insgesamt drei Clips (hier im Buch wurden von links nach rechts »Perle kühlen.avi«, »Perle in Sand.avi« und »Perlen im Gegenlicht.avi« aus dem Ordner KAPITEL_02 verwendet). Sorgen Sie auch hier dafür, dass zumindest an den Schnittpunkten die jeweiligen Clip-Enden noch nicht erreicht sind.

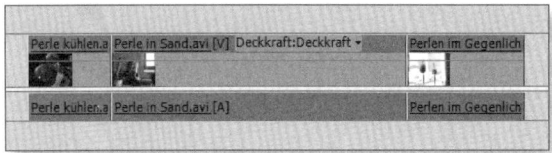

▲ **Abbildung 4.33** So sollen die Clips angeordnet werden.

1 Verschieben anwenden

Drücken Sie jetzt ⒰, um das Verschieben-Werkzeug zu aktivieren. Danach klicken Sie auf den mittleren Clip, halten die linke Maustaste gedrückt und schieben das Videomaterial in die gewünschte Richtung. Der Anfang des ersten Clips sowie das Ende des letzten Clips werden dabei nicht verändert. Auch wird keine Veränderung in der Länge des mittleren Clips erreicht, wohl aber in dessen Position.

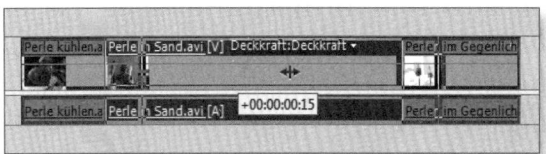

▲ **Abbildung 4.34** Der mittlere Clip wird nach rechts verschoben.

2 Kontrolle im Programmmonitor

Achten Sie beim Verziehen auch einmal auf den Programmmonitor. Hier finden sich verschiedene Ansichten, die Ihnen dabei helfen sollen, den perfekten Schnittpunkt ausfindig zu machen:

- ▶ Oben links: In-Point des mittleren Clips
- ▶ Unten links: Out-Point des linken Clips
- ▶ Oben rechts: Out-Point des mittleren Clips
- ▶ Unten rechts: In-Point des rechten Clips

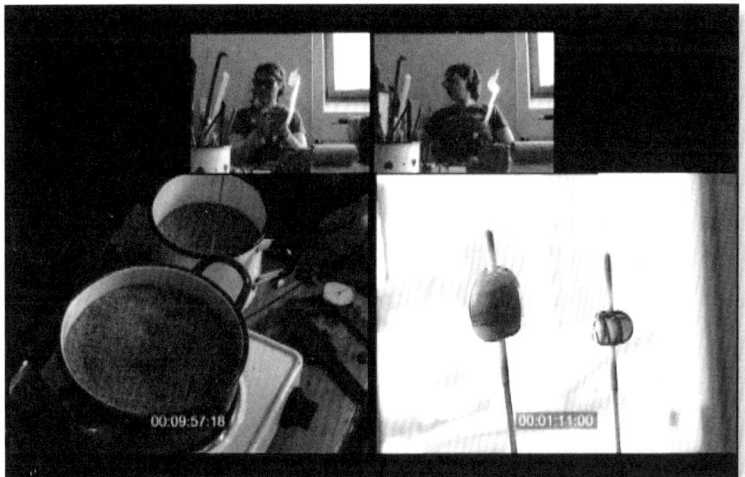

▲ **Abbildung 4.35** Während des Ziehens werden vier Vorschauen angezeigt.

Äußere Clips verschieben | Nun ist es aber durchaus denkbar, anstelle des mittleren auch den linken oder rechten Clip zu verschieben. Nehmen wir als Beispiel den linken: Setzen Sie das Werkzeug darauf, wird sich der mittlere Clip entsprechend verkürzen oder verlängern (je nachdem, ob Sie nach links oder rechts ziehen). Der Clip-Inhalt des linken Clips wird sich dabei verändern. Probieren Sie es aus. Was Sie jetzt unten rechts im Programmmonitor sehen, ist der Schnittpunkt zwischen Clip 1 und 2. Dieser verändert sich natürlich durch das Verschieben und wird entsprechend auch im Programmmonitor fortlaufend aktualisiert. Im oberen Bereich sehen Sie wieder den In- und den Out-Point des Clips, der gerade verschoben wird.

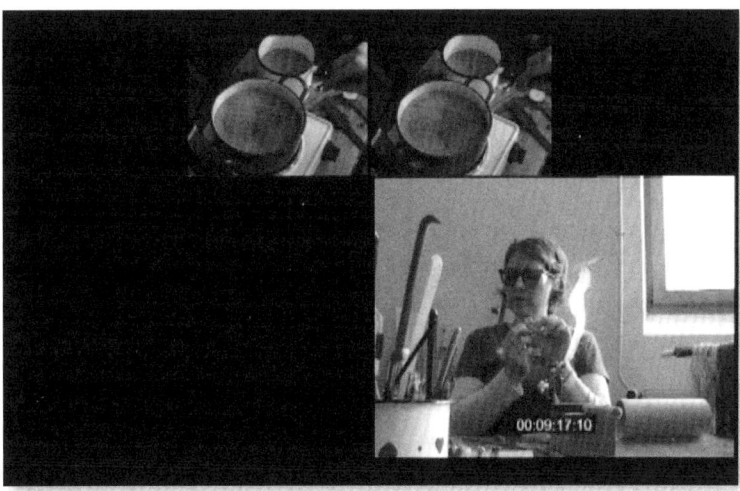

▲ **Abbildung 4.36** Da der vorderste Clip gezogen wird, kann unten links keine Vorschau angeboten werden.

4.4.8   Clips unterschieben

Das Interessante am Unterschieben ist, dass sich Clip-Inhalte verändern lassen, ohne die Länge des zu unterschiebenden oder benachbarten Clips in irgendeiner Weise zu verändern.

■ *Schritt für Schritt: Einsatz des Unterschieben-Werkzeugs*

Positionieren Sie erneut mehrere Clips hintereinander, deren Clip-Enden noch nicht erreicht sind. Es dürfen also auch hier keine grauen Dreiecke an den oberen Ecken der Clips sichtbar sein.

1 *Clips unterschieben*

Aktivieren Sie anschließend das Unterschieben-Werkzeug in der Werkzeugleiste, oder drücken Sie [Y] auf der Tastatur. Stellen Sie das Werkzeug auf den gewünschten Clip (im Buchbeispiel den mittleren), und bewegen Sie ihn in die gewünschte Richtung.

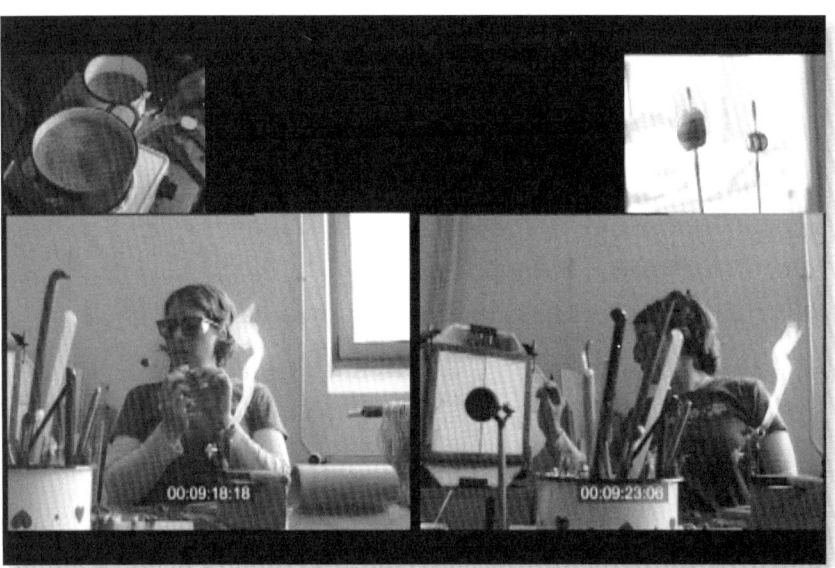

▲ **Abbildung 4.37** Beim Unterschieben werden die Schnittpunkte des mittleren Clips von den unteren beiden Bildern repräsentiert.

2 *Veränderungen im Programmmonitor beobachten*

Sie sehen, dass sich hier weder die Positionen der Clips noch die Schnittpunkte verschieben. Lediglich In-Point und Out-Point des unterschobenen Clips verändern sich permanent, wie ein Blick auf den Programmmonitor beweist. Weil sich der Out-Point des ersten und der In-Point des letzten Clips durch diese Vorgehensweise nicht ändern, bleiben auch hier die oberen Monitore unverändert.

Ansichten im Programmmonitor:

- ▶ Oben links: Out-Point des linken Clips
- ▶ Unten links: In-Point des mittleren Clips
- ▶ Oben rechts: In-Point des rechten Clips
- ▶ Unten rechts: Out-Point des mittleren Clips

4.4.9 Clips strecken, stauchen und rückwärts ablaufen lassen

RATE AUSDEHNEN bezeichnet das Strecken bzw. Stauchen von Clips. Dies bedeutet, dass Sie damit die Laufzeit ändern, ohne die Inhalte der Clips zu verändern. Wenn Sie also einen Clip strecken, erreichen Sie gewissermaßen eine *Zeitlupe*, während beim Stauchen ein *Zeitraffer* erzeugt wird.

Schritt für Schritt: Einsatz des Werkzeugs »Rate ausdehnen«

Der Clip, dessen Rate Sie ausdehnen möchten, benötigt an der entsprechenden Stelle Platz im Schnittfenster. Wenn Sie im vorgenannten Beispiel also versuchen, den mittleren Clip zu strecken, wird das nicht gelingen. Sie könnten jedoch den ersten Clip am Anfang bzw. den letzten am Ende ausdehnen, selbst wenn eine graue Ecke verdeutlichen sollte, dass eine Erweiterung an dieser Stelle nicht mehr möglich ist.

1 Rate ausdehnen

Wechseln Sie auf das Werkzeug RATE AUSDEHNEN in der Werkzeugleiste, oder drücken Sie ⓧ. Ziehen Sie jetzt den ersten Clip am Anfang oder den letzten am Ende nach außen. Im Beispiel wird »Perle in Sand.avi« am Ende gestreckt, nachdem der rechts danebenbefindliche Clip entfernt worden ist.

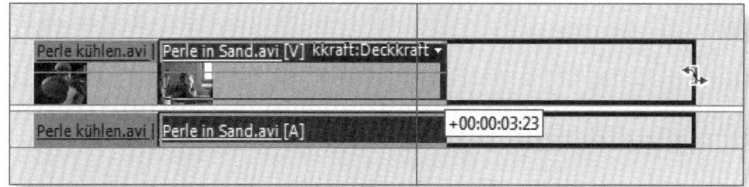

▲ **Abbildung 4.38** Das Ende wird ausgedehnt.

2 Render-Hinweis

Bringen Sie die Einfügemarke anschließend vor den Clip, und spielen Sie ihn ab. Unterhalb der Schnittfensterskala werden Sie eine rote Linie ❶ ausfindig machen, die anzeigt, dass der Clip gerendert werden muss, sofern dieser beim Abspielen nicht flüssig wiedergegeben wird. Sie erreichen das, indem Sie ↵ betätigen. Mehr zum Rendern erfahren Sie in Kapitel 12, »Export«.

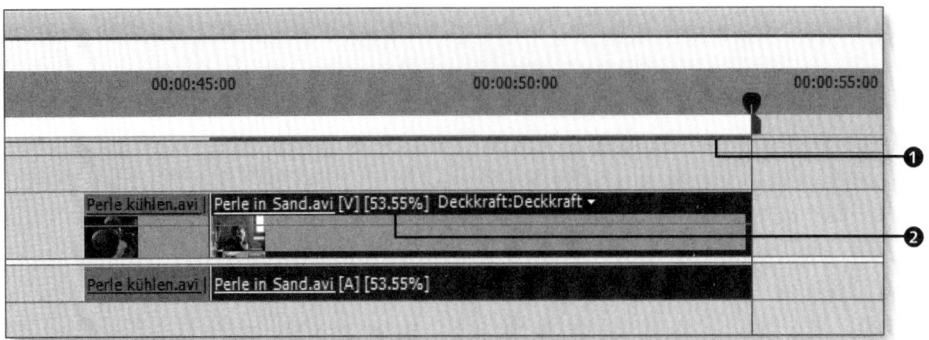

▲ **Abbildung 4.39** Die Linie markiert Bereiche der Sequenz, die durch Produktion einer Vorschaudatei (Rendern) anschließend flüssiger abgespielt werden können. Die Prozentangabe in eckigen Klammern verdeutlicht: Hier geht es jetzt ein wenig langsamer zu.

3 Geschwindigkeit ablesen

Doch zurück zum Clip: Interessant ist hier nämlich, dass eine kleine Prozentangabe ❷ auf dem Clip im Schnittfenster darauf hinweist, dass der Clip nun nicht mehr mit der Originalgeschwindigkeit abgespielt wird. Im Beispiel ist er auf 53,55 % verlangsamt worden. Besonders beim Verlängern von Clips, also bei der Simulation einer Zeitlupe, wird jedes der 25 Einzelbilder, aus denen eine Sekunde Clip besteht, geringfügig länger ausgestrahlt als sonst üblich.

Ton beachten | Ein Problem gibt es noch mit dem Ton. Der ist nämlich jetzt mit gestreckt worden und läuft ebenfalls zu langsam. Deshalb ist im Einzelfall darauf zu achten, ob die Audiospur eine Dehnung überhaupt verkraften kann. Beim gesprochenen Wort kommt es nämlich ganz schnell zu unerwünschten Verfremdungen. Im nächsten Workshop möchte ich Ihnen aber eine Alternative anbieten, mit der das eventuell funktioniert. Zudem gehen wir noch einen Schritt weiter und lassen den Clip rückwärts abspielen.

◢ Schritt für Schritt: Zeitlupe, Zeitraffer und rückwärts abspielen

1 Schritte verwerfen

Falls Sie den letzten Workshop nachgebaut und den Clip gedehnt haben, machen Sie diesen Schritt bitte zunächst rückgängig, indem Sie Strg/cmd+Z drücken. Der Clip sollte am Ende ohne Geschwindigkeitsveränderung angezeigt werden – die rote Linie ist somit verschwunden.

2 Geschwindigkeit/Dauer verändern

Anstelle des Werkzeugs RATE AUSDEHNEN, das Sie im vorangegangenen Workshop kennengelernt haben, ist auch ein Rechtsklick auf den gewünschten Clip möglich. Aus dem

Kontextmenü wählen Sie den Eintrag Geschwindigkeit/Dauer. Im folgenden Dialog ist das oberste Eingabefeld bereits markiert. Hier können Sie nun die gewünschte Geschwindigkeit angeben. Na klar: Geschwindigkeiten über 100 % sorgen für einen Zeitraffer, unter 100 % wird eine Zeitlupe erzeugt.

3 Platz einräumen

Nun kann es ja sein, dass der Clip im Schnittfenster bereits zwischen zwei anderen sitzt. Wenn Sie ihn jetzt verlangsamen, müsste er dort mehr Platz einnehmen, was nachfolgende Clips allerdings verhindern würden. Umgekehrt entstünde eine Lücke, wenn Sie ihn mit mehr als 100 % abspielen ließen. Wenn Sie beides unterbinden wollen und beispielsweise gestatten möchten, dass nachfolgende Clips im Schnittfenster verschoben werden dürfen, müssen Sie die unterste Checkbox, Löschen und Lücke schliessen, Spur-Clips verschieben, anwählen.

▲ **Abbildung 4.40** Da der Wert bereits markiert ist, können Sie gleich über die Tastatur die gewünschte Veränderung eingeben.

4 Tonhöhe beibehalten

Sollte es sich um einen Clip handeln, der eine Audiospur mitbringt, wird diese natürlich ebenfalls beschleunigt oder verlangsamt. Wenn Sie aber möchten, dass dabei keine Erhöhung oder Absenkung der Stimmlage stattfindet, sondern der Sprecher lediglich schneller (oder langsamer) sprechen soll, aktivieren Sie Tonhöhe beibehalten.

5 Clip rückwärts abspielen lassen

Wenn der Clip rückwärts abgespielt werden soll, wählen Sie die Checkbox Geschwindigkeit umkehren noch an.

4.4.10 Clips ersetzen

Clips können natürlich jederzeit ausgetauscht werden. Weil das Anpassen des neuen Clips aber mehr als lästig ist, lassen sich die Filmstreifen direkt in der Timeline mit Hilfe des Kontextmenüs austauschen. Dabei haben Sie sogar die Wahl, ob Sie als Quelle den aktuell eingestellten Clip aus dem Quellmonitor oder aus der Zwischenablage verwenden wollen.

Austausch über die Zwischenablage | Beim Austausch eines Clips über die Zwischenablage gehen Sie folgendermaßen vor: Markieren Sie den Clip, den Sie kopieren möchten, indem Sie Strg/cmd+C drücken oder BEARBEITEN • KOPIEREN einstellen. Im Anschluss selektieren Sie den Clip, der ersetzt werden soll, und öffnen das Kontextmenü mit einem Rechtsklick. Stellen Sie DURCH CLIP ERSETZEN • AUS ABLAGE ein.

Falls der neue Clip länger ist, passiert mit den im Schnittfenster benachbarten Clips gar nichts. Der eingesetzte Clip-Ausschnitt wird an den zur Verfügung stehenden Platz angepasst und lässt sich anschließend mit Hilfe von UNTERSCHIEBEN korrigieren. Sollte der neue Clip jedoch zu kurz sein, wird die ursprüngliche Länge dennoch beibehalten, um die Anordnung in der Timeline nicht zu zerstören. Natürlich fehlen an dieser Stelle jetzt Ton- und Bildmaterial, was durch diagonale Linien auf dem Clip angezeigt wird. An dieser Stelle kommt es beim Abspielen zu Schwarzbildern.

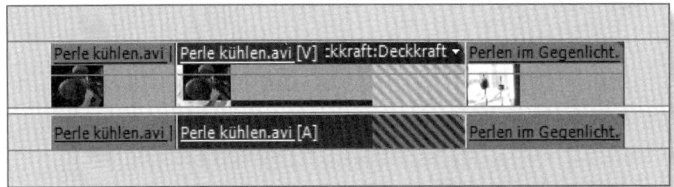

▲ **Abbildung 4.41** Die Diagonalen deuten auf Inhaltslosigkeit hin.

Geschwindigkeit wird beibehalten

Nun hat eine derartige Option noch einen überaus angenehmen Nebeneffekt. Wenn Sie dem Clip nämlich zuvor eine Ausdehnung der Rate spendiert haben und nun an dessen Stelle einen neuen Clip platzieren, wird die Geschwindigkeitsveränderung des alten Clips im neuen übernommen. Das ist nicht schlecht, oder?

Austausch über Quellmonitor | Die zweite Möglichkeit, einen Clip zu tauschen, besteht darin, dass Sie den einzusetzenden Ziel-Clip zunächst im Quellmonitor bereitstellen (Doppelklick auf den Clip im Projektfenster). Nachdem dies geschehen ist, öffnen Sie das Kontextmenü auf dem Clip im Schnittfenster, der getauscht werden soll, und nehmen hier den Eintrag DURCH CLIP ERSETZEN • AUS QUELLMONITOR . Bedienen Sie sich des zweiten Eintrags, AUS QUELLMONITOR, FRAME-ABGLEICH, wird die Länge des Quell-Clips mit der des Ziel-Clips abgeglichen. Dabei ist auch entscheidend, ob der auszutauschende Clip von Anfang an in der Timeline berücksichtigt wurde oder nicht. Wenn etwas nicht passen sollte, wird ein Hinweis ausgegeben.

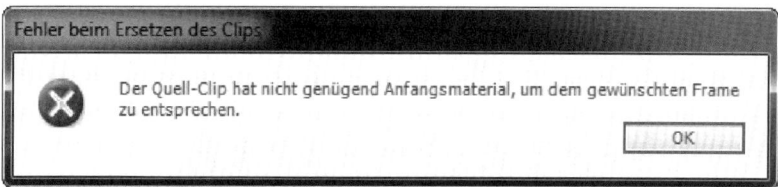

▲ **Abbildung 4.42** Premiere Pro meldet, falls etwas nicht in Ordnung ist.

4.5 Das Zuschneiden-Fenster

Sie haben bisher eine Fülle von Möglichkeiten kennengelernt, die Clips innerhalb des Schnittfensters zu bearbeiten und einander anzupassen. Wenn es aber um das Fein-Tuning geht, können Sie das Zuschneiden-Fenster benutzen. Dazu gleich mal ein Workshop, der die generelle Bedienung aufzeigt.

Schritt für Schritt: Clips im Zuschneiden-Fenster trimmen

Für dieses Beispiel arbeiten Sie mit den Dateien »Perle_3.avi« und »Perle_5.avi« aus dem Ordner KAPITEL_02 der beiliegenden Buch-DVD.

1 Clips markieren

Bringen Sie die beiden (mit In- und Out-Points versehenen) Clips ins Schnittfenster. Platzieren Sie den Abspielkopf grob in der Nähe des Schnittpunktes, und drücken Sie ⊤. Die Zuschneideansicht öffnet sich.

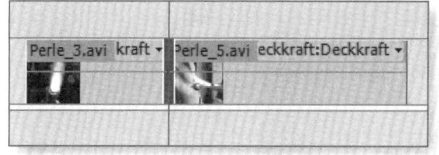

◄ **Abbildung 4.43** Die Abspielmarke springt automatisch zum Schnittpunkt, der zudem markiert wird.

Zuschneideansicht manuell öffnen

Alternativ zu der hier beschriebenen Methode können Sie auch FENSTER • ZUSCHNEIDE-ANSICHT wählen. In diesem Fall überlagert das Zuschneiden-Fenster die Premiere Pro-Arbeitsoberfläche.

2 Schnittpunkt verschieben

Grundsätzlich bieten sich zwei Möglichkeiten der Nachbearbeitung an. Sie können nämlich die einzelnen Clips trimmen (genauer gesagt den Out-Point des ersten oder alternativ den In-Point des zweiten), indem Sie den Mauszeiger auf eines der beiden

Bilder setzen und mit gedrückter linker Maustaste nach links oder rechts ziehen (der Mauszeiger wird dabei zum gelben Pfeil) ❶.

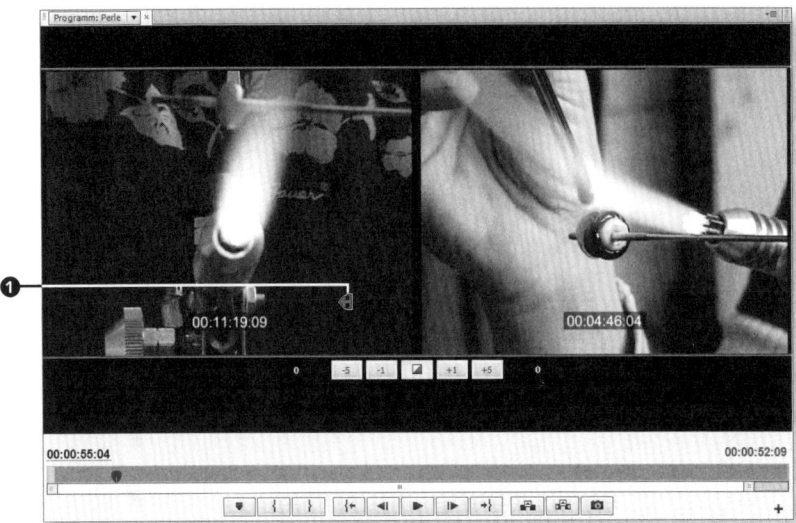

▲ **Abbildung 4.44** Im Programmmonitor präsentiert sich die Zuschneideansicht.

3 Schnittpunkt rollen

Alternativ dazu lässt sich auch die bereits bekannte Rollen-Funktion nutzen, bei der beide Punkte (In-Point des linken und Out-Point des rechten Clips) gleichmäßig verzogen werden. Dazu platzieren Sie den Mauszeiger mitten zwischen beide Bilder ❷ und ziehen mit gedrückter linker Maustaste nach links oder rechts. Entsprechendes gelingt übrigens auch, indem Sie Strg/cmd+← bzw. Strg/cmd+→ betätigen.

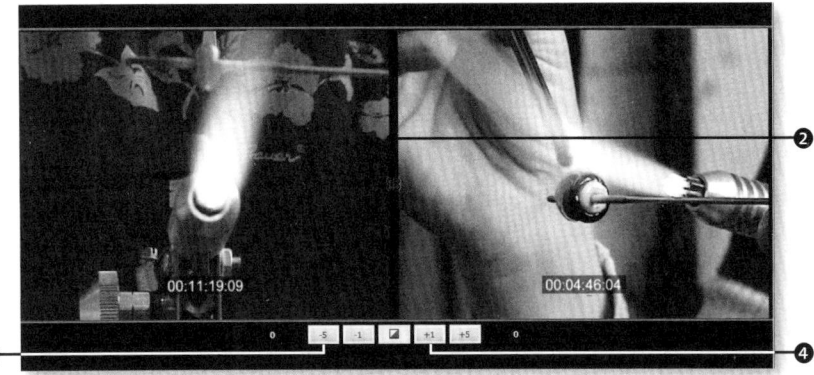

▲ **Abbildung 4.45** Das Trimmen lässt sich ganz einfach durch Rollen des Mauszeigers bewerkstelligen.

4 Kleine und große Verschiebung einrichten

Wenn Sie es ganz genau haben möchten, benutzen Sie doch die Zifferntasten in der Fußleiste des Fensters. Klicken Sie auf –5 ❸, wird der Schnittpunkt um fünf Bilder nach links verschoben; nach Betätigung der Taste +1 ❹ würde dieser Punkt sich um ein Bild nach rechts verlagern. Sie ahnen es: Mit `Strg`/`cmd`+`⇧`+`←` bzw. `Strg`/`cmd`+`⇧`+`→` läuft es ebenso gut.

Betrag für die große Verschiebung ändern

Die kleine Verschiebung (Tasten +1 und –1) erfolgt immer pro Einzelbild. Die große Verschiebung (Tasten +5 und –5) lässt sich hingegen individuell anpassen. Wollen Sie diesen Wert beispielsweise auf +10 und –10 setzen, wählen Sie BEARBEITEN/PREMIERE PRO • VOREINSTELLUNGEN • ZUSCHNEIDEN. Im Eingabefeld GROSSE VERSCHIEBUNG: [X] FRAMES legen Sie daraufhin den gewünschten Wert fest. Im Zuschneiden-Fenster werden diese beiden Tasten dann sowohl in Funktion als auch Beschriftung aktualisiert.

---

5 *Schnittpunkt ansteuern*

Das Zuschneiden-Fenster ist natürlich auch ideal, um mehrere Schnittpunkte zu korrigieren. Ein manuelles Umpositionieren des Abspielkopfes wäre aber so gar nicht Premiere-Pro-like. Benutzen Sie deshalb `↓` bzw. `↑`, um zum vorherigen oder nächsten Schnittpunkt zu springen. So lassen sich prima alle relevanten Punkte nacheinander korrigieren, ohne die Hand von der Tastatur nehmen zu müssen oder gar mit der Maus umherzuirren.

Tasten hinzufügen

Wer lieber mit Tasten arbeitet, kann die Tasten ZUM NÄCHSTEN SCHNITTPUNKT GEHEN und ZUM VORHERIGEN SCHNITTPUNKT GEHEN über den Schaltflächeneditor hinzufügen.

---

6 *Zuschneideansicht verlassen*

Nach getaner Arbeit klicken Sie einfach auf einen anderen Bereich der Arbeitsoberfläche, um die Zuschneideansicht zu verlassen. Noch einfacher geht es übrigens, indem Sie erneut `T` auf Ihrer Tastatur betätigen.

4.6   Spezielle Schnitttechniken

Neben den klassischen Schnittvarianten, die Sie jetzt bestimmt schon aus dem Effeff beherrschen, existieren noch verschiedene Spezialschnitte. Die ersten beiden, die ich Ihnen gerne vorstellen möchte, konfrontieren Sie erstmals mit In- und Out-Points innerhalb des Schnittfensters: eine Technik, die das präzise Einfügen von Clips innerhalb eines bereits gefüllten Schnittfensters ermöglicht.

4.6.1   Der 3-Punkt-Schnitt

Wie der Name schon sagt, benötigen Sie drei Punkte, um diese Art des Schnitts zu realisieren. Aber was sage ich: Bestimmt sehen Sie sich das lieber in einem Workshop an.

Beim 3-Punkt-Schnitt werden nicht nur In- und Out-Points des Clips bestimmt. Zusätzlich wird hier nämlich noch ein Sequenz-In-Point benötigt.

1 Projekt vorbereiten

Platzieren Sie zunächst einen umfangreichen Clip im Schnittfenster. Hier eignet sich z. B. »Perle in Sand.avi«, da er recht lang ist und zudem über eine Audiospur verfügt (DVD-Ordner KAPITEL_02). Diese benötigen wir zwar für die folgenden Beispiele nicht, doch lassen sich hieran die Auswirkungen der Schnitttechnik sehr schnell erkennen. Legen Sie den ersten Clip auf Spur VIDEO 1 des Schnittfensters.

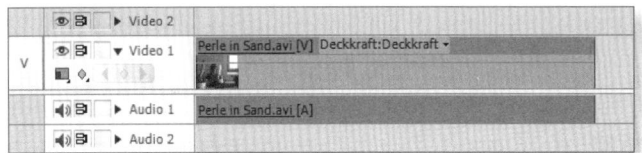

◀ **Abbildung 4.46**
»Perle in Sand.avi« ist soeben im Schnittfenster gelandet.

2 Zweiten Clip vorbereiten

Der zweite Clip (der allerdings jetzt noch nicht in das Schnittfenster integriert wird) soll »Perle_5.avi« werden – er ist kürzer und bringt außerdem kein Audio mit. Doppelklicken Sie den Film im Projektfenster. Daraufhin sollte der Clip im Quellmonitor zur Verfügung gestellt werden. Setzen Sie (sofern noch nicht geschehen) in bereits gewohnter Weise sowohl einen In-Point als auch einen Out-Point. Vorne und hinten sollte jeweils ein Viertel des Clips ausgegrenzt werden. Voilà, die ersten beiden Punkte des 3-Punkt-Schnitts sind gesetzt.

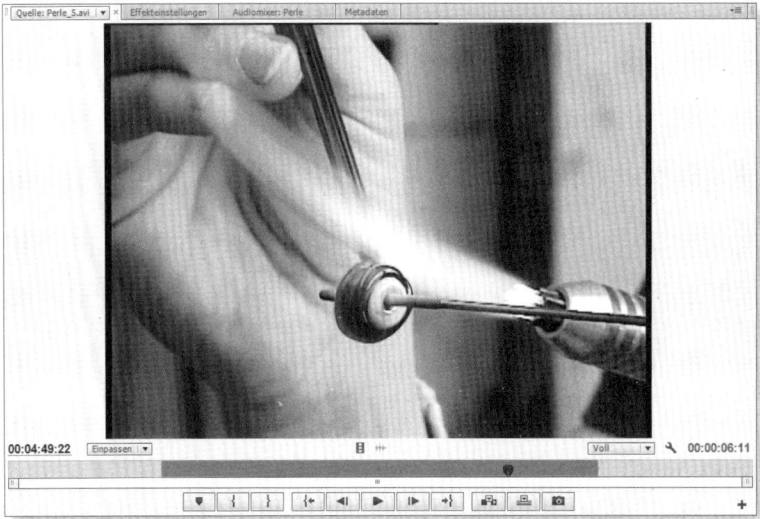

▲ **Abbildung 4.47** In- und Out-Point sind gesetzt, wie die Skala unter dem Bild zeigt.

3 In-Point im Schnittfenster setzen

Den dritten Punkt platzieren Sie jetzt innerhalb des Schnittfensters. Dieser regelt, an welcher Stelle »Perle_5.avi« eingefügt werden soll. Achten Sie zunächst jedoch darauf, dass die gleiche Spur aktiviert ist, die auch den Clip enthält (im Beispiel VIDEO 1). Platzieren Sie anschließend die Einfügemarke etwas weiter nach rechts. Nehmen Sie auch hier das Ende des ersten Viertels – in etwa bei Sekunde 2. Drücken Sie $\boxed{\text{I}}$ auf Ihrer Tastatur.

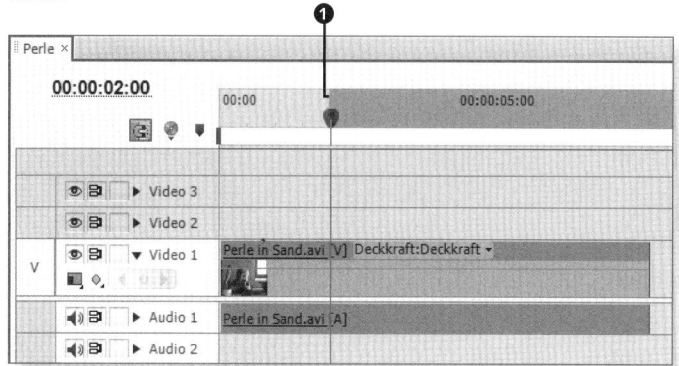

▲ **Abbildung 4.48** In der Zeitskala taucht der In-Point ❶ auf – und zwar genau an der Position des Abspielkopfes.

4 Clip einfügen oder überschreiben

Widmen Sie sich anschließend wieder dem Quellmonitor, und klicken Sie dort auf EIN-FÜGEN oder ÜBERSCHREIBEN, je nachdem, was Ihnen gerade besser gefällt. Alternativ betätigen Sie $\boxed{.}$ oder $\boxed{.}$. Beim Einfügen wird der Clip »Perle in Sand.avi« an der Position des Sequenz-In-Points geschnitten und der Rest nach rechts verschoben. Sie können das anhand der geteilten Audiospur sehr gut sehen. Beim Überschreiben wird »Perle in Sand.avi« hingegen für die Dauer von »Perle_5.avi« überdeckt. Eine Trennung der Audiodatei findet nicht statt.

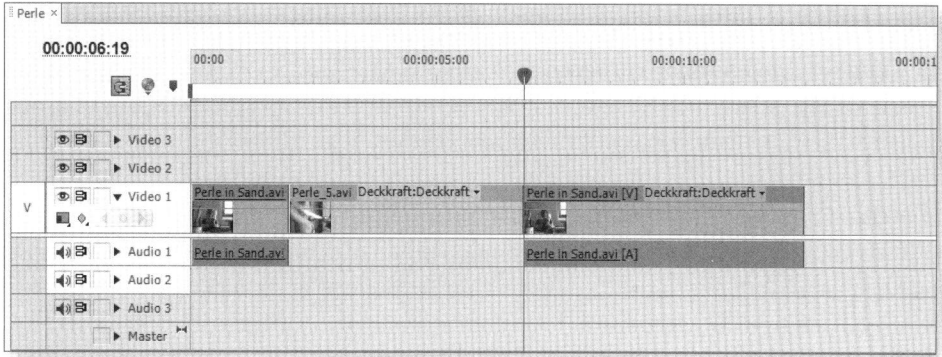

▲ **Abbildung 4.49** So sieht die Timeline nach dem Einfügen aus …

▲ **Abbildung 4.50** … und so nach dem Überschreiben.

4.6.2 Der 4-Punkt-Schnitt

Beim 4-Punkt-Schnitt bestimmen Sie im Vergleich zum 3-Punkt-Schnitt, in welchem Bereich sich der hinzuzufügende Clip ausdehnen darf. Da dadurch mehrere unterschiedliche Resultate erzielt werden können, schiebt Premiere Pro einen individuellen Dialog hinterher. Darin können Sie bestimmen, wie mit dem einzufügenden und den nachfolgenden Clips verfahren werden soll.

◢ Schritt für Schritt: Einen 4-Punkt-Schnitt ausführen

Ein 4-Punkt-Schnitt bietet sich immer dann an, wenn irgendwo in der Mitte der Timeline noch ein bestimmter Clip integriert werden soll, der dort keine Auswirkungen auf nachfolgende Inhalte haben darf.

1 Datei vorbereiten
Wenn Sie den letzten Workshop nachgebaut haben, machen Sie doch den letzten Schritt rückgängig, indem Sie [Strg]/[cmd]+[Z] drücken.

2 Clip im Quellmonitor vorbereiten
Platzieren Sie, sofern nicht bereits geschehen, »Perle_5.avi« im Quellmonitor, und vergeben Sie In- und Out-Point, wie zuvor beschrieben.

3 Out-Point im Schnittfenster setzen
Der In-Point im Schnittfenster dürfte ja noch erhalten sein. Gehen Sie daher mit der Einfügemarke weiter nach rechts, etwa bis auf Sekunde 6, und drücken Sie [O]. Achten Sie darauf, dass der angegebene Bereich zum einen in der Zeitleiste des Schnittfensters, zum anderen aber auch in der Videospur markiert ist. Letzteres ist meist erst nach genauem Hinsehen zu erkennen.

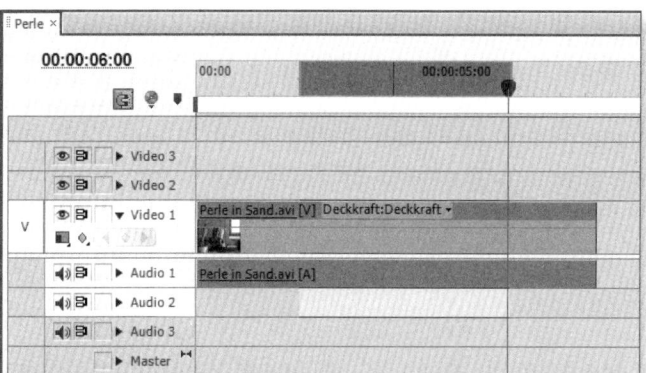

▲ **Abbildung 4.51** In- und Out-Point sind gesetzt. Die Strecke dazwischen ist auch auf dem Clip markiert worden.

4 Clip hinzufügen

Drücken Sie jetzt auf Ihrer Tastatur ⊡ (Punkt), um den Clip, der sich aktuell noch im Quellmonitor befindet, in das Schnittfenster zu stellen (alternativ ist natürlich auch nichts dagegen einzuwenden, auf ÜBERSCHREIBEN zu klicken). Daraufhin öffnet sich ein Dialog, der Ihnen zahlreiche Optionen zur Verfügung stellt. Er ist mit CLIP EINPASSEN betitelt.

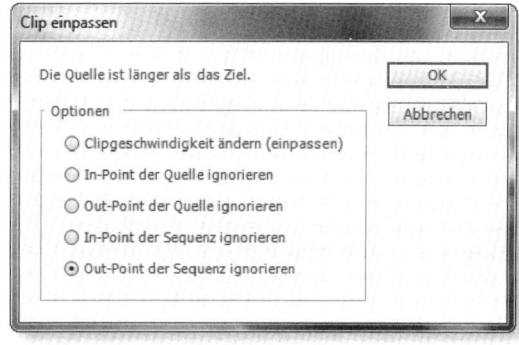

◄ **Abbildung 4.52** Der unscheinbare Dialog zum Einpassen von Clips hat mehr drauf, als man zunächst vermutet.

5 Einfügeoptionen festlegen

Sie werden jetzt ganz oben im Dialog darüber informiert, dass der einzufügende Clip länger ist als der zur Verfügung stehende Bereich im Schnittfenster. Das bedeutet: Sie können die Geschwindigkeit ändern (entspricht der Funktion RATE AUSDEHNEN) oder einen der beiden Points innerhalb des Schnittfensters ignorieren. Da der Clip selbst länger ist als der zwischen den Points zur Verfügung stehende Platz im Schnittfenster, werden jetzt auch die Funktionen IN-POINT DER QUELLE IGNORIEREN und OUT-POINT DER QUELLE IGNORIEREN angeboten. (In Vorgänger-Versionen hießen die Steuerelemente noch CLIP-ANFANG ABSCHNEIDEN und wurden durch (LINKS) bzw. (RECHTS) voneinander unterschieden.) Lassen Sie OUT-POINT DER QUELLE IGNORIEREN wirksam werden, und bestätigen Sie mit OK.

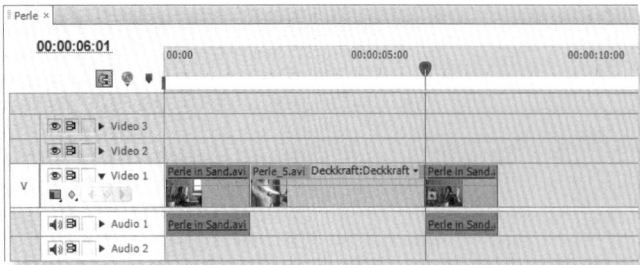

▲ **Abbildung 4.53** Schneiden Sie das Clip-Ende einfach ab.

Der Clip wird nun genau in den durch die Points zur Verfügung stehenden Platz integriert. Des Weiteren spielt die Position der Einfügemarke beim Einfügen des Clips keine Rolle mehr, da diese bereits durch den In-Point definiert worden ist.

6 *Optional: Einfügeoptionen erneut festlegen*

Machen Sie doch den letzten Schritt noch einmal rückgängig, und verschieben Sie In- und Out-Point des Quellmonitor-Clips soweit nach innen, dass der einzufügende Clip erheblich kürzer ist als der Bereich, der zwischen den Sequenz-In- und -Out-Points zur Verfügung steht.

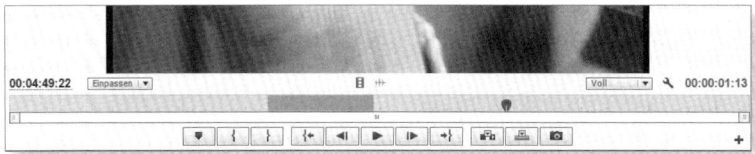

▲ **Abbildung 4.54** Jetzt ist der Clip (zwischen In- und Out-Point) wesentlich kleiner als der im Schnittfenster bereitgestellte Einfügebereich.

Klicken Sie auf ÜBERSCHREIBEN, oder drücken Sie ⌷; sie sehen: Wenn die Distanz zwischen In- und Out-Point im Schnittfenster größer ist als im Quellmonitor, sind die Optionen IN-POINT DER QUELLE IGNORIEREN und OUT-POINT DER QUELLE IGNORIEREN nicht mehr anwählbar. Was jetzt noch bleibt, ist nämlich entweder eine Zeitänderung oder die Option, einen der Sequenz-Punkte ganz einfach zu ignorieren. Logisch, oder? Am besten wird es sein, dass Sie den OUT-POINT DER SEQUENZ IGNORIEREN.

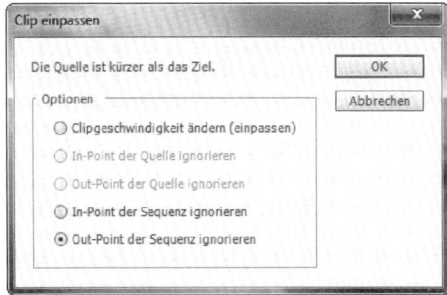

◀ **Abbildung 4.55** Es können keine Clip-Teile mehr abgeschnitten werden.

Sie haben vollkommen recht. Technisch gesehen haben Sie jetzt wieder einen 3-Punkt-Schnitt realisiert. Aber gut, dass die Anwendung grundsätzlich auf derartige Probleme aufmerksam macht, denn die Hauptsache ist ja, dass sich die nachfolgenden Clips nicht verschieben. Übrigens müssen Sie sich nach einer solchen Aktion nicht um das Löschen der Sequenzmarken kümmern. Diese werden von Premiere Pro automatisch entfernt, sobald der Clip integriert worden ist.

Herausnehmen und Extrahieren | Eine weitere Schnittfunktion wird durch zwei Buttons erreicht, die nur im Programmmonitor zu finden sind. Mit deren Hilfe lassen sich nämlich bereits in das Schnittfenster integrierte Teile wieder entfernen – auch wenn diese sich mitten im Clip befinden. Markieren Sie den zu entfernenden Bereich mit Hilfe zweier Sequenz-Points (Abspielkopf im Schnittfenster an die gewünschten Positionen bringen und ⓘ bzw. ⓞ betätigen). Danach drücken Sie auf HERAUSNEHMEN ❶ oder betätigen ⓞ. Der Bereich wird entnommen, und in der Timeline entsteht an der markierten Stelle eine Lücke. Klicken Sie hingegen auf EXTRAHIEREN ❷ Ⓐ, wird die Lücke nach der Entnahme geschlossen.

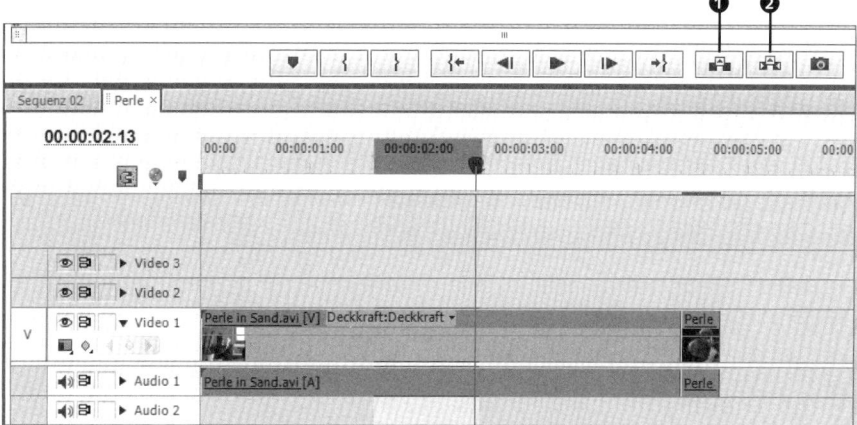

▲ **Abbildung 4.56** Die Entnahme ist mit Hilfe von Sequenz-In- und -Out-Point markiert worden. Entscheiden Sie anschließend, ob Sie den Bereich herausnehmen oder extrahieren wollen.

4.6.3   L-Schnitt und J-Schnitt

Beim L- und J-Schnitt werden Audio und Video zu unterschiedlichen Zeiten überblendet. Beim L-Schnitt ragt der Ton des ersten Clips noch in das Video des zweiten hinein. Beim J-Schnitt ist das umgekehrt. Der Ton des zweiten Clips ist bereits zu hören, während das Video des ersten noch sichtbar ist. Beide Techniken werden im professionellen Film sehr gerne eingesetzt, um den Zuschauer mal gefühlvoll, mal spannungsgeladen in die nächste Szene hinüberzuleiten.

Wenn Sie derartige Schnitte auch realisieren wollen, stehen Sie zunächst vor dem Problem, dass Sie Audio und Video nicht unabhängig voneinander verschieben können. Das ist ja auch gut so, da sonst beide Elemente allzu schnell asynchron liefen.

■ **Schritt für Schritt: Einen L- und J-Schnitt ausführen**

Sorgen Sie zunächst dafür, dass Ihr Schnittfenster leer ist, oder benutzen Sie eine freie Stelle. Danach importieren Sie zwei AV-Clips aus den Beispieldateien und legen diese im Schnittfenster nebeneinander ab. Im konkreten Beispiel kommen »Perle in Sand.avi« und »Perle kühlen.avi« zum Einsatz, da beide über eine Audiospur verfügen. Kürzen Sie das Ende des ersten und den Anfang des zweiten Clips wieder etwas ein, damit beiden Clips noch ausreichend Material zur Ausdehnung zur Verfügung steht.

▲ **Abbildung 4.57** Video- und Audiomaterial wurden gekürzt.

1 Einen L-Schnitt durchführen

Aktivieren Sie das Rollen-Werkzeug ([N]), und setzen Sie es auf den Schnittpunkt der beiden Audiodateien. Halten Sie danach [Alt] gedrückt, und ziehen Sie den Schnitt nach rechts. Dabei müssen Sie aber zunächst die Taste Ihrer Tastatur betätigen und erst im Anschluss den Mausklick ausführen. Wenn Sie das missachten, werden Sie beide Clips (also auch das Video) verziehen. Ob Sie nach dem Verziehen dann zuerst die Maustaste oder [Alt] loslassen, spielt hingegen keine Rolle.

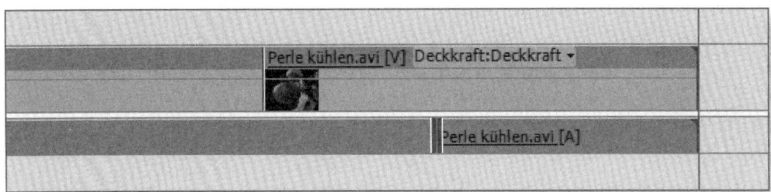

▲ **Abbildung 4.58** Damit haben Sie einen L-Schnitt erzeugt.

2 Einen J-Schnitt durchführen

Um einen J-Schnitt anzuwenden, ziehen Sie die Schnittkante der Audiodateien nach links, während Sie [Alt] gedrückt halten. In diesem Fall ist die Tonspur des rechten Clips bereits zu hören, während das Bild des linken noch zu sehen ist.

3 Clips anschließend verschieben

Wenn Sie im Anschluss einen der Clips mit dem Auswahl-Werkzeug umpositionieren, bleiben Audio und Video in der gewählten Form zusammen.

▲ **Abbildung 4.59** Nach dem Verschieben eines Clips bleiben Audio und Video dennoch zusammen.

Sollten Sie sich entscheiden, die Audiodatei nun doch wieder auf die Länge des Videos zu strecken, müssen Sie das mit dem Verschieben-Werkzeug und ⌊Alt⌋ tun. Andernfalls würden Audio und Video gleichermaßen verschoben und der Versatz bliebe erhalten.

4.6.4 Gesamte Spur auswählen

Auch im Schnittfenster lassen sich – Sie kennen das vom Projektfenster – mehrere Clips markieren und gleichzeitig verschieben. Halten Sie einfach ⌊⇧⌋ gedrückt, während Sie die Markierungen vornehmen. Um schnell eine ganze Spur auszuwählen, benutzen Sie am besten das Spurauswahl-Werkzeug (⌊A⌋). Stellen Sie das Tool an den Anfang der Spur, und klicken Sie diese an. Die zugehörige Audiospur wird übrigens ebenfalls markiert. Dabei ist aber entscheidend, wo innerhalb des Schnittfensters Sie das Werkzeug ansetzen. Grundsätzlich werden nämlich nur Clips rechts neben dem Tool markiert. So ist es auch möglich, Clips am Anfang der Spur außen vor zu lassen.

4.6.5 Gesamte Sequenz auswählen

Halten Sie bei der zuvor beschriebenen Vorgehensweise zusätzlich ⌊⇧⌋ gedrückt, lässt sich der komplette Inhalt des Schnittfensters in einem Arbeitsgang auswählen – also auch die Clips der anderen Spuren. Auch hier gilt übrigens: Es werden nur Clips markiert, die sich rechts neben dem Werkzeug befinden. Sie können also bei dieser Art der Auswahl Clips am Anfang auslassen.

4.6.6 Einrasten und Snapping

Beim Hinzufügen von Clips sollten Sie noch die zwei folgenden Techniken beachten, die Ihnen jede Menge Freiraum bieten – wenn Sie diesen denn nutzen wollen.

Vertikales Einrasten | Premiere Pro hat noch eine interessante Funktion in petto: das vertikale Einrasten bei übereinander anzuordnenden Clips. Sollten sich bereits Clips im Schnittfenster befinden, und Sie fügen weitere hinzu, können diese am Anfang oder Ende der bereits vorhandenen Assets ausgerichtet werden. Vertikale, schwarze Linien verdeutlichen dies.

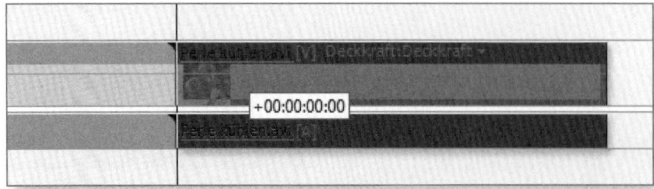

▲ **Abbildung 4.60** Die Ausrichten-Funktion kann jederzeit deaktiviert werden.

Snapping | Verantwortlich dafür ist das sogenannte *Snapping*, also eine Art Einrasten an bereits vorhandenen Clips. Das Gleiche ergibt sich, wenn Sie einen neuen Clip hinter einem bereits vorhandenen platzieren. Der Clip wird an den Schnittpunkten wie magnetisch angezogen. Wollen Sie das Snapping deaktivieren, klicken Sie einfach auf das Magnetsymbol oben links im Schnittfenster. Ein erneuter Klick darauf aktiviert die Funktion wieder. Tastenkürzel gefällig? Dann merken Sie sich doch ⎡S⎤ wie Snapping.

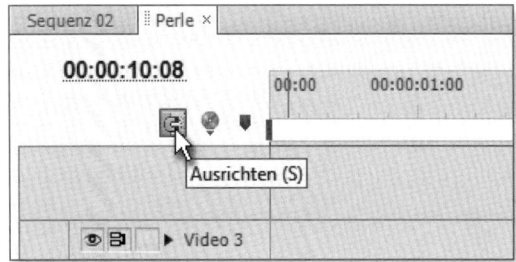

▲ **Abbildung 4.61** Der neue Clip wird am Anfang des vorhandenen ausgerichtet.

5   Mit Sequenzen arbeiten

In Sachen Schneiden und Trimmen macht Ihnen nun niemand mehr etwas vor. Zwar werden darauf aufbauende Arbeiten auch in diesem Kapitel zur Sprache kommen, doch wird es hier in der Hauptsache um die Arbeit mit Sequenzen gehen. Außerdem ist es an der Zeit, mit dem Buchprojekt zu beginnen, finden Sie nicht auch?

Sie erfahren in diesem Kapitel:

▶ Wie arbeite ich mit Sequenzen?
▶ Wie werden Sequenzen ineinander verschachtelt?
▶ Wie verändere ich die Sequenz-Startzeit?
▶ Wie können Clip-Marken und Sequenzmarken die Arbeit erleichtern?
▶ Was sind Clip-Kopien und Clip-Instanzen?
▶ Wie schneide ich eine Sequenz mit der Multi-Kamera-Funktion?
▶ Was ist bei der Verarbeitung von Bildern zu beachten?

5.1   Eine neue Sequenz erzeugen

Zunächst wollen wir einen Blick auf das Schnittfenster werfen. Hier werden nämlich noch einige interessante Funktionen bereitgehalten, welche die Arbeit mit Sequenzen beträchtlich erleichtern.

Wenn Sie ein neues Projekt beginnen (DATEI • NEU • PROJEKT), müssen Sie zunächst das Fenster NEUES PROJEKT bewältigen. Hier legen Sie, wie Sie ja längst wissen, u. a. Speicherort und Namen fest. Gehen Sie danach auf OK, gelangen Sie in den Dialog NEUE SEQUENZ. Hier müssten Sie im Grunde schon wissen, wie Ihr Filmmaterial beschaffen ist, also welche Auflösung und welches Seitenverhältnis es hat, ob Halbbilder zum Zuge kommen usw. Gerade Einsteiger werden das aber oft nicht richtig einschätzen können. Wenn Sie auch noch nicht viel über Ihr Material wissen, gehen Sie so vor wie in unserem Workshop.

Schritt für Schritt: Sequenzeinstellungen von Premiere Pro ermitteln lassen

Dieser kleine Workshop zeigt Ihnen, wie Sie immer die richtigen Einstellungen passend zu Ihrem Filmmaterial finden. Benutzen Sie dazu am besten Ihr eigenes Filmmaterial (wir zeigen es hier am Beispiel des populären AVCHD-Formats auf).

1 Projekt erzeugen

Beginnen Sie ein neues Projekt. Den ersten Dialog NEUES PROJEKT überspringen Sie mit Klick auf OK. Jetzt befinden Sie sich im Dialog NEUE SEQUENZ, der den Einsteiger ziemlich überfordern dürfte. Standardmäßig wird Ihnen hier das zuletzt gewählte Format angeboten. Gehen Sie auf ABBRECHEN. Das hat zur Folge, dass ein Projekt ohne Sequenz erzeugt wird. Damit Sie aber gleichzeitig erfahren, wie man falsche Sequenzen auch wieder loswird, nehmen Sie alternativ die angebotene Sequenz (welche auch immer selektiert sein mag) und klicken auf OK.

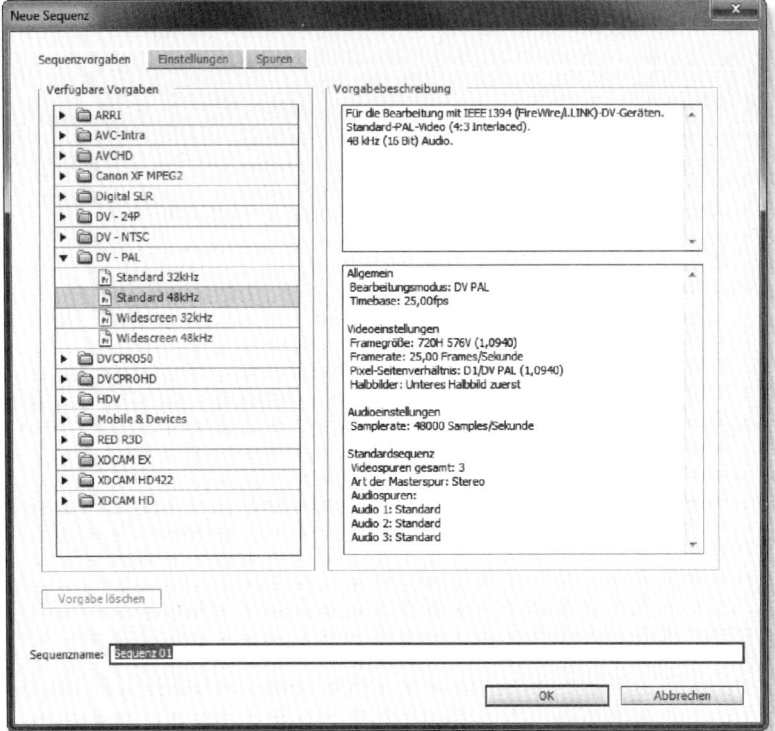

▲ **Abbildung 5.1** Hier ist beispielhaft das niedrig auflösende DV-PAL im Format 4:3 voreingestellt. Egal – das nehmen wir.

2 Assets importieren

Jetzt importieren Sie das Filmmaterial, das Sie zu verarbeiten gedenken. Prinzipiell reicht dazu ein einzelner Clip, obgleich auch nichts dagegen einzuwenden ist, jetzt das gesamte Footage (Material für das Projekt) zu integrieren.

3 Sequenz anlegen

Zuletzt klicken Sie auf die Filmdatei und ziehen sie mit gedrückter linker Maustaste auf das kleine Blattsymbol in der Fußleiste des Projektfensters. Dort angelangt, lassen Sie los.

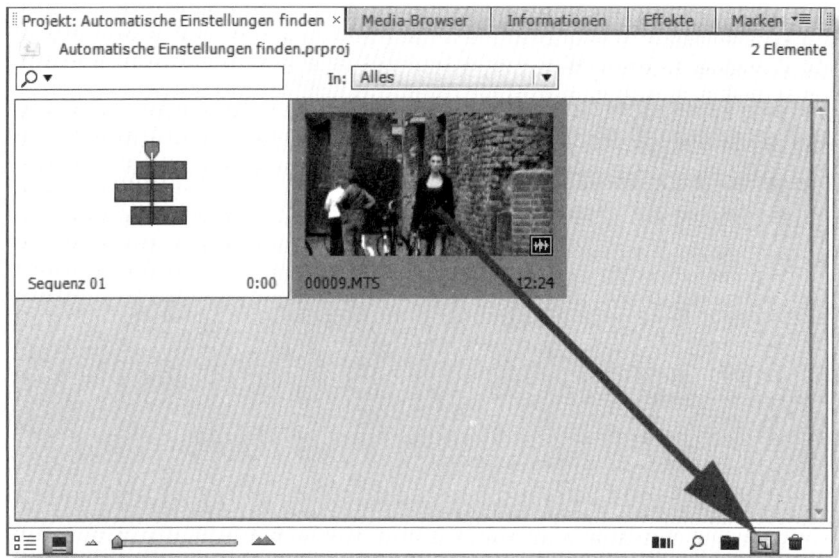

▲ **Abbildung 5.2** Im Beispiel begnügen wir uns mit einem einzelnen Clip. Sollten Sie im Sequenz-Dialog auf ABBRECHEN geklickt haben, fehlt das Sequenz-Icon.

4 Sequenz löschen

Premiere Pro wird daraufhin eine neue Sequenz anlegen, die automatisch den Titel des Videos erhält. Die ursprüngliche Sequenz (hier *Sequenz 01*) können Sie, falls vorhanden, nun entsorgen, indem Sie sie auf das Papierkorbsymbol unten rechts im Projektfenster ziehen.

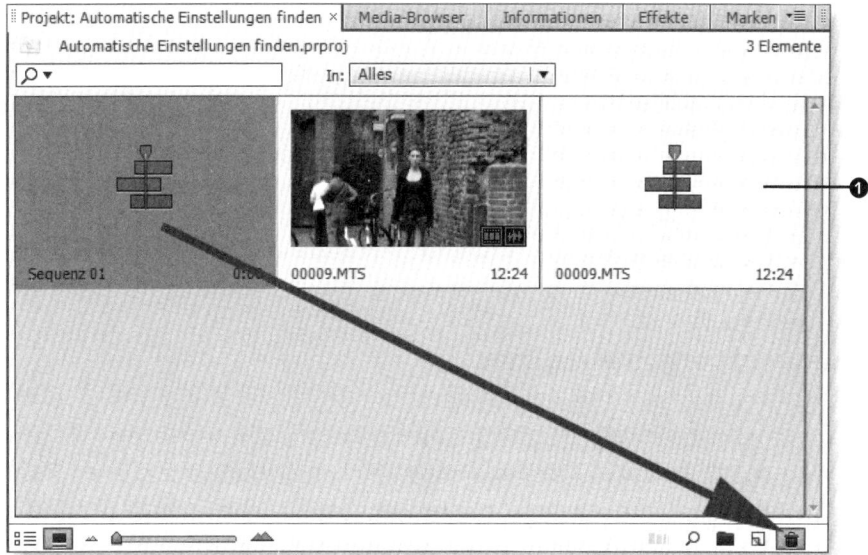

▲ **Abbildung 5.3** Die alte Sequenz benötigt jetzt niemand mehr.

5 Einstellungen überprüfen

Markieren Sie die neue Sequenz ❶ im Projektfenster, und gehen Sie anschließend auf SEQUENZ • SEQUENZEINSTELLUNGEN. Hier können Sie nun die Beschaffenheit der Sequenz ablesen. Es handelt sich beim verwendeten Filmmaterial also um AVCHD 1080ı QUADRATPIXEL ❷ auf Basis von 25 Bildern pro Sekunde ❸ und einer Bildgröße von 1.920 × 1.080 ❹. Mit den weiteren Parametern werden Sie in diesem Kapitel noch konfrontiert.

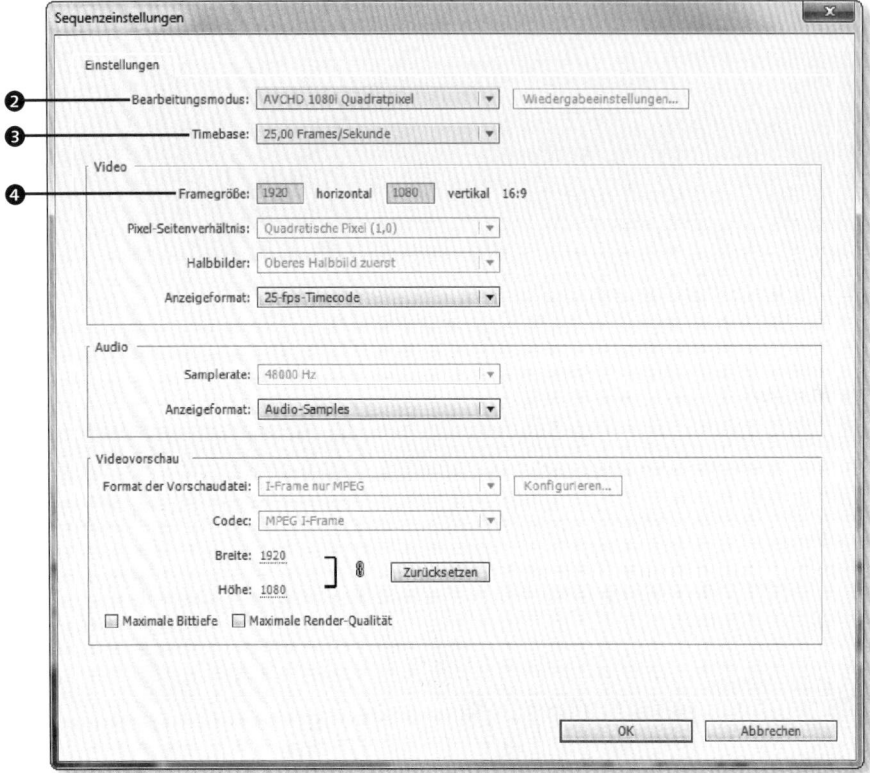

▲ **Abbildung 5.4** Die wichtigsten Einstellungen lassen sich nicht ändern. Gut so, denn dann würden die Sequenzeinstellungen ja nicht mehr zum Footage passen.

5.2   Sequenzvorgaben nutzen

Die zuvor beschriebene Methode ist natürlich total praktisch. Allerdings sollten Sie sich die Mühe machen, die Vorgaben kennenzulernen. Denn möglicherweise müssen Sie ja auch einmal eine Sequenz vorbereiten, ohne bereits im Besitz von Footage zu sein. In Agenturen und Nachrichtenredaktionen ist das gängige Praxis. Außerdem kann es auch einmal vorkommen, dass Sie gemischtes Material (unterschiedliche Beschaffenheit der Filme) verarbeiten müssen. Dann müssen Sie »zu Fuß« zur fertigen Sequenz gelangen.

5.2.1 Vorgabe wählen

Auf der linken Seite des Dialogs NEUE SEQUENZ öffnen Sie zunächst den Vorgaben-Ordner, der Ihren Filmaufnahmen bzw. Ihrem gewünschten Ausgabeziel entspricht. Im vorangegangenen Beispiel war das AVCHD. Betätigen Sie das vorangestellte Dreiecksymbol.

◀ **Abbildung 5.5** Zunächst müssen Sie die Vorgabe wählen, mit der Sie arbeiten wollen.

Innerhalb dieses Ordners werden die Vorgaben gelistet. Suchen Sie auch hier diejenige aus, die Ihren Aufnahmen entspricht (hier: 1080i). (Weitere Hinweise zu dieser Thematik entnehmen Sie bitte dem Anhang A, »Fachkunde«.) Bei modernen Formaten wie AVCHD, XDCAM o. Ä. werden Sie ausschließlich mit 16:9 zu tun haben. Wenn Sie aber einmal in den Ordner PAL-DV schauen, finden Sie zum einen STANDARD und zum anderen WIDESCREEN. STANDARD wählen Sie immer dann, wenn Sie es, wie im Buchbeispiel, mit einem Seitenverhältnis von 4:3 zu tun haben; andernfalls (bei 16:9) ist WIDESCREEN erste Wahl. Klicken Sie nach Öffnen des Unterordners auf die Vorgabe, die Ihrem Material entspricht (hier AVCHD 1080i (50i)).

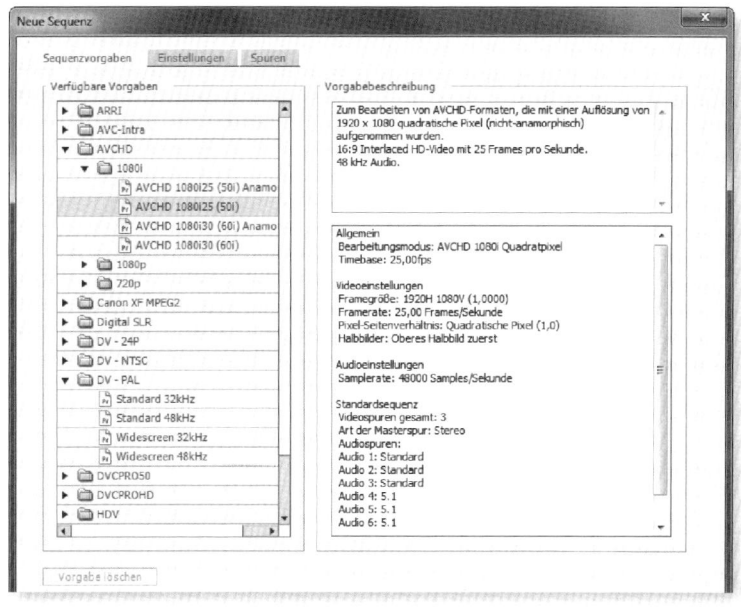

◀ **Abbildung 5.6** Die Vorgaben stecken in der Regel in Unterordnern.

5.2.2 Allgemeine Sequenzvorgaben

Oben links in der Ecke des Dialogs Neue Sequenz befinden sich drei Registerreiter, von denen der linke aktiv ist. Wenn Sie hier auf Einstellungen umschalten, können Sie die Vorgaben noch Ihren Erfordernissen anpassen. Davon ist generell abzuraten, da die Vorgaben selbst schon alle erforderlichen Einstellungen mitbringen.

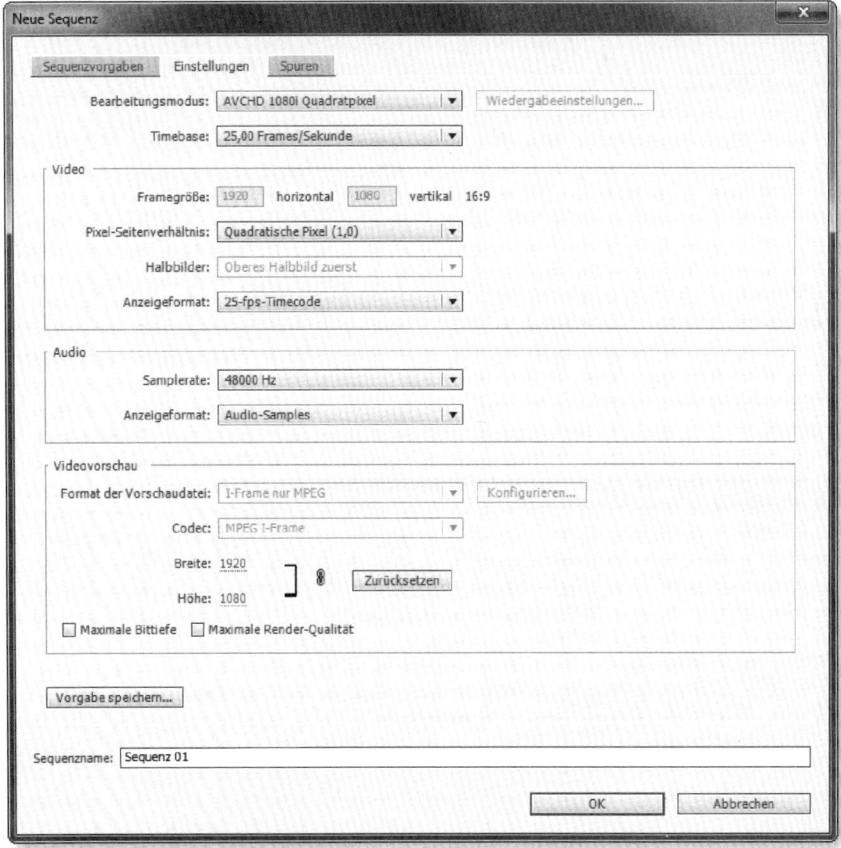

▲ **Abbildung 5.7** Sobald Sie hier etwas ändern, ist die Normvorgabe dahin.

5.2.3 Spuren hinzufügen

Zuletzt ist noch der rechte Reiter interessant. Hier legen Sie nämlich fest, mit wie vielen Spuren ❶ Ihr Projekt bestückt sein soll. Premiere Pro ist dahingehend wirklich bestens ausgerüstet. Sie können einer einzelnen Sequenz nämlich bis zu 99 Videospuren hinzufügen. Nun ist nicht immer von Anfang an abzuschätzen, wie viele denn nun letztendlich wirklich benötigt werden. Das ist auch nicht weiter schlimm, denn Sie können auch später noch Spuren hinzufügen oder entfernen. Wie das geht, erfahren Sie gleich.

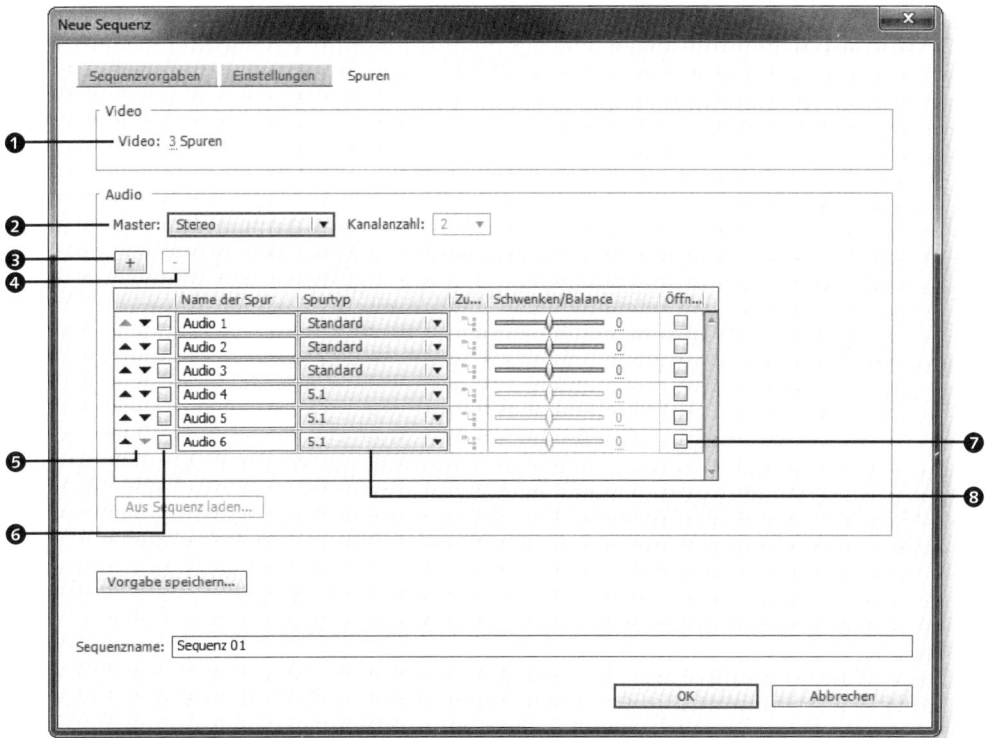

▲ **Abbildung 5.8** Das Register SPUREN bringt interessante Features mit.

Spureinstellungen vornehmen | Im Frame AUDIO des Dialogs lässt sich zunächst festlegen, wie der MASTER (also die fertige Ausgabedatei) beschaffen sein soll ❷. Hier können Sie bestimmen, dass der fertige Film beispielsweise in STEREO oder MEHRKANAL ausgegeben werden soll (obwohl sich dies auch am Ende, zum Zeitpunkt der Filmausgabe, noch anpassen ließe, siehe Kapitel 12, »Export«).

Mit welchen Arten von Audiospuren (MONO, STEREO, 5.1) Sie arbeiten möchten, legen Sie übrigens im Bereich SPURTYP ❽ fest. Sie können also bereits jetzt unterschiedliche Spureigenschaften bestimmen. Ein Beispiel: Sie arbeiten mit 5.1 Dolby-Digital-Material, wollen Stereomusik von CDs verwenden und eine Monokommentarspur integrieren. In diesem Fall können Sie all diese Spuren bereits jetzt definieren.

Die Reihenfolge vorhandener Spuren legen Sie mit ❺ fest. Weitere Spuren fügen Sie mit ❸ hinzu. Aktivieren Sie eines der Kontrollkästchen ❻ und klicken anschließend auf ❹, wird die markierte Spur entfernt. In der letzten Spalte ❼ bestimmen Sie, welche Spuren in dem fertigen Sequenzfenster automatisch geöffnet dargestellt werden sollen.

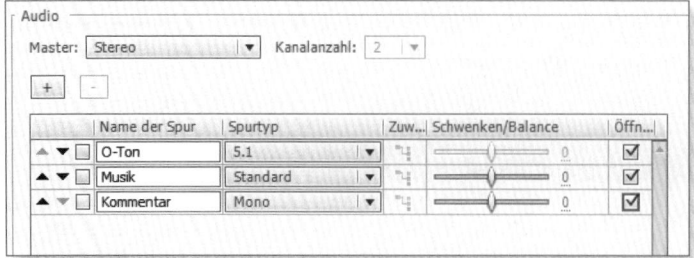

▲ **Abbildung 5.9** Passen Sie die Audiospuren Ihren individuellen Bedürfnissen an.

5.2.4 Vorgabe speichern

Sollten Sie Ihre ganz persönliche Vorgabe definiert haben, lohnt es sich, diese zu speichern. Denn immerhin wollen Sie diese Arbeitsgänge ja nicht bei jedem Projekt wiederholen. Wenn Sie einen Mausklick auf VORGABE SPEICHERN unten links setzen, können Sie dem Ganzen im Folgedialog einen Namen sowie eine Beschreibung zuordnen. Sobald Sie auf OK klicken, gelangen Sie automatisch zur ersten Registerkarte zurück. Hier ist zudem ganz unten ein Ordner mit dem Namen EIGENE erzeugt worden, der Ihre ganz persönliche Vorgabe beinhaltet. Die Beschreibung finden Sie oben rechts und die eingestellten Parameter darunter.

▲ **Abbildung 5.10** Benennen Sie die Vorgabe aussagekräftig, und geben Sie, falls gewünscht, auch noch eine Beschreibung an.

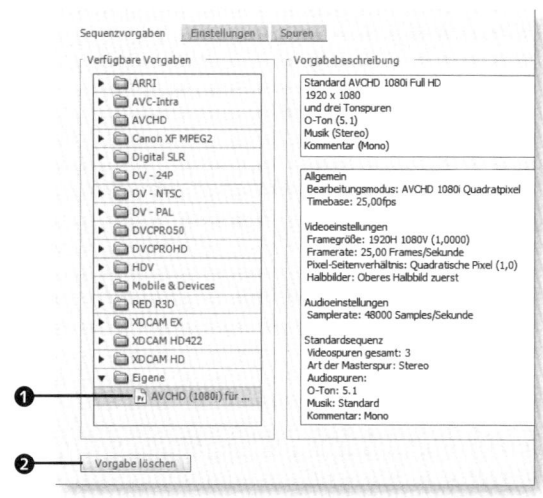

▲ **Abbildung 5.11** Ihre individuelle Vorgabe ❶ erscheint in den SEQUENZVORGABEN.

Vorgabe löschen

Wenn Sie eine Vorgabe nicht mehr benötigen, markieren Sie diese in der Liste der eigenen Vorgaben und betätigen danach VORGABE LÖSCHEN ❷ unten links in den SEQUENZVORGABEN. Sollte anschließend keine weitere Vorgabe übrig sein, wird das Verzeichnis EIGENE gleich mit gelöscht.

5.2.5   HD oder Full HD?

Im AVCHD-Verzeichnis finden Sie drei Unterordner, die eventuell noch einer Erwähnung bedürfen: Welchen Vorgabenordner Sie öffnen müssen, ergibt sich daraus, ob Sie mit Full-HD-Material arbeiten oder mit der kleineren Variante (Full-HD (1.080) = 1.920 × 1.080 Bildpunkte, 720p = 1.280 × 720 Bildpunkte).

Danach müssen Sie entscheiden, ob Sie es mit anamorphotischem Material zu tun haben, bei dem das Pixelseitenverhältnis stets <> 1:1 ist, oder mit Quadratpixeln, die, wie der Name schon sagt, einem Pixelseitenverhältnis von 1:1 unterliegen.

Die letzte zu treffende Entscheidung ist: 50i oder 60i bei Halbbildmaterial bzw. 24, 25 oder 30 bei Vollbildern (siehe dazu auch Anhang A, »Fachkunde«). Nun, im hiesigen Raum ist 50 Hz angesagt (in den Staaten und Japan 60 Hz). Deshalb müssen Sie bei Kameras, die für den europäischen Markt gebaut sind, auch ein entsprechendes Vorgabeformat einstellen. Das wäre beim Halbbildverfahren 50i (= 2 × 25 halbe Einzelbilder pro Sekunde) und beim Vollbild 25 (= 1 × 25 volle Einzelbilder pro Sekunde). Wenn Sie spätestens an dieser Stelle ins Stocken geraten – kein Problem. Raten Sie einfach. Sie können das später noch korrigieren.

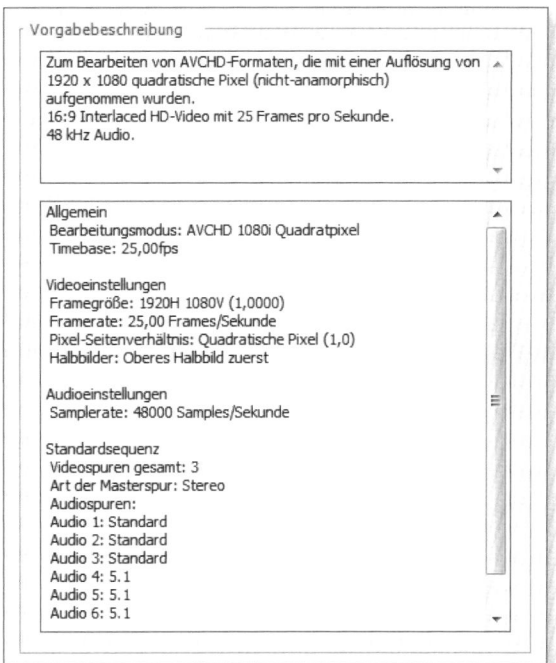

◀ **Abbildung 5.12** Hier ist mit AVCHD 1080i:25 (50i) eine gängige Full-HD-Vorlage selektiert worden.

5.2.6   Vorgabe prüfen

Nach dem Klick auf OK sollten Sie prüfen, ob Sie alles richtig gemacht haben. Dazu importieren Sie einen entsprechenden Videoclip und ziehen ihn ins Schnittfenster. Sollte sich unterhalb der Schnittfensterskala kein oder ein gelber Balken zeigen ❸, haben Sie die korrekte Sequenzvorgabe ausgesucht. Glückwunsch!

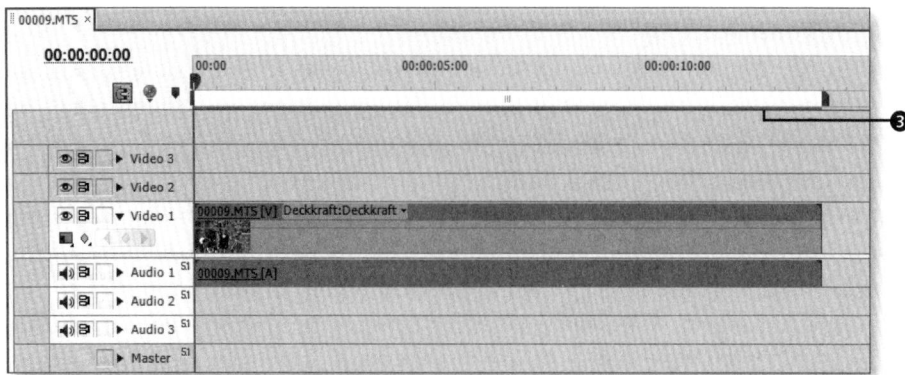

▲ **Abbildung 5.13** Ein Balken ❸ deutet darauf hin, dass Sie Material benutzen, welches nicht mit der Sequenzvorgabe harmoniert.

Render-Leiste

Bei dem angesprochenen Balken handelt es sich um die sogenannte Render-Leiste, die zeigt, ob ein Bereich in Echtzeit und bei voller Framerate abgespielt werden kann. Anhand der Farben lässt sich erkennen, was an dieser Stelle der Sequenz zum Tragen kommt:

▶ **Kein Balken:** Der Bereich muss nicht gerendert werden.
▶ **Gelber Balken:** Das bedeutet, dass der Bereich nicht gerendert ist und trotzdem flüssig wiedergegeben werden kann.
▶ **Roter Balken:** Bereich muss wahrscheinlich gerendert werden.
▶ **Grüner Balken:** Es ist eine Vorschaudatei erzeugt worden. Der Clip kann flüssig abgespielt werden.

Rendern bedeutet, dass eine Vorschaudatei von einem bestimmten Bereich erzeugt werden muss, damit dieser flüssig abgespielt werden kann. Premiere Pro fertigt also einen eigenen Film-Clip an, der im Ordner ADOBE PREMIERE PRO PREVIEW FILES\[PROJEKTNAME]. PRV (Unterordner des Projektordners) abgelegt wird.

Falls Sie dort aber einen roten Balken ausfindig machen, sollten Sie nachkorrigieren, indem Sie eine neue Sequenz erzeugen. Doch woher beziehen Sie die Informationen? Nun, dazu setzen Sie einen beherzten Rechtsklick auf eines der Film-Assets und betätigen EIGENSCHAFTEN. Im Dialog lässt sich nun einiges über die Beschaffenheit des Materials in Erfahrung bringen.

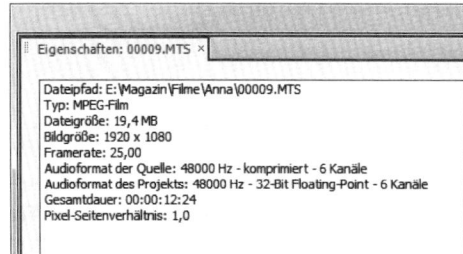

◀ **Abbildung 5.14** In den EIGENSCHAFTEN eines Clips kann man u. a. BILDGRÖSSE, FRAMERATE und PIXEL-SEITENVERHÄLTNIS ablesen – wichtige Hinweise für die Wahl der korrekten Sequenzvorgabe.

Eine Angabe fehlt hier allerdings; und das ist die Halbbildreihenfolge (siehe Anhang A, »Fachkunde«). Da sie in den Sequenzeinstellungen ebenfalls festgelegt werden muss, sollten Sie in Erfahrung bringen, ob das untere oder obere Halbbild zuerst ausgesendet wird – oder ob dem Videomaterial statt Halbbildern vielleicht sogar Vollbilder zugrunde liegen. Klicken Sie mit rechts auf einen der Clips im Projektfenster, und entscheiden Sie sich im Kontextmenü für ÄNDERN • FILMMATERIAL INTERPRETIEREN. Im Frame HALBBILDREIHENFOLGE finden Sie die erforderliche Angabe ❶.

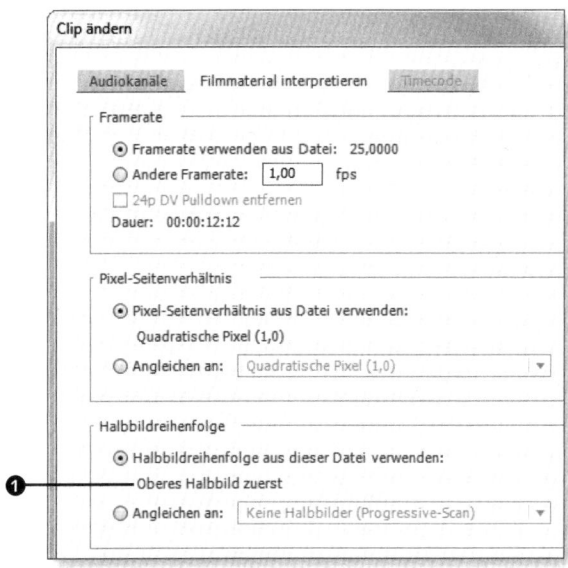

▲ **Abbildung 5.15** Prinzipiell lassen sich Filmmaterialien in diesem Dialog ändern.
Hier benötigen Sie ihn jedoch nur zur Ermittlung der HALBBILDREIHENFOLGE.

Filmmaterial interpretieren

Mit Hilfe dieses Dialogs lassen sich FRAMERATE, HALBBILDREIHENFOLGE oder PIXEL-SEITEN-VERHÄLTNIS anpassen. Ihre Filme sollten jedoch nicht ohne triftigen Grund »umgestrickt« werden, da dies auch zur Verschlechterung des Materials beitragen kann. Erst wenn der Film falsch dargestellt wird (z. B. mit falschem Seitenverhältnis) sollten Sie hier korrigieren.

5.3 Sequenzspuren

Wenn Sie ein Projekt bzw. eine neue Sequenz anlegen, können Sie die Anzahl der Spuren direkt festlegen (siehe Abschnitt 5.2.3). Diese Anzahl ist aber natürlich nicht in Stein gemeißelt, sie lässt sich jederzeit anpassen. Wie Sie dazu vorgehen und wie Sie mit den Spuren im Sequenz- bzw. Schnittfenster umgehen, erfahren Sie in diesem Abschnitt.

5.3.1 Spuren hinzufügen

Zu Beginn eines Projekts ist nicht immer abzusehen, wie viele Spuren denn wirklich benötigt werden. Daher lässt sich jederzeit Einfluss darauf nehmen, indem Sie SEQUENZ • SPUREN HINZUFÜGEN selektieren. Im Folgenden legen Sie fest, um wie viele und vor allem um welche Spuren (Audio und/oder Video) das aktuelle Schnittfenster erweitert werden soll. Wenn Sie also aktuell keine neuen Audiospuren benötigen, verstellen Sie die Hot-Text-Steuerelemente mit gedrückter linker Maustaste oder klicken sie an und tragen dort »0« ein.

◄ **Abbildung 5.16** Das Schnittfenster kann mit Hilfe des Dialogs nach Wunsch erweitert werden.

Im Selektionsfeld PLATZIERUNG können Sie noch bestimmen, wo die neuen Spuren angeordnet werden sollen:

► NACH VIDEO/AUDIO [X] – fügt die neuen Spuren oberhalb der im Dialog ausgewählten ein.

► VOR ERSTER SPUR – fügt die neuen Spuren unterhalb von VIDEO 1 ein. Dabei werden die vorhandenen Spuren allerdings numerisch erhöht (Video 1 wird zu Video 2 usw.).

Es gibt aber eine wesentlich komfortablere Methode, die sich auf der Oberfläche der Anwendung per Drag & Drop realisieren lässt. Meist wird ohnehin zunächst nur eine weitere Spur benötigt. Ziehen Sie deshalb einfach einen Clip aus dem Projektfenster oder dem Quellmonitor auf die Leiste ❶, die sich unmittelbar über der obersten Videospur befindet. Dort lassen Sie den Clip dann los. Dies hat zur Folge, dass automatisch eine neue Spur erzeugt wird. Gleiches könnten Sie mit der Audiospur machen, wobei Sie den Audioclip dann in den Bereich unterhalb der Master-Spur ❷ ziehen müssten. Ziehen sie einen AV-Clip (Video mit Audiospur), wird zeitgleich auch eine neue Audiospur erzeugt.

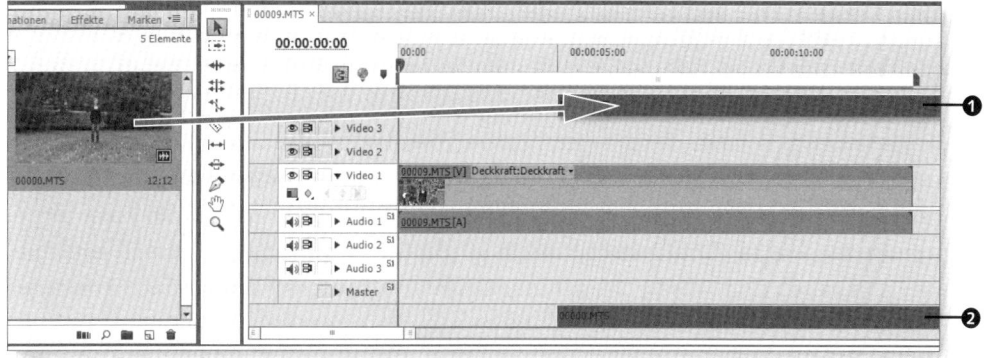

▲ **Abbildung 5.17** Lassen Sie den Clip hier los, damit Premiere Pro eine neue Spur erzeugen kann.

5.3.2 Spurhöhe vergrößern

Die Spuren sind in der Vertikalen oftmals sehr gedrungen. Auch nach dem Öffnen einer Spur (mit Hilfe des Dreiecks im Spurkopf) sieht man nicht wirklich viel mehr. Daher ist es möglich, Spuren größer zu ziehen. Führen Sie den Mauszeiger zwischen zwei Spurköpfe. Wenn Sie die richtige Position gefunden haben, wird der er zum Doppelpfeil mit zwei horizontalen Linien. In dieser Position können Sie nun die horizontale Trennungslinie zwischen zwei Spurköpfen verziehen. Dabei wird die untere Spur vergrößert, während alle darüberliegenden nach oben verschoben werden.

Des Weiteren können Sie die Fläche der Spurköpfe horizontal ausdehnen (das empfiehlt sich vor allem bei Vergabe langer Spurkopfnamen). Dazu stellen Sie die Maus auf die vertikale Begrenzungslinie zwischen Spurkopf und Spur. Ziehen Sie die Linie nach rechts.

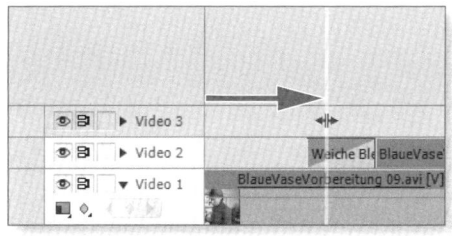

◄ **Abbildung 5.18** Horizontale und vertikale Begrenzungen lassen sich per Drag & Drop verziehen.

5.3.3 Spuren benennen

Mit einem Rechtsklick auf den Namen einer Spur, gefolgt von Umbenennen, lässt sich eine Spur zudem mit einem aussagekräftigeren Namen versehen.

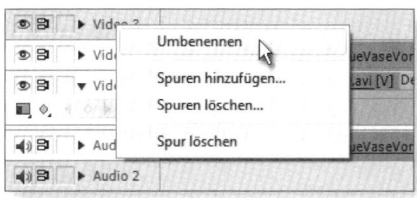

◄ **Abbildung 5.19** Die vorgegebenen Namen sagen nichts aus. Mitunter ist es sinnvoll, das zu ändern.

5.3.4 Spuren löschen

Sie wollen sich von einer oder mehreren Spuren trennen? Dann müssen Sie einen Rechtsklick auf einen der Spurköpfe setzen und zunächst SPUREN LÖSCHEN auswählen. Entscheidend ist jetzt, welche der beiden Checkboxen Sie anwählen (VIDEOSPUREN und/oder AUDIOSPUREN LÖSCHEN). Öffnen Sie dann das entsprechende Pulldown-Menü (im Beispiel AUDIOSPUREN), und wählen Sie die Spur aus, die Sie nicht weiter verwenden wollen. Grundsätzlich macht es nichts aus, ob in Ihrem Projekt leere Spuren vorhanden sind. Wenn Sie sich der besseren Übersicht halber jedoch von ihnen trennen wollen, entscheiden Sie sich für den jeweils obersten Eintrag.

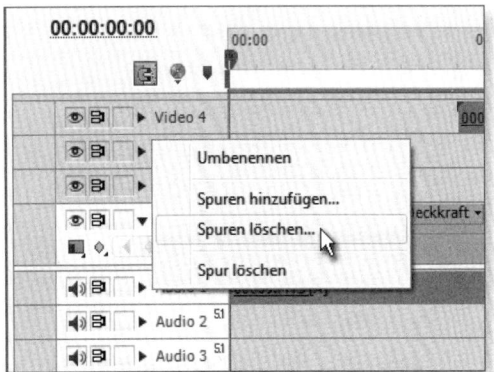

▲ **Abbildung 5.20** Nach einem Rechtsklick auf einen beliebigen Spurkopf wird der gewünschte Befehl anwählbar.

▲ **Abbildung 5.21** In diesem Beispiel werden alle leeren Videospuren sowie die Spur AUDIO 2 gelöscht.

5.4 Mehrere Sequenzen einsetzen

Wenn Sie ein großes Projekt in mehrere Abschnitte unterteilen wollen, oder wenn Sie mit unterschiedlichem Filmmaterial arbeiten (z. B. DV und AVCHD), bietet es sich an, mehrere Sequenzen zu verwenden.

5.4.1 Dem Projekt eine Sequenz hinzufügen

Eine neue Sequenz erzeugen Sie, indem Sie [Strg]/[cmd]+[N] drücken, oder indem Sie das kleine Blattsymbol in der Fußleiste des Projektfensters anklicken und im Pulldown-Menü auf SEQUENZ gehen.

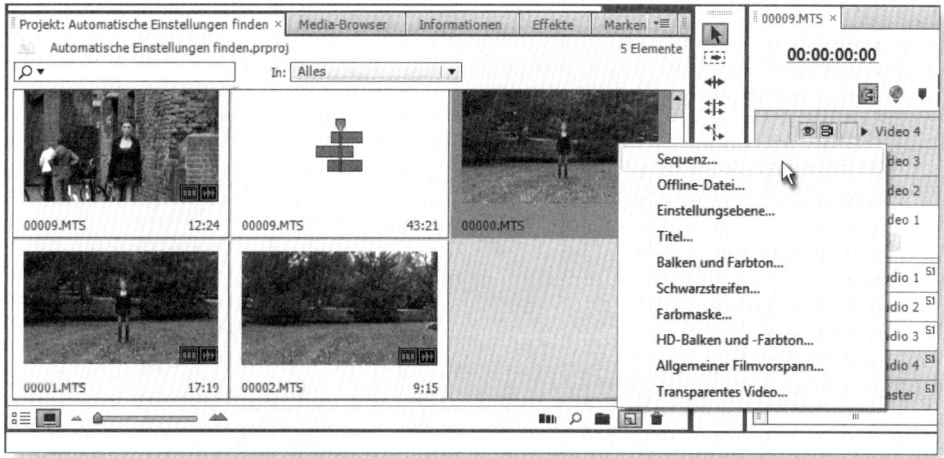

▲ **Abbildung 5.22** Auch vom Projektfenster aus lässt sich eine neue Sequenz erzeugen.

Im Anschluss daran müssen Sie erneut den mittlerweile bestens bekannten Dialog NEUE SEQUENZ abarbeiten. Hier dürfen Sie aber, wenn Sie es denn wollen, sogar eine ganz andere Vorgabe wählen als die zuerst erzeugte. Damit lassen sich also unterschiedliche Formate komfortabel in einem Projekt bearbeiten. Wenn Sie das Projekt allerdings in mehrere kleine Bereiche zu unterteilen gedenken, werden Sie die gleiche Vorgabe erneut verwenden wollen. Konkret hieße dies, Sie würden abermals *dieselbe Vorgabe* aussuchen.

Material mischen

Unterschiedliche Ausgangsmaterialien (z. B. AVCHD, HDV, DV) dürfen durchaus in einer einzigen Sequenz verarbeitet werden. Bedenken Sie allerdings, dass es dadurch zu unterschiedlichen Abmessungen kommt. (Auch werden Clips, die nicht den Sequenzeinstellungen entsprechen, mit einem roten Balken versehen.)

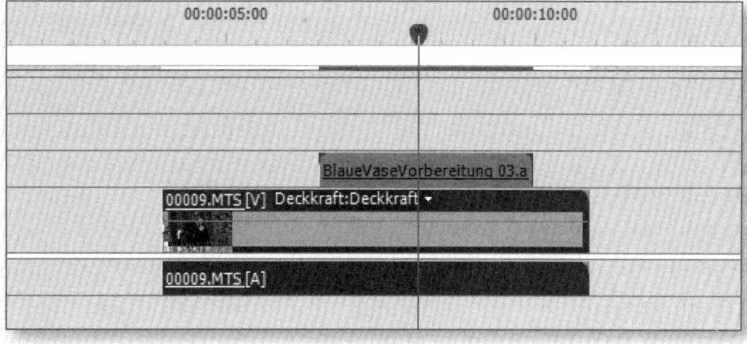

▲ **Abbildung 5.23** Hier befindet sich ein DV-Clip (obere Spur) in einer AVCHD-Sequenz.

▲ **Abbildung 5.24** So stellt sich ein DV-Clip im Format 4:3 in einer AVCHD-Sequenz dar.

Sequenzen öffnen | Die Sequenzen werden im Übrigen ebenfalls als einzelne Einträge im Projektfenster gelistet. Das macht es möglich, eine Sequenz, die Sie im Schnittfenster bearbeiten wollen, mit einem Doppelklick zu versehen. Das Wechseln zwischen zwei Sequenzen erreichen Sie, indem Sie die betreffende Registerkarte im Kopf des Schnittfensters aktivieren.

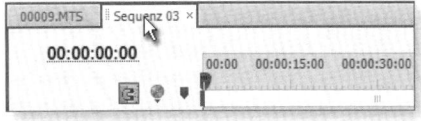

◄ **Abbildung 5.25** Die einzelnen Sequenzen lassen sich über Registerreiter anwählen.

Register öffnen und umsortieren

Sollte ein Register einmal nicht im Schnittfenster präsent sein, setzen Sie einen Doppelklick auf die Sequenz im Projektfenster. Und die Reihenfolge der Register lässt sich im Übrigen auch bestimmen. Ziehen Sie eines der Register mit gedrückter linker Maustaste nach links oder rechts.

5.4.2 Sequenzen importieren

Sollten Sie es auf den Sequenzimport abgesehen haben, lässt sich das auch prima mit Premiere Pro realisieren. Wann ist so etwas erforderlich? Zum Beispiel dann, wenn Sie eine immer wieder benötigte Sequenz (z. B. ein animiertes Logo oder eine markante Dialogszene) in einem künftigen Projekt erneut benötigen. Und das geht genauso wie der Import eines jeden anderen Assets (z. B. durch Doppelklick auf einen freien Bereich des Projektfensters, wobei Sie die Premiere-Pro-Projektdatei (.prproj) auswählen müssen. Jetzt reagiert die Anwendung jedoch mit einer Abfrage (siehe Abbildung 5.26).

Das gesamte Projekt zu importieren, macht in diesem Fall wenig Sinn. In unserem Beispiel wird zudem nur eine einzige Sequenz und nicht das gesamte Projekt benötigt. Aktivieren Sie demzufolge die untere Option, und klicken Sie auf OK. Im folgenden Dialog entscheiden Sie sich nun für die Sequenz, auf die Sie es abgesehen haben (hier Dialoge) und bestätigen abermals mit OK.

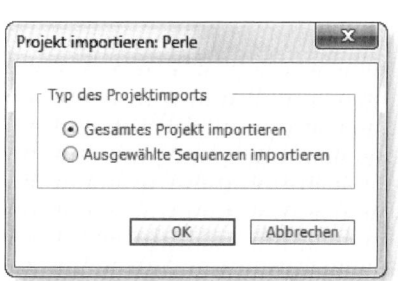

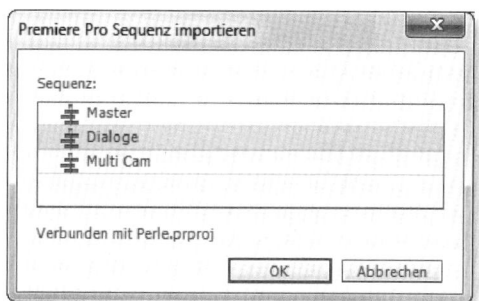

▲ **Abbildung 5.26** Was soll importiert werden?

▲ **Abbildung 5.27** Eine einzelne Sequenz wird importiert.

Der Lohn aller Mühen: Ihr Projektfenster wird um einen Ordner erweitert, in dem nun die gewünschte Sequenz sowie sämtliche dazugehörigen Assets zu finden sind. Ein cooles Feature. Was will man mehr? ;-)

5.4.3   Sequenzen verschachteln

Sie sehen also, dass sich mit Sequenzen eine ganze Menge machen lässt. Richtig interessant wird die Sache aber erst dadurch, dass sich Sequenzen ineinander verschachteln lassen.

In der Praxis sieht das so aus: Sie arbeiten mit einer Sequenz, die den eigentlichen Film ausmacht – nennen wir sie einmal »Master«. Irgendwann stellen Sie eine zweite Sequenz zur Verfügung, in der Sie beispielsweise eine Logo-Animation produzieren. Wenn Sie damit fertig sind, werden Sie nicht die einzelnen Assets der Animation, sondern die gesamte Sequenz in die Master-Sequenz stellen. Die Vorteile: Änderungen müssen nicht im Master durchgeführt werden, sondern werden direkt in der Logo-Sequenz vorgenommen. Außerdem können Sie innerhalb des Masters die gesamte Logo-Animation vergrößern, verkleinern, verschieben, mit Effekten versehen usw. Das müssten Sie ansonsten für jeden Clip des Logos einzeln machen.

◼ *Schritt für Schritt: Sequenzen verschachteln*

Damit Sie das Prinzip der verschachtelten Sequenzen kennenlernen, folgt hier ein kurzer Workshop.

1   Sequenzen erstellen und benennen

Ziehen Sie einmal wahllos einige Videoclips in eine neue, leere Sequenz (falls Sie mit dem Beispielmaterial der Buch-DVD arbeiten, benutzen Sie DV-PAL Standard 48 kHz). Anschließend klicken Sie auf den Namen der Sequenz im Projektfenster, was zur Folge hat, dass dieser komplett markiert wird. Geben Sie beispielsweise »Perlen-Clips« ein, und schließen Sie die Aktion mit [⏎] ab.

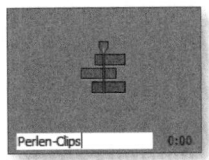

◄ **Abbildung 5.28**
Der Name sollte aussagekräftiger sein.

Danach erzeugen Sie noch einmal eine neue Sequenz mit der gleichen Vorgabe und benennen diese direkt im Dialog mit »Master«. Im Projektfenster sind diese beiden Sequenzen nun ebenfalls enthalten.

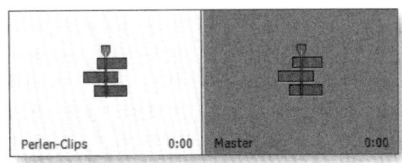

◄ **Abbildung 5.29**
Zwei neue Sequenzen im Projektfenster

2   Master-Sequenz öffnen

Sie benötigen jetzt die Master-Sequenz im Schnittfenster, weshalb Sie diese doppelklicken sollten. Auch hier könnten Sie jetzt den einen oder anderen Clip einfügen.

3   Sequenz verschachteln

Interessanter ist aber, dass Sie die Sequenz »Perlen-Clips« jetzt wie ein gewöhnliches Asset in die Master-Sequenz ziehen können. Setzen Sie dazu einen Mausklick auf das Symbol der Sequenz im Projektfenster, und ziehen Sie dieses in eine beliebige Spur des aktiven Schnittfensters (Master).

◄ **Abbildung 5.30** Der Sequenz-Clip ❶ wird grün dargestellt.

Vorteile von verschachtelten Sequenzen | Sie können diese verschachtelte Sequenz jetzt nicht nur verschieben, sondern auch kürzen, schneiden usw. Sie dürfen sogar Überblendungen, Effekte und dergleichen auf das verschachtelte Sequenz-Asset anwenden. Wenn Sie die Inhalte der Sequenz noch einmal bearbeiten wollen, ist es Ihnen zudem gestattet, einen Doppelklick auf das Sequenz-Asset im Projektfenster zu setzen, was Ihnen den direkten Wechsel in diese Sequenz ermöglicht.

Und was noch viel besser ist: Wenn Sie jetzt dort Änderungen vornehmen, werden diese auch innerhalb der Master-Sequenz übernommen. Stellen Sie sich vor, welchen Vorteil Sie genießen, wenn Sie die besagte Logo-Animation bauen, die im Film immer wieder an unterschiedlichen Stellen auftauchen soll (wie z. B. eine Bauchbinde – mehr dazu in Kapitel 11, »Titel erzeugen«). Dann können Sie an dieser Stelle jeweils die verschachtelte Sequenz nutzen. Und wenn Sie am Logo einmal etwas ändern wollen – nur zu. Sie müssen das lediglich in der ursprünglichen Sequenz tun. Im Master wird der Inhalt dann an allen Stellen aktualisiert – ganz automatisch.

Verschachtelte Sequenz aus Clip erzeugen | Übrigens können Sie auch direkt aus einem Clip heraus eine verschachtelte Sequenz erzeugen. Klicken Sie dazu den Clip im Projektfenster mit rechts an, und entscheiden Sie sich im Menü für NEUE SEQUENZ AUS CLIP. Die daraufhin entstehende Sequenz wird sogleich im Schnittfenster bereitgestellt. Zudem ist der Clip, aus dem die Sequenz erzeugt worden ist, dort bereits integriert. Und die Sequenzeinstellungen stimmen natürlich mit den Clip-Eigenschaften überein.

Sequenz-Startzeit verändern | Eine weitere gängige Vorgehensweise ist es, verschiedene Handlungsabläufe innerhalb eines Projekts auf verschiedene Sequenzen aufzuteilen. Am Schluss hängen Sie alle Sequenzen in einem Master aneinander. Das wird beispielsweise im professionellen Schnitt sehr gerne gemacht, wenn mehrere Cutter an einem Gesamtwerk arbeiten und jeder am Ende eine Sequenz beisteuert. Um hier die Orientierung zu behalten, empfiehlt es sich, mit verschiedenen Sequenz-Startzeiten zu arbeiten (früher Sequenz-Nullpunkt).

Ein Beispiel: Der allgemeine Vorspann beginnt wie gewöhnlich bei 00:00:00:00. Der erste Cutter beginnt seine Sequenz bei 01:00:00:00, der zweite verwendet 02:00:00:00 als Startpunkt usw. Damit dies auch auf der jeweiligen Zeitskala ersichtlich wird, ändern Sie einfach den Sequenz-Nullpunkt. Öffnen Sie dazu das Bedienfeldmenü im Schnittfenster, und wählen Sie dort den Eintrag STARTZEIT aus. Alternativ reicht auch ein Rechtsklick auf den Reiter der Sequenz. Um die Sequenz nun genau bei einer Stunde beginnen zu lassen, müssten Sie »1000000« eingeben und mit OK bestätigen. Kontrollieren Sie den Timecode, indem Sie den Abspielkopf an den Anfang der Sequenz stellen (Pos1 bzw. ↖ drücken, sofern auf der Tastatur vorhanden).

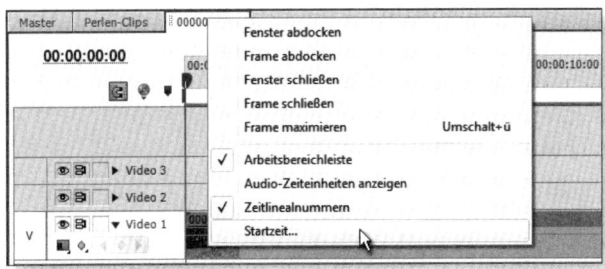

▲ **Abbildung 5.31** Die STARTZEIT kann auch über den Reiter aufgerufen werden.

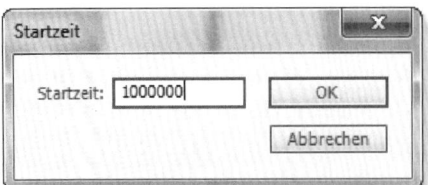

▲ **Abbildung 5.32** Beginnen Sie bei Stunde 1.

▲ **Abbildung 5.33** Kontrollieren Sie die Eingabe im Schnittfenster-Timecode.

5.5   Marken

Nicht nur im Quell- und Programmmonitor, sondern auch im Schnittfenster ist der Einsatz von Marken möglich. Diese haben unterschiedliche Funktionen. So lassen sich an ihnen beispielsweise Objekte ausrichten oder Teile markieren, die wichtig sind. Des Weiteren können hier auch Anmerkungen verfasst werden.

Wir unterscheiden zunächst zwischen Clip-Marken und Sequenzmarken (spezielle Marken, wie z. B. die Encore Kapitelmarke, werden in Kapitel 15, »DVD-Authoring mit Encore CS6«, erläutert.)

5.5.1   Sequenzmarken setzen

Bringen Sie die Einfügemarke an die gewünschte Position des Schnittfensters, und betätigen Sie M . Alternativ öffnen Sie das Kontextmenü, indem Sie mit rechts auf die Zeitskala (bzw. geringfügig darüber oder darunter) klicken. Beachten Sie, dass nicht die Position des Mausklicks, sondern die der Einfügemarke über die Platzierung der Marke entscheidet. Noch einfacher geht es, indem Sie zunächst die Einfügemarke platzieren und dann auf das Markensymbol im Kopf des Schnittfensters klicken.

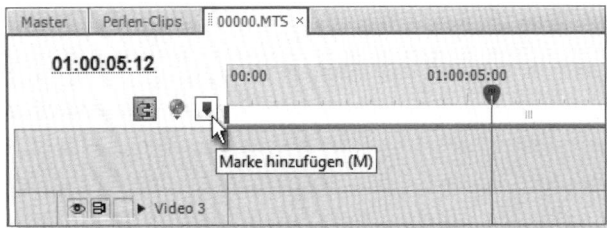

▲ **Abbildung 5.34** Mit einem Klick auf das Markensymbol wird eine neue Sequenzmarke eingefügt.

Marken dienen in erster Linie dazu, Objekte an ihnen auszurichten. Wenn Sie eine Marke gesetzt und die Ausrichten-Funktion S aktiviert haben, lassen sich Clips prima anordnen, da auch Marken die Magnetfunktion (Snapping) unterstützen. Ziehen Sie einen Clip unter die Marke, rastet er ein.

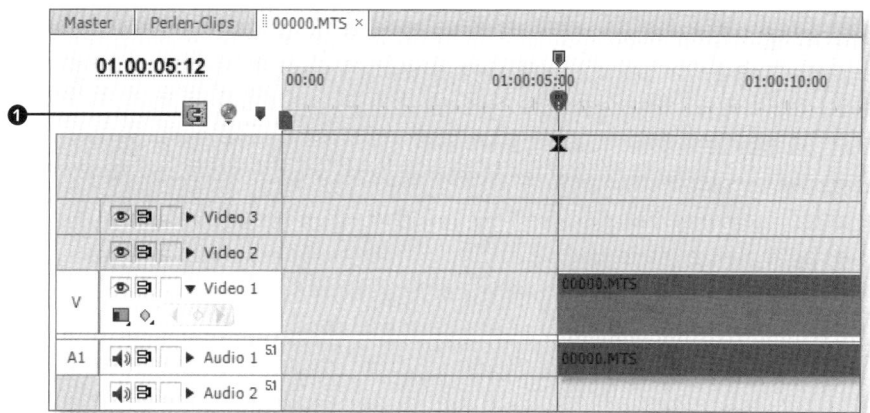

▲ **Abbildung 5.35** Die senkrechte schwarze Linie verdeutlicht, dass der Clip an der Sequenzmarke ausgerichtet wird. Voraussetzung: Ausrichten im Kopf des Schnittfensters ❶ ist aktiviert.

5.5.2 Sequenzmarken verschieben und löschen

Sie können Sequenzmarken ganz einfach per Drag & Drop verschieben. Zum Löschen einer Marke müssen Sie diese zunächst anklicken. Das hat zur Folge, dass der Abspielkopf an diese Position springt. Ist das nicht der Fall, kann die Marke auch nicht gelöscht werden. Dass Sie sich mit dem Abspielkopf auf einer Marke befinden, wird nicht nur durch eine kleine gestrichelte Verbindungslinie zwischen Abspielkopf und Marke ❸ dargestellt, sondern auch durch ein Symbol im Programmmonitor ❷.

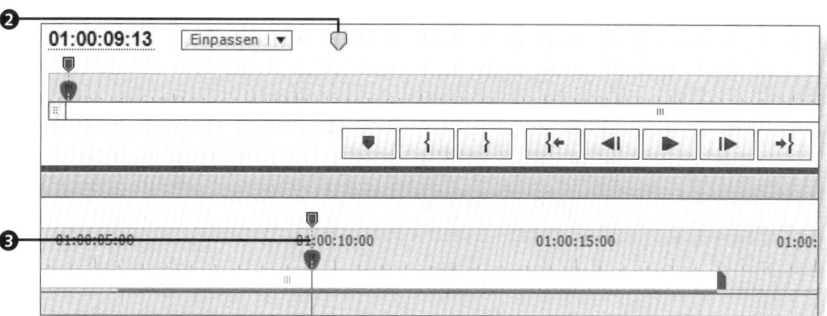

▲ **Abbildung 5.36** Es gibt zwei Hinweise darauf, dass Abspielkopf und Marke an der gleichen Position sind.

Klicken Sie mit rechts auf die Marke, und entscheiden Sie sich für Aktuelle Marke löschen. Falls es mehrere Marken gibt, die nun alle entfernt werden sollen, betätigen Sie Alle Marken löschen. Um bereits vorhandene Marken anzuspringen, hält das Kontextmenü noch die Einträge Zur nächsten Marke gehen und Zur vorherigen Marke gehen bereit. Entsprechendes kann auch mittels Shortcuts ⬆+M (vor) sowie Strg/cmd+⬆+M (zurück) erfolgen. Der Schaltflächeneditor beherbergt zudem entsprechende Buttons.

5.5.3 Anmerkungen hinzufügen

Marken können grundsätzlich auch zu Encore-Kapitelmarkierungen oder Flash-Cue-Points umgewandelt werden. Häufiger ist jedoch der Einsatz von Kommentaren. Dazu öffnen Sie auf der Marke erneut das Kontextmenü, gefolgt von MARKE BEARBEITEN (funktioniert nur, wenn sich der Abspielkopf auf der Marke befindet – also zuvor Mausklick darauf setzen). Im Folgedialog können Sie zunächst einen Namen vergeben (bei Projekten, die von mehreren Personen bearbeitet werden, empfiehlt sich der eigene) sowie den Kommentar verfassen. Nachdem Sie auf OK geklickt haben, reicht das bloße Verharren mit der Maus auf der Marke, um den Kommentar mitsamt Namen und Position via QuickInfo sichtbar zu machen.

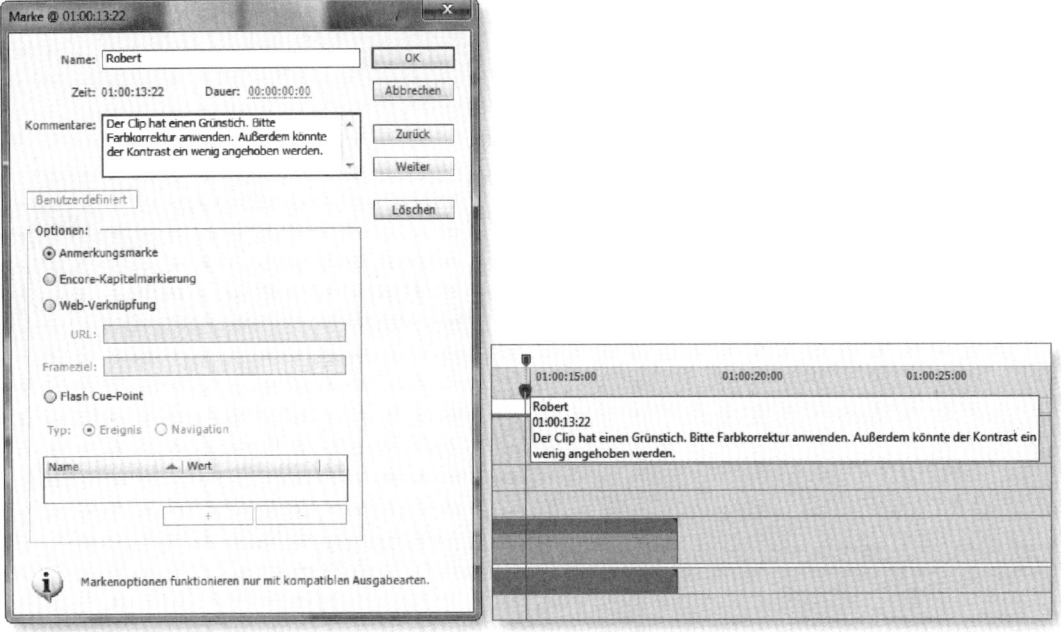

▲ **Abbildung 5.37** Hier wurde eine Anmerkung verfasst.

▲ **Abbildung 5.38** Der Kommentar wird sichtbar, sobald Sie mit dem Mauszeiger auf die Marke zeigen.

5.5.4 Clip-Marken setzen

Neben Sequenzmarken existieren noch die sogenannten *Clip-Marken*. Einziger Unterschied zu Sequenzmarken: Die Marke sitzt nicht in der Skala des Schnittfensters, sondern im Clip selbst. Demzufolge wird sie auch im Quellmonitor hinzugefügt. Auch hier funktioniert die Platzierung mittels [M] oder über einen Rechtsklick auf die Zeitskala, gefolgt von MARKE HINZUFÜGEN. Möchten Sie eine Marke auf einen Clip anwenden, der sich bereits im Schnittfenster befindet, bringen Sie ihn zunächst per Doppelklick in den Quellmonitor. Alle weiteren Optionen, das Handling betreffend, entsprechen denen der Sequenzmarken.

▲ **Abbildung 5.39** Auch im Quellmonitor können Anmerkungen integriert werden.

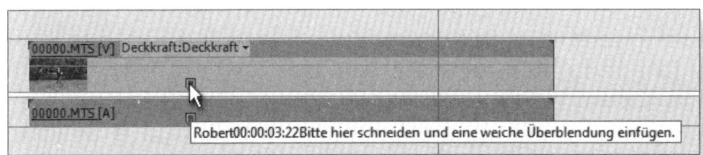

▲ **Abbildung 5.40** Clip-Marken sind auch im Schnittfenster sichtbar.
Und Anmerkungen lassen sich hier ebenfalls anzeigen.

5.5.5 Das Marken-Bedienfeld

Die bisher beschriebenen Vorgehensweisen sind immer dann zu empfehlen, wenn nur wenige Marken eingesetzt werden müssen. Werden die Marken jedoch zahlreicher, sollten Sie auf das Marken-Bedienfeld zurückgreifen, welches Sie standardmäßig unten links finden (hinter dem Projekt- und Effekte-Fenster). Hier lassen sich sowohl Clip- als auch Sequenzmarken anzeigen. Was gerade sichtbar ist, hängt davon ab, ob derzeit der Quellmonitor oder der Programmmonitor bzw. das Schnittfenster aktiv ist. Ersteres zeigt nur die Marken des Clips an, der gerade im Quellmonitor aktiv ist. Die Alternative dazu: Setzen Sie einen Doppelklick auf eine Clip-Marke innerhalb des Schnittfensters. Bei aktivem Programmmonitor oder Schnittfenster werden hingegen nur die Sequenzmarken angezeigt. Die aktive Marke wird zudem mittelgrau hinterlegt angezeigt.

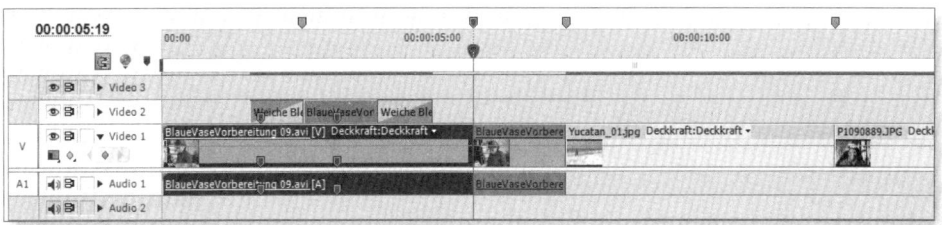

▲ **Abbildung 5.41** Bei dieser Markenanordnung …

▲ **Abbildung 5.42** … stellt sich das Marken-Bedienfeld derart dar, dass nur die Sequenzmarken, nicht aber die Clip-Marken sichtbar sind.

Marken im Marken-Bedienfeld bearbeiten | Vom Marken-Bedienfeld aus können sämtliche Marken im Schnittfenster direkt angesprungen werden. Klicken Sie dazu auf die entsprechende Zeile (nicht auf die Timecodes). Im rechten Feld können Sie nun, so Sie es denn wollen, eine Info verfassen.

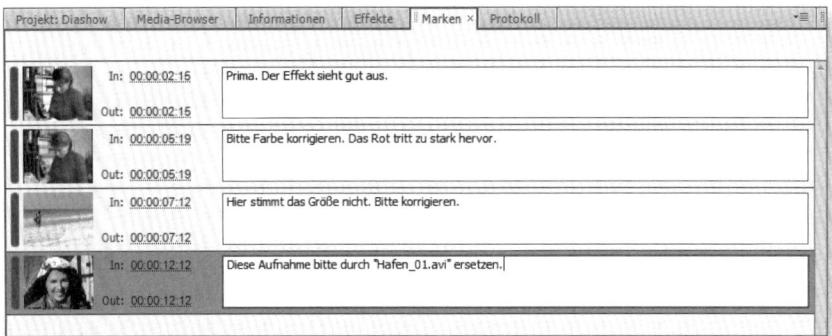

▲ **Abbildung 5.43** Das Eingabefeld nimmt Hinweistexte entgegen.

So weit so gut. Die Hinweise sind verfasst und können per Klick auf die Marke im Schnittfenster jederzeit eingesehen werden. Zu schade nur, dass man die Texte nicht direkt im Schnittfenster lesen kann. Oder doch? Ja, denn eine Clip-Marke darf eine gewisse Länge haben. Links sehen Sie, dass sich In- und Out-Points definieren lassen. Erhöhen Sie beispielsweise den Out-Point-Timecode einer Marke, bekommt diese im Schnittfenster eine gewisse Breite – und der Text kann dort angesehen werden.

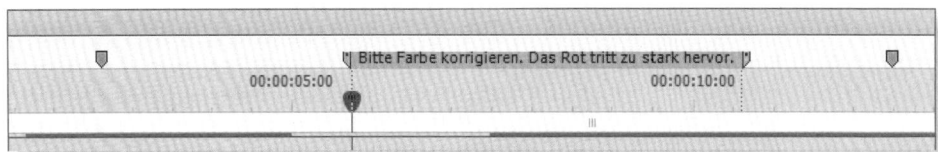

▲ **Abbildung 5.44** Der Markentext ist im Schnittfenster lesbar.

Um eine Marke zu benennen, setzen Sie einen Doppelklick auf die Miniatur. Dadurch öffnet sich der bereits bekannte Marken-Dialog. Beachten Sie jedoch bitte, dass im Schnittfenster vorrangig der Hinweistext präsentiert wird. Der Name der Marke wird nur dann ausgewiesen, wenn kein Hinweistext vorhanden ist.

5.6   Clip-Kopien und Clip-Instanzen

Klar, dass Sie einen Clip mehrmals verwenden können. So ist es z. B. denkbar, dass Sie bei Verwendung eines längeren Clips zunächst im vorderen Bereich einen In- und Out-Point setzen. Das machen Sie im Quellmonitor. Danach befördern Sie das gute Stück ins Schnittfenster. Berücksichtigung findet ja jetzt nur der Bereich, der innerhalb der In- und Out-Points hervorgehoben ist.

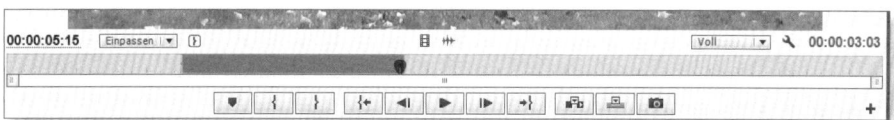

▲ **Abbildung 5.45** Nur der gefärbte Bereich eines Clips wird in das Schnittfenster eingefügt.

5.6.1   Clip-Instanzen erstellen

Wenn Sie jetzt auf die Mitte dieses eingefärbten Bereichs klicken (der Mauszeiger mutiert zur Hand), können Sie den gesamten Bereich an eine andere Stelle verschieben. Damit haben Sie eine Instanz des Original-Clips erzeugt. Instanz deshalb, weil es den Clip nicht ein zweites Mal innerhalb des Projektfensters gibt.

▲ **Abbildung 5.46** Während des Ziehens werden In-Point (links) und Out-Point (rechts) ständig aktualisiert.

5.6.2   Clip-Kopien erstellen

Nun ist es jedoch auch möglich, anstelle von Clip-Instanzen Clip-Kopien zu erzeugen. Derartige Kopien stellen eigene Assets im Projektfenster dar und werden somit auch separat mit der Originaldatei verknüpft. Der größte Vorteil einer Clip-Kopie: Wenn Sie das Original löschen – also den Clip, aus dem die Kopie erstellt wurde –, bleibt die Kopie dennoch erhalten.

Um eine Clip-Kopie zu erzeugen, müssen Sie den Clip zunächst im Quellmonitor platzieren. Dort legen Sie anschließend mit Hilfe von In- und Out-Point fest, über welchen Bereich sich die Clip-Kopie erstrecken soll und wählen dann im Menü CLIP • CLIPKOPIE ERSTELLEN. Benennen Sie die Kopie, so Sie es denn wünschen, und bestätigen Sie mit OK. An unterster Position des Projektfensters bzw. der aktiven Ablage finden Sie daraufhin die Clip-Kopie.

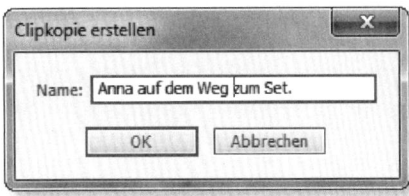

◄ **Abbildung 5.47** Der Dialog zur Benennung öffnet sich automatisch.

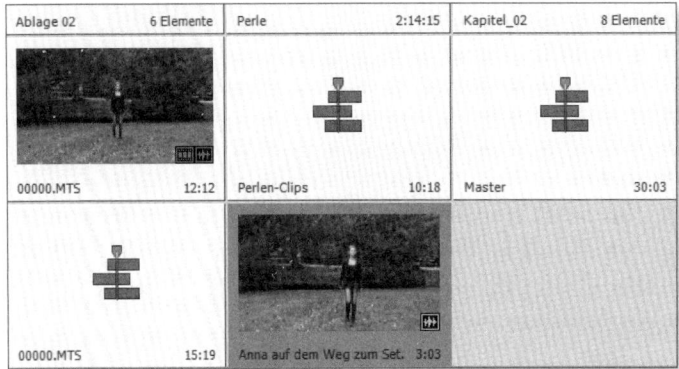

▲ **Abbildung 5.48** Aus dem Original-Clip (hier »00000.MTS«) ist eine Clip-Kopie erstellt worden (hier »Anna auf dem Weg zum Set.«). Diese erstreckt sich jetzt aber nur auf den Bereich zwischen In und Out. Deswegen ist auch die Vorschauminiatur eine andere.

Aber wann ist es nun sinnvoll, statt des Originals Kopien zu verwenden? Wenn Sie z. B. lange Original-Clips (Masterclips) haben, ist es sinnvoll, mehrere kleine Kopien mit unterschiedlichen In- und Out-Points zu erstellen. So wird nicht nur das Projekt übersichtlich gehalten, sondern zusätzlich auch das Handling der Clips verbessert.

Clip-Kopien nicht nur von Videos

Clip-Kopien können übrigens nicht nur von Videodateien, sondern auch von Sounds und Bildern erstellt werden.

Clip-Kopien im Schnittfenster erstellen | In Premiere Pro gibt es die Möglichkeit, gleich aus dem Schnittfenster heraus eine Clip-Kopie zu erstellen. Dazu müssen Sie nichts weiter tun, als den Clip in ein Projektfenster zu ziehen. Wollen Sie die Instanz in diesem Zusammenhang auch gleich benennen, verziehen Sie den Clip, während Sie Strg/cmd gedrückt halten.

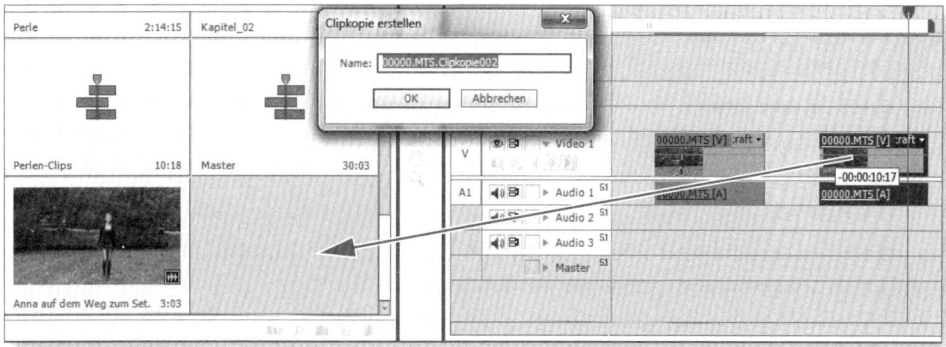

▲ **Abbildung 5.49** Bei Produktion der Kopie kann gleich ein Name eingegeben werden – sofern Sie die Tastatur mit einsetzen.

5.6.3 Clips wiederfinden

Ein Problem, das bei umfangreichen Projekten zum Tragen kommt, soll hier nicht unerwähnt bleiben. Wenn ich den Original-Clip im Projektfenster finden muss (um beispielsweise eine Instanz zu erzeugen), dann kann ich einen Rechtsklick auf den Clip im Schnittfenster platzieren und IN PROJEKT ANZEIGEN wählen. Der Original-Clip wird dann im Projektfenster markiert. Und wenn ich einmal wissen will, wo auf meinen Festplatten sich das Original-Asset befindet, dann klicke ich den Clip im Projektfenster mit rechts an und entscheide mich für PROJEKT IM EXPLORER ANZEIGEN. Die Folge: Der Zielordner wird geöffnet.

5.7 Multi-Kamera-Bearbeitung

Multi-Cam-Editing ist nicht neu. Neu ist aber, dass Sie jetzt theoretisch unzählig viele Clip-Spuren verwenden können (diese waren bislang auf vier begrenzt). Außerdem lässt sich vieles nun sehr viel einfacher regeln als zuvor. Mit dem Multi-Kamera-Modus haben Sie die Möglichkeit, Clips ganz individuell zu schneiden und als Sequenz in Ihren Master zu stellen. Im Prinzip wird hier ein Live-Kamerawechsel simuliert, wie er von Übertragungen aller Art her (Sport-Events, Shows, Nachrichten) bekannt ist.

Eigentlich hat der Multi-Kamera-Modus die Funktion, Filmmaterial aus verschiedenen Aufnahmegeräten zusammenzuführen. Stellen Sie sich vor, Sie haben eine Szene mit mehreren Aufnahmegeräten gleichzeitig abgedreht, und wollen nun einen Mix aus diesen verschiedenen Einstellungen realisieren. Dann ist Multi-Kamera eine gelungene Erweiterung. Sie sollten in diesem Fall das Filmmaterial aber vorab synchronisieren. Für den folgenden Workshop bedienen Sie sich eines einfacheren Beispiels.

In diesem Workshop erfahren Sie, wie Clips importiert und synchronisiert werden. Darüber hinaus wird beschrieben, wie man die zu schneidende Sequenz verschachtelt und der Schnitt in der eingens dafür bereitgestellten Multi-Kamera-Ansicht bearbeitet wird.

1 Clips importieren

Zunächst importieren Sie alle Clips, die per Multi-Kamera-Editing verarbeitet werden sollen, in das Projektfenster. Sollten die Clips bereits synchronisiert sein (also alle exakt am gleichen Einzelbild beginnen oder über den gleichen Timecode verfügen) können Sie mit dem übernächsten Schritt fortfahren. Im anderen Fall machen Sie bitte mit dem folgenden Schritt weiter.

2 Synchronisationspunkte finden

Stellen Sie einen Clip nach dem anderen in den Quellmonitor, und suchen Sie bei jedem nach einer markanten Stelle. Das sollte nach Möglichkeit ein visueller Punkt sein (kein Geräusch), der in sämtlichen Clips zu sehen ist. Idealerweise ist dieser Punkt das Schlagen einer Filmklappe, kann aber auch ein kurzes Handzeichen bzw. eine bestimmte Bewegung wie die allererste Fußbewegung am Beginn eines Spazierganges sein. Innerhalb einer Dialogszene könnte das Öffnen des Mundes oder eine Geste als Referenzpunkt herhalten. Wie dem auch sei: In jedem Clip platzieren Sie an diesem Punkt eine Clip-Marke.

▲ **Abbildung 5.50** Dies könnte ein guter Synchronisationspunkt sein: Die Darstellerin hebt den Fuß. Die Fußspitze ist in diesem Einzelbild erstmals über dem Gras zu sehen. Genau dort gehört eine Marke hin.

Alternativ könnten Sie auch anhand von In-Points direkt im Projektfenster arbeiten. Maximieren Sie das Projektfenster (Ü), und suchen Sie besagte Stelle direkt im Clip. Sobald Sie den markanten Punkt gefunden haben, drücken Sie I, um dort einen In-Point zu setzen. Bedenken Sie, dass die JKL-Steuerung auch auf den Miniaturen funktioniert und somit eine genaue Ansteuerung auch im Projektfenster möglich ist. Allerdings hat diese Vorgehensweise einen Nachteil: Sie müssen nämlich einen Synchronisationspunkt außerhalb des später relevanten Materials finden. Denn die Clips werden durch Platzierung der In-Points ja erst ab diesem Punkt verwendet.

Sie haben soeben erfahren, dass der Synchronisationspunkt ein visueller Punkt und kein Geräusch sein sollte. Das hat einen guten Grund: Die Kameras sind meist unterschiedlich weit vom aufzunehmendem Objekt entfernt. Also dauert die Schallübertragung von dort aus auch unterschiedlich lange. Das Ausrichten, beispielsweise der hörbare Schlag einer Filmklappe, könnte je nach Entfernung der Kameras zu geringfügig unterschiedlichen Zeiten zu hören sein. Folglich würde ein falscher Punkt gesetzt. Bei geringen Entfernungen fällt das vielleicht weniger ins Gewicht als bei langen Strecken. Sie sollten sich dennoch angewöhnen, grundsätzlich auf Optisches auszurichten, damit hier keine Fehler passieren.

3   Sequenz erzeugen

Nun benötigen Sie eine neue Sequenz, die dem Quellmaterial entspricht. Glücklicherweise müssen Sie die Einstellungen gar nicht selbst vornehmen, sondern lassen das von Premiere Pro erledigen. Und das geht so: Zunächst müssen alle relevanten Clips im Projektfenster markiert werden (Strg / cmd gedrückt halten). Wenn das erledigt ist, lassen Sie einen Rechtsklick auf einem der markierten Clips folgen und selektieren MULTI-KAMERA-ORIGINALSEQUENZ ERSTELLEN.

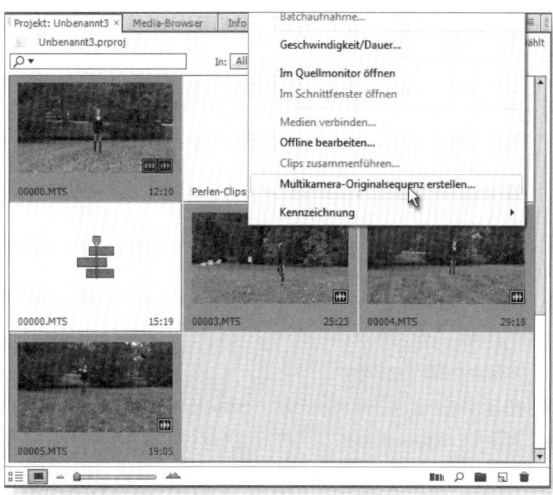

◄ **Abbildung 5.51** Bevor Sie den Befehl aufrufen, müssen alle benötigten Clips markiert sein.

4 Synchronisierung vornehmen

Im folgenden Dialog ist nun zu bestimmen, wie die einzelnen Clips aneinander ausgerichtet werden sollen. Da zuvor Clip-Marken eingesetzt worden sind, muss der unterste Radiobutton aktiviert werden. Bestätigen Sie anschließend mit OK. Da die Marken ja zuvor nicht benannt worden sind, müssen im nebenstehenden Pulldown-Menü auch keine Änderungen vorgenommen werden.

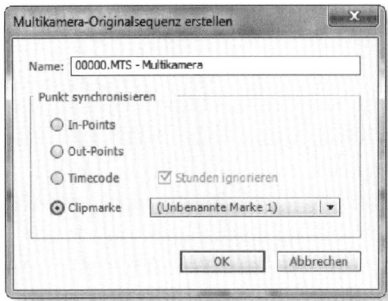

◀ **Abbildung 5.52** Die Clips werden anhand ihrer Marken ausgerichtet.

5 Sequenz einfügen

Ziehen Sie die soeben ins Projektfenster integrierte Sequenz nun in Ihre Master-Sequenz. Falls Sie nicht sicher sind, welche Einstellungen Sie für die Master-Sequenz vornehmen müssen, klicken Sie vorab mit rechts auf die Sequenzminiatur im Projektfenster, und wählen Sie NEUE SEQUENZ AUS CLIP. Sollte bereits eine Master-Sequenz ❶ vorhanden sein, ziehen Sie die Multi-Kamera-Sequenz einfach in das Schnittfenster der Master-Sequenz.

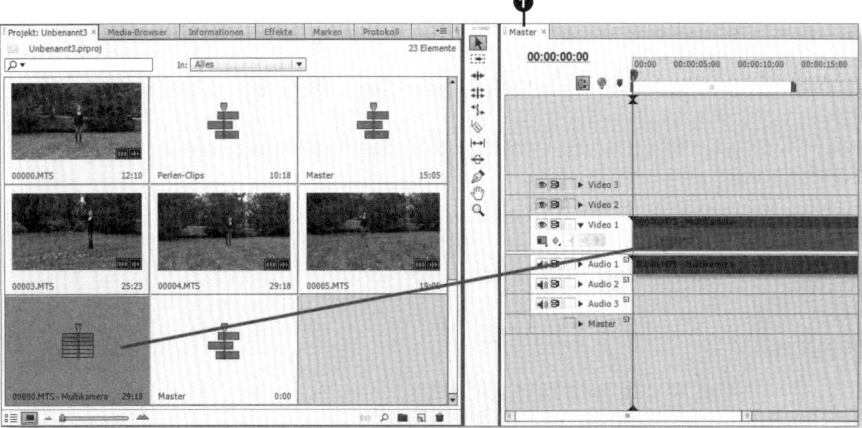

▲ **Abbildung 5.53** Die Multi-Kamera-Sequenz wird in den Master verschoben.

6 Optional: Sequenz im Schnittfenster bearbeiten

Nun könnten Sie noch weitere Arbeiten am Sequenzmaterial vornehmen (z. B. Audiolautstärken anpassen, nicht benötigte Audiospuren mit Alt+⬆ entfernen, Clips anhängen, nachbearbeiten usw.). Dazu müssen Sie zunächst die Multi-Kamera-Sequenz öffnen. Das geht aber in diesem Fall nicht per Doppelklick (weder im Projekt- noch im Schnittfenster) sondern nur über einen Rechtsklick auf die Miniatur im Projektfenster, gefolgt von IM SCHNITTFENSTER ÖFFNEN. Hier sehen Sie übrigens auch sehr schön, wie die Clips anhand der Marken ausgerichtet worden sind.

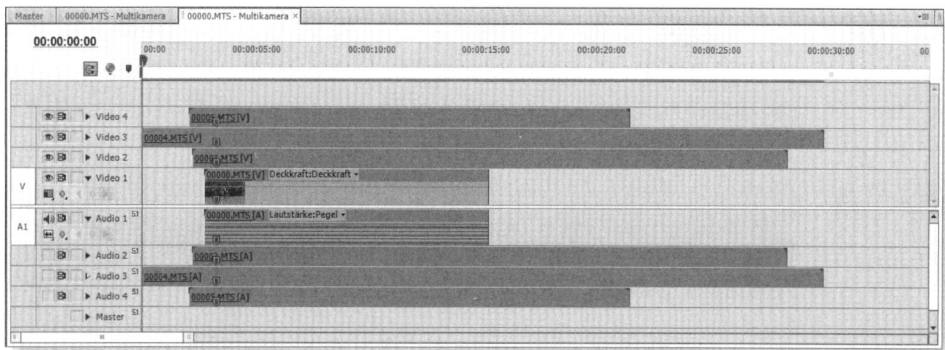

▲ **Abbildung 5.54** Die ausgerichteten Clips im Multi-Kamera-Schnittfenster

7 Multi-Kamera-Monitor öffnen

Der letzte vorbereitende Schritt besteht nun darin, den MULTI-KAMERA-MONITOR zu öffnen, den Sie im Menü FENSTER finden. Zuvor müssen Sie jedoch die Master-Sequenz (in der sich ja die Multi-Kamera-Sequenz befindet) im Schnittfenster bereitstellen. Auf der linken Seite des Monitors finden Sie für jeden Clip eine entsprechende Miniatur, während rechts der Inhalt der Sequenz zu sehen ist. Standardmäßig ist der zunächst einmal identisch mit Clip 1 oben links (gelber Rahmen).

▲ **Abbildung 5.55** Jeder der vier Clips wird durch eine eigene Miniatur repräsentiert.

Spurauswahl per Tastatur

Die Spuren können Sie auch mit Hilfe der Tastatur auswählen. Drücken Sie dazu einfach [1], [2], [3] oder [4]. Doch Vorsicht: Die Ziffern des Nummernblocks sind dem Timecode vorbehalten. Benutzen Sie diese Ziffern also bitte nicht.

8 Multi-Kamera-Clip zurechtschneiden

Im Anschluss daran bestehen grundsätzlich zwei Möglichkeiten, die folgenden Schnittpunkte festzulegen. Fürs Grobe: Drücken Sie die Wiedergabe-Schaltfläche in der Fußleiste des Fensters, und klicken Sie die oben links befindlichen Miniaturen in der Reihenfolge an, in der Sie den Videoschnitt wünschen. Wer es etwas genauer mag:
Scrubben Sie den Abspielkopf ❸ oder den Timecode ❷ an die Stelle, an der Sie eine
Umschaltung auf eine der anderen Spuren wünschen. Danach klicken Sie die Miniatur
an, deren Clip ab dieser Position ausgestrahlt werden soll. Begutachten Sie den Multi-
Kamera-Clip im Master-Schnittfenster – fertig ist der Videoschnitt.

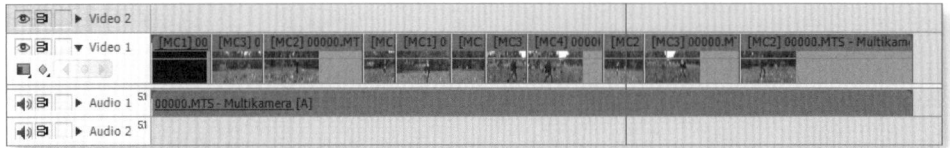

▲ **Abbildung 5.56** Die Clips in der Master-Sequenz sind entsprechend geschnitten worden.

9 Optional: Clip-Teile austauschen

Nun kann es sein, dass man nachträglich feststellt, dass man an der einen oder anderen
Position doch besser einen anderen Clip verwendet hätte. In diesem Fall stellen Sie den
Abspielkopf auf den betreffenden Clip und betätigen im Quellmonitor die an dieser
Stelle gewünschte Miniatur.

▲ **Abbildung 5.57** Hier ist aktuell Clip 1 ❹ zugeordnet (siehe gelbe Markierung im Projektfenster
sowie Inhalt der eckigen Klammern auf dem Clip im Schnittfenster). Durch Betätigung einer anderen
Miniatur kann der Inhalt getauscht werden.

5.8 Fotos in Sequenzen verarbeiten

Natürlich ist Premiere Pro in erster Linie dazu gedacht, Videos zu bearbeiten. Dennoch lassen sich auch Fotos importieren, bearbeiten und, falls gewünscht, auch ganze Diashows erzeugen. Ob Sie nun eine neue Sequenz erzeugen wollen (bei Produktion einer Diashow) oder eine bereits in Gebrauch befindliche Sequenz mit Fotos bestücken wollen (Film zusätzlich mit einzelnen Fotos ausstatten), spielt keine große Rolle. Natürlich ist hier auch nicht maßgeblich, wie groß die Fotos sind, sondern wie groß das Filmmaterial ist, das es zu verarbeiten gilt, bzw. zu welchem Zweck die fertige Datei verwendet wird.

HD-Diashow erzeugen

Verfügen Sie über ein HDTV, sollten Sie sich bei Neuerstellung einer Sequenz einer Vorgabe bedienen, die dieses Format unterstützt. Hier wäre z.B. H.264 in Verbindung mit einer HDTV-Vorgabe empfehlenswert (z.B. HDTV 1080P 25 – HOHE QUALITÄT) oder auch H.264 BLU-RAY. Bei Letzterem ist natürlich zu beachten, dass zur Erzeugung und Wiedergabe ein herkömmlicher DVD-Brenner bzw. -Player nicht ausreicht. Sie benötigen dazu Blu-ray-Geräte.

5.8.1 Fotos importieren

Nehmen Sie sich doch einmal die Beispieldatei »Yucatan_01.jpg« vor, die Sie im Ordner KAPITEL_05 finden. Importieren Sie diese in ein Premiere-Pro-Projekt mit der Sequenzeinstellung AVCHD 1080i25 (50i).

▲ **Abbildung 5.58** Dieses Foto soll in Premiere Pro verarbeitet werden.

Wenn Sie die Datei anschließend, wie jedes andere Asset auch, in das Schnittfenster integrieren, werden Sie feststellen, dass das Foto sich nicht in den Programmonitor eingepasst hat. Stattdessen sehen Sie dort nur einen Ausschnitt. In einer DV-Sequenz wäre der Ausschnitt noch viel kleiner.

▲ **Abbildung 5.59** Trotz der hohen Sequenz-Abmessungen kann das Foto hier nicht komplett dargestellt werden. Fotos sind in der Regel erheblich größer, werden jedoch beim Einfügen nicht skaliert.

Anders ist das, wenn Sie vor dem Import BEARBEITEN/PREMIERE PRO • VOREINSTELLUNGEN • ALLGEMEIN wählen und ein Häkchen vor STANDARDWERT FÜR SKALIERUNG AUF FRAME-GRÖSSE setzen. Die anschließend in das Projekt importierten und ins Schnittfenster gestellten Einzelbilder werden dort nun so eingepasst, dass das komplette Foto zu sehen ist – und zwar ohne dieses zu verzerren (proportional). Doch Vorsicht! Es ist grundsätzlich zu empfehlen, besagtes Häkchen in den Voreinstellungen unmittelbar nach dem Bildimport wieder zu deaktivieren. Warum, erfahren Sie im folgenden Kasten.

▲ **Abbildung 5.60** Das Foto ist komplett zu sehen. Durch die unterschiedlichen Seitenverhältnisse (Sequenz: 16:9, Foto: 3:2) entstehen jedoch Ränder an den Seiten.

5.8.2 Fotos manuell anpassen

Sie können Bild-Assets in der Sequenz markieren und im Fenster EFFEKTEINSTELLUN-GEN über das Steuerelement SKALIERUNG manuell verkleinern (siehe Kapitel 7, »Effekteinstellungen und Bewegungsanimationen«). In diesem Fall auf 54 %, vorausgesetzt, dass das Foto ohne die Funktion STANDARDWERT FÜR SKALIERUNG AUF FRAMEGRÖSSE integriert worden ist. Doch ein derartiges Vorgehen könnte sehr bald zum harten Los werden. Stellen Sie sich vor, Sie müssten eine aus 500 Bildern bestehende Diashow generieren.

Nun müssen Sie beim manuellen Anpassen gleich auf mehrere Faktoren achten. Zum einen entspricht das Seitenverhältnis des Fotos (Kleinbildformat, 3:2) nicht dem Seitenverhältnis des Projekts (16:9), zum anderen ist später am TV nicht alles das zu sehen, was sich jetzt noch im Programmmonitor präsentiert. Deshalb könnte es sinnvoll sein, die sicheren Ränder einzuschalten. Dadurch sehen Sie nämlich gleich, was möglicherweise am TV später fehlen wird, und könnten dem durch horizontale Verschiebung des Fotos im Einzelfall entgegenwirken (siehe dazu auch Schritt 5, »Sichere Ränder einschalten«, in Abschnitt 7.5 sowie Abschnitt A.2, »Von Underscan und Overscan«). Wenn Sie den Film später ausschließlich am PC ansehen wollen, können Sie das vernachlässigen, da dort der gesamte Bildschirm sichtbar sein wird.

5.8.3 Fotos automatisch anpassen

Zur automatischen Anpassung der Bildgröße gibt es zwei grundsätzliche Vorgehensweisen. Die erste ist etwas zeitaufwendiger, erspart aber die Erzeugung einer zusätzlichen Sequenz.

Zahlreiche Fotos skalieren | Nachdem Sie alle Fotos in die Sequenz eingefügt haben (das geht übrigens sehr schön mit dem Button AUTOMATISCH IN SEQUENZ UMWANDELN im Fuß des Projektfensters), markieren Sie das erste und stellen die gewünschte Größe im Fenster EFFEKTEINSTELLUNGEN ein. Klicken Sie dort anschließend auf die Zeile BEWEGUNG, und wählen Sie BEARBEITEN • KOPIEREN, bzw. drücken Sie Strg/cmd+C. Als Alternative bietet sich ein Rechtsklick auf die Zeile an, gefolgt von KOPIEREN.

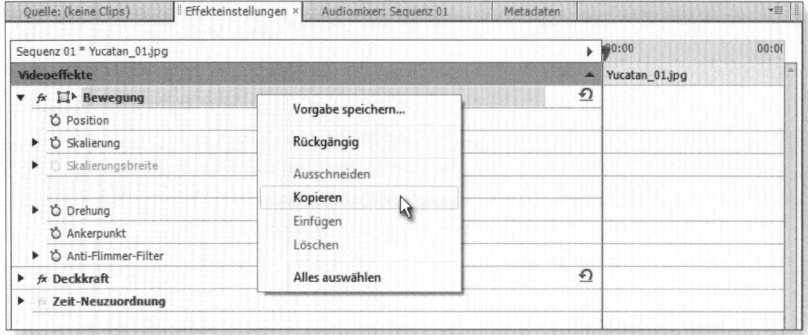

▲ **Abbildung 5.61** Die Parameter für die Bewegung werden in die Zwischenablage befördert.

Danach markieren Sie alle anderen Fotos, bei denen die Größe des ersten ebenfalls eingestellt werden soll, und entscheiden sich für ⌈Strg⌉/⌈cmd⌉+⌈V⌉ bzw. wählen BEAR-BEITEN • EINFÜGEN. In den EFFEKTEINSTELLUNGEN können Sie die Übertragung nicht sofort kontrollieren, da die Veränderungen nur angezeigt werden, wenn *ein* Clip ausgewählt ist. Wenn mehrere aktiviert sind, bleibt das Fenster grau. Dennoch werden die Einstellungen auf alle Clips übertragen. Deaktivieren Sie alle Fotos und markieren Sie danach ein beliebiges erneut, tauchen die Änderungen auch im Effekteinstellungsfenster auf.

Fotosequenz skalieren | Die zweite Methode ist ebenfalls schnell zu bewerkstelligen. Sie setzt allerdings eine verschachtelte Sequenz voraus. Das Projekt gestaltet sich wie im folgenden Workshop.

◾ *Schritt für Schritt: Eine Fotosequenz erzeugen*

Sie erzeugen eine verschachtelte Sequenz, bei der Sie sich um die Abmessungen zunächst keine Sorgen machen müssen. Voraussetzung ist, dass alle Fotos gleich groß sind, was ja nach einer Foto-Session in der Regel auch der Fall ist.

1 *Größe ermitteln*
Importieren Sie eines der Fotos, die verarbeitet werden sollen, in das Projektfenster. Klicken Sie mit rechts darauf, und selektieren Sie EIGENSCHAFTEN. Lesen Sie die Bildgröße ab, und schließen Sie das Fenster wieder.

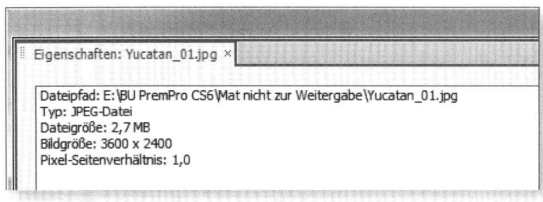

◀ **Abbildung 5.62** Die Bildgröße des Beispielfotos beträgt 3.600 × 2.400.

2 Neue Sequenz erzeugen

Erzeugen Sie eine neue Sequenz, die Sie »Diashow« nennen. Gehen Sie auf das Register EINSTELLUNGEN, und stellen Sie den BEARBEITUNGSMODUS auf BENUTZERDEFINIERT. Tragen Sie im Frame VIDEO die FRAMEGRÖSSE korrekt ein (hier: 3600 × 2400). Wichtig ist vor allem, dass Sie QUADRATISCHE PIXEL (1,0) und KEINE HALBBILDER (PROGRESSIVE-SCAN) verwenden. Alle weiteren Einstellungen bleiben so, wie in der Master-Sequenz vorgegeben.

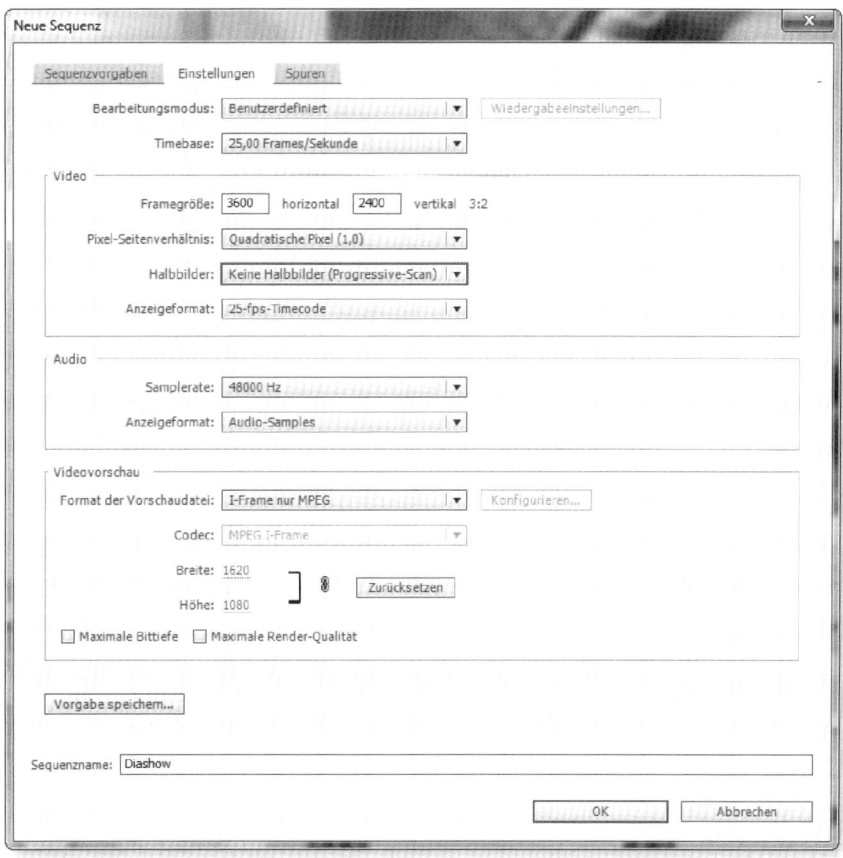

▲ **Abbildung 5.63** Diese Einstellungen entsprechen unserem Bildmaterial.

3 Sequenz verschachteln

Wenn Sie die Fotos jetzt in die neue Sequenz einfügen, werden Sie feststellen, dass sämtliche Bilder passen. Die Sequenz ist ja immerhin genauso groß wie die darin enthaltenen Fotos. Bauen Sie Ihre Diashow nach Wunsch auf (eventuell auch unter Verwendung von AUTOMATISCH IN SEQUENZ UMWANDELN, dann lassen sich auch direkt Überblendungen einbeziehen), und ziehen Sie diese Sequenz aus dem Projektfenster in Ihre finale Master-Sequenz. Dort können Sie dann, wie zuvor beschrieben, die Skalierung der Sequenz in den Effekteinstellungen herabsetzen – und zwar ein einziges Mal für alle darin enthaltenen Fotos. Eventuelle Änderungen an den Fotos nehmen Sie dann in der Diashow-Sequenz vor.

5.8.4 Fotodauer einstellen

Sie haben es längst gesehen: Die Dauer der Fotos ist festgeschrieben. So bleibt jede einzelne Bilddatei standardmäßig für fünf Sekunden im Schnittfenster stehen, ehe das nächste Foto erscheint. Warum das so ist, erfahren Sie, wenn Sie die Voreinstellungen öffnen (BEARBEITEN/PREMIERE PRO • VOREINSTELLUNGEN • ALLGEMEIN). Achten Sie hier auf den Wert für die STANDARDDAUER DER STANDBILDER ❶.

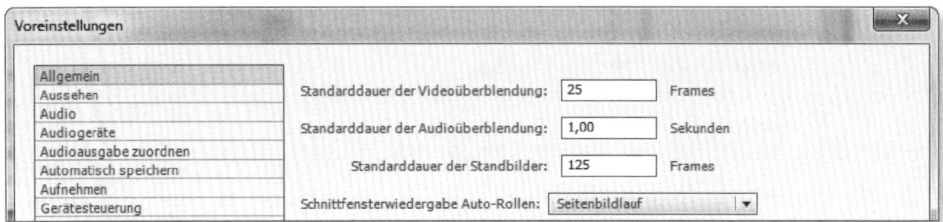

▲ **Abbildung 5.64** Die VOREINSTELLUNGEN geben Aufschluss darüber, wie lange ein Bild stehen bleibt.

Die dortige Angabe entspricht der Einheit *Frames pro Sekunde* – und diese wiederum ist abhängig vom gewählten Videoformat. Da wir es hier mit PAL zu tun haben, entspricht eine Sekunde 25 Einzelbildern. Und bei einer Dauer von 125 FRAMES bleibt das Foto nun exakt fünf Sekunden aktiv.

Sie können beispielsweise vier Sekunden (= 100 FRAMES) festlegen. Doch Vorsicht! Ziehen Sie nach Verlassen der VOREINSTELLUNGEN mit OK ein bereits im Projektfenster integriertes Foto in das Schnittfenster, wird dieses noch immer fünf Sekunden beanspruchen. Die Umstellung auf vier Sekunden gilt nämlich immer nur für Assets, die sich noch nicht im Projektfenster befinden. Wenn Ihnen also an einer vordefinierten Länge gelegen ist, muss die Dauer festgelegt werden, bevor Foto-Assets importiert werden.

5.9 Erstellung des Buchprojekts

Weil Sie nun topfit in Sachen Videoschnitt und Sequenzen sind, möchte ich Ihnen das eigentliche Buchprojekt anbieten. Schauen Sie sich zunächst den fertigen Film an.

Sie finden ihn im Ordner ERGEBNISSE der beiliegenden DVD unter dem Namen »Gecko-Glas.mpg«. Lehnen Sie sich entspannt zurück, und betrachten Sie das Ergebnis. Ich finde, Sie haben sich diese schöpferische Pause wirklich verdient.

Nun gibt es für Ihr weiteres Vorgehen zwei Möglichkeiten:

1. Sie können das komplette Projekt nachbauen. Die dazugehörige Batchliste mit allen Clip-Namen und den dazugehörigen In- und Out-Points finden Sie im Ordner KAPI-

TEL_05 unter dem Namen »Buchprojekt.csv«. Die Clips selbst werden im Ordner BEISPIELDATEIEN • GECKO-GLAS gelistet. Viel Spaß dabei!

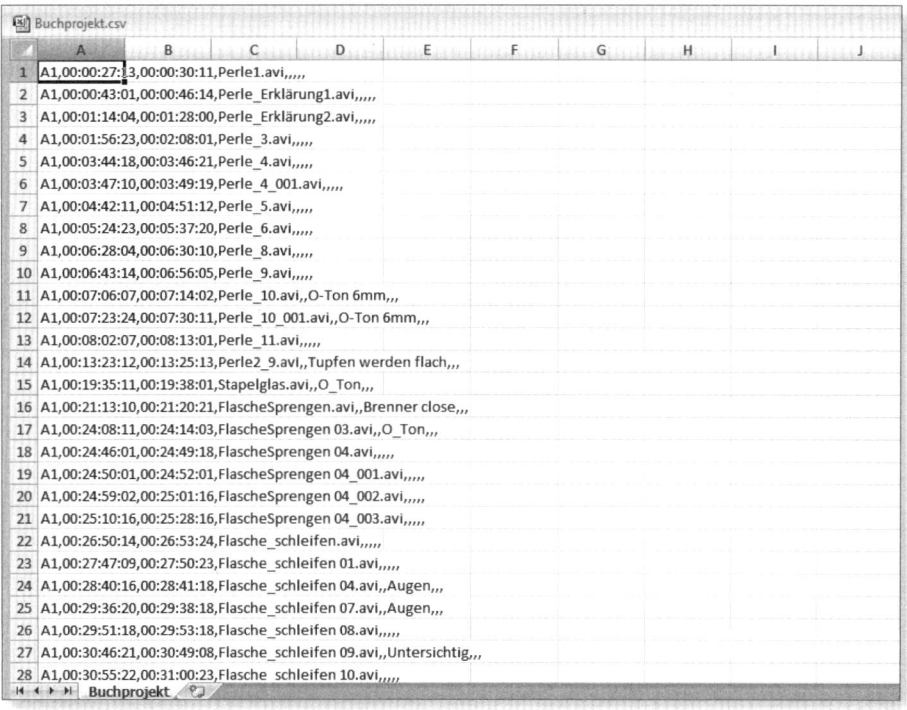

	A	B	C	D	E	F	G	H	I	J
1	A1,00:00:27:13,00:00:30:11,Perle1.avi,,,,									
2	A1,00:00:43:01,00:00:46:14,Perle_Erklärung1.avi,,,,									
3	A1,00:01:14:04,00:01:28:00,Perle_Erklärung2.avi,,,,									
4	A1,00:01:56:23,00:02:08:01,Perle_3.avi,,,,									
5	A1,00:03:44:18,00:03:46:21,Perle_4.avi,,,,									
6	A1,00:03:47:10,00:03:49:19,Perle_4_001.avi,,,,									
7	A1,00:04:42:11,00:04:51:12,Perle_5.avi,,,,									
8	A1,00:05:24:23,00:05:37:20,Perle_6.avi,,,,									
9	A1,00:06:28:04,00:06:30:10,Perle_8.avi,,,,									
10	A1,00:06:43:14,00:06:56:05,Perle_9.avi,,,,									
11	A1,00:07:06:07,00:07:14:02,Perle_10.avi,,O-Ton 6mm,,,									
12	A1,00:07:23:24,00:07:30:11,Perle_10_001.avi,,O-Ton 6mm,,,									
13	A1,00:08:02:07,00:08:13:01,Perle_11.avi,,,,									
14	A1,00:13:23:12,00:13:25:13,Perle2_9.avi,,Tupfen werden flach,,,									
15	A1,00:19:35:11,00:19:38:01,Stapelglas.avi,,O_Ton,,,									
16	A1,00:21:13:10,00:21:20:21,FlascheSprengen.avi,,Brenner close,,,									
17	A1,00:24:08:11,00:24:14:03,FlascheSprengen 03.avi,,O_Ton,,,									
18	A1,00:24:46:01,00:24:49:18,FlascheSprengen 04.avi,,,,									
19	A1,00:24:50:01,00:24:52:01,FlascheSprengen 04_001.avi,,,,									
20	A1,00:24:59:02,00:25:01:16,FlascheSprengen 04_002.avi,,,,									
21	A1,00:25:10:16,00:25:28:16,FlascheSprengen 04_003.avi,,,,									
22	A1,00:26:50:14,00:26:53:24,Flasche_schleifen.avi,,,,									
23	A1,00:27:47:09,00:27:50:23,Flasche_schleifen 01.avi,,,,									
24	A1,00:28:40:16,00:28:41:18,Flasche_schleifen 04.avi,,Augen,,,									
25	A1,00:29:36:20,00:29:38:18,Flasche_schleifen 07.avi,,Augen,,,									
26	A1,00:29:51:18,00:29:53:18,Flasche_schleifen 08.avi,,,,									
27	A1,00:30:46:21,00:30:49:08,Flasche_schleifen 09.avi,,Untersichtig,,,									
28	A1,00:30:55:22,00:31:00:23,Flasche_schleifen 10.avi,,,,									

▲ **Abbildung 5.65** Die Batchliste zum Buchprojekt

2. Sie nehmen die fertige Premiere Pro-Datei und befolgen die weitere Anleitung. Das geht ruck zuck und ist garantiert besser als der Nachbau.

◢ *Schritt für Schritt: Buchprojekt öffnen*

In den folgenden Schritten wird das gesamte Buchprojekt integriert. Da hier keine Fehler passieren sollten, ist erhöhte Aufmerksamkeit geboten.

1 *Medien-Cache ändern*

Beim bevorstehenden Import werden zahlreiche Dateien geschrieben. Diese werden standardmäßig auf Ihrer primären Festplatte gelagert. Wer das nicht möchte (z. B. weil er eine kleine, aber pfeilschnelle SSD-Festplatte verwendet), der kann das folgendermaßen ändern: Gehen Sie auf BEARBEITEN/PREMIERE PRO • VOREINSTELLUNGEN • MEDIEN/MEDIUM. Hier lässt sich ablesen, wo die Medien-Cache-Dateien sowie die Medien-Cache-Datenbank abgelegt werden. Falls Sie Änderungen vornehmen wollen, benutzen Sie beide Durchsuchen-Buttons.

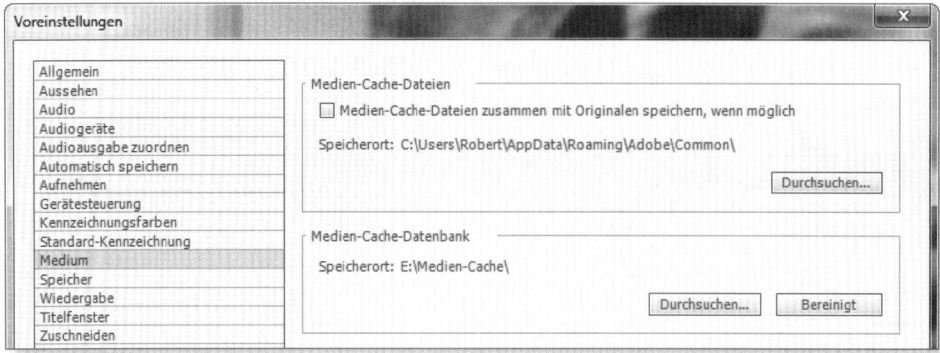

▲ **Abbildung 5.66** Bestimmen Sie, wo die Dateien abgelegt werden (oben sehen Sie noch den Originalpfad).

2 Dateien kopieren

Der Ordner mit den Beispieldateien (GECKO-GLAS) muss auf den Rechner kopiert werden. Sollte das also noch nicht geschehen sein, holen Sie das jetzt bitte nach.

3 Projektdatei wählen

Starten Sie Premiere Pro. Im Begrüßungsbildschirm entscheiden Sie sich für PROJEKT ÖFFNEN. Navigieren Sie jetzt zu dem Ordner, den Sie auf Ihre Festplatte kopiert haben (GECKO-GLAS). Hier müssen Sie jetzt die Datei »Gecko-Glas.prproj« per Doppelklick (oder per Rechtsklick • ÖFFNEN MIT • ADOBE PREMIERE PRO CS6) an Premiere Pro übergeben.

4 Projekt konvertieren

Nach kurzer Zeit wird ein Dialog auftauchen, der mit PROJEKT KONVERTIEREN betitelt ist. Dieser taucht auf, weil das Projekt seinerzeit mit einer Vorgängerversion von Premiere Pro CS6 erzeugt worden ist.

Sie sollten dem Projekt jetzt außerdem einen neuen Namen geben. Wie wäre es zum Beispiel mit »Gecko-Glas_neu«? Tragen Sie das ein, ehe Sie mit OK bestätigen.

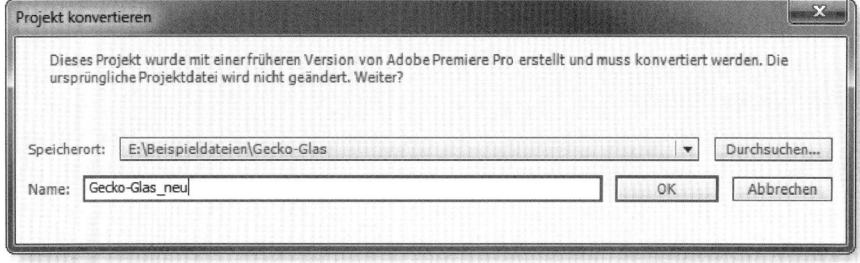

▲ **Abbildung 5.67** Benennen Sie die neu zu erzeugende Premiere-Pro-Arbeitsdatei entsprechend um.

5 Meldung bestätigen

Jetzt werden Sie noch darauf hingewiesen, dass es seinerzeit einen Videofilter gegeben hat, der in der aktuellen Version nicht mehr enthalten ist. Bestätigen Sie auch das mit OK.

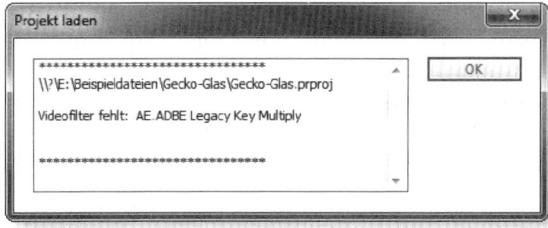

◀ **Abbildung 5.68** Die Anwendung gibt den Hinweis auf einen nicht mehr vorhandenen Videofilter aus.

6 Referenzdatei suchen

Nun müssen Sie noch die Dateipfade aktualisieren. Auf dem ursprünglichen Rechner lauteten diese ja anders als auf Ihrem. Und dass diese im gleichen Ordner liegen wie die soeben erzeugte Projektdatei, »weiß« die Anwendung jetzt noch nicht. Deshalb wird nach einer bestimmten Datei gefragt. Welche das ist, können Sie der Kopfleiste entnehmen (im Buchbeispiel »Titel 19_002.wav«).

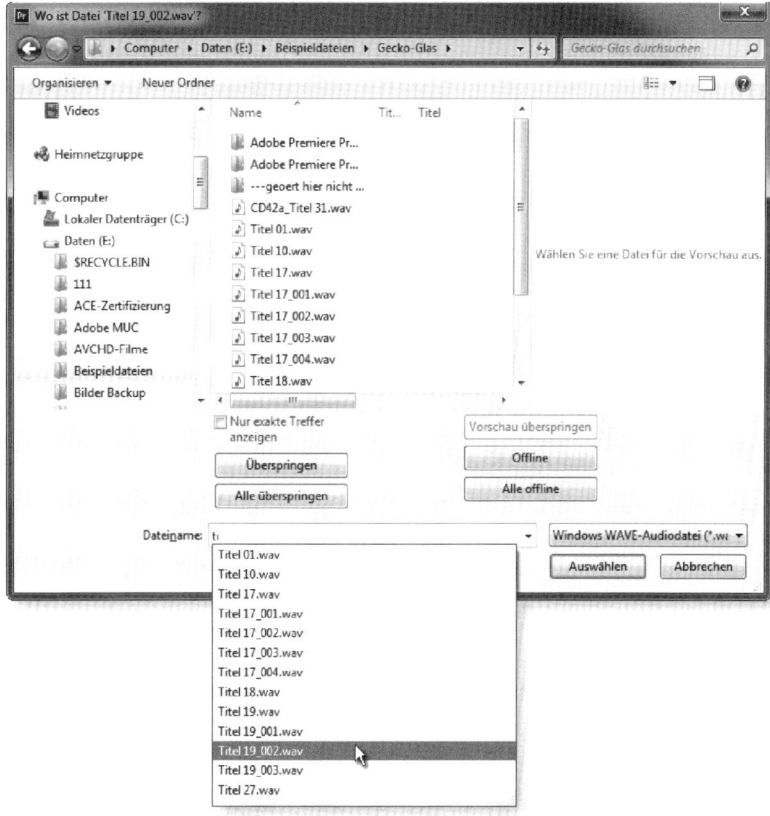

▲ **Abbildung 5.69** Die gesuchte Datei ist gefunden.

Stellen Sie mit Hilfe des Dialogs den soeben kopierten Ordner ein, und halten Sie darin nach genau dieser Datei Ausschau. Sollte sie schwer zu finden sein, geben Sie den Anfang des Dateinamens in das entsprechende Eingabefeld ein (aber bitte erst, wenn Sie sich im Ordner GECKO-GLAS befinden). Nachdem Sie den entsprechenden Eintrag gefunden haben, markieren Sie diesen und drücken die Taste AUSWÄHLEN. Glücklicherweise müssen Sie diesen Vorgang jetzt nicht für alle anderen Dateien wiederholen. Denn jetzt kann Premiere Pro den Pfad zu den übrigen Assets allein herstellen.

7 Peak-Dateien erstellen

Nun wird Sie nach dem Öffnen des Projekts noch eine kurze Zeit reges Treiben Ihrer Festplatte begleiten. Premiere Pro ist nämlich derzeit noch damit beschäftigt, sogenannte Peak-Dateien zu erstellen. Dabei werden für sämtliche Sounds höherwertige Arbeitsdateien erstellt, um bei der späteren Nachbearbeitung für optimale Voraussetzungen zu sorgen. Der Vorgang sollte aber bei einem zeitgemäßen Rechner nicht allzu lange dauern. Und seit Premiere Pro CS6 am Start ist, geht es noch einmal erheblich schneller.

8 Dateiordner kontrollieren

Minimieren Sie doch Premiere Pro einmal kurz, und werfen Sie noch einmal einen Blick in den Ordner GECKO-GLAS. Dort finden Sie ein neues Verzeichnis, nämlich ADOBE PREMIERE PRO PREVIEW FILES (nach einem Rendering wird noch ENCODED FILES hinzukommen). Und die neue Projektdatei ist ebenfalls vorhanden – wenngleich sich beide Objekte nicht, wie hier gezeigt, nebeneinander befinden.

Adobe Premiere Pro Preview Files   Gecko-Glas_neu.prproj

▲ **Abbildung 5.70** Premiere Pro hat zusätzliche Ordner erzeugt.

9 Ansicht wiederherstellen

Sie wissen ja bereits seit Kapitel 3, »Arbeitsoberfläche kennenlernen und bedienen«, dass die Oberfläche eines Projekts beim Import automatisch übernommen wird. Dafür verantwortlich ist das Häkchen vor ARBEITSBEREICH AUS PROJEKTEN IMPORTIEREN, das Sie im Menü FENSTER • ARBEITSBEREICH finden. Nun hätten Sie diese Funktion durch erneute Anwahl vorab deaktivieren können. Jetzt ist es zu spät – oder doch nicht? Natür-

lich nicht, denn mit FENSTER • ARBEITSBEREICH • AKTUELLEN ARBEITSBEREICH ZURÜCKSET-
ZEN ist alles wieder im Lot. Vorausgesetzt, Sie beantworten die Kontrollabfrage mit JA
und schalten im Projektfenster manuell von LISTENANSICHT auf SYMBOLANSICHT um.

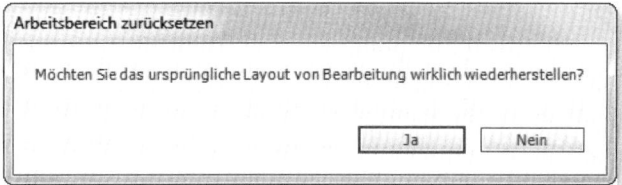

▲ **Abbildung 5.71** Die bereits bekannte Kontrollabfrage muss auch hier wieder bejaht werden.

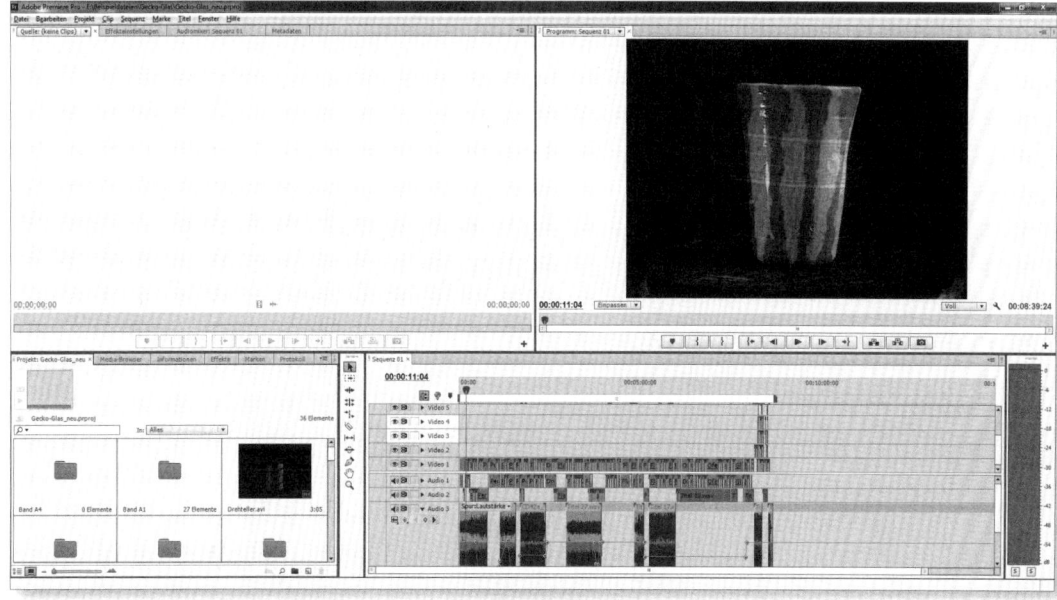

▲ **Abbildung 5.72** Alles klar – die Oberfläche erstrahlt in gewohntem Glanz.

10 *Projekt neu abspeichern*

Speichern Sie die Datei hin und wieder bitte unter einem anderen Namen neu ab (beispielsweise »Gecko-Glas_neu_02«). Das machen Sie über DATEI • SPEICHERN UNTER.
Damit haben Sie eine neue Datei, mit der Sie arbeiten können, während die alte ebenfalls erhalten bleibt. Das macht Projektarbeiten stets noch ein bisschen sicherer.

6 Überblendungen

Überblendungen geleiten den Zuschauer nicht nur von einem Handlungsstrang zum nächsten, sondern sorgen auch für unterschiedliche Stimmungen. Eine Überblendung ist also weit mehr als nur ein Szenenübergang. Setzen Sie Überblendungen sparsam und gezielt ein – und zeigen Sie nicht, wie viel Ihre Schnitt-Software drauf hat. Erst dann können stimmungsvolle Übergänge ihre Wirkung entfalten.

In diesem Kapitel erfahren Sie Folgendes:

- ▶ Wie werden Standardüberblendungen definiert?
- ▶ Wie werden Überblendungen im Schnittfenster bearbeitet?
- ▶ Wie werden Überblendungseffekte eingestellt?
- ▶ Wie lassen sich mehrere Überblendungen schnell zuweisen?
- ▶ Wie werden Überblendungen gerendert?

6.1 Wissenswertes zu Überblendungen

So effektvoll die eine oder andere Überblendungstechnik auch sein mag – letztendlich ermüdet sie das Auge des Zuschauers. Kommt sie an der falschen Stelle zum Einsatz, reißt sie die Handlung auseinander. Zwei unterschiedliche Handlungsstränge hingegen lassen sich meist prima mittels Überblendungen anzeigen.

6.1.1 Die weiche Blende

Bei der weichen Blende werden zwei angrenzende Clips weich ineinander überblendet. Schauen Sie sich die ersten 20 Sekunden des Beispielprojekts »Gecko-Glas.mpg« (aus dem Ordner ERGEBNISSE) an. Hier tauchen gleich mehrere weiche Überblendungen auf. Das passt und sorgt dank eines ausgeglichenen Soundtracks für eine ruhige Stimmung. Nach diesen 20 Sekunden ist dann aber auch Schluss. Es wäre kaum vorstellbar, jede einzelne Szene des gesamten Films so ineinander übergehen zu lassen.

6.1.2 Standardüberblendung ändern

Premiere Pro listet die WEICHE BLENDE als Standardüberblendung auf. Sie finden diese übrigens im Effekte-Bedienfeld im Ordner VIDEOÜBERBLENDUNGEN, Unterordner BLENDE. Dort ist der Eintrag WEICHE BLENDE mit einem gelben Quadrat ❶ umrandet – ein Hinweis darauf, dass es sich hierbei um die Standardüberblendung handelt.

Das können Sie ändern, indem Sie eine beliebige andere Blende innerhalb des Effekte-Bedienfeldes mit rechts anklicken und AUSWAHL ALS STANDARDÜBERBLENDUNG

EINSTELLEN selektieren. Fortan wird diese anstelle der weichen Blende als Standardüberblendung angesehen.

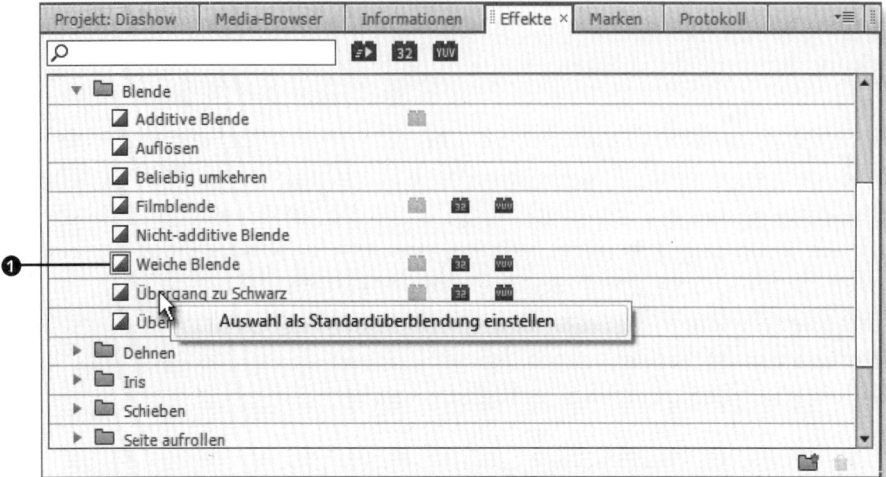

▲ **Abbildung 6.1** Lassen Sie sich nicht vorschreiben, was Standard sein soll und was nicht!

Effekte-Bedienfeld einblenden

Das Effekte-Bedienfeld befindet sich, sofern Sie den Standardarbeitsbereich BEARBEI-
TUNG eingestellt haben, hinter den Registern MEDIA-BROWSER und INFORMATIONEN.
Sollte das Effekte-Bedienfeld auf Ihrer Arbeitsoberfläche nicht angezeigt werden, akti-
vieren Sie es über FENSTER • EFFEKTE.

Bedeutung der Symbole

Einige Überblendungen sind rechts neben ihrem Namen mit Symbolen ausgezeichnet.
Diese deuten darauf hin, ob eine Überblendung beispielsweise durch die Mercury Play-
back Engine beschleunigt ist. Oberhalb der Ordner tauchen diese Symbole ebenfalls auf.
Durch einen Klick darauf lassen sich diese vorselektieren. Nähere Hinweise dazu finden
Sie in Kapitel 7, »Effekteinstellungen und Bewegungsanimationen«.

6.1.3   Überblendungen automatisch zuweisen

Wozu ist denn die Definition einer Standardüberblendung überhaupt nötig? Wenn Sie
beispielsweise die Funktion AUTOMATISCH IN SEQUENZ UMWANDELN benutzen (siehe
Kapitel 5, »Mit Sequenzen arbeiten«), kommt die zuvor eingestellte Standardüberblendung zum Tragen. Im Dialog ist das Benutzen der Standard-Videoüberblendung
nämlich optional. Deshalb ist entscheidend, was zuvor als Standardüberblendung definiert worden ist.

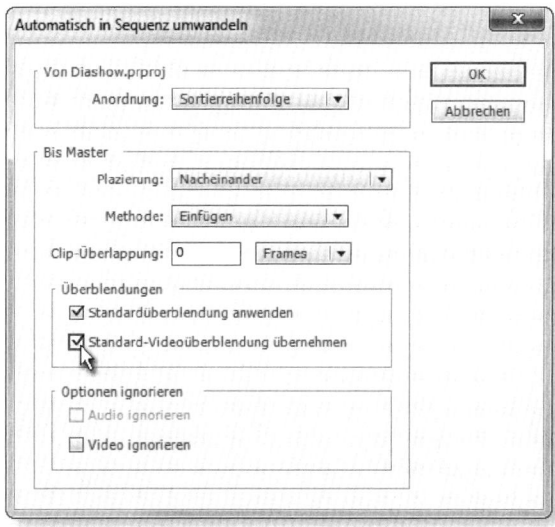

◄ **Abbildung 6.2** Die zuvor im Projektfenster selektierten Clips werden im Anschluss automatisch ineinander überblendet.

Wie lange eine Überblendung standardmäßig dauern soll, legen Sie übrigens in den Voreinstellungen fest. Der korrekte Pfad: BEARBEITEN/PREMIERE PRO • VOREINSTELLUNGEN • ALLGEMEIN. Ändern Sie hier den Wert STANDARDDAUER DER VIDEOÜBERBLENDUNG [X] FRAMES ➋. Ebenso können Sie eine Zeile tiefer die STANDARDDAUER DER AUDIOÜBERBLENDUNG ➌ nach Wunsch anpassen.

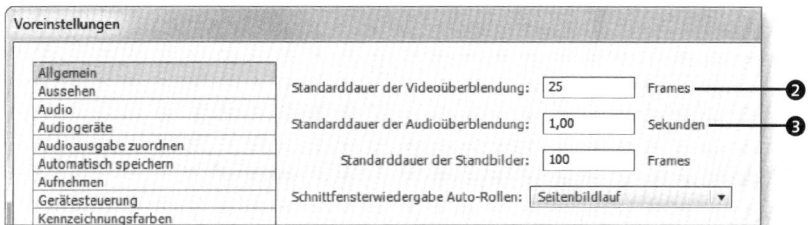

▲ **Abbildung 6.3** Doppelklicken Sie das Eingabefeld, und geben Sie den neuen Wert ein.

6.2 Überblendungen im Schnittfenster bearbeiten

Natürlich haben Sie auch die Möglichkeit, Überblendungen separat zuzuweisen. Positionieren Sie dazu zwei Clips auf derselben Spur nebeneinander. Am besten, Sie probieren das in einer neuen Sequenz aus, damit Sie das Beispielprojekt nicht verändern müssen. Danach sollten Sie den ersten Clip am Ende und den zweiten am Anfang etwas einkürzen, damit es nicht zu vervielfältigten (wiederholten) Frames kommt. Was es damit auf sich hat, werden Sie gleich erfahren. Wenn das erledigt ist, ziehen Sie die gewünschte Überblendung aus dem Effekte-Bedienfeld heraus und deponieren sie auf dem Schnittpunkt zwischen beiden Clips.

▲ **Abbildung 6.4** Achten Sie darauf, dass sich die Überblendung auf beide Clips erstreckt.

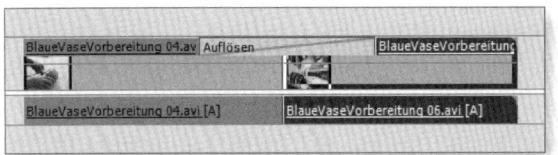

◀ **Abbildung 6.5** Wenn Sie die Maustaste loslassen, legt sich die Überblendung auf den Schnittpunkt.

Zu wenig Material

Sollten nicht genügend Frames jenseits des In- oder Out-Points zur Verfügung stehen, lässt sich die Überblendung nur einseitig auflegen. Ist für die Dauer der Überblendung zu wenig Bildmaterial vorhanden, werden die Einzelbilder ganz einfach wiederholt. Zudem gibt Premiere Pro einen Hinweis aus.

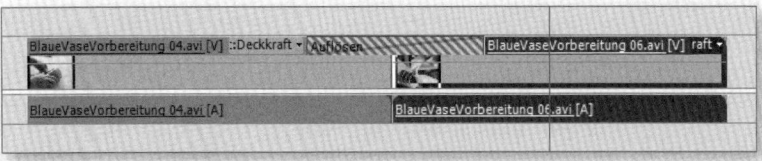

▲ **Abbildung 6.6** Hier ist zu wenig Filmmaterial jenseits von In- und Out-Point vorhanden.

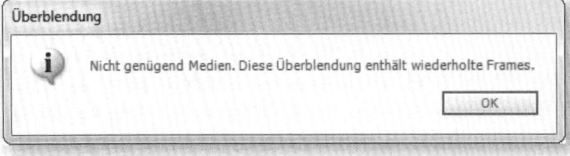

◀ **Abbildung 6.7** Premiere Pro weist auf die dadurch entstehende Problematik hin.

6.2.1 Überblendung verschieben

Eine Überblendung lässt sich per Drag & Drop auf den Clips hin und her verschieben. So können Sie veranlassen, dass die Überblendung eher oder später beginnt. Voraussetzung dafür ist aber, dass beide Clips noch über ausreichend Material jenseits der In- und Out-Points verfügen. Achten Sie darauf, dass Sie wirklich auf den Blendenbereich klicken. Setzen Sie zu tief an, werden Sie den Clip verschieben.

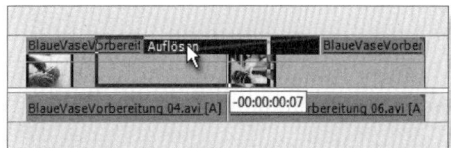

▲ **Abbildung 6.8** Hier wird die Überblendung gerade ganz nach rechts geschoben.

6.2.2 Auf- und Abblende – einseitige Überblendungen

Achten Sie darauf, dass sich die Überblendung auf beide Clips legt (auf das Ende des ersten und den Anfang des zweiten). Sie dürfen allerdings auch den Anfang oder das Ende eines Clips mit einer Überblendung versehen. So wird z. B. eine Auf- und Abblende erzeugt. Ziehen Sie die gewünschte Überblendung an den Anfang des ersten Clips, wird dieser von Schwarz ausgehend eingeblendet. Eine Überblendung am Ende des letzten Clips sorgt hingegen für das Ausblenden nach Schwarz.

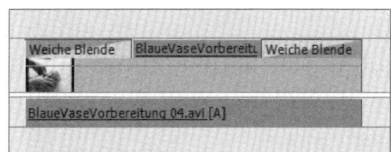

▲ **Abbildung 6.9** Der Anfang des Clips ist mit einer Überblendung versehen worden.

6.2.3 Überblendungen entfernen und Längen verändern

Wenn Sie eine Überblendung wieder entfernen wollen, markieren Sie sie einfach per Mausklick (sie ist jetzt grün eingefärbt), und drücken Sie [Entf] bzw. [←] auf der Tastatur (alternative BEARBEITEN • ENTFERNEN). Außerdem können Sie die Länge verändern. Auch das gelingt per Drag & Drop, indem Sie den Mauszeiger an eines der Überblendungsenden führen und nach Wunsch verziehen. Sie erhalten wieder die bereits bekannte Klammer. Achten Sie darauf, dass in der Werkzeugleiste das Verschieben-Werkzeug aktiv ist.

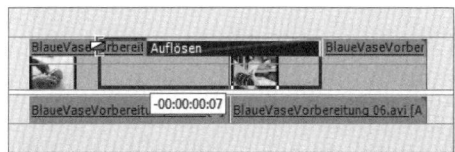

▲ **Abbildung 6.10** Ziehen Sie die Überblendungen wie Clips in Form.

Neue Überblendung

An dieser Stelle möchte ich noch kurz auf eine neu in Premiere Pro CS6 integrierte Überblendung aufmerksam machen, die in Filmen und Berichterstattungen häufig zum Einsatz kommt. Sie nennt sich WEGSCHIEBEN und ist im Ordner SCHIEBEN zu finden. Dabei schiebt das neu erscheinende Video das vorangegangene kurzerhand aus dem Bild. Derartiges musste bislang aufwendig mittels Effektanimation realisiert werden. Probieren Sie diese Blende einmal aus. Es lohnt sich.

6.3   Überblendungen in den Effekteinstellungen bearbeiten

Neben den zuvor beschriebenen Möglichkeiten, Überblendungen innerhalb des Schnittfensters zu verändern, verfügen unterschiedliche Überblendungen auch über unterschiedliche Einstellparameter. Diese Parameter finden Sie im Bedienfeld EFFEKTEINSTELLUNGEN, das sich in der Bearbeitungsansicht von Premiere Pro hinter dem Quellmonitor befindet. Sollte das Fenster geschlossen sein, können Sie es über FENSTER • EFFEKTEINSTELLUNGEN wieder zum Vorschein bringen. Dazu muss die Überblendung allerdings im Schnittfenster markiert sein.

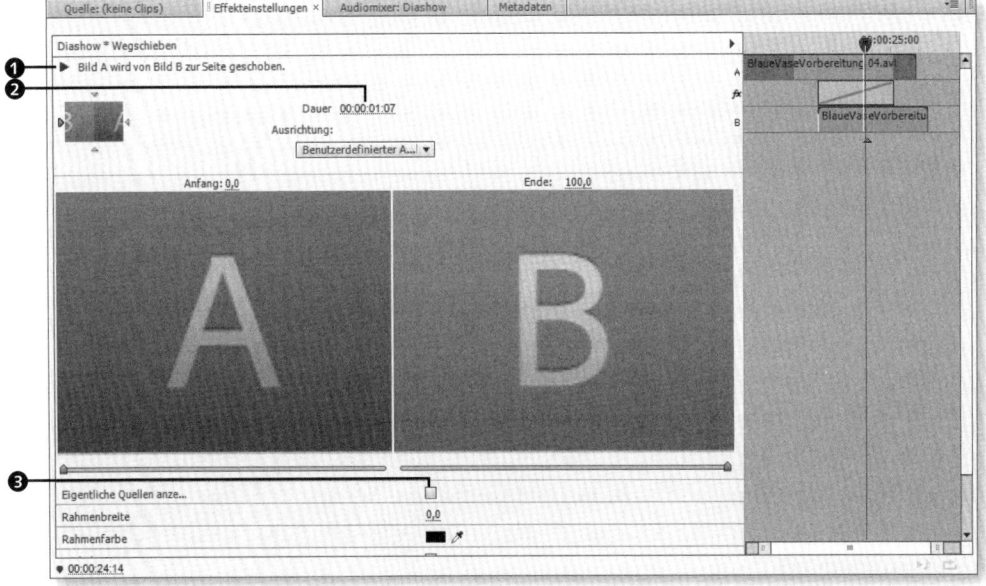

▲ **Abbildung 6.11** Die Überblendungen im Fenster EFFEKTEINSTELLUNGEN sind nur sichtbar, wenn eine Überblendung im Schnittfenster aktiviert worden ist.

In den EFFEKTEINSTELLUNGEN haben Sie die Möglichkeit, die Wirkungsweise der Überblendungen zu begutachten. Klicken Sie dazu einfach auf die Abspielschaltfläche ❶. Die direkt unterhalb befindliche Miniatur repräsentiert die Wirkungsweise. Wenn Sie statt der Platzhalter A und B lieber die Original-Clips sehen wollen, aktivieren Sie die Checkbox EIGENTLICHE QUELLEN ANZEIGEN ❸. Des Weiteren lässt sich die Dauer der Überblendung verändern. Scrubben Sie dazu die Zeitanzeige ❷ entsprechend.

6.3.1 Start und Ende der Überblendung einstellen

Sie haben auch die Möglichkeit, eine Überblendung mittendrin beginnen zu lassen. Dazu stellen Sie den Regler ❺ nach rechts bzw. ändern den Anfangsbetrag ❹. Soll die Überblendung nicht bis ganz zum Schluss ausgeführt, sondern vorzeitig abgebrochen werden, schieben Sie den Regler ❼ nach links oder geben im Steuerelement ENDE ❻ einen anderen Wert ein.

Oft wird einer der Regler zur Begutachtung der Überblendung verwendet. Das ist auch in Ordnung, da es schnell geht und eine recht zuverlässige Begutachtung der Einstellungen gestattet. Allerdings wird im Eifer des Gefechts häufig vergessen, den Regler wieder an die Ausgangsposition zurückzustellen. Später fragt man sich dann vielleicht, warum das Ganze so »unsanft« läuft, und denkt zunächst nicht an eine falsche Einstellung dieses Steuerelements. Deshalb sollte für Sie grundsätzlich gelten: Wenn Sie die Schieberegler bewegen, dann nur kurz! Danach gehört Regler A unbedingt wieder ganz nach links und Regler B ganz nach rechts. Außerdem sind die Überblendungen zumeist echtzeittauglich, weshalb Sie ihre Wirkung auch gleich im Schnittfenster testen können.

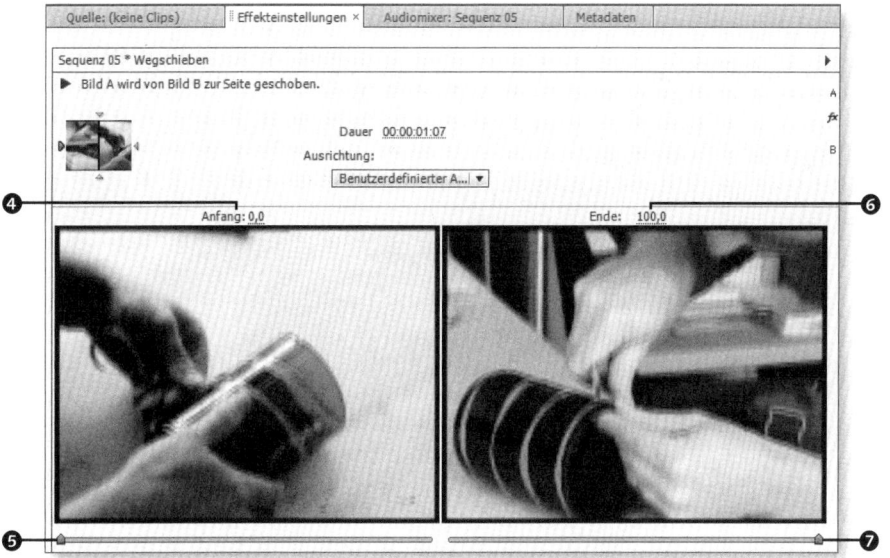

▲ **Abbildung 6.12** Start und Ende der Überblendungen festlegen.

6.3.2 Die weiteren Bedienelemente der Überblendungseffekte

Grundsätzlich ist nicht jedes Steuerelement in allen Überblendungen enthalten. Das bedeutet: Bestimmte Überblendungen bringen auch eigene Steuerelemente mit (wie

z. B. Rahmenfarbe und Rahmenbreite). Die Steuerelemente in der Fußleiste des Effektfensters sind hingegen stets identisch und beziehen sich auf das Schnittfenster. So lässt sich z. B. mit der Timecode-Anzeige ganz unten links die Einfügemarke des Schnittfensters bewegen – und damit synchron auf der rechten Seite des Effekteinstellungsfensters. Das ist so, weil dieser Bereich des Effektfensters gewissermaßen ein Abbild der Timeline darstellt – zumindest im Bereich der Überblendung. Sollten Sie diesen Bereich gerade nicht einsehen können oder wollen (Platz ist ja immer ein kostbares Gut), klicken Sie einfach auf Schnittfenster anzeigen/ausblenden ❶.

Damit wären wir bei den Möglichkeiten, Überblendungen per Drag & Drop anzupassen. Der rechte Bereich des Fensters ist durchgehend in dieser Form bedienbar. Außerdem dürfte Usern, die Premiere noch in der alten Version 6 oder 6.5 (vor der Umbenennung von *Premiere* in *Premiere Pro*) kennengelernt haben, die AB-Spuransicht bekannt vorkommen. Sie können hier die Clips (wie im Schnittfenster selbst) kürzen, die Clips oder die Überblendung selbst verschieben oder deren Länge verändern. Selbst der eigentliche Schnittpunkt lässt sich noch verschieben, indem Sie den Mauszeiger auf die Linie bzw. das darunter befindliche Dreieck ❷ führen.

Ach, ja, falls Sie den Schnittfensterbereich innerhalb der Effekteinstellungen vergrößern wollen, stellen Sie den Mauszeiger einfach an den Rand ❸ und ziehen die Ansicht nach Wunsch auf.

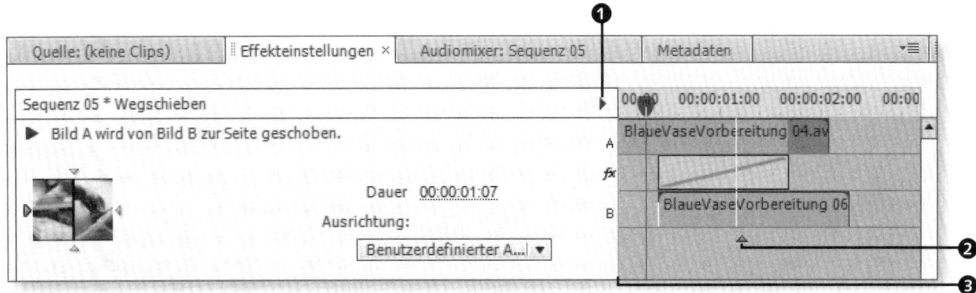

▲ **Abbildung 6.13** Drag-&-Drop-Paradies Effekteinstellungen

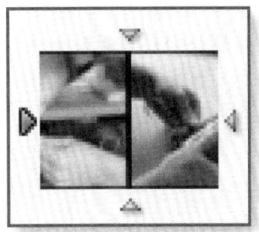

◄ **Abbildung 6.14** Mit Hilfe der Richtungspfeile, die rund um die oben links befindliche Miniatur angeordnet sind (nur bei Bewegungsüberblendungen vorhanden) lässt sich die Richtung der Überblendung anpassen.

6.3.3 Überblendung am Schnitt zentrieren

Nachdem Sie die Überblendung auf die gewünschte Länge gebracht haben, sitzt diese natürlich nicht mehr mittig. Korrigieren Sie das gegebenenfalls, indem Sie Am Schnitt zentrieren im Pulldown-Menü Ausrichtung anwählen.

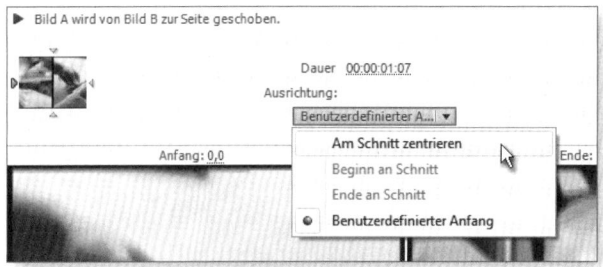

6.3.4 Überblendungsmittelpunkt verändern

Einige Überblendungen, wie z. B. die Irisblenden, verfügen über einen verstellbaren Mittelpunkt. Was es damit auf sich hat, soll der folgende Mini-Workshop zeigen.

■ Schritt für Schritt: Irisblende einstellen

Leider passt die Irisblende nicht so richtig in unser Beispielprojekt. Dennoch möchte ich nicht darauf verzichten, Ihnen die Möglichkeiten dazu kurz vorzustellen.

1 Clip hinzufügen

Erzeugen Sie doch einmal eine neue Sequenz (damit Sie das Beispielprojekt nicht verändern müssen) mit der Vorgabe DV-PAL STANDARD 48kHz, und ziehen Sie einen Clip in das Schnittfenster. Geeignet ist hier beispielsweise »BlaueVaseVorbereitung 03.avi« aus dem Ordner GECKO GLAS. Stellen Sie die Datei ganz an den Anfang der Sequenz.

2 Clip kürzen

Am Ende ist eine unschöne Kamerabewegung zu sehen, die Sie einkürzen sollten. Wenn Sie den Clip jedoch bei 00:00:02:18 enden lassen, ist alles prima.

◄ **Abbildung 6.16** Auf diesem Frame soll der Clip enden. 00:00:02:18 ist das letzte Einzelbild.

3 Irisblende hinzufügen

Öffnen Sie den Ordner Iris in den Videoüberblendungen des Effekte-Bedienfeldes. Entscheiden Sie sich für Irisblende (Rund), und ziehen Sie diesen Listeneintrag an das Ende des Clips.

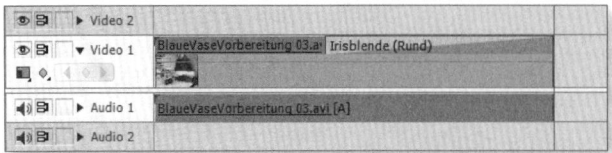

◀ **Abbildung 6.17** Diese Überblendung wird am Ende des Films eingesetzt.

4 Clip abspielen

Setzen Sie die Einfügemarke des Schnittfensters nun ein Stück zurück, so dass sie vor der Überblendung steht. Danach drücken Sie die Leertaste und sehen sich die Überblendung an. Sie werden feststellen, dass nun ein schwarzer Punkt im Bild auftaucht, der immer größer wird.

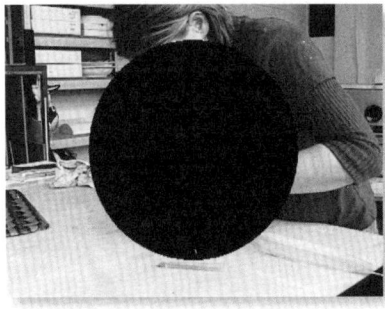

◀ **Abbildung 6.18** Der Punkt überdeckt das Video.

5 Überblendung umkehren

An dieser Stelle kommen wir bestürzt zu der Erkenntnis, dass die Überblendung gar nicht so funktioniert, wie wir das wollten. Doch die Stimmung dürfte sich schlagartig bessern, wenn Sie die Überblendung im Schnittfenster markieren (sie wird dort grün) und in den Effekteinstellungen die Checkbox Umkehren aktivieren. Spielen Sie den Clip noch einmal ab.

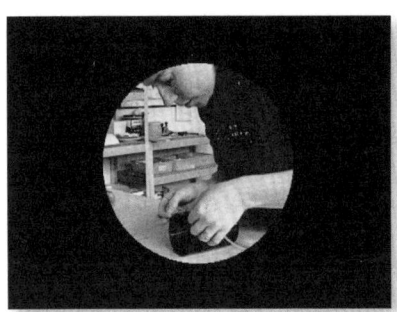

◀ **Abbildung 6.19** Jetzt wird anstelle des schwarzen Punktes das Videobild gezeigt.

6   Schnittmarke einstellen

Scrubben Sie die Schnittmarke an die Position 00:00:01:16. An dieser Position ist die Überblendung fast vollzogen, wobei das Video im Hintergrund dennoch einigermaßen gut zu sehen ist. Dies ist eine ideale Position, um die folgende Einstellung beurteilen zu können.

7   Mittelpunkt verschieben

Schauen Sie in die EFFEKTEINSTELLUNGEN – und zwar auf die Miniaturvorschau ANFANG (die linke der beiden). Sollten hier statt des Originalvideobildes die Platzhalter A und B angezeigt werden, aktivieren Sie EIGENTLICHE QUELLEN ANZEIGEN ❷. Sehen Sie den kleinen Kreis in der Mitte ❶? Dieser lässt sich per Drag & Drop verschieben. Ziehen Sie ihn etwas weiter nach unten. Die ideale Position ist gefunden, wenn er sich auf den Händen befindet. Beobachten Sie das auch im Programmmonitor. Danach spielen Sie den Clip noch einmal ab.

▲ **Abbildung 6.20** Jetzt läuft die Irisblende nicht mehr in der Bildmitte aus.

Rahmenfarben verwenden | Wollen Sie der Irisblende noch einen Rahmen geben? Dann haben Sie dazu zwei Möglichkeiten. Beide werden im folgenden Workshop vorgestellt.

◢ Schritt für Schritt: Überblendungsrahmen definieren

Die Überblendung erfolgt ziemlich schmucklos nach Schwarz. Schön wäre, wenn zudem noch ein kleiner farbiger Rahmen auftauchen würde, oder?

1 Optional: Farbe per Farbwähler definieren

Wenn Sie die Farbe mittels Farbwähler definieren wollen, dann betätigen Sie zunächst die kleine Farb-Schaltfläche ❶. Im Folgedialog lässt sich die Zielfarbe dann aussuchen. Fahren Sie anschließend mit dem übernächsten Schritt fort.

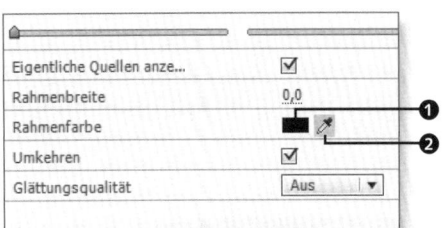

▲ **Abbildung 6.21** Die Rahmenfarbe kann per Farbwähler oder Pipette bestimmt werden.

▲ **Abbildung 6.22** Stellen Sie die gewünschte Farbe hier ein.

Farbwähler bedienen

Zur Vorauswahl eines Farbbereichs klicken sie zunächst auf den schmalen Spektralbalken. Danach lässt sich der Farbwert im großen quadratischen Farbfeld exakter bestimmen. Wollen Sie eine Farbe anhand ihrer Werte bestimmen, benutzen Sie die Hot-Text-Steuerelemente auf der rechten Seite.

2 Optional: Farbe aufnehmen

Wenn Sie aber lieber eine Farbe aus dem Video aufnehmen wollen, dann sollten Sie die Einfügemarke des Schnittfensters zunächst so weit zurückziehen, dass sie sich vor der Überblendung befindet. So erreichen Sie, dass das Video im Programmmonitor nicht durch die Überblendung verdeckt wird. Betätigen Sie danach die kleine Pipette ❷ in den EFFEKTEINSTELLUNGEN der Überblendung. Jetzt gehen Sie auf den Programmmonitor und setzen die Spitze der Pipette auf Ihre Wunschfarbe (beispielsweise das gelbe Klebeband). Führen Sie einen Mausklick auf der gewünschten Farbe aus. Die Folge ist, dass sich auch die Farbfläche neben der Pipette entsprechend ändert.

3 Rahmen definieren

Damit allein haben Sie aber noch keinen Rahmen erzeugt. Zunächst müssen Sie nämlich noch die Breite angeben. Und das machen Sie, indem Sie das Steuerelement RAHMEN-BREITE ❸ verstellen, das sich gleich oberhalb der Farbfläche befindet. Stellen Sie hier 2,5 Pixel ein, und lassen Sie das Video abspielen.

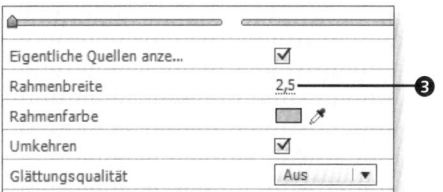

Eigentliche Quellen anze...	☑
Rahmenbreite	2,5
Rahmenfarbe	🔲 ✐
Umkehren	☑
Glättungsqualität	Aus ▼

❸

▲ **Abbildung 6.23** Die Definition des Rahmens setzt sich aus zwei Parametern zusammen, der RAHMENFARBE und der RAHMENBREITE.

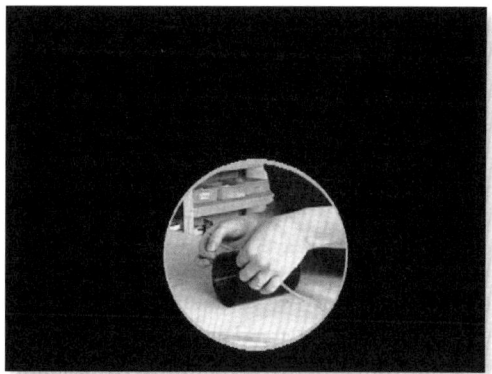

▲ **Abbildung 6.24** Jetzt erscheint die Irisblende mit Rahmen.

6.3.5 Überblendung kopieren

Überblendungen lassen sich auch prima per Copy & Paste duplizieren. Und das geht so: Weisen Sie die erste Überblendung, wie beschrieben, zu. Danach markieren Sie die Überblendung im Schnittfenster (sie wird grün), drücken ⌜↓⌟ (das lässt die Einfügemarke zum nächsten Schnittpunkt springen) und drücken ⌜Strg⌟/⌜cmd⌟+⌜V⌟. Dabei wird die kopierte Überblendung eingefügt. Die zuvor eingestellten Parameter, wie Länge oder Richtung der Überblendung, bleiben erhalten.

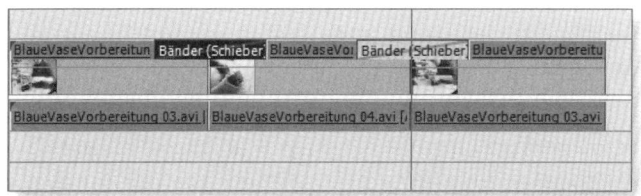

◀ **Abbildung 6.25** Testen Sie das Kopieren einer Überblendung doch einmal mit der zuvor erzeugten Irisblende.

Auf wiederholte Frames achten!

Beim Kopieren achtet Premiere Pro selbstständig darauf, dass an der Stelle, an der die Überblendung eingefügt werden soll, noch genügend Videomaterial zur Verfügung steht (am Ende des ersten sowie am Anfang des zweiten Clips). Ist das nicht der Fall, gibt die Anwendung den bereits bekannten Hinweis aus. Die Überblendung wird dennoch ausgeführt, wobei sie auch in diesem Fall wieder mit Diagonalen ausgezeichnet wird.

6.3.6 Überblendungen austauschen

Falls Sie sich nach Zuweisung einer Überblendung doch nachträglich für eine andere entscheiden wollen, ist das auch kein Problem. Ziehen Sie die neue Überblendung einfach aus dem Effekte-Bedienfeld heraus, und lassen Sie sie auf die vorhandene im Schnittfenster fallen. Die Überblendungsdauer bleibt dabei erhalten.

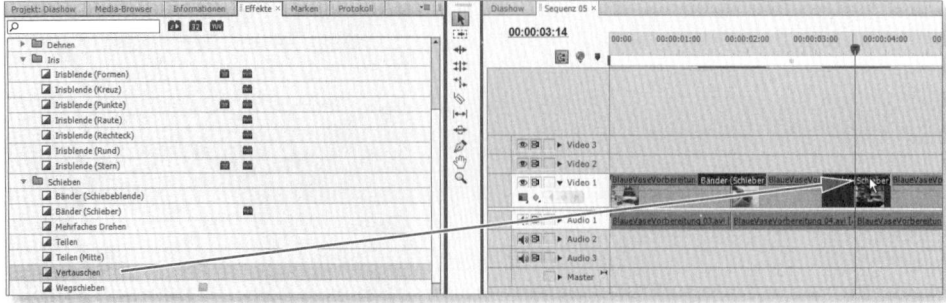

▲ **Abbildung 6.26** Das Wechseln einer Überblendung ist keine große Sache.

6.4 Überblendungen für das Buchprojekt

Jetzt sind aber wieder Sie an der Reihe. Ihre Aufgabe: Realisieren Sie die ersten vier Überblendungen des Buchprojekts. Die Schwierigkeit dabei besteht darin, dass alle vier unterschiedlich lang sind.

Schritt für Schritt: Überblendungen schnell zuweisen

Im Buchprojekt wurden bereits einige Überblendungen eingesetzt. Jetzt gilt es, diese zunächst zu analsysieren und sie anschließend mit denselben Werten neu zu setzen.

1 *Überblendungen analysieren*
Schauen Sie sich den Anfang von SEQUENZ 01 an (Ablage SEQUENZEN), und markieren Sie nacheinander alle vier Überblendungen per Mausklick im Schnittfenster. Lesen Sie dabei die Dauer der jeweiligen Überblendung im Bedienfeld EFFEKTEINSTELLUNGEN ab. Halten wir fest, dass es sich bei allen vier Überblendungen um eine WEICHE BLENDE handelt, deren Dauer aber von Blende zu Blende differiert.

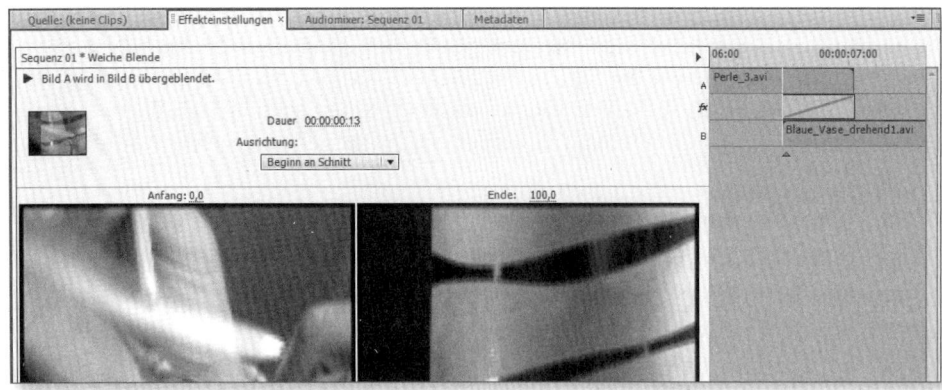

▲ **Abbildung 6.27** Die erste Überblendung ist nur 13 Frames lang.

2   Überblendungen löschen

Markieren Sie alle vier Überblendungen im Schnittfenster, während Sie ⟨⇧⟩ gedrückt halten. Achten Sie darauf, dass Sie nicht versehentlich einen der Clips mit markieren. Anschließend drücken Sie ⟨Entf⟩.

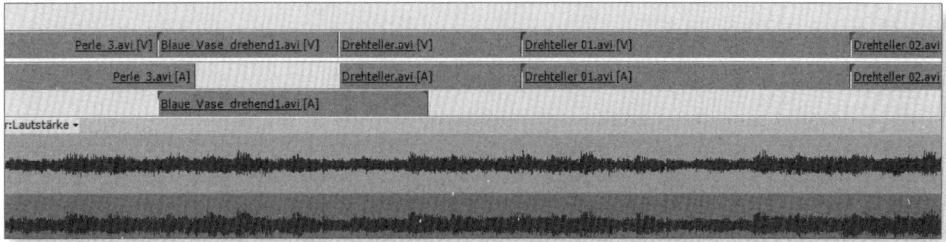

▲ **Abbildung 6.28** Die vier Überblendungen sind verschwunden.

3   Optional: Standardüberblendungen ändern

Da alle vier Überblendungen unterschiedlich lang sind, ergibt es wenig Sinn, die STAN-DARDDAUER DER VIDEOÜBERBLENDUNG in den VOREINSTELLUNGEN zu ändern. Das würde sich nur dann anbieten, wenn Sie mit gleich langen Überblendungen arbeiten. Kontrollieren Sie aber, ob die WEICHE BLENDE auch als Standardüberblendung eingestellt ist. Öffnen Sie dazu den Ordner VIDEOÜBERBLENDUNGEN im Effekte-Bedienfeld, und klicken Sie auf das Dreiecksymbol vor dem Ordner BLENDE. Hier sollte die WEICHE BLENDE jetzt mit einem gelben Quadrat versehen sein. Ist das nicht der Fall, klicken Sie mit rechts darauf und wählen den einzigen zur Verfügung stehenden Eintrag des Kontextmenüs an.

4   Einfügemarke positionieren

Als Nächstes soll der Schnittpunkt zwischen »Perle_3.avi« und »Blaue_Vase_drehend1. avi« aufgesucht werden. Das ist der erste in der Spur VIDEO 1. Markieren Sie dazu zunächst das Schnittfenster, sorgen Sie zudem dafür, dass die Spur VIDEO 1 auch im Spurkopf selektiert ist, und drücken Sie anschließend ⟨Pos1⟩ bzw. ⟨↖⟩ gefolgt von ⟨↓⟩.

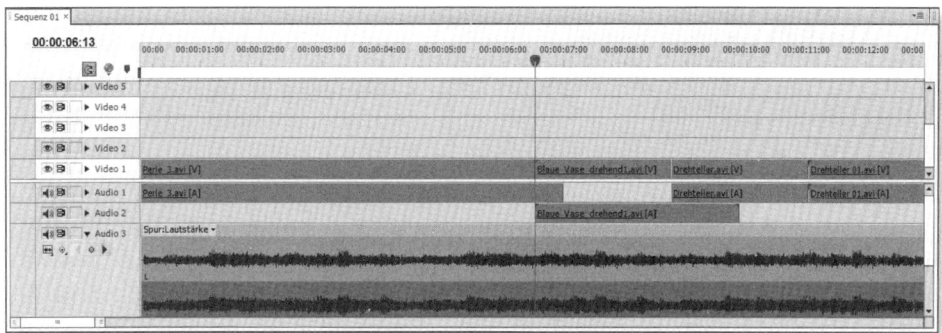

▲ **Abbildung 6.29** Die Einfügemarke sollte genau hier positioniert werden.

5   *Überblendungen zuweisen*

Drücken Sie nun ⌜Strg⌟/⌜cmd⌟+⌜D⌟. Damit sorgen Sie dafür, dass die Standardüberblendung an der aktuellen Position der Einfügemarke platziert wird. Drücken Sie noch einmal ⌜↓⌟. Damit dürften Sie den Übergang zum nächsten Clip gefunden haben. Betätigen Sie auch hier wieder mit ⌜Strg⌟/⌜cmd⌟+⌜D⌟. Wiederholen Sie das, bis alle vier Blenden positioniert sind.

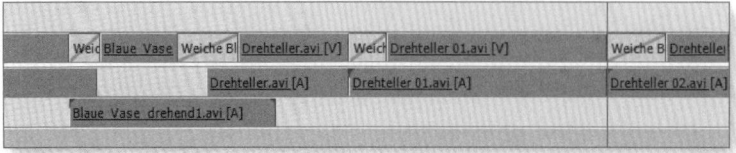

▲ **Abbildung 6.30** Alle vier Überblendungen sitzen.

6   *Zeiten anpassen*

Jetzt sollten Sie die Zeiten der einzelnen Überblendungen anpassen. Markieren Sie sie nacheinander, und geben Sie die folgenden Werte ein:

- ▶ Überblendung 1 – 00:00:00:13
- ▶ Überblendung 2 – 00:00:00:23
- ▶ Überblendung 3 – 00:00:00:15
- ▶ Überblendung 4 – 00:00:00:24

Das können Sie ja prima machen, indem Sie zunächst die Überblendung im Schnittfenster markieren und dann den Wert DAUER in den EFFEKTEINSTELLUNGEN anpassen.

7   *Überblendung verschieben*

Kontrollieren Sie, ob alle Überblendungen richtig positioniert sind. Eigentlich müsste nur die zweite noch eine Korrektur erfordern. Markieren Sie diese, und ziehen Sie die Überblendungsfläche im Schnittfenster so weit nach rechts wie möglich.

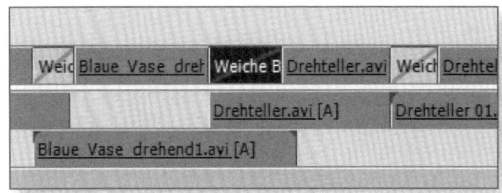

▲ **Abbildung 6.31** Die zweite Überblendung muss noch nach rechts verschoben werden.

6.5   Überblendungen rendern

Spielen Sie die Sequenz im Bereich der vier Überblendungen einmal ab. Sollte der unwahrscheinliche Fall eintreten, dass die Wiedergabe dabei ruckelt, müssen die Bereiche der Überblendungen gerendert werden. Darauf weisen dann auch rote Balken ❶ unterhalb der Schnittfensterskala hin. Sie müssen sich das so vorstellen: Zur Wiedergabe der Clips kann Premiere Pro ja auf die Originale zurückgreifen, die sich irgendwo auf Ihrer Festplatte befinden. Den Teil der Überblendung jedoch, in dem ja gewissermaßen zwei Clips gleichzeitig zu sehen sind, gibt es ja noch gar nicht als reales Filmmaterial und müsste daher rein theoretisch erst noch erstellt werden. Genau das machen Sie, indem Sie die rot markierten Bereiche rendern lassen. Das leiten Sie ein, indem Sie ⏎ betätigen. Die roten Balken werden kurz darauf gegen grüne ausgetauscht. Sollten Sie im Anschluss irgendetwas an der Überblendung verändern, ist das erneute Berechnen einer Vorschaudatei erforderlich. Der grüne Balken wird wieder rot. Allerdings ist die Echtzeitvorschau der Anwendung so leistungsfähig, dass Ihr Video auch ohne Rendering flüssig abgespielt werden dürfte.

In Sachen Vorschauberechnung müssen Sie allerdings noch wissen: Es wird immer nur das berechnet, was sich gerade innerhalb der **Arbeitsbereichsleiste** befindet. Arbeitsbereichsleiste? Das ist dieses mittelgraue Band ❺ direkt unterhalb der Schnittfensterzeitskala. Wenn Sie auf dieses doppelklicken, erstreckt es sich über den aktuellen, im Schnittfenster sichtbaren Bereich. Sie erkennen das auch daran, dass die Begrenzungen links ❷ und rechts ❹ innerhalb des Schnittfensters liegen. Dieses Maß wird auch dann beibehalten, wenn Sie anschließend die Schnittfenster-Ansicht vergrößern oder verkleinern. Erst ein erneuter Doppelklick passt die Leiste wieder den aktuellen Gegebenheiten an.

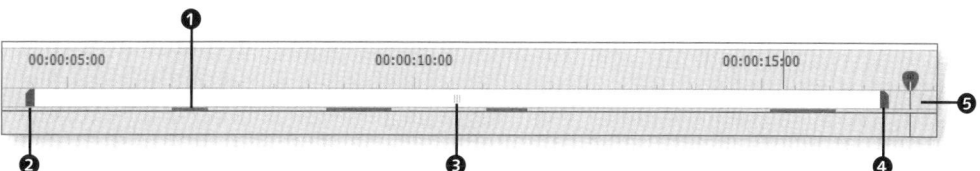

▲ **Abbildung 6.32** Die Arbeitsbereichsleiste grenzt ein, welcher Bereich gerendert werden soll.

Die Begrenzungen ❷ und ❹ können Sie auch einzeln per Drag & Drop verschieben. Um die gesamte Leiste zu verstellen, ohne ihre Gesamtlänge zu verändern, greifen Sie den Anfasser in der Mitte ❸ und verschieben die Leiste nach Wunsch. Grundsätzlich sollten Sie die Arbeitsbereichsleiste aber nur auf den Teil ausdehnen, dessen Render-Vorschauen Sie unmittelbar beurteilen wollen. Machen Sie das nicht, wird stets die gesamte Breite der Arbeitsbereichsleiste berechnet, sofern Stellen zur Vorschauberechnung vorhanden sind.

Weitere nützliche Hinweise zum Rendern und den damit verbundenen beschleunigten Effekten erfahren Sie gleich zu Beginn des folgenden Kapitels.

7   Effekteinstellungen und Bewegungsanimationen

Jetzt werden Videos im wahrsten Sinne des Wortes »in Bewegung versetzt«. Mit Hilfe der Effekteinstellungen werden Clips zu »Flugobjekten« und rotieren nach Wunsch. Aber auch mit der Änderung der Deckkraft lassen sich interessante Effekte erzielen. Dazu benötigen Sie eigentlich nur einige Keyframes.

Sie erfahren in diesem Kapitel:

▶ Was sind GPU-beschleunigte Effekte?
▶ Wie werden Videoeffekte auf Clips angewendet?
▶ Wie werden Einstellungsebenen eingesetzt?
▶ Wie werden Clips stabilisiert?
▶ Wie animiert man Videoeffekte?
▶ Wie realisiert man einen Bild-in-Bild-Effekt?
▶ Wie werden Animationspfade verändert?
▶ Wie bearbeitet man Keyframes im Schnittfenster?
▶ Wie können Zeitabläufe verändert werden?
▶ Wie werden Überblendmodi sinnvoll eingesetzt?

7.1   GPU-beschleunigte Effekte

Bevor wir in die Effekt-Technik einsteigen, noch ein paar grundlegende Dinge zum Thema Wiedergabe und Rendern in Premiere Pro. Wenn Sie viele Effekte an der gleichen Position verwenden (mehrere übereinanderliegende Clips mit unterschiedlichen Effekten und Einstellungen), kann die Wiedergabe der Sequenz eventuell beeinträchtigt werden. Meist tritt dann nicht nur eine Verschlechterung der Wiedergabequalität ein, sondern es kommt zum Ruckeln oder zur Verlangsamung der Abspielgeschwindigkeit. Immerhin müssen sehr viele, zum Teil enorm rechenintensive Aufgaben zur gleichen Zeit erledigt werden. Besonders kritisch wird das Ganze, sobald Sie es mit Transparenz, Schatten o. Ä. zu tun bekommen. Um die kritischen Stellen dann ruckelfrei abspielen zu können, bedarf es eines Renderings, also der Erzeugung von Vorschaudateien (siehe Ende des vorangegangenen Kapitels).

Genau hier setzt Premiere Pro an und sorgt für eine GPU-Beschleunigung (GPU = Graphics Processing Unit). Das bedeutet: Im Prinzip hilft die Grafikkarte mit, die Wiedergabe des kritischen Bereichs möglichst flüssig darzustellen. Dazu wird die in Premiere Pro enthaltene *Mercury Playback Engine* verwendet. Die sorgt aber nicht nur dafür, dass auch mehrere aufwendige Effekte ohne Rendern zum Teil in Echtzeit wiedergegeben werden können, sondern auch für mega-schnelle Berechnung der zugewiesenen Effekte. Diese lassen sich dann in der Regel sogar ohne Erstellung einer Vorschaudatei in Topqualität abspielen.

7.1.1 Unterstützte Grafikkarten

Mit der Einführung der Mercury Playback Engine wurden seinerzeit nur einige wenige NVIDIA-Grafikkarten unterstützt. Der Support ist mit Premiere Pro CS6 jedoch noch einmal stark erweitert worden. Neben zahlreichen weiteren NVIDIA-Karten werden nun auch zwei AMD-Karten (Radeon HD 6750M sowie Radeon HD 6770M) für den Einsatz am Mac Book Pro unterstützt. Eine Liste aller Grafikkarten, die von Premiere Pro direkte Unterstützung erfahren, finden Sie unter *www.adobe.com/de/products/premiere/extend.html.* Klicken Sie unter KOMPATIBILITÄT MIT HARDWARE VON DRITTANBIETERN auf ADOBE PREMIERE PRO CS6, und scrollen Sie anschließend herunter bis ADOBE PREMIERE PROCS6 GPU ACCELERATED GRAPHICS CARDS.

Adobe Premiere ProCS6 GPU Accelerated Graphics Cards			
Manufacturer	Model	Notes	Platform
NVIDIA	GeForce GTX 285	GPU Acceleration	WIN/Mac OS
NVIDIA	GeForce GTX 470	GPU Acceleration	WIN
NVIDIA	GeForce GTX 570	GPU Acceleration	WIN
NVIDIA	GeForce GTX 580	GPU Acceleration	WIN
NVIDIA	Quadro 2000	GPU Acceleration	WIN
NVIDIA	Quadro 2000D	GPU Acceleration	WIN
NVIDIA	Quadro 2000M	GPU Acceleration	WIN
NVIDIA	Quadro 3000M	GPU Acceleration	WIN
NVIDIA	Quadro 4000	GPU Acceleration	WIN/Mac OS
NVIDIA	Quadro 4000M	GPU Acceleration	WIN
NVIDIA	Quadro 5000	GPU Acceleration	WIN
NVIDIA	Quadro 5000M	GPU Acceleration	WIN
NVIDIA	Quadro 5010M	GPU Acceleration	WIN
NVIDIA	Quadro 6000	GPU Acceleration	WIN
NVIDIA	Quadro FX 3700M	GPU Acceleration	WIN
NVIDIA	Quadro FX 3800	GPU Acceleration	WIN
NVIDIA	Quadro FX 3800M	GPU Acceleration	WIN
NVIDIA	Quadro FX 4800	GPU Acceleration	WIN/Mac OS
NVIDIA	Quadro FX 5800	GPU Acceleration	WIN
NVIDIA	Quadro CX	GPU Acceleration	WIN/Mac OS
NVIDIA	Tesla C2075	GPU Acceleration	WIN
AMD	Radeon HD 6750M	GPU Acceleration	MacBook Pros with OSX 10.7.x with minimum 1GB VRAM
AMD	Radeon HD 6770M	GPU Acceleration	MacBook Pros with OSX 10.7.x with minimum 1GB VRAM

◄ **Abbildung 7.1**
Im Internet finden Sie eine Liste der unterstützten Grafikkarten.

Systemanforderungen

Alternativ helfen auch die Systemanforderungen weiter, wobei diese jedoch kein Garant für Aktualität sind – zumindest dann nicht, wenn sie der Verpackung entnommen werden. Es ist nämlich zu erwarten, dass Adobe die Unterstützung noch auf weitere Karten ausdehnen wird.

Ein Test direkt in der Software bringt ebenfalls Gewissheit. Dazu gehen Sie über das Menü PROJEKT • PROJEKTEINSTELLUNGEN • ALLGEMEIN und schauen nach, wie sich das oberste Pulldown-Menü (RENDERER) darstellt. Ist das Menü ausgegraut, kann die Mercury Playback Engine nicht auf die Hilfe Ihrer Grafikkarte hoffen. Falls doch, finden Sie hier den Hinweis auf CUDA-Unterstützung oder Open CL, je nachdem, welche Karte Sie verwenden.

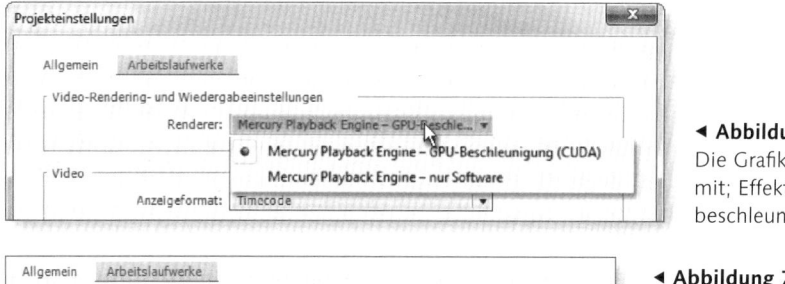

◀ **Abbildung 7.2**
Die Grafikkarte hilft mit; Effekte werden beschleunigt.

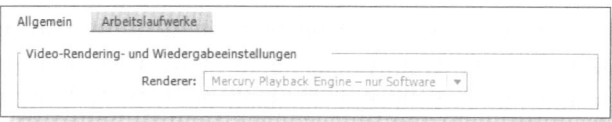

◀ **Abbildung 7.3** Hier kann die Mercury Playback Engine nur mit CPUs (Prozessoren) und Software wirken.

Die GPU-Beschleunigung steht natürlich nur dann zur Verfügung, wenn Sie auch über eine entsprechende Grafikkarte verfügen. Dennoch müssen Sie Premiere Pro nicht für alle Zeiten meiden, wenn keine derartige Grafik verbaut ist. Sie können diese Effekte trotzdem nutzen, wobei das Symbol für die GPU-Beschleunigung bei einigen Effekten dann ausgegraut dargestellt wird ❶ (siehe auch Abschnitt 7.4.2, »Effekte filtern«).

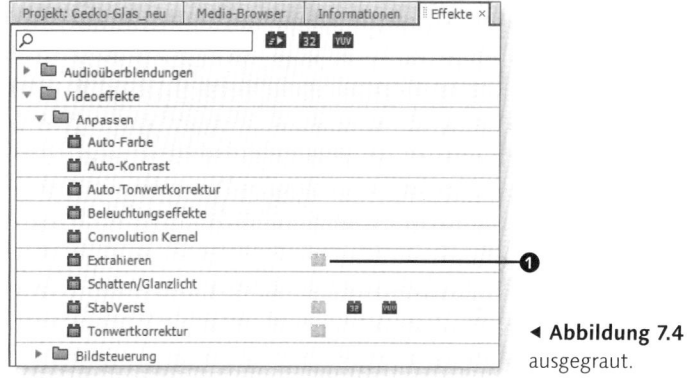

◀ **Abbildung 7.4** Die GPU-Effekte sind ausgegraut.

7.1.2 Render-Leiste beachten

Üblicherweise werden ja unterhalb der Schnittfensterskala rote Balken angezeigt, über die immer eine Vorschaudatei erstellt (gerendert) werden kann. Bei den GPU-beschleunigten Effekten ist das anders. Hier präsentiert die Anwendung gelbe Balken – sofern Clips und Sequenzeinstellungen von den Vorgaben her zueinander passen.

7.2 Grundsätzliches Effekt-Handling

Zunächst sind in Sachen Videoeffekte zwei unterschiedliche Gruppierungen auszumachen:

▶ **Fixierte Effekte** (bzw. **spezifische Effekte** oder **proprietäre Effekte**): Diese werden jedem Clip automatisch zugewiesen, sobald er in das Schnittfenster integriert wird. Dabei handelt es sich um die Videoeffekte BEWEGUNG, DECKKRAFT und ZEIT-NEUZUORDNUNG sowie um die AUDIOEFFEKTE, sofern Sie es mit einem Audio- oder AV-Clip zu tun haben.

▶ **Standardeffekte**: Diese befinden sich im Ordner VIDEOEFFEKTE und können per Drag & Drop auf den Clip gezogen und so zugeteilt werden.

7.2.1 Effekte vs. Effekteinstellungen

Noch ein Wort zur Begrifflichkeit in diesem Kapitel. Sie werden es im Folgenden sehr häufig mit den Effekteinstellungen und dem Effekte-Bedienfeld zu tun bekommen. Da kann es leicht passieren, dass man mal im falschen Fenster nach der genannten Einstellung oder dem erwähnten Steuerelement sucht. Deshalb noch einmal zu Erinnerung: Das Effekte-Bedienfeld ❷ befindet sich unten links im Arbeitsbereich BEARBEITUNG. Hier werden Effekte gelistet, die zugewiesen werden können. Das Effekteinstellungen-Bedienfeld ❶ ist hingegen links neben dem Programmmonitor zu finden und dient, wie der Name schon sagt, der Einstellung bereits zugewiesener Effekte.

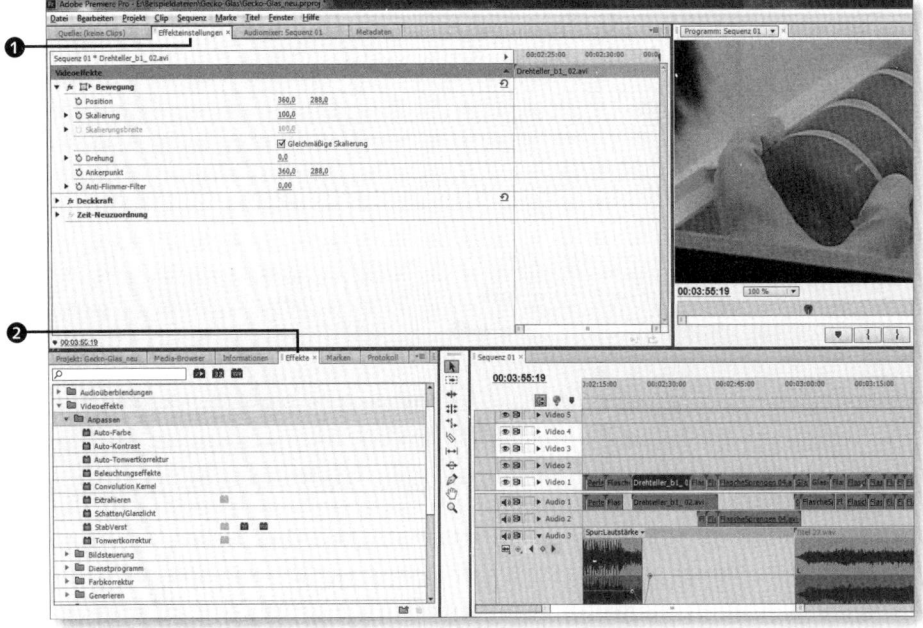

▲ **Abbildung 7.5** Die EFFEKTE (unten links) sind nicht zu verwechseln mit den EFFEKTEINSTELLUNGEN oben links (hier mit geöffneter Bewegungsliste).

7.3 Die fixierten Videoeffekte (Proprietäre Effekte)

Markieren Sie einen Clip innerhalb des Schnittfensters, und öffnen Sie die Registerkarte EFFEKTEINSTELLUNGEN. Dieses Bedienfeld haben Sie ja bereits im vorangegangenen Kapitel kennengelernt, da sich beide, Effekte und Überblendungen, das Fenster
teilen. Wenn sich das Bedienfeld übrigens nicht auf der Arbeitsoberfläche befindet,
entscheiden Sie sich für FENSTER • EFFEKTEINSTELLUNGEN. Damit hier überhaupt etwas
angezeigt wird, sollten Sie einen Clip im Schnittfenster markieren.

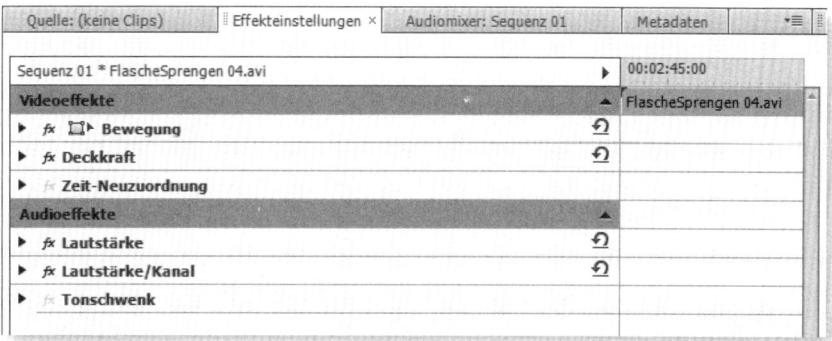

▲ **Abbildung 7.6** Die Liste der EFFEKTEINSTELLUNGEN sieht zunächst einmal recht unspektakulär aus.

Hier sehen Sie bereits, dass die Effekte BEWEGUNG, DECKKRAFT und ZEIT-NEUZU-
ORDNUNG zugewiesen sind. Sollte es sich um einen AV-Clip handeln, kommen noch
Audioeffekte hinzu. Öffnen Sie die Liste BEWEGUNG, indem Sie das vorangestellte Dreiecksymbol ❸ markieren. Daraufhin offenbart sich eine Liste mit zahlreichen Steuerelementen, mit deren Hilfe sich Clips in allen erdenklichen Formen bewegen lassen.

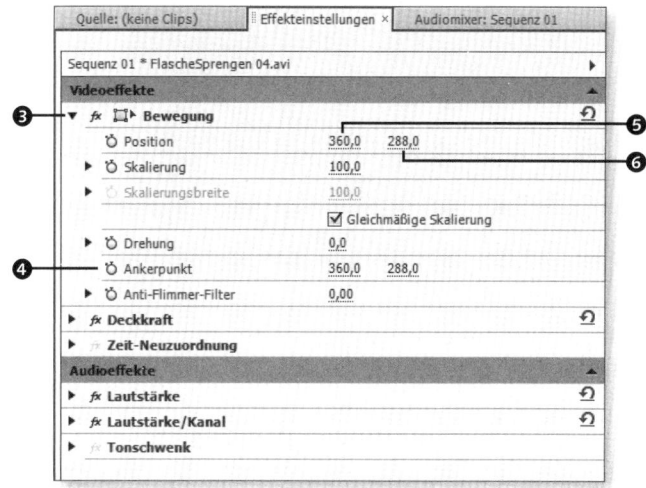

▲ **Abbildung 7.7** Die Liste BEWEGUNG ist hier geöffnet dargestellt.

7.3.1 Position eines Clips verändern

So ließe sich z. B. die Position ändern, indem Sie auf eines der beiden rechts daneben aufgeführten Hot-Text-Steuerelemente ❺ und ❻ klicken und den Wert mit gedrückter linker Maustaste verändern. Halten Sie zusätzlich ⟨⇧⟩ gedrückt, geht die Verschiebung wesentlich schneller.

Nehmen Sie den linken der beiden Werte ❺ wird das Video in X-Richtung, also horizontal verschoben. Der rechte Wert ❻ verschiebt den Clip in Y-Richtung, also vertikal. Dabei ist zu beachten, dass sich derartige Veränderungen stets auf den gesamten Clip auswirken. Weiter unten werden Sie noch sehen, wie Sie das auch noch zeitlich steuern können.

Koordinaten (bei DV-PAL) | Die Koordinaten selbst geben die Position des Clip-Mittelpunktes wieder, gemessen von der oberen linken Ecke des Bildschirmbereichs – und zwar in Pixel. Bei einem Projekt, das in der Horizontalen aus 720 und vertikal aus 576 Bildpunkten besteht (wie das Beispielprojekt), liegt die horizontale Mitte demzufolge bei 360,0 und die vertikale bei 288,0 – also genau bei den standardmäßig eingestellten Werten. Der Clip liegt dadurch mittig auf der Arbeitsfläche. Ein Beispiel: Wenn Sie die X- und Y-Koordinaten beide auf 0 setzen, wird der Mittelpunkt des Clips anschließend mit dem oberen linken Punkt der Bildfläche identisch sein.

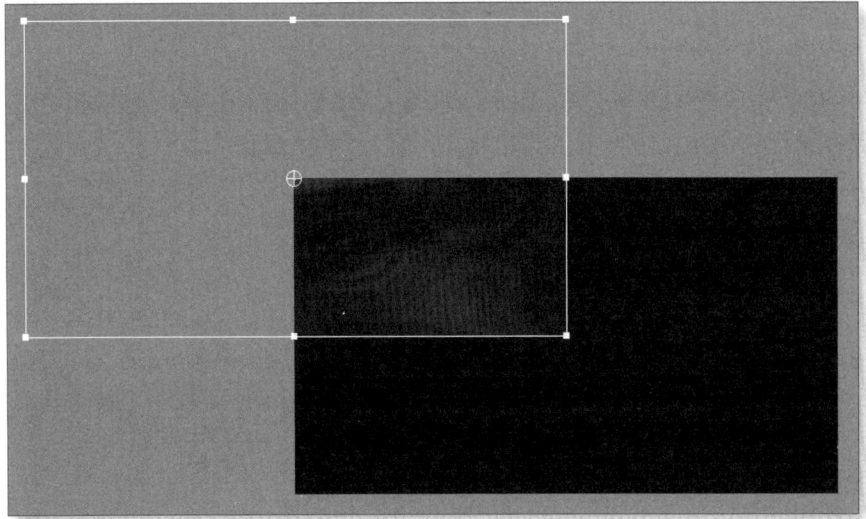

▲ **Abbildung 7.8** Wenn beide Koordinaten mit 0 angegeben werden, liegt der Mittelpunkt des Clips genau an der oberen linken Ecke.

Koordinaten (bei HDV und HD) | Sie sehen also, dass bei Verwendung der Koordinaten die Auflösung des Projekts von besonderer Bedeutung ist. Erstellen Sie beispielsweise ein HDV-Projekt (HDV 1080i25), stehen die Positionskoordinaten standardmäßig nicht mehr auf 360,0 und 288,0, sondern auf 720,0 und 540,0. Immerhin ist das

HDV-Bild ja auch 1.440 x 1.080 Pixel groß. Beim HD sieht es wieder anders aus. Das Full-HD-Format ist mit seinen 1.920 x 1.080 noch größer. Hier liegt der Mittelpunkt bei 960 x 540. Egal, mit welchen Formaten Sie auch immer arbeiten: Das grundsätzliche Handling ist immer das gleiche.

Ankerpunkt verändern | Was ist zu tun, wenn Sie die Position eines Assets nicht anhand seines Mittelpunktes, sondern lieber anhand seiner oberen linken Ecke bestimmen wollen? Dann müssten Sie ja zunächst einmal ausrechnen, wohin Sie den Mittelpunkt verschieben müssen, damit die Ecke passt. Das geht einfacher: Schauen Sie sich zunächst einmal die weiteren Zeilen des Bewegungseffekts an. Hier gibt es auch den Eintrag ANKERPUNKT ❹ (siehe Abbildung 7.7). Und dieser ist genau auf den Mittelpunkt eingestellt (360,0 und 288,0 bei DV-PAL). Wenn Sie hier 0,0 und 0,0 festlegen, wird der Clip nach unten rechts verschoben, und die obere linke Ecke liegt genau auf dem Mittelpunkt der Bildfläche. Versuchen Sie das einmal mit einem beliebigen Beispiel-Clip (im Buchprojekt »BlaueVaseVorbereitung 09.avi« aus dem Ordner BAND A2).

▲ **Abbildung 7.9** Der Clip ist nach unten rechts gerutscht.

Warum ist das gute Stück denn jetzt überhaupt verschoben worden? Na, weil die Bewegungsparameter der POSITION noch immer auf 360,0 und 288,0 stehen, nicht aber der Ankerpunkt. Weitere Infos zur Positionierung erhalten Sie in Abschnitt 7.5, »Keyframes – Effekte animieren«.

7.3.2 Clips skalieren

Wollen Sie ein Video vergrößern oder verkleinern, erreichen Sie dies proportional (also unter Einhaltung des Seitenverhältnisses), indem Sie den Wert SKALIERUNG ❷ (siehe Abbildung 7.10) entsprechend Ihren Wünschen verändern.

▲ **Abbildung 7.10** Veränderungen der Skalierung wirken sich proportional auf den Clip aus.

Wenn Sie allerdings beabsichtigen, einen Clip nur in horizontaler bzw. vertikaler Richtung zu skalieren, sollten Sie das Steuerelement GLEICHMÄSSIGE SKALIERUNG ❸ zuvor abwählen. Das Steuerelement SKALIERUNG wird dadurch automatisch zu SKALIERUNGS-HÖHE. Darunter finden Sie, separat regelbar, SKALIERUNGSBREITE ❻. Möglicherweise wollen Sie den Steuerelementen vorübergehend mehr Platz einräumen. In diesem Fall können Sie die Schnittfenster-Ansicht auf der rechten Seite des Fensters schließen, indem Sie SCHNITTFENSTER ANZEIGEN/AUSBLENDEN ❺ betätigen.

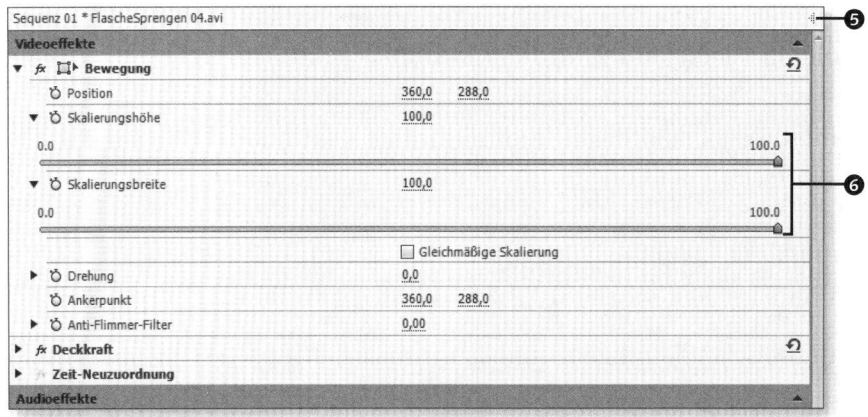

▲ **Abbildung 7.11** So haben Sie Platz genug, um alle Zeileninhalte einsehen zu können.

Schauen Sie einmal auf das Symbol ❶, das sich unmittelbar vor dem Eintrag BEWEGUNG befindet. Dieses deutet darauf hin, dass der Effekt auch direkt im Programmmonitor (mittels Drag & Drop) verändert werden kann. Um die Möglichkeit bereitzustellen, müssen Sie entweder die Zeile BEWEGUNG markieren oder auf die aktuelle Ansicht des Programmmonitors klicken. Das Video wird dort mit einem Rahmen versehen. Die quadratischen Anfasser können per Drag & Drop nach Wunsch verschoben werden. Versuchen Sie es doch einmal, indem Sie einen dieser Punkte nach innen ziehen.

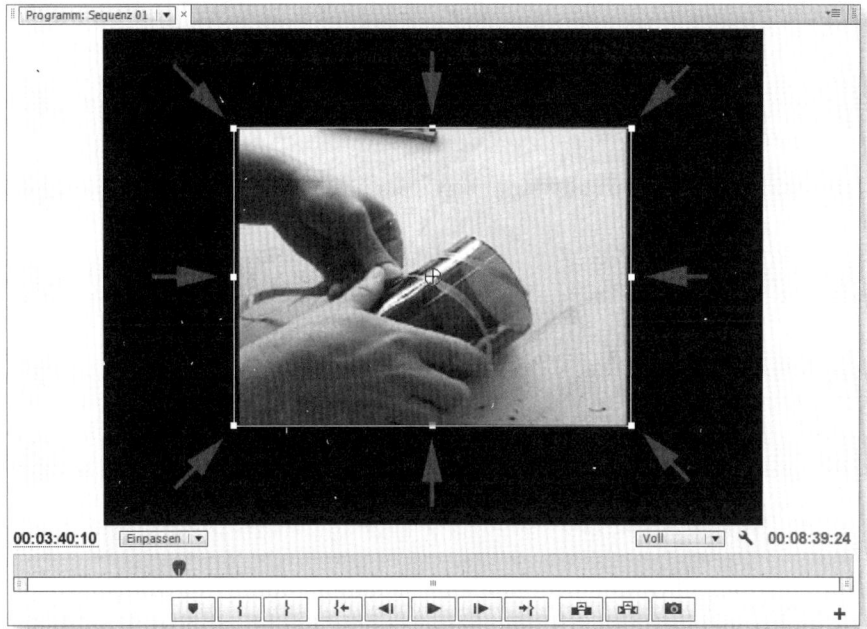

▲ **Abbildung 7.12** Der Clip lässt sich auch direkt im Programmmonitor bearbeiten.

Sie werden sehr schnell feststellen: Egal, an welchem Anfasser Sie den Clip verziehen, Sie werden ihn nur proportional verändern können. Wenn Sie das nicht wollen, müssen Sie auch hier vorab das Steuerelement GLEICHMÄSSIGE SKALIERUNG deaktivieren.

Position verändern

Möchten Sie das gesamte Video verschieben, klicken Sie den Clip innerhalb des Rahmens an und ziehen ihn mit gedrückter linker Maustaste.

7.3.3 Clips drehen

Neben der Möglichkeit, über das gleichnamige Steuerelement im Fenster EFFEKTEIN-STELLUNGEN eine DREHUNG ❹ auszuführen, lässt sich das Video auch im Programmmonitor drehen. Das Einzige, was Sie tun müssen, ist, den Mauszeiger etwas außerhalb eines Eckpunktes anzusetzen. Sobald sich der Mauszeiger in einen 90°-Doppelpfeil verwandelt, ist die richtige Position gefunden. Jetzt können Sie den Clip mit gedrückter linker Maustaste nach Wunsch verdrehen.

7.3.4 Deckkraft verändern

Auch die Deckkraft eines Clips lässt sich über das entsprechende Hot-Text-Steuerelement verändern. Häufig ergibt dies nur dann einen Sinn, wenn sich der Clip auf einer übergeordneten Videospur befindet. So lässt man ihn dann teiltransparent über einem anderen Clip erscheinen.

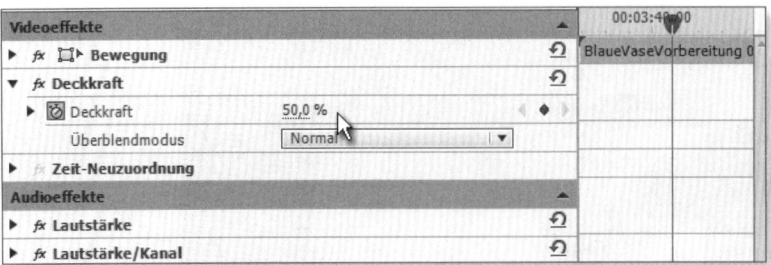

▲ **Abbildung 7.13** Im Menü Deckkraft lässt sich ein Clip teiltransparent darstellen.

Gleich unterhalb befindet sich eine mit Überblendmodus betitelte Pulldown-Liste. Hier legen Sie fest, wie die beiden überlagernden Clips miteinander wirken sollen. Die Technik ist vergleichbar mit den Ebenenmodi in Photoshop. Am Ende dieses Kapitels wird diese Technik noch einmal aufgegriffen (siehe Abschnitt 7.9, »Überblendmodi«).

Hinweis zur Zeit-Neuzuordnung

Eigentlich wäre es jetzt an der Zeit, den Effekt Zeit-Neuzuordnung zu erwähnen. Immerhin handelt es sich hierbei ebenfalls um einen fixierten Effekt. Ich möchte ihn aber dennoch zunächst zurückstellen, weil er seine wahre Leistungsfähigkeit erst so richtig entfalten kann, wenn man ihn zusammen mit animierten Keyframes einsetzt. Lassen Sie uns jedoch mit den Standardeffekten fortfahren und ansehen, wie Effekte animiert werden. In Abschnitt 7.6, »Zeitabläufe neu zuordnen«, greifen wir dann das Thema Zeit-Neuzuordnung wieder auf – versprochen!

7.3.5 Effekte zurücksetzen

Gerade am Anfang werden Sie geneigt sein, unterschiedliche Einstellungen in Sachen Effektparameter auszuprobieren. Wollen Sie anschließend alle Änderungen eines Videoeffekts in einem Arbeitsgang wieder rückgängig machen, klicken Sie einfach auf die Schaltfläche Zurücksetzen.

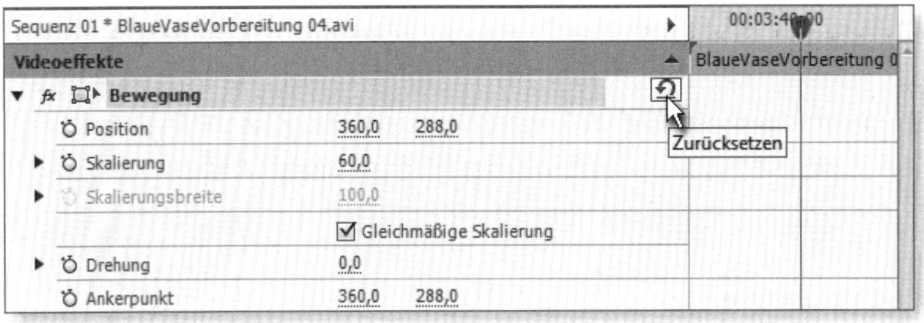

▲ **Abbildung 7.14** Verwerfen Sie alle Änderungen.

Ein fixierter Effekt lässt sich prima aus dem Schnittfenster heraus auf seine Standard-einstellungen zurücksetzen. Nach Rechtsklick auf den Clip entscheiden Sie sich für

EFFEKTE ENTFERNEN. Im Folgedialog lässt sich sogar bestimmen, auf welchen Effekt die Zurücksetzung erfolgen soll.

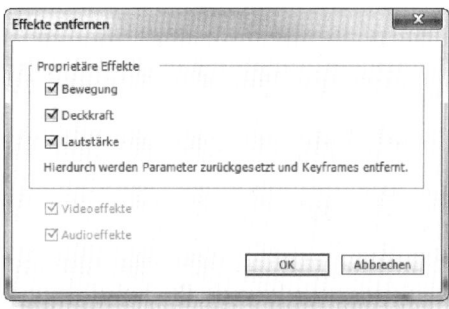

7.3.6 Effekte deaktivieren

Des Weiteren besteht aber auch die Möglichkeit, den Effekt nur »unsichtbar« zu schalten, und zwar über das kleine Effekt-Symbol. Dabei wird der Clip im Programmmonitor so dargestellt, als wären gar keine Veränderungen vorgenommen worden. Tatsächlich bleiben die Effekte aber erhalten und werden wieder sichtbar, sobald Sie die Schaltfläche abermals betätigen.

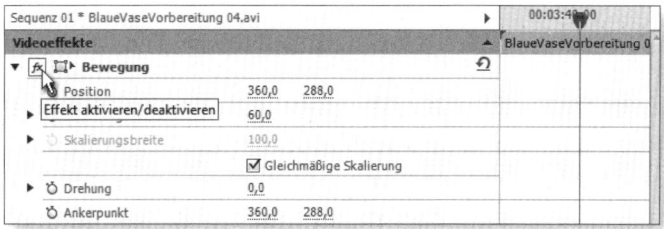

▲ **Abbildung 7.16** Effekte können vorübergehend deaktiviert werden.

7.4 Die Standardvideoeffekte

Sobald Sie etwas anderes wollen, als »nur« die Bewegung oder Deckkraft zu verändern, müssen Sie auf einen der zahlreichen Standardvideoeffekte zurückgreifen. Diese finden Sie im Bedienfeld EFFEKTE im Ordner VIDEOEFFEKTE.

7.4.1 Effekte suchen

Nun können Sie sich vorstellen, dass es bei der Fülle an Unterordnern nicht gerade leicht ist, den gewünschten Effekt zu finden. In diesem Fall sollten Sie sich von der integrierten Suchfunktion unterstützen lassen. Tragen Sie einen Suchbegriff oder Teile dessen in das Suchfeld ein. Je genauer der Suchbegriff ist, desto präziser wird natürlich die Ergebnisauswahl sein.

▲ **Abbildung 7.17** Nur was dem Suchkriterium entspricht, wird in der Liste angezeigt.

Denken Sie daran, den Suchbegriff im Anschluss wieder zu löschen ❶, da Sie ansonsten nur noch Zugriff auf die Effekte haben, die der Suchwortvorgabe entsprechen.

7.4.2 Effekte filtern

Weiter rechts in der Zeile, die einen Effekt oder eine Überblendung repräsentiert, finden Sie nicht selten Symbole, die verdeutlichen, ob es sich bei dem jeweiligen Effekt um einen bestimmten Typ handelt. Diese sind im Einzelnen:

▸ beschleunigte Effekte
▸ Effekte für 32-Bit-Farbtiefe
▸ YUV-Effekte

So lässt sich unmittelbar ausmachen, ob der jeweilige Effekt (oder die Überblendung) beispielsweise GPU-beschleunigt ist (siehe dazu auch Abschnitt 7.1, »GPU-beschleunigte Effekte«). Entsprechend lässt sich ein Suchergebnis auch weiter eingrenzen bzw. die Liste der Effekte filtern, indem Sie einen oder mehrere der drei Buttons ❷ neben dem Eingabefeld aktivieren.

▲ **Abbildung 7.18** Die Effekte lassen sich über die drei Tasten bequem filtern.

---

32 Bit rendern

Wenn Sie einen Effekt zuweisen, der 32-Bit-fähig ist, wird dieser nur dann tatsächlich in 32 Bit gerendert, wenn alle anderen Effekte innerhalb der Sequenz ebenfalls 32-Bit-fähig sind. Ist das nicht der Fall, werden alle Effekte der Sequenz mit 8 Bit gerendert.

7.4.3 Effekte zuweisen

Einen Effekt weisen Sie zu, indem Sie ihn per Drag & Drop auf den Clip im Schnittfenster befördern. Seit CS6 können Sie auch einen Doppelklick auf den Effekt im Effekte-Bedienfeld setzen. Zuvor muss allerdings der Clip im Schnittfenster markiert werden.

Direktbearbeitung

Das Zuweisen und Bearbeiten von Effekten kann auch zum Zeitpunkt der Wiedergabe erfolgen. Während diese in Vorgängerversionen noch bei bestimmten Arbeiten unterbrochen wurde, lässt sich nun »durcharbeiten«, ohne dass die Wiedergabe stoppt. Insbesondere bei der Einstellung bestimmter Effekte (vor allem Korrektureffekte) ist das ausgesprochen nützlich.

7.4.4 Effektreihenfolge ändern

Natürlich können Sie auf einen Clip beliebig viele Effekte anwenden. Dabei ist aber grundsätzlich zu beachten, dass die Reihenfolge ihrer Anwendung zum Teil erheblichen Einfluss auf das Ergebnis hat (das ist vor allem dann der Fall, wenn der ÜBERBLENDMODUS im Bereich DECKKRAFT verändert wurde). Die nicht fixierten Effekte lassen sich deshalb im Fenster EFFEKTEINSTELLUNGEN per Drag & Drop sortieren.

Möchten Sie die Reihenfolge verändern, ziehen Sie einfach die betreffende Zeile an eine andere Position. Sobald die horizontale schwarze Linie auftaucht, können Sie sie fallen lassen. Die Standardeffekte BEWEGUNG, DECKKRAFT und ZEIT-NEUZUORDNUNG sind davon allerdings ausgenommen. Sie können ebenso wenig nach unten verschoben werden, wie sich ein Standardeffekt oberhalb oder zwischen den fixierten Effekten platzieren lässt.

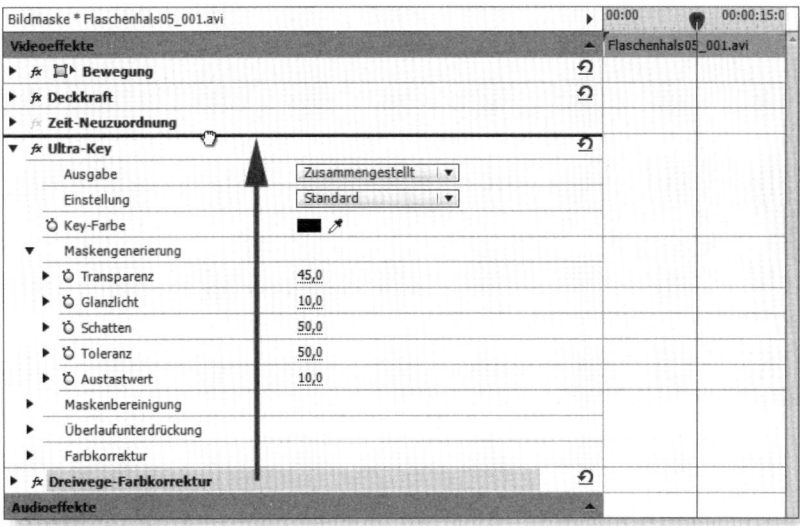

▲ **Abbildung 7.19** Es ist nichts dagegen einzuwenden, die Effektreihenfolge auch nachträglich noch zu ändern. Hier wird die DREIWEGE-FARBKORREKTUR gerade oberhalb des zuvor eingefügten Ultra-Keys platziert.

7.4.5 Effekte entfernen

Entfernen Sie einen Effekt aus einem Clip, indem Sie die betreffende Zeile im Bedienfeld EFFEKTEINSTELLUNGEN markieren und entweder aus dem Bedienfeldmenü AUSGEWÄHLTEN EFFEKT LÖSCHEN wählen oder ⌜Entf⌝ bzw. ⌜←⌝ drücken.

7.4.6 Standardeffekte bearbeiten

Wie verändert sich nun ein Clip im Schnittfenster, wenn Sie einen Effekt zugewiesen haben? Nun, zugewiesene Effekte werden in Form einer violetten Linie ❶ dargestellt. Das ist leider sehr schlecht zu sehen, wenn dieser noch markiert ist. Klicken Sie in diesem Fall auf einen freien Bereich des Schnittfensters, um ihn abzuwählen. Zugewiesenen Standardeffekt hin. Die Linie befindet sich direkt unter der Clip-Bezeichnung.

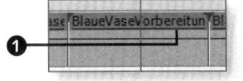

◄ **Abbildung 7.20** Die violette Linie im oberen Drittel weist auf einen

Wenn Sie den Clip anschließend wieder markieren, können Sie dessen Parameter in den EFFEKTEINSTELLUNGEN bearbeiten. Das manuelle Öffnen der Liste über das vorangestellte Dreiecksymbol ❷ entfällt seit der Version CS6. Die darin enthaltenen Steuerelemente sind natürlich je nach verwendetem Effekt unterschiedlich. Manche Effekte bringen sogar eine ganze Armada an Listen, Schaltern und Reglern mit, die vielfach erst zu sehen sind, wenn Sie im Effekteinstellungen-Bedienfeld etwas nach unten scrollen ❺.

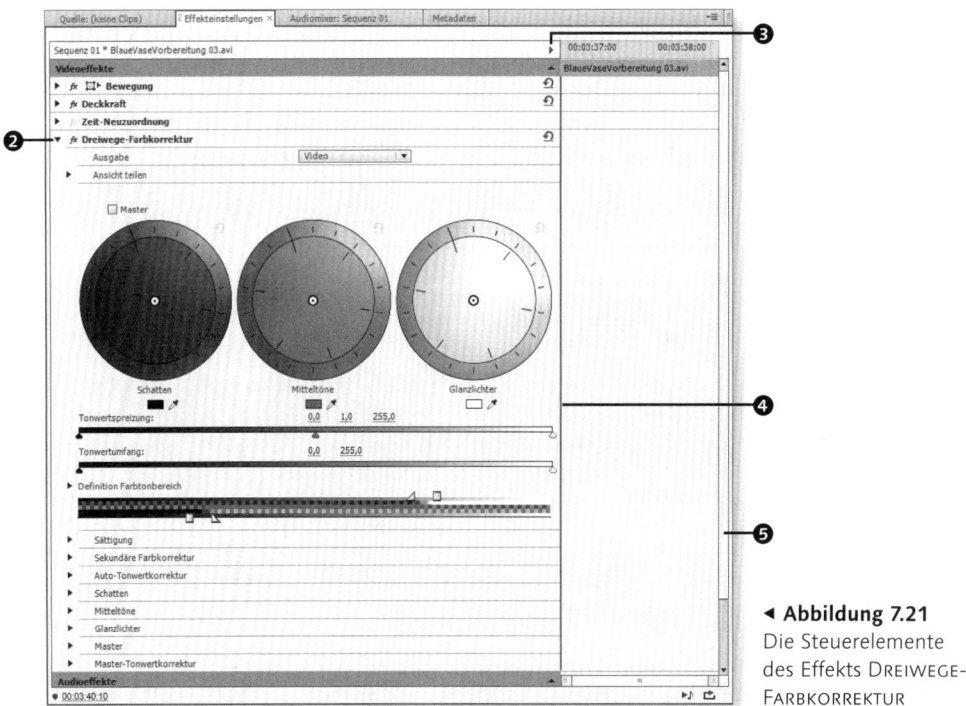

◄ **Abbildung 7.21**
Die Steuerelemente
des Effekts DREIWEGE-
FARBKORREKTUR

Bedenken Sie in diesem Zusammenhang stets, dass Sie die Arbeitsoberfläche an den Fensterzwischenstegen einstellen können. So lässt sich beispielsweise auch der Zwischensteg, der die linke und rechte Seite des Fensters EFFEKTEINSTELLUNGEN voneinander trennt ❹, per Drag & Drop verziehen. Bei einem Effekt wie der DREIWEGE-FARBKORREKTUR beispielsweise bietet es sich an, diesen weiter nach rechts zu ziehen oder die rechte Seite ganz zu schließen ❺.

7.4.7 Effekt »Verkrümmungsstabilisierung« – Verwacklungen stabilisieren

Der neu in Premiere Pro CS6 hinzugekommene Effekt VERKRÜMMUNGSSTABILISIERUNG ist so genial, dass es lohnt, ihn in einem separaten Workshop vorzustellen.

◢ Schritt für Schritt: Clips stabilisieren

Verkrümmungsstabilisierung ist ein Begriff, der die dahinter steckenden Eigenschaften nicht direkt offenbart. Der Effekt sorgt nämlich dafür, dass verwackelte Aufnahmen beruhigt (stabilisiert) werden – und zwar mit beeindruckender Präzision.

1 Effekt hinzufügen

Um zunächst einmal anzusehen, wie der Clip wirkt, starten wir einen Versuch mit dem ersten Clip, der sich innerhalb der Timeline befindet (auf Spur VIDEO 1). Schauen Sie ihn zunächst einmal an. Die Hand wackelt, was prinzipiell nicht schlimm ist. Doch die Funktionsweise lässt sich durch Eliminierung dieser Bewegung eindrucksvoll unter Beweis stellen. Ziehen Sie den Effekt VERKRÜMMUNGSSTABILISIERUNG (VIDEOEFFEKTE/VERZERRUNG) auf »Perle_3.avi«. Wie Sie sehen, legt die Anwendung sofort los. Der Programmmonitor zeigt es an.

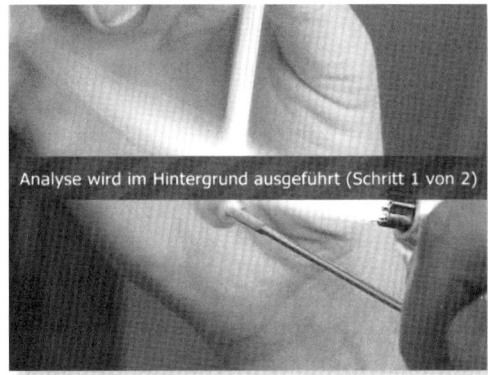

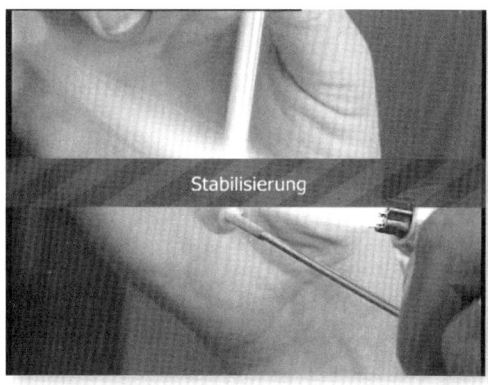

▲ **Abbildung 7.22** Im ersten Schritt wird das Video analysiert.

▲ **Abbildung 7.23** Danach wird die Stabilisierung vorgenommen.

2 Effekt begutachten

Sehen Sie sich das Ergebnis an, werden Sie schnell feststellen, dass die Hand beruhigt worden ist, ohne jedoch unnatürlich starr zu wirken. Dafür wackelt nun der Kopf des Brenners etwas. Damit Sie sehen, was tatsächlich im Hintergrund passiert ist, schalten Sie doch das Steuerelement RAHMEN (Liste RÄNDER) in den EFFEKTEINSTELLUNGEN einmal von STABILISIERUNG, ZUSCHNEIDEN, AUTO-SKALIERUNG auf NUR STABILISIEREN. Spielen Sie den Clip abermals ab, und achten Sie auf die Bildränder. Interessant, oder? Danach machen Sie die Einstellung bitte wieder rückgängig.

▲ **Abbildung 7.24** So ist gut zu sehen, wie der Effekt arbeitet.

3 Methode ändern

Entscheiden Sie selbst, ob Sie den Effekt auf dem ersten Clip erhalten wollen oder nicht. Notwendiger ist auf jeden Fall die Stabilisierung von »Drehteller_b1_02.avi«, den Sie in der Timeline des Buchprojekts in etwa an Position 00:02:30:00 finden. Weisen Sie den Effekt auch hier zu. Stoppen Sie die Analyse jedoch sofort, indem Sie in den EFFEKTEINSTELLUNGEN auf ABBRECHEN klicken. Danach stellen Sie um auf KEINE BEWEGUNG, gefolgt von ANALYSIEREN.

▲ **Abbildung 7.25** Durch das Umschalten wird das Ergebnis noch ruhiger. Die Einstellung eignet sich meist bei Clips, in denen weder Schwenk noch Kamerafahrt vorhanden sind.

4 Ergebnis ansehen

Schauen Sie sich den Clip an, und achten Sie vor allem auf die Fenster im Hintergrund. Hier bewegt sich nichts mehr. Vergleichen Sie das Ergebnis mit dem Original, indem Sie den Effekt temporär deaktivieren. Falls erforderlich, rendern Sie den relevanten Bereich. Denken Sie daran, dass dazu die Arbeitsbereichsleiste über dem roten Balken in der Timeline stehen muss.

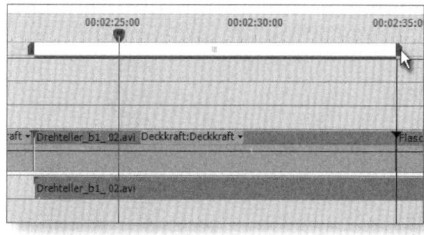

◄ **Abbildung 7.26** Zum Rendern eines Effekts muss die Arbeitsbereichsleiste platziert werden.

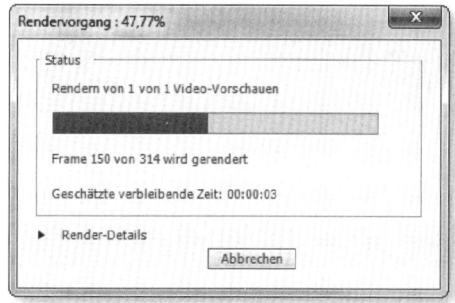

◄ **Abbildung 7.27** Eventuell müssen Sie rendern.

5 Ansicht optimieren

Sollten anschließend Treppchen entlang der Fensterrahmen auszumachen sein, gehen Sie in das Bedienfeldmenü ❶ des Programmmonitors, und schalten Sie um auf BEIDE FELDER ANZEIGEN ❷. Ansonsten wird nur eines der Halbbilder ausgestrahlt, was zu besagter Fehldarstellung diagonaler oder senkrechter Linien führen kann.

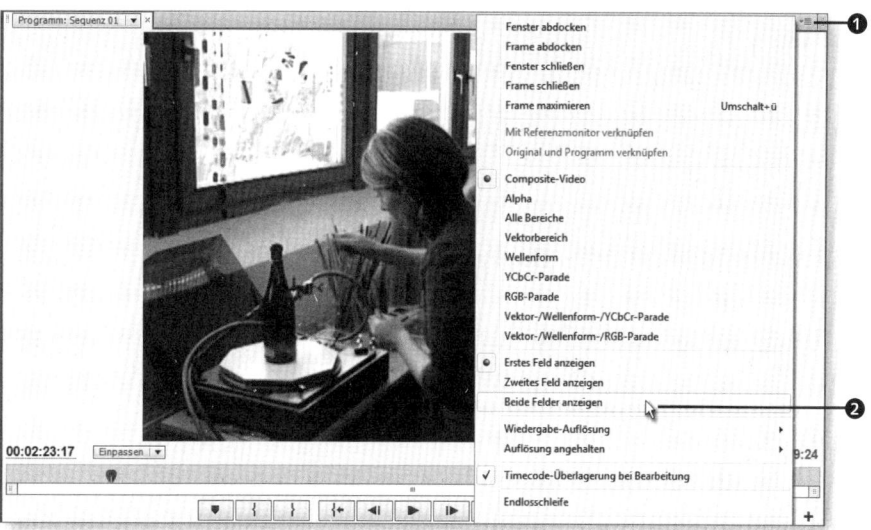

▲ **Abbildung 7.28** Die Darstellung lässt sich noch optimieren.

Die Treppchen sehen bedingt durch die Ausstrahlung eines einzigen Halbbildes nicht besonders schön aus. Das war es aber auch schon mit den Beeinträchtigungen, da es sich dabei lediglich um einen Wiedergabeeffekt handelt. Im fertigen Film würde der Clip ordentlich ausgegeben.

▲ **Abbildung 7.29** Wenn beide Halbbilder angezeigt werden, sind die Diagonalen wesentlich sauberer. Achten Sie auf den unteren Teil des Fensterrahmens.

Der Effekt lässt sich nicht nur auf stehende Kameraeinstellungen anwenden. Auch Kamerafahrten, Zooms, Schwenks und Tilts (Vertikalschwenks) lassen sich mit diesem Effekt hervorragend beruhigen.

7.5 Keyframes – Effekte animieren

Jetzt kommen erstmals die sogenannten *Keyframes* ins Spiel. Mit Keyframes (also mit **Schlüsselbildern**) steuern Sie nämlich (u. a.) den zeitlichen Ablauf eines zugewiesenen Effekts. Sie können dadurch bestimmen, ab welchem Zeitpunkt beispielsweise eine Skalierung beginnt und wann der zugewiesene Effekt zu sehen sein soll. Dazu wollen wir zunächst einen Bild-im-Bild-Effekt realisieren.

▪ *Schritt für Schritt: Bild-im-Bild-Effekt erzeugen*

Sie kennen es aus zahlreichen Nachrichtensendungen: Ein Bild verkleinert sich und wird zeitgleich in eine Ecke verschoben, während darunter der Moderator erscheint.

1 *Projekt vorbereiten*
Erzeugen Sie zunächst ein neues Projekt oder zumindest eine neue Sequenz im Format DV-PAL • Standard 48kHz. Zur besseren Übersicht benennen Sie die Sequenz »Bild-im-Bild«. Importieren Sie die Dateien »Perlen_Flamme.avi« und »Perlen_Kommentar.

avi« aus dem Ordner KAPITEL_07. Bringen Sie den zuletzt genannten Clip in Spur VIDEO 1. Den anderen platzieren Sie eine Spur höher, wobei Sie beide Clips am Sequenz-Nullpunkt beginnen lassen.

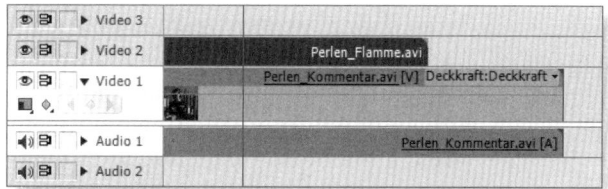

◄ **Abbildung 7.30** Der AV-Clip liegt in Spur 1, während der reine Videoclip in Spur VIDEO 2 Platz findet.

2 Einfügemarke positionieren

Der obere Clip verdeckt selbstverständlich den unteren. Um Letzteren nach einer gewissen Zeit sichtbar zu machen, muss der obere Clip mit Keyframes versehen werden. Bringen Sie die Einfügemarke dazu an Position 00:00:04:14.

3 Erste Animation aktivieren

Ab dieser Position soll der in Spur VIDEO 2 befindliche Clip kontinuierlich verkleinert werden. Stellen Sie sicher, dass »Perlen_Flamme.avi« jetzt im Schnittfenster markiert ist, und klicken Sie in den EFFEKTEINSTELLUNGEN im Bereich BEWEGUNG auf das Stoppuhrsymbol vor SKALIERUNG ❶. Damit schalten Sie die Animationen ein. Werfen Sie einen Blick auf die Schnittfenster-Ansicht rechts in den EFFEKTEINSTELLUNGEN. Falls sie verschlossen ist, klicken Sie einmal kurz auf SCHNITTFENSTER ANZEIGEN/AUSBLENDEN ❷. An der aktuellen Position der Einfügemarke wurde soeben ein Keyframe eingefügt ❸.

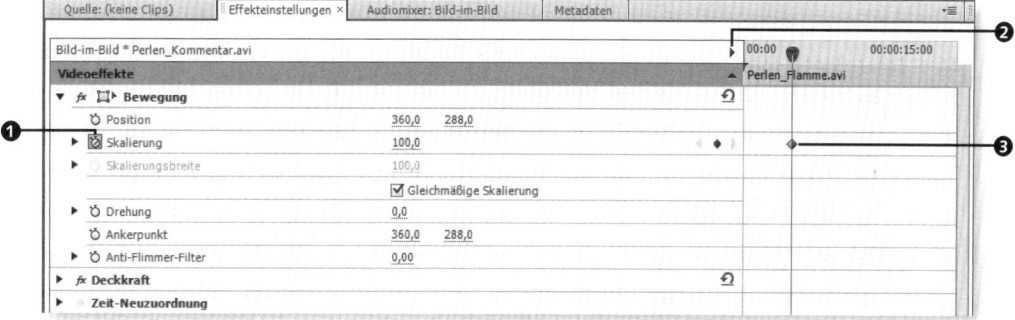

▲ **Abbildung 7.31** Der Clip soll ab dieser Position kontinuierlich verkleinert werden.

Animationsparameter

Bedenken Sie, dass sich Änderungen der Parameter grundsätzlich auf den gesamten Clip beziehen, sofern die Animation noch nicht aktiviert wurde. Sobald Sie jedoch das Stoppuhrsymbol aktiviert haben, beziehen sich die Modifikationen auf die aktuelle Position der Einfügemarke und werden auch erst ab dieser Position wirksam. Im weiteren Verlauf des Workshops werden Sie das noch anschaulich nachvollziehen können.

4 Zweite Animation aktivieren

Genau an dieser Stelle soll aber gleichzeitig damit begonnen werden, den oberen Videoclip zu verschieben. Aktivieren Sie deshalb auch das Stoppuhrsymbol Animation aktivieren/deaktivieren vor Position.

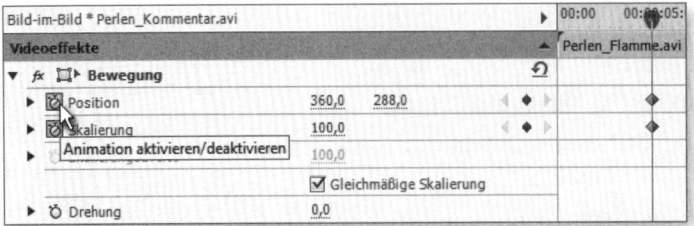

▲ **Abbildung 7.32** Eine weitere Schlüsselbildraute ist hinzugefügt worden – diesmal in der Zeile Position.

5 Sichere Ränder einschalten

Haben Sie sich schon mit dem Thema **Overscan** vertraut gemacht (siehe Anhang A, »Fachkunde«)? Dann wissen Sie ja bereits, dass auf einem TV-Monitor nicht das gesamte Bild sichtbar ist. Für die bevorstehende Verschiebe-Aktion ist es daher hilfreich, wenn Sie im Bedienfeldmenü des Programmmonitors ❶ die Funktion Sichere Ränder einschalten. Im nächsten Schritt können Sie sich dann nämlich prima am inneren Rechteck orientieren – gewissermaßen als Positionierungshilfe.

▲ **Abbildung 7.33** Lassen Sie sich die sicheren Ränder anzeigen.

6 *Einfügemarke exakt positionieren*

Bringen Sie nun die Einfügemarke exakt zwei Sekunden weiter nach rechts. Hier können Sie sich übrigens eine löbliche Eigenschaft Ihrer Software zunutze machen. Sie kann nämlich rechnen! Geben Sie deshalb den Timecode »+200« ein. Sollten Sie das über den Nummernblock machen wollen, denken Sie daran, sämtliche Clips im Schnittfenster vorab zu deaktivieren, da Sie ansonsten nicht die Einfügemarke, sondern das markierte Asset verschieben würden.

7 *Position und Skalierung verändern*

Damit befinden Sie sich genau an der Stelle, an der sowohl die POSITION als auch die SKALIERUNG beendet sein sollen (00:00:06:14). Aktivieren Sie den obersten Clip im Schnittfenster, und klicken Sie einmal kurz auf das Hot-Text-Steuerelement SKALIERUNG innerhalb der EFFEKTEINSTELLUNGEN, damit dieses markiert wird. Geben Sie »40« ein. Bestätigen Sie das mit ⏎. Sie sehen, dass rechts erneut ein Keyframe hinzugefügt wurde.

Bild-im-Bild * Perlen_Flamme.avi			▶	00:00	🍥	00
Videoeffekte			▲	Perlen_Flamme.avi		
▼ *fx* ▣▶ **Bewegung**			↺			
▶ 🎛 Position	360,0	288,0	◀ ◆ ▶	◆		
▶ 🎛 Skalierung	40,0		◀ ◆ ▶	◆	◆	
▶ ⬚ Skalierungsbreite	100,0					

◀ **Abbildung 7.34**
Ein weiterer Keyframe wurde hinzugefügt.

Widmen Sie sich jetzt den Positionssteuerelementen, und sorgen Sie dafür, dass das Video unten rechts im inneren Rahmen der sicheren Ränder sitzt ❸. Um dies zu erreichen, müsste die X-Position mit etwa 500 und die Y-Position mit etwa 400 festgelegt werden. Vergleichen Sie das mit Abbildung 7.35. Premiere Pro erlaubt übrigens den Sprung von einem Eingabefeld ins nächste. Gehen Sie also so vor, dass Sie zunächst den linken der beiden Werte ❷ anklicken, dort »500« eingeben, dann ⇥ drücken, im zweiten Feld »400« eintippen und das Ganze mit ⏎ beenden.

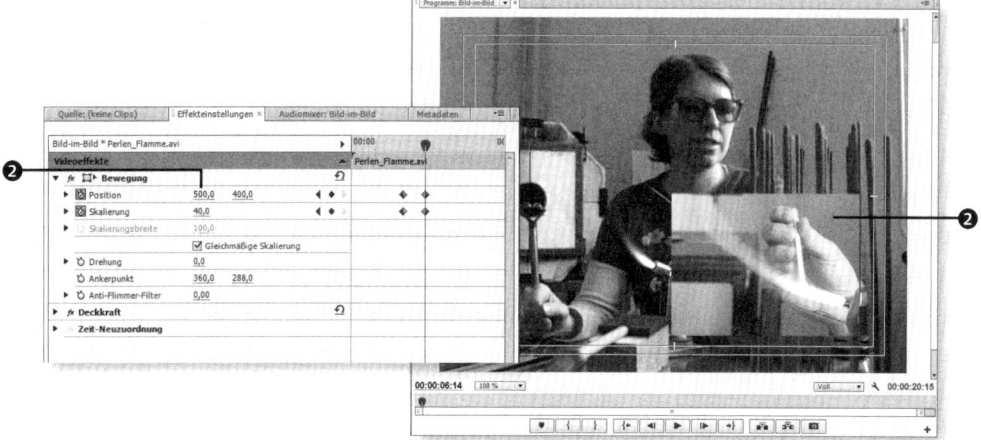

▲ **Abbildung 7.35** Das Video soll im inneren Rahmen der sicheren Ränder sitzen.

In Sachen Positionierung und Skalierung ist jetzt bereits alles erledigt. Schauen Sie sich das Video an (Pos1/← gefolgt von einem Druck auf die Leertaste). Im nächsten Workshop sollten Sie allerdings noch dafür sorgen, dass der Clip am Schluss sanft ausgeblendet wird. Schalten Sie die sicheren Ränder wieder aus, wenn sie stören.

8 Optional: Vorschau erzeugen

Sollte die Wiedergabe nicht flüssig laufen, rendern Sie eine Vorschau, indem Sie ↵ drücken. Die Arbeitsbereichsleiste dürfte ja bereits in Position sein.

Schritt für Schritt: Clip-Deckkraft reduzieren und animieren

Was im vorangegangenen Workshop begonnen worden ist, wird nun zu Ende gebracht. In diesem Abschnitt arbeiten wir mit der keyframe-gesteuerten Deckkraftveränderung. Am Ende erfahren Sie noch, wie sich Keyframes verschieben lassen.

1 Nun die Einfügemarke am Clip-Ende positionieren

Sorgen Sie dafür, dass der Spurkopf von VIDEO 2 im Schnittfenster aktiv ist (einmal darauf klicken), und betätigen Sie einmal Pos1/←, gefolgt von ↓. Dies bewirkt, dass die Einfügemarke am Clip-Ende des Videos in Spur 2 positioniert wird.

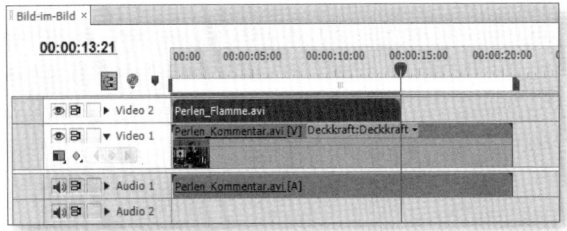

◄ **Abbildung 7.36** Die Einfügemarke befindet sich am Ende des oberen Clips.

2 Deckkraft beider Clips herabsetzen

Kontrollieren Sie, ob der obere Clip noch markiert ist, was noch der Fall sein dürfte und zudem erforderlich ist, um ihn weiter bearbeiten zu können. Sie werden zunächst dessen Deckkraft komplett reduzieren. Öffnen Sie dazu die Liste DECKKRAFT ❶ im Bedienfeld EFFEKTEINSTELLUNGEN, und setzen Sie diese auf 0 % ❷, dann drücken Sie ↵.

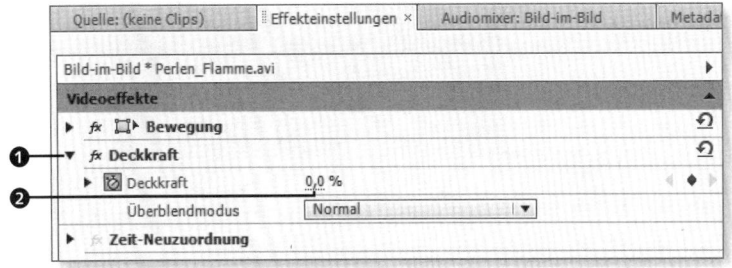

◄ **Abbildung 7.37** Verändern Sie die Deckkraft.

Sie müssen sich hier im Übrigen nicht um die vorangestellte Stoppuhr kümmern, da dies von Premiere Pro automatisch erfolgt. Aktivieren Sie jetzt noch den Film in Spur VIDEO 1, und setzen Sie auch hier die Deckkraft auf 0 %.

3 Deckkraft erhöhen

Jetzt müssen Sie festlegen, bis zu welchem Punkt die volle Deckkraft noch vorhanden sein soll; und zwar wollen wir die Einfügemarke dazu genau zwei Sekunden zurückstellen (Sie arbeiten jetzt also gewissermaßen rückwärts). Geben Sie deshalb über eines der Timecode-Steuerelemente »–200« ein. Die Einfügemarke rückt dann entsprechend nach links, wobei die Position 00:00:11:21 gefunden werden sollte. Hier verändern Sie jetzt die Deckkraft auf die zuvor beschriebene Weise, wobei Sie beiden Clips diesmal allerdings 100 % DECKKRAFT zuteilen.

4 Deckkraftreduzierung im Schnittfenster ansehen

Werfen Sie einen Blick auf Ihr Schnittfenster. Wenn Sie mögen, öffnen Sie die Spur VIDEO 2, indem Sie das vorangestellte Dreieck ❸ anklicken. Achten Sie auf die gelbe Linie ❹ und die Absenkung ❺, die nun bei beiden Clips stattfindet. Auch hier finden Sie nämlich die Keyframes sowie die Deckkraftreduzierung wieder – doch dazu später mehr. Im Moment soll Ihnen die Anzeige lediglich dazu dienen, Ihr Zwischenergebnis mit der Abbildung im Buch zu vergleichen. Um das Ganze besser beurteilen zu können, empfiehlt es sich, beide Clips abzuwählen.

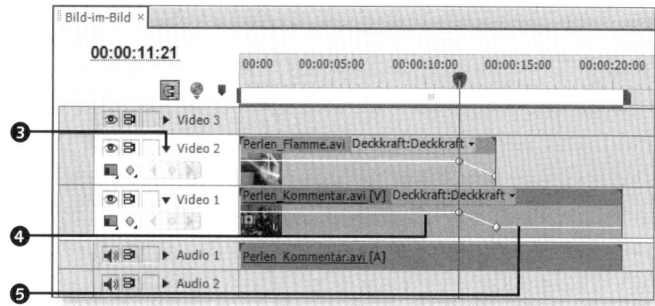

◀ **Abbildung 7.38** So sollte Ihr Projekt jetzt auch aussehen.

5 Keyframes verschieben

Wenn Sie sich den Film jetzt ansehen, werden Sie feststellen, dass beide Clips im gleichen Moment ausgeblendet werden. Das ist ja nur zu verständlich, denn immerhin sind die Keyframes ja auch jeweils deckungsgleich erzeugt worden. Das wollen wir jedoch so nicht hinnehmen. Der untere Clip soll etwas länger zu sehen sein. Dazu klicken Sie den rechten Keyframe des markierten Clips »Perlen_Kommentar.avi« im Fenster EFFEKTEINSTELLUNGEN an. Halten Sie ⇧ gedrückt, und klicken Sie auch auf den linken Keyframe. Damit haben Sie erreicht, dass beide Schlüsselbilder ausgewählt sind (gelb markiert). Klicken Sie nun noch einmal auf das linke Schlüsselbild, lassen Sie die Maustaste nicht mehr los, und ziehen Sie die Raute so weit nach rechts, dass beide im rechten Teil des Fensters EFFEKTEINSTELLUNGEN gerade eben noch sichtbar sind. Die rechte Raute wandert dabei übrigens brav mit (sie ist ja ebenfalls markiert), wobei der Abstand zueinander nicht verändert wird.

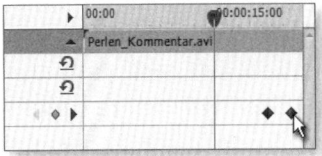

◀ **Abbildung 7.39** Beide Keyframes werden gemeinsam verschoben.

Wenn Sie das gesamte Projekt im Übrigen noch einmal nachvollziehen wollen, finden Sie die Arbeitsdatei dazu ebenfalls im Ordner KAPITEL_07. Sie heißt »Keyframes 01. prproj«.

Positionieren Sie Keyframes (die sogenannten Schlüsselbildern) immer dort, wo eine prägnante Änderung der Clip-Attribute eintreten soll. Wenn Sie also eine Bewegung erzeugen wollen, benötigen Sie mindestens zwei Keyframes. Den ersten setzen Sie an die Stelle, an der die Bewegung beginnen soll, während der zweite am Ende der Bewegung platziert wird. Die Bilder dazwischen erzeugt Premiere Pro für Sie.

7.5.1 Keyframes verschieben

Die Keyframes haben Sie ja ebenfalls bereits verschoben. Bei einer solchen Aktion ist grundsätzlich entscheidend, welche Keyframes markiert sind. Nach dem Verschieben sollten Sie zudem einen freien Bereich des Schnittfensters oder des Fensters EFFEKTEIN-STELLUNGEN anwählen, damit die ausgewählten Keyframes wieder abgewählt werden. Beim Verschieben einzelner Schlüsselbilder können Sie sich das vorherige Markieren im Übrigen sparen. Klicken Sie die Raute ganz einfach an, und ziehen Sie das Schlüsselbild an die gewünschte Position. Das selektierte Schlüsselbild wählen Sie auch in diesem Fall wieder ab, indem Sie auf eine freie Stelle außerhalb der Keyframes klicken.

Übrigens ist das gleichzeitige Verschieben von Keyframes auch funktionsübergreifend möglich. Es ist also beispielsweise durchaus legitim, die Schlüsselbilder für POSITION und SKALIERUNG gemeinsam zu markieren. Und wenn Sie einmal mehrere Keyframes in nur einem Arbeitsgang auswählen wollen, erreichen Sie das, indem Sie den Mauszeiger außerhalb der Keyframes ansetzen und einen Rahmen aufziehen, der alle gewünschten Schlüsselbilder einfasst. Wenn Sie anschließend auf einen der Keyframes klicken und die Maustaste gedrückt halten, können Sie alle markierten Frames gleichzeitig verschieben.

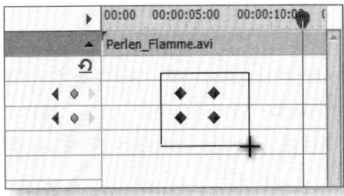

◀ **Abbildung 7.40** Mit Hilfe eines aufgezogenen Rahmens lassen sich mehrere Keyframes gleichzeitig markieren.

Zum Entfernen eines Keyframes markieren Sie ihn und drücken `Entf` bzw. `←`. Alternativ dazu können Sie das Kontextmenü öffnen und hier den Eintrag Löschen wählen.

7.5.2 Zu Keyframes springen

In den Spalten der EFFEKTEINSTELLUNGEN befinden sich weitere Steuerelemente, mit denen es möglich ist, Keyframes zu setzen, sie wieder zu entfernen oder den nächsten bzw. vorhergehenden anzuspringen.

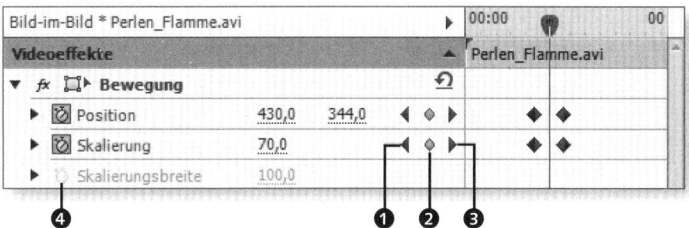

▲ **Abbildung 7.41** Nutzen Sie die Keyframe-Optionen in den EFFEKTEINSTELLUNGEN.

❶ ZUM VORHERIGEN KEYFRAME GEHEN – sucht von der Einfügemarke ausgehend das zurückliegende Schlüsselbild auf. Diese Funktion steht nur dann zur Verfügung, wenn vor der Einfügemarke noch ein Keyframe vorhanden ist.

❷ KEYFRAME HINZUFÜGEN/ENTFERNEN – fügt an der aktuellen Position der Einfügemarke einen Keyframe ein, sofern dort noch keiner vorhanden ist. Befindet sich die Einfügemarke auf einem Keyframe, wird dieser hingegen gelöscht.

❸ ZUM NÄCHSTEN KEYFRAME GEHEN – sucht von der Einfügemarke ausgehend den nächsten Keyframe auf. Diese Funktion steht nur dann zur Verfügung, wenn hinter der Einfügemarke noch ein Keyframe vorhanden ist.

❹ ANIMATION AKTIVIEREN/DEAKTIVIEREN – schaltet die Animation ein. Betätigen Sie die Schaltfläche bei aktiver Animation, werden (nach entsprechender Kontrollabfrage) sämtliche Keyframes dieser Zeile gelöscht.

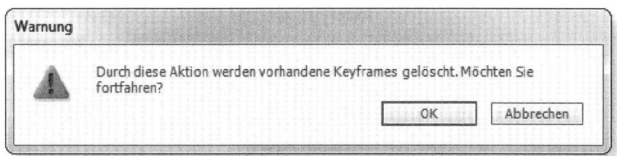

▲ **Abbildung 7.42** Hier fragt Premiere Pro lieber noch einmal nach.

Achten Sie in diesem Zusammenhang auf die Position des Abspielkopfes. Sollte sich beispielsweise rechts neben dessen Position kein Keyframe mehr befinden, ist die Funktion ZUM NÄCHSTEN KEYFRAME GEHEN auch nicht anwählbar.

7.5.3 Keyframes kopieren

Mitunter werden identische Keyframes mehrfach benötigt. Diese können Sie ganz einfach (nachdem sie markiert wurden) mit ⌈Strg⌉/⌈cmd⌉+⌈C⌉ in die Zwischenablage befördern. Bringen Sie anschließend die Einfügemarke an die gewünschte Stelle, und betätigen Sie ⌈Strg⌉/⌈cmd⌉+⌈V⌉, was zur Folge hat, dass die Keyframe-Kopien dort eingefügt werden. Das Gleiche ist übrigens mit Hilfe der Einträge KOPIEREN und EINFÜGEN aus dem Kontextmenü möglich, wenn Sie dieses auf einem Keyframe öffnen.

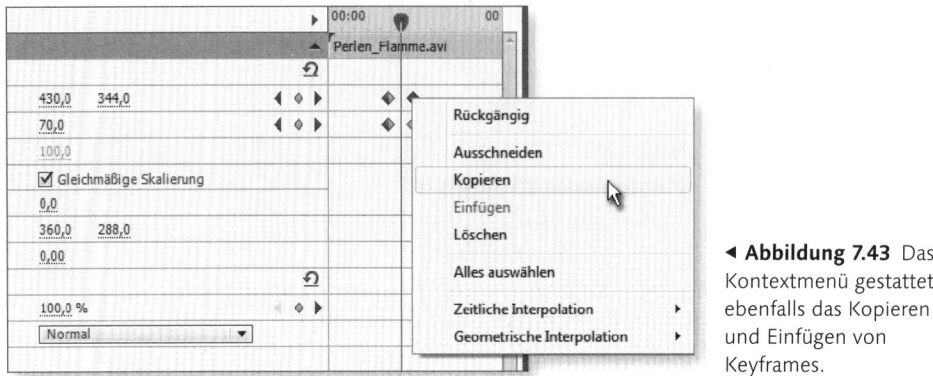

◀ **Abbildung 7.43** Das Kontextmenü gestattet ebenfalls das Kopieren und Einfügen von Keyframes.

Keyframes auf andere Clips übertragen | Stellen Sie sich vor, Sie arbeiten mit einem recht umfangreichen Projekt und wollen einen soeben erzeugten Effekt an zahlreichen anderen Stellen mit denselben Parametern wiederholen. Dann wäre es ja nicht gerade prickelnd, wenn Sie die Keyframes für jeden relevanten Clip erneut erzeugen und anschließend einstellen müssten.

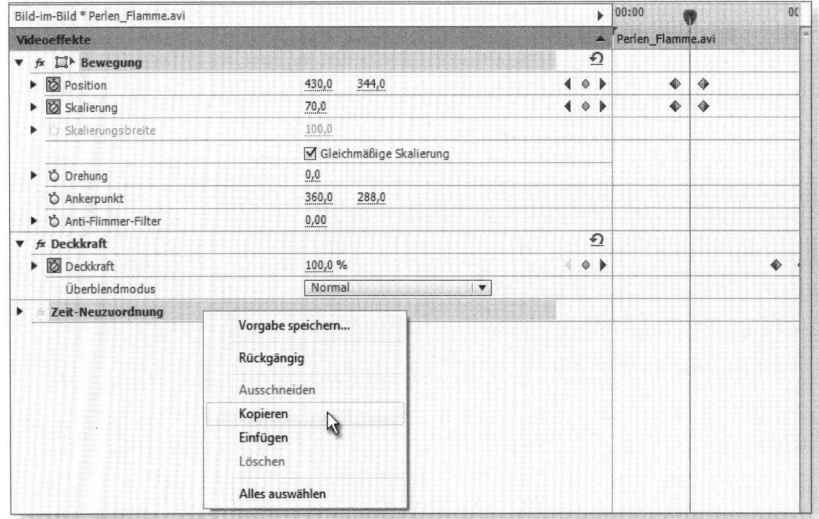

▲ **Abbildung 7.44** Mit Hilfe der Zwischenablage lassen sich ganze Bewegungs-abläufe auf andere Clips übertragen.

In diesem Fall ist es sinnvoll, die Bewegungsparameter zu kopieren. Klicken Sie dazu auf die entsprechende Zeile (z. B. BEWEGUNG oder DECKKRAFT), und kopieren Sie sämtliche dazugehörigen Keyframe-Attribute auf die zuvor beschriebene Weise (Kontextmenü oder Tastenkombination). Das geht natürlich auch mit mehreren Zeilen. Dazu müssen Sie dann allerdings Strg/cmd gedrückt halten. So ist es beispielsweise möglich, die BEWEGUNG und die ZEIT-NEUZUORDNUNG zu kopieren und dabei die DECKKRAFT außen vor zu lassen. Anschließend markieren Sie den nächsten Clip im Schnittfenster und fügen die Attribute ein – fertig ist die Parameterkopie.

7.5.4   Keyframe-Vorgaben speichern

Noch interessanter ist die Möglichkeit, derartige Parameter dauerhaft als Vorgabe zu sichern. Klicken Sie auch hier die Zeile wieder mit rechts an, und entscheiden Sie sich für den Eintrag VORGABE SPEICHERN. Im folgenden Dialog können Sie u. a. einen Namen vergeben sowie eine aussagekräftige Beschreibung festlegen.

▲ **Abbildung 7.45** Benennen Sie die Vorgabe entsprechend.

Wenn Sie jetzt auf das Effekte-Bedienfeld wechseln und den obersten Ordner VORGA-BEN öffnen, werden Sie die soeben gespeicherten Attribute wiederfinden. Zeigen Sie auf den Eintrag, um sich die soeben hinzugefügte Beschreibung in Form einer Quick-Info anzeigen zu lassen. Wenn Sie diese Vorgaben nun auf andere Clips übertragen wollen – Sie ahnen es –, geschieht das wieder per Drag & Drop. Einfach die Vorgabe auf den Clip ziehen – fertig.

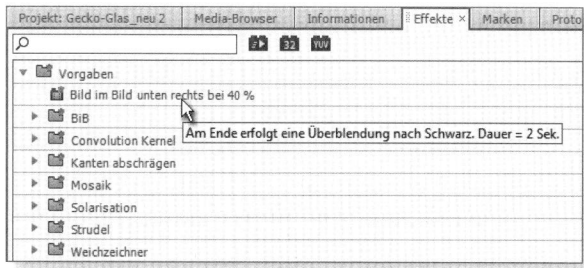

▲ **Abbildung 7.46** Hier geht nichts verloren: Die Vorgaben werden im Fenster EFFEKTE aufgelistet.

Wollen Sie die Vorgabe wieder löschen, markieren Sie die Vorgabe und klicken unten rechts im Effekte-Bedienfeld auf das Papierkorbsymbol.

7.5.5 Effekte auf mehrere Clips anwenden

Bislang war es nicht möglich, mehreren im Schnittfenster markierten Clips in einem Arbeitsgang die gleichen Effekte zuzuweisen. Premiere Pro CS6 ist erfreulicherweise dazu fähig. Das Effekteinstellungen-Bedienfeld bleibt zwar leer, sobald Sie mehr als einen Clip markieren, die Effekte werden aber dennoch zugewiesen. Und so geht's: Wenden Sie einen beliebigen Effekt auf einen der im Schnittfenster befindlichen Clips an. Anschließend gehen Sie in das Bedienfeld EFFEKTEINSTELLUNGEN und kopieren die betreffende Zeile, wie zuvor beschrieben. Danach markieren Sie alle anderen Clips und weisen den Effekt mit ⌜Strg⌟/⌜cmd⌟+⌜V⌟ zu.

Natürlich können Sie auch den herkömmlichen Weg gehen und eine Effektvorgabe erzeugen. Danach lässt sich diese auf mehrere Clips gleichzeitig anwenden. Und das machen Sie so: Legen Sie zunächst eine Vorgabe an, und markieren Sie anschließend im Schnittfenster alle Clips, die mit dieser Effektvorgabe versehen werden sollen. Jetzt ziehen Sie die Vorgabe aus dem Vorgabenordner heraus und lassen sie auf einem der markierten Clips los. Die anderen Clips werden jetzt ebenfalls mit den Einstellungen bedacht.

7.5.6 Effekt per Einstellungsebene anwenden

Wer sich mit Adobe After Effects oder Photoshop auskennt, gerät bestimmt ins Schwärmen, wenn er das Wort *Einstellungsebene* hört. Damit lassen sich nämlich ebenfalls mehrere Clips und sogar ganze Spuren gleichzeitig optimieren und Effekte einstellen. Der unschlagbare Vorteil im Vergleich zur vorangegangenen Methode: Sie können die Einstellungen jederzeit mit wenigen Mausklicks neu anpassen oder optimieren. Würden Sie die Effekte über die Zwischenablage zuweisen, müssten im Falle einer Änderung alle Einstellungen einzeln ausgetauscht werden.

◢ *Schritt für Schritt: Einstellungsebenen verwenden*

Dieser kleine Workshop zeigt Ihnen, wie sich ein Effekt mittels Einstellungsebene auf zahlreiche Clips (auch in unterschiedlichen Spuren) anwenden lässt.

1 *Schnittfenster vorbereiten*
Ziehen Sie wahllos einige Clips ins Schnittfenster. Wenn Sie zwei oder drei Clips in Spur VIDEO 1 platzieren, haben Sie bereits alle Vorkehrungen getroffen. Für dieses Beispiel spielt es übrigens absolut keine Rolle, welche Clips verwendet werden.

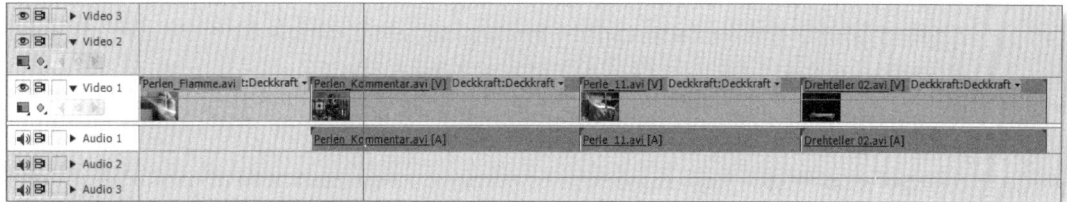

▲ **Abbildung 7.47** Sorgen Sie dafür, dass das alle Clips auf Spur 1 angeordnet sind.

2 Einstellungsebene hinzufügen

Gehen Sie ins Projektfenster, und klicken Sie unten rechts auf das kleine Blattsymbol. Wählen Sie aus dem Kontextmenü EINSTELLUNGSEBENE aus (alternativ lässt sich dies auch über das Menü DATEI • NEU • EINSTELLUNGSEBENE bewerkstelligen). Standardmäßig werden Ihnen bereits die korrekten VIDEOEINSTELLUNGEN angeboten, so dass Sie gleich auf OK klicken können.

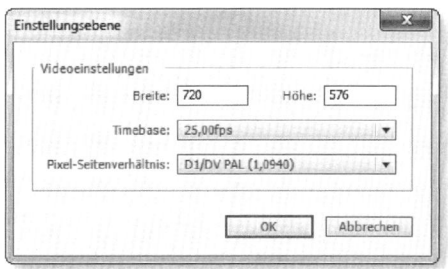

◄ **Abbildung 7.48** Hier muss in der Regel nichts geändert werden. Die Einstellungen stimmen mit den Projekteinstellungen überein.

Im Projektfenster taucht jetzt ein neues Asset auf, welches mit EINSTELLUNGSEBENE betitelt ist. Ziehen Sie es in die Spur VIDEO 2. Danach strecken Sie die Ebene so weit, dass sie mit dem Ende des letzten Clips identisch ist ❶.

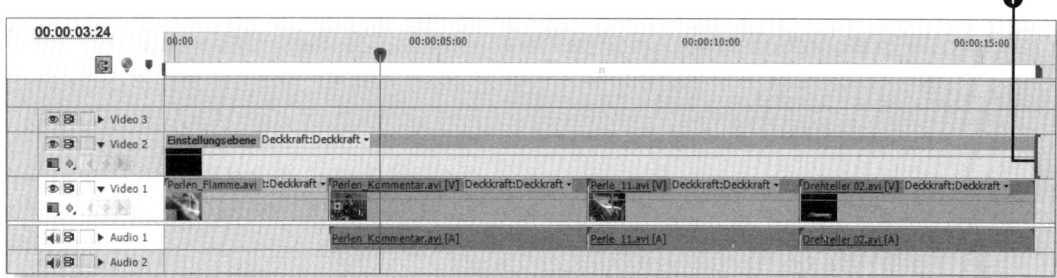

▲ **Abbildung 7.49** Die Einstellungsebene soll so lang sein, dass sie bis an das Ende des letzten Clips heranreicht.

3 Effekt zuweisen

Zuletzt setzen Sie einen Mausklick auf die Einstellungsebene im Schnittfenster. Gehen Sie nun in das Bedienfeld EFFEKTE, und halten Sie nach SCHWARZ & WEISS Ausschau. Sobald Sie den Effekt gefunden haben, weisen Sie diesen der Einstellungsebene mit einem Doppelklick zu. Lassen Sie die Sequenz ablaufen, werden Sie feststellen, dass mit einem Atemzug sämtliche Clips nun schwarzweiß sind.

4 Clips ausschließen

Es gibt eine Möglichkeit, einzelne Clips auszuschließen. Nehmen Sie doch einmal einen Clip aus Spur VIDEO 1 nach oben (ziehen Sie ihn also über die Einstellungsebene), werden Sie feststellen, dass dieser Clip nun nicht mehr von der Veränderung betroffen ist.

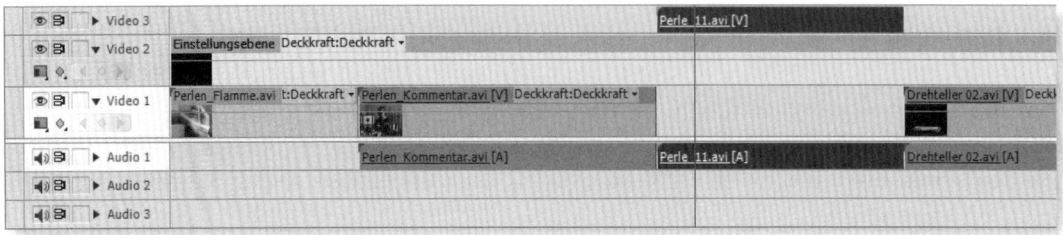

▲ **Abbildung 7.50** Der oberhalb der Einstellungsebene befindliche Clip bleibt farbig.

5 Einstellungen optimieren

Nun könnten Sie die Einstellungen weiter anpassen, indem Sie die Einstellungsebene im Schnittfenster markieren und im Bedienfeld EFFEKTEINSTELLUNGEN weitere Anpassungen vornehmen. Diese wirken sich dann grundsätzlich auf alle Clips aus, die sich unterhalb der Einstellungsebene befinden. Darüber hinaus lässt sich die Einstellungsebene genauso behandeln wie jeder herkömmliche Videoclip. Sie verfügt ebenfalls über fixierte Videoeffekte und lässt sich sogar schneiden, kürzen, duplizieren und verschieben – wie ein normaler Clip. Ein wirklich interessantes Novum, finden Sie nicht auch?

7.5.7 Keyframe-Pfade ändern

Einige Workshops haben Ihnen bereits gezeigt, dass Sie einen Clip im wahrsten Sinne des Wortes über den Bildschirm »fliegen« lassen können. So weit, so gut. Was aber, wenn das Ganze nicht schnurgerade, sondern vielleicht in einer Kurvenlinie erfolgen soll?

Schritt für Schritt: Bewegungspfade ändern

Wie Sie die Bewegungsrichtung von Objekten mit Hilfe von Keyframe-Attributen ändern können, zeigt dieser Workshop.

1 Projekt vorbereiten

Als Grundlage benötigen Sie das Ergebnis aus den beiden vorletzten Workshops, zumindest jedoch die Schritt-für-Schritt-Anleitung »Bild-im-Bild-Effekt erzeugen«. Sollten

Sie sich nicht die Mühe gemacht haben, diese nachzubauen, öffnen Sie die Datei »Keyframes 01.prproj«, die Sie im Beispielordner zu diesem Kapitel finden. Wenn Sie nach dem Speicherort einer der Dateien gefragt werden (siehe Kopfleiste: »Wo ist die Datei »Perlen_Kommetar.avi«?«), navigieren Sie zum Ordner Kapitel_07, markieren diese Datei dort und bestätigen das Ganze mit Auswählen.

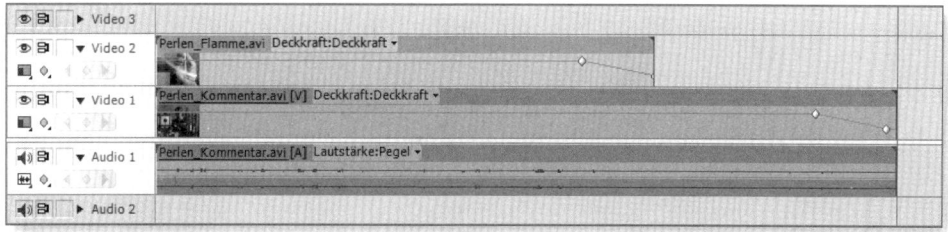

▲ **Abbildung 7.51** Das mitgelieferte Projekt stellt sich mit dieser Timeline dar.

2 Arbeitsbereich wiederherstellen

Sollte zuvor Arbeitsbereich aus Projekten importieren (Fenster • Arbeitsbereich) aktiv gewesen sein (Standard), gehen Sie in Fenster • Arbeitsbereich und entscheiden sich für Aktuellen Arbeitsbereich zurücksetzen. Die Kontrollabfrage beantworten Sie mit Ja.

3 Einfügemarke platzieren

Markieren Sie den Clip auf Video 2 in der Sequenz »Bild-im-Bild«. Öffnen Sie danach die Registerkarte Effekteinstellungen, und stellen Sie die Einfügemarke exakt auf den letzten Positions-Keyframe. Das erreichen Sie, indem Sie in der Zeile Position oder Skalierung die Tasten Zum vorherigen Keyframe gehen bzw. Zum nächsten Keyframe gehen benutzen.

Bild-im-Bild * Perlen_Flamme.avi			▶	00:00	00
Videoeffekte			▲	Perlen_Flamme.avi	
▼ *fx* ⬚▶ Bewegung			↩		
▶ 🔲 Position	500,0	400,0	◀ ◆ ▶	◆ ◆	
▶ 🔲 Skalierung	40,0		◀ ◆ ▶	◆ ◆	
▶ ⏱ Skalierungsbreite	100,0				
	☑ Gleichmäßige Skalierung				

▲ **Abbildung 7.52** Suchen Sie diese Position aus.

4 Bewegungspfad aktivieren

Klicken Sie anschließend auf die Zeile Bewegung ❶. Alternativ dazu können Sie auch direkt auf den kleinen Clip innerhalb des Programmmonitors klicken. Was Sie jetzt in Form einer gepunkteten Linie ❸ sehen, entspricht genau dem Pfad, auf dem das Video entlangläuft. Der Kreis in der Mitte dieses Clips ❹ symbolisiert die Position des letzten Keyframes (auf dem Sie sich gerade befinden), während das kleine Kreuz ❷ den Startpunkt der Animation wiedergibt.

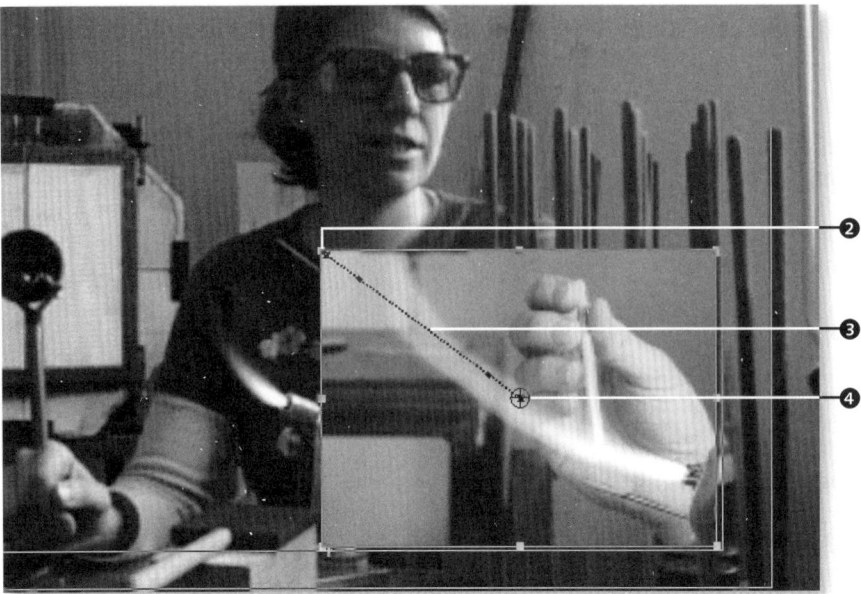

▲ **Abbildung 7.53** Wenn die Zeile BEWEGUNG aktiv ist, wird im Programmmonitor nicht nur der Clip umrahmt, sondern auch dessen Bewegungspfad angezeigt.

5 Ansicht vergrößern

Falls Ihnen die aktuelle Ansicht zu klein ist, rücken Sie doch die Arbeitsfläche dahingehend zurecht, dass Sie dem Programmmonitor mehr Platz einräumen. Unterhalb des Videobildes können Sie noch auf den Eintrag EINPASSEN ➐ klicken und dort einen Vergrößerungswert festlegen. 100–200 % dürfen es schon sein. Daraufhin werden rechts und unten Scrollleisten zugänglich, mit deren Hilfe Sie den verkleinerten Videoclip in die Mitte des Ausschnitts rücken können.

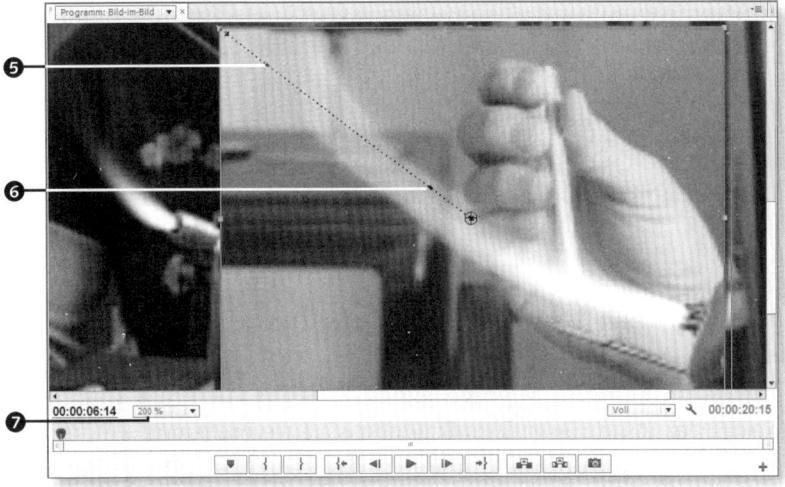

▲ **Abbildung 7.54** Bei 100 % sehen Sie den Bewegungspfad schon viel besser.

Alternativ zur Benutzung der Scrollleisten können Sie auf das Hand-Werkzeug ⌴H⌴ umschalten und dann den Ausschnitt mit gedrückter linker Maustaste innerhalb des Programmmonitors bewegen. Falls Sie geneigt sind, das Hand-Werkzeug durch Drücken der Leertaste (wie z.B. in Adobe Photoshop) einzustellen, bedenken Sie, dass das hier nicht funktioniert. Die Leertaste spielt lediglich die Sequenz ab. Hinzu käme im vorliegenden Fall noch, dass Sie sich dann nicht mehr auf den Keyframes befänden.

6 Keyframes im Schnittfenster bearbeiten

Nur am Rande sei erwähnt, dass Sie sowohl das X ❷ als auch den Kreis ❹ (siehe Abbildung 7.53) per Drag & Drop verschieben könnten. Damit ließen sich Start- bzw. Endpunkt neu positionieren. Diese sollen aber im vorliegenden Fall bleiben, wo sie sind; lediglich der Pfad soll geändert werden.

Schauen Sie noch einmal genau auf die gepunktete Linie. Ein wenig außerhalb des Start- und Endpunktes finden Sie zwei kleine Anfasser (die sogenannten **Tangenten-Anfasser** ❺ und ❻), die sich mit gedrückter linker Maustaste herausziehen lassen. Probieren Sie das mit dem unteren ❻, indem Sie ihn nach unten links ziehen ❽. Achten Sie darauf, dass dabei das Verschieben-Werkzeug ⌴V⌴ aktiv ist.

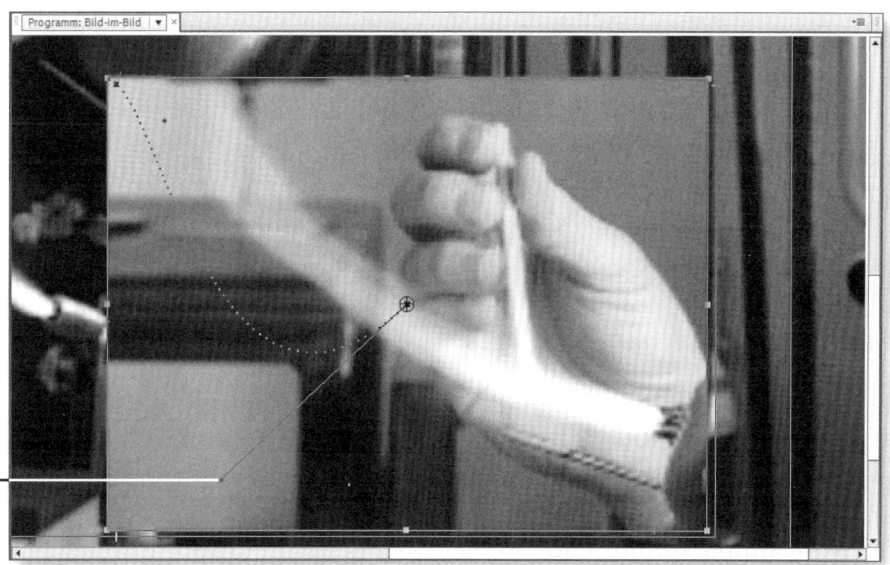

▲ **Abbildung 7.55** Die untere Tangente wird herausgezogen (hier bei 200 % Vergrößerung).

7 Video abspielen

Passen Sie das Schnittfenster wieder ein, bringen Sie die Einfügemarke an den Anfang des Schnittfensters (⌴Pos1⌴ bzw. ⌴↖⌴), und spielen Sie das Video ab (Leertaste). Gefällt es Ihnen? Sobald Sie anhalten, indem Sie abermals die Leertaste drücken, wird der Pfad wieder sichtbar.

Vorsicht bei Bewegungsveränderungen! | Wenn Sie nachträglich Änderungen an dem Pfad vornehmen wollen, sollten Sie unbedingt darauf achten, dass Sie sich auf einem Keyframe befinden. Benutzen Sie deshalb unbedingt vorab die Tasten ZUM NÄCHSTEN KEYFRAME GEHEN oder ZUM VORHERIGEN KEYFRAME GEHEN. Damit stellen Sie sicher, dass sich die Einfügemarke nicht zwischen zwei Keyframes befindet. Das hätte nämlich bei einer anschließenden Änderung der Parameter zur Folge, dass nicht der Pfad zwischen den beiden vorhandenen Keyframes korrigiert würde, sondern an genau dieser Position ein weiteres Schlüsselbild eingefügt würde. Zur Platzierung eines Keyframes reicht es nämlich, wenn Sie die Einfügemarke an eine Position setzen, an der sich aktuell noch kein Keyframe befindet, und danach einen Bewegungsparameter verändern. Damit wäre aber der gesamte Bewegungsablauf verändert. Die Animation fände jetzt nicht mehr zwischen zwei, sondern zwischen drei Keyframes statt.

Besonders fatal ist das, wenn Sie die Position eines Keyframes durch Verschieben der Einfügemarke ausfindig machen wollen. Wenn Sie auch nur ein einziges Bild daneben liegen, wird nicht das gewünschte Schlüsselbild bearbeitet, sondern ein neues erzeugt (ein Bild daneben). Und das fällt meist noch nicht einmal auf, da die Keyframe-Rauten in dem Fall in den EFFEKTEINSTELLUNGEN fast deckungsgleich übereinanderliegen. Nur bei genauem Hinsehen kann man feststellen, dass es sich hier in Wahrheit um zwei Keyframes handelt. Die Folge wäre, dass das Bild springt, da jetzt theoretisch eine Bewegungsanimation von 1/25 Sekunde Dauer erzeugt worden wäre.

◄ **Abbildung 7.56** Schwer zu sehen und mit verheerenden Folgen: Hier liegen zwei Keyframes direkt nebeneinander.

7.6 Zeitabläufe neu zuordnen

Kommen wir jetzt, wie versprochen, zur Funktion ZEIT-NEUZUORDNUNG. Sie gestattet es Ihnen, bestimmte Bereiche eines Clips schneller oder langsamer ablaufen zu lassen als den Rest des Streifens.

◼ Schritt für Schritt: Eine Zeitlupe erzeugen

Sie kennen diese Technik sicher aus zahllosen TV-Spots oder Spielfilmen. Auch die Werbeindustrie ist (spätestens seit »Matrix«) davon angetan – und eine Zeit lang wurde der Effekt geradezu überstrapaziert. Schade eigentlich, denn das hat schon was, wenn der Fußballer (in Normalgeschwindigkeit) zum Ball hechtet, um ihn dann mit äußerster Präzision Volley zu nehmen – und zwar in Zeitlupe. Wenn er den Schuss dann vollendet hat, kehrt er wie von Geisterhand wieder zur normalen Geschwindigkeit zurück. Einen solchen Zeitlupen-Effekt wollen wir nun ebenfalls realisieren.

1 Neue Sequenz erzeugen

Legen Sie doch einmal den Clip »Perle_11.avi« in eine eigene, neue Sequenz (DV-PAL STANDARD · 48KHZ). Falls Sie gerade das Beispielprojekt des Buchs geöffnet haben, schauen Sie im Ordner BAND A1 nach, oder benutzen Sie die Suchfunktion des Projektfensters, um den Clip ausfindig zu machen. Wenn Sie ein neues Projekt erzeugen wollen, müssen Sie im Ordner GECKO-GLAS danach Ausschau halten.

2 Film ansehen

Lassen Sie den Film abspielen. Es würde sich anbieten, die Geschwindigkeit in jenem Moment zu verlangsamen, in dem Bettina die Perle aus dem Feuer nimmt. Wenn der Clip am Sequenzanfang liegt, dürfte das etwa bei Position 00:00:01:20 der Fall sein.

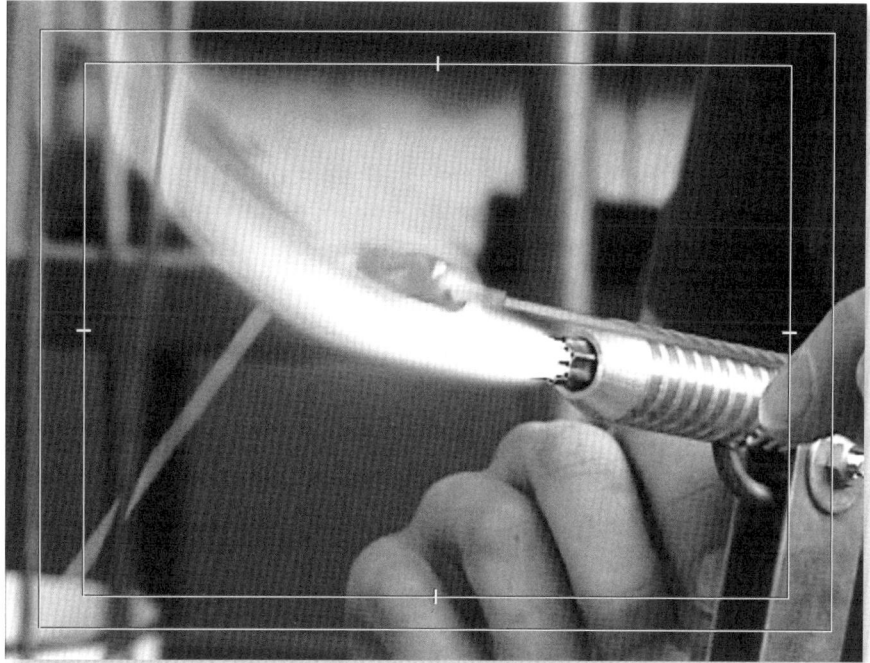

▲ **Abbildung 7.57** Hier soll der Einstieg in die Zeitlupe beginnen.

3 Effekteinstellungen vorbereiten

Markieren Sie den Clip im Schnittfenster, und widmen Sie sich dem Fenster EFFEKTEINSTELLUNGEN. Öffnen Sie die Liste ZEIT-NEUZUORDNUNG, indem Sie das vorangestellte Dreiecksymbol ❶ anklicken. Auch die darunter befindliche Liste GESCHWINDIGKEIT ❷ sollten Sie öffnen.

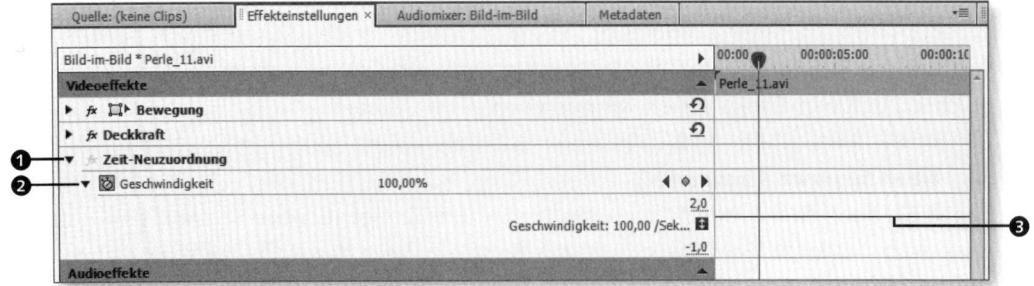

▲ **Abbildung 7.58** Die Geschwindigkeitskurve ❸ ist jetzt zu sehen.

4 Keyframe hinzufügen

Was sich dort so elegant und schwarz von links nach rechts erstreckt ❸, ist die Geschwindigkeitskurve. Zugegeben, momentan ist das noch eine Gerade, aber das wird sich gleich ändern. Klicken Sie auf den Button KEYFRAME HINZUFÜGEN/ENTFERNEN ❺, der sich in der Zeile GESCHWINDIGKEIT befindet. Sofort wird ein Keyframe erzeugt ❻. Damit haben Sie erreicht, dass Sie die Geschwindigkeit genau ab diesem Punkt manipulieren können. Hätten Sie den Punkt nicht gesetzt, könnten Sie die Geschwindigkeit lediglich für den gesamten Clip verändern.

5 Geschwindigkeit verringern

Setzen Sie jetzt den Mauszeiger auf die horizontale schwarze Linie (sollten Sie eine sehr dunkle Arbeitsoberfläche gewählt haben, ist diese Linie weiß). Achten Sie aber bitte darauf, dass Sie sich rechts vom soeben erzeugten Keyframe befinden. Wenn der Mauszeiger zu einem Doppelpfeil mutiert, haben Sie die Position erreicht, an der Sie die Linie verformen können. Ziehen Sie die Linie nach unten ❼, wobei Sie beobachten sollten, welcher Wert neben der Geschwindigkeit angezeigt wird ❹. Lassen Sie die Maustaste los, wenn hier ca. 20 % angezeigt werden.

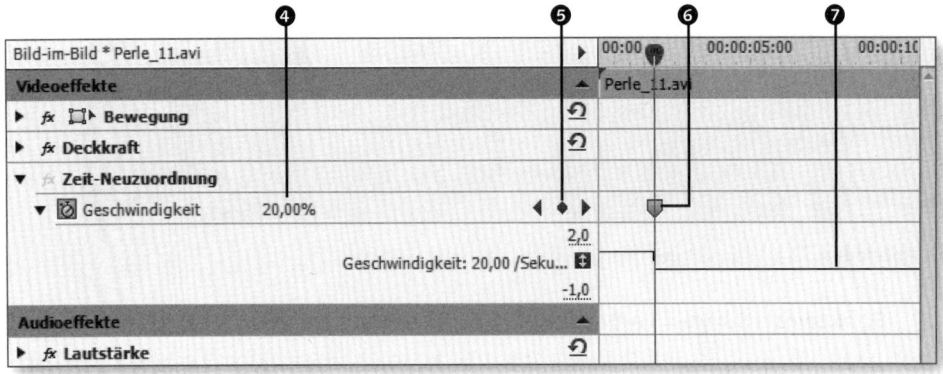

▲ **Abbildung 7.59** Auch die Geschwindigkeit lässt sich mit Keyframes manipulieren.

6 *Geschwindigkeit erhöhen*

Sie sehen, dass Ihr Keyframe gleich etwas nach links gesprungen ist, als Sie losgelassen haben. Das liegt daran, dass sich die Clip-Länge innerhalb der Timeline geändert hat. Immerhin haben Sie ja dessen Geschwindigkeit verändert.

Scrubben Sie nun weiter nach rechts, bis die Perle wieder in die Flamme gehalten wird. Wenn Sie an 00:00:04:02 angelangt sind, haben Sie die ideale Position für den nächsten Geschwindigkeitswechsel erreicht. Setzen Sie auch hier einen Keyframe, und platzieren Sie den Mauszeiger anschließend wieder auf der erwähnten Linie. Bleiben Sie abermals rechts vom gerade erzeugten Keyframe. Ziehen Sie die Linie nach oben, bis wieder eine Geschwindigkeit von 100 % angezeigt wird.

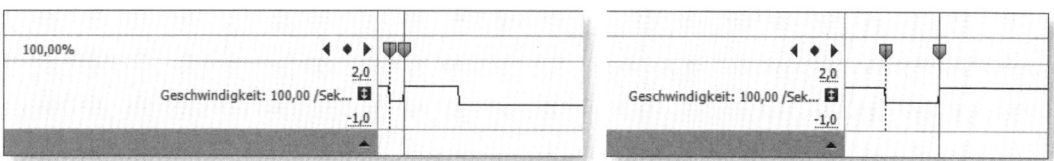

▲ **Abbildung 7.60** Wie links abgebildet, stellt sich die Linie während des Ziehens dar. Sobald Sie loslassen, springen die Keyframes auseinander (rechts).

7 *Clip kürzen*

Kürzen Sie den Clip jetzt noch an Position 00:00:06:13 ein, und rendern Sie, falls erforderlich, eine Vorschaudatei, indem Sie ⏎ drücken. Den fertigen Film finden Sie im Ordner ERGEBNISSE der Beispieldateien. Er trägt den Namen »Zeitverzerrung.mp4« bzw. »Zeitverzerrung.avi«.

7.6.1 Keyframe-Übergänge schaffen

Das sieht zwar schon ganz nett aus, aber so richtig ausgereizt ist die Funktion der ZEIT-NEUZUORDNUNG damit noch nicht. Denn das, was wir bislang erreicht haben, hätten wir auch mit einigen Schnitten und der Funktion GESCHWINDIGKEIT/DAUER erreichen können. Nicht so komfortabel zwar, doch wäre es realisierbar gewesen. Deshalb soll noch ein Workshop her.

◼ *Schritt für Schritt: Geschwindigkeitsübergänge erzeugen*

Das Highlight dieser Methode ist nämlich, dass Sie auch Übergänge zwischen den verschiedenen Geschwindigkeiten gestalten können. – Sehen Sie sich einen der beiden Keyframes einmal genauer an: So ein Frame besteht nämlich aus zwei nebeneinander angeordneten Hälften. Wenn Sie jetzt an einer Hälfte ziehen (z. B. ❶, siehe Abbildung 7.61), bleibt die andere (❸) stehen.

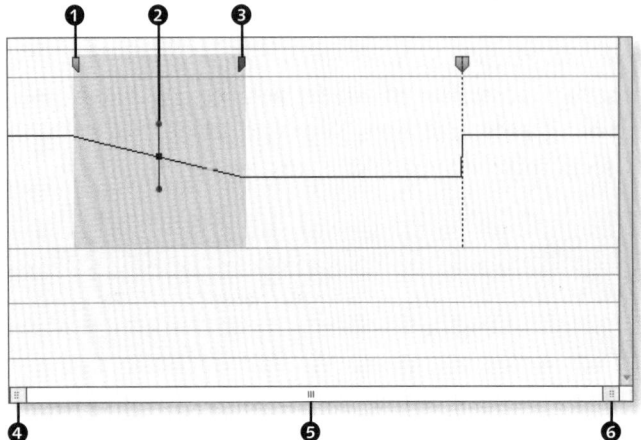

▲ **Abbildung 7.61** Auch die Übergänge können noch individuell geformt werden.

1 Ausschnitt korrigieren

Wenn der Ausschnitt zu klein ist, um die Auswirkungen zuverlässig beurteilen zu können, skalieren Sie die Ansicht im Fenster EFFEKTEINSTELLUNGEN etwas auf, indem Sie die kleinen Anfasser ❹ und ❻ ein wenig nach innen ziehen. Danach können Sie die Leiste selbst ❺ nach Wunsch verschieben, bis der relevante Ausschnitt angezeigt wird.

2 Keyframe markieren

Gleich unterhalb zeigen sich seltsame blaue Punkte ❷. Da diese aber wieder verschwinden, wenn Sie die Maustaste loslassen, klicken Sie eine Hälfte des Keyframes erneut an. Danach sollten die Punkte dauerhaft sichtbar bleiben.

3 Weiche Übergänge formen

Platzieren Sie den Mauszeiger jetzt auf einem der Punkte (wir entscheiden uns hier für den unteren), und verschieben Sie diesen nach rechts. Formen Sie aus der weißen Linie eine weiche Kurve. Das hat in der späteren Animation zur Folge, dass sich die Geschwindigkeit nicht abrupt ändert, sondern dass sie allmählich angepasst wird. Achten Sie bei dieser Aktion darauf, dass Sie den Punkt nur dann verziehen können, wenn Sie ihn zuvor genau angeklickt haben.

Wann die korrekte Position erreicht ist, wird durch ein kleines Kreissymbol am Mauszeiger verdeutlicht. Sollten Sie klicken, wenn dieser Kreis nicht angezeigt wird, heben Sie lediglich die Keyframe-Auswahl auf. In diesem Fall markieren Sie den halben Keyframe zunächst wieder, ehe Sie es erneut versuchen.

Um eine bessere Ansicht zu erhalten, kann die untere Begrenzungslinie ❼ der Zeile GESCHWINDIGKEIT per Drag & Drop weiter nach unten gezogen werden. So lassen sich die Steuerelemente obendrein besser bedienen.

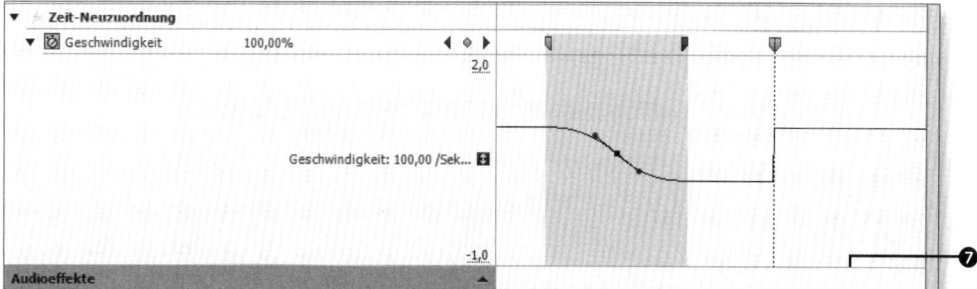

▲ **Abbildung 7.62** Mit dieser Einstellung wird der Geschwindigkeitsübergang linear (zudem ist die Zeile nach unten hin vergrößert worden).

Lassen Sie den Clip erneut rendern, und vergleichen Sie das Ergebnis mit dem aus dem vorangegangenen Workshop. Sie werden sehen, dass die Bewegung jetzt nicht abrupt, sondern zunehmend verlangsamt wird. Wenn es nicht deutlich genug wird, ziehen Sie den rechten Teil des Keyframes noch etwas weiter nach rechts.

7.6.2   Weitere Zeit-Neuzuordnungsfunktionen

Mit Hilfe der Zeit-Neuzuordnungsfunktionen können Sie einen Clip auch schneller abspielen lassen. Dazu müssten Sie die Linie lediglich nach oben ziehen. Eine Verstellung auf 1% würde hingegen bedeuten, dass das Bild für die Dauer der Zuordnung eingefroren wird. Sie haben innerhalb Ihrer Clips also sämtliche Möglichkeiten der Zeitmanipulation.

Audio und Video asynchron | Achten Sie bei dieser Technik jedoch darauf, dass der Ton eines Clips nicht von der Zeitverzerrung betroffen ist. Wenn Sie also die Zeit neu zuordnen, sind Audio und Video nicht mehr synchron, da die Clips unterschiedlich lang werden. In der Regel ist das aber auch besser als ein verzerrter Ton. – Und noch etwas ist im Zusammenhang mit der Zeitverzerrung wichtig: Im Schnittfenster nachfolgende Clips machen nicht Platz für die zeitliche Ausdehnung eines zuvor angeordneten Filmschnipsels. Verlangsamen Sie den Clip, kann dieser sich maximal bis zum rechts daneben befindlichen Clip ausdehnen. Aber auch das ist begrüßenswert, weil Sie mit einer solchen Aktion ja sonst den kompletten Timeline-Inhalt ruinieren könnten.

Frame-Blending | Wirklich herausragend ist die Technik, die dahintersteckt. Bei Zeitlupenaufnahmen werden nämlich Bilder in die Szene hineininterpretiert, also hinzugerechnet. In Uralt-Versionen von Premiere Pro (vor CS3) war es so, dass bei Verwendung einer Zeitverzögerung lediglich dafür gesorgt wurde, dass die einzelnen Bilder länger dargestellt wurden. Die Folge waren Ruckelbilder. Verantwortlich für die soft interpretierten Zeitlupen ist übrigens das Häkchen, das sich hinter CLIP • VIDEO-OPTIONEN • FRAMES ÜBERBLENDEN verbirgt. Den Eintrag finden Sie übrigens auch im Kontextmenü. Klicken Sie diesen Befehl an, entfernen Sie damit das Häkchen, und das Frame-Blending ist deaktiviert. Jetzt kommt es zum Ruckeln – auch wenn Sie den Film erneut berechnen. Aktivieren Sie den Eintrag deshalb am besten gleich wieder.

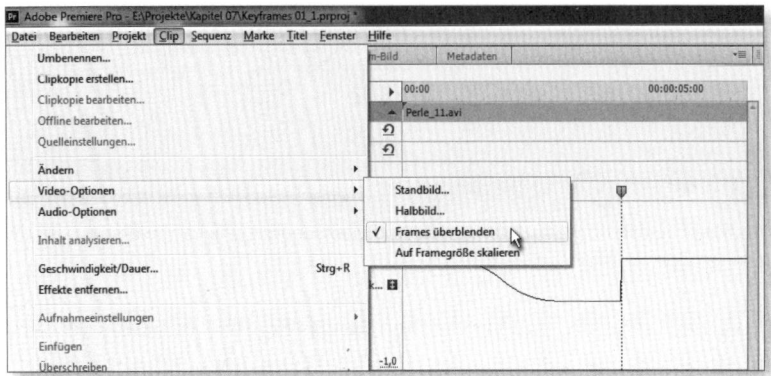

▲ **Abbildung 7.63** Frame-Blending ist aktiviert.

Grundsätzlich müssen Sie berücksichtigen, dass die getroffene Einstellung nur für den gerade markierten Clip Gültigkeit hat – und nicht für das gesamte Schnittfenster. Fügen Sie einen weiteren Clip hinzu, den Sie in der Zeit verändern, wird dieser wieder mit aktiviertem Frame-Blending versehen sein.

7.6.3 Bereichsskalierung einstellen

Lassen Sie uns im Bedienfeld EFFEKTEINSTELLUNGEN noch einmal etwas genauer hinschauen. Mit den links neben der hellen Linie befindlichen, blau eingefärbten Hot-Text-Steuerelementen ❶ und ❸ (sie zeigen 2,0 und –1,0) können Sie einstellen, welcher Geschwindigkeitsbereich innerhalb des Effekteinstellungsfensters angezeigt werden soll (standardmäßig also der Bereich von 2,0-facher Geschwindigkeit bis hin zu –1,0, was gleichbedeutend ist mit minus 100 %, also mit Bewegungslosigkeit).

Wollen Sie die Bereichsskalierung verändern, zeigen Sie mit dem Mauszeiger darauf, klicken den Wert an und ziehen die Maus nach links oder rechts. Denken Sie jedoch daran: Je höher die Werte sind, desto schlechter lassen sich die Veränderungen in der Linienhöhe ausmachen. Zur besseren Darstellung können Sie aber auch, wie bereits erwähnt, den Steg ❺ verziehen. Damit Sie nun aber die Kurve wieder einsehen können, sollten Sie auf den Button klicken, der sich zwischen den beiden Werten befindet ❷. Damit setzen Sie die AUTOMATISCHE BEREICHSSKALIERUNG wieder auf die Standardwerte zurück und können jetzt einen wesentlich höheren Kurvenausschlag sehen ❹, der sich demzufolge auch viel besser einstellen lässt. Bedenken Sie aber, dass diese

Einstellung lediglich Einfluss auf die grafische Darstellung hat, nicht jedoch auf das Verhalten des Clips.

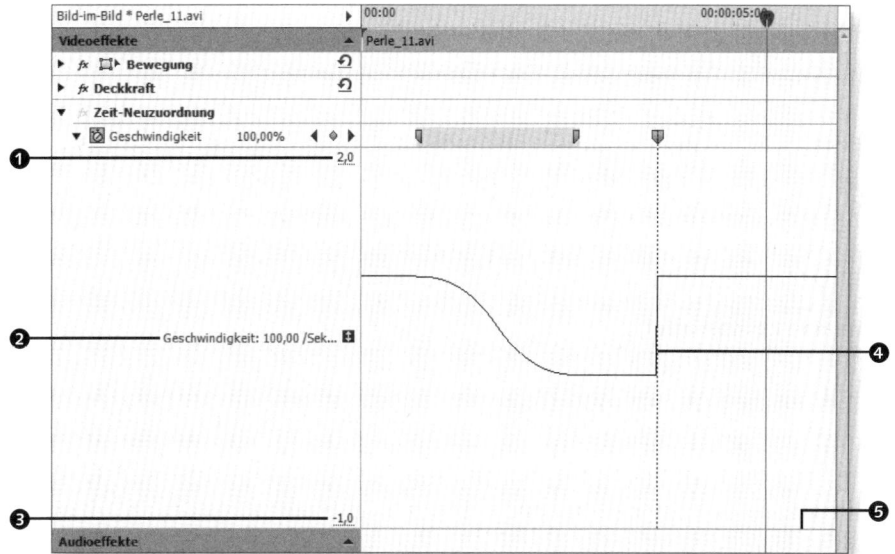

▲ **Abbildung 7.64** Für diffizile Arbeiten lässt sich die Ansicht in den EFFEKTEINSTELLUNGEN durchaus noch optimieren.

7.6.4 Keyframes schnell platzieren

Bei der Zeit-Neuzuordnung gibt es zur Platzierung von Keyframes per Taste noch eine alternative Möglichkeit. Halten Sie (Strg)/(cmd) gedrückt, und nähern Sie sich der Geschwindigkeitslinie. Der Mauszeiger mutiert jetzt zur Zeichenfeder und erlaubt das Platzieren von Keyframes direkt auf der Linie.

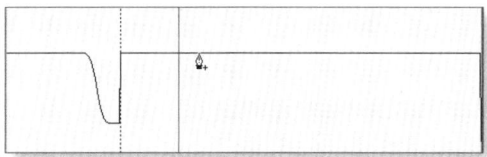

▲ **Abbildung 7.65** Die Keyframes können auch direkt auf der Linie erzeugt werden.

An dieser Stelle ist ein kleiner Abstecher in das Schnittfenster angesagt. Denn auch hier können Keyframes bearbeitet werden. Wir werden uns aber zu einem späteren Zeitpunkt noch einmal mit der Zeit-Neuzuordnung beschäftigen – und zwar in Abschnitt 7.8, »Palindrom erzeugen«. Dort erfahren Sie dann auch, wie Sie die Zeit rückwärts laufen lassen können. Und warum kommt das nicht jetzt? Ganz einfach, weil Sie dazu mit den Vorgehensweisen in Sachen Keyframing im Schnittfenster vertraut sein sollten. Ansonsten ist dieses Thema nur schwer nachvollziehbar. Der kleine Abstecher ist also nötig – und zudem ausgesprochen interessant.

7.7 Keyframes im Schnittfenster bearbeiten

In den Effekteinstellungen können Sie mit den Keyframes ja sehr komfortabel arbeiten. Wenn es jedoch einmal schnell gehen soll oder wenn Ihnen die Arbeit im Schnittfenster mehr liegt, lässt sich das auch direkt in der Timeline machen.

Besonders, wenn Sie die Zeit-Neuzuordnung bearbeiten wollen, ist es manchmal sinnvoller, diese im Schnittfenster zu vervollständigen. Das geht schnell und intuitiv. Zudem haben Sie dort bessere Ansichtsoptionen als in der Palette EFFEKTEINSTEL-LUNGEN. Außerdem können Sie sich hier bereits gesetzte Keyframes anzeigen lassen. Auch deshalb sollten Sie sich diesen Abschnitt nicht entgehen lassen.

7.7.1 Keyframes einblenden

Ist Ihnen schon aufgefallen, dass die Keyframes, die Sie im Effekteinstellungsfenster platziert haben, auf dem Clip im Schnittfenster »mitgeschrieben« werden? Allerdings müssen Sie dazu einiges umstellen. Markieren Sie den Clip im Schnittfenster doch einmal mit rechts, und entscheiden Sie sich für CLIP-KEYFRAMES EINBLENDEN, gefolgt von ZEIT-NEUZUORDNUNG • GESCHWINDIGKEIT. Sofort wird ersichtlich, dass auch hier die Keyframes vorhanden sind. Das Gleiche erreichen Sie übrigens, wenn Sie einen Mausklick auf das kleine Dreieck setzen, welches sich neben der Bezeichnung DECK-KRAFT befindet ❶, und dann dort ZEIT-NEUZUORDNUNG • GESCHWINDIGKEIT selektieren.

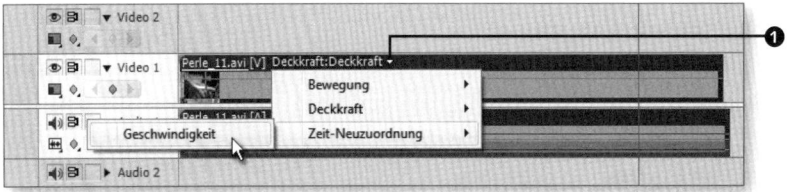

▲ **Abbildung 7.66** Die Zeit-Neuzuordnung kann auch auf dem Clip eingestellt werden.

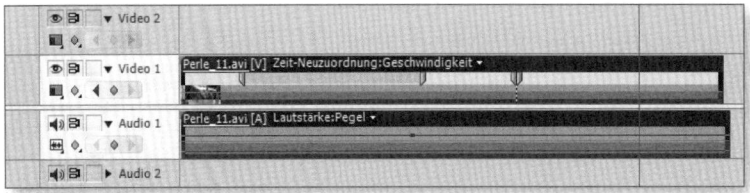

▲ **Abbildung 7.67** So sieht der Clip danach in der Timeline aus.

Spur vergrößern | Damit Sie das Ganze aber besser beurteilen können, sollten Sie auch hier die Ansichtsgröße optimieren. Zunächst stellen Sie den Mauszeiger auf die untere Begrenzungslinie des Spurkopfes VIDEO 1 und ziehen den Steg, der Audio und Video voneinander trennt ❸, nach unten. Dadurch haben Sie der Videospur mehr Platz eingeräumt. Dass Sie diesen Steg ziehen können, wird übrigens dadurch symbolisiert, dass der Mauszeiger zum Doppelpfeil wird.

Jetzt ziehen Sie auch den oberen Steg ❷ des Spurkopfes noch nach oben, so dass sich fast die gesamte Spur VIDEO 1 im Schnittfenster breitmacht.

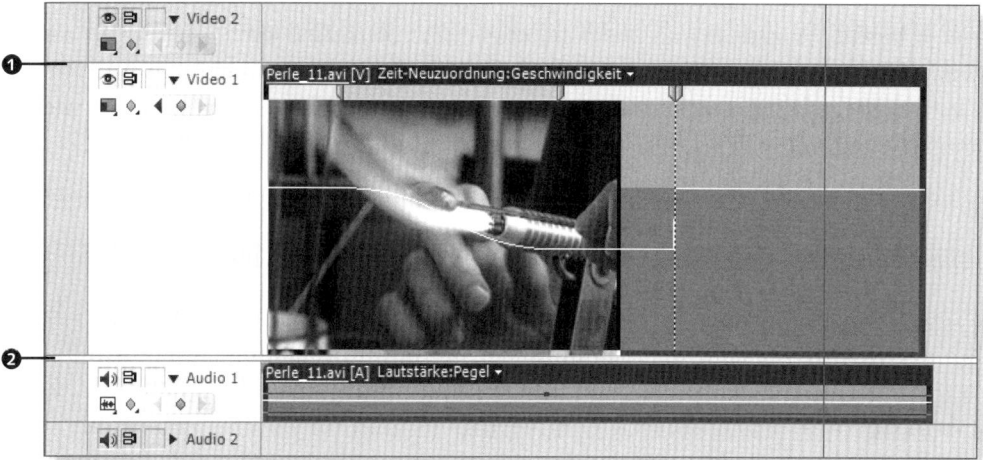

▲ **Abbildung 7.68** Die Spur VIDEO 1 genießt im Schnittfenster alle Aufmerksamkeit.

Anzeigestil festlegen | Die Miniaturbilder am Anfang eines Clips sind ja generell recht interessant – lässt sich doch daran der Clip-Inhalt viel leichter beurteilen. Bei Keyframe-Arbeiten innerhalb der Timeline können die allerdings nur stören. Hier würde sich eher der grüne Hintergrund eignen. Dazu müssen Sie die Frames allerdings manuell ausblenden, was Sie über die Schaltfläche ANZEIGESTIL FESTLEGEN ❹ erreichen. Entscheiden Sie sich im Pulldown-Menü für NUR NAMEN EINBLENDEN. Jetzt genießen Sie auch im Schnittfenster einen unverbaubaren Blick auf die Kurve. Und wenn Sie zudem noch eines der Schlüsselbilder ❺ anklicken, können sogar die Kurven-Steuerelemente, genauer gesagt die Tangenten-Anfasser, wieder sichtbar gemacht und bedient werden (z. B. ❻).

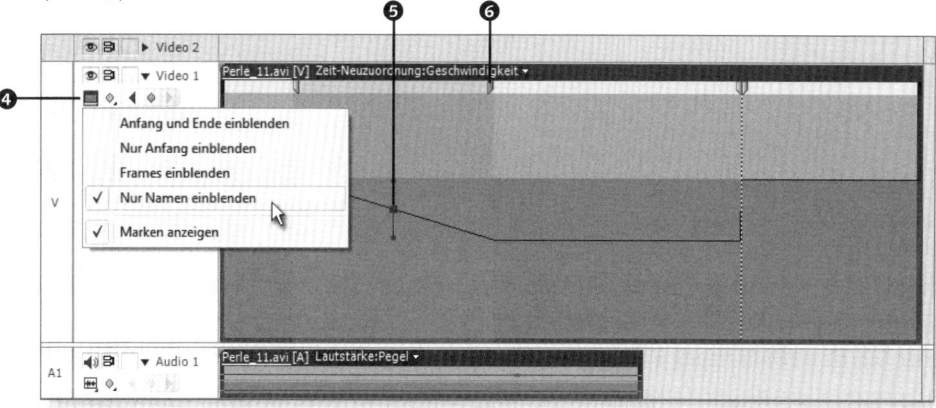

▲ **Abbildung 7.69** Veränderte Ansichtsoptionen können bei Keyframe-Arbeiten im Schnittfenster sehr hilfreich sein. Danach sollte der weiteren Bearbeitung der Schlüsselbilder auch in der Timeline nichts mehr im Wege stehen.

7.7.2 Deckkraft-Keyframes bearbeiten

Verändern Sie doch einmal die Deckkraft eines beliebigen Clips, indem Sie einige Keyframes innerhalb des Fensters EFFEKTEINSTELLUNGEN platzieren. Sie haben diese Technik ja bereits kennengelernt. Wie wäre es mit vier Schlüsselbildern, von denen die beiden äußeren jeweils 100 % und die inneren z. B. 30 % Deckkraft haben sollten? Das Ganze sollte in den EFFEKTEINSTELLUNGEN so oder zumindest so ähnlich aussehen wie in Abbildung 7.70.

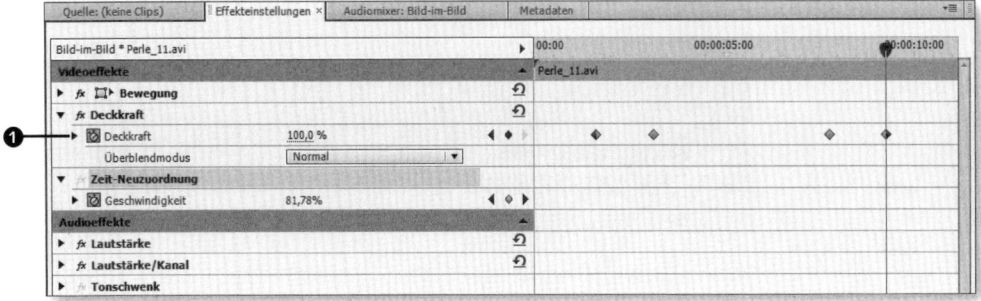

▲ **Abbildung 7.70** Platzieren Sie einige Keyframes in der Zeile DECKKRAFT ❶.

Sollten Sie den Zeit-Neuzuordnungs-Clip verwendet haben, werden Sie hier keine Unterschiede ausmachen können. Der Grund: Sie müssen wieder die Deckkraft einschalten. Das machen Sie, wie Sie in Abbildung 7.71 sehen können, über einen Klick auf ❼, oder indem Sie CLIP-KEYFRAMES EINBLENDEN • DECKKRAFT • DECKKRAFT einstellen. Sollten Sie hingegen einen komplett neuen Clip verwendet haben, müssen Sie sich darum keine Gedanken machen, da in diesem Fall automatisch die Deckkraft angezeigt wird.

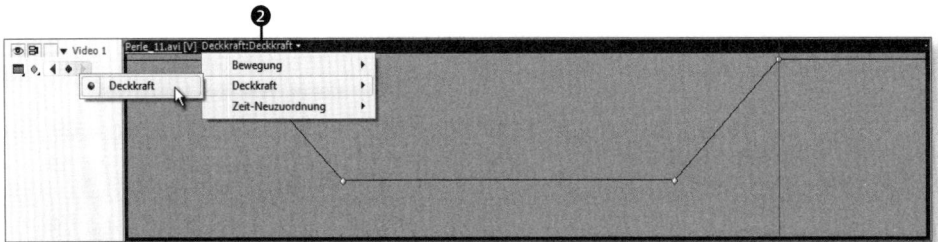

▲ **Abbildung 7.71** Das Abfallen der Deckkraft wird anhand der schwarzen Linie verdeutlicht.

Auf dem Clip sieht man jetzt schön, wie die Deckkraft des Clips verändert wird. Die Schlüsselbilder dürfen Sie übrigens auch hier mittels Drag & Drop verschieben. Wann immer Sie den Mauszeiger auf eine Keyframe-Raute setzen, wird er um ein kleines Rautensymbol erweitert. So lässt sich gut beurteilen, ob er korrekt platziert worden ist.

▲ **Abbildung 7.72** Jetzt ist die korrekte Position erreicht, um einen Keyframe zu markieren.

Die Auswirkungen einer Veränderung von Keyframes innerhalb der Effekteinstellungen betreffen synchron auch die Keyframes innerhalb der Timeline – und umgekehrt. Wo Sie also die Keyframes bearbeiten, spielt für das Ergebnis keine Rolle. Die schwarze Linie innerhalb des Clips symbolisiert zudem den Verlauf der jeweiligen Animation. Standardmäßig sehen Sie dort die Deckkraftlinie.

Beachten Sie, dass die grafische Darstellung der Keyframes und Linien nur dann sichtbar ist, wenn die Spur geöffnet dargestellt wird. Ist das nicht der Fall, klicken Sie auf das Dreiecksymbol (SPUR ZUSAMMENFALTEN/AUFFALTEN), das dem Spurnamen vorangestellt ist.

7.7.3 Keyframe-Anzeige umschalten

Nun können Sie auch auf dem Clip selbst festlegen, welche Keyframes angezeigt werden sollen. Das lässt sich außerdem für jeden Clip individuell festlegen. So ist es denkbar, beim ersten Clip die Deckkraft und beim nächsten die Geschwindigkeit anzeigen zu lassen. Aber es geht noch wesentlich mehr. Klicken Sie innerhalb des Clips auf den Eintrag, der oben rechts gelistet ist (im konkreten Beispiel DECKKRAFT), werden zahlreiche weitere Effekte zugänglich. Hier sehen Sie dann im Übrigen nicht nur fixierte Effekte, sondern auch manuell zugewiesene Standardeffekte. Im Beispiel wurde dem Clip zuvor der Effekt KOMPLEXE WELLEN hinzugefügt. Auch dieser erscheint dann in der Liste.

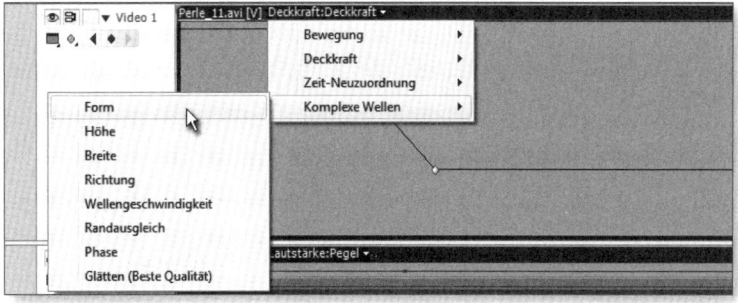

▲ **Abbildung 7.73** Alle zugewiesenen Effektparameter sind vom Schnittfenster aus erreichbar.

7.7.4 Keyframes hinzufügen und entfernen

Nun lassen sich aber nicht nur bereits gesetzte Keyframes bearbeiten. Vielmehr können Sie auch neue Keyframes direkt im Schnittfenster hinzufügen bzw. gesetzte Keyframes löschen. Zum Hinzufügen klicken Sie die schwarze Linie an, während Sie `Strg`/`cmd` gedrückt halten – genauso wie in den EFFEKTEINSTELLUNGEN. Achten Sie darauf, dass Sie die exakte Position mit der Maus erreichen. Das Hinzufügen klappt nämlich nur, wenn neben dem Mauszeiger ein kleines Plussymbol sichtbar wird. Um einen solchen Punkt wieder zu entfernen, drücken Sie `Entf` oder wählen BEARBEITEN • LÖSCHEN, nachdem Sie den Punkt markiert haben. Das Verschieben eines Punktes erledigen Sie, wie gewohnt, per Drag & Drop. In diesem Fall wird die korrekte Position durch eine kleine Raute neben dem Mauszeiger symbolisiert. Ein aktiviertes Schlüsselbild ist zudem gelb eingefärbt, während noch nicht ausgewählte weiß bleiben.

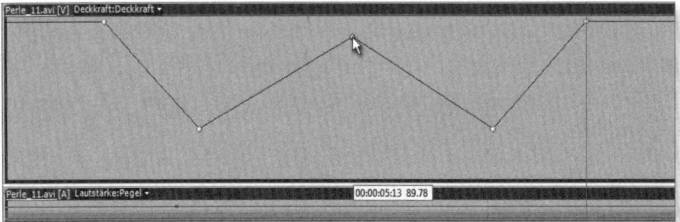

▲ **Abbildung 7.74** Keyframes können im Schnittfenster ebenso gut hinzugefügt, positioniert und verschoben werden wie in den EFFEKTEINSTELLUNGEN.

7.7.5 Verbindungen anpassen

Dass Sie Keyframes per Drag & Drop verschieben können, ist ja nichts Neues. Sie haben aber auch die Möglichkeit, Verbindungen zwischen zwei Keyframes zu verändern. Setzen Sie dazu den Mauszeiger auf eine Linie (hier sollte sich kein Keyframe befinden), und verschieben Sie diese. Der Mauszeiger wird dabei um ein Doppelpfeilsymbol erweitert. Jetzt lässt sich die gesamte Linie anheben oder absenken.

Was bedeutet das aber in der Praxis? Verändern Sie die Höhe der Linie zwischen zwei Keyframes, wird die Änderung für die Dauer vom linken bis zum rechten Schlüsselbild wirksam. Eine kleine QuickInfo unterhalb des Clips zeigt dabei übrigens den aktuellen Wert an.

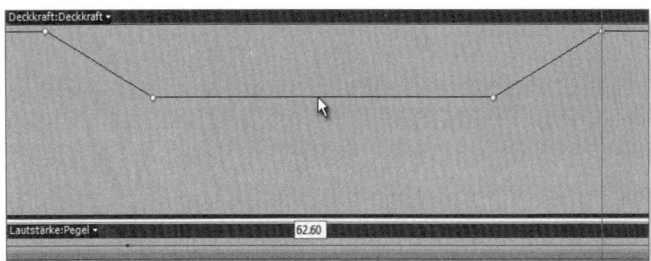

◀ **Abbildung 7.75** Achten Sie während des Ziehens auf die QuickInfo. Hier befindet sich die DECK-KRAFT des Clips gerade bei 62,60 %.

7.7.6 Bézier-Kurven erzeugen

Nun haben Sie in den Workshops bereits mit Tangenten gearbeitet. Dort wurde die Bewegungsrichtung des überlagernden Clips von einer Geraden in eine Kurve umgewandelt. Ähnlich lassen sich die Verbindungslinien zwischen zwei Keyframes auch hier im Schnittfenster anpassen.

Führen Sie den Mauszeiger zunächst auf eines der Schlüsselbilder. Drücken Sie anschließend [Strg]/[cmd], und halten Sie diese Taste gedrückt. Erst jetzt führen Sie den Mausklick aus und ziehen mit gedrückter linker Maustaste vom Keyframe weg. Dadurch erhalten Sie die bereits bekannten Tangenten-Anfasser, die Sie jetzt nach Belieben einstellen können.

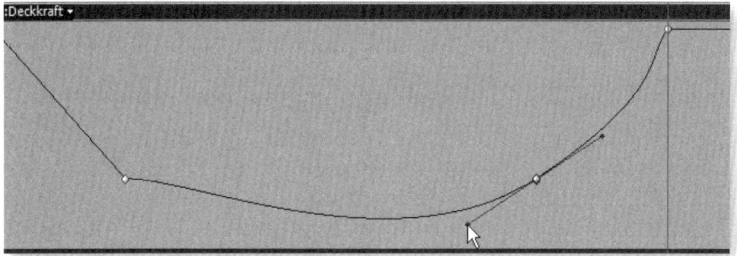

▲ **Abbildung 7.76** Ziehen Sie Tangenten aus den Keyframes heraus.

Interessanterweise erhalten Sie hier gleich *zwei* Tangenten und nicht nur eine nach rechts weisende. Das war nicht immer so, weshalb es hier noch einmal gesondert erwähnt werden soll. Diese Erweiterung macht das Keyframe-Handling natürlich noch einmal intuitiver.

Sie können im Weiteren die Anfasser der Tangenten (also die blauen Köpfe) per Drag & Drop verschieben und so jede erdenkliche Kurvenform erzeugen. Jede? Nein, nicht jede; denn wenn Sie nur eine einzelne Tangente verändern wollen, müssen Sie zusätzlich [Strg]/[cmd] festhalten. Die gegenüberliegende Tangente bleibt dann von der Veränderung ausgenommen.

7.7.7 Keyframes umwandeln

Bei Verbindungen, die mit Hilfe von Tangenten geformt wurden, spricht man von Bézier-Kurven. Die dazugehörigen Keyframes werden auch auf der Registerkarte EFFEKTEINSTELLUNGEN anders dargestellt als normale Keyframes. Klicken Sie ein solches Schlüsselbild mit rechts an (es spielt übrigens keine Rolle, ob Sie das innerhalb der Sequenz oder in den EFFEKTEINSTELLUNGEN tun), haben Sie die Möglichkeit, das Schlüsselbild umzuwandeln. Wählen Sie hier beispielsweise KEYFRAME an, wird die Linie ab diesem Schlüsselbild horizontal weitergeführt. Betätigen Sie hingegen LINEAR, wird die ursprüngliche Direktverbindung zwischen den Keyframes wiederhergestellt. So lassen sich Kurven nachträglich wieder aufheben.

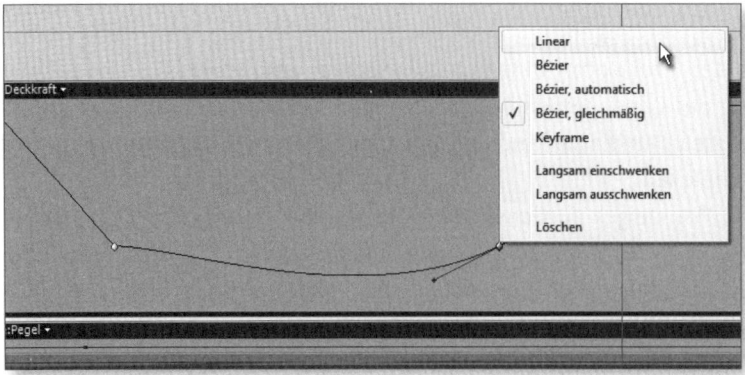

▲ **Abbildung 7.77** Über das Kontextmenü können Sie vorhandene Bézier-Keyframes nachträglich umwandeln.

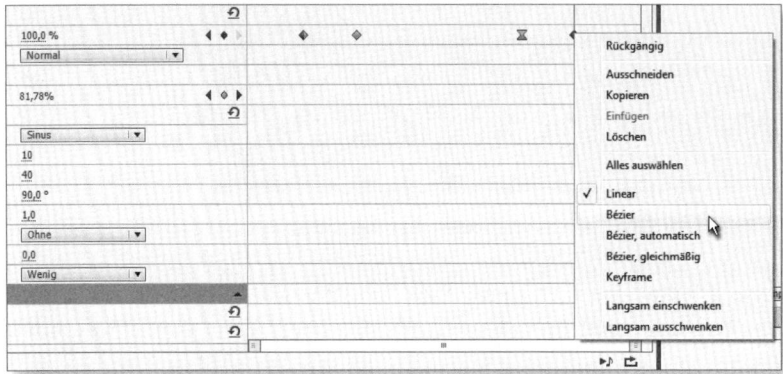

▲ **Abbildung 7.78** Auch im Fenster EFFEKTEINSTELLUNGEN ist das möglich.

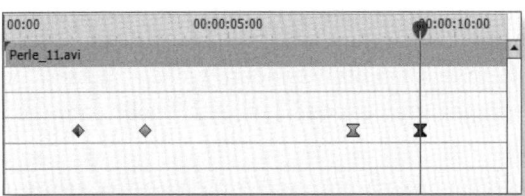

▲ **Abbildung 7.79** Das Schlüsselbild links neben der Einfügemarke ist von LINEAR in BÉZIER umgewandelt worden.

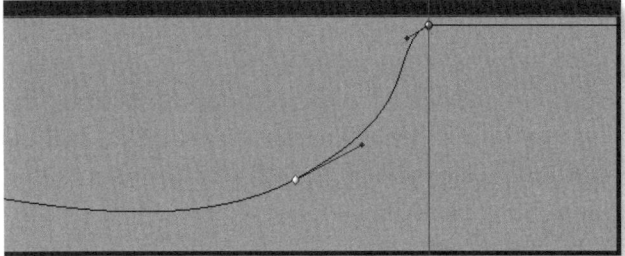

▲ **Abbildung 7.80** Die Clip-Kurve sieht in diesem Fall so aus. Die Verbindungen sind rund geworden.

In diesem Zusammenhang ist besonders auf die beiden Einträge LANGSAM EINSCHWENKEN und LANGSAM AUSSCHWENKEN hinzuweisen, die insgesamt für einen weichen Übergang sorgen, indem die Bézier-Linie angepasst wird. Machen Sie das im Schnittfenster, können Sie die Kurvenauswirkungen besser beurteilen als in den EFFEKTEINSTELLUNGEN, obwohl beide Kurven prinzipiell den gleichen Verlauf zeigen. In den EFFEKTEINSTELLUNGEN sehen Sie zudem, dass sich die Form der Keyframes dabei verändert.

7.8   Palindrom erzeugen

Alles einsteigen! Die nächste Fahrt geht rückwärts! Zudem hatte ich Ihnen ja versprochen, dass wir noch einmal zur Zeit-Neuzuordnung zurückkehren. Vielleicht haben Sie es auch schon selbst ausprobiert. Aber so weit Sie die Linie der ZEIT-NEUZUORDNUNG auch nach unten ziehen, Sie werden mit der Geschwindigkeit niemals in den Minusbereich kommen – rückwärts ist also nicht. Oder doch? Na, klar. Lassen wir einen Clip zunächst vorwärts, dann rückwärts und zum Schluss wieder vorwärts laufen – und zwar ohne Sprünge.

Schritt für Schritt: Einen Clip rückwärts und wieder vorwärts laufen lassen

1   Neue Sequenz erzeugen
Erzeugen Sie eine neue Sequenz im Format DV-PAL • STANDARD 48kHz, und integrieren Sie den Clip »Drehteller 02.avi« aus dem Ordner BAND A3. Wenn Sie das Projekt nicht geöffnet haben, erzeugen Sie ein neues Projekt mit den zuvor genannten Einstellungen, und integrieren Sie den Clip aus dem Ordner GECKO-GLAS.

2   Ansicht optimieren
Optimieren Sie die Ansicht im Schnittfenster, indem Sie über die Schaltfläche ANZEIGE-STIL FESTLEGEN ❶ umschalten auf NUR NAMEN EINBLENDEN. Die Miniaturen am Clip-Anfang würden auch in diesem Fall nur stören. Vergrößern Sie, falls nicht noch eingestellt, auch die Spur VIDEO 1 vertikal ein wenig. Bringen Sie den Clip nun auf Spur VIDEO 1.

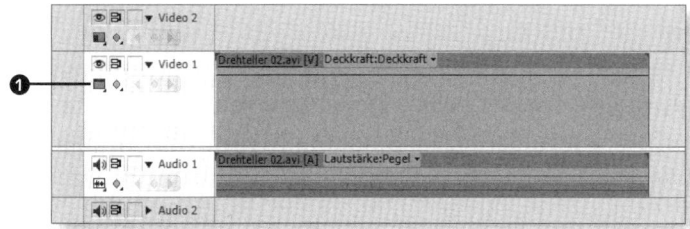

▲ **Abbildung 7.81** Sie genießen einen unverbaubaren Blick auf »Drehteller 02.avi« im Schnittfenster.

3 *Geschwindigkeit anzeigen lassen*

Jetzt sollten Sie noch dafür sorgen, dass auch im Clip selbst die GESCHWINDIGKEIT angezeigt wird. Klicken Sie deshalb auf die Bezeichnung DECKKRAFT, und wählen Sie ZEIT-NEUZUORDNUNG • GESCHWINDIGKEIT.

4 *Keyframes hinzufügen*

Positionieren Sie die Einfügemarke des Schnittfensters hinter dem ersten Drittel des Clips (ca. 00:00:01:00). Ab hier soll mit der Rückwärtsbewegung begonnen werden. Fügen Sie an dieser Position einen Geschwindigkeits-Keyframe ein. Diesmal machen Sie das aber im Spurkopf. Das funktioniert übrigens nur, wenn der Clip im Schnittfenster markiert ist.

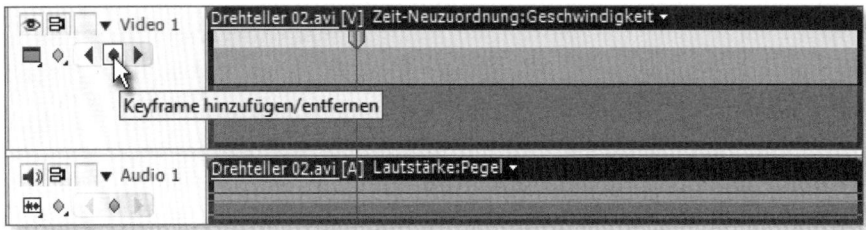

▲ **Abbildung 7.82** Hier wird das erste Schlüsselbild platziert – und zwar direkt im Schnittfenster.

Halten Sie jetzt [Strg]/[cmd] gedrückt, und klicken Sie dann auf den soeben platzierten Keyframe, den Sie so weit wie möglich nach rechts ziehen. Danach lassen Sie zunächst die Maustaste und erst anschließend [Strg]/[cmd] los. Sie sehen schon: Der Bereich, der rückwärts abgespielt wird, ist mit kleinen, mittelgrauen Pfeilen markiert. Zudem ist der Clip gestreckt worden. Im Schnittfenster sieht das Ganze jetzt so aus wie in Abbildung 7.83.

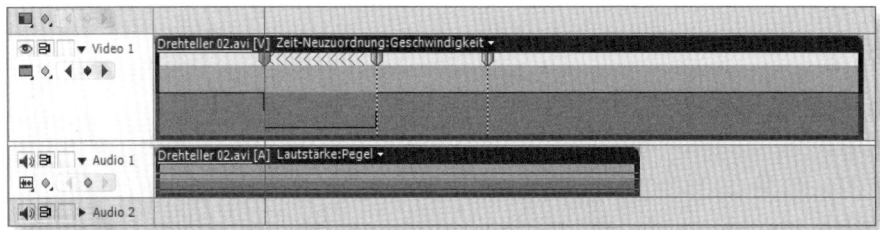

▲ **Abbildung 7.83** Während des Ziehens tauchen plötzlich drei Keyframes auf.

5 *Zeitübergänge erzeugen*

Lassen Sie den Film einmal abspielen. Sie werden sehen, dass die Übergänge nahtlos sind. Was aber, wenn die Bewegungen an den beiden Richtungsänderungen kurz ausgebremst und wieder beschleunigt werden sollen? Dazu müssen Sie den ersten und den mittleren Geschwindigkeits-Keyframe wieder strecken, also jeweils eine der Hälften zur Seite ziehen.

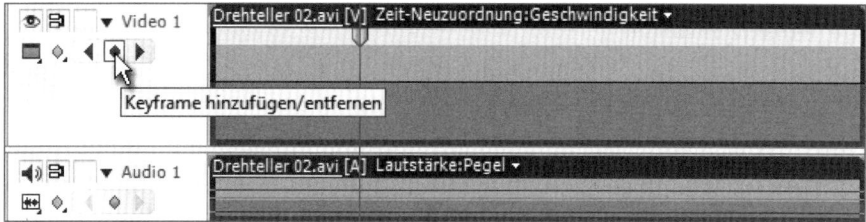

▲ **Abbildung 7.84** Die äußeren Halb-Keyframes des linken und mittleren Schlüsselbildes müssen verschoben werden.

6 Bewegung abbremsen

Am Ende markieren Sie noch das erste Halbschlüsselbild, damit Sie die Eingangskurve noch etwas weicher gestalten können. Ziehen Sie die Tangente etwas nach links – und fertig ist Ihr Palindrom. Der Film ist mit »Palindrom.avi« bezeichnet und befindet sich im Ordner Ergebnisse.

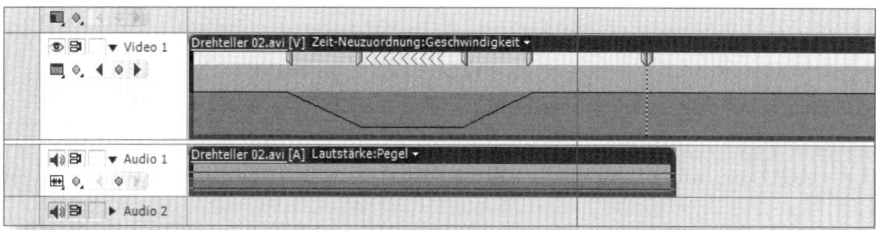

▲ **Abbildung 7.85** So wird die Ein- und Ausgangsbewegung verändert.

7.9 Überblendmodi

Mit Erscheinen von Premiere Pro CS4 haben die sogenannten *Überblendmodi* Einzug gehalten. Der eine oder andere kennt sie vielleicht aus Adobe-Anwendungen wie After Effects oder Photoshop (dort heißen sie *Füllmethoden*). Prinzipiell ist es ja so, dass ein Clip, der im Schnittfenster weiter oben liegt, die darunter befindlichen Clips überdeckt. Durch Änderung der Füllmethoden können Sie aber Inhalte unterschiedlicher Spuren zusammenwirken lassen.

Schritt für Schritt: Ebenen ineinanderwirken lassen

Wir werden die Wirkungsweise der Überblendmodi einmal anhand zweier Spuren ergründen, wobei aber prinzipiell mehrere Spuren mit unterschiedlichen Füllmethoden übereinander angeordnet werden können.

1 Neue Sequenz erstellen

Zunächst einmal muss wieder eine neue Sequenz im Format DV-PAL • STANDARD 48kHz her. Falls Sie das Beispielprojekt nicht geöffnet haben, legen Sie ein neues Projekt mit den gleichen Einstellungen an.

2 Ersten Clip integrieren

Sie benötigen nun zwei Clips: zunächst »Lichtsäule 02.avi« aus dem Ordner BAND A3 sowie »Flasche_schleifen 11.avi« aus dem Ordner BAND A1. Beide Dateien können Sie natürlich auch in ein komplett neues Projekt integrieren, indem Sie diese Filme aus dem Ordner GECKO-GLAS direkt in das Projektfenster integrieren.

3 Clip kürzen

Nehmen Sie sich zunächst den Lichtsäulen-Clip vor. Ziehen Sie ihn ganz an den Anfang von Spur VIDEO 1. Wenn Sie die Sequenz abspielen, sehen Sie, dass der Anfang etwas ruckelt. Zudem ist im oberen Bildbereich ein schwarzer Hintergrund zu sehen. Stellen Sie die Einfügemarke deshalb auf 00:00:01:13, und kürzen Sie das linke Ende bis an die Einfügemarke ein.

▲ **Abbildung 7.86** Der Anfang ist zu unruhig, weshalb er entfernt werden muss.

4 Clip schneiden

Nehmen Sie jetzt den zweiten Clip, und bringen Sie ihn an den Anfang der Spur VIDEO 2. Die Einfügemarke sollte nach dieser Aktion noch immer an Position 00:00:01:13 stehen. Drücken Sie C, um das Rasierklinge-Werkzeug zu aktivieren, und schneiden Sie den Clip in Spur VIDEO 2 an dieser Stelle durch. Wenn Sie die Spur VIDEO 2 öffnen (Dreiecksymbol im Spurkopf), lässt sich der Schnitt besser sehen.

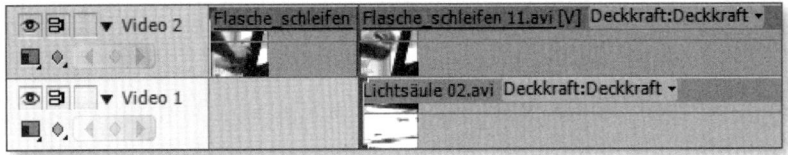

▲ **Abbildung 7.87** Der Schnitt erfolgt an Position 00:00:01:13.

Danach achten Sie darauf, dass der Kopf der Spur VIDEO 1 markiert ist und drücken ↓ (das setzt die Einfügemarke an das Ende des Lichtsäulen-Clips) und schneiden auch hier den Schleif-Clip durch.

5 Clip markieren

Jetzt drücken Sie V, damit das Auswahl-Werkzeug wieder eingestellt wird, und markieren per Mausklick den mittleren der drei Clip-Teile in Spur VIDEO 2. Ihr Schnittfenster sollte jetzt wie in Abbildung 7.88 aussehen.

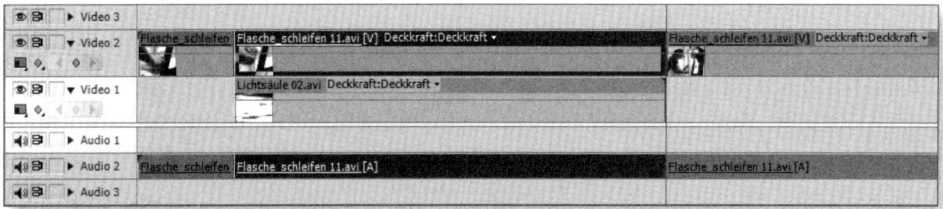

▲ **Abbildung 7.88** Der mittlere Teil des oberen Clips ist markiert.

6 Überblendmodus ändern

Widmen Sie sich nun dem Bedienfeld EFFEKTEINSTELLUNGEN. Öffnen Sie darin die Liste DECKKRAFT, und stellen Sie den ÜBERBLENDMODUS von NORMAL auf ABDUNKELN. Das bewirkt, dass nun die Clips auf beiden Spuren gleichzeitig zu sehen sind. Spielen Sie die Sequenz ab.

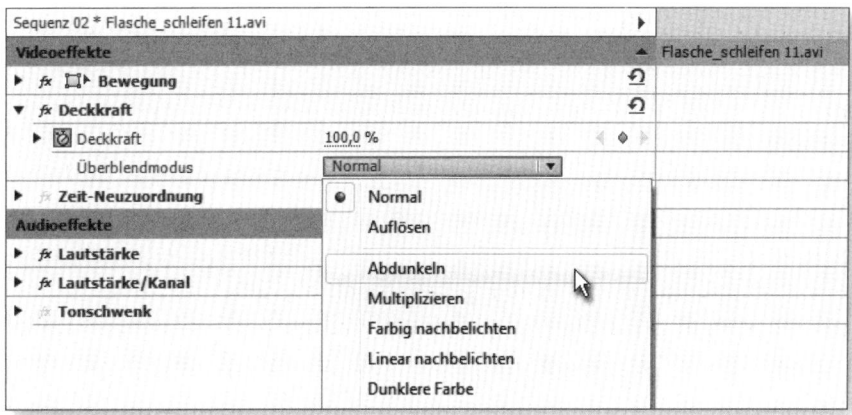

▲ **Abbildung 7.89** Hier wird der Überblendmodus geändert.

7 Überblendungen einfügen

Da der Übergang noch recht hart ist, sollten Sie den Clip in Videospur 1 noch ein- und ausblenden. Öffnen Sie im Effekte-Bedienfeld den Ordner VIDEOÜBERBLENDUNGEN und darin das Verzeichnis BLENDE. Ziehen Sie den Eintrag WEICHE BLENDE einmal an den Anfang des Clips und ein weiteres Mal an das Clip-Ende.

Am Schluss können Sie den letzten Clip in Spur VIDEO 2 noch etwas einkürzen. Das Endergebnis ist mit »Füllmethoden.avi« betitelt und befindet sich, wie gewohnt, im Ordner ERGEBNISSE.

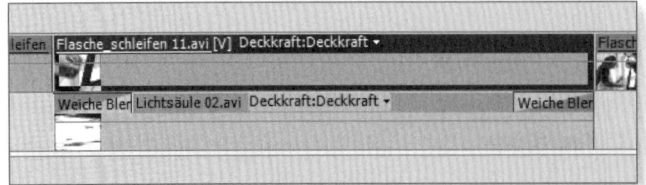

◀ **Abbildung 7.90** Das Schnittfenster am Ende dieses Workshops

Prinzip der Überblendmodi | Wenn Sie einen Modus auf einen übergeordneten Clip anwenden, wirkt sich das auch auf den darunterliegenden Clip aus. Leider kann nicht generell gesagt werden, welcher Modus für die jeweilige Vorgehensweise der richtige ist, da das Ergebnis immer von den Clip-Inhalten und den darin enthaltenen Farben und Helligkeitsinformationen abhängt. Dennoch sollen die folgenden Hinweise beispielhaft einen Anhaltspunkt darauf geben, was mit dieser Technik prinzipiell möglich ist:

▶ ABDUNKELN: Beide Videos werden miteinander verglichen. Alle Bildbereiche, die im unteren Clip heller sind als im oberen, werden ersetzt, während alle Bildbereiche, die im unteren Clip dunkler sind, nicht ersetzt werden. Die jeweils dunklere Farbe wird also für das Ergebnis verwendet.

▶ AUFHELLEN: Hier wird genau die umgekehrte Wirkung erzielt als beim Abdunkeln. Hellere Bildteile des unteren Clips bleiben unverändert, während dunklere Bildteile ersetzt werden. So ist die jeweils hellere Farbe ergebnisrelevant.

▶ MULTIPLIZIEREN: Die Farben beider Clips werden miteinander verrechnet. Das Ergebnis ist immer dunkler als der Einzel-Clip. Wird zudem eine beliebige Farbe mit Schwarz multipliziert, ergibt sich Schwarz, wird mit Weiß multipliziert, bleibt die Farbe unverändert.

▶ NEGATIV MULTIPLIZIEREN: Die Farben beider Clips werden hier ebenfalls miteinander verrechnet, wobei das Ergebnis immer heller ist als der Einzel-Clip. Wird zudem eine beliebige Farbe mit Schwarz multipliziert, bleibt die Farbe unverändert, während eine Multiplikation mit Weiß im Ergebnis ebenfalls Weiß ergibt.

▶ ÜBERLAGERN: Abhängig von der Ausgangsfarbe wird entweder multipliziert oder negativ multipliziert. Dabei bleiben Schatten und Glanzlichter des unteren Clips erhalten.

▶ SÄTTIGUNG: Das Ergebnis ist eine Zusammensetzung aus dem Farbton des unteren Clips sowie der Sättigung des oberen.

▶ LUMINANZ: Hierbei ist das Ergebnis eine Zusammensetzung aus dem Farbton und der Sättigung des unteren Clips sowie der Luminanz des oberen Clips.

7.10 Clips einfrieren

Eine weitere Form der Bewegungsanimation ist das Einfrieren von Videoclips. Sie haben in diesem Kapitel ja bereits erfahren, dass Sie Filme anhalten können (wobei sich hier die Zeit nicht ganz frei definieren ließ). Was aber, wenn eine Videoaufnahme in ein Standbild münden soll, und Sie alleine bestimmen wollen, wie lange dieses Bild erhalten bleibt? Bei diesem Vorhaben wird es für Sie wesentlich einfacher als bei der Zeit-Neuzuordnung, wie der folgende Workshop beweist.

Schritt für Schritt: Einen Clip einfrieren

In den folgenden Schritten wird ein Clip plötzlich zum Standbild gemacht – und zwar ohne Verwendung des Effekts ZEIT-NEUZUORDNUNG.

1 Clip hinzufügen

Bringen Sie zunächst einmal einen Clip in das Schnittfenster. Dieser sollte natürlich Bewegung beinhalten, da sich ansonsten nicht beurteilen lässt, wie das Anhalten wirkt. Im Buchbeispiel verwenden wir »Drehteller 01.avi« aus dem Ordner BAND A3. Dieser hat den Vorteil, eine Tonspur zu beherbergen, auf der gesprochen wird. Und die darf ja nicht einfach mit angehalten werden.

2 Clip teilen

Nun sollten Sie sich eine Stelle im Clip suchen, an der das Bild angehalten werden soll. An genau dieser Stelle zerteilen Sie den Film mit der Rasierklinge [C] oder über [Strg]/[cmd]+[K] (wobei der entsprechende Spurkopf aktiv sein muss). Die Audiospur darf dabei ruhigen Gewissens mit getrennt werden.

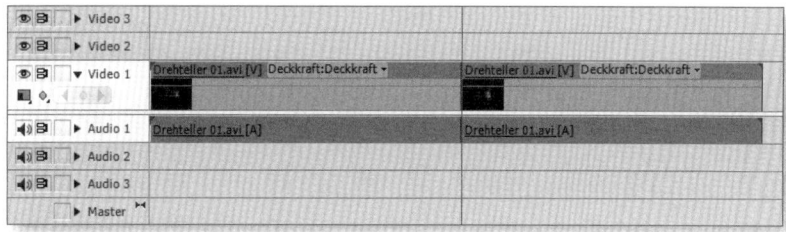

▲ **Abbildung 7.91** Im Beispiel wird der Clip mittels Tastaturbefehl geteilt.

3 Standbildoptionen öffnen

Sie dürfen den folgenden Schritt zwar auch mit aktivierter Rasierklinge machen, da Sie lediglich einen Rechtsklick ausführen werden, dennoch ist zu empfehlen, vorab [V] zu drücken, damit das Auswahl-Werkzeug wieder aktiv wird. Klicken Sie mit rechts auf den rechten Teil des Films. Im Kontextmenü entscheiden Sie sich für STANDBILD.

4 Clip anhalten

Aktivieren Sie, falls nicht bereits ausgewählt, die Checkbox ANHALTEN BEI. Da im nebenstehenden Pulldown-Menü bereits IN-POINT aktiviert ist, müssen Sie nichts weiter tun, als auf OK zu klicken.

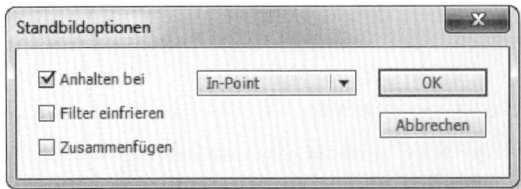

▲ **Abbildung 7.92** Der rechte Clip wird an seinem In-Point angehalten.

Wie Sie sehen, bleibt der Clip nun just bei Erreichen des Schnittpunktes stehen. Mit dem Schnitt haben Sie dem rechten Clip nämlich gleichzeitig einen neuen In-Point verpasst und genau dort das Anhalten veranlasst. Die Audiospur ist davon nicht in Mitleidenschaft gezogen worden. Alles in Ordnung, also.

5   *Dauer verändern*

Das ändert sich, wenn Sie die Dauer des Clips verändern wollen. Solange Sie den Clip kürzen, ist ebenfalls noch alles klar. Was aber, wenn Sie ihn verlängern wollen? Immerhin ist er komplett in das Schnittfenster integriert worden – und am Ende ist kein Material mehr. Da der Clip sich aber beliebig dehnen lässt, ohne dass das auffallen würde (er ist ja zum Standbild mutiert), aktivieren Sie zunächst das Werkzeug RATE AUSDEHNEN ⟨X⟩ und ziehen damit das Ende des rechten Clips weiter nach außen. Halten Sie dabei aber unbedingt ⟨Alt⟩ gedrückt, da ansonsten auch die Audiospur gedehnt würde – und das hätte ja schlimme Folgen für den Kommentar.

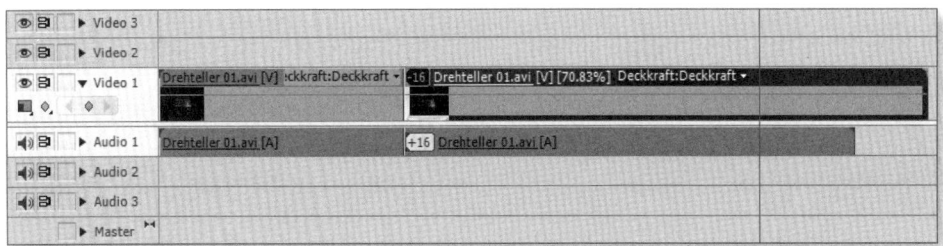

▲ **Abbildung 7.93** Die Videospur ist gestreckt worden, ohne dass die Audiospur verändert worden ist.

Anfang nicht kürzen!

Achten Sie bitte darauf, dass Sie den Clip am Anfang auf gar keinen Fall kürzen. Ansonsten käme es beim Schnitt nämlich zu einem unattraktiven Sprung, und der Trick wäre dahin. Sie verschieben damit nämlich den In-Point.

Weitere Standbildoptionen | Selbstverständlich müssen Sie einen Clip nicht unbedingt am In-Point anhalten. Sie dürfen durchaus auch den Out-Point benutzen. Werfen Sie dazu einen Blick auf das Pulldown-Menü in den Standbildoptionen.

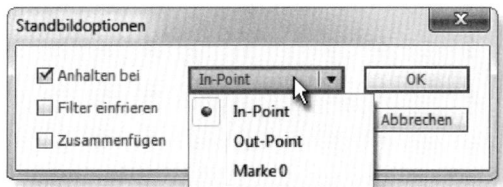

▲ **Abbildung 7.94** Drei Optionen für den möglichen Stopp des Films

Wenn Sie Out-Point aktivieren, wird der Film an seinem letzten Frame angehalten. Das wäre dann interessant, wenn Sie einen Videoclip zunächst einmal mit einem Standbild beginnen lassen wollten. Wenden Sie die Standbildoption in diesem Fall auf den linken Teil des Clips an.

Ferner dürfen Sie noch eine Clip-Marke platzieren und den Film dann dort anhalten (weitere Infos zu Clip-Marken finden Sie in Kapitel 5, »Mit Sequenzen arbeiten«).

Nun sind aber noch zwei weitere Optionen anwählbar:

▶ Filter einfrieren: Sollten Sie zuvor Effekte über Keyframes animiert haben, werden diese für die Dauer des Clips nicht animiert, sofern die Funktion aktiv ist.

▶ Zusammenfügen: Bei Aktivierung dieser Funktion wird eines der beiden Halbbilder entfernt und das andere verdoppelt. So wird aus den zwei Halbbildern ein Vollbild. Das wiederum verhindert das Auftreten von Halbbild-Artefakten (siehe hierzu auch Hinweise in Anhang A, »Fachkunde«).

8   Masken und Keying

Mit Masken lassen sich gezielt Bereiche eines Clips entfernen. Doch das allein wäre kaum der Rede wert. Masken geben Ihnen nämlich darüber hinaus auch ungeahnte gestalterische Möglichkeiten an die Hand.

In diesem Kapitel erhalten Sie Antworten auf die folgenden Fragen:

▶ Wie werden Korrekturmasken angewendet?
▶ Wie realisiere ich einen Bild-im-Bild-Effekt?
▶ Wie kann ich einen Clip zuschneiden?
▶ Wie funktionieren Spurmaske- und Bildmaske-Key?
▶ Wie erzeuge ich eine Alphamaske?
▶ Wie funktioniert Farb-Keying?

8.1   Korrekturmaske-Key

Zunächst einmal können Sie mit Korrekturmasken Bereiche eines Clips aussparen. Sie bestimmen also selbst, welcher Bereich des Videos sichtbar ist und welcher dem Zuschauer verborgen bleibt. Premiere Pro hält drei verschiedene Korrekturmasken bereit:

▶ Vierpunkt-Korrekturmaske
▶ 8-Punkt-Korrekturmaske
▶ 16-Punkt-Korrekturmaske

Das Prinzip dieser drei Masken ist identisch. Lediglich die Anzahl der Punkte, die verändert werden können, ist unterschiedlich. Nach Zuweisung eines solchen Effekts finden Sie kleine kreisrunde Anfasser entlang der äußeren Konturen. Diese können per Drag & Drop nach Wunsch verschoben werden. Was sich innerhalb der Kontur befindet, bleibt sichtbar, während die äußeren Bereiche vernachlässigt werden.

▲ **Abbildung 8.1** Die Vierpunkt-, 8-Punkt- und 16-Punkt-Korrekturmasken

Mit Keying wird im Fall der Videobearbeitung das Aussparen bestimmter Bereiche bezeichnet. Ob das nun mittels Beschnitt, Filterung von unterschiedlichen Helligkeitsbereichen oder Farben geschieht, spielt dabei keine Rolle. Neudeutsch wird die Vorgehensweise auch »Auskeyen« genannt.

8.1.1 Maskenbezeichnungen

Bevor es richtig losgeht und mit derartigen Effekten gearbeitet wird, möchte ich Sie noch auf eine Problematik hinweisen: Beim Aufstöbern des Effekts mit Hilfe der Effekte-Suchfunktion kann es nämlich ganz schnell zu Problemen kommen. Wenn Sie beispielsweise die Vierpunkt-Korrekturmaske suchen und geben »4« ein, werden Sie nicht fündig. Im Gegenzug werden auch die Begriffe »acht« oder »sechzehn« keine relevanten Treffer bieten.

Sie müssen also die im Programm verwendete Schreibweise beachten. Dabei können Sie der Problematik natürlich entgegenwirken, indem Sie sich ganz einfach merken, dass alle Korrekturmasken im Ordner VIDEOEFFEKTE, Unterordner KEYING, zu finden sind. Die darin enthaltenen Effekte werden allerdings nur angezeigt, wenn Sie deren Darstellung nicht durch ein Suchwort verhindern. Wenn nötig löschen Sie den Inhalt des Suchen-Eingabefeldes.

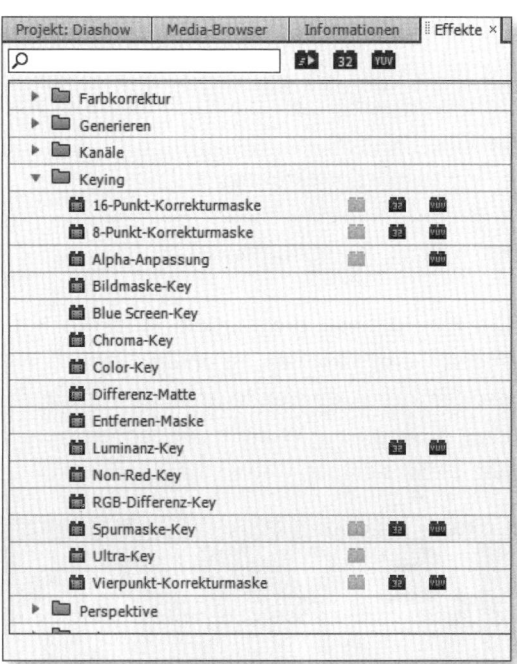

▲ **Abbildung 8.2** Nur wenn Sie die von Premiere Pro vorgesehene Schreibweise beachten, können die Korrekturmasken gefunden werden.

▲ **Abbildung 8.3** Maskeneffekte werden im Ordner KEYING aufgelistet.

In diesem Workshop soll die Kopie eines Videoclips im geänderten Überblendmodus über das Original fahren. Das Ganze wird mit einer animierten Korrekturmaske bewerkstelligt. Nein, keine Sorge, das hört sich viel komplizierter an, als es ist.

1 Projekt vorbereiten

Erzeugen Sie ein neues Projekt. Wenn Sie sich im Gecko-Glas-Projekt befinden, reicht auch das einfache Anlegen einer neuen Sequenz aus. Benutzen Sie, wie gewohnt, DV-PAL • STANDARD 48kHz. Für diesen Workshop benötigen Sie die Datei »BlaueVaseVorbereitung 09.avi«, die Sie im Ordner GECKO-GLAS der Beispieldateien finden. Wenn Sie im Buchprojekt arbeiten, können Sie sich den Import sparen und die Datei aus dem Ordner BAND A2 verwenden. Doppelklicken Sie auf die Datei im Projektfenster, damit sie im Quellmonitor bereitgestellt wird.

▲ **Abbildung 8.4** Der Clip soll zunächst in den Quellmonitor, ehe er maskiert wird.

2 Clip einfügen

Von dort aus fügen Sie ihn auch in die Spur VIDEO 1 des Schnittfensters ein (⌷). Dazu muss, wie Sie ja wissen, die Spur auch als Zielspur ausgewählt sein ❶. Vergrößern Sie die Darstellung der Timeline etwas.

3 Clip ohne Audio einfügen

Nun benötigen Sie den Clip noch ein zweites Mal, und zwar deckungsgleich in Spur VIDEO 2. Klicken Sie deshalb im Quellmonitor auf die Schaltfläche NUR VIDEODATEN

ZIEHEN, halten Sie die linke Maustaste gedrückt, und ziehen Sie den Clip ganz an den Anfang der Spur Video 2. Achten Sie beim Ziehen darauf, dass sich die vertikale Linie am Anfang der Timeline zeigt.

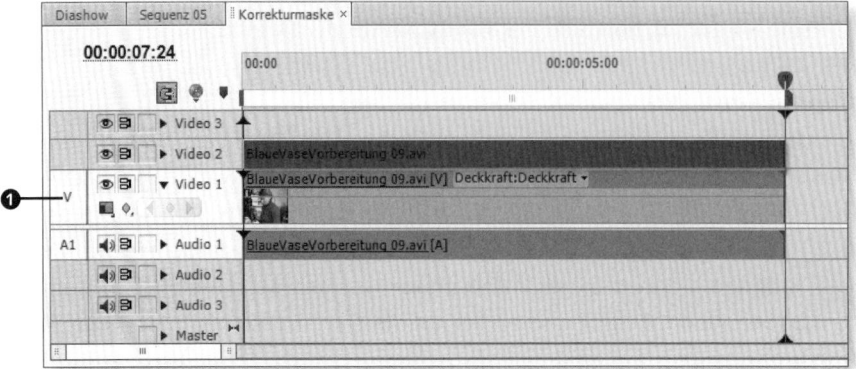

▲ **Abbildung 8.5** Der Clip muss noch einmal in der übergeordneten Videospur untergebracht werden – aber nur das Video ohne Audiospur.

4 Clip kürzen

Bringen Sie die Einfügemarke des Schnittfensters an die Position 00:00:01:16, und entfernen Sie alles, was sich links von der Einfügemarke in Spur Video 2 befindet. Dabei darf der Clip selbst aber nicht verschoben werden. Am besten führen Sie den Mauszeiger bei aktiviertem Auswahl-Werkzeug an den Anfang des Clips (der Mauszeiger mutiert zur Klammer) und ziehen den Anfang bis an die Einfügemarke heran.

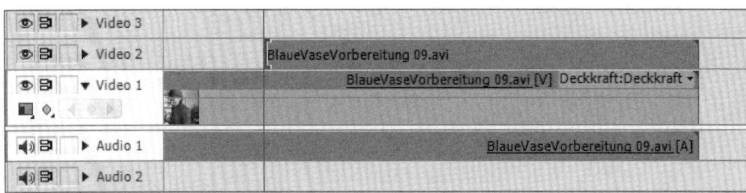

▲ **Abbildung 8.6** Der Anfang des Clips muss weg.

5 Korrekturmaske zuweisen

Markieren Sie den Clip auf Spur 2, und öffnen Sie das Bedienfeld EFFEKTE (FENSTER • EFFEKTE). Setzen Sie einen Doppelklick auf den Eintrag VIERPUNKT-KORREKTURMASKE aus dem Ordner VIDEOEFFEKTE • KEYING.

6 Schlagschatten zuweisen

Da wir für diesen kleinen Trick noch einen weiteren Effekt benötigen, müssen Sie jetzt noch den Ordner PERSPEKTIVE aus den Videoeffekten öffnen und darin den Eintrag SCHLAGSCHATTEN suchen. Versehen Sie auch diesen Effekt-Eintrag mit einem Doppelklick.

7   Vorbereitungen abschließen

Stellen Sie den Abspielkopf auf die Position 00:00:02:00. Öffnen Sie anschließend das Bedienfeld EFFEKTEINSTELLUNGEN, das sich standardmäßig hinter dem Quellmonitor befindet. Hier ist ebenfalls zu sehen, dass der Clip mit zwei unterschiedlichen Effekten versehen wurde (❷ und ❸). Beobachten Sie zudem die Zeitanzeige ❹. Sie ist mit dem Schnittfenster-Timecode identisch. Auch der Abspielkopf ❺ ist um zwei Sekunden weiter nach rechts positioniert worden. Hier soll die Animation beginnen.

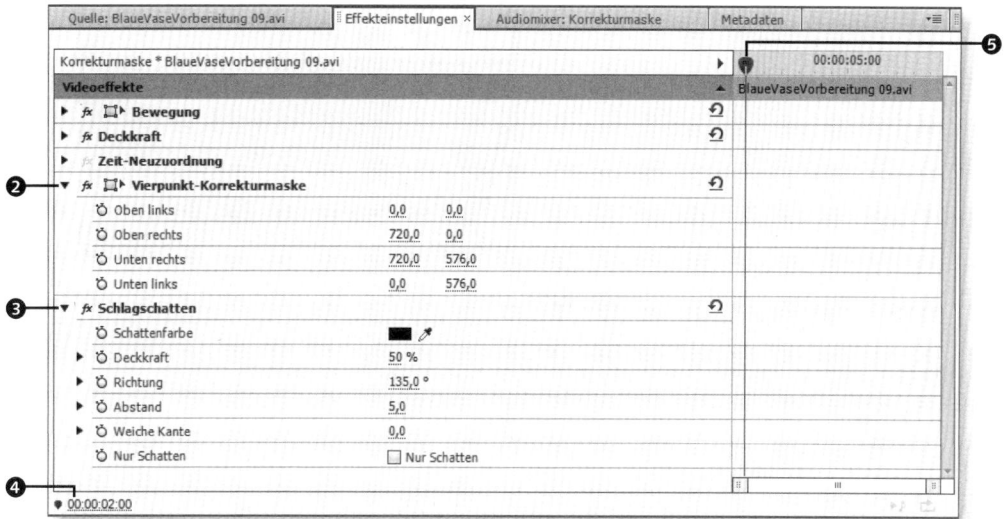

▲ **Abbildung 8.7** Damit ist alles vorbereitet. Im nächsten Workshop wird die Animation gestartet.

Schritt für Schritt: Die Korrekturmaske animieren

Klicken Sie jetzt einmal auf die Zeile VIERPUNKT-KORREKTURMASKE im Effekteinstellungen-Bedienfeld. Dadurch wird der Videoclip im Programmmonitor mit einem Rahmen versehen, dessen Eckpunkte Sie jetzt dort verschieben könnten. Das ist allerdings für unser Vorhaben viel zu ungenau. Wir benutzen lieber die Steuerelemente in den EFFEKTEINSTELLUNGEN.

1   Maskenpunkte verschieben

Schauen Sie sich die einzelnen Zeilen einmal etwas genauer an. In jeder befinden sich nämlich Koordinaten. Die linke repräsentiert jeweils die horizontale Position, während die rechte für die vertikale Position verantwortlich ist. Ändern Sie den Wert für die horizontale Positionierung in der Zeile OBEN LINKS ❻ auf 520,0. Am einfachsten ist das, wenn Sie auf die Zahl klicken, »520« über die Tastatur eingeben und mit ⏎ bestätigen. Das Gleiche erledigen Sie mit der horizontalen Position für UNTEN LINKS ❼. Beachten Sie, dass sich die beiden Punkte mittlerweile auch im Programmmonitor entsprechend verschoben haben (❽ und ❾). Falls die Punkte zu sehr an den Rand des Fensters gedrängt werden, verkleinern Sie die Ansicht ein wenig (hier 75 %) ❿.

▲ **Abbildung 8.8** In den EFFEKTEINSTELLUNGEN lassen sich die Punkte wesentlich genauer positionieren.

2 *Keyframes animieren*

Mit dieser Aktion haben Sie allerdings lediglich die Abmessungen des Clips eingestellt. Eine Animation ist damit noch nicht zustande gekommen. Betätigen Sie deshalb alle vier Stoppuhrsymbole ⓫. Dadurch werden weiter rechts vier kleine Rauten (Keyframes) sichtbar, die Sie ja bereits kennengelernt haben.

▲ **Abbildung 8.9** Der Grundstein für eine Animation ist gelegt.

Platzieren Sie die Einfügemarke jetzt auf 00:00:03:00. An dieser Position soll die Maske nun das linke Ende des Bildes erreicht haben. Demzufolge müssen alle vier horizontalen Koordinatenpunkte neu eingegeben werden. Benutzen Sie die folgenden Werte, wobei jeweils nur das linke Steuerelement (horizontale Positionierung) verändert werden darf: OBEN LINKS = 0,0; OBEN RECHTS = 200,0; UNTEN RECHTS = 200,0 und UNTEN LINKS = 0,0.

Korrekturmaske * BlaueVaseVorbereitung 09.avi			▶	🎤	00:00:05:00
Videoeffekte				▲	BlaueVaseVorbereitung 09.avi
▶ *fx* ☐▶ Bewegung				🔁	
▶ *fx* Deckkraft				🔁	
▶ *fx* Zeit-Neuzuordnung					
▼ *fx* ☐▶ Vierpunkt-Korrekturmaske				🔁	
▶ 🎦 Oben links	0,0	0,0	◀ ◆ ▶	◆	◆
▶ 🎦 Oben rechts	200,0	0,0	◀ ◆ ▶	◆	◆
▶ 🎦 Unten rechts	200,0	576,0	◀ ◆ ▶	◆	◆
▶ 🎦 Unten links	0,0	576,0	◀ ◆ ▶	◆	◆

▲ **Abbildung 8.10** Diese Parameter müssen vergeben werden.

Warum »200«?

Warum mussten es nun ausgerechnet diese Werte sein? Nun, Sie sind mit den horizontalen Parametern für OBEN LINKS und UNTEN RECHTS jeweils 200 Bildpunkte vom rechten Rand weggeblieben. Deshalb mussten Sie ja auch im ersten Schritt 520,0 eintragen (der rechte Rand befindet sich bei 720,0, da das Video aus immerhin 720 Bildpunkten in der Horizontalen besteht). Demzufolge müssen Sie jetzt mit den Steuerelementen OBEN RECHTS und UNTEN RECHTS auf 200 gehen. Dadurch ist gewährleistet, dass die Punkte während der Animation parallel zueinander bleiben. Bei der Vierpunkt-Korrekturmaske ist es nämlich anders als bei den Bewegungssteuerelementen, die Sie im vorangegangenen Kapitel bereits kennengelernt haben. Dort wird immer der Mittelpunkt repräsentiert. Das ist bei Korrekturmasken anders. Die obere linke Ecke des Videos ist horizontal und vertikal stets mit der Position 0,0 angegeben.

3 Keyframes markieren

Jetzt wird es spannend: Nachdem sich der Filmstreifen zum linken Bildrand hin bewegt hat, soll er auch wieder nach rechts zurücklaufen. Deshalb positionieren Sie die Einfügemarke auf 00:00:04:00. Danach markieren Sie alle vier Keyframes, die sich in der Reihe ganz links befinden. Das geht am schnellsten, wenn Sie den Mauszeiger außerhalb ansetzen (beispielsweise an Punkt ⑫) und mit gedrückter linker Maustaste alle vier Keyframes umrahmen (lassen Sie die Maustaste beispielsweise an Punkt ⑬ los). Die vier Keyframes werden daraufhin markiert.

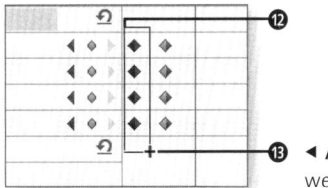

⑬ ◀ **Abbildung 8.11** Die ersten vier Schlüsselbilder werden gemeinsam ausgewählt.

4 Keyframes duplizieren

Um die Keyframes nun in die Zwischenablage zu befördern, reicht es, wenn Sie [Strg]/[cmd]+[C] drücken. Sie können die Duplikate sogar gleich im Anschluss mit [Strg]/[cmd]+[V] wieder einsetzen, da für die Platzierung der Kopien die Einfügemarke zuständig ist. Und die befindet sich ja immerhin an Position 00:00:04:00. Vergleichen Sie den Inhalt Ihres Effekteinstellungen-Bedienfeldes mit Abbildung 8.12.

Korrekturmaske * BlaueVaseVorbereitung 09.avi			▶	00:00:05:00
Videoeffekte			▲	BlaueVaseVorbereitung 09.avi
▶ *fx* ▱▶ **Bewegung**			↺	
▶ *fx* **Deckkraft**			↺	
▶ *fx* Zeit-Neuzuordnung				
▼ *fx* ▱▶ **Vierpunkt-Korrekturmaske**			↺	
▶ 🖾 Oben links	520,0	0,0	◀ ♦ ▶	♦ ♦ ♦
▶ 🖾 Oben rechts	720,0	0,0	◀ ♦ ▶	♦ ♦ ♦
▶ 🖾 Unten rechts	720,0	576,0	◀ ♦ ▶	♦ ♦ ♦
▶ 🖾 Unten links	520,0	576,0	◀ ♦ ▶	♦ ♦ ♦

▲ **Abbildung 8.12** Die Kopien sind direkt an der richtigen Stelle eingefügt worden.

5 *Überblendmodus ändern*

Nun lässt sich die Bewegung noch nicht ausmachen, wenn Sie die Sequenz abspielen. Immerhin sind die Bildinhalte auf beiden Videospuren grundsätzlich gleich. Deshalb sollte jetzt noch der Modus des oberen Clips geändert werden. Öffnen Sie dazu die Liste DECKKRAFT, und stellen Sie den ÜBERBLENDMODUS ❶ auf INTENSIVES LICHT ❷. Lassen Sie das Video abspielen.

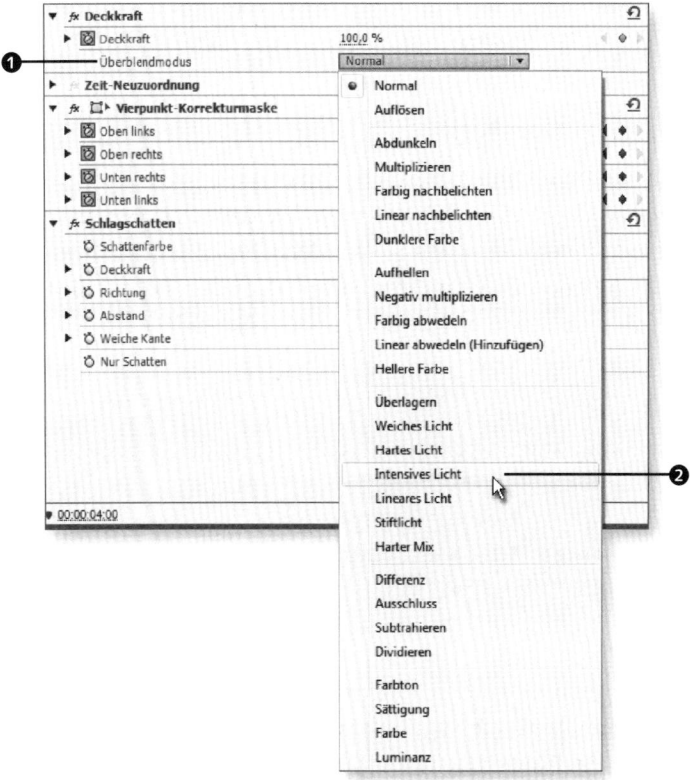

▲ **Abbildung 8.13** Die Liste der Überblendmodi ist gewaltig.

▲ **Abbildung 8.14** Der überblendete Balken bewegt sich zunächst nach links und danach wieder nach rechts.

6 Schlagschatten einstellen

Gegen Ende wollen wir uns noch um den Schlagschatten kümmern, der alles in allem etwas auffälliger sein könnte. Bislang ist ja kaum mehr als eine schwarze Linie rechts am überblendeten Balken zu erkennen. Widmen Sie sich deshalb der Liste SCHLAGSCHATTEN in den EFFEKTEINSTELLUNGEN, und erhöhen Sie den ABSTAND ❹ auf ca. 8,0 sowie die WEICHE KANTE ❺ auf etwa 30,0. Die RICHTUNG ❸ stellen Sie auf 90,0°. Das sieht doch wesentlich besser aus, oder?

▼ *fx* **Schlagschatten**		
↻ Schattenfarbe	■ 🖉	
▶ ↻ Deckkraft	50 %	
❸ ▶ ↻ Richtung	90,0 °	
❹ ▶ ↻ Abstand	8,0	
❺ ▶ ↻ Weiche Kante	30,0	
↻ Nur Schatten	☐ Nur Schatten	

▲ **Abbildung 8.15** Verwenden Sie diese Schlagschatten-Einstellungen.

▲ **Abbildung 8.16** Mit den letzten Handgriffen wurde der Schlagschatten optimiert.

7 Überblendung hinzufügen

Zuletzt versehen Sie den Clip auf Spur VIDEO 2 mit einer Weichen Blende, die Sie im Bedienfeld EFFEKTE im Ordner VIDEOÜBERBLENDUNGEN • BLENDE finden. Falls die WEICHE BLENDE auch in Ihren Premiere-Pro-Einstellungen noch als Standardüberblendung definiert ist, reicht es übrigens vollkommen aus, wenn Sie am Schnittpunkt [Strg]/[cmd]+[D] betätigen. Dazu muss der Spurkopf von VIDEO 2 aber ausgewählt sein. Aber das wissen Sie ja längst.

8 Clips kürzen

Wenn Sie wollen, können Sie jetzt beide Clips noch bis auf Position 00:00:05:00 kürzen und dem Ende des oberen Clips ebenfalls eine WEICHE BLENDE verpassen. Vergleichen Sie Ihr Ergebnis mit »Vierpunktmaske.avi« aus dem Ordner ERGEBNISSE.

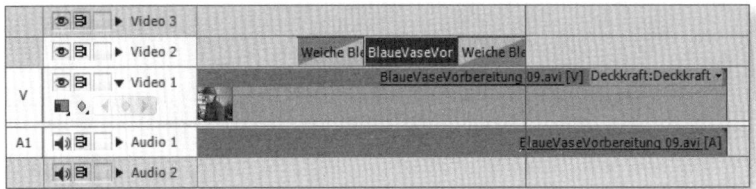

▲ **Abbildung 8.17** Die Timeline sollte jetzt genau so aussehen.

8.1.2 Pfad im Programmmonitor verändern

Wenn die Animation nicht so präzise verlaufen muss, wie im vorangegangenen Beispiel beschrieben, können die Maskenpunkte auch direkt im Programmmonitor verschoben werden – und zwar genauso, wie Sie das schon vom Bewegungseffekt her kennen. Auch hier ist allerdings zu beachten, dass zum einen der Clip im Schnittfenster und zum anderen die betreffende Zeile im Bedienfeld EFFEKTEINSTELLUNGEN markiert sein müssen (im Beispiel VIERPUNKT-KORREKTURMASKE ❶). Das ist wichtig, weil Sie die nachfolgenden Schritte ansonsten nicht anwenden können.

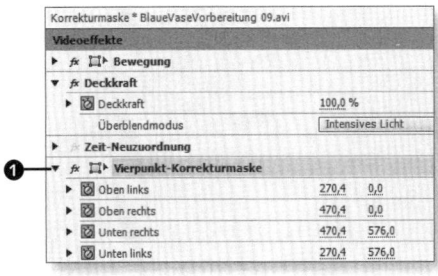

◄ **Abbildung 8.18** Die Anwahl der Masken-Zeile in den EFFEKTEINSTELLUNGEN ist zwingend erforderlich.

Ziehen Sie doch den Programmmonitor einmal etwas größer auf, und stellen Sie die Ansichtsgröße etwas kleiner ein, beispielsweise auf 50 %. Dadurch gewinnen Sie viel Platz um das Bild herum. Wenn Sie jetzt einmal genau hinschauen, werden Sie kleine Kreuze ❹ vorfinden. Das sind die Koordinaten der Keyframes. Des Weiteren befinden sich aber auch kleine Tangenten an den Korrekturpunkten ❺. Wenn Sie jetzt einmal eine der Tangenten herausziehen (beispielsweise ❸), wird zudem eine kleine gepunktete Linie sichtbar ❷, die den Pfad zwischen zwei Keyframes repräsentiert. Zugegeben – diese ganzen Hilfsmittel sind wirklich nicht besonders gut zu erkennen; dennoch sollte man unbedingt wissen, dass sie da sind, oder?

▲ **Abbildung 8.19** Bei extrem abgedunkelter Arbeitsoberfläche (BEARBEITEN/PREMIERE PRO • VOR-EINSTELLUNGEN • AUSSEHEN • HELLIGKEIT) sind die Punkte und Linien wesentlich besser auszumachen.

8.2 Der Zuschneiden-Effekt

Mitunter ist es wünschenswert, die äußeren Abmessungen eines Clips zu verändern. Wenn Sie beispielsweise nur einen bestimmten Ausschnitt des Videos präsentieren wollen, sollten Sie den Zuschneiden-Effekt einsetzen. Der lässt sich sogar direkt im Programmmonitor einstellen.

◢ *Schritt für Schritt: Clips zuschneiden und skalieren*

Sehen Sie sich einmal die Beispielsequenz zum Gecko-Glas-Film ab ca. 00:08:11:00 an. Der verwendete Key des Clips auf Spur VIDEO 5 (beginnend bei 00:08:12:21) ist mit dem Effekt ZUSCHNEIDEN aus dem Ordner VIDEOEFFEKTE • TRANSFORMIEREN realisiert worden. Alle unterhalb befindlichen Clips begnügen sich mit Veränderungen der Bewegungssteuerelemente POSITION und SKALIERUNG.

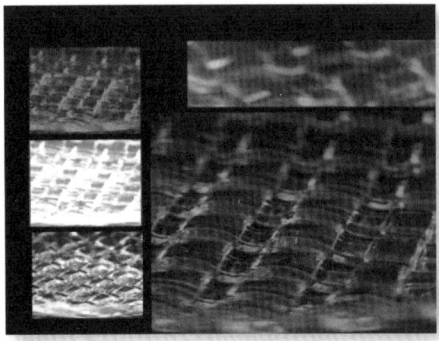

◀ **Abbildung 8.20** Diese Stelle sollten Sie sich einmal etwas genauer ansehen.

1 Effekt zuweisen

Das Zuweisen des Effekts können Sie sich im vorliegenden Fall natürlich sparen, weil er ja bereits integriert worden ist. (Wollen Sie ihn jedoch auf andere Clips anwenden, finden Sie ihn im Ordner TRANSFORMIEREN der Videoeffekte.)

2 Effekt auswählen

Markieren Sie zunächst den Clip in Spur VIDEO 5. Im Anschluss daran öffnen Sie die Registerkarte EFFEKTEINSTELLUNGEN. Setzen Sie einen Mausklick auf die Zeile ZUSCHNEIDEN. Im Programmmonitor wird der Clip mitsamt Rahmen dargestellt.

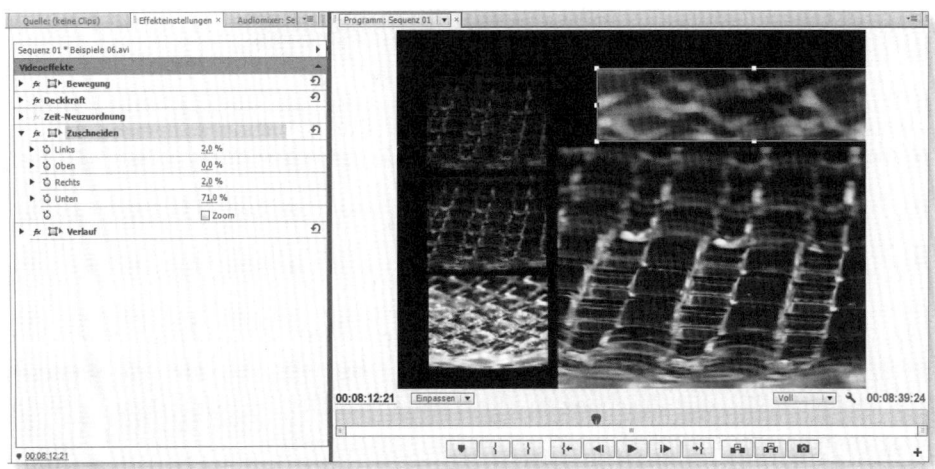

▲ **Abbildung 8.21** Der Clip wird im Programmmonitor dargestellt; der oberste Clip ist zugleich umrahmt.

3 Ausschnitt verändern

Sie können nun den sichtbaren Ausschnitt gemäß Ihren Wünschen verändern, indem Sie einen der vier Eckanfasser oder die in Premiere Pro CS6 neu hinzugefügten Anfasser jeweils in der Mitte der Geraden per Drag & Drop im Programmmonitor verschieben. Dabei bleibt das Video selbst an seiner ursprünglichen Position – lediglich der Ausschnitt verändert sich. Wenn Sie mögen, öffnen Sie alle vier Listen über die vorangestellten Dreiecksymbole. Dann nämlich dürfen Sie jede Option per Schieberegler einstellen.

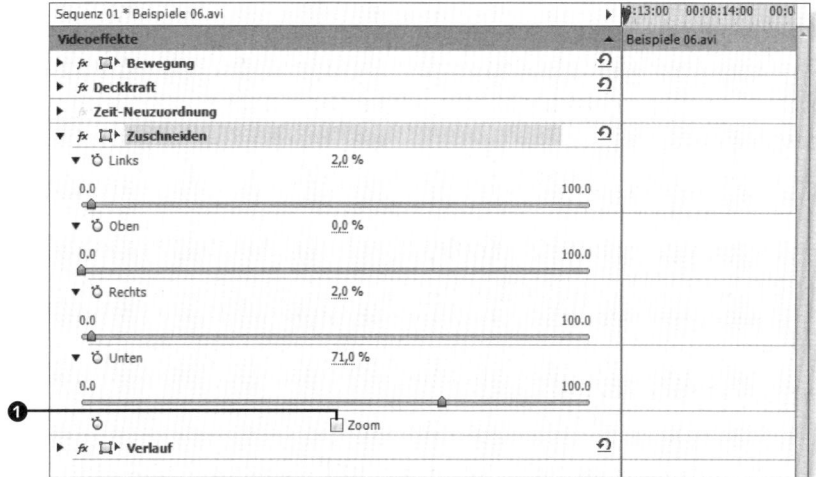

▲ **Abbildung 8.22** Die Schieberegler zum Einstellen der vier Beschnittpunkte sind doch nun wirklich nicht schlecht, oder?

4 Effekt zurücksetzen

Die vorhandenen Effektparameter verwerfen Sie, indem Sie auf ZURÜCKSETZEN ❷ innerhalb der EFFEKTEINSTELLUNGEN klicken. Beachten Sie dabei, dass sich die Größe des Videos nicht verändert. Diese ist nämlich in der Liste BEWEGUNG herabgesetzt worden (Steuerelement SKALIERUNG).

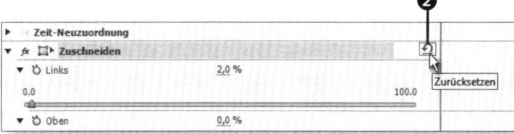

◀ **Abbildung 8.23** Setzen Sie die Effektparameter zurück.

5 Ausschnitt skalieren

Wenn Sie den Ausschnitt vergrößern oder verkleinern wollen, aktivieren Sie ZOOM ❶. Je kleiner der Rahmen wird, desto größer fällt die Skalierung aus. Achten Sie aber darauf, dass weiterhin ZUSCHNEIDEN in den Effekteinstellungen markiert bleibt. Sollte hier der Videoeffekt BEWEGUNG selektiert werden, klicken Sie ZUSCHNEIDEN abermals an.

8.3 Bildmaske-Key

Ein Bildmaske-Key sorgt ähnlich wie das Zuschneiden dafür, dass nur bestimmte Bereiche eines Videos sichtbar sind. Auch hier lassen sich interessante Bild-in-Bild-Effekte realisieren.

8.3.1 Maske erstellen

Es wird Sie sicherlich interessieren, dass eine Bildmaske nicht, wie sonst üblich, als Asset in das Projektfenster eingebunden werden muss. Vielmehr reicht es aus, lediglich einen Verweis von Premiere Pro aus auf den Speicherort der Maske zu setzen. Grundsätzlich können Sie eine Bildmaske, beispielsweise in Photoshop, frei nach Wunsch gestalten. In diesem Workshop gehen Sie allerdings einen Schritt weiter und passen die Maske exakt an das Video an.

Wenn Sie Lust auf einen kleinen Photoshop-Abstecher haben, sind Sie hier genau richtig. Falls nicht, machen Sie bitte nur den ersten Schritt des folgenden Workshops; den Rest überspringen Sie ganz einfach. Das Ergebnis finden Sie nämlich auch im Ordner KAPITEL_08 unter dem Namen »Bildmaske.tif«.

Schritt für Schritt: Eine Bildmaske erzeugen

Dieser Workshop zeigt, wie Sie eine Bildmaske unter Zuhilfenahme von Photoshop realisieren können.

1 Sequenz vorbereiten

Wie immer steht auch hier zunächst einmal die Vorbereitung des Projekts an. Erzeugen Sie eine neue Sequenz. Importieren Sie zwei AVI-Dateien aus dem Ordner KAPITEL_08. Darin befinden sich zwei Clips, die Sie jetzt importieren müssen. Den Clip »Drehteller_b1_02.avi« bringen Sie auf Spur VIDEO 2 und »Flaschenhals05_001.avi« auf Spur VIDEO 1.

Kürzen Sie anschließend den oberen Clip etwas ein. Ein idealer Ausstieg aus der Szene befindet sich an der Stelle, wo es heißt: »[…] Schnitt sich nicht wieder schließen kann.« Kürzen Sie den Clip bis zu diesem Punkt ein. Ziehen Sie ihn anschließend etwas nach rechts, so dass er mittig über dem unteren Video angeordnet ist. Zuletzt platzieren Sie die Einfügemarke ebenfalls mittig darüber.

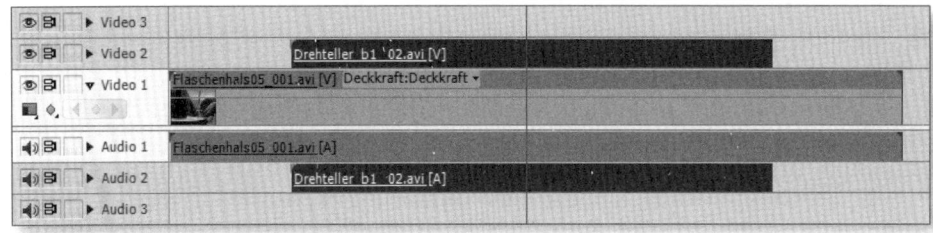

▲ **Abbildung 8.24** So sollten Sie Ihr Projekt vorbereiten.

2 Einzelbild exportieren

Um im Anschluss besser beurteilen zu können, wie die Maske aussehen muss, exportieren Sie zunächst ein einzelnes Bild, das Sie als Muster in Photoshop verwenden kön-

nen. Dazu müssen Sie nichts weiter tun, als auf den kleinen Fotoapparat FRAME EXPOR-
TIEREN im Programmmonitor zu klicken. Sie erreichen damit, dass das dort aktuell
sichtbare Einzelbild dazu verwendet wird. Alternativ betätigen Sie Strg/cmd+⇧+E,
was jedoch voraussetzt, dass entweder das Schnittfenster oder der Programmmonitor
aktiv ist.

▲ **Abbildung 8.25** Das Einzelbild ist in Premiere Pro schnell exportiert.

3 *Format einstellen*

Benennen Sie das Foto mit »Musterbild«, und stellen Sie unter FORMAT jetzt TIFF ein.
Weisen Sie dem Bild einen Speicherort zu, indem Sie auf DURCHSUCHEN klicken. Danach
bestätigen Sie mit OK.

◄ **Abbildung 8.26** Dieser Dialog ist zu durchlaufen.

Photoshop testen

Adobe stellt auch zum aktuellen Photoshop-Release eine 30 Tage gültige Testversion zur
Verfügung, die Sie unter *www.adobe.com/de* herunterladen können.

4 Photoshop: Standardfarben einstellen

Öffnen Sie die soeben exportierte Datei in Photoshop. Sie finden das Bild übrigens auch unter dem Titel »Musterbild.tif« im Ordner KAPITEL_08 der Beispieldateien.

▲ **Abbildung 8.27** Dieses Bild soll in Photoshop bereitgestellt werden.

Wir entscheiden uns im Beispiel dafür, eine Maske zu erzeugen, die nur den Kopf der Kommentatorin im Hintergrund zeigt. Dazu werden wir das exportierte Standbild ein wenig modifizieren. Drücken Sie zunächst einmal ⑁ auf Ihrer Tastatur. Das sorgt dafür, dass in der Werkzeugleiste Schwarz als Vordergrund- und Weiß als Hintergrundfarbe eingestellt werden.

◀ **Abbildung 8.28** Schwarz und Weiß sind die Standardfarben in Photoshop.

5 Photoshop: Werkzeug wählen

Aktivieren Sie in der Werkzeugleiste das AUSWAHLELLIPSE-WERKZEUG. Sollte an dieser Position das Auswahlrechteck gezeigt werden, klicken Sie diese Schaltfläche an und halten die linke Maustaste einen Moment lang gedrückt. Betätigen Sie jetzt den Eintrag AUSWAHLELLIPSE-WERKZEUG. Die Liste wird sich daraufhin automatisch schließen, und das Werkzeug ist selektiert.

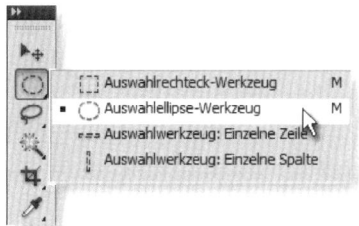

◄ **Abbildung 8.29** Für den nächsten Schritt wird die Auswahlellipse benötigt.

6   Photoshop: Auswahl erzeugen

Setzen Sie jetzt den Mauszeiger auf das Gesicht der Frau (er mutiert dabei zum Fadenkreuz). Jetzt bitte erhöhte Aufmerksamkeit: Führen Sie einen Mausklick aus, halten Sie die linke Maustaste gedrückt, und betätigen Sie zusätzlich noch Alt sowie ⇧.

Neben der Maustaste müssen Sie auch beide Tasten der Tastatur gedrückt halten. Ziehen Sie die Maus jetzt etwas zur Seite, so dass sich der gestrichelte Kreis mehr und mehr vergrößert. Danach lassen Sie zunächst die Maustaste und erst danach die Tasten der Tastatur los. Wenn Ihnen die Position der Auswahllinie noch nicht gefällt, können Sie sie mit Hilfe der Pfeiltasten Ihrer Tastatur noch bewegen.

Funktionsweise der Tasten

Mit ⇧ erreichen Sie, dass anstelle einer Ellipse ein exakter Kreis erzeugt wird, während Alt dafür sorgt, dass die Auswahl nicht vom Rand, sondern aus ihrer Mitte heraus produziert wird. Die Stelle des Mausklicks wird so zum Mittelpunkt der späteren Auswahl.

◄ **Abbildung 8.30** Die Auswahl schließt das Gesicht großzügig ein.

7   Photoshop: Fläche füllen

Drücken Sie jetzt entweder ⇧+F5, oder gehen Sie in das Menü. Dort müssen Sie sich dann für BEARBEITEN • FLÄCHE FÜLLEN entscheiden. Im Folgedialog muss unter VERWENDEN der Eintrag VORDERGRUNDFARBE gelistet werden. Bestätigen Sie mit OK, woraufhin der eingekreiste Bereich mit Schwarz gefüllt wird.

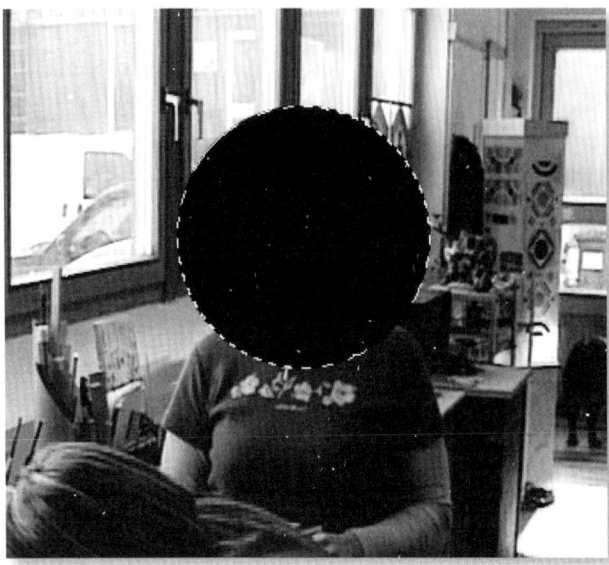

▲ **Abbildung 8.31** Ein schwarzer Punkt überdeckt das Gesicht.

8 *Photoshop: Auswahl umkehren*

Jetzt müssen Sie alles andere noch weiß einfärben. Dazu muss die Auswahl zunächst einmal umgekehrt werden. Drücken Sie ⌈Strg⌉/⌈cmd⌉+⌈⇧⌉+⌈I⌉, oder entscheiden Sie sich für AUSWAHL • AUSWAHL UMKEHREN. Jetzt ist alles ausgewählt, was zuvor nicht ausgewählt war. Im Gegenzug wurde der ausgewählte Bereich jetzt deselektiert.

9 *Photoshop: Fläche erneut füllen*

Betätigen Sie nun zunächst ⌈X⌉ auf der Tastatur. Das hat zur Folge, dass Vorder- und Hintergrundfarbe miteinander vertauscht werden. Drücken Sie abermals ⌈⇧⌉+⌈F5⌉ oder BEARBEITEN • FLÄCHE FÜLLEN, und bestätigen Sie gleich mit OK.

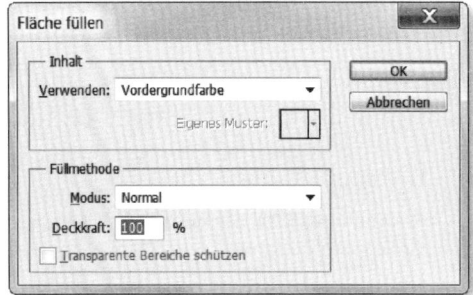

▲ **Abbildung 8.32** Verwenden Sie abermals die Vordergrundfarbe, um die Fläche zu füllen.

10 *Photoshop: Auswahl aufheben*

Am Schluss müssen Sie die Auswahllinien noch loswerden. Das realisieren Sie über das Menü AUSWAHL • AUSWAHL AUFHEBEN oder mit der Tastenkombination ⌈Strg⌉/⌈cmd⌉+⌈D⌉.

▲ **Abbildung 8.33** So sieht Ihre Maske aus.

Speichern Sie das Bild unter einem anderen Namen, indem Sie DATEI • SPEICHERN UNTER wählen oder Strg/cmd+⇧+S drücken. Als Format wählen Sie erneut TIFF. Die fertige Datei finden Sie ebenfalls im Ordner KAPITEL_08. Sie trägt den Namen »Bildmaske.tif«.

8.3.2 Maske zuweisen

Das eigentliche Zuweisen der Bildmaske ist keine große Sache. Wie Sie bereits erfahren haben, müssen Sie die Maske selbst nicht einmal in das Premiere-Projekt einbinden.

Schritt für Schritt: Einen Clip mit einer Bildmaske versehen

Hier erfahren Sie, wie Sie den entsprechenden Effekt zuweisen und mit der soeben erzeugten Maske verbinden. Der Effekt ist ausgesprochen intuitiv. Dennoch kommt er nicht ohne eine Einstellung aus.

1 Key zuweisen

Öffnen Sie den Ordner VIDEOEFFEKTE innerhalb des Effekte-Bedienfeldes von Premiere Pro. Darin befindet sich der Ordner KEYING. Öffnen Sie auch diesen, und weisen Sie den BILDMASKE-KEY dem markierten obersten Clip zu (Doppelklick oder einfach auf den Clip ziehen).

Widmen Sie sich jetzt dem Fenster EFFEKTEINSTELLUNGEN. Rechts in der Zeile BILDMASKE-KEY finden Sie eine kleine Symbolschaltfläche ❶. Wenn Sie diese anklicken, erhalten Sie den Dialog MASKENBILD AUSWÄHLEN. Stellen Sie hierüber den Pfad zu »Bildmaske.tif« her, und bestätigen Sie mit ÖFFNEN.

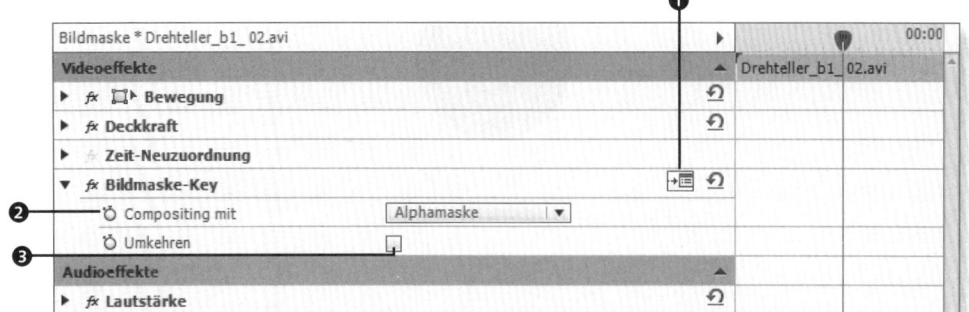

▲ **Abbildung 8.34** Die zunächst wichtigste Schaltfläche finden Sie in der Kopfzeile des Bildmaske-Keys.

2 Bildmaske einstellen

Nun gilt es, die beiden anderen Steuerelemente einzustellen. Unter COMPOSITING MIT ❷ entscheiden Sie sich für LUMINANZMASKE, da die Maske anhand der Helligkeitswerte (Luminanz) eingestellt werden soll. Aktivieren Sie außerdem die Checkbox UMKEHREN ❸, die sich gleich darunter befindet.

◄ **Abbildung 8.35** Im Video sind jetzt nur noch die Bereiche sichtbar, die in der Maske schwarz sind.

8.3.3 Luminanz und Alphakanäle

Die Beispieldatei enthält keinen Alphakanal. Deshalb mussten Sie auch auf LUMI-NANZMASKE umschalten. Dabei wird zwischen Schwarz und Weiß unterschieden. Was schwarz ist, ist normalerweise unsichtbar, während weiße Bereiche sichtbar sind. Bei der verwendeten Maske musste jedoch der schwarze Bereich sichtbar bleiben, während alles Weiße unsichtbar werden sollte. Deshalb mussten Sie am Schluss auch UMKEHREN aktivieren. Eine Maske mit Alphakanal hingegen generiert man in Photoshop separat. Dabei bilden zumeist Pfade den Bereich des Bildes, der als Alphakanal wirken soll. Der Kanal selbst wird dann im Kanäle-Bedienfeld angelegt. Der nächste Workshop gibt Aufschluss darüber.

8.4 Spurmaske-Key

Prinzipiell ist der Bildmaske-Effekt ja ganz nett anzusehen – leider hat er einen entscheidenden Nachteil: Die Maske bleibt stets an derselben Position stehen. Sie können den Clip selbst zwar über die Bewegungssteuerelemente animieren, müssen dabei allerdings in Kauf nehmen, dass der Ausschnitt stets der gleiche bleibt. Wenn Sie aber den Ausschnitt wie einen Sucher über das Bild wandern lassen wollen, müssen Sie den Spurmaske-Key verwenden. Darüber hinaus benötigen Sie eine »echte« Alphamaske.

Schritt für Schritt: Eine Alphamaske in Photoshop erzeugen

Natürlich können Sie gleich mit dem übernächsten Workshop fortfahren, wenn Sie das möchten. Benutzen Sie dann einfach die Datei »Alphamaske.tif«. Falls Sie aber wissen möchten, wie das Handling mit einer Alphamaske vonstattengeht, sollten Sie sich zunächst mit diesem Workshop beschäftigen.

1 Alphakanal entfernen

Wechseln Sie wieder zu Photoshop, und öffnen Sie die Datei »Bildmaske.tif«. Grundsätzlich können Sie aus allen Objekten einen Alphakanal erzeugen, doch wollen wir uns jetzt damit begnügen, den schwarzen Kreis in einen Alphakanal umzuwandeln. Stellen Sie das Kanäle-Bedienfeld bereit (FENSTER • KANÄLE). Sie sehen schon, dass hier bereits ein Alphakanal integriert ist. Dieser beinhaltet aber leider nicht unseren Kreis, weshalb wir ihn zunächst entfernen wollen. Markieren Sie die Zeile deshalb im Kanäle-Bedienfeld per Mausklick ❹. Sie wird daraufhin blau markiert. Danach klicken Sie auf AUSGEWÄHLTEN KANAL LÖSCHEN ❽ und bestätigen die Kontrollabfrage mit JA.

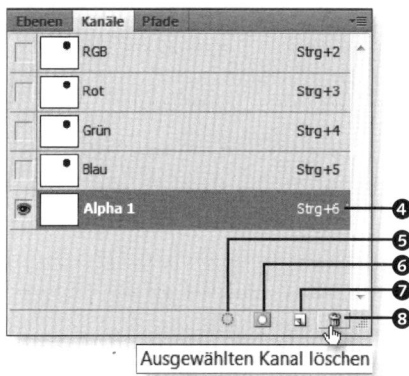

◄ **Abbildung 8.36** Das Kanäle-Bedienfeld von Photoshop CS6

2 Neuen Kanal erstellen

Jetzt wählen Sie KANAL ALS AUSWAHL LADEN ❺, gefolgt von AUSWAHL ALS KANAL SPEI-CHERN ❻. Im Anschluss daran taucht der korrekte Alphakanal (mit Punkt) in der untersten Zeile der Kanäle-Palette auf.

◀ **Abbildung 8.37** Damit verfügt das Bild über einen realen Alphakanal.

Neuen Kanal erstellen

Wenn Sie einmal mit einem neuen, leeren Kanal beginnen wollen, betätigen Sie zunächst NEUEN KANAL ERSTELLEN ❼, ehe Sie die Inhalte festlegen.

3 Datei speichern

Am Schluss speichern Sie die Datei ab (vergeben Sie beispielsweise den Namen »Alpha-maske.tif«). Eine Datei gleichen Namens finden Sie übrigens auch im Ordner KAPI-TEL_08; damit können Sie jetzt ebenfalls weiterarbeiten.

Alphakanäle in Photoshop und in Premiere Pro umkehren

Wenn Sie den Alphakanal selbst einmal umkehren, also Schwarz und Weiß miteinander vertauschen wollen, können Sie das ebenfalls ganz schnell *in Photoshop* realisieren. Markieren Sie dazu einfach den Alphakanal im Bedienfeld KANÄLE (hier mit ALPHA 1 betitelt), und drücken Sie [Strg]/[cmd]+[I]. Denken Sie aber daran, dass Sie die Datei jetzt neu speichern müssen, damit die Änderungen auch wirksam werden.

Prinzipiell ist dieser Schritt aber nicht nötig, wenn Sie den Alphakanal eines Bildes *in Premiere Pro* nutzen wollen: Bild- und Spurmaske-Effekte verfügen nämlich über eine Checkbox mit dem schönen Namen UMKEHREN. Aktivieren Sie dieses Steuerelement innerhalb der EFFEKTEINSTELLUNGEN, werden Schwarz und Weiß ebenfalls miteinander vertauscht – nur eben in Premiere Pro und nicht in der Originaldatei.

◢ Schritt für Schritt: Eine Maske animieren

Anders als bei Bildmasken müssen Spurmasken als Assets ins Projekt importiert werden. Im Gegensatz zu Bildmasken kann sie allerdings auch direkt auf dem Video animiert werden. Grund genug also, bei der Verarbeitung von Spurmasken einmal etwas genauer hinzuschauen.

1 Bildmaske-Key entfernen

Markieren Sie die Zeile BILDMASKE-KEY in den EFFEKTEINSTELLUNGEN, und drücken Sie `Entf` bzw. `←` auf Ihrer Tastatur. Falls die EFFEKTEINSTELLUNGEN leer sind, markieren Sie den Clip zuvor auf Spur VIDEO 2. Das Effektfenster ist jetzt wieder auf die fixierten Effekte reduziert.

2 Asset importieren

Wie bereits erwähnt, muss nun die Spurmaske als Asset in das Projekt importiert werden. Doppelklicken Sie deshalb einen freien Bereich des Projektfensters, und importieren Sie die Datei »Alphamaske.tif«.

3 Maske einfügen

Ziehen Sie diese Bilddatei nun vom Projektfenster aus auf die Spur VIDEO 3 des aktuellen Schnittfensters. Verlängern Sie den Alphamaske-Clip so weit ❶, dass Anfang und Ende mit dem Clip »Drehteller_b1_02.avi« identisch sind.

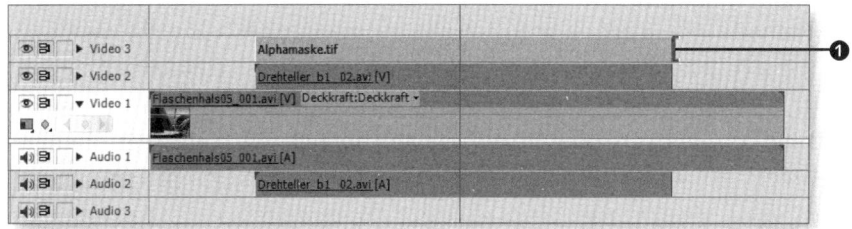

▲ **Abbildung 8.38** Die Bildmaske wurde eingefügt und ist genauso lang wie der Clip in Spur VIDEO 2.

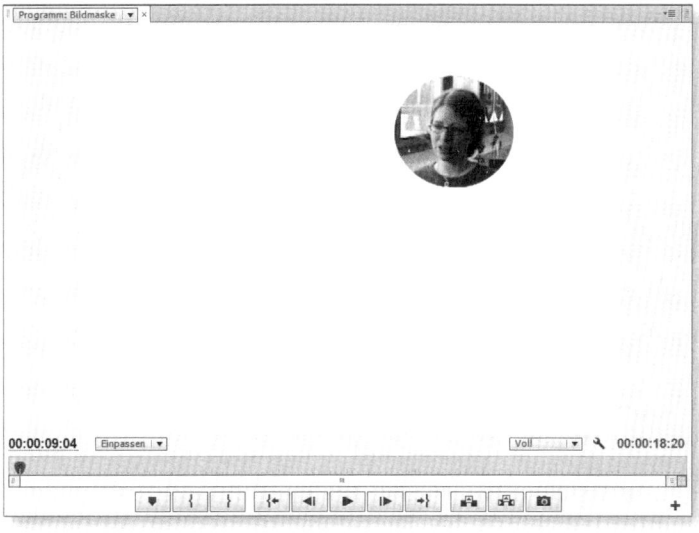

◀ **Abbildung 8.39**
Dennoch sieht das Video im Programm-monitor noch nicht besonders vielversprechend aus.

4 *Spurmaske-Key zuweisen*

Aktivieren Sie jetzt den Clip in Spur 2, und weisen Sie ihm den Spurmaske-Key-Effekt zu (Ordner: VIDEOEFFEKTE • KEYING). Selektieren Sie in der Zeile MASKE den Listenein-trag VIDEO 3. Damit ist sichergestellt, dass die Maske, die sich auf Spur 3 befindet, jetzt auf den Clip in Spur 2 wirkt. Zudem ist die Spur VIDEO 3 an der entscheidenden Position automatisch ausgeblendet.

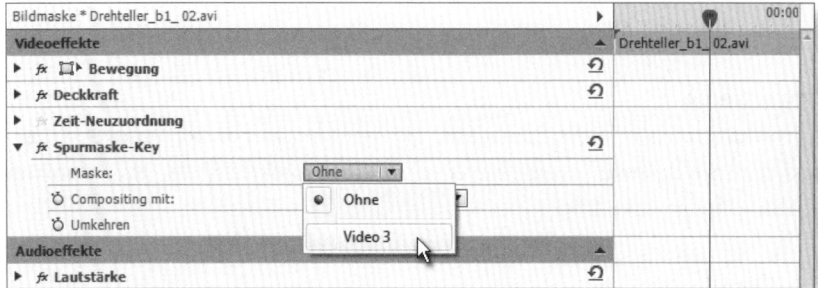

▲ **Abbildung 8.40** Der Clip in Spur 2 wird mit dem Inhalt von Spur 3 maskiert.

5 *Maske umkehren*

Achten Sie auch darauf, dass unter COMPOSITING MIT der Wert ALPHAMASKE gelistet ist. Eine Luminanzmaske würde in diesem Fall nicht funktionieren, da jetzt nicht mehr nach hellen und dunklen Bildbereichen, sondern lediglich nach dem Alphakanal Ausschau gehalten wird. Das ist aber standardmäßig bereits der Fall. Da die Alphamaske im Be-reich des Kreises schwarz ist, wird jetzt genau dieser Bereich *nicht* angezeigt. Stattdes-sen sehen Sie jetzt alle weißen Bereiche der Maske im Video. Das müssen Sie UMKEH-REN, weshalb Sie die gleichnamige Checkbox noch aktivieren müssen.

6 *Maske bewegen*

Nun gibt es prinzipiell zwei Möglichkeiten, Bewegungen darzustellen: Wenn Sie den noch sichtbaren Ausschnitt der Spur VIDEO 2 wie einen »Sucher« über das Bild wandern lassen wollen, animieren Sie lediglich die Keyframes der Alphamaske (fixierter Video-effekt BEWEGUNG). Wollen Sie hingegen, dass sich auch der Bildausschnitt synchron mitbewegt, müssen Sie die Maske selbst animieren (also das Bild in Spur VIDEO 3).

◀ **Abbildung 8.41** Im Programmmonitor stellt sich der maskierte Clip jetzt derart dar, dass nur der schwarze Punkt der Alphamaske das Video freigibt.

Die oberste Spur wird übrigens automatisch ausgeblendet, sobald Sie diese von einer anderen Spur aus (im Beispiel Video 2) als Maskenspur definieren. Dabei ist es dennoch gestattet, die Maskenspur jenseits der Maskierung als ganz normale Videospur zu benutzen. Das war in älteren Versionen der Schnitt-Software noch nicht der Fall, weshalb es hier noch einmal Erwähnung finden soll.

8.5 Farben auskeyen

Eine weitere Form der Maskierung ergibt sich aus den Farben eines Videoclips. So wie Sie zuvor Bereiche eines Films anhand schwarzer oder weißer Maskenfarben entfernt haben, lassen sich auch die im Video vorhandenen Farben »herausrechnen«.

8.5.1 Chroma-Key

Lassen Sie uns zunächst einen Blick auf den Chroma-Key werfen. Mit dessen Hilfe ist es möglich, bestimmte Farbbereiche aus einem Bild zu entfernen, also auf transparent zu setzen.

Wenden Sie ihn auf einen Clip an, können Sie zunächst mit der Farbpipette, die in den EFFEKTEINSTELLUNGEN zur Verfügung gestellt wird, eine Grundfarbe aufnehmen. Beobachten Sie dabei die Auswirkungen innerhalb des Programmmonitors. Noch ist möglicherweise nicht viel zu sehen. Doch wenn Sie jetzt den Wert ÄHNLICHE FARBEN erhöhen, werden weitere, ähnliche Farbbereiche mit einbezogen.

Testen Sie den Effekt doch selbst, indem Sie zunächst den Spurmaske-Key entfernen, der im letzten Workshop platziert wurde. Löschen Sie auch die Maske aus Video 3, und ziehen Sie den Clip »Flaschenhals05_001.avi« von Spur Video 1 auf Video 3.

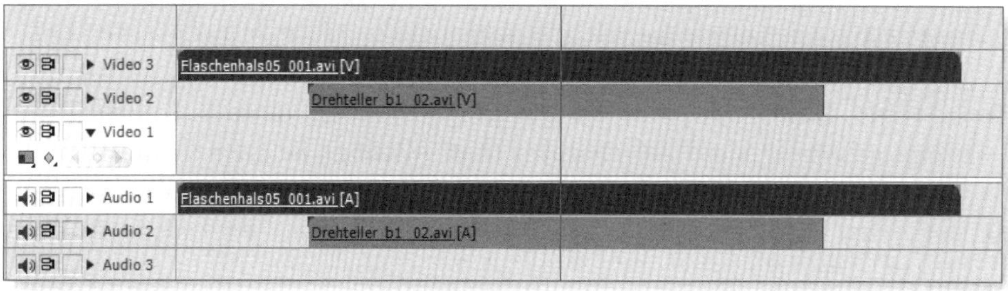

▲ **Abbildung 8.42** Spur Video 1 ist jetzt leer.

Die grundsätzliche Vorgehensweise ist die, dass Sie zunächst den Effekt, wie gewohnt, zuweisen (VIDEOEFFEKTE • KEYING • CHROMA-KEY) und dann mit der Pipette ❽ auf den zu entfernenden Bereich im Programmmonitor klicken (im Beispiel die Flasche). Mit der Verstellung des Wertes ÄHNLICHE FARBEN ❾ entfernen Sie dann mehr und mehr den selektierten Farbbereich.

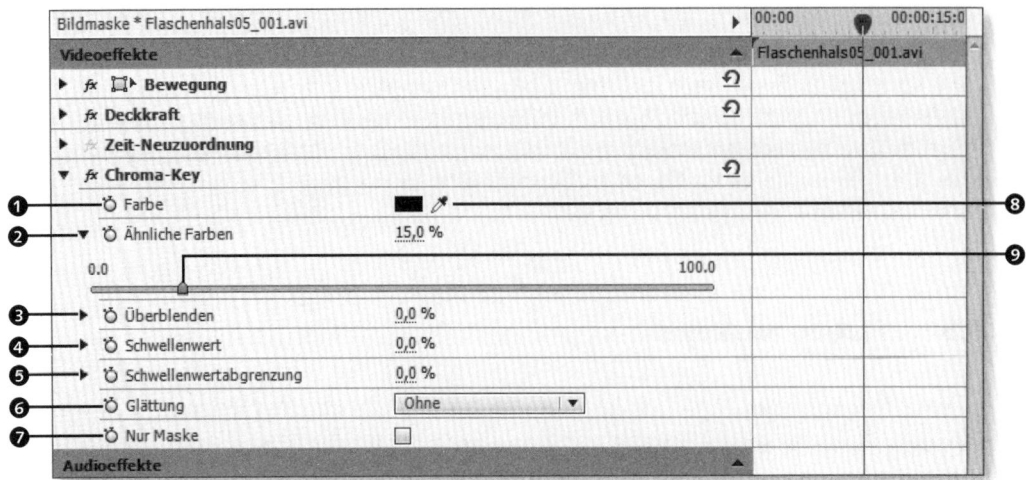

▲ **Abbildung 8.43** Klicken Sie im Programmmonitor ziemlich weit unten auf die Flasche, damit Blau aufgenommen wird (siehe Abbildung 8.41). Anschließend erhöhen Sie den Wert ÄHNLICHE FARBEN.

Die Steuerelemente des Chroma-Keys verwenden Sie wie folgt, wobei sich der Begriff »Vordergrund« stets auf das obere, »Hintergrund« hingegen auf das untere Video bezieht:

❶ FARBE: Nehmen Sie mit der Pipette eine Farbe, die entfernt werden soll, aus dem Clip auf.

❷ ÄHNLICHE FARBEN: Erweitern Sie das Spektrum der zuvor aufgenommenen Farbe.

❸ ÜBERBLENDEN: Vorder- und Hintergrund werden zunehmend ineinander überblendet.

❹ SCHWELLENWERT: Die Schattenanteile des entfernten Bereichs bleiben erhalten. Je mehr Sie den Wert erhöhen, desto mehr bleiben die Schattenanteile sichtbar.

❺ SCHWELLENWERTABGRENZUNG: Die zuvor über SCHWELLENWERT eingestellten Schattenanteile können hier aufgehellt oder abgedunkelt werden. Je mehr Sie den Regler nach rechts stellen, desto dunkler werden die Schatten.

❻ GLÄTTUNG: Schaffen Sie weichere Übergänge zwischen Vorder- und Hintergrund, indem Sie WENIG oder STARK einstellen (**Anti-Aliasing**). Belassen Sie den Wert bei OHNE, bleibt die Abstufung zwischen Vorder- und Hintergrund scharfkantig.

❼ NUR MASKE: Erzeugen Sie aus dem Clip einen Alphakanal. Hier besteht die Möglichkeit, eigene Masken direkt in Premiere Pro zu erzeugen.

8.5.2 Blue-Screen-Key

Grundsätzlich ist der CHROMA-KEY bestens geeignet, um Bildbereiche anhand der Farbwerte »herauszurechnen«. Wenn Sie allerdings über optimales Material in Studioqualität verfügen, funktioniert auch der BLUE-SCREEN-KEY, der prinzipiell nach gleichem Muster verfährt. Allerdings werden derartige Effekte zumeist nur bei Verwendung eines entsprechenden Equipments eingesetzt. In Nachrichtensendungen greift man ebenso gern darauf zurück wie im professionellen Spielfilm. Dabei werden die Darsteller vor einer chroma-blauen Wand platziert, die ebenmäßig und ohne Schattenwurf ausgeleuchtet ist. Später wird die Hintergrundfarbe unter Einsatz dieses Effekts entfernt, was es ermöglicht, den Protagonisten in jedes andere Video hineinzuplatzieren.

Natürlich ist darauf zu achten, dass beispielsweise die Kleidung des Darstellers nicht so gewählt ist, dass sie mit der zu »keyenden« Farbe kollidiert. Stünde er mit einer blauen Jeans vor dem blauen Hintergrund, wäre die Folge, dass er plötzlich (zumindest teilweise) den Verlust seines Unterkörpers zu beklagen hätte.

8.5.3 Ultra-Key

Ein leistungsfähiges Keying-Verfahren wird durch den ULTRA-KEY zur Verfügung gestellt. Eigentlich ist der ULTRA-KEY ein alter Bekannter. Bereits in der Version CS3 hatte Ultra als separate Applikation Einzug in den Adobe Videoschnitt gehalten. In CS4 war es jedoch vorbei damit. Seit CS5 ist Ultra wieder da – wenn auch nur als einzelner Effekt. Der ULTRA-KEY ist verwandt mit dem CHROMA-KEY, gehen doch beide zum Teil fast identische Wege, um zum Ziel zu gelangen. Dennoch ist Ultra ausgefeilter – nicht zuletzt, weil hier einfach mehr Steuerelemente und somit auch mehr Möglichkeiten vorhanden sind. Der Vorteil: Auch nicht ganz sauber aufgenommenes Rohmaterial kann noch einigermaßen komfortabel vom Hintergrund getrennt werden.

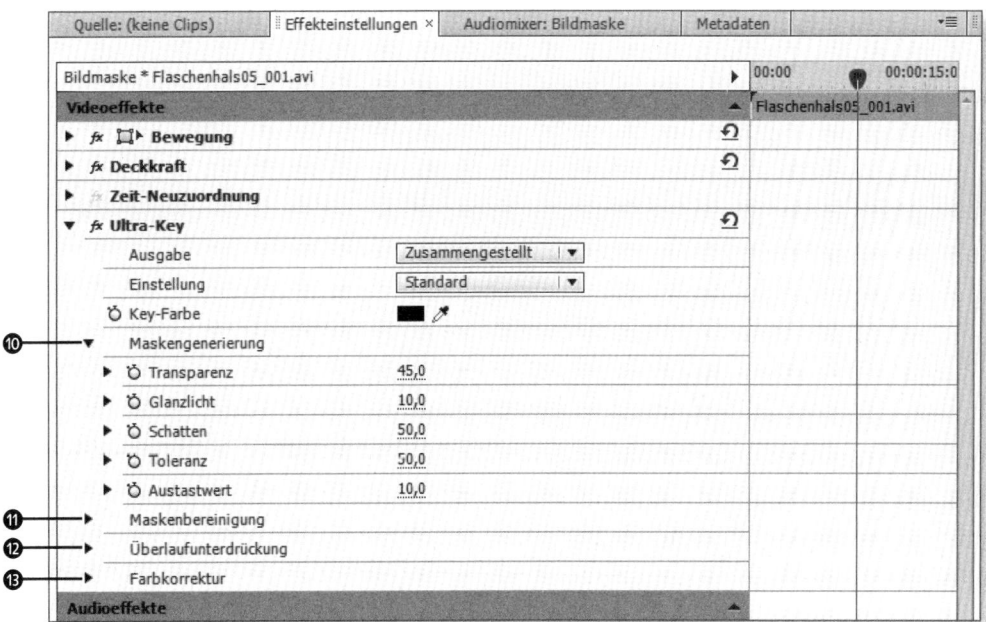

▲ **Abbildung 8.44** Der ULTRA-KEY hat Steuerelemente und Listen ohne Ende im Gepäck, hier mit geöffneter Liste MASKENGENERIERUNG.

Zunächst einmal lässt sich auch hier eine KEY-FARBE mit der Pipette aufnehmen. Danach stehen Ihnen vier Steuerelementgruppen zur Verfügung, die bei schwierigem Material auch in der Reihenfolge von oben nach unten Anwendung finden sollten:

❿ MASKENGENERIERUNG: Erzeugen Sie zunächst eine Maskierung von Bildbereichen anhand der aufgenommenen und angrenzenden Farben.

⓫ MASKENBEREINIGUNG: Mit diesen Steuerelementen lässt sich die gewonnene Maskierung verfeinern, also genauer anpassen.

⓬ ÜBERLAUFUNTERDRÜCKUNG: Bearbeiten Sie die Kantenübergänge, also die Konturen, zwischen auszuwählenden Bereichen und dem zu entfernenden Hintergrundbereich.

⓭ FARBKORREKTUR: Zuletzt passen Sie den zu erhaltenden Bereich farblich noch an die neue Umgebung (den neuen Hintergrund) an.

9   Bildkorrekturen

Effekte sind eine schöne Sache. Mit ihnen können Sie beim Zuschauer möglicherweise richtig Eindruck schinden. Allerdings erfüllen sie nicht nur die Aufgabe, ein Bild anspruchsvoll zu verfremden. Eine weitere wichtige Aufgabe von Effekten (wenn nicht sogar die wichtigste überhaupt) besteht darin, Videos aufeinander abzustimmen und gegebenenfalls zu korrigieren. Egal, ob es an der korrekten Farbe oder Beleuchtung mangelt – mit den richtigen Korrektur-Effekten holen Sie aus Ihren bewegten Bildern buchstäblich das Letzte heraus.

In diesem Kapitel erhalten Sie Antworten auf die folgenden Fragen:

▶ Wie werden Helligkeit und Kontrast korrigiert?
▶ Wie kann ich Schatten und Glanzlichter korrigieren?
▶ Wie kann die Beleuchtung eines Clips punktuell korrigiert werden?
▶ Wie wird eine nachträgliche Weißbalance durchgeführt?
▶ Wie kann ich die Farbe eines Clips automatisch korrigieren?
▶ Wie kann ich die Farbe eines Clips manuell korrigieren?
▶ Wie lassen sich Clips farbig aufeinander abstimmen?
▶ Was ist SpeedGrade CS6?

> **Vorüberlegungen**
>
> Grundsätzlich sollten Sie abwägen, ob Sie einen Effekt direkt auf den Clip anwenden oder eher eine Einstellungsebene benutzen. Soll mal eben schnell ein einzelner Clip korrigiert werden, ist gegen die direkte Zuweisung nichts einzuwenden. Wenn Sie jedoch mehrere Clips oder sogar ganze Sequenzen mit gleichen Parametern korrigieren müssen, sollten Sie auf die neu in Premiere Pro CS6 integrierten Einstellungsebenen zurückgreifen (nähere Hinweise dazu finden Sie in Abschnitt 7.5.6, »Effekt per Einstellungsebene anwenden«).

9.1   Auto-Effekte

Im Ordner ANPASSEN der VIDEOEFFEKTE finden Sie einige automatische Korrektur-Effekte; so z. B. neben Auto-Farbe und Auto-Kontrast auch die Auto-Tonwertkorrektur. Das Wort Automatik passt hier nicht so ganz, da es sich nicht wirklich um automatische Effekte handelt, die nur zugewiesen, nicht aber eingestellt werden müssen (vielleicht kennen Sie das aus Photoshop). In Premiere Pro sind auch die Auto-Effekte noch einstellbar, wenngleich sie auch hier nicht unbedingt die eleganteste Lösung darstellen, wenn es darum geht, Bilder zu korrigieren. Deshalb möchte ich Ihnen empfehlen, Auto-Effekte nur dann zu benutzen, wenn der Korrekturbedarf eher gering ist. Sie werden gleich sehen, wie sich derartige Korrekturen auch anders bewerkstelligen lassen.

9.2 Helligkeit und Kontrast korrigieren

Der Effekt HELLIGKEIT UND KONTRAST kommt immer dann zum Einsatz, wenn Aufnahmen matt und/oder dunkel sind. Allerdings reagiert der Clip unter Umständen sehr sensibel, und selbst geringe Veränderungen wirken sich drastisch auf das Ergebnis aus. Deshalb gilt hier ganz besonders: Weniger ist mehr!

 *Schritt für Schritt: Helligkeit und Kontrast korrigieren*

Schauen Sie sich den Clip »Ofen_Glas ziehen.avi« im Beispielprojekt an. Im Schnittfenster finden Sie ihn ab 00:06:08:08. Er ist nicht sonderlich gut ausgeleuchtet und wirkt insgesamt etwas zu dunkel. Markieren Sie ihn im Schnittfenster.

◄ **Abbildung 9.1**
Der Clip ist nicht sonderlich gut ausgeleuchtet.

1 Effekt zuweisen
Gehen Sie in das Effekte-Bedienfeld, und öffnen Sie den Ordner VIDEOEFFEKTE. Im Verzeichnis FARBKORREKTUR finden Sie HELLIGKEIT UND KONTRAST. Weisen Sie diesen Effekt zu.

2 Effekt einstellen
Danach klicken Sie die Registerkarte EFFEKTEINSTELLUNGEN an. Weil sich die Verwendung der Hot-Text-Steuerelemente nicht so gut eignet wie das direkte Verstellen der

Regler, ist es empfehlenswert, die beiden Listen HELLIGKEIT und KONTRAST über die vorangestellten Dreiecksymbole zu öffnen.

Ziehen Sie den Regler HELLIGKEIT auf einen Wert um »20,0«. Das ist zwar etwas zu viel, doch müssen Sie den Kontrast noch etwas verstärken, und das wiederum senkt die Helligkeit subjektiv ein wenig ab. Ziehen Sie den KONTRAST-Regler auf einen Wert von etwa »15,0«.

3 *Effekt begutachten*

Begutachten Sie die Wirkung, indem Sie EFFEKT AKTIVIEREN/DEAKTIVIEREN mehrmals ein- und ausschalten.

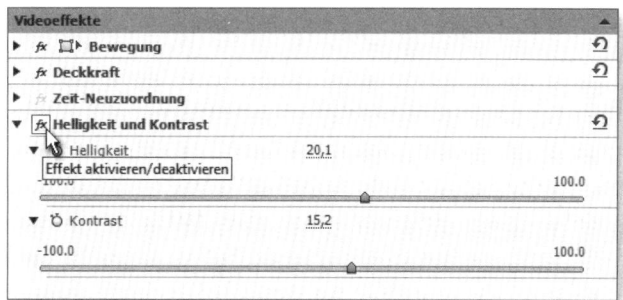

◄ **Abbildung 9.2** Das Resultat lässt sich mit dem Original vergleichen, indem Sie den Effekt kurz deaktivieren.

4 *Weitere Clips einstellen*

Schauen Sie sich auch die weiteren Clips an. So dürfte z. B. auch der übernächste Clip (er trägt den gleichen Namen, beginnt aber bei 00:06:28:20) eine derartige Korrektur erfahren. Gehen Sie hier mit den Werten aber nicht ganz so hoch wie beim ersten Clip. Und vor allen Dingen: Vergessen Sie nicht, ihn zu markieren, bevor Sie weitere Einstellungen vornehmen! Ja, das wird leicht vergessen. Aktuell ist ja immer noch der Clip markiert, den Sie soeben bearbeitet haben.

5 *Weitere Clips korrigieren*

Überprüfen Sie sämtliche nachfolgenden Clips, wobei aber jene, die vordergründig den Ofen zeigen, außen vor bleiben sollten. Sobald Sie hier nämlich den Kontrast verändern, gehen Details in den rot-orangefarbenen Bereichen des Ofeninneren verloren – anhand dieser Clips können Sie sehr gut nachvollziehen, dass eine Helligkeit-/Kontrast-Korrektur bei Weitem nicht verlustfrei vonstattengeht. Im Klartext: Eine derartige Korrektur ist immer auch mit Qualitätsverlusten behaftet.

9.3 Schatten und Glanzlichter korrigieren

Clips, die den Ofen mehr oder weniger bildschirmfüllend darstellen, lassen sich besser mit dem Effekt SCHATTEN/GLANZLICHT korrigieren. Sie erreichen bei Zuweisung dieses

Effekts, dass die Zeichnung (also die Abstufungen zwischen hell und dunkel) innerhalb des Bildes nicht zu sehr verloren geht.

Schritt für Schritt: Licht und Schatten verbessern

Wenn wir von Schatten sprechen, ist nicht etwa ein Schlagschatten oder dergleichen gemeint. Licht bezeichnet die hellen, Schatten die dunklen Bereiche eines Bildes bzw. eines Videos. Diese Werte können naturgetreuer dargestellt werden, wenn man eben nicht den Kontrast, sondern die hellen und dunklen Bereiche direkt verändert. Der Lohn dieser Mühen: Details innerhalb des Bildes bleiben erhalten.

1 Effekte vergleichen

Falls Sie es im vergangenen Workshop noch nicht ausprobiert haben, empfehle ich Ihnen, zunächst HELLIGKEIT UND KONTRAST auf den Clip »Glas_ziehen.avi« anzuwenden. In der Timeline ist er ab Position 00:06:22:07 zu finden. Markieren Sie ihn dort.

Entfernen Sie den Effekt anschließend wieder, und weisen Sie stattdessen SCHATTEN/GLANZLICHT aus der Videoeffekte-Sammlung ANPASSEN zu. Na, was meinen Sie? Sieht das nicht besser aus? Achten Sie vor allem auf die dunklen Streifen innerhalb des rot glühenden Bereichs. Diese bleiben nämlich jetzt erhalten.

2 Automatik deaktivieren

Ist Ihnen aufgefallen, dass sich das Videobild sofort verändert hat, als Sie den Effekt zugewiesen haben? Es findet also sofort eine Korrektur statt. Schuld daran ist die Checkbox AUTOMATISCHE STÄRKE ❶ in den EFFEKTEINSTELLUNGEN. Die Anwendung analysiert nämlich das Video und weist die Schatten- und Glanzlichtstärke dementsprechend zu. Wenn Sie sich die Einstellung nicht von Premiere Pro abnehmen lassen wollen, müssen Sie dieses Steuerelement abwählen.

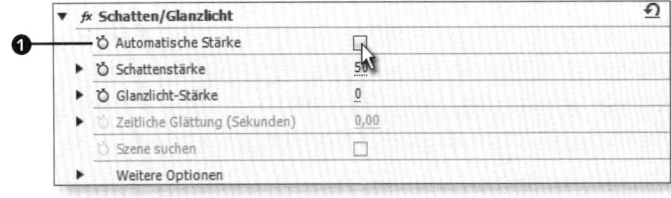

◄ **Abbildung 9.3** Lassen Sie sich von der Anwendung nicht vorschreiben, wie der Clip korrigiert werden soll.

3 Schattenstärke reduzieren

Premiere Pro setzt die SCHATTENSTÄRKE automatisch auf 50. Das ist natürlich kein Maßstab, da jeder Clip individuell korrigiert werden muss. Grundsätzlich sollten Sie so vorgehen, dass Sie den Regler zunächst ganz nach links schieben. Damit finden Sie zunächst einmal ein unverändertes Video vor. Danach können Sie die SCHATTENSTÄRKE (hellt dunkle Bereiche eines Clips auf) sowie die GLANZLICHT-STÄRKE (dunkelt helle Be-

reiche ab) manuell einstellen. Das geht übrigens nicht nur mit den Hot-Text-Steuerelementen, sondern auch mit den Schiebern. Dazu müssen Sie die Listen allerdings öffnen
(Dreiecksymbole am Zeilenanfang).

4 *Schattenstärke regulieren*

Jetzt schieben Sie den Regler wieder vorsichtig nach rechts, wobei Sie den Programmmonitor nicht aus den Augen lassen sollten. Stoppen Sie bei einem Wert um 35–40,
was im vorliegenden Fall in Ordnung sein dürfte. Ich empfehle Ihnen darüber hinaus,
die GLANZLICHT-STÄRKE nicht zu verändern.

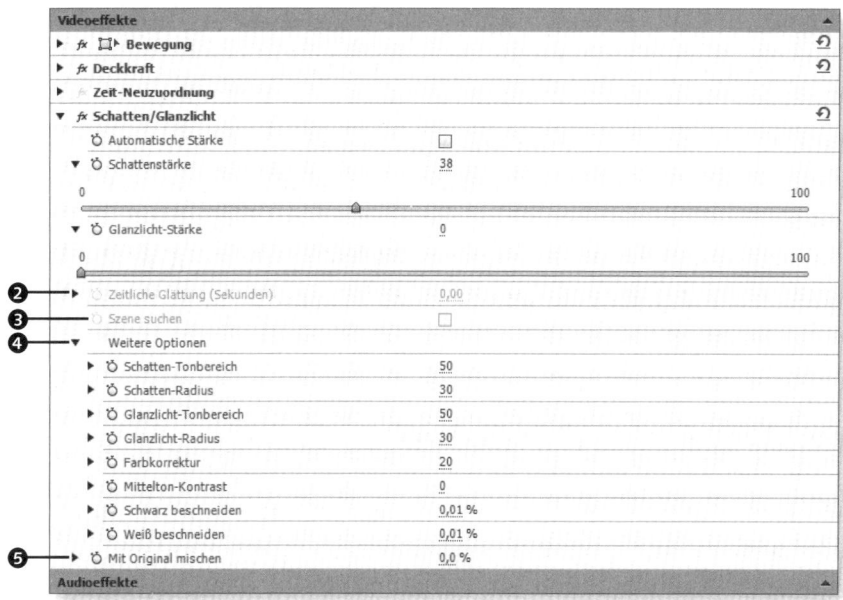

▲ **Abbildung 9.4** Regeln Sie die SCHATTENSTÄRKE zunächst ganz herunter und danach
wieder herauf bis ca. 40, während Sie den Programmmonitor beobachten.

Zeitliche Glättung | Das Steuerelement ZEITLICHE GLÄTTUNG (SEKUNDEN) ❷ erlaubt
eine Analyse des Clips. Dabei wird ein Zeitraum (in Sekunden) eingestellt, in dem
benachbarte Bilder analysiert werden. So wird festgestellt, wie stark ein Einzelbild im
Vergleich zu benachbarten Bildern korrigiert werden muss. Wie groß dieser Analyse-
bereich ist, legen Sie über den Wert in Sekunden fest. Belassen Sie die Einstellung bei
0, wird jedes Einzelbild unabhängig von benachbarten Bildern eingestellt. Sie ahnen
es schon: Bei einer solchen Messmethode bleibt das Zutun des Benutzers außen vor.
Deshalb steht dieser Effekt auch nur dann zur Verfügung, wenn AUTOMATISCHE STÄRKE
aktiviert ist.

Szene suchen | Wenn Sie mit der zeitlichen Glättung arbeiten und dieses Steuerele-
ment anwählen, ist es Premiere Pro vollkommen egal, ob innerhalb der Glättungszeit

noch ein anderer Clip vorhanden ist. Im Klartext: Wählen Sie das Steuerelement ab, werden nur Bilder für die Berechnung verwendet, die auch zum aktuell markierten Clip gehören. Bedenken Sie, dass Sie damit eine sehr gute Möglichkeit haben, unterschiedliche Clips aufeinander abzustimmen. Dazu wählen Sie dann den ersten Frame eines zu korrigierenden Clips an und aktivieren SZENE SUCHEN ❸. Dann wird der vorangehende Clip in die Berechnung involviert.

Weitere Schatten/Glanzlicht-Optionen | Im Bereich WEITERE OPTIONEN ❹ sind noch SCHATTEN-TONBEREICH und GLANZLICHT-TONBEREICH erwähnenswert. Damit definieren Sie nämlich, was im Clip eigentlich der Schatten bzw. das Glanzlicht ist. Das bedeutet, je höher der jeweilige Wert, desto mehr werden auch Mitteltonbereiche (also Bereiche, die nicht sehr dunkel oder nicht sehr hell sind) in die Korrektur mit einbezogen.

Mit Original mischen | Wie der Name schon sagt, werden Ihre Einstellungen bei Anwahl der Option MIT ORIGINAL MISCHEN ❺ noch einmal mit dem Original-Clip vermischt. Prinzipiell wird bei einem sich erhöhenden Wert der zugewiesene Effekt immer weiter abgeschwächt. Betrachten Sie dieses Steuerelement also gewissermaßen als Feineinstellung, die eine nachträgliche Abschwächung des Effekts bzw. eine Mischung mit dem Original erlaubt.

9.4 Beleuchtung punktuell korrigieren

Jetzt soll es um Effekte gehen, die im eigentlichen Sinn eine ganz andere Aufgabe haben, als Bilder zu korrigieren – gemeint sind die Beleuchtungseffekte. Ganz klare Sache: Mit diesem Effekt können Sie zusätzliche Lampen in Ihr Video »hineinmontieren«. Das sorgt für einen visuell ansprechenden Genuss und ist natürlich eher in die Kategorie Bildverfremdung einzuordnen. Darum soll es aber im folgenden Workshop nicht gehen. Es ist nämlich durchaus möglich, diesen Effekt auch zur punktuellen Beleuchtungskorrektur einzusetzen.

◼️ *Schritt für Schritt: Korrekturen mit Beleuchtungseffekten realisieren*

Nehmen Sie als Beispiel doch einmal den Clip »Flaschenhals05.avi«, der bei 00:04:42:22 beginnt. Von der Ausleuchtung her ist er eigentlich ganz okay. Was sich aber verbessern lässt: Sie können die Aufmerksamkeit mehr auf den Flaschenhals lenken, indem Sie ihn einfach heller darstellen, als er zurzeit noch ist. Diesmal setzen wir eine Einstellungsebene ein (für den Fall, dass Sie noch weitere Clips mit diesem Effekt versorgen wollen und die Lichtverhältnisse auch auf übereinander befindlichen Clips angewendet werden sollen).

1 Einstellungsebene erzeugen

Aktivieren Sie das Projektfenster, und erzeugen Sie eine neue Einstellungsebene über das Menü DATEI • NEU • EINSTELLUNGSEBENE. Alternativ dürfen Sie auch auf das Blattsymbol unten rechts im Projektfenster klicken und den gleichnamigen Befehl aus dem Popup-Menü selektieren. Übernehmen Sie die angebotenen Einstellungen.

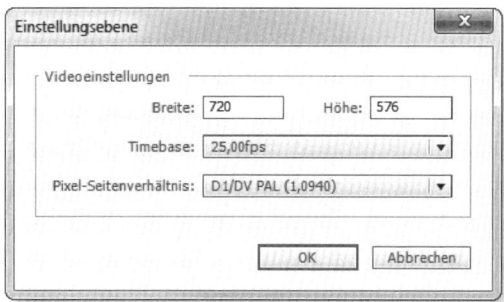

◀ **Abbildung 9.5** Die Einstellungen entsprechen denen des Projekts.

2 Einstellungsebene weiterverarbeiten

Damit es später keine Verwechslungen mit eventuell noch weiteren hinzuzufügenden Einstellungsebenen gibt, benennen Sie diese entsprechend (hier »Beleuchtung«), und bestätigen Sie mit ⏎. Danach ziehen Sie diese aus dem Projektfenster heraus auf den Bereich oberhalb der obersten Videospur – und zwar beginnend mit dem erwähnten Clip (siehe Position des Abspielkopfes). Dadurch wird eine neue Spur erzeugt, die fortan für Einstellungsebenen herhalten soll. Aufgrund dessen ist auch das Benennen der Spur zu empfehlen (Rechtsklick, gefolgt von UMBENENNEN). Zuletzt strecken Sie die Einstellungsebene auf die Länge des Flaschenhals-Clips.

◀ **Abbildung 9.6** Zuerst wird die Ebene benannt.

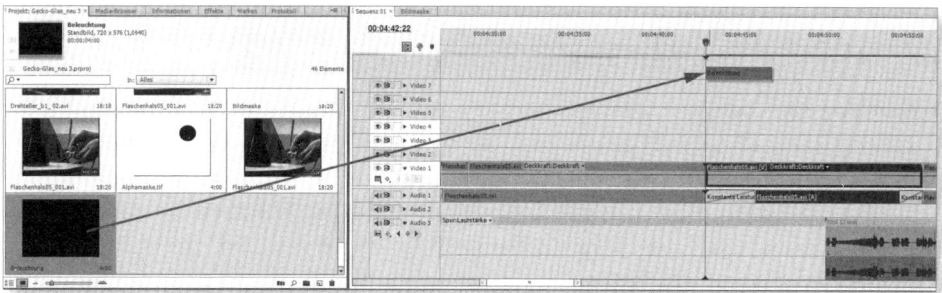

▲ **Abbildung 9.7** Danach fügen Sie diese oberhalb von Spur VIDEO 7 ein.

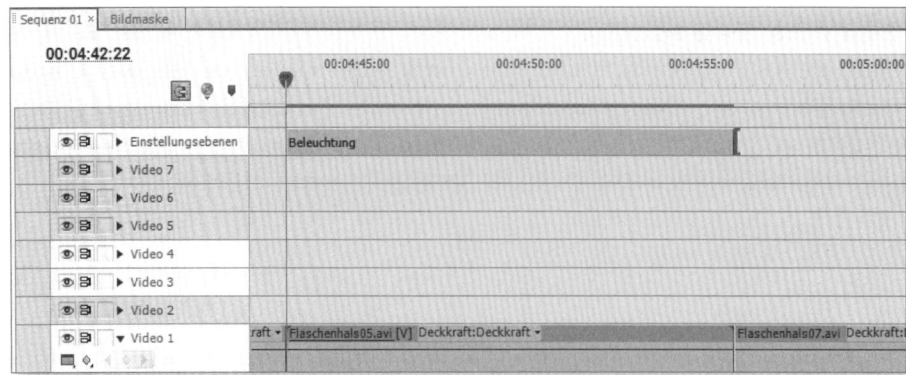

▲ **Abbildung 9.8** Zuletzt passen Sie die Länge der Einstellungsebene dem zu korrigierenden Clip an (der sich in Spur VIDEO 1 befindet).

3   Effekt hinzufügen

Markieren Sie die Einstellungsebene im Schnittfenster, und öffnen Sie abermals den Ordner ANPASSEN innerhalb der VIDEOEFFEKTE. Wenden Sie BELEUCHTUNGSEFFEKTE per Doppelklick an. Dies allein sorgt noch nicht für ein sonderlich ansprechendes Ergebnis. Das wird sich aber gleich ändern.

▲ **Abbildung 9.9** Noch ist der Effekt wenig ansprechend.

4   Lichtquelle ändern

Öffnen Sie die Liste LICHT 1 in den EFFEKTEINSTELLUNGEN. Beachten Sie zunächst das Steuerelement LICHTTYP. Hier wird standardmäßig ein Spot vergeben, der sich für unsere Korrektur nicht eignet. Ein Spot erhellt einen relativ kleinen Bereich des Bildes und lässt außen liegende Bereiche umso dunkler erscheinen. Schalten Sie hier um auf STRAHLER.

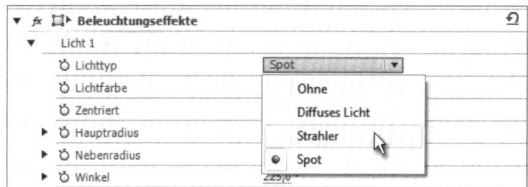

▲ **Abbildung 9.10** Der STRAHLER eignet sich besser.

5 Position verändern

Standardmäßig befindet sich das Zentrum des Lichts in der Clip-Mitte. Auch das muss im vorliegenden Fall korrigiert werden. Damit Sie während des Verstellens sehen, wohin das Licht abwandert, setzen Sie einen Mausklick auf die Zeile BELEUCHTUNGSEFFEKTE. Zwar könnten Sie den im Programmmonitor erscheinenden Kreis per Drag & Drop bewegen, doch genauer geht es mit den Steuerelementen ZENTRIERT ❶, die Sie so einstellen sollten, dass das Lichtzentrum direkt auf die Flasche trifft. Die X-Koordinate (linker Wert) dürfte bei rund 225,0 liegen. Die Y-Koordinate muss nur geringfügig nach unten korrigiert werden, wobei Sie einen Wert von etwa 240,0 anstreben sollten. Damit wäre die Position bestimmt. Wenn Sie übrigens während des Verstellens ⌂ gedrückt halten, geht das Ganze wesentlich schneller.

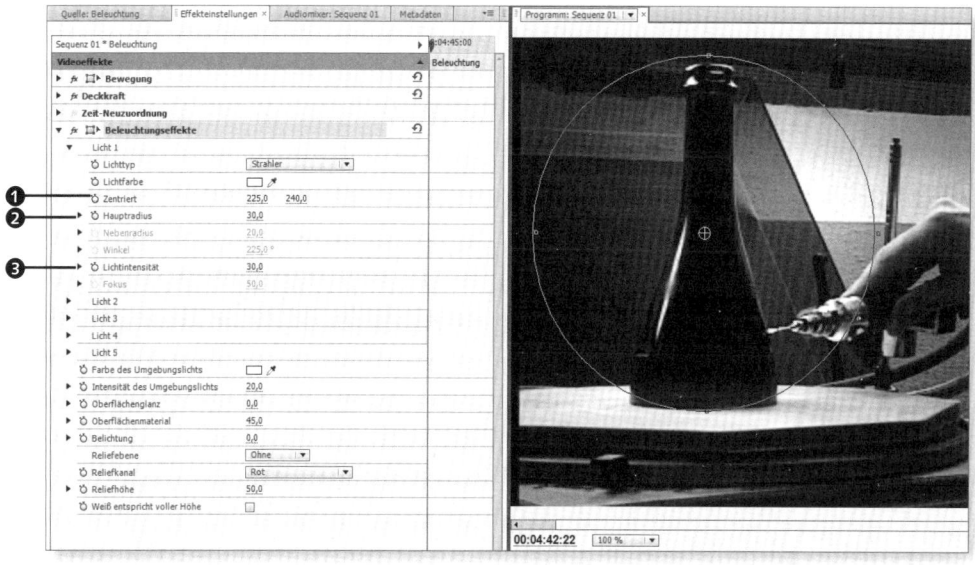

▲ **Abbildung 9.11** Der Wert ZENTRIERT erlaubt die Verstellung des Lichtmittelpunktes. Dadurch wird der Clip erhellt, wobei dessen Rand dunkler wird.

Nur eine Lichtquelle aktiv

Wenn Sie den Beleuchtungseffekt zuweisen, ist standardmäßig nur ein einzelnes Licht vorhanden (LICHT 1). Weitere Lichtquellen können hinzugefügt werden, indem Sie die Listen öffnen, die sich unterhalb befinden (ab LICHT 2). Deren LICHTTYP ist generell mit OHNE betitelt. Brauchen Sie also zusätzliche Quellen, müssen Sie hier entsprechend umschalten.

6 Lichtkegel und Intensität verändern

Ich finde, der Lichtkegel dürfte noch etwas größer sein. Wenn Sie diese Meinung teilen, stellen Sie den HAUPTRADIUS ❷ auf etwa 35,0. Wenn Sie unsicher sind, ob Sie vielleicht zu viel gemacht haben, springen Sie doch kurzzeitig auf den davor befindlichen Clip im Schnittfenster zurück.

◄ **Abbildung 9.12** So passt es mit der Beleuchtung im Vergleich zum vorangegangenen Clip.

7 Vignettierung ausgleichen

Wenn es an den Rändern und besonders in den Ecken eines Bildes zu unterschiedlichen Beleuchtungsverhältnissen kommt, hat man es mit der sogenannten Vignettierung zu tun, einer Darstellung, bei der die Ecken eines Bildes zu hell oder zu dunkel sind. Dieser Problematik lässt sich prima entgegenwirken, indem Sie den Regler LICHTINTENSITÄT ❸ verändern. Gehen Sie hier auf etwa »30«. Der Regler befindet sich unter den Lichtein-stellungen.

8 Optional: Weitere Lichter hinzufügen

Sollte sich die individuelle Anpassung der Lichtverhältnisse noch immer als schwierig erweisen, denken Sie an die Option, weitere Lichtquellen zu aktivieren. Als Nächstes wäre dann die Liste LICHT 2 dran. Schalten Sie diese Quelle ein, und positionieren Sie sie, wie es Ihnen gefällt.

9 Optional: Einstellungsebene erneut verwenden

Die Einstellungsebene im Schnittfenster kann nun bei Bedarf in die Zwischenablage ko-piert und anschließend überall dort eingefügt werden, wo sie vonnöten ist. Achten Sie beim Einfügen aber darauf, dass ausschließlich der Spurkopf EINSTELLUNGSEBENEN aktiv ist. Andernfalls würde die Kopie auf einer anderen Spur eingefügt und dort vielleicht einen Clip überschreiben.

Original bleibt unverändert

Bei Verwendung einer Einstellungsebene bleibt der eigentliche Clip von der Bearbeitung ausgeschlossen. Wenn Sie die Spur EINSTELLUNGSEBENE deaktivieren, ist auch der Effekt nicht mehr sichtbar. So kann man (beispielsweise beim Kunden) sehr schnell präsentie-ren, wie der Film mit und ohne diesen Effekt aussieht.

Noch ein Tipp: Sollten Sie Beleuchtungseffekte auf sich bewegende Objekte richten, vergessen Sie nicht die Möglichkeit, auch das Licht über Keyframes zu animieren. Sie könnten den hellen Schein also mit dem Objekt mitlaufen lassen.

Lichtfarbe ändern | Es ist möglich, die Lichtfarbe zu ändern, entweder über das Farbfeld in der Zeile LICHTFARBE oder mit Hilfe der nebenstehenden Pipette, die es sogar erlaubt, eine relevante Farbe direkt aus dem Clip aufzunehmen.

Arbeiten mit einem Referenzmonitor | Gerade bei der Beleuchtungskorrektur, aber auch bei der im nächsten Abschnitt behandelten Farbkorrektur ist es oftmals sinnvoll, einen Referenzmonitor zu verwenden. Er gibt Ihnen die Möglichkeit, Korrekturen bequem mit dem restlichen Material zu vergleichen, ohne die eigentliche Korrekturstelle zu verlassen.

Schritt für Schritt: Clips mit einem Referenzmonitor vergleichen

In diesem kurzen Workshop erfahren Sie, wie Sie den eben vorgenommenen Beleuchtungseffekt mit einem Referenzmonitor beurteilen können.

1 Referenzmonitor aktivieren

Oftmals ist es zu empfehlen, einen Referenzmonitor einzusetzen. Sofern noch nicht geschehen, stellen Sie die Einfügemarke zunächst auf den Clip, den Sie nachbearbeiten. Klicken Sie dann im Menü FENSTER auf REFERENZMONITOR.

▲ **Abbildung 9.13** Jetzt verfügt die Arbeitsoberfläche über einen weiteren Monitor. Dieser überlagert die Arbeitsoberfläche.

2 Verknüpfung aufheben

Daraufhin erhalten Sie einen zweiten Monitor, der exakt das anzeigt, was auch im Programmmonitor zu sehen ist. Prinzipiell ist das auch gut so, da Sie jetzt die Einfügemarke des Schnittfensters nach Wunsch bewegen können, wobei die Synchronisation zwischen beiden Monitoren erhalten bleibt. In diesem speziellen Fall wollen wir aber beide Monitore inhaltlich voneinander trennen, weshalb Sie im neuen Fenster auf die Schaltfläche VERKNÜPFUNG ZUM PROGRAMMMONITOR klicken sollten, die standardmäßig aktiv ist. Deaktivieren Sie diese Schaltfläche.

▲ **Abbildung 9.14**
Die Synchronisation mit dem Referenzmonitor kann über diesen Button aufgehoben werden.

3 Clips vergleichen

Bewegen Sie nun die Einfügemarke, die sich unten im Referenzmonitor befindet, langsam so weit nach links, bis der zuvor platzierte Clip eingeblendet wird. Stellen Sie den Monitor etwas zur Seite, und vergleichen Sie bei Ihrer Beleuchtungskorrektur immer wieder den aktuellen mit dem vorangegangenen Clip. Wenn Sie den Referenzmonitor nicht mehr benötigen, deaktivieren Sie ihn einfach wieder über die Schließen-Schaltfläche. Den Referenzmonitor werden wir gleich noch einmal einsetzen – dann allerdings zur Farbkorrektur und mit einer veränderten Darstellung.

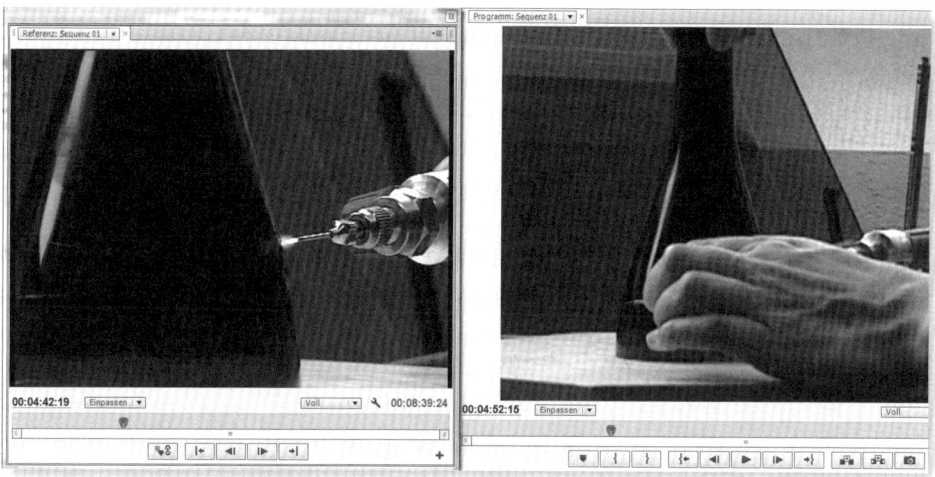

▲ **Abbildung 9.15** So lassen sich die Beleuchtungsverhältnisse beider Clips im direkten Vergleich begutachten. Das Erzeugen einer einheitlichen Lichtstimmung gelingt so viel besser.

9.5   Farbkorrekturen

Premiere Pro wartet mit einem recht intuitiven Farbkorrektur-System auf. Hervorzuheben ist vor allem die SCHNELLE FARBKORREKTUR.

9.5.1   Weißbalance

Idealerweise ist in einem Videoclip, genauso wie in einem Foto, der hellste Bereich weiß (von der Makro-Aufnahme einer dunkelbraunen Muschel im hellbraunen Sand einmal abgesehen). Damit der hellste Bereich auch wirklich als Weiß dargestellt wird, führen Videokameras im Allgemeinen einen automatischen Weißabgleich durch. Er soll sicherstellen, dass es während der Aufnahmen nicht zu Farbstichen kommt, in denen Weiß falsch interpretiert wird. Leider arbeiten auf diesem Gebiet längst nicht alle Kamera-Automatiken 100%ig zuverlässig. Besonders bei Mischlichtsituationen kann die Automatik versagen. In diesem Fall sollten Sie den manuellen Weißabgleich Ihrer Kamera nutzen. Wenn die Aufnahme aber dennoch misslungen ist, ganz egal, ob Sie den Weißabgleich vergessen haben oder ob Ihre Kamera in dieser Disziplin nicht besonders gut ist, können Sie in der Postproduktion so einiges wieder glattbügeln.

Typische Farbstich-Situationen

Diverse ungünstige Aufnahmebedingungen fungieren in der Tat als klassische Farbstich-Lieferanten. Ein Tag am Meer bei strahlendem Sonnenschein ist, man glaubt es kaum, eine solche ungünstige Aufnahmesituation. Hier kommt es schnell zum unerwünschten Blaustich. Innenaufnahmen bei Glühbirnenlicht sorgen hingegen rasch für eine Gelbfärbung. Damit solche Aufnahmen aber nicht im Papierkorb landen, stellt Premiere Pro nachträgliche Bearbeitungsmöglichkeiten zur Verfügung.

Schritt für Schritt: Eine nachträgliche Weißbalance durchführen

Der Clip »Glaser zeigen 01.avi« (ab 00:02:57:14) ist ein gutes Beispiel für den Korrekturbedarf in Richtung Weißbalance.

1 Effekt zuweisen

Bringen Sie zunächst die Einfügemarke des Schnittfensters in das letzte Drittel des Clips (z. B. 00:03:00:00). Hier sehen Sie mehr von der Umgebung als am Anfang. Vergessen Sie nicht, den Clip im Schnittfenster zu markieren.

▲ **Abbildung 9.16** Die Position 00:03:00:00 gibt eine gute Übersicht über den gesamten Clip-Inhalt.

Öffnen Sie den Ordner FARBKORREKTUR innerhalb der VIDEOEFFEKTE, und weisen Sie SCHNELLE FARBKORREKTUR zu. In den EFFEKTEINSTELLUNGEN sieht das Tool zunächst einmal sonderbar aus.

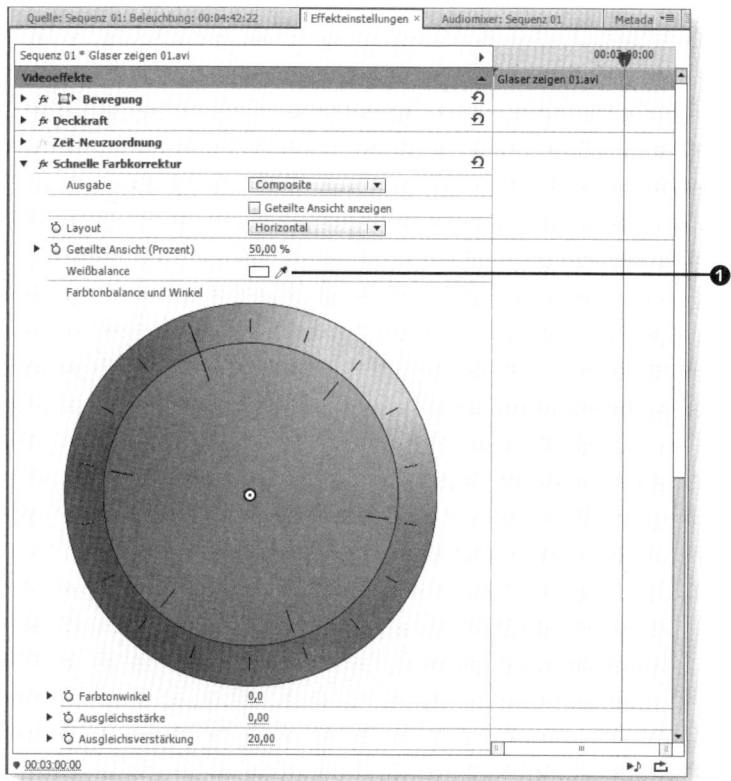

▲ **Abbildung 9.17** Jetzt kommt die SCHNELLE FARBKORREKTUR zum Einsatz.

2 Weißpunkt bestimmen

Auf den ersten Blick ist der Clip so weit in Ordnung. Sie haben aber jetzt die Möglichkeit, nachträglich zu definieren, was als Weiß interpretiert werden soll. Hier würde sich natürlich Bettinas T-Shirt anbieten. Suchen Sie aber keinen bläulichen, sondern eher einen helleren Bereich aus. Die vordere Schulter bietet sich an. Danach aktivieren Sie die kleine Pipette ❶ in der Zeile WEISSBALANCE und klicken einmal in diesen Bereich.

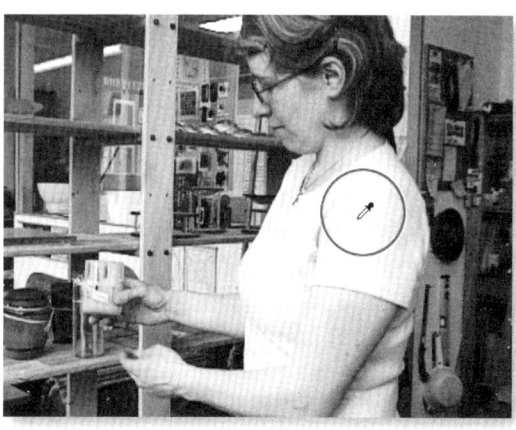

◄ **Abbildung 9.18** Bestimmen Sie den Weißpunkt.

Deaktivieren und aktivieren Sie den Effekt mehrfach in den EFFEKTEINSTELLUNGEN. So können Sie die Auswirkungen sehr gut beurteilen. Achten Sie dabei auch auf das Holzregal im Hintergrund. Wenn Sie den richtigen Aufnahmepunkt für Ihre Weißbalance gefunden haben, sollte das Holz jetzt auch in einem wärmeren, freundlicheren Ton dargestellt werden.

3 Optional: Effekt korrigieren

Es kann leicht passieren, dass Sie bei nachträglicher Weißbalance einen handfesten Farbstich in das Bild hineinbringen. Sollte das passieren, haben Sie mit der Pipette einen falschen Punkt definiert. In diesem Fall aktivieren Sie abermals die Pipette und klicken in einen anderen Bereich.

9.5.2 Automatische Farbkorrekturen

Scrollen Sie doch in den EFFEKTEINSTELLUNGEN einmal etwas nach unten. Sie finden dort drei Schaltflächen mit den Bezeichnungen:

▶ AUTOMATISCHER SCHWARZ-TONWERT
▶ AUTO-KONTRAST
▶ AUTOMATISCHER WEISS-TONWERT

Diese drei Buttons ❺ überlassen Premiere Pro die Analyse des Videos. Hierüber lässt sich also der dunkelste Punkt auf Schwarz bzw. der hellste auf Weiß setzen. Ferner ist es möglich, die Kontrastverhältnisse automatisch angleichen zu lassen. Beachten Sie aber, dass gleich unterhalb drei weitere Pipetten zur Verfügung stehen, die eine Aufnahme von Schwarz-, Weiß- und Grau-Tonwert erlauben. Natürlich ist es im Allgemeinen nicht sonderlich aufwendig, einen schwarzen oder weißen Punkt innerhalb des Clips zu finden. Die Verwendung der Grau-Tonwert-Pipette ist allerdings nur dann anzuraten, wenn sich wirklich ein neutral-grauer Bereich finden lässt. Ist das nicht der Fall, werden Sie unweigerlich einen mehr oder weniger gewaltigen Farbstich in das Bild hineininterpretieren.

9.5.3 Manuelle Farbkorrekturen

Farben lassen sich natürlich auch manuell verstellen. Dazu benutzen Sie idealerweise das große Farbrad in der Mitte, können aber auch die unterhalb befindlichen Schieberegler ❹ verwenden, da beide Steuerelementgruppen miteinander synchronisiert sind.

Wenn Sie den Kreis ❶ in der Mitte etwas nach außen ziehen (entspricht dem Regler AUSGLEICHSSTÄRKE), wird noch eine quer zur Achse verlaufende Linie ❷ sichtbar, die ebenfalls bedienbar ist (entspricht dem Regler AUSGLEICHSVERSTÄRKUNG). Drehen Sie das äußere Rad ❸, verändern Sie den FARBTONWINKEL.

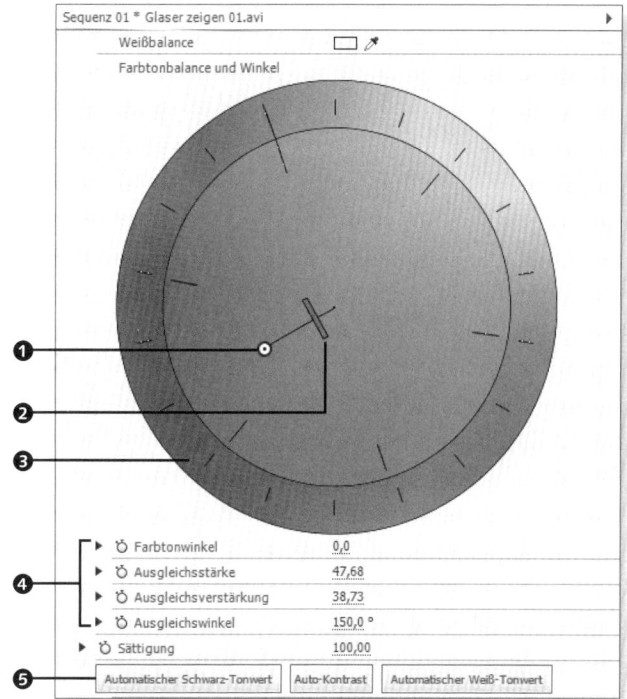

◀ **Abbildung 9.19** Die Farbtöne können auf unterschiedliche Art und Weise bestimmt werden.

▶ FARBTONWINKEL: Verdrehen Sie die Original- und Zielfarben gegeneinander, indem Sie das äußere Farbrad verstellen. Sie sehen anhand dieses Rades im Vergleich zum inneren Rad, in welche Zielfarbe die Originalfarbe übergeht.

▶ AUSGLEICHSSTÄRKE: Hierüber regeln Sie, wie stark die Auswirkungen der Veränderung sein sollen. Je höher der Wert bzw. je weiter der Kreis nach außen gezogen wird, desto intensiver fällt die Färbung aus.

▶ AUSGLEICHSVERSTÄRKUNG: Je höher dieser Wert gestellt wird, desto mehr wirkt sich die Farbveränderung auf hellere Pixel aus.

▶ AUSGLEICHSWINKEL: Bestimmen Sie hiermit, welche Primärverfärbung eintreten soll. Wenn Sie den kleinen Kreis bewegen, ohne den Abstand zum Mittelpunkt zu verändern, übt dies die gleiche Funktion aus wie die Veränderung dieses Reglers.

▶ SÄTTIGUNG: Mit Erhöhung des Wertes SÄTTIGUNG wird auch die Leuchtkraft (d. h. die Intensität) der Farben erhöht.

Geteilte Ansicht

Sie können den Programmmonitor in der Ansicht teilen. So haben Sie die Möglichkeit, gleichzeitig Original und Nachbearbeitung einzusehen. Aktivieren Sie dazu im Effekt SCHNELLE FARBKORREKTUR die Checkbox GETEILTE ANSICHT ANZEIGEN. Mit dem gleich unterhalb befindlichen Listenfeld LAYOUT können Sie diese Anzeige auf HORIZONTAL oder VERTIKAL einstellen. Noch eine Zeile tiefer legen Sie fest, zu wie viel Prozent das nachbearbeitete Bild im Verhältnis zum Gesamtbild dargestellt werden soll.

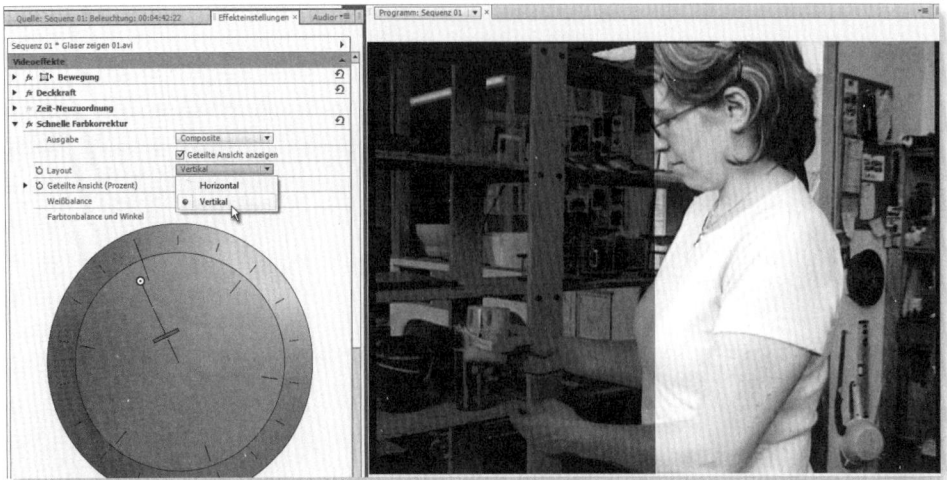

▲ **Abbildung 9.20** Vorher-nachher lässt sich oft in der vertikalen Teilung am besten beurteilen (hier überspitzt dargestellt).

9.5.4 Farben über Referenzmonitore korrigieren

Wie Sie bereits wissen, können Sie über das Menü FENSTER einen Referenzmonitor hinzufügen. Dieser Monitor verfügt wie der Programmmonitor über ein Bedienfeldmenü ❶, das es Ihnen erlaubt, Farben innerhalb eines Bildes auch grafisch darzustellen. Schalten Sie über dieses Menü doch einmal die **RGB-Parade** an.

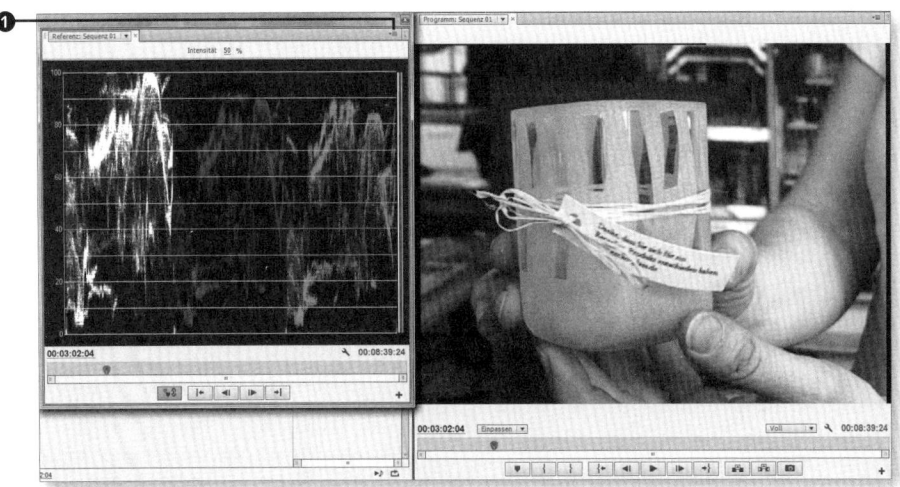

▲ **Abbildung 9.21** Der Referenzmonitor sollte auf RGB-PARADE umgestellt werden.

Verknüpfung kontrollieren

Bitte achten Sie darauf, dass nun die Verknüpfung zwischen Programm- und Referenzmonitor unverzichtbar ist. Drücken Sie den Button unten links im Referenzmonitor ein. Ansonsten sehen Sie eine eventuell nicht zum Bild passende Grafik.

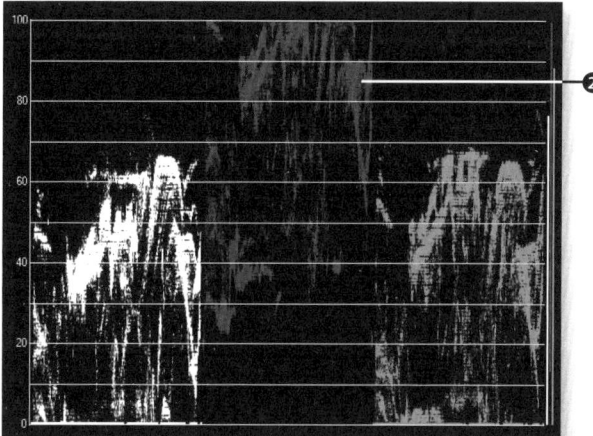

◀ **Abbildung 9.22** So sähe beispielsweise ein höllischer Grünstich
in der RGB-PARADE aus.

In der RGB-PARADE sieht man ganz deutlich, dass der Grünkanal extrem nach oben
❷ abwandert. Würden Sie jetzt das Video korrigieren, indem Sie beispielsweise die
Ausgleichsstärke in Richtung Rot oder Magenta verschieben, könnten Sie dem entgegenwirken und die Auswirkungen auch gleich im Referenzmonitor begutachten.

Vektorbereich | Auch mit der Anzeigeform VEKTORBEREICH lässt sich die Farbe eines
Videos hervorragend einstellen. Öffnen Sie dazu das Bedienfeldmenü des Referenz-
monitors und stellen Sie um auf VEKTORBEREICH. Der in der Mitte befindliche grüne
Bereich ❸ verrät, in welcher Richtung die Farben verlagert sind. Bei einem farblich
ausgewogenen Clip dehnt sich dieser in der Mitte aus bzw. wandert ein wenig zu den
dominanten Farben des Clips. Bei einseitiger Farbgebung, wie hier in Richtung Grün
(zu erkennen am Buchstaben G ❺), ist oft ein Farbstich ursächlich dafür.

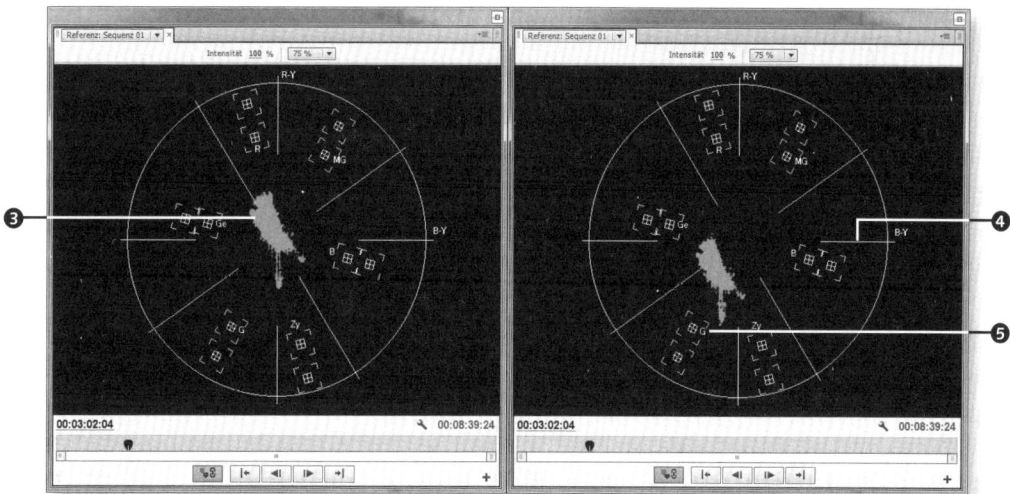

▲ **Abbildung 9.23** Im Regelfall bleibt die Vektoranzeige in der Mitte (linke Abbildung).
Bei Vorliegen eines Grünstichs jedoch zieht die Anzeige in Richtung Grün (rechts).

Sie können das selbst einmal ausprobieren, indem Sie einem Clip einen Farbkorrektur-Effekt zuweisen (z. B. SCHNELLE FARBKORREKTUR) und anschließend die SÄTTIGUNG auf 0 % ziehen. Die Folge: Im Vektorskop wird nur ein grüner Punkt präsentiert. Gehen Sie anschließend auf 200 %, wird sich der Bereich weit nach außen hin ausdehnen. Das Vektorskop ist demzufolge nicht nur geeignet, um Farbstiche ausfindig zu machen, sondern auch zur Einstellung der Farbintensität verwendbar. Die Spitzen der kürzeren Linien (z. B. ❹) sollten nicht erfasst werden.

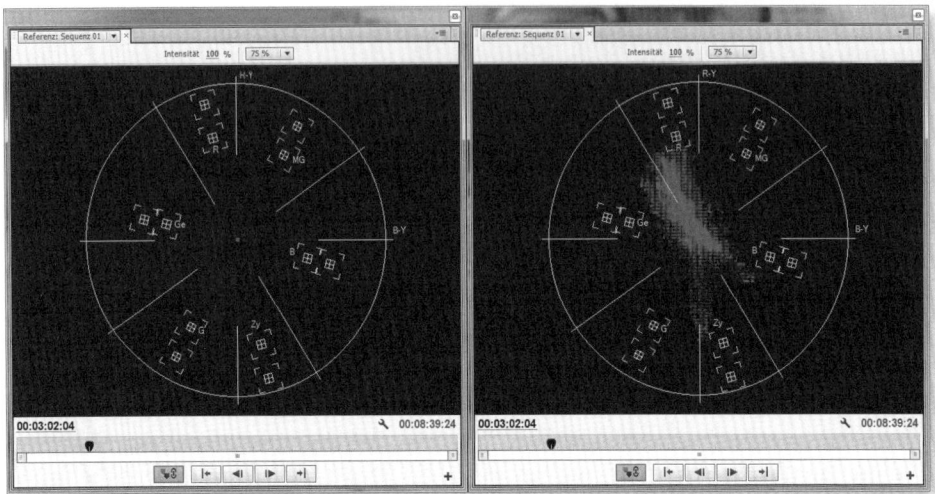

▲ **Abbildung 9.24** Links ist die Farbe komplett entfernt worden, während rechts 200 % Farbe anliegen (Clip »Glaser zeigen 02.avi« an Position 00:03:02:04).

9.6 Farbkorrektur mit SpeedGrade CS6

Adobe SpeedGrade ist eine in der *Master Collection* oder in *Production Premium* enthaltene Farbkorrektur-Software auf High-End-Niveau (die Software ist auch als Einzelanwendung für rund 1.100 € zu erstehen). Mit SpeedGrade können einzelne Clips und sogar Sequenzen von Premiere Pro aus (aber auch unabhängig von der Videoschnitt-Software) korrigiert und in professionelle Filmformate ausgegeben werden. Wollen Sie SpeedGrade außerhalb von Premiere Pro öffnen, müssen Sie in den Programmunterordner BIN wechseln. Dort befindet sich die gewünschte ».exe« bzw. die ».app«, die dann beispielsweise mit dem Desktop/Schreibtisch verknüpft werden kann.

Systemvoraussetzungen beachten

Um Adobe SpeedGrade unter Windows betreiben zu können, bedarf es eines i7-Prozessors. Auf dem Mac ist diese Voraussetzung nicht vonnöten.

9.6.1 Dateien an SpeedGrade übergeben

Sie wollen einen in Premiere Pro befindlichen Clip oder eine Sequenz an SpeedGrade leiten? Dann markieren Sie das Asset im Projektfenster und wählen DATEI • AN ADOBE SPEEDGRADE SENDEN. Im Anschluss daran ist zunächst einmal ein Speicherort festzulegen (es wird eine Datei mit der Endung ».ircp« produziert). Der Transfer dauert etwas, da die Clips in DPX konvertiert werden. Dabei handelt es sich um ein qualitativ ausgezeichnetes Kinofilmformat, das mit bis zu 32 Bit Farbtiefe agieren kann; optimale Voraussetzungen also für die Korrektur.

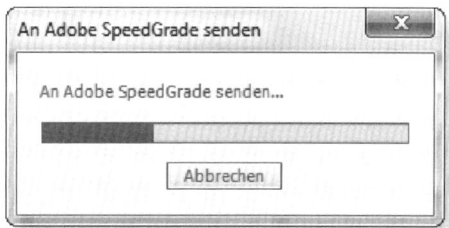

◄ **Abbildung 9.25** Es kann je nach Clip- oder Sequenzumfang schon einige Zeit dauern, bis sämtliche Daten in DPX konvertiert sind.

Enorme Datenmengen

Die Konvertierung in DPX ist zwar ausgesprochen sinnvoll, jedoch werden dazu gigantische Datenmengen erzeugt. Eine einminütige Sequenz beansprucht beispielsweise knapp 20 GB Speicher. Der Export dauert entsprechend lange. Es ist also eventuell zu empfehlen, SpeedGrade-Projekte nach Fertigstellung der Korrekturen wieder zu löschen.

Keine helle Oberfläche

Es ist derzeit offenbar nicht möglich, eine helle Arbeitsoberfläche einzustellen (davon abgesehen, dass es bei der Farbkorrektur ohnehin nicht zu empfehlen wäre). Zwar könnten Sie oben rechts über EINSTELLUNGEN • WIEDERGABE den Schieberegler HINTERGRUND in Richtung Weiß ziehen, doch ändert sich damit lediglich der Hintergrund des Monitorbereichs. Der Steuerelementbereich bleibt dunkel.

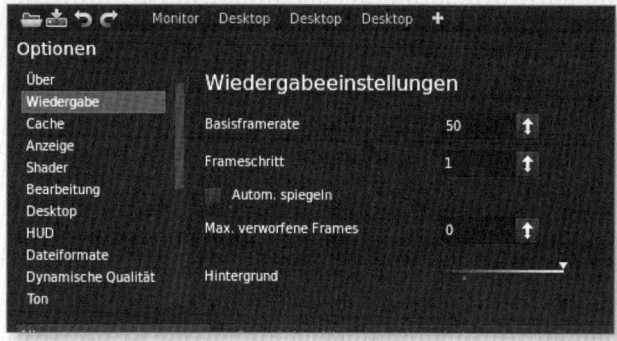

▲ **Abbildung 9.26** Diese Einstellung hätte lediglich die Erhellung des Monitorbereichs zur Folge.

9.6.2   Ansichtsoptionen anpassen

Unterhalb des Monitorbereichs befindet sich eine Timeline, die am ehesten an *After Effects* erinnert. Hier können nun einzelne Clips markiert oder auch verschoben werden (oben Video ❷, unten Audio ❸). Unterhalb des Audios befindet sich zudem ein Playhead (Abspielkopf) ❹, der per Drag & Drop verschoben oder mit Klick auf den kleinen Halbkreis mit Strg/cmd dupliziert werden kann. Schalten Sie um auf ANSICHT ❼, können im Frame BILDSCHIRMLAYOUT ❺ nun die einzelnen Abspielköpfe aktiviert werden ❻, was zur Folge hat, dass im Monitorbereich alle Playhead-Positionen präsentiert werden ❶. Dadurch wird der direkte Vergleich mehrerer Clips während der Farbkorrektur ermöglicht. So sollte es auch gelingen, die Clips farblich optimal aufeinander abzustimmen.

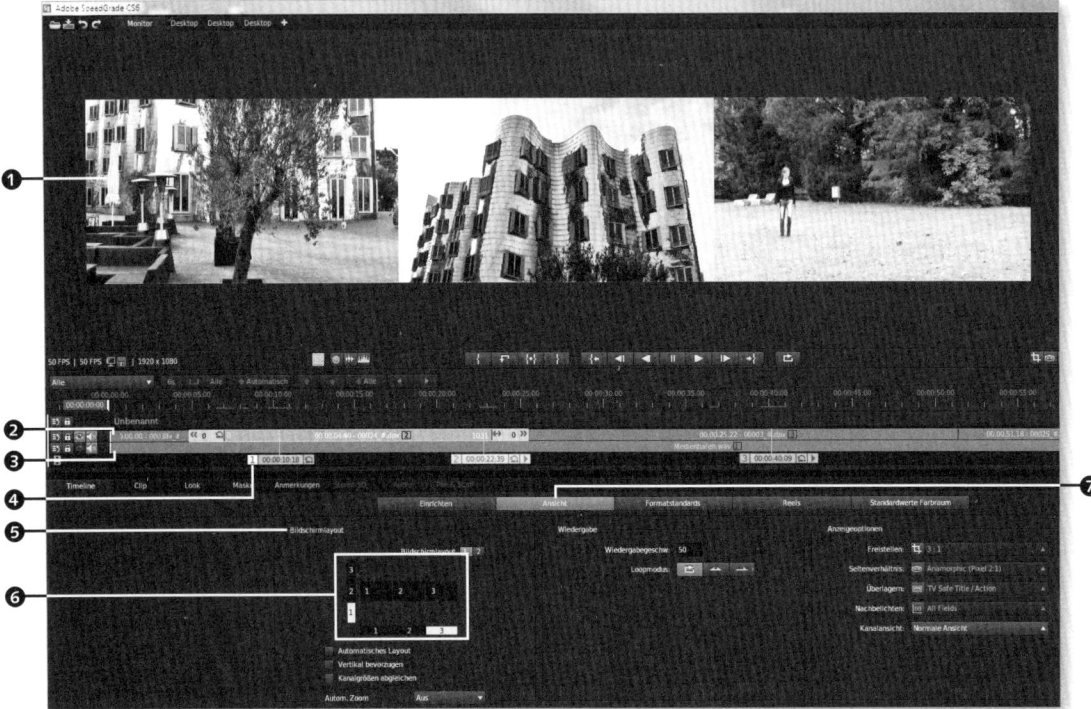

▲ **Abbildung 9.27** Richten Sie zunächst die Oberfläche ein.

Playheads verschieben

Sie werden per Drag & Drop grundsätzlich alle Playheads gemeinsam verschieben. Wollen Sie einen unabhängig von den anderen verschieben, müssen sie ⬦ gedrückt halten.

9.6.3   Korrekturbereiche von SpeedGrade einstellen

Der zu korrigierende Clip muss unterhalb des Monitors zunächst einmal markiert werden. Um nun die gewünschten Korrekturen vornehmen zu können, sollten Sie den

Zwischensteg ❿ ein wenig nach oben ziehen (mindestens bis zur vertikalen Mitte). Danach klicken Sie auf das Register LOOK ❽. Belassen Sie die Korrekturauswahl bei GESAMT ❾, werden alle Farbbereiche korrigiert. Alternativ wählen Sie einen der nebenstehenden Buttons an.

▶ SCHATTEN: Die dunklen Bildbereiche werden korrigiert.

▶ MITTELTÖNE: Die mittelhellen Bildbereiche werden korrigiert (größter Korrekturbereich).

▶ GLANZLICHTER: Die hellen Bildbereiche werden korrigiert.

▲ **Abbildung 9.28** Die Farbräder sollten vollumfänglich zu erkennen sein.

9.6.4 Korrekturen mit SpeedGrade durchführen

Klicken Sie auf das Kreuzchen ⓬ in der Mitte eines Farbrades und halten Sie die linke Maustaste sowie ◇ gedrückt, um es in Richtung der gewünschten Farbe zu verschieben. Damit ändern Sie das Farbspektrum insgesamt. Einem Blaustich beispielsweise ließe sich dadurch entgegenwirken, dass Sie das Kreuz ein wenig in Richtung 10 Uhr verschieben (also in die entgegengesetzte Richtung von Blau). Ziehen Sie das kleine Dreieck am Kopf des Farbkreises nach links oder rechts, wird der Clip heller bzw. dunkler. Sollten die Einstellungen nicht zufriedenstellend sein, können diese per Mausklick wieder verworfen werden.

▶ ⓫ = Helligkeitsveränderungen durchführen

▶ ⓭ = Helligkeitsveränderungen rückgängig machen

▶ ⓮ = Farbveränderungen rückgängig machen

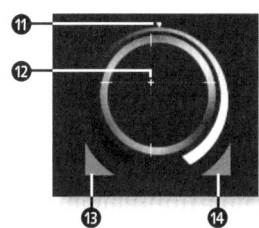

◀ **Abbildung 9.29** Der Gamma-Regler

Beachten Sie auch, dass sich noch weitere Regler oberhalb der Farbkreise befinden. Sie liegen im Halbdunkel, werden jedoch anwählbar, sobald Sie mit der Maus darauf zeigen. Wem diese Art der Steuerelemente nicht liegt, der kann auch auf andere Bedienfunktionen zurückgreifen, indem er (eventuell mehrfach) $\boxed{\Uparrow}$+$\boxed{\hookleftarrow}$ betätigt (am intuitivsten sind jedoch die Farbkreise).

▲ **Abbildung 9.30** Erwecken Sie die Schieberegler zum Leben.

9.6.5 SpeedGrade-Dateien speichern
Speichern Sie Ihr Projekt von Zeit zu Zeit ab, indem Sie auf das kleine Festplattensymbol oben links klicken. Davon abgesehen speichert SpeedGrade von Hause aus alle fünf Minuten nach (EINSTELLUNGEN • AUTOMATISCH SPEICHERN • IMMER SPEICHERN, MINDESTENS ALLE [X] MINUTEN).

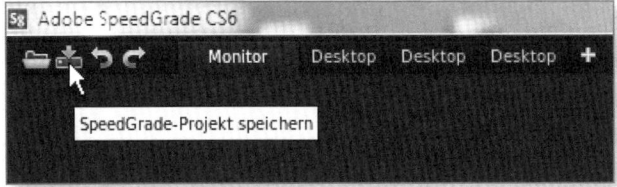

▲ **Abbildung 9.31** Ein Klick auf das Festplattensymbol sichert die Arbeitsdatei.

9.6.6 SpeedGrade-Endformate ausgeben
Wenn alles erledigt ist, wechseln Sie oben rechts auf AUSGABE. Nun müssen Sie in der Zeile ORDNER noch den Speicherort festlegen. Außerdem ist im Feld DATEINAME eine Bezeichnung zu vergeben, da ansonsten der Button RENDERN nicht zur Verfügung steht. Öffnen Sie zudem das Pulldown-Menü FORMAT UND OPTIONEN, um das Ausgabeformat wechseln zu können. Cineon beispielsweise gibt das gesamte Ergebnis in Form von Einzelbildern aus (Dateiendung ».cin«). Diese Bilder wiederum könnten nun noch in Photoshop bearbeitet werden. AJA 10 BIT LIN RGB hingegen gibt einen kompletten Film als ».mov« aus.

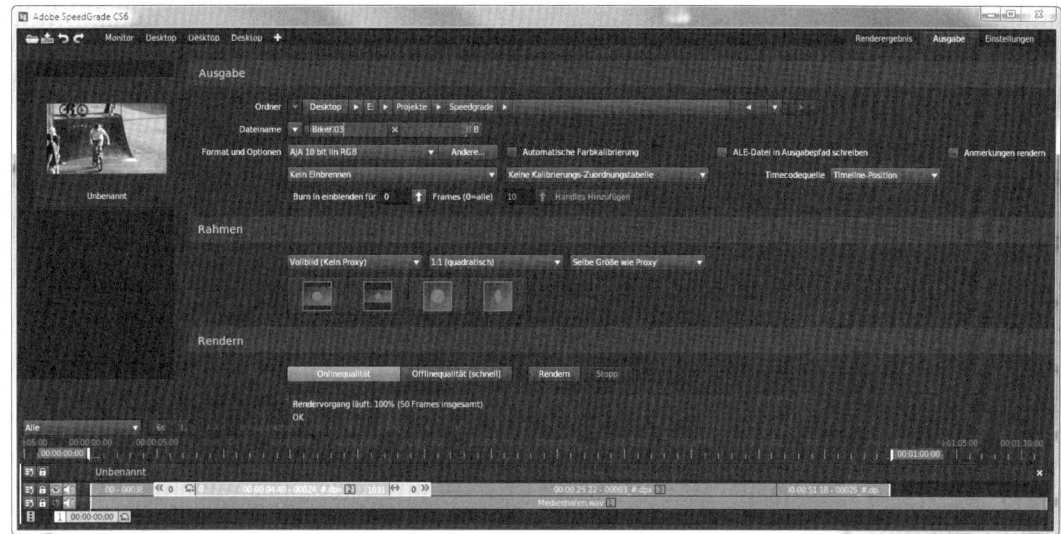

▲ **Abbildung 9.32** Zuletzt erfolgt der Export.

10   Audio

Zu einem guten Video gehört auch ein entsprechender Sound; das versteht sich wohl von selbst. Damit auch Ihre Videos nicht nur durch ein großartiges Bild, sondern auch optimalen Ton glänzen, sollten Sie diesen entsprechend bearbeiten und anpassen. Wie das Bild lässt sich auch der Ton prima im Schnittfenster bearbeiten, und für die spätere Ausgabe kommt der Audiomixer zum Tragen. Allerdings sollten Sie sich mit den Eigenheiten der Soundbearbeitung in Premiere Pro vertraut machen.

In diesem Kapitel erhalten Sie Antworten auf die folgenden Fragen:

▶ Wie werden Audioclips im Schnittfenster bearbeitet?
▶ Wie lassen sich kleinere Audiostörungen nachbearbeiten?
▶ Wie können Audiodateien überblendet werden?
▶ Welche Audioeffekte eignen sich zur Nachbearbeitung?
▶ Wie bearbeitet man Spuren im Audiomixer?
▶ Wie füge ich einen Audiokommentar (Voice-over) hinzu?
▶ Wie funktioniert die Automatisierung?
▶ Wie werden Spur-Effekte eingefügt?

10.1   Grundlagen der Audiobearbeitung in Premiere Pro

Bevor Sie sich mit der Audiobearbeitung beschäftigen, einige grundsätzliche Dinge vorweg, auf die Sie achten müssen.

10.1.1   Spuren definieren

In Kapitel 5, »Mit Sequenzen arbeiten«, haben Sie bereits erfahren, wie das Handling mit Spuren vonstattengeht. Wenn Sie im Dialog NEUE SEQUENZ auf das Register SPUREN ❶ gehen, können Sie die Anzahl der Spuren sowie deren Eigenschaften festlegen. Die Spur MASTER ❷ im Bereich AUDIO verkörpert die Ausgabe. Hier laufen also zum Zeitpunkt der Filmausgabe alle in der Sequenz vorhandenen Spuren zusammen. Bestimmen Sie bereits zu Beginn, welches Format diese Spur haben soll. Sollten Sie sich für MEHRKANAL entscheiden, lässt sich im nebenstehenden Pulldown-Menü festlegen, aus wie vielen Spuren die Masterspur bestehen soll. Maximal sind 16 Spuren möglich.

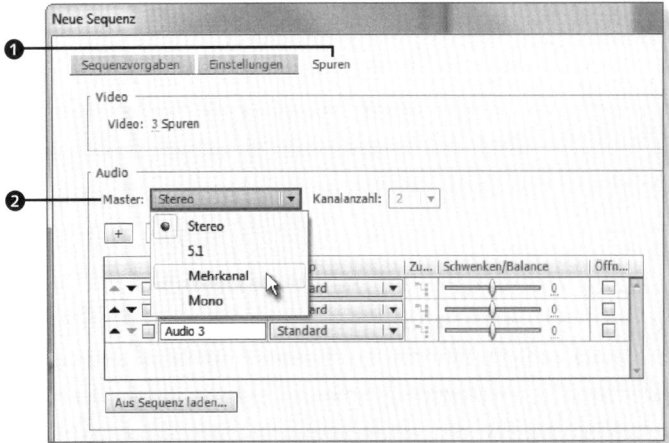

▲ **Abbildung 10.1** Wenn Sie sich für MEHRKANAL entscheiden, können Sie bestimmen, wie viele Kanäle enthalten sein sollen.

Standard und Mehrkanal

Beim Format STANDARD handelt es sich um die guten alten Stereospuren (denen allerdings auch Mono-Clips hinzugefügt werden dürfen). MEHRKANAL hingegen wird eingesetzt, um professionelles Videomaterial, das aus zahlreichen Spuren bestehen kann, in Premiere Pro individuell verarbeiten zu können.

Ein Novum ist auch, dass sich jetzt Adaptivspuren erzeugen lassen, die sich dadurch auszeichnen, dass sie zunächst einmal über die gleiche Kanalanzahl verfügen wie die Masterspur.

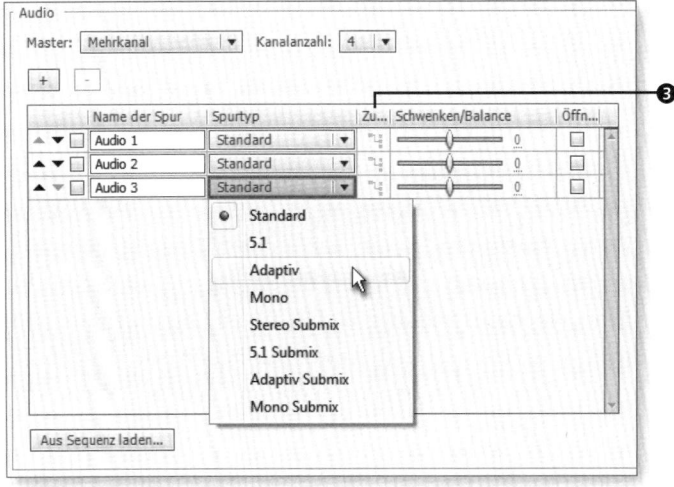

▲ **Abbildung 10.2** Adaptivspuren sind neu in Premiere Pro CS6.

Bei den hier ebenfalls ausgewiesenen Submix-Spurtypen handelt es sich gewissermaßen um Zwischenspuren. Sie können normale Spuren in einer Submixspur zusammenlaufen lassen und diese dann gemeinsam regeln. Wie das funktioniert, erfahren Sie in Abschnitt 10.7.3, »Submix-Spuren«.

Durch Anwahl einer solchen Adaptivspur wird das nebenstehende Symbol aktiv. Nach einem Klick auf dieses Symbol ❸ (die Spaltenüberschrift ZUWEISEN wird erst sichtbar, wenn Sie sie per Drag & Drop vergrößert haben) erhalten Sie direkten Zugriff auf die Ein- und Ausgabespuren. Ein praktisches Beispiel dazu: Sie haben es mit Material zu tun, das aus vier Audiospuren besteht, wollen aber nur die Spuren 1 und 2 im Projekt verwenden. In diesem Fall klicken Sie auf das kleine Dreieck ❹ der Spur 3 und stellen hier um auf OHNE. Wiederholen Sie den Schritt auch bei Spur 4, werden nur noch die ersten beiden Spuren verwendet. Ebenso ließe sich übrigens auch festlegen, dass ein Input-Kanal (Kanal des Ausgangsmaterials) auf verschiedene Ausgabekanäle gelegt wird (immerhin handelt es sich um Checkboxen, von denen ja auch mehrere oder alle gleichzeitig aktiv sein können – siehe Abbildung 10.4).

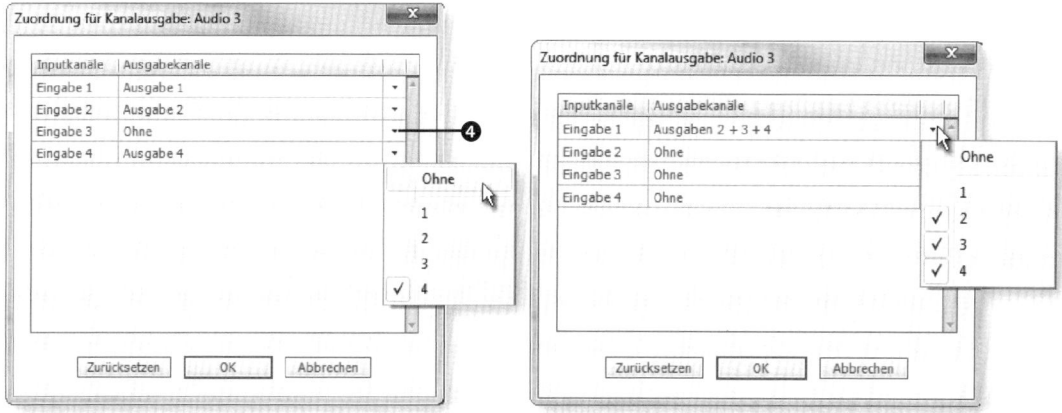

▲ **Abbildung 10.3** Die Kanäle 3 und 4 erhalten keine Ausgabezuordnung.

▲ **Abbildung 10.4** Die Definition mehrerer Ausgabekanäle ist erlaubt.

Was damit genau gemeint ist, sehen Sie, wenn Sie nach Anlegen der Sequenz einmal auf den Audiometer unten rechts schauen. Durch die Tatsache, dass wir uns für eine Ausgabe auf den Spuren 2–4, nicht jedoch auf 1 entschieden haben, bleibt die linke Spuranzeige inaktiv (mehr dazu in Abschnitt 10.1.8, »Audiometer«).

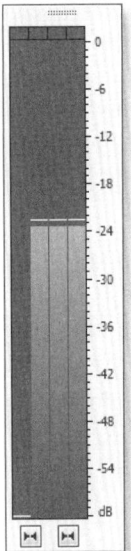

◄ **Abbildung 10.5** Kanal 1 ist jetzt nicht belegt.

Spurausgabe ändern | Die soeben vorgenommenen Einstellungen sind keinesfalls in Stein gemeißelt. Sie kommen nach Erstellung der Sequenz immer wieder zurück zum vorgenannten Dialog, indem Sie auf das kleine Zuordnungssymbol ❶ im Spurkopf des Schnittfensters klicken.

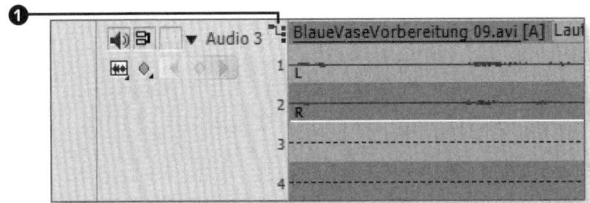

◄ **Abbildung 10.6** Ein Klick auf dieses unscheinbare Symbol öffnet den Kanalausgabe-Dialog erneut.

10.1.2 Spuren erkennen

In diesem Zusammenhang müssen Sie wissen, dass sich unterschiedliche Spuren auch durch unterschiedliche Symbole auszeichnen. Während ein Mono-Clip nur ein Lautsprechersymbol ausweist ❷, wird beim Standard-Clip kein Symbol präsentiert ❸. Das herkömmliche Stereosymbol sehen Sie hier in der Masterspur ❻. Bei ❹ handelt es sich um Dolby 5.1 und bei ❺ um eine Adaptivspur.

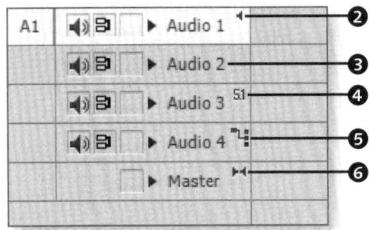

▲ **Abbildung 10.7** Beachten Sie die unterschiedlichen Symbole.

10.1.3 Spuren zuordnen

Bleibt die Frage, ob man beispielsweise einen Mono-Clip in eine Stereospur stecken kann. Die Antwort: Ja! Er lässt sich auch in einer Adaptivspur unterbringen, nicht jedoch in einer 5.1-Spur. Neu in Premiere Pro CS6 ist auch, dass sich ein Stereo-Clip in eine Monospur packen lässt. Eine Adaptivspur geht auch, Dolby hingegen nicht.

10.1.4 Keyframes und Umfang anzeigen

Wenn Sie auf die kleine Raute eines geöffneten Spurkopfes klicken (im geschlossenen Zustand ist die Raute nicht sichtbar), stehen Ihnen fünf verschiedene Optionen zur Verfügung:

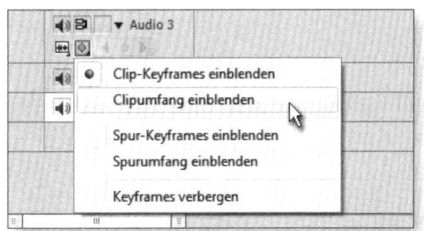

◄ **Abbildung 10.8** Schalten Sie über den Button KEYFRAMES ANZEIGEN im Spurkopf die gewünschte Anzeige ein.

▶ CLIP-KEYFRAMES EINBLENDEN: Die Keyframes der Clips werden angezeigt und können individuell bearbeitet werden. Zudem lassen sich Effekt-Attribute oben auf dem Clip anwählen (siehe LAUTSTÄRKE:PEGEL auf dem Clip). Klicken Sie darauf, werden die möglichen Anzeigeoptionen sichtbar. Dabei handelt es sich um die Effekte (sowohl fixierte als auch zugewiesene Effekte).

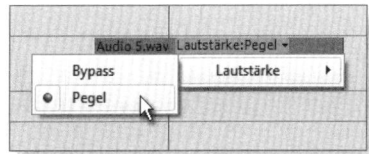

◄ **Abbildung 10.9** PEGEL ist die Standardanzeige.

▶ CLIPUMFANG EINBLENDEN: Es gelten die gleichen Attribute wie bei Clip-Keyframes, wobei eine Umschaltung auf die Effekte nicht möglich ist.

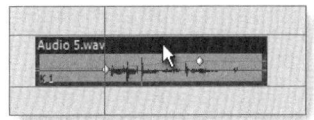

◄ **Abbildung 10.10** Die Pegel-Anzeige fehlt.

▶ SPUR-KEYFRAMES EINBLENDEN: Diese Anzeige bezieht sich nicht mehr auf einzelne Clips, sondern auf die gesamte Spur. Wenn die Option aktiv ist, lässt sich der einzelne Clip nicht mehr selektieren. Wollten Sie diesen bearbeiten, müssten Sie zunächst wieder auf Clip-Keyframes umschalten. Welche Keyframes in Bezug auf die Effekte angezeigt werden, kann vorne in der Spur eingestellt werden.

▲ **Abbildung 10.11** Der einzelne Clip kann nicht bearbeitet werden.

▶ SPURUMFANG EINBLENDEN: Hier gilt das Gleiche wie bei den Spur-Keyframes. Allerdings kann die Spuranzeige nicht verändert werden.

▲ **Abbildung 10.12** Hier ist kein Umschalten möglich.

▶ KEYFRAMES VERBERGEN: Sämtliche Keyframes werden ausgeblendet, um diese vor unbeabsichtigter Bearbeitung zu schützen.

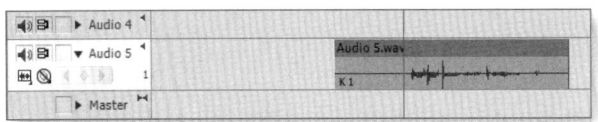

▲ **Abbildung 10.13** Linien und Keyframes sind verschwunden.

Was würde sich ändern, wenn Sie die Lautstärke eines Clip-Keyframes absenken würden? Ganz klar: Nur dieser Clip wird leiser. Machen Sie das mit eingeschalteten Spur-Keyframes, wird die gesamte Spur leiser. Wie das funktioniert, erfahren Sie gleich in Abschnitt 10.2, »Audio bearbeiten«.

Keyframes hinzufügen

Wie Video-Keyframes lassen sich auch Audio-Keyframes mit Hilfe des Zeichenfeder-Werkzeugs platzieren und bearbeiten. Platzieren Sie die Keyframes direkt auf der gelben Linie des Clips im Schnittfenster oder auf der Spur – je nachdem, ob gerade Clip- oder Spur-Keyframes angezeigt werden. In Abschnitt 10.3, »Kleinere Audio-Kosmetik«, gibt es einen Workshop dazu.

10.1.5 Audio-Zeiteinheiten

Zuvor möchte ich Ihnen aber noch kurz demonstrieren, wie Sie auf Audioeinheiten umschalten. Im Zusammenhang mit der Audiobearbeitung ist das nämlich sehr wichtig. Zoomen Sie das Schnittfenster einmal so weit wie möglich auf, und betätigen Sie anschließend die Tasten SCHRITT VORWÄRTS bzw. SCHRITT ZURÜCK im Programmmonitor. Alternativ können Sie natürlich auch ⬅ oder ➡ auf Ihrer Tastatur benutzen.

Sie werden feststellen, dass sich die Einfügemarke des Schnittfensters auf der oberen Skala immer um einen Teilstrich vor oder zurück bewegt. Das hat eine ganz logische

Ursache: Sie arbeiten mit 25 Einzelbildern pro Sekunde. Das bedeutet aber auch, dass der kleinste ausführbare Schritt 1/25 Sekunde ist – eigentlich viel zu viel, um vernünftig mit Audiodateien arbeiten zu können. Hier müssten wesentlich kleinere Sprünge realisierbar sein, um wirklich einen einzelnen kleinen Knacker im Sound eliminieren zu können. Selbstverständlich ist das möglich. Dazu müssen Sie allerdings im Bedienfeldmenü ❶ des Schnittfensters auf AUDIO-ZEITEINHEITEN ANZEIGEN umschalten (das Gleiche funktioniert außerdem in den beiden Monitoren, wobei nur Programmmonitor und Schnittfenster eine Einheit bilden).

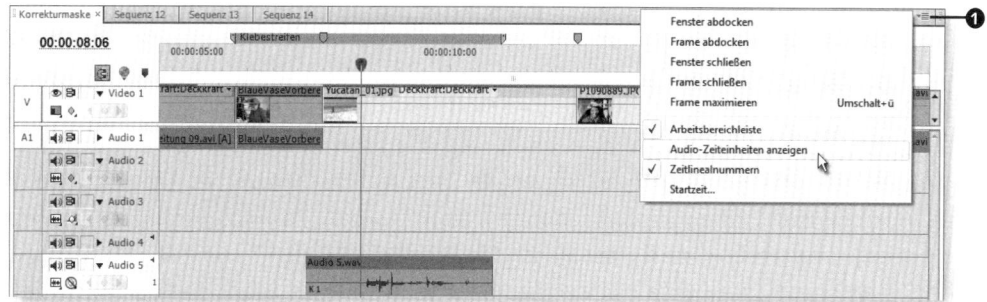

▲ **Abbildung 10.14** Eine genaue Bearbeitung von Audiodateien ist nur möglich, wenn das Schnittfenster auf AUDIO-ZEITEINHEITEN umgestellt wird.

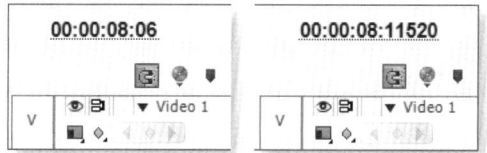

▲ **Abbildung 10.15** Links: Timecode mit Video-Zeiteinheiten, rechts: identischer Timecode mit Audio-Zeiteinheiten

Timecode-Eingabe

Wenn Sie einen Timecode bei aktivierten Audioeinheiten per Hot-Text-Steuerelement eingeben, müssen Sie auch hier die geänderte Schreibweise beachten. Sie geben jetzt die kleinsten Einheiten nicht mehr in Frames, sondern in Samples an – und das sind bei einem 48kHz-Projekt 48.000 Samples pro Sekunde.

Wiederholen Sie doch einmal den Versuch von vorhin, und navigieren Sie mit den Pfeiltasten nach links und rechts. Sie werden jetzt kaum noch eine Bewegung der Einfügemarke ausmachen. Aber Sie können jetzt noch viel weiter in die Timeline hineinzoomen. Diese bewegt sich nämlich jetzt nicht mehr bildweise, sondern in sogenannten Samples. Wenn Sie ein Projekt mit 48 kHz angelegt haben, ist die kleinste Einheit jetzt entsprechend 1/48000 Sekunde – ein **Sample** eben. Eine Sekunde Film erstreckt sich jetzt nicht mehr von Frame 0 bis Frame 24, sondern von Sample 0 bis Sample 47.999.

Sie sollten jetzt aber nicht davon ausgehen, dass sich Videos genauso exakt schneiden lassen. Sie können weiterhin nur zwischen zwei einzelnen Bildern schneiden. Versuchen Sie, an irgendeiner Stelle einen Videoschnitt auszuführen, an der nicht gerade zwei Bilder aneinanderstoßen: Dieser Schnitt wird dann an der nächstmöglichen Stelle ausgeführt – eventuell nicht genau da, wo Sie die Rasierklinge ansetzen.

Audio-Zeiteinheiten ausschalten

Wenn Sie wieder auf Frames umschalten wollen, öffnen Sie erneut das Bedienfeldmenü, und klicken Sie abermals auf den Eintrag AUDIO-ZEITEINHEITEN ANZEIGEN.

10.1.6 Ansicht verändern

Für die meisten Audio-Arbeiten ist die Standardansicht einer Audiospur nicht geeignet. Sie ist viel zu klein und sollte deshalb vergrößert werden. Führen Sie zunächst den Mauszeiger auf den breiten Zwischensteg ❶, der sich zwischen den Audio- und Videospuren befindet. Ziehen Sie den Videobereich nach oben, damit für Audio mehr Platz zur Verfügung steht. Im Anschluss ziehen Sie eine der schmalen Trennlinien ❷ zwischen den einzelnen Audiospuren nach unten. Denken Sie immer daran, dies zwischen den Spurköpfen zu tun, weil die Funktion direkt in der Timeline nicht zur Verfügung steht.

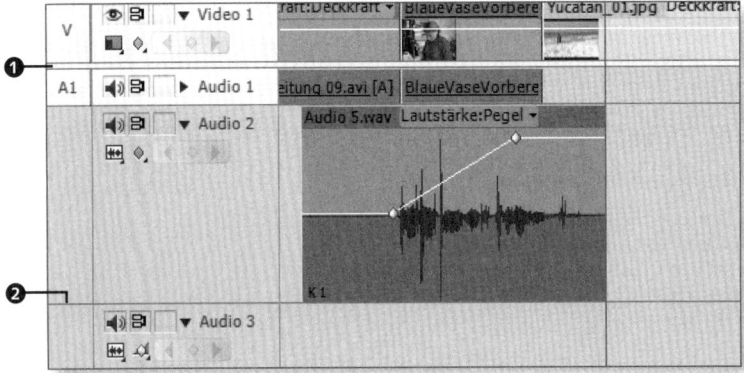

▲ **Abbildung 10.16**
Geben Sie der Audiospur mehr Platz.

10.1.7 Clips sichten

Sie können Sounds in den Quellmonitor bringen, indem Sie den Clip im Projektfenster mit einem Doppelklick versehen. Clips aus dem Schnittfenster bringen Sie ebenfalls per Doppelklick in den Quellmonitor. Handelt es sich bei den Clips um reine Audiodateien, wird gleich die Wellenform dargestellt. Wenn Sie jedoch einen Film (also eine kombinierte Audio-/Video-Datei) benutzen, müssen Sie zunächst im Bedienfeldmenü des Quellmonitors ❸ auf AUDIO-WELLENFORM ❺ umstellen. Wenn Sie später wieder das Video sehen wollen, müssen Sie den Eintrag COMPOSITE-VIDEO ❹ wählen. Alternativ stellen Sie einen anderen AV-Clip in den Quellmonitor.

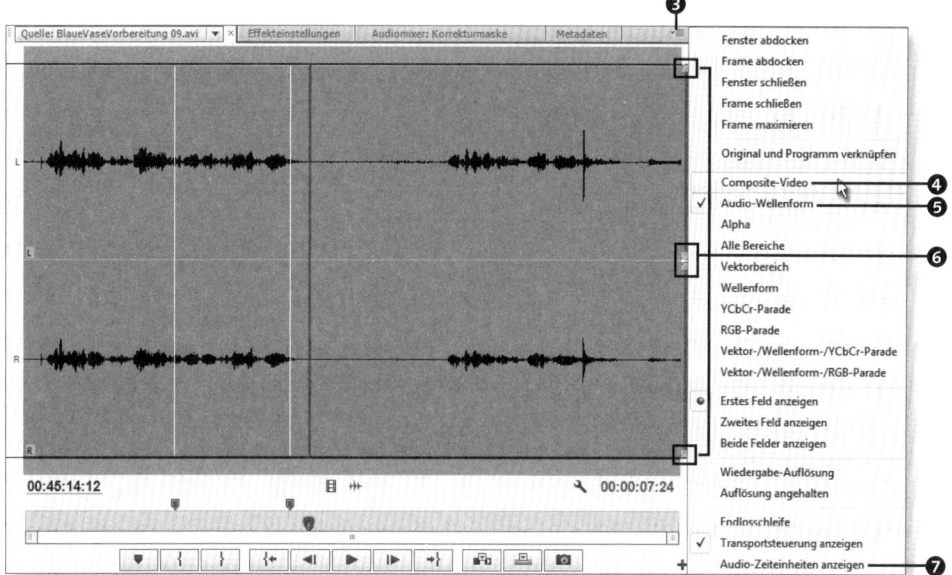

▲ **Abbildung 10.17** Die Wellenform-Ansicht kann mit Hilfe des Bedienfeldmenüs verlassen werden.

Sollte der Pegel in der Höhe zu gering dargestellt werden, was ja bei Original-Clips sehr oft der Fall ist, können Sie einen der vier Reiter ⑥ mit gedrückter linker Maustaste nach oben oder unten bewegen. Machen Sie das, während Sie ⇧ gedrückt halten, werden bei einem Stereo-Clip beide Spuren gleichzeitig angehoben.

> **Keine Audio-Anhebung**
>
> Achtung! Hierbei handelt es sich lediglich um eine grafische Darstellung, die es Ihnen ermöglichen soll, markante Stellen innerhalb des Audioclips schnell aufzufinden und das Audio insgesamt besser zu beurteilen. Eine Änderung der Lautstärke wird damit nicht erreicht.

Wenn Sie anschließend die Schaltflächen SCHRITT VORWÄRTS und SCHRITT ZURÜCK benutzen, denken Sie daran, dass die Navigation trotzdem frameweise und nicht in Sample-Schritten erfolgt. Aber auch hier haben Sie die Möglichkeit, über das Bedienfeldmenü des Quellmonitors auf Audio-Zeiteinheiten umzuschalten. Der Befehl ist mit AUDIO-ZEITEINHEITEN ANZEIGEN ❼ betitelt.

10.1.8 Audiometer

Noch kurz ein Wort zum Audiometer unten rechts, der in der Version CS6 einige Neuerungen erfahren hat. Was die Darstellung angeht, ist es nun auch möglich, eine horizontale Ansicht zu erreichen, indem Sie das Bedienfeld beispielsweise unter das Schnittfenster ziehen. Das reine Ziehen war zwar vorher ebenfalls möglich, jedoch stellte sich die Anzeige trotzdem vertikal dar.

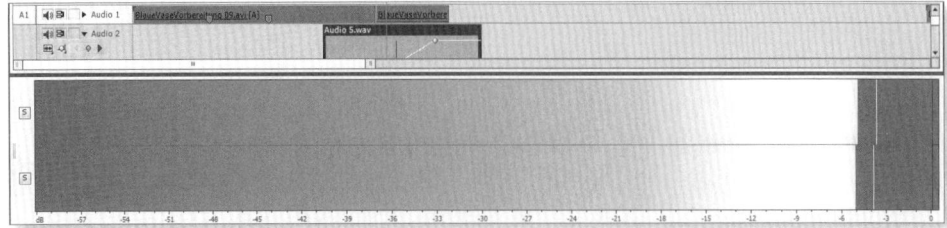

▲ **Abbildung 10.18** Horizontalanzeige des Audiometers

Mit Hilfe der S-Buttons ❶ im Fuß des Audiometers lassen sich nun auf die Schnelle Spuren solo stellen. Das bedeutet: Nach einem Klick darauf wird nur diese Spur wiedergegeben. Alle anderen bleiben stumm.

Interessante Funktionen stecken zudem noch im neu integrierten Kontextmenü. Nach einem Rechtsklick können Sie beispielsweise die Anzeige des Dezibel-Bereichs (standardmäßig 60 db) erhöhen oder verringern (je geringer der Wert, desto empfindlicher die Anzeige in den Spitzen). Interessanter ist die Möglichkeit von DYNAMISCHE auf STATISCHE SPITZEN umzustellen. Das hat den Vorteil, dass die maximal erreichten Pegel in Form einer Linie dauerhaft angezeigt werden ❷. Diese Anzeige bleibt sogar erhalten, nachdem die Wiedergabe gestoppt worden ist ❸. Gehen Sie zusätzlich noch auf TÄLER ANZEIGEN, werden sogar die niedrigsten Pegel markiert ❹.

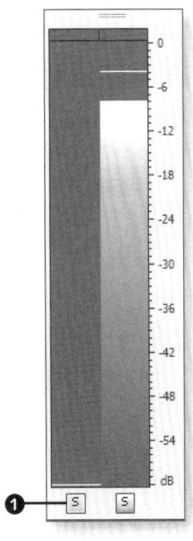

▲ **Abbildung 10.19** Der rechte Kanal wird solo abgespielt.

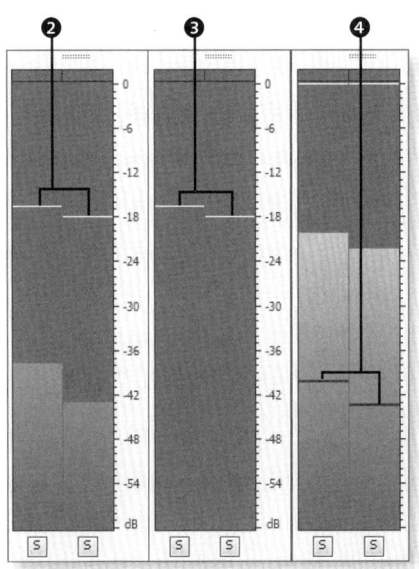

▲ **Abbildung 10.20** Nützliche Ergänzungen sind auch die Fixierungen von Spitzen und Tälern (Valleys).

Audio-Check | Grundsätzlich sollten Sie, bevor Sie einen Film ausgeben, einen Audio-Check durchführen. Lassen Sie dazu die gesamte Sequenz abspielen, wobei Sie den Audiometer beachten sollten. Sollten Sie jetzt an eine Stelle gelangen, die zu laut ist, wird sich im oberen Bereich der Palette eine rote Markierung ❺ zeigen. Dies deutet darauf hin, dass es zu einer Übersteuerung gekommen ist.

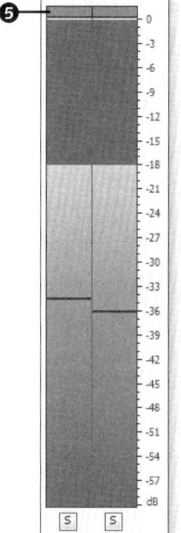

◄ **Abbildung 10.21** Achten Sie immer auf die Pegel.

Erfreulicherweise bleibt diese rote Markierung auch im Anschluss aktiv. Sie erlischt erst dann, wenn Sie eine neue Wiedergabe starten. Das hat den Vorteil, dass Sie, wenn Sie gerade einmal nicht hingeschaut haben, auch später noch erkennen können, dass es innerhalb der Sequenz zu einer Übersteuerung gekommen ist.

10.2 Audio bearbeiten

Dieser Abschnitt beginnt gleich mit einer guten Nachricht: Audioclips werden genauso behandelt wie Videoclips. In diesem Kapitel muss also das Rad nicht neu erfunden werden. Alles das, was Sie zu Themen wie Clip-Bearbeitung und Keyframes bereits kennengelernt haben, gilt auch für Audio.

Scrubbing

Wenn Sie einen der Abspielköpfe verziehen, wird der Ton ebenfalls ausgegeben. Falls Sie das nicht wollen, gehen Sie über BEARBEITEN/PREMIERE PRO • VOREINSTELLUNGEN • AUDIO und deaktivieren das Häkchen vor AUDIO BEIM SCRUBBING ABSPIELEN.

10.2.1 Lautstärke verändern

Wenn Sie die Lautstärke eines Clips im Schnittfenster verändern wollen, können Sie das tun, indem Sie die gelbe Linie ❻ herunterziehen (auch hierbei ist natürlich entscheidend, ob Sie sich gerade in der Anzeige Clip-Keyframes oder Spur-Keyframes befinden). Eine dynamische QuickInfo ❼ verdeutlicht, bei welcher Dezibel-Veränderung (ausgehend von 0) Sie sich aktuell befinden. Halten Sie zusätzlich ⌈Strg⌉/⌈cmd⌉ gedrückt, lässt sich die Einstellung sehr viel sensibler vornehmen.

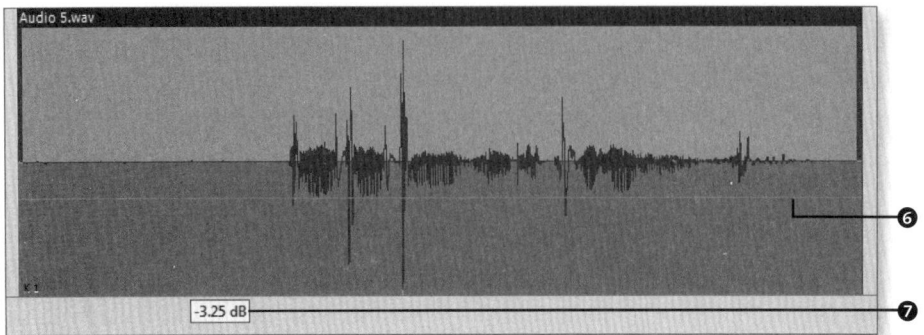

▲ **Abbildung 10.22** Die Lautstärke wird hier gerade verringert.

Sie können das aber auch in den Effekteinstellungen erledigen. Öffnen Sie dazu den Effekt Lautstärke, und bedienen Sie das Steuerelement Pegel. Dass Sie die Lautstärke auch zeitabhängig über Keyframes regeln können, sei jetzt wirklich nur am Rande erwähnt.

Sollte es sich um einen Clip handeln, der aus mehr als nur einer Audiospur besteht, gesellt sich der fixierte Effekt Lautstärke/Kanal hinzu, mit dessen Hilfe jeder Kanal einzeln geregelt werden kann.

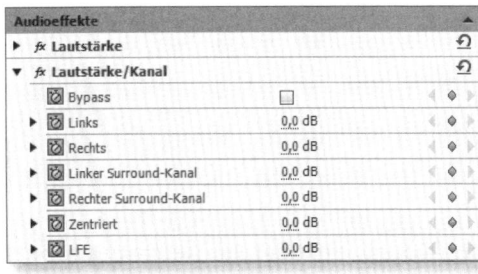

◄ **Abbildung 10.23** Die Lautstärkeregelung eines 5.1-Clips in den Effekteinstellungen

Tonschwenk

Der Effekt Tonschwenk (nicht 5.1) ermöglicht die Verlagerung auf einen bestimmten Kanal zu Ungunsten des anderen – auch als Balance bezeichnet.

Eine solche Anpassung können Sie auch direkt im Schnittfenster vornehmen. Dazu müssen Sie lediglich die gelbe Linie nach unten (leiser) oder nach oben (lauter) bewegen – per Drag & Drop natürlich. Voraussetzung dafür ist aber, dass nicht gerade die Spur-Keyframes angezeigt werden. In diesem Fall würden Sie nämlich nicht den Clip, sondern die gesamte Spur in der Lautstärke absenken.

10.2.2 Clips normalisieren

Premiere Pro stellt eine interessante Möglichkeit zur Verfügung, Audioclips in der Lautstärke aneinander anzugleichen. Dabei wird der zuvor ausgewählte Clip analysiert und angepasst. Um dieses Prinzip nun in Anwendung zu bringen, führen Sie auf dem Clip im Schnittfenster einfach einen Rechtsklick aus und entscheiden sich für den Eintrag AUDIOVERSTÄRKUNG. Übrigens dürfen Sie in Premiere Pro auch mehrere Clips markieren und diese alle in einem Arbeitsgang gemeinsam korrigieren. Im folgenden Dialog können Sie sich zunächst einmal davon überzeugen, wie hoch die Audiodatei denn in der Spitze überhaupt ist. Dazu beachten Sie die unterste Zeile des Dialogs.

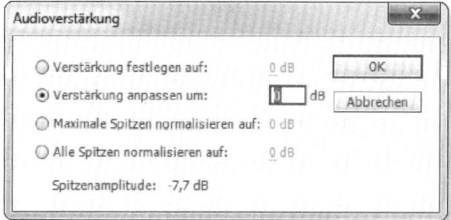

▲ **Abbildung 10.24** Der lauteste Ton liegt hier bei –7,7 dB (SPITZENAMPLITUDE).

Nun haben Sie die Qual der Wahl, mit welcher Methode Sie den Clip bzw. die Clips nachbearbeiten wollen: Um eine reale Normalisierung zu erhalten, entscheiden Sie sich am besten für den untersten der vier Radiobuttons (ALLE SPITZEN NORMALISIEREN AUF) und stellen rechts daneben beispielsweise –3 dB ein, ehe Sie mit OK bestätigen. Das ist ein guter Wert, der generell Übersteuerungen verhindert.

Dabei müssen Sie allerdings auch in Erwägung ziehen, dass nicht alle Clips so pauschal einander angepasst werden dürfen. Stellen Sie sich einen klassischen Drehtag im Zoo vor. Sie befinden sich gerade an der Stelle, an der einige zufriedene Dromedare monströse Löcher in die Luft starren. Der einzige Ton, der gerade herüberkommt, setzt sich allenfalls aus dezentem Vogelgezwitscher zusammen. Plötzlich stürmt die gesamte Klasse 1b der nahe liegenden Sankt-Katharinen-Grundschule heran, um mit lautem Gegröle der Dromedar-Lethargie ein jähes Ende zu bereiten. Würden Sie nun beide Clips normalisieren, hätten Sie statt des Gezwitschers einen Sound, der bestenfalls an Hitchcocks »Die Vögel« erinnert. Sie sollten deshalb mit einer generellen Angleichung vorsichtig sein und nur die Clips normalisieren, die von Haus aus recht laut sind.

10.2.3 Masterspur normalisieren

Grundsätzlich müssen Sie sich das mit dem Audio bei Premiere Pro so vorstellen: Sie können fast schon beliebig viele Spuren hinzufügen und einstellen. Am Ende aber, wenn es darum geht, einen Film auszugeben, werden sämtliche Spuren zu einer Masterspur zusammengetragen. Immerhin geben Sie einen Film ja nicht mit, sagen wir mal, zwanzig oder mehr Spuren aus. Damit Sie nun nicht jeden Clip und jede Spur Ihres Projekts einzeln normalisieren müssen, gibt es eine Routine, die sich gewissermaßen um das Endergebnis kümmert. Sie sollten diesen Schritt aber stets unmittelbar vor der Ausgabe des Films unternehmen. Wenn Sie nämlich im Menü SEQUENZ • MASTERSPUR NORMALISIEREN auswählen, können Sie die Gesamtlautstärke Ihrer Projektdatei final anpassen.

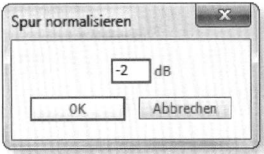

◀ **Abbildung 10.25** Hier wird die Masterspur auf –2 angepasst, –2 bis –3 sind eine Art Standard.

Im Übrigen sollten Sie nicht versuchen, den Ton stets so laut wie möglich zu machen. Die absoluten Spitzen eines Clips dürfen durchaus bis 0,0 dB ausschlagen. Das bezieht sich aber nur auf einzelne Geräusche. Insgesamt sollten Clips nicht mehr als –6 bis –3 dB aufweisen, da sie hier die beste Qualität mitbringen, während die Masterspur –2 nicht übersteigen sollte.

Master-Lautstärke regeln | Der Vollständigkeit halber sei noch erwähnt, dass sich auch die Masterspur im Spurkopf öffnen lässt. Die darin befindliche gelbe Linie lässt sich zur Erhöhung oder Reduktion der Lautstärke ebenfalls verwenden. Dazu muss das Auswahl-Werkzeug aktiv sein.

10.3 Kleinere Audio-Kosmetik

Natürlich ist Audition wesentlich leistungsfähiger als Premiere Pro, wenn es um die Nachbearbeitung von Sounddateien geht. In Kapitel 16, »Korrekturen mit Audition CS6«, erfahren Sie mehr dazu. Wenn es aber um weniger dramatische Korrekturen geht, können Sie das durchaus auch mit der Videoschnitt-Software erledigen.

◢ *Schritt für Schritt: Störgeräusche minimieren*

Hier geht es darum, ein Störgeräusch in der Lautstärke abzusenken. Zwar werden Sie hier auch erfahren, wie Sie es komplett entfernen können, doch steht im Mittelpunkt dieses Workshops die punktuelle Absenkung der Lautstärke.

1 *Auf Einzelbilder umschalten*

Öffnen Sie zunächst wieder das Bedienfeldmenü des Schnittfensters, und kontrollieren Sie, ob vor AUDIO-ZEITEINHEITEN ANZEIGEN ein Häkchen steht. Ist das der Fall, wählen Sie diesen Eintrag noch einmal an, damit die Einzelbilder in der Skala des Schnittfensters wieder Gültigkeit haben.

2 Störgeräusche anhören

Navigieren Sie im Buchprojekt doch einmal an Position 00:01:44:11. Öffnen Sie die Spur Audio 2, und spielen Sie den Clip einige Sekunden lang ab. Gleich am Anfang ist ein störendes Geräusch zu hören, das entfernt werden sollte. Wenn Sie die Spur weit genug geöffnet haben, zoomen Sie das Schnittfenster etwas auf. Vergrößern Sie im Bedarfsfall auch die Spur in der Höhe. Jetzt werden Sie die Störung ❶ auch optisch anhand der Pegel ausmachen können.

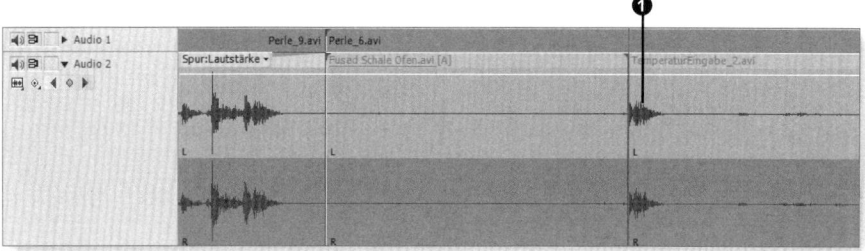

▲ **Abbildung 10.26** In der Audiospur ist das störende Geräusch gut zu sehen.

3 Ansicht optimieren

So eine Stelle ist kein Problem für Premiere Pro. Lassen Sie wieder die AUDIO-ZEITEINHEITEN ANZEIGEN, und schalten Sie um auf CLIP-KEYFRAMES ANZEIGEN – wohl gemerkt: in der Audiospur!

4 Optional: Clip einkürzen

Sie könnten natürlich den ersten Teil des Audioclips abschneiden. Das ließe sich z. B. mit der Rasierklinge ([C]) realisieren. Danach würden Sie den ersten Teil des Clips ganz einfach wegschmeißen. Auch das Verschieben des Clip-In-Points mit dem Auswahl-Werkzeug wäre möglich. In beiden Fällen wäre der Ton allerdings an dieser Stelle komplett ausgeblendet. Da Sie prinzipiell aber auch damit rechnen müssten, dass es sich hierbei um einen kombinierten AV-Clip handelt, liefen Sie nun Gefahr, das Video ebenfalls einzukürzen. Das könnten Sie zwar umgehen, indem Sie [Alt] gedrückt hielten, allerdings wäre der Ton an dieser Stelle immer noch komplett verloren. Und das fällt meistens noch mehr auf als ein Störgeräusch; kein probates Mittel also, um diesem Problem zu begegnen.

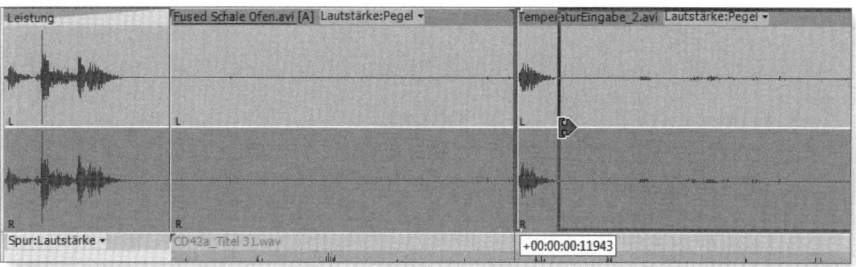

▲ **Abbildung 10.27** Mit dem bloßen Herausschneiden des »Problems« ist es nicht getan.

5 Keyframes platzieren

Markieren Sie den Audioclip im Schnittfenster, und stellen Sie die Einfügemarke an den Clip-Anfang. Klicken Sie einmal auf die Schaltfläche KEYFRAME HINZUFÜGEN/ENTFERNEN im Spurkopf, um ganz am Anfang des Clips ein Schlüsselbild einzufügen.

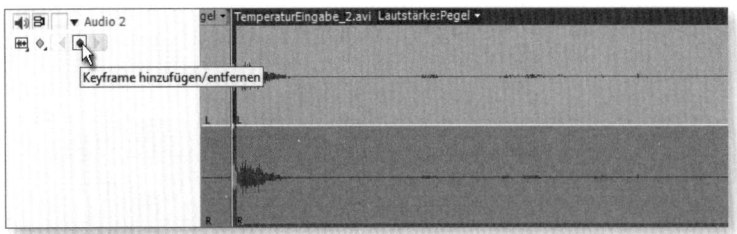

◄ **Abbildung 10.28**
Am Anfang wird ein Audio-Keyframe eingefügt.

Keyframe kaum zu sehen

Achten Sie bitte darauf, dass das Schlüsselbild auf dem Clip kaum zu sehen ist, da es sich direkt am Anfang befindet. Gemein auch, dass es dort nur zur Hälfte sichtbar ist. Es ist aber dennoch da. Würden Sie noch einmal auf den Schalter klicken (in der Annahme, es sei kein Keyframe vorhanden), würde das Schlüsselbild wieder entfernt.

Scrubben Sie die Einfügemarke an eine Position gleich hinter dem Ausschlag in der Wellenform, der das Störgeräusch repräsentiert. Wie wäre es mit einer Position um 00:01:44:27000? Setzen Sie auch hier einen Keyframe.

Im Anschluss setzen Sie ein drittes Schlüsselbild etwa auf Position 00:01:45:00000. So ganz exakt muss es nicht sein. Wenn Sie ein paar hundert Samples danebenliegen – macht nichts. Da sind wir noch großzügig. Wer es aber ganz genau liebt, der gibt »14400000« ein und ist damit auf die achtundvierzig tausendstel Sekunde genau.

6 Lautstärke absenken

Nun müssen Sie nichts weiter tun, als den Mauszeiger irgendwo zwischen dem ersten (kaum sichtbaren) und zweiten Keyframe auf die gelbe Linie zu setzen und diese weit nach unten zu ziehen. Beobachten Sie dabei die kleine QuickInfo, die sich unterhalb des Clips zeigt. Gehen Sie auf einen Wert von etwa –12 bis –13 dB, ehe Sie die Maustaste wieder loslassen.

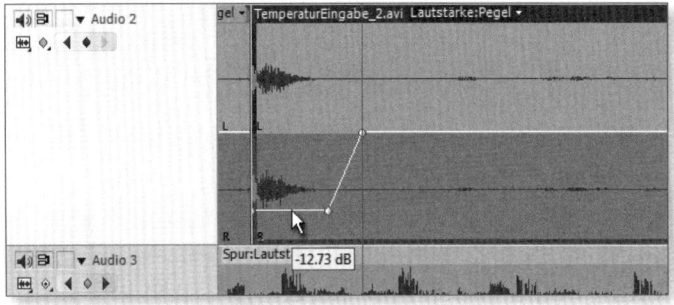

◄ **Abbildung 10.29**
Senken Sie die Lautstärke drastisch ab.

Zoomen Sie im Schnittfenster etwas aus, bringen Sie anschließend die Einfügemarke vor den bearbeiteten Clip, und spielen Sie das Ganze ab. Das Störgeräusch dürfte jetzt nicht mehr als Störung wahrgenommen werden, wobei ein gewisses Maß an Grundlautstärke trotzdem erhalten bleibt. Und das Wichtigste: Die Absenkung fällt akustisch nicht auf.

Bézier-Anfasser

Beachten Sie, dass Sie generell die Möglichkeit haben, aus jedem Keyframe auch die bereits bekannten Bézier-Anfasser herauszuziehen. Dies ermöglicht eine individuelle Anpassung der Kurve. Sie müssen dazu [Strg]/[cmd] gedrückt halten, während Sie die Raute des Keyframes anklicken. Lassen Sie beide Tasten anschließend los, tauchen die bereits bekannten blauen Tangenten auf, die sich dann per Drag & Drop individuell verstellen lassen. Die Technik dahinter kennen Sie ja bereits von den Videoeffekten und Animationen.

10.4 Audio und Video getrennt bearbeiten

Wenn Sie Filme (also kombinierte Audio- und Videoclips) verschieben, bleiben diese gewissermaßen aneinander kleben. Das ist auch gut so, denn dadurch wird die Synchronisation zwischen beiden Clip-Teilen aufrechterhalten. In manchen Fällen ist es allerdings interessanter, sie voneinander zu trennen.

10.4.1 Audio und Video trennen

Um beide Clips einzeln bearbeiten zu können, lässt sich die Verbindung zwischen Audio und Video aufheben. Öffnen Sie dazu das Kontextmenü eines Clips im Schnittfenster, indem Sie ihn zunächst mit rechts anklicken und in der Liste den Eintrag VERKNÜPFUNG AUFHEBEN wählen. Nun müssen Sie zunächst die Auswahl aufheben, da beide Clip-Teile ja noch immer markiert sind. Klicken Sie dazu auf eine freie Stelle innerhalb einer der Spuren. Danach wählen Sie den Clip, den Sie alleine verschieben wollen (Audio oder Video), mit erneutem Mausklick an.

Audio und Video verbinden

Wenn Sie Clips auf die zuvor beschriebene Weise voneinander getrennt haben, können Sie diese auch nachträglich wieder verbinden, indem Sie beide markieren und anschließend aus dem Kontextmenü VERKNÜPFEN wählen.

10.4.2 Clips zusammenführen

Stellen Sie sich vor, Sie nehmen mit Ihrer Kamera eine Interviewszene auf. Damit Sie optimalen Ton erhalten, zeichnen Sie das Szenario zusätzlich mit einem externen Audiorekorder auf (dieser liefert ja in der Regel sehr viel bessere Qualität als ein integriertes Kamera-Mikro). Zu Hause angelangt, werden Sie also über einen AV-Clip sowie eine hochwertige Audioaufnahme verfügen. Wie schaffen Sie es nun, diese Aufnahmen zu synchronisieren und miteinander zu verbinden? Zunächst werden Sie sich in beiden Aufnahmen einen markanten Punkt heraussuchen, wie z.B. das Tippen aufs Mikro, und sowohl beim AV- als auch beim separat aufgezeichneten Audioclip dort jeweils eine Marke platzieren. Danach richten Sie die Clips manuell an den Marken aus. So weit ist das ja alles nicht neu.

▲ **Abbildung 10.30** Die Clips sind nun exakt ausgerichtet.

Anschließend sorgen Sie dafür, dass alle Clips markiert werden, klicken mit rechts auf einen der Clips und wählen CLIPS ZUSAMMENFÜHREN. Da die Clips ja bereits ausgerichtet sind, können Sie den Folgedialog mit OK verlassen. Das Ergebnis: Im Projektfenster ist nun ein neues Asset zu finden, welches aus allen Clips besteht. Dabei bleibt jede einzelne Spur erhalten, der Clip selbst kann aber gehandhabt werden wie jeder andere Clip auch.

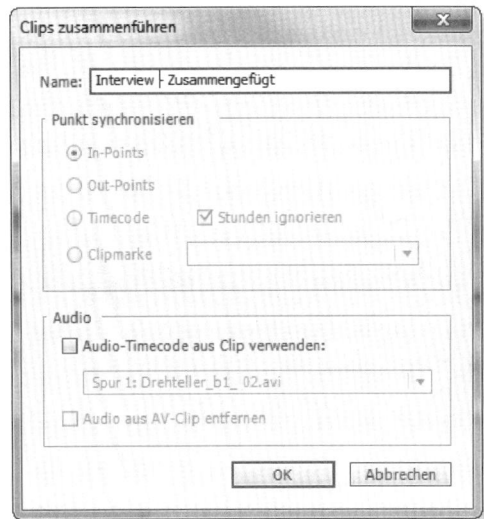

▲ **Abbildung 10.31** Bestätigen Sie lediglich mit OK.

▲ **Abbildung 10.32** Es gibt ein neues Asset im Projektfenster.

10.5 Audioüberblendungen

Auch Audioüberblendungen werden – wie Videoüberblendungen – per Drag & Drop zugewiesen. Wenn Sie den Ordner AUDIOÜBERBLENDUNGEN im Effekte-Bedienfeld öffnen, finden Sie aber nur einen einzigen Unterordner – er trägt den Namen CROSSFADE. Auch ist dieser Ordner nicht gerade vollgepackt. Genauer gesagt, gibt es nur drei Überblendungen:

- ▶ EXPONENTIELLE ÜBERBLENDUNG
- ▶ KONSTANTE VERSTÄRKUNG
- ▶ KONSTANTE LEISTUNG

10.5.1 Exponentielle Überblendung

Der Übergang EXPONENTIELLE ÜBERBLENDUNG überblendet zwei Audioclips mit einer glatten logarithmischen Kurve. Daraus entsteht ein rascher (exponentieller) Anstieg des nachfolgenden Clips im Verhältnis zum Lautstärkeabfall des vorangegangenen. So wie der erste Clip exponentiell leiser wird, wird der zweite Clip im selben Zeitraum exponentiell lauter. Bringen Sie eine derartige Überblendung an den Anfang eines Clips, wird dessen Ton stetig und rasch eingeblendet. Am Ende eines einzelnen Clips wird der Ton weich ausgeblendet. Es kommt zum raschen Fade-in bzw. Fade-out.

Weisen Sie doch einmal eine solche Überblendung zwischen zwei Clips zu, markieren Sie die Überblendung, und schauen Sie sich die zugehörige Grafik in den Effekteinstellungen an. Anhand der gelben Linien ❶ in der Grafik sollen Anstieg und Abfall verdeutlicht werden.

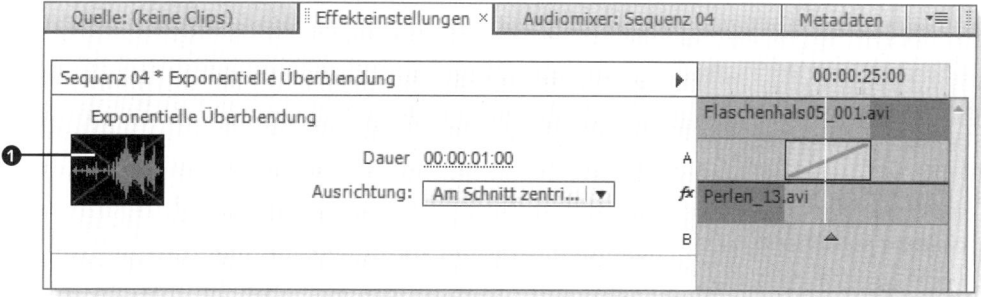

▲ **Abbildung 10.33** Die Überblendung ist sehr dynamisch.

10.5.2 Konstante Verstärkung

Die Unterschiede der konstanten Verstärkung zur exponentiellen Überblendung sind zunächst einmal nicht wirklich dramatisch. Bei der konstanten Verstärkung wird die Lautstärke des ersten Audioclips nicht exponentiell, sondern linear abgesenkt. Dadurch wird die Lautstärke in der Mitte der Überblendung nicht so leicht abfallen wie bei der exponentiellen Überblendung.

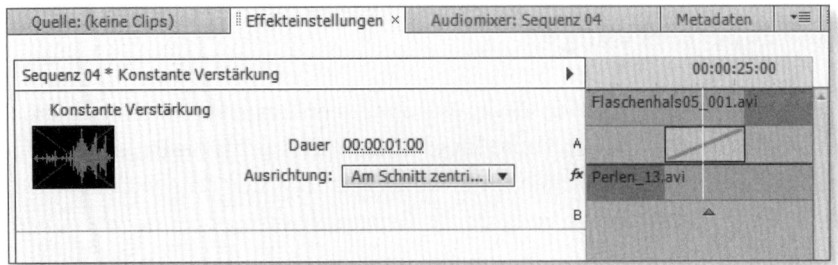

▲ **Abbildung 10.34** Hier kommt es ebenfalls zu einem stetigen Anstieg, der sich aber insgesamt etwas weicher darstellt.

10.5.3 Konstante Leistung

Bei der konstanten Leistung wird die Lautstärke des ersten Clips zunächst weniger schnell abgesenkt als gegen Ende der Überblendung. Im Gegenzug kommt die Lautstärke des zweiten Clips zunächst schnell herein und wird im letzten Teil langsamer ausgeführt. Anstieg und Abfall sind mit einer Sinuskurve vergleichbar. Sinn und Zweck des Ganzen ist, dass die Lautstärke scheinbar zu jedem Zeitpunkt gleich bleibt. Tatsächlich wird sie aber kurzzeitig sogar angehoben. Die KONSTANTE LEISTUNG ist als Standardüberblendung definiert.

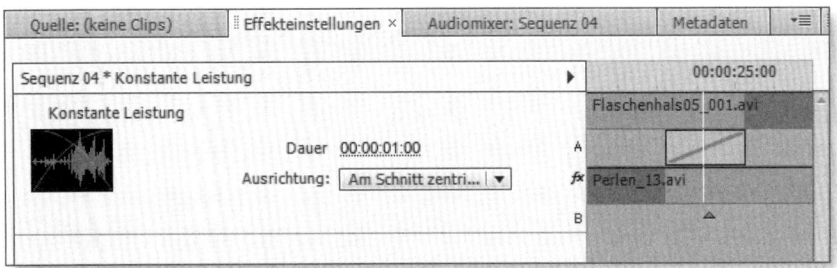

▲ **Abbildung 10.35** Bei der konstanten Leistung hebt sich die Lautstärke nicht geradlinig an.

Wenn Sie eine andere Überblendung als die KONSTANTE LEISTUNG als Standard deklarieren möchten, markieren Sie diesen Eintrag im Effekte-Bedienfeld mit rechts und selektieren AUSWAHL ALS STANDARDÜBERBLENDUNG EINSTELLEN. Auch in den EFFEKTEINSTELLUNGEN gilt für Audioüberblendungen alles das, was Sie zuvor bereits in Sachen Videoüberblendungen in Erfahrung gebracht haben. Nähere Hinweise zum Umgang mit Überblendungen finden Sie in Kapitel 6, »Überblendungen«.

Standarddauer der Audioüberblendung

Die STANDARDDAUER DER AUDIOÜBERBLENDUNG ist werkseitig auf eine Sekunde eingestellt. Jede Überblendung, die Sie dem Schnittfenster hinzufügen, wird dementsprechend auch eine Sekunde lang sein. Wenn Sie diesen Wert ändern wollen, tun Sie dies in den Voreinstellungen (BEARBEITEN/PREMIERE PRO • VOREINSTELLUNGEN • ALLGEMEIN).

10.6 Audioeffekte

Bei den Audioeffekten gelten zunächst die gleichen Regeln wie bei den Videoeffekten. Sie werden hinzugefügt, indem Sie bei aktiviertem Clip im Schnittfenster einen Doppelklick auf den Effekt im Bedienfeld EFFEKTE ausführen. Allerdings gibt es bei den Audioeffekten zwei verschiedene Arten, nämlich die Clip-Effekte und die Spureffekte. Wie der Name schon verlauten lässt, wird der eine auf einen Clip, der andere auf eine ganze Spur angewendet. Zu den Spureffekten kommen wir, wenn der Audiomixer an der Reihe ist (siehe Abschnitt 10.7).

10.6.1 Audioclip-Effekte hinzufügen

Für das Hinzufügen von Effekten galt vor Premiere Pro CS6, dass der richtige Effekte-Ordner ausgesucht werden musste. Das entfällt jetzt. Weisen Sie ihn einfach zu – um den Rest kümmert sich die Anwendung im Hintergrund. Wenn Sie innerhalb der Registerkarte EFFEKTE einmal die AUDIOEFFEKTE öffnen, werden Sie feststellen, dass es hier keine Unterordner mehr gibt.

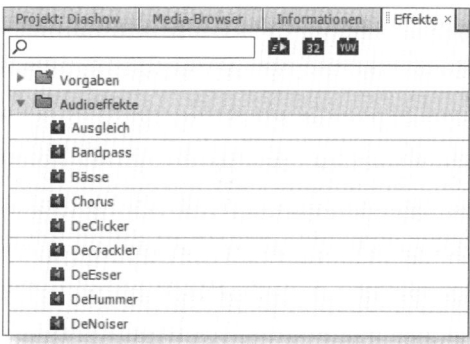

◄ **Abbildung 10.36** Die Audioeffekte gibt es seit CS6 nur noch in einfacher Ausführung.

Wie bei Effekten so üblich, gibt es auch auf der Audioseite Effekte, mit denen Sie Ihre Sounds verbessern, und andere, mit denen Sie sie verfremden können. Einige dieser Effekte möchte ich Ihnen kurz in ihrer Wirkung vorstellen.

Clip permanent abspielen | Beim Einstellen eines Audioeffekts ist es natürlich sinnvoll, diesen permanent anzuhören. Nun ist es aber ziemlich müßig, jedes Mal die Einfügemarke vor dem Clip zu platzieren, die Sequenz danach abzuspielen, hinter dem Clip anzuhalten und das Ganze von vorne zu beginnen. Deshalb finden Sie in der Fußleiste der EFFEKTEINSTELLUNGEN zwei Buttons. Mit dem rechten ❷ sorgen Sie zunächst einmal dafür, dass der Clip permanent (als Schleife) abgespielt werden kann, während die eigentliche Wiedergabe über den linken Button ❶ eingeschaltet wird. Darüber hinaus existiert aber noch ein zweites, zündendes Argument für die Verwendung dieser beiden Schaltflächen: Sie hören nämlich nur diesen einen Clip – selbst dann, wenn an dieser Position im Schnittfenster mehrere Audioclips angeordnet sind.

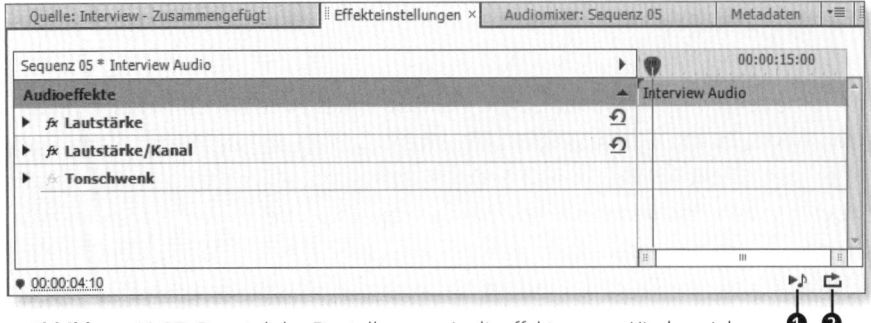

▲ **Abbildung 10.37** Da wird das Einstellen von Audioeffekten zum Kinderspiel. **❶ ❷**

10.6.2 Rechts und Links ausfüllen

Diese beiden Effekte RECHTS AUSFÜLLEN und LINKS AUSFÜLLEN kommen häufig dann zum Tragen, wenn Sie es mit einem Stereo-Clip zu tun haben, von dem nur eine Spur über Aufnahmepegel verfügt. Des Weiteren können Clips, bei denen eine von zwei Stereospuren sehr schwach ist, ausgefüllt werden. Dabei wird die Tonspur des einen Kanals auf den anderen übertragen, indem Sie sich entweder für LINKS AUSFÜLLEN oder RECHTS AUSFÜLLEN aus dem Audioeffekte-Ordner entscheiden. Den Effekt ziehen Sie, wie alle anderen auch, auf den Audioclip im Schnittfenster.

10.6.3 DeEsser

Dieser Effekt wird vor allem bei gesprochenen Aufnahmen angewendet. Wie Sie beim zweiten Blick auf den Namen des Effekts erkennen, bekämpft dieser vor allem S-Laute, die im gesprochenen Kommentar schnell übersteuern, wenn der Sprecher zu dicht ans Mikro gerät. Es kommt dann zu kurzen, aber störenden Zisch-Lauten. Aber auch die gefürchteten T- und P-Laute lassen sich dadurch mindern.

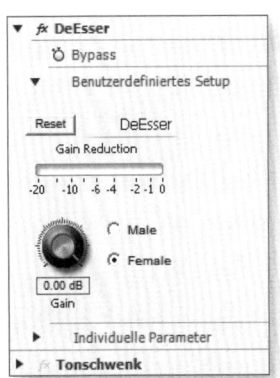

▲ **Abbildung 10.38** Sagen Sie S, T und P den Kampf an!

Bei der Einstellung sollten Sie zunächst über die Anwahl von MALE bzw. FEMALE entscheiden, ob es sich um eine Männer- oder Frauenstimme handelt. Mit GAIN regeln Sie letztendlich, wie stark die Geräuschreduzierung für die vorgenannten Laute ausfallen soll. Den Drehregler können Sie übrigens einstellen, indem Sie ihn an einer beliebigen Stelle anklicken und die Maus dann nach links zum Absenken bzw. nach rechts zum Anheben bewegen.

10.6.4 DeHummer

Falls Sie keinen Hummer mögen, können Sie … – nein, natürlich nicht. Aber Sie können damit das sogenannte Leitungsrauschen mindern, das zwangsläufig über Stromleitungen transportiert wird und möglicherweise Ihre Aufnahme gestört hat. Dazu muss noch einmal erwähnt werden, dass im hiesigen Raum die Frequenz bei 50 Hz liegt (in den USA und Japan bei 60 Hz). Legen Sie die Frequenz, die bearbeitet werden soll, mit Hilfe des jeweiligen Buttons fest.

Mit FILTER stellen Sie ein, wie viele benachbarte Frequenzbereiche bearbeitet werden sollen. Je höher hier der Wert ist (4, 8 oder 16), desto besser lässt sich zwar das Leitungsrauschen reduzieren, desto mehr erhaltungswürdige Frequenzbereiche werden aber auch verloren gehen. Die Stärke der Reduktion legen Sie mit dem Regler REDUCTION fest, während Sie die Zielfrequenz (hier 50 Hz) mit dem rechten Potentiometer letztendlich noch verfeinern können.

▲ **Abbildung 10.39** Die Frequenz beträgt hierzulande 50 Hz, während es in Japan und den Staaten 60 Hz sind.

10.6.5 EQ

Der Filter EQ stellt einen Equalizer zur Verfügung, mit dessen Hilfe Sie verschiedene Frequenzbereiche bearbeiten können. Achten Sie aber darauf, dass alle Bandbereiche standardmäßig deaktiviert sind. Sie müssen diese explizit über die dazugehörigen Checkboxen ❶ einschalten.

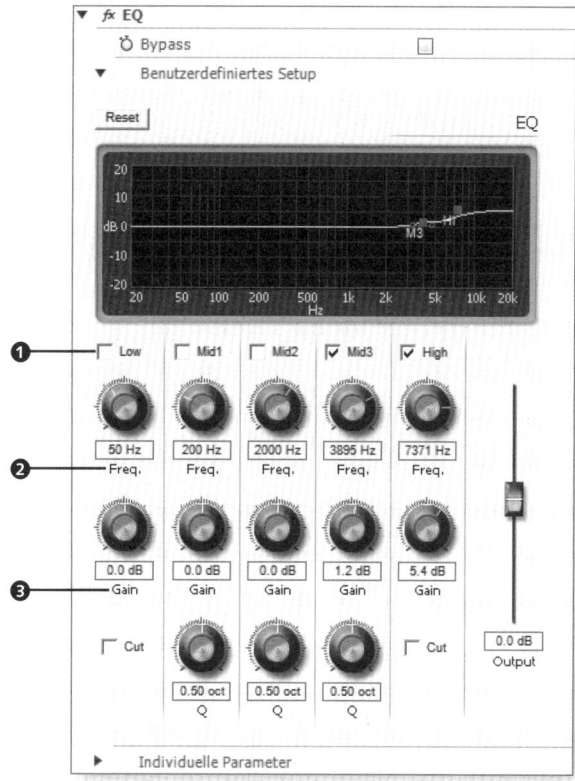

◄ **Abbildung 10.40** EQ stellt einen Equalizer zur Verfügung. Hier sind die hohen Mitten (MID 3) sowie die Höhen (HIGH) angehoben worden.

Nachdem Sie das erledigt haben, können Sie mit FREQ. ❷ die Frequenz, mit GAIN ❸ die Verstärkung oder Absenkung dieser Frequenz und mit Q den Anstieg vor und hinter diesem Punkt regeln. Achten Sie beim Einstellen der Potentiometer auch auf die angezeigte Grafik, die im Übrigen auch per Drag & Drop bedienbar ist.

10.6.6 Reverb

Diesen Effekt müssen Sie unbedingt noch kennenlernen. Mit ihm können Sie nämlich einen Widerhall realisieren.

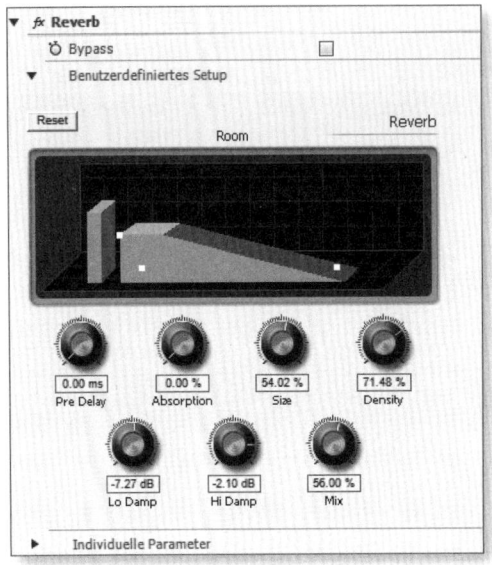

◀ **Abbildung 10.41** Der Hall-Effekt simuliert räumliche Tiefe.

Und hier noch einige Infos zu den weiteren Steuerelementen:

▶ PREDELAY – legt fest, wie groß die Zeitspanne zwischen Originalton und Widerhall sein soll.

▶ ABSORPTION – gibt die Spanne in Prozent an, in der der Ton absorbiert wird.

▶ SIZE – legt die Raumgröße fest.

▶ DENSITY – legt die Widerhalldichte fest.

▶ LO DAMP – gibt an, in welchem Ausmaß niedrige Frequenzen abgedämpft werden sollen.

▶ HI DAMP – gibt an, in welchem Ausmaß hohe Frequenzen abgedämpft werden sollen.

▶ MIX – gibt das Ausmaß des Halls an.

10.7   Der Audiomixer

Der Audiomixer hat vor allem die Aufgabe, die Sequenz abzumischen. Aber damit nicht genug: Sie können auch hier Spuren hinzufügen. So ließe sich ja beispielsweise an der einen oder anderen Stelle noch ein Audiokommentar hinzufügen. Um den Audio-mixer zu aktivieren, wählen Sie FENSTER • AUDIOMIXER und entscheiden sich dann für die Sequenz, die Sie anzeigen lassen wollen. Die Alternative dazu: FENSTER • ARBEITS-BEREICH • AUDIO bzw. [Alt]+[⇧]+[1].

10.7.1 Spureffekte hinzufügen

Wo wir gerade bei den Effekten waren: Es wäre ja unsinnig, einem Clip einen Effekt zuzuweisen und diesen dann auf alle anderen zu übertragen. Aus diesem Grund ver-fügt der Audiomixer auch über einen Spureffektbereich. Um ihn zu öffnen, müssen Sie das kleine Dreieck oben links ❹ betätigen. Jetzt können Sie auf eines der kleinen Dreiecke klicken (z. B. ❺) und den benötigten Effekt aus der Liste hinzufügen. Stellen Sie um auf OHNE, wird der Effekt wieder entfernt.

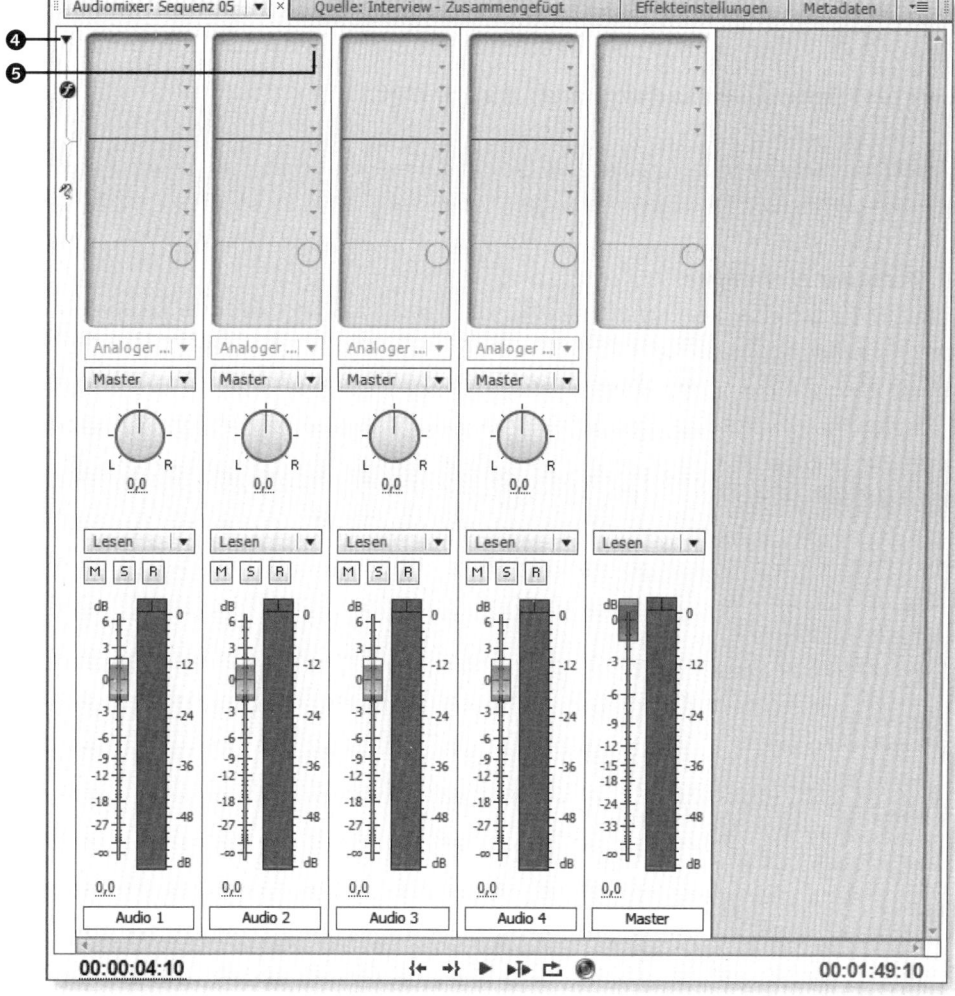

▲ **Abbildung 10.42** Der Effektebereich ist geöffnet.

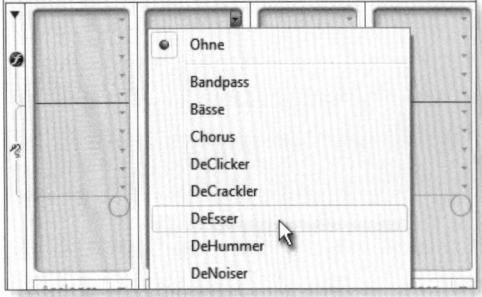

◄ **Abbildung 10.43** Hier wird gerade der Effekt DeEsser hinzugefügt.

10.7.2 Voice-over

Bevor Sie einen Audiokommentar einsprechen können, müssen einige Vorbereitungen getroffen werden. So ist es z. B. durchaus sinnvoll, für Audiokommentare eine Monospur zu benutzen, da Sie dabei ja in den meisten Fällen auf Stereo verzichten können.

Schritt für Schritt: Einen Audiokommentar aufzeichnen

Audiokommentare werden vor allem bei Dokumentationen genutzt. In diesem Workshop erfahren Sie, wie Sie vorgehen müssen, um ein optimales Ergebnis zu erreichen.

1 *Monospur hinzufügen*

Um Ihrem Projekt eine Monospur hinzuzufügen, wählen Sie SEQUENZ • SPUREN HINZUFÜGEN. Entscheiden Sie sich im folgenden Dialog für »0« Videospuren und »1« Audiospur und »0« Submix-Spuren. Im vorliegenden Fall soll die Kommentarspur an die oberste Position im Schnittfenster gebracht werden, weshalb im Bereich PLATZIERUNG der Eintrag VOR ERSTER SPUR eingestellt werden sollte. Stellen Sie ferner den SPURTYP auf MONO, ehe Sie lässig auf den OK-Button drücken.

◄ **Abbildung 10.44** Jetzt soll eine einzelne Monospur hinzugefügt werden.

2 Spur benennen und verbreitern

Benennen Sie nun die Spur im Schnittfenster oder ganz unten links im Audiomixer. In der Standardbreite des Spurkopfes ist der Name eventuell nicht komplett zu lesen. Sie haben allerdings die Möglichkeit, den vertikalen Steg zwischen Spurkopf und Spur mit gedrückter linker Maustaste ein wenig nach rechts zu verziehen. Das räumt dann dem Spurkopfbereich mehr Platz ein.

◀ **Abbildung 10.45** Damit der Titel lesbar ist, sollte der Spurkopfbereich vergrößert werden.

3 Audiogerät einrichten

Zunächst einmal müssen Sie dafür Sorge tragen, dass die Audioquelle, die Sie verwenden wollen, auch mit Premiere Pro kommunizieren kann. Gehen Sie dazu in die Voreinstellungen (BEARBEITEN/PREMIERE PRO • VOREINSTELLUNGEN • AUDIOGERÄTE), und listen Sie unter STANDARDGERÄT die Audioquelle auf, die für Sie in Betracht kommt.

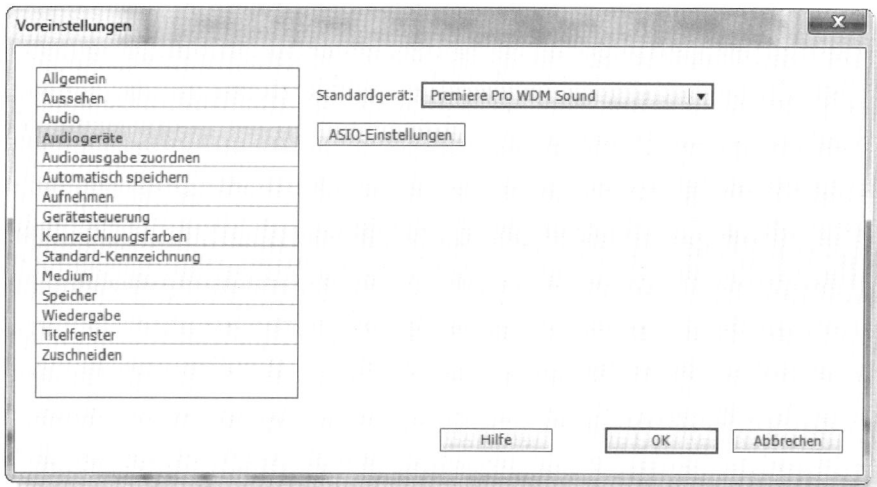

▲ **Abbildung 10.46** Hier sollte das Standardgerät aufgelistet sein, mit dem Sie die Aufnahme vornehmen wollen.

Doch Sie sollten prinzipiell noch einen zweiten Schritt folgen lassen – zumindest dann, wenn Sie mit mehreren Soundkarten oder einem Audio-Interface arbeiten. Betätigen Sie den Schalter ASIO-EINSTELLUNGEN (nur Windows). Hier müssen Sie auf die Registerkarte EINGABE gehen und dort das gewünschte Gerät mittels Checkbox aktivieren.

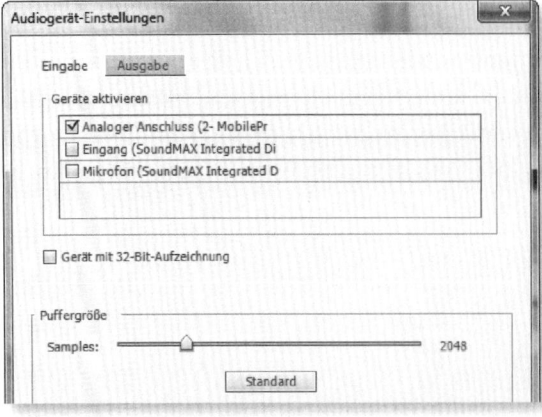

◀ **Abbildung 10.47** Hier wurde ein
Audio-Interface aufgelistet.

Verschiedene Quellen nutzen

Es ist durchaus erlaubt, verschiedene Quellen für die Eingabe und die Ausgabe zu nutzen. So ist es beispielsweise legitim, auf der Registerkarte EINGABE ein Audio-Interface (oder eine andere Audioquelle) zu verwenden und unter AUSGABE z.B. die interne Soundkarte zu verwenden.

Eventuell neu starten

Mitunter passiert es, dass Änderungen an den Audiogeräteeinstellungen nicht direkt übernommen werden. Sollte das eingestellte Gerät seinen Dienst verweigern, starten Sie Premiere Pro neu.

4 *Startpunkt festlegen*

Bevor Sie sich jetzt ganz und gar dem Audiomixer widmen, sollten Sie noch die Einfügemarke des Schnittfensters an die Position bringen, an der die Kommentaraufnahme beginnen soll. Danach geht es in den Audiomixer. Falls Sie die neue Spur dort nicht gleich finden, können Sie sich an der Position orientieren. Es sollte die linke Spur sein, da sie soeben VOR ERSTER SPUR eingefügt wurde.

5 *Spuren aktivieren und stumm schalten*

Jetzt müssen Sie die Spur für die Aufnahme aktivieren. Klicken Sie dazu auf die Taste R ❷. Wenn Sie jetzt alles so belassen, wird während der späteren Aufnahme auch das bereits im Schnittfenster vorhandene Audio abgespielt. Wollen Sie das unterdrücken, markieren Sie auch die Taste S ❶. Damit stellen Sie die Spur auf Solobetrieb, was bedeutet, dass alle anderen Spuren während der Aufnahme stumm sind. Ebenso könnten Sie auch nur einzelne Spuren ausschalten, indem Sie die jeweilige Mute-Taste M ❸ aktivieren. Möglicherweise wollen Sie sich ja bei Ihrem Kommentar an den Originalgeräuschen der Clips orientieren, ohne dass der voreilig hinzugefügte Soundtrack den Sprecher eher zum Mitsingen als zum Kommentieren bewegt.

Klicken Sie jetzt in der Fußleiste des Audiomixers auf den Button AUFNEHMEN ❺. Das alleine reicht aber noch nicht. Die Aufnahme wird jetzt noch nicht beginnen. Betätigen Sie dazu ABSPIELEN/STOPP ❹, was die Einfügemarke des Schnittfensters letztendlich in Bewegung versetzt und die Aufnahme startet.

Sprechen Sie Ihren Kommentar ein, und beenden Sie die Aufnahme, indem Sie abermals ABSPIELEN /STOPP drücken. Beides lässt sich im Übrigen mit der Leertaste erledigen. Beachten Sie, dass der Start der Abspielmarke im Schnittfenster ein wenig verzögert beginnt.

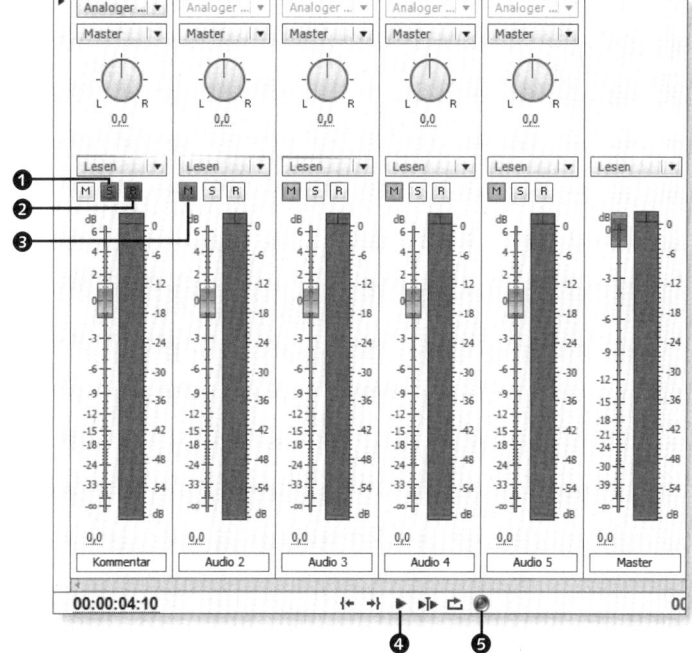

◀ **Abbildung 10.48** Starten Sie die Aufnahme über die Tasten am unteren Rand oder mittels Leertaste.

6 Kommentar-Clip bearbeiten

Achten Sie auf die Timeline des Schnittfensters. Hier sollte nach dem Anhalten der Aufnahme ein Audioclip eingefügt worden sein, der den Kommentar enthält. Diesen können Sie im Anschluss an die Aufnahme selbstverständlich genauso behandeln wie jeden anderen Clip auch. Hinzu kommt, dass der Clip auch als Asset im Projektfenster vorhanden ist. Hier empfiehlt es sich, einen eigenen Ordner zu erzeugen, in den Sie sämtliche Kommentare integrieren.

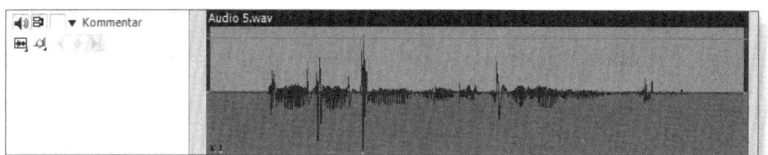

▲ **Abbildung 10.49** Der Kommentar-Clip fügt sich wie ein herkömmlicher Audioclip in das Schnittfenster ein.

Die Kommentare dürfen Sie ja ruhigen Gewissens im Projektfenster noch verschieben. Die Kommentar-Assets selbst werden übrigens in den Projektordner eingebettet – und zwar gibt es dort für jeden Kommentar eine eigene Audiodatei.

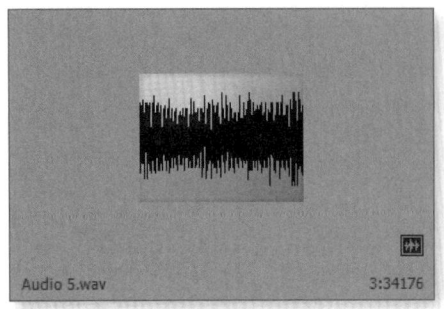

◄ **Abbildung 10.50** Jeder Kommentar besteht aus einer eigenen WAV-Datei. Sie finden diese Dateien im Projektordner.

10.7.3 Submix-Spuren

Submix-Spuren sind, wie Sie ja bereits erfahren haben, gewissermaßen dazu da, eine Sammlung aus bereits vorhandenen Spuren zusammenzustellen. Sie erzeugen AUDIO-SUBMIX-SPUREN ebenfalls über SEQUENZ • SPUREN HINZUFÜGEN. Sobald das erfolgt ist, begeben Sie sich in den Audiomixer und legen mit Hilfe der oberen Pulldown-Menüs fest, welche Spuren nun nicht den MASTER ❶, sondern die Submix-Spur ❷ bedienen sollen. Danach spielen Sie die Sequenz ab ❸ und bewegen den Lautstärkeregler der Submix-Spur ❹ wunschgemäß.

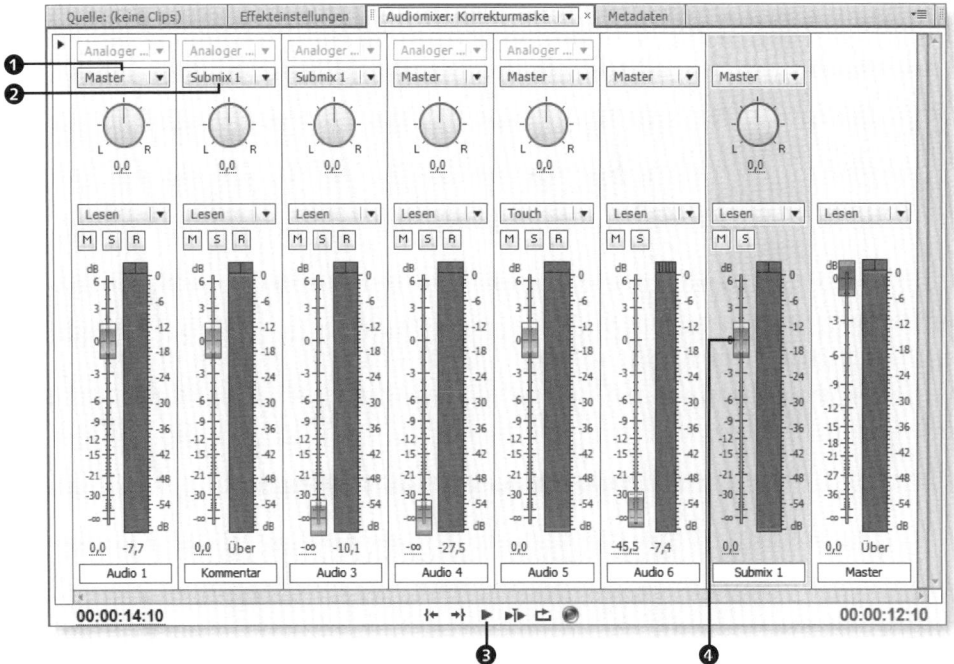

▲ **Abbildung 10.51** So einfach werden Submixe erstellt.

Auf die hier beschriebene Weise werden Sie allerdings nur den Ton absenken können. Wenn Sie daran interessiert sind, Absenkungen und Anhebungen der Lautstärke dauerhaft in die Submix-Spur zu schreiben, müssen Sie auf die Automatisierungsfunktionen zurückgreifen.

10.7.4 Automatisieren

Neben der klassischen Keyframe-Bearbeitung im Schnittfenster besteht die Möglichkeit, derartige Arbeiten auch im Audiomixer zu erledigen. Dieser schreibt dann gewissermaßen die Keyframes mit, während das Video läuft. Die Einstellung selbst nehmen Sie über die Schieberegler vor – quasi »on the fly«. Dazu müssen Sie in der Liste AUTOMATISCHER MODUS anwählen, was während der Wiedergabe passieren soll (hier: LATCH).

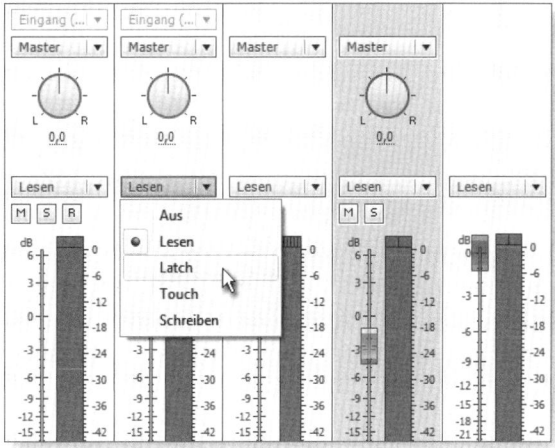

◀ **Abbildung 10.52** Sie bestimmen, was passiert – und sonst niemand!

▶ AUS: Dieser Modus ist eigentlich zum Experimentieren gedacht. Änderungen, die Sie zur Laufzeit vornehmen, werden nicht an Premiere Pro übergeben. Das Bewegen der Regler hat also keinerlei Einfluss auf das Projekt.

▶ LESEN: Die Lautstärkeänderung zur Laufzeit wirkt sich auf die gesamte Spur aus. Sobald Sie den Lautstärkeregler jedoch loslassen, wird ab dieser Position der ursprünglich eingestellte Wert wiederhergestellt.

▶ LATCH: Diese Einstellung entspricht weitgehend der Funktion SCHREIBEN, wobei die Anwendung hier erst mit dem Schreiben neuer Keyframes beginnt, sobald Sie den Regler zum ersten Mal bewegt haben. Wenn Sie den Regler loslassen, verbleibt dieser in der aktuellen Position.

▶ TOUCH: Diese Einstellung entspricht weitgehend der Funktion LATCH, wobei der Regler wieder in die ursprüngliche Position zurückkehrt, sobald Sie ihn loslassen.

▶ SCHREIBEN: Mit dieser Einstellung werden sofort ab Beginn der Wiedergabe neue Keyframes geschrieben, ohne dass abgewartet wird, ob Sie Einstellungen vornehmen.

Nach dieser Einstellung starten Sie die Wiedergabe über die entsprechende Schaltfläche in der Fußleiste des Audiomixers oder mit Hilfe der Leertaste. Die Aufnahmefunktion darf dabei natürlich nicht aktiviert werden, da der Clip ansonsten überschrieben würde. Wenn Sie fertig sind und im Schnittfenster die Spur-Keyframes anzeigen lassen, können Sie sehen, welche Keyframes automatisch erzeugt wurden.

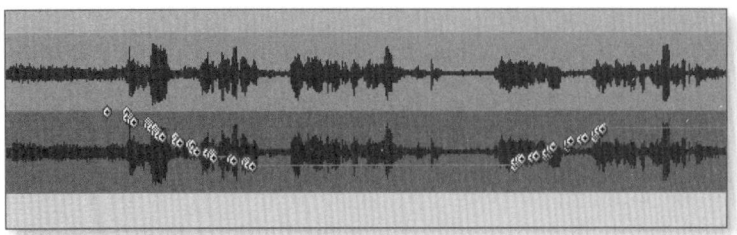

▲ **Abbildung 10.53** Premiere Pro schreibt mit.

10.7.5 Audio im Buchprojekt hinzufügen

Die fertige Audiodatei zum Film ist aufwendig und in vielen Arbeitsgängen nachbearbeitet und abgemischt worden. Damit Sie aber nun auch in den Genuss der fertigen Sequenz kommen, können Sie zunächst die Audiospuren im Schnittfenster stumm schalten. Bitte schalten Sie per Klick auf die Lautsprechersymbole in den Audiospurköpfen alle Spuren stumm, da sie tatsächlich alle belegt sind. Danach importieren Sie »Gecko-Mix.wav« aus dem Ordner KAPITEL_10 und bringen diese Datei in eine neue Audiospur (Stereo) innerhalb des Schnittfensters. Wenn Sie wollen, benennen Sie die Spur noch mit »Mix«. Lassen Sie diese bei 00:00:00:00 beginnen, und spielen Sie die Sequenz ab. Voilà, der Film ist fertig.

11 Titel erzeugen

Was wäre der schönste Film oder das interessanteste Interview ohne einen ansprechend gestalteten Titel? Premiere Pro bringt für solche Zwecke einen leistungsstarken Generator mit, der weit mehr kann, als nur Buchstaben aufs Video zu projizieren. Erfahren Sie in diesem Kapitel, wie Sie klassische Titel und Bauchbinden erzeugen können – ganz ohne Zuhilfenahme anderer Software. Außer am Schluss des Kapitels: Da muss ich Ihnen nämlich unbedingt noch zeigen, wie gut Premiere und Photoshop zusammenarbeiten.

Dieses Kapitel beantwortet folgende Fragen:

▶ Wie wird ein Titel im Titelfenster erzeugt?
▶ Wie kann ich Titelvorlagen individuell anpassen?
▶ Wie erstelle ich eine Bauchbinde?
▶ Wie werden Rolltitel und Kriechtitel generiert?
▶ Wie erzeuge ich einen zweispaltigen Abspann?
▶ Wie werden Titel in Photoshop erstellt?
▶ Wie können Photoshop-Dokumente in Premiere Pro animiert werden?

11.1 Titelfenster-Übersicht

Bevor Sie sich in die praktische Arbeit mit Titeln stürzen, lernen Sie in diesem Abschnitt die Grundlagen der Erstellung von Titeln kennen.

11.1.1 Titel erzeugen

Das Erzeugen eines Titels ist wirklich keine große Sache. Sie klicken dazu zunächst einfach auf das Blattsymbol NEUES OBJEKT in der Fußleiste des Projektfensters und wählen aus der Liste den Eintrag TITEL. Nachfolgend wird abgefragt, welche VIDEO-EINSTELLUNGEN Verwendung finden sollen, wobei die aktuell gültigen Projekteinstellungen in der Regel bereits berücksichtigt worden sind.

BREITE und HÖHE des Videobildes müssen so eingestellt werden, dass sie zum Projekt und zu den aufgenommenen Clips passen. Das ist im Buchbeispiel der Fall, wenn Sie 720 × 576 angeben.

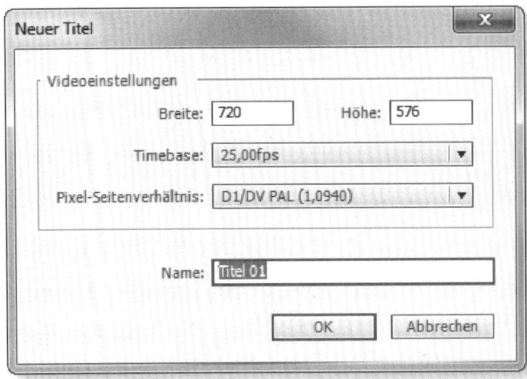

◀ **Abbildung 11.1** Zunächst werden die Titel-Voreinstellungen abgefragt.

Zurück zum Titel-Dialog: Wenn Sie in der PAL-Norm arbeiten, sollte die TIMEBASE auf 25,00 Frames pro Sekunde (fps) eingestellt sein. Das PIXEL-SEITENVERHÄLTNIS passen Sie idealerweise Ihrem aktuellen Schnittfensterformat an. Für das Buchprojekt müssten Sie hier also D1/DV PAL (1,0940) listen, während DV im Format 16:9 über den Eintrag D1/DV PAL WIDESCREEN 16:9 (1,4587) hergestellt werden müsste. Abschließend können Sie dem Titel noch einen aussagekräftigen Namen verpassen (im Buchbeispiel »Haupttitel«).

Danach öffnet sich das Titelfenster, das sich aus diesen wesentlichen Komponenten zusammensetzt: ❶ Titel-Eingabefenster, ❷ Titelfenster-Eigenschaften, ❸ Titelwerkzeuge, ❹ Titelfunktionen und ❺ Titelstile.

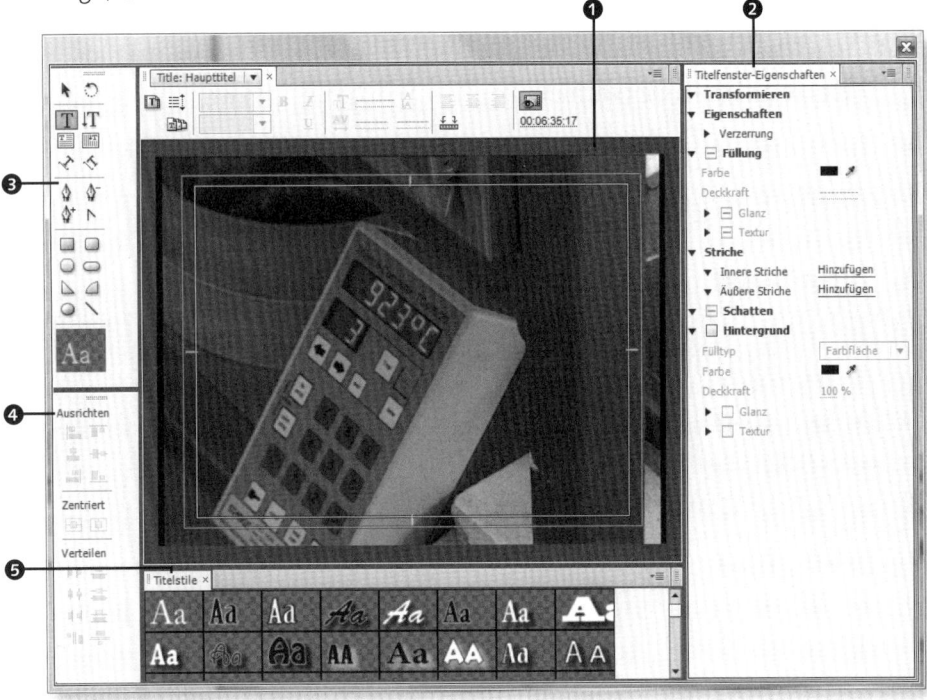

▲ **Abbildung 11.2** Erste Kontaktaufnahme mit dem Titelfenster

Wenn Sie nicht sicher sind, welche Abmessungen für die aktuelle Sequenz gültig sind, brechen Sie den Dialog ab, und klicken Sie mit rechts auf die Sequenz im Projektfenster. Entscheiden Sie sich im Kontextmenü für EIGENSCHAFTEN. Jetzt können Sie die Größe ablesen.

Video anzeigen/ausblenden | Aktuell sehen Sie im Hauptfenster des Titelgenerators immer das, was sich an der aktuellen Position der Sequenzeinfügemarke befindet. Das kann mitunter störend wirken – zumindest dann, wenn Schrift und Hintergrund nicht ausreichend miteinander kontrastieren. Schalten Sie das Video bei Bedarf aus, indem Sie den Button HINTERGRUNDVIDEO ANZEIGEN ❻ abwählen. Dann erhalten Sie eine graukarierte Fläche, die stets Indiz für Transparenz ist. Aktuell gibt es ja noch keine Titelinhalte.

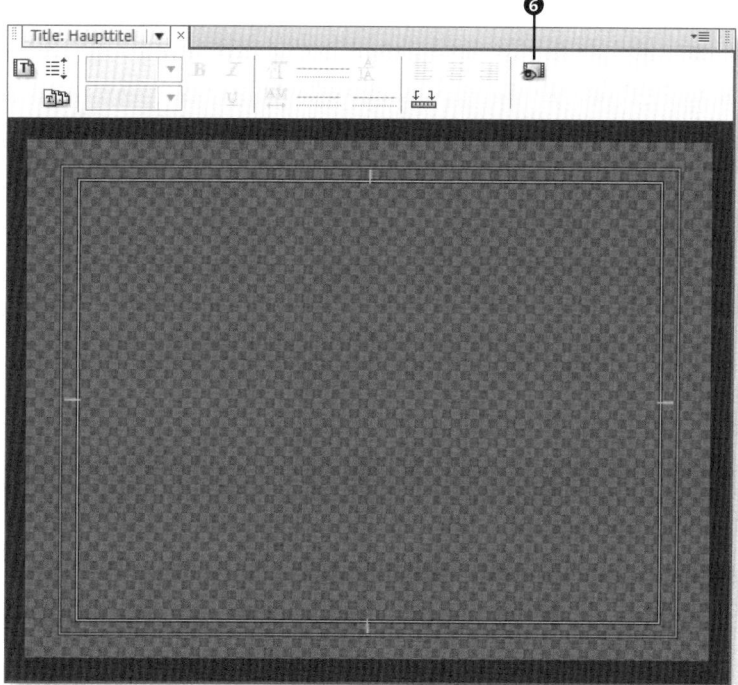

▲ **Abbildung 11.3** Das Schachbrettmuster verdeutlicht Transparenz. Immerhin soll der fertige Titel ja möglicherweise über einem Video platziert werden.

Mitunter ist es aber besser, ein bestimmtes Einzelbild der Sequenz anzeigen zu lassen. Dazu müssen Sie HINTERGRUNDVIDEO ANZEIGEN wieder aktivieren und das Titelfenster etwas zur Seite schieben. Platzieren Sie die Einfügemarke auf eine Position, an der sich der gewünschte Videoclip befindet. Die Bedienbarkeit der Arbeitsoberfläche ist nämlich durch das geöffnete Titelfenster nicht aufgehoben. Es bleibt lediglich permanent im Vordergrund.

Text schreiben | Standardmäßig sollte oben links in der Werkzeugleiste das Text-Werkzeug aktiv sein, nachdem Sie das Titelfenster gestartet haben. Ist das nicht der Fall, klicken Sie es an, oder drücken Sie ⊤ ❷. Klicken Sie auf die Monitorfläche in der Mitte des Fensters, und beginnen Sie mit der Texteingabe. Wenn Sie anschließend auf das Auswahl-Werkzeug Ⓥ ❶ wechseln, können Sie damit auf den soeben erzeugten Text klicken und diesen verschieben.

11.1.2 Hintergrundfarbe einstellen

Bei der Erzeugung heller Texte ist ein schwarzer Hintergrund natürlich optimal. Im Titelgenerator wird immer dann ein schwarzer Hintergrund präsentiert, wenn

▶ die Schaltfläche HINTERGRUNDVIDEO ANZEIGEN aktiv ist und
▶ dabei die Einfügemarke der Sequenz an einer Position steht, an der es keinen Videoclip gibt.

Suchen Sie also eine derartige Stelle, ehe Sie fortfahren. Im Zweifel ziehen Sie die Einfügemarke hinter alle Clips im Schnittfenster.

Dunkle Texte schreiben | Sollten Sie dunkle Texte schreiben wollen, ist selbstverständlich ein heller Hintergrund interessant. In diesem Fall gibt es folgende Möglichkeit: Aktivieren Sie auf der rechten Seite des Titelfensters die Checkbox HINTERGRUND ❸. Zudem muss der FÜLLTYP ❹ auf FARBFLÄCHE stehen und die FARBE ❺ gut mit dem Titel kontrastieren, den Sie gleich produzieren wollen. Am Schluss müssen Sie allerdings daran denken, die Checkbox ❸ wieder zu deaktivieren, da Ihr Titel ansonsten nicht transparent ist. Wenn Sie allerdings wünschen, dass der Inhalt der Sequenz im Hintergrund des Titels gar nicht sichtbar sein soll, lassen Sie die Checkbox natürlich aktiv.

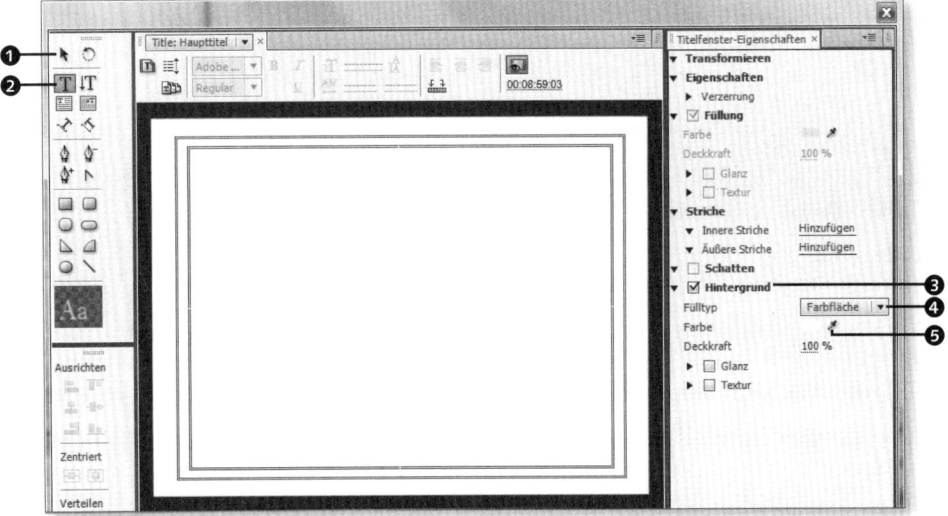

▲ **Abbildung 11.4** So wird auf die Schnelle ein weißer Hintergrund gebastelt.

11.1.3 Textrahmen erzeugen

Wenn Sie mit dem Text-Werkzeug auf die Arbeitsfläche klicken, können Sie, wie Sie wissen, gleich mit der Texteingabe beginnen. Das hat aber zur Folge, dass Sie Zeilenumbrüche manuell veranlassen müssen. Wenn Sie aber statt des kurzen Mausklicks auf die Arbeitsfläche zuvor mit dem Text-Werkzeug und gedrückter linker Maustaste einen Rahmen aufziehen, haben Sie die Ausdehnungsmöglichkeiten des Textfeldes bereits beschränkt.

Bedenken Sie bei Arbeiten mit Textrahmen aber, dass diese sich nicht grenzenlos füllen lassen. Sollte mehr Text vorhanden sein, als im aktuellen Rahmen darstellbar ist, wird ein kleines Pluszeichen rechts unten am Rand des Textfeldes angezeigt.

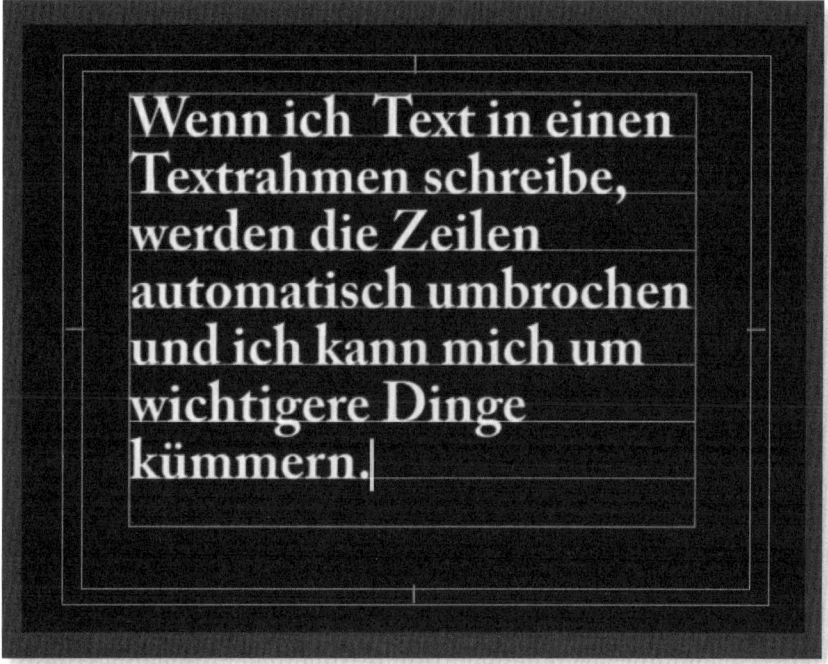

▲ **Abbildung 11.5** Text in einem Textrahmen wird automatisch umbrochen.

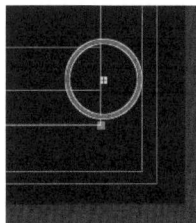

▲ **Abbildung 11.6** Das Plus deutet auf nicht sichtbaren Text innerhalb des Rahmens hin.

In diesem Fall sollten Sie, falls noch Platz auf der Arbeitsfläche vorhanden ist, das Textfeld an den quadratischen Randanfassern größer ziehen oder die Textgröße herabsetzen.

Achten Sie vor allem hier im Titelfenster auf die sicheren Ränder. Diese haben Sie ja bereits kennengelernt. Der äußere Rahmen bezeichnet den sichtbaren Bereich am TV, während der innere den titelsicheren Bereich anzeigt. Bleiben Sie mit Ihrem Text stets innerhalb dieses inneren Rahmens.

11.1.4 Textattribute ändern

Auf der rechten Seite des Titelfensters finden Sie eine Fülle von Hot-Text-Steuerelementen, die allesamt dazu geschaffen sind, den Text in irgendeiner Form zu verändern. Zeigen Sie z. B. auf den Wert, der sich neben SCHRIFTGRÖSSE befindet ❶ (dazu muss die Liste EIGENSCHAFTEN geöffnet sein), können Sie ihn per Drag & Drop verkleinern oder vergrößern. Dabei müssen Sie darauf achten, dass entweder der gewünschte Textrahmen auf der Montagefläche noch markiert ist oder dass sich die Einfügemarke für den Text noch innerhalb des Textfeldes befindet (im letzteren Fall müssen Sie nicht befürchten, dass der Text erst ab der Position der Einfügemarke verändert wird).

▲ **Abbildung 11.7** Mit Hilfe der Steuerelemente-Sammlung auf der rechten Seite lassen sich zahllose Titelparameter verändern.

Textfarbe ändern | Falls Sie die Farbe des Textes ändern wollen, muss zunächst gewährleistet sein, dass die Liste FÜLLUNG ❷ geöffnet ist. Falls erforderlich, klicken Sie zunächst auf das Dreiecksymbol, das sich davor befindet. Danach haben Sie die Möglichkeit, in der Zeile FARBE auf den Farbwähler zuzugreifen, indem Sie die kleine Farbfläche ❹ anklicken. Außerdem lässt sich auch hier die Pipette ❸ zur Farbaufnahme verwenden. Das ist besonders dann interessant, wenn im Hintergrund des Titelfensters ein Clip angezeigt wird (HINTERGRUNDVIDEO ANZEIGEN). Sie können die Farben allerdings auch von jeder anderen Position aufnehmen – wenn Sie wollen, sogar von der Oberfläche der Anwendung oder vom Desktop.

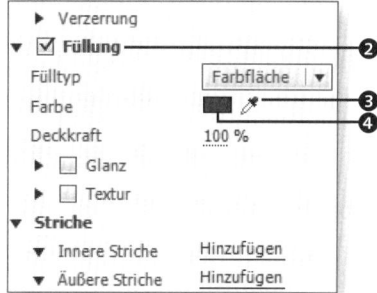

▶ Verzerrung	
▼ ☑ **Füllung**	──②
Fülltyp	Farbfläche ▼
Farbe	▯ ⌿ ──③ ──④
Deckkraft	100 %
▶ ☐ Glanz	
▶ ☐ Textur	
▼ **Striche**	
▼ Innere Striche	Hinzufügen
▼ Äußere Striche	Hinzufügen

◀ **Abbildung 11.8** Verändern Sie die Farbe einer Schrift über die Liste FÜLLUNG.

11.1.5 Stile zuweisen

Wenn Sie dem Text einen der unten angebotenen TITELSTILE zuweisen wollen, klicken Sie einfach den gewünschten Stil an, während das Textfeld markiert ist. Die Selektion wird zudem unten in der Werkzeugleiste noch einmal repräsentiert. Den Text mitsamt Stilen können Sie danach über die TITELFENSTER-EIGENSCHAFTEN auf der rechten Seite noch weiter verändern.

Dynamische Oberfläche

Wenn Sie einzelne Fenster herauslösen oder diesen mehr Platz gönnen wollen, gehen Sie genauso vor, wie Sie das von der Arbeitsoberfläche der Anwendung her gewohnt sind. Auch im Titelfenster sind die Bedienfelder und Zwischenstege nämlich per Drag & Drop zu bewegen.

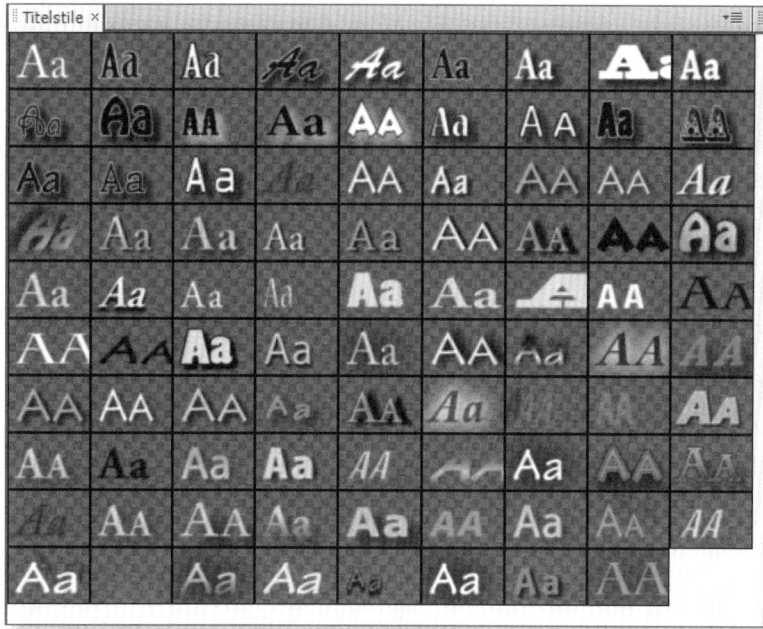

▲ **Abbildung 11.9** Stile – soweit das Auge reicht

11.1.6 Grafische Titelobjekte

Nun können Sie Ihrem Titel nicht nur Text hinzufügen. Auch grafische Elemente lassen sich in den Titel integrieren. Die verwendbaren Objekte finden Sie alle links in der Werkzeugleiste.

◄ **Abbildung 11.10** Auch grafische Elemente sind eine Alternative bei der Titelgestaltung.

Aktivieren Sie das gewünschte Objekt zunächst, und ziehen Sie anschließend auf der Montagefläche mit gedrückter linker Maustaste einen Rahmen auf. Sobald Sie loslassen, wird das Objekt angezeigt. Ziehen Sie ein solches Objekt auf, während Sie ⬆ gedrückt halten, wird dies immer seitenproportional erzeugt. Das bedeutet: Sie erzeugen z. B. einen exakten Kreis statt einer Ellipse oder ein Quadrat statt eines Rechtecks.

▲ **Abbildung 11.11** Grafische Titelelemente können jederzeit hinzugefügt werden.

11.1.7 Objekte ausrichten

Sobald Sie mehrere Objekte gemeinsam markiert haben, werden diese alle mit einem einheitlichen Rahmen versehen. Des Weiteren sind jetzt unten links im Titelfenster die

Funktionen AUSRICHTEN, ZENTRIERT und VERTEILEN aktiv. Über diese Steuerelemente lassen sich die Gegenstände nun exakt platzieren.

◄ **Abbildung 11.12**
Gemeinsam markierte
Objekte können auf der
Arbeitsfläche ausgerich-
tet, zentriert oder ver-
teilt werden.

Elemente gemeinsam verschieben | Nicht selten besteht ein kompletter Titel aus mehreren Elementen. Da ist zum einen der Text, zum anderen wären da die erwähnten grafischen Symbole. Wenn Sie diese Objekte nun gemeinsam verschieben wollen, müssen sie zunächst markiert werden. Dazu halten Sie ⟨⇧⟩ gedrückt und klicken auf sämtliche Objekte, die Sie ausrichten wollen. Einfacher geht's aber häufig, indem Sie einen Rahmen aufziehen, der alle gewünschten Objekte berührt. Klicken Sie dann abermals auf eines der Objekte, und verschieben Sie es. Die anderen werden artig folgen.

11.2   Titel speichern und überarbeiten

In älteren Premiere-Versionen mussten Sie Titel immer separat abspeichern. Seit Version Pro 2 werden jedoch alle Titel als Teil der Projektdatei gesichert. Das hat zunächst den Vorteil, dass Sie sich nicht mehr um einen separaten Speicherort kümmern müssen. Wenn Sie den Titel aber dennoch als separate Datei abspeichern möchten, beispielsweise um ihn in anderen Projekten nutzen zu können, müssen Sie ihn gesondert exportieren. Dazu markieren Sie ihn im Projektfenster und entscheiden sich anschließend für DATEI • EXPORTIEREN • TITEL. Legen Sie dann den gewünschten Speicherort fest. Für derartige Dokumente wird übrigens die Dateiendung **.prtl** vergeben.

Haupttitel.prtl

◄ **Abbildung 11.13** Premiere-Titel werden nicht automatisch als eigenständige Dateien angelegt, sondern müssen separat exportiert werden.

Wenn Sie auf das Exportieren verzichten wollen, schließen Sie das Fenster einfach, nachdem Sie den Titel fertiggestellt haben. Sie finden ihn als Asset im Projektfenster und können ihn von dort aus, wie jeden anderen Clip auch, in das Schnittfenster einbinden.

Titel überarbeiten | Nachdem Sie die Titelgestaltung abgeschlossen und den Titeldesigner verlassen haben, können Sie diesen jedoch jederzeit wieder öffnen, indem Sie auf die Titeldatei im Projektfenster doppelklicken. Alle Änderungen, die Sie jetzt vornehmen, werden aktualisiert – nachspeichern ist nicht nötig. Das bedeutet aber auch: Wenn Sie den Titel zwischenzeitlich in das Schnittfenster integriert haben, werden sämtliche Änderungen dort ebenfalls wirksam. So lassen sich schnell nachträglich noch Korrekturen vornehmen, selbst wenn Sie den Titel vielleicht mehrfach verwendet haben.

Titel auf anderem Titel basieren lassen | Aber was ist nun, wenn Sie einen Titel nur geringfügig ändern und als neuen Titel sichern wollen, ohne dass der vorhandene aktualisiert wird? Dann öffnen Sie den existierenden Titel per Doppelklick im Projektfenster und entscheiden sich – *bevor* Sie Änderungen vornehmen – für die Schaltfläche NEUEN TITEL AUF AKTUELLEN TITEL BASIEREN. Das hat dann zur Folge, dass Ihnen der Dialog NEUER TITEL zur Verfügung gestellt wird, in dem Sie jetzt die VIDEOEINSTELLUNGEN festlegen und einen neuen Namen eingeben. Sobald Sie mit OK bestätigen, wird ein neues Asset im Projektfenster erzeugt. Jetzt können Sie den neuen Titel nach Wunsch ändern, während der alte erhalten bleibt.

◄ **Abbildung 11.14**
Erstellen Sie neue Titel auf Basis bereits vorhandener.

11.3   Vorlagen nutzen

Premiere Pro bringt von Haus aus eine Fülle interessanter Titel für unterschiedlichste Anwendungsbereiche mit. Dabei sind Sie aber nicht darauf angewiesen, die gestalterischen Elemente eines Titels im Original zu übernehmen, sondern können alles ganz individuell nach Ihren Vorstellungen bearbeiten. Eine Vorlage öffnen Sie über das Menü TITEL • NEUER TITEL • BASIEREND AUF VORLAGE.

11.3.1   Titel auswählen
Zunächst finden Sie hier zwei Oberordner. Der untere, TITELGESTALTER-VOREINSTELLUNGEN, ist standardmäßig bereits offen. Wenn nicht, öffnen Sie ihn über einen Klick auf das vorangestellte Dreiecksymbol.

Die Testversion von Premiere Pro bringt keine Vorlagen mit. Das Fenster ist komplett leer. Lediglich die Vollversion ist mit Vorlagen ausgestattet.

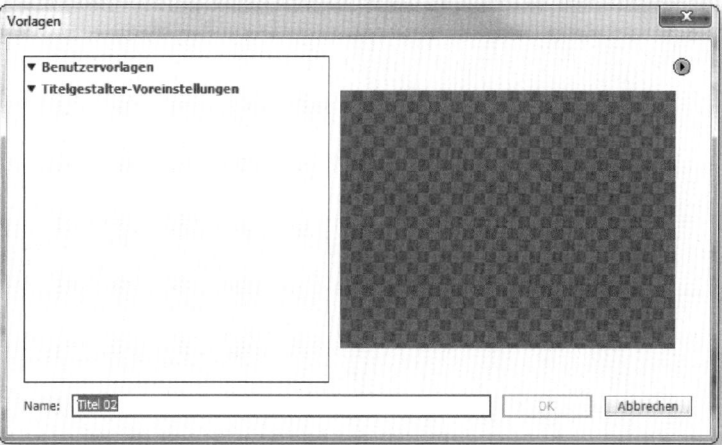

▲ **Abbildung 11.15** Gähnende Leere in der Testversion.

Die Vorlagen können nachträglich installiert werden, indem Sie die Zeile TITELGESTALTER-VOREINSTELLUNGEN markieren und dann auf der rechten Seite KLICKEN, UM VORGABEN-VORLAGEN HERUNTERZULADEN betätigen. Sie werden daraufhin mit einer Internetseite verbunden, auf der Sie sich nicht nur für die Mac- oder Windows-Version, sondern auch für eine der beiden angebotenen Lösungen (SOLUTION 1 oder 2) entscheiden müssen. Benutzen Sie SOLUTION 1, wenn Sie die Software als DVD oder via *Creative Cloud* erworben haben (Standard). SOLUTION 2 ist hingegen nur für ESD-Benutzer (Electronic Software Delivery) von Bedeutung. Befolgen Sie die weiteren Anweisungen auf der Seite. Im Paket enthalten sind im Übrigen auch Encore-Vorlagen (siehe Kapitel 15, »DVD-Authoring mit Encore CS6«).

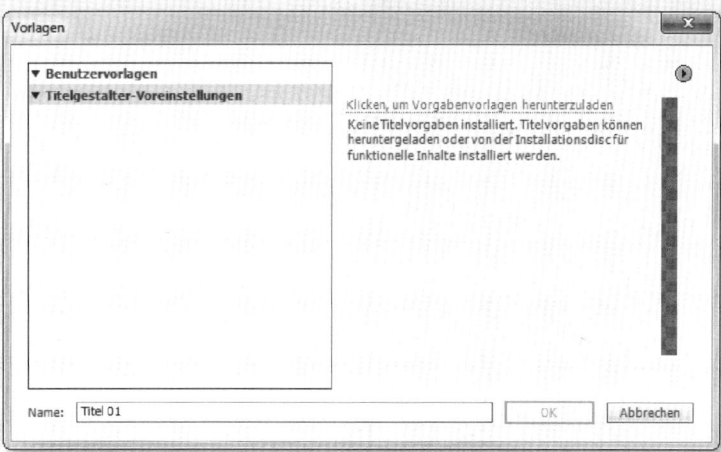

▲ **Abbildung 11.16** Nach Anwahl der untersten Zeile können die Vorlagen nachinstalliert werden.

Nachdem Sie Premiere Pro geschlossen und die heruntergeladenen Dateien entzippt haben, muss die »PremierePro_6_ContentLS7.exe« bzw. ».app« betätigt werden. Daraufhin erfolgt das Entpacken der einzelnen Content-Ordner. Am Ende finden Sie im zuvor von Ihnen bestimmten Zielordner zwei Verzeichnisse vor, nämlich den ADOBE ENCORE CS6 FUNCTIONAL CONTENT sowie den ADOBE PREMIERE PRO CS6 FUNCTIONAL CONTENT. Öffnen Sie letzteren, und starten Sie die darin enthaltene ausführbare Datei (».exe« bzw. ».app«).

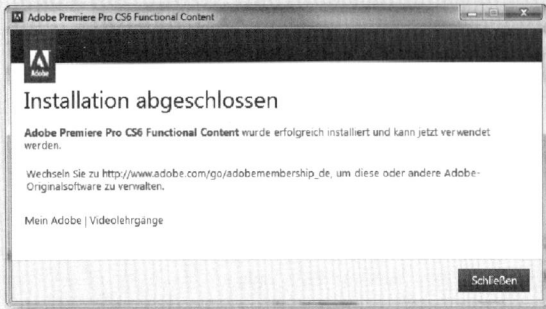

◀ **Abbildung 11.17** Jetzt ist der Premiere-Pro-Content verfügbar.

Wenn die Vorlagen ggf. nachinstalliert sind, sehen Sie, dass Premiere so etwas wie Themen-Sets listet. Markieren Sie den gewünschten Eintrag, wobei Sie sich jedoch daran orientieren sollten, dass dieser auch »technisch« zum Projekt passt. So sollte also beispielsweise ein Titel für ein 16:9-Projekt dahingehend ausgewählt werden, dass in dessen Namen »Wide« auftaucht.

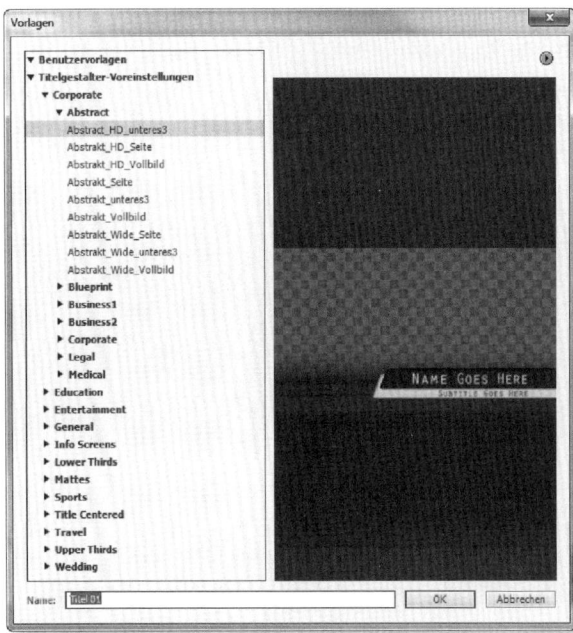

◀ **Abbildung 11.18** Die TITEL-GESTALTER-VOREINSTELLUNGEN sind jetzt prall gefüllt.

Für das Buchprojekt sollten Sie hingegen einen Titel verwenden, der weder »HD« noch »Wide« aufweist, da der Film ja nicht im Breitbildformat vorliegt (im Beispiel: GENERAL • INSPIRE • INSPIRATION_UNTERES3).

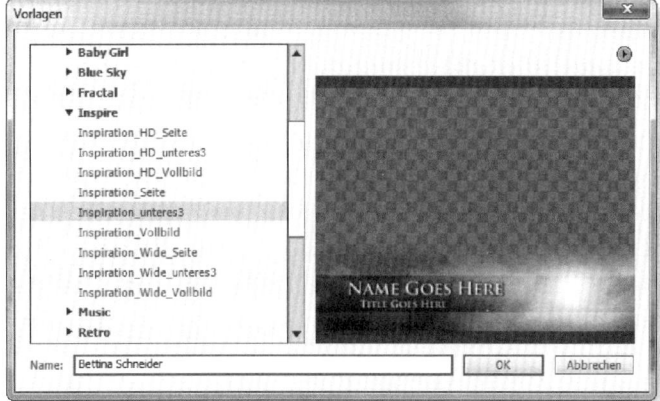

▲ **Abbildung 11.19** Suchen Sie eine passende Vorlage für Ihr Projekt.

11.3.2 Titel verändern

Nachdem Sie mit OK bestätigt haben, öffnet sich, wie gewohnt, das Titelfenster. Hier können Sie nun jedes einzelne Element, das Inhalt dieser Vorlage ist, nach Wunsch verändern. Entfernen Sie Elemente, die Sie nicht benötigen, oder fügen Sie neue Inhalte hinzu. Wenn Sie einen Text ändern wollen, überfahren Sie diesen mit dem Text-Werkzeug. Danach können Sie mit der Neueingabe beginnen.

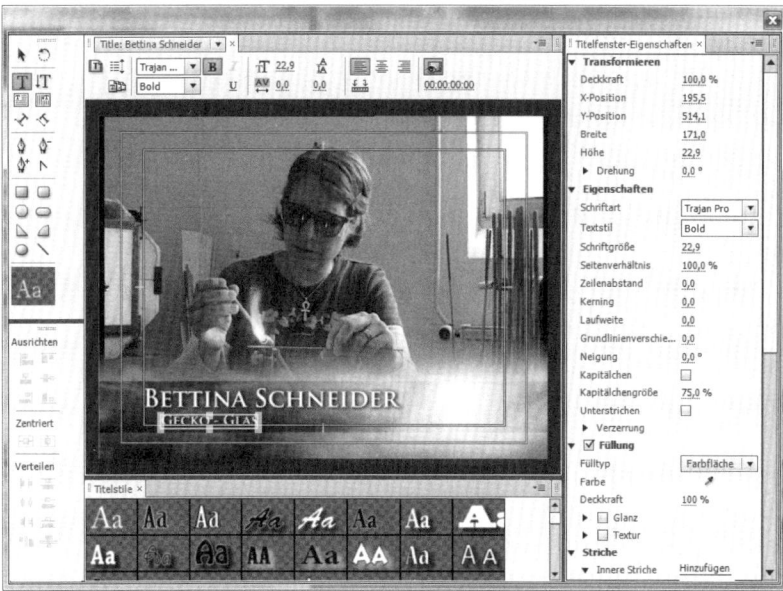

▲ **Abbildung 11.20** Verwenden Sie in den Titelvorlagen Ihre eigenen Texte.

11.3.3 Eigene Vorlagen definieren

Die Original-Vorlage (also im konkreten Fall INSPIRATION_UNTERES3) bleibt natürlich unverändert. Das bedeutet auch, dass Ihre Änderungen immer nur an das Titel-Asset selbst, niemals jedoch an die Vorlage übergeben werden. Wenn Sie also umfangreiche Änderungen vornehmen und diese später ebenfalls als Vorlage verwenden wollen, dann müssen Sie diese zunächst einmal definieren. Das machen Sie, indem Sie den gewünschten Titel im Titeldesigner darstellen. Der Titel muss also geöffnet sein. Jetzt gehen Sie in das Menü von Premiere Pro und stellen dort TITEL • VORLAGEN ein. Im Dialog VORLAGEN klicken Sie jetzt auf die kleine Kreisschaltfläche, die sich oben rechts befindet (Fenstermenü). Entscheiden Sie sich für AKTUELLEN TITEL ALS VORLAGE IMPORTIEREN. Anschließend klicken Sie auf OK. Im Folgedialog können Sie noch einen Namen vergeben und auch diesen mit OK bestätigen. Wenn Sie jetzt den nebenstehenden Ordner BENUTZERVORLAGEN öffnen, werden Sie Ihren Titel dort wiedersehen.

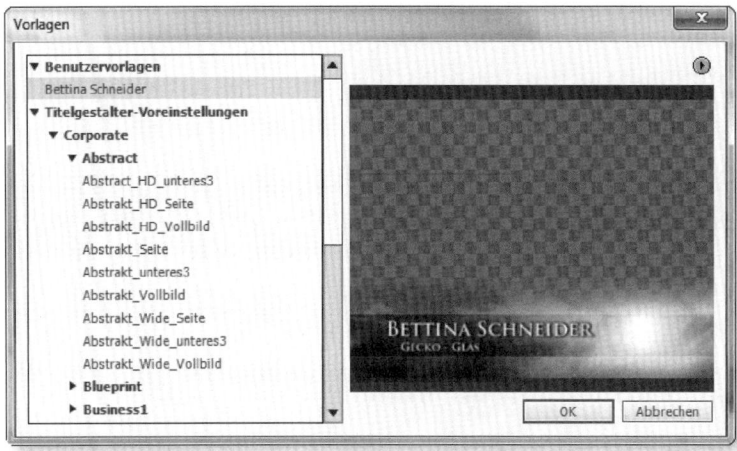

▲ **Abbildung 11.21** Speichern Sie Ihren Titel als Vorlage.

11.4 Statische Titel – Bauchbinden

Wann immer der Name eines Darstellers oder eines Moderators ins Bild kommt, spricht man von einer sogenannten *Bauchbinde*. Wie diese aussehen könnte, haben Sie ja gerade gesehen. Bauchbinden sollen dem Zuschauer in erster Linie weitere Informationen über die Person geben, die gerade im Bild ist.

Eine Bauchbinde erzeugen | Grundsätzlich wird unterschieden zwischen statischen und animierten Bauchbinden. Statische Bauchbinden kommen einfach nur ins Bild, während animierte Bauchbinden in der Regel ins Bild hinein- und auch wieder herauslaufen. Werfen wir zunächst einen Blick auf die erste Variante.

Schritt für Schritt: Mehrere Bauchbinden erzeugen

In unserem Buchprojekt sollen Bettina Schneider und ihr Unternehmen Gecko-Glas natürlich auch gebührend vorgestellt werden. Das machen Sie in Premiere mit einer sogenannten Bauchbinde.

1 Vorlage öffnen

Für den in Abbildung 11.22 gezeigten Titel ist die Vorlage INSPIRATION_UNTERES3 verwendet worden. Sie finden das gute Stück, wie Sie ja bereits wissen, im Ordner GENERAL • INSPIRE. Um die Vorlage zu öffnen, gehen Sie über TITEL • NEUER TITEL • BASIEREND AUF VORLAGE.

2 Namen ändern

Ersetzen Sie hier zunächst den Namen, indem Sie das Textfeld anklicken und mit dem Text-Werkzeug komplett markieren. Danach können Sie mit der Eingabe starten.

3 Untertitel verändern

Wechseln Sie auf das Auswahl-Werkzeug, und markieren Sie den zweiten Schriftzug. Legen Sie auch hier einen neuen Text fest, nachdem Sie diesen markiert haben, und wechseln Sie anschließend erneut zum Auswahl-Werkzeug.

◀ **Abbildung 11.22** Jetzt ist der Untertitel an der Reihe.

4 Kerning verändern

Widmen Sie sich den TITELFENSTER-EIGENSCHAFTEN, und erhöhen Sie den Wert KERNING. Das sorgt dafür, dass sich die Laufweite (Zwischenräume) der einzelnen Buchstaben erhöht. Gehen Sie auf einen Wert von etwa 20,0.

◀ **Abbildung 11.23** Erhöhen Sie die Laufweite.

5 Optional: Mehrere Titel speichern

Jetzt kommt noch etwas ganz Wichtiges – zumindest sofern Sie innerhalb Ihres Projekts mit mehreren, bis auf den Namen identischen Titeln arbeiten wollen: Lassen Sie den neuen Titel auf dem aktuellen Titel basieren, indem Sie den gleichnamigen Button oben links im Titelfenster markieren. Wie das geht, haben Sie ja bereits erfahren. Legen Sie auf diese Weise Titel für Titel im Projektfenster an. Sie erzeugen dann in einem Arbeitsgang sämtliche Titel, die benötigt werden, und binden sie später einzeln in Ihr Filmprojekt ein. Denn zu jedem Titel existiert ja dann auch ein eigenes Asset im Projektfenster.

Schritt für Schritt: Bauchbinden ein- und ausblenden

Im vorangegangenen Workshop wurde die Bauchbinde vorbereitet, nun muss sie nur noch in das Buchprojekt eingefügt werden.

1 Einfügemarke positionieren

Suchen Sie eine geeignete Stelle innerhalb des Films, an der Sie Bettina Ihren Zuschauern per Bauchbinde vorstellen wollen. Bei 00:00:23:17 würde sich dies anbieten.

2 Titel einbinden

Ziehen Sie den Titel aus dem Projektfenster in eine dem Clip übergeordnete Videospur, und passen Sie die Länge des Titels an die Datei »Perlen 2.avi« an. Es sieht nämlich nicht schön aus, wenn auf einen nachfolgenden Clip geschnitten wird, während der Titel noch im Bild ist. Die Person muss ja schließlich zu sehen sein, wenn die Bauchbinde im Bild ist.

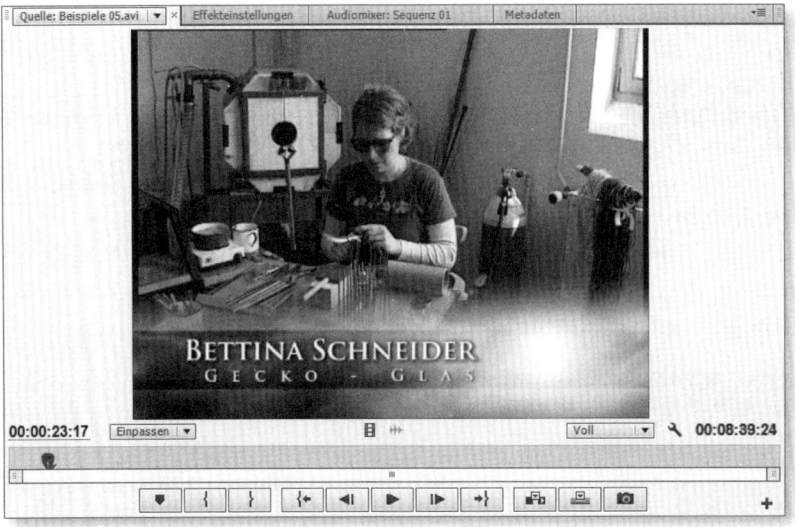

▲ **Abbildung 11.24** Der Titel liegt über dem Video.

3 Optional: Titel über Keyframes einblenden

Leider kommt der Titel gleich ins Bild. Sie sollten also noch dafür sorgen, dass er weich ein- und ausgeblendet wird. Wer das lieber über Keyframes löst, kann das gleich im

Schnittfenster erledigen (wie das geht, wissen Sie ja längst). Eleganter und vor allem schneller ist allerdings der nächste Schritt.

▲ **Abbildung 11.25** Der Titel wird über Keyframes weich ein- und ausgeblendet.

4 *Titel überblenden*

Sollten Sie den vorangegangenen Schritt bereits gemacht haben, drücken Sie so oft `Strg`/`cmd`+`Z`, bis alle Keyframes auf dem Titel verschwunden sind. Öffnen Sie die Videoüberblendungen im Effekte-Bedienfeld, und ziehen Sie die Weiche Blende aus dem Ordner Blende jeweils an den Anfang und das Ende des Titels. Kürzen Sie beide Überblendungen in etwa um die Hälfte ein, damit die Ein- und Ausblendung zügig vonstatten geht.

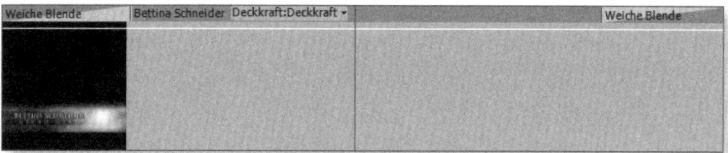

▲ **Abbildung 11.26** Mit Überblendungen wird der gleiche Effekt erzielt.

Dauer von Bauchbinden

Bauchbinden sollten immer so lange im Bild zu sehen sein, wie Sie benötigen, um den Text zweimal hintereinander laut (und langsam!) vorzulesen. Bedenken Sie: Sie kennen den Inhalt des Titels – Ihre Zuschauer kennen ihn nicht. Deshalb ist unweigerlich etwas mehr Zeit erforderlich.

11.5 Animierte Titel erzeugen

Animierte Titel zeichnen sich, der Name verrät es ja schon, dadurch aus, dass sie in Bewegung versetzt werden. Sie könnten das natürlich direkt im Schnittfenster über Keyframes lösen. Allerdings bringt Premiere Pro auch innerhalb des Titelfensters Möglichkeiten mit, die eine direkte Animation erlauben.

Grundsätzlich wird unterschieden zwischen Rolltiteln und Kriechtiteln. Die Unterschiede sind lediglich in der Bewegungsrichtung zu finden. Während sich Rolltitel in vertikaler Richtung bewegen, wandern Kriechtitel horizontal. Um das einzustellen, klicken Sie auf die Schaltfläche Rollen/Kriechen-Optionen oben links im Titelfenster.

▲ **Abbildung 11.27** Aktivieren Sie die Bewegungsrichtung eines Titels.

11.5.1 Kriechtitel

Im Frame TITELTYP entscheiden Sie sich für NACH RECHTS KRIECHEN. Allein mit dieser Option hätten Sie bereits festgelegt, dass sich der Titel in Bewegung setzt. Allerdings würde er das so machen, dass er von Anfang an im Bild zu sehen ist. Die Bewegung selbst würde recht spartanisch ausfallen. Damit sind Sie aber sicherlich überhaupt nicht zufrieden.

Aktivieren Sie deshalb im Bereich TIMING (FRAMES) noch beide Checkboxen (IN BILDSCHIRM HEREIN und AUS BILDSCHIRM HERAUS). Damit bewerkstelligen Sie, dass der Titel wirklich von außen in den sichtbaren Bereich des Bildschirms hineinläuft und diesen anschließend wieder vollständig verlässt.

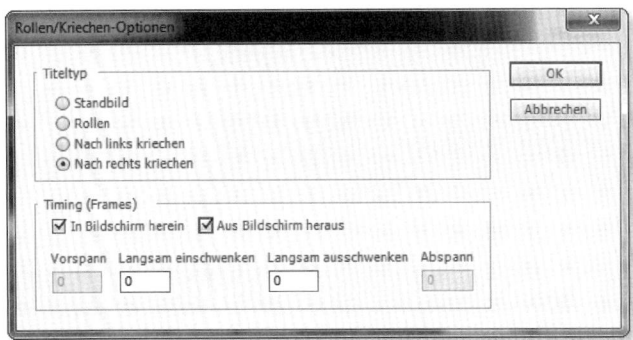

▲ **Abbildung 11.28** Die Checkboxen ermöglichen es, dass der Titel vollständig in den sichtbaren Bereich »einfährt«.

Mit LANGSAM EINSCHWENKEN und LANGSAM AUSSCHWENKEN könnten Sie jetzt noch eine steigende Anlaufgeschwindigkeit einstellen. Und mit VORSPANN und ABSPANN ließe sich noch eine zeitliche Verzögerung hinzufügen. Es würde also einen Moment dauern, bis die Bewegung des Titels überhaupt beginnt bzw. endet. Letzteres setzt allerdings voraus, dass die beiden zuvor beschriebenen Checkboxen deaktiviert sind. Nur dann stehen auch diese beiden Eingabefelder zur Verfügung.

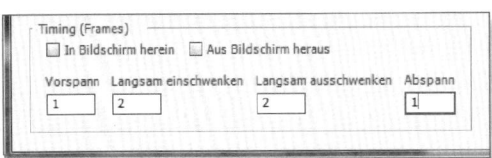

▲ **Abbildung 11.29** Die Vor- und Abspanndauer kann nur bei inaktiven Checkboxen eingegeben werden.

11.5.2 Mehrere Titel übereinander platzieren

Falls Sie beabsichtigen, einzelne Elemente des Titels aus unterschiedlichen Richtungen ins Bild fliegen zu lassen, müssen Sie mehrere Titel verwenden und diese dann im Schnittfenster auf unterschiedliche Spuren legen – es sei denn, Sie verfügen über After Effects. Natürlich müssen diese dann auch einzeln animiert werden. Am besten machen Sie das, indem Sie eine eigene Sequenz erzeugen, in die Sie dann alle Titelteile integrieren und sie über die Effekteinstellungen animieren. Lediglich den Namen lassen Sie aus. Ziehen Sie diese Sequenz dann an die jeweils gewünschte Stelle Ihres Masters, und fügen Sie in der Hauptsequenz lediglich den relevanten Namen hinzu. So stellen Sie sicher, dass die Animation selbst jedes Mal exakt gleich ist, und sparen zudem eine Menge Zeit.

11.5.3 Rolltitel

Rolltitel eignen sich grundsätzlich zur Erzeugung eines Abspanns, in dem sämtliche Mitwirkenden des Films am Schluss noch einmal vorgestellt werden. Hierbei gehen Sie genauso vor wie bei Kriechtiteln, wobei Sie den TITELTYP natürlich auf ROLLEN stellen sollten. Beim Abspann ist es außerdem wichtig, dass Sie mit Tabulatoren arbeiten. Aber der Reihe nach.

Schritt für Schritt: Einen Abspann erzeugen

Platzieren Sie zunächst die Einfügemarke am Ende des Films. Prinzipiell ist zwar nichts dagegen einzuwenden, einen Abspann über dem Video zu platzieren, doch wird im Allgemeinen ein Schwarzbild zugrunde liegen.

1 Schwarzbild einfügen

Betätigen Sie das Blattsymbol in der Fußleiste des Projekt-Bedienfeldes, und gehen Sie auf SCHWARZSTREIFEN. Kontrollieren Sie, ob die Einstellungen im folgenden Dialog zu Ihrem Projekt passen (720 × 576, 25 FPS, D1/DV PAL), und bestätigen Sie mit OK. Ziehen Sie das Schwarzstreifen-Asset auf die unterste Spur, und zwar hinter den allerletzten Clip im Schnittfenster.

2 Titel einstellen

Wählen Sie TITEL • NEUER TITEL • STANDARD-STANDBILD. Ja, Sie haben natürlich vollkommen recht! Da gibt es auch einen Eintrag mit Namen STANDARD-ROLLEN, der jetzt in der Tat besser geeignet wäre. Das würde mir aber die Möglichkeit verbauen, Ihnen zu demonstrieren, dass sich auch ein statischer Titel nachträglich noch zum Rollen bewegen lässt. Deshalb ist STANDARD-STANDBILD jetzt zunächst einmal der richtige Weg.

3 Rollen einstellen

Aktivieren Sie jetzt die ROLLEN/KRIECHEN-OPTIONEN oben links im Titelfenster, und stellen Sie im folgenden Dialog den TITELTYP auf ROLLEN ein.

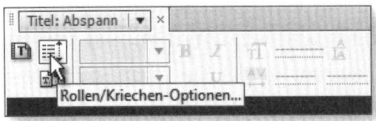

◀ **Abbildung 11.30** Auch bei geöffnetem Titelfenster können die Bewegungsoptionen noch geändert werden.

Auch hier ist das Aktivieren der Checkboxen IN BILDSCHIRM HEREIN und AUS BILDSCHIRM HERAUS wirklich sinnvoll, damit der Titel zunächst in den sichtbaren Bereich des Bildschirms hinein- und später wieder herausläuft. Bestätigen Sie mit OK.

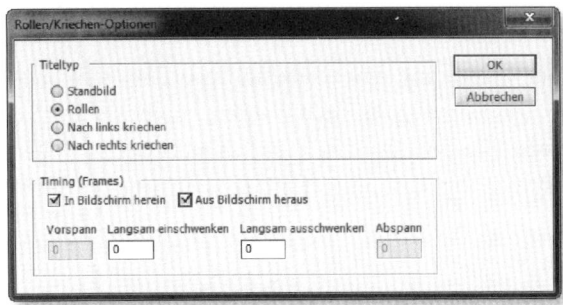

◀ **Abbildung 11.31** Der Titel soll hinein- und wieder herausrollen.

4 Textrahmen erzeugen

Aktivieren Sie das Text-Werkzeug, und ziehen Sie damit einen Rahmen auf, der geringfügig kleiner ist als der Bereich des geschützten Titels (inneres Rechteck). Bitte verwenden Sie nicht die Direkteingabe, sondern wirklich ein Textfeld, da sich der Abspann andernfalls nicht wie gewünscht generieren lässt.

◀ **Abbildung 11.32** Erzeugen Sie einen Textrahmen.

5 Tabulatoren setzen

Wählen Sie jetzt im Menü TITEL • TABSTOPPS, oder entscheiden Sie sich für $\boxed{\text{Strg}}$/
$\boxed{\text{cmd}}+\boxed{\Diamond}+\boxed{\text{T}}$. Abspänne zeichnen sich ja meist dadurch aus, dass sie zweispaltig sind.
Zudem ist die linke Spalte rechtsbündig und die rechte linksbündig ausgerichtet. Genau
das wollen wir jetzt mit dem Setzen der Tabstopps erreichen.

Schauen Sie sich die Skala im oberen Bereich des Tabstopp-Fensters an. Diese
repräsentiert die Breite des aktuellen Textfeldes. Klicken Sie etwas links von der
Mitte auf den freien, hellgrauen Bereich oberhalb der Skala. Dies hat zur Folge, dass
ein Tabstopp eingesetzt wird. Zudem sehen Sie im Hintergrund (im Titelfenster) eine
schmale, gelbe Linie ❶, die ebenfalls die Position des Tabulators repräsentiert.

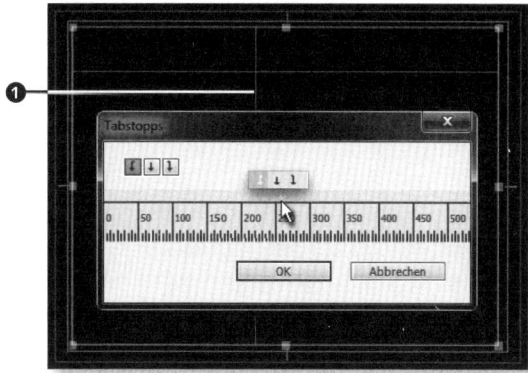

◀ **Abbildung 11.33** Setzen Sie Tabulatoren
zur besseren Ausrichtung.

6 Tabulator-Ausrichtung ändern

Wenn Sie wollen, können Sie den Tabulator jetzt noch mit gedrückter linker Maustaste
nach links oder rechts verschieben. Gleich oberhalb wird zudem eine kleine Overlay-
Menüleiste eingeblendet, solange Sie sich mit dem Mauszeiger über dem Tab befinden.
Mit dieser sollten Sie den aktuellen Tab jetzt in einen rechtsbündigen Tabstopp umwandeln ❸. Das Gleiche erreichen Sie übrigens auch, wenn Sie auf den dritten zur Verfügung stehenden Tabulator oben links in der Ecke klicken ❷.

◀ **Abbildung 11.34** Die Tabulator-Ausrichtung muss noch
geändert werden.

Nun benötigen Sie etwas rechts daneben einen weiteren Tabulator. Klicken Sie deshalb
abermals in die Leiste oberhalb der Skala. Platzieren Sie den neuen Tabstopp allerdings
etwas weiter rechts. Da immer noch rechtsbündige Tabulatoren eingestellt sind, wird
auch hier ein rechtsbündiger Tabstopp platziert. Sie können allerdings anschließend

wieder auf den linken Tabstopp oben links im Fenster oder in der Overlay-Palette klicken, damit auch dieser umgewandelt wird. Bestätigen Sie anschließend mit OK.

7 Text eingeben

Sobald Sie den Tabulator-Dialog verlassen haben, blinkt die Einfügemarke des Textfeldes am oberen linken Ende. Drücken Sie jetzt ⇥, bevor Sie den ersten Namen eingeben, und springen Sie nach der Eingabe jedes Mal mit ⇥ zur nächsten Position.

Größe des Textfeldes

Weil Sie gleich zu Beginn festgelegt haben, dass es sich um einen Rolltitel handeln soll, finden Sie rechts neben der Arbeitsfläche eine Scrollleiste. Diese gestattet es, auch über die eigentliche Arbeitsfläche hinauszugehen. Wenn Sie mit dem zur Verfügung stehenden Platz nicht auskommen, scrollen Sie etwas nach unten, und ziehen Sie das Textfeld größer. Wie groß dieses Textfeld letztendlich wird, ist bei Rolltiteln vollkommen egal.

8 Zeilenabstand erhöhen

Damit die Zeilen nicht so aneinandergepresst wirken, empfiehlt es sich, den Zeilenabstand in den TITELFENSTER-EIGENSCHAFTEN zu erhöhen. Das können Sie gleich zu Beginn oder auch am Schluss machen, wenn der gesamte Text eingegeben ist.

▲ **Abbildung 11.35** Der Abspann könnte so (oder so ähnlich) aussehen.

11.6 Titel mit Photoshop erzeugen

Jetzt haben Sie zwar viel über den Titel-Generator von Premiere Pro erfahren, dennoch soll an dieser Stelle nicht unerwähnt bleiben, dass Sie Titel auch ohne dieses Tool erzeugen können. Dann lassen sich nämlich sogar völlig mühelos Ebenen animieren. Wenn Sie also verschiedene Objekte zu unterschiedlichen Zeiten in Gang setzen wollen, sind Sie mit Photoshop wirklich besser dran als mit dem Titelfenster. Und die Teamarbeit zwischen Photoshop und Premiere funktioniert ausgesprochen gut.

11.6.1 Premiere Pro an Photoshop

Sie können übrigens direkt aus Premiere Pro heraus die Produktion einer Photoshop-Datei in die Wege leiten. Dazu gehen Sie über DATEI • NEU • PHOTOSHOP-DATEI. Das Schöne ist, dass Ihnen daraufhin bereits die richtigen Sequenzabmessungen vorgegeben werden, die Sie nur noch mit OK bestätigen müssen. Im Anschluss daran öffnet sich der Dialog PHOTOSHOP-DATEI SPEICHERN UNTER. Legen Sie Namen und Speicherort fest. Daraufhin können Sie mit einem leeren PSD-Dokument in Photoshop weiterarbeiten.

Aufbau der Photoshop-Datei | Bitte benutzen Sie für den folgenden Workshop die Datei »Bauchbinde 02.psd«, die Sie im Ordner KAPITEL_11 finden. Sie müssen dazu nicht unbedingt Photoshop öffnen. Es muss noch nicht einmal auf Ihrem Rechner installiert sein, um die Datei später in Premiere Pro verarbeiten zu können. Wenn Sie sich allerdings dafür interessieren, wie die Datei aufgebaut ist, sollten Sie sie einmal in der Bildbearbeitungs-Software bereitstellen und begutachten. Den auf das Pixel-Seitenverhältnis hinweisenden Dialog bestätigen Sie mit OK.

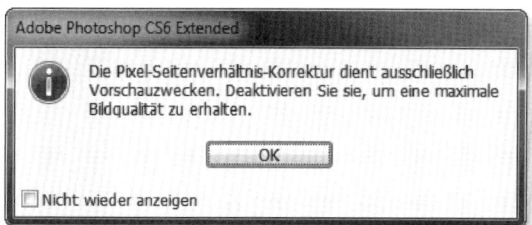

▲ **Abbildung 11.36** Die PIXEL-SEITENVERHÄLTNIS-KORREKTUR sorgt dafür, dass der Titel in Photoshop so angezeigt wird, wie er später auch in Premiere Pro zu sehen sein wird (wer das Original betrachten möchte, wählt temporär ANSICHT • PIXELSEITENVERHÄLTNIS-KORREKTUR).

Zur Entstehung der Datei: Es wurde ein Dokument mit der Vorgabe FILM & VIDEO mit der Größe PAL D1/DV erstellt. Es besteht aus einer Pixel- und zwei Formebenen sowie einem Hintergrund. Die Ebenen selbst wurden aussagekräftig benannt. Das ist sehr wichtig, damit sie in Premiere Pro später eindeutig erkannt werden können.

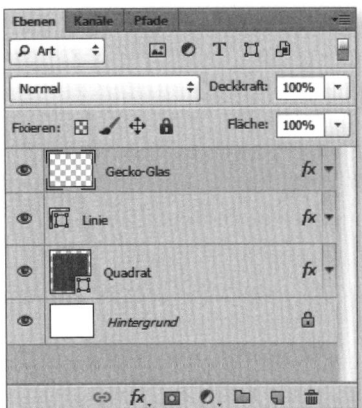

◄ **Abbildung 11.37** Benennen Sie die Ebenen, damit Sie sie später in Premiere Pro besser auseinanderhalten können.

Die Hintergrundebene könnte prinzipiell entfernt werden. Allerdings habe ich sie bewusst im Dokument belassen, da es sich um einen recht dunklen Titel handelt, der auf dem hellen Hintergrund wesentlich besser zu sehen ist. Das begünstigt die Sichtbarkeit der Ebenen zur Zeit der Animation, wie Sie gleich sehen werden. Der Hintergrund wird erst danach entfernt bzw. unsichtbar gemacht. Wenn Sie selbst Dateien in Photoshop erzeugen, denken Sie bitte daran, diese unbedingt als PSD abzuspeichern, da die nachfolgenden Schritte ansonsten nicht funktionieren.

▲ **Abbildung 11.38** Hier sehen Sie die fertige Photoshop-Datei in all ihrer Pracht – entstanden in aufwendigsten Designprozessen.

Bei den grünen Linien handelt es sich im Übrigen um Hilfslinien, die im Ergebnis nicht sichtbar sind. Sie symbolisieren den Bereich für die sicheren Ränder und die geschützte Aktion. Das bedeutet: Die äußeren Linien zeigen den Overscan-Bereich an. Texte und andere Objekte sollten innerhalb der inneren Begrenzung bleiben, da sie ansonsten zu sehr an den Bildrand gedrängt würden (nähere Hinweise zum Overscan finden Sie auch in Anhang A, »Fachkunde«).

11.6.2 Photoshop-Dokumente importieren

Die Aufgabe: Das Photoshop-Dokument soll jetzt zunächst in Premiere Pro integriert werden. Danach werden dann sämtliche Ebenen separat animiert. Sie werden sehen, wie leicht das ist.

Schritt für Schritt: PSD-Dateien animieren

Für das Buchprojekt soll nun auch noch eine animierte Bauchbinde zum Einsatz kommen. Die Photoshop-Datei habe ich dabei für Sie schon vorbereitet.

1 *Datei importieren*

Wechseln Sie zu Premiere Pro, und importieren Sie die Photoshop-Datei »Bauchbinde 02.psd«. Daraufhin werden Sie zunächst mit einem Dialog konfrontiert, in dem Sie die Import-Optionen festlegen können. Entscheiden Sie sich im Pulldown-Menü IMPORTIEREN ALS für SEQUENZ. Theoretisch könnten Sie jetzt einzelne Ebenen deaktivieren, indem Sie das jeweils vorangestellte Häkchen wegnehmen. Wir wollen jedoch alle Ebenen haben, weshalb Sie einen Klick auf OK folgen lassen sollten.

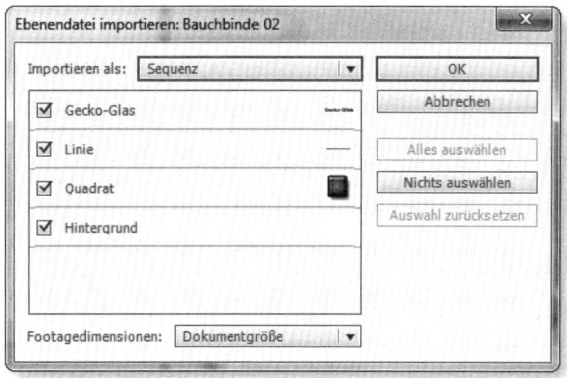

◀ **Abbildung 11.39** Importieren Sie die Photoshop-Datei als Sequenz.

2 *Sequenz öffnen*

Der Import einer Photoshop-Datei als Sequenz sorgt dafür, dass innerhalb des Projektfensters ein Ordner erzeugt wird, der den gleichen Namen trägt wie die Photoshop-

Datei. Öffnen Sie diesen Ordner, werden Sie jede einzelne Ebene als separates Asset vorfinden.

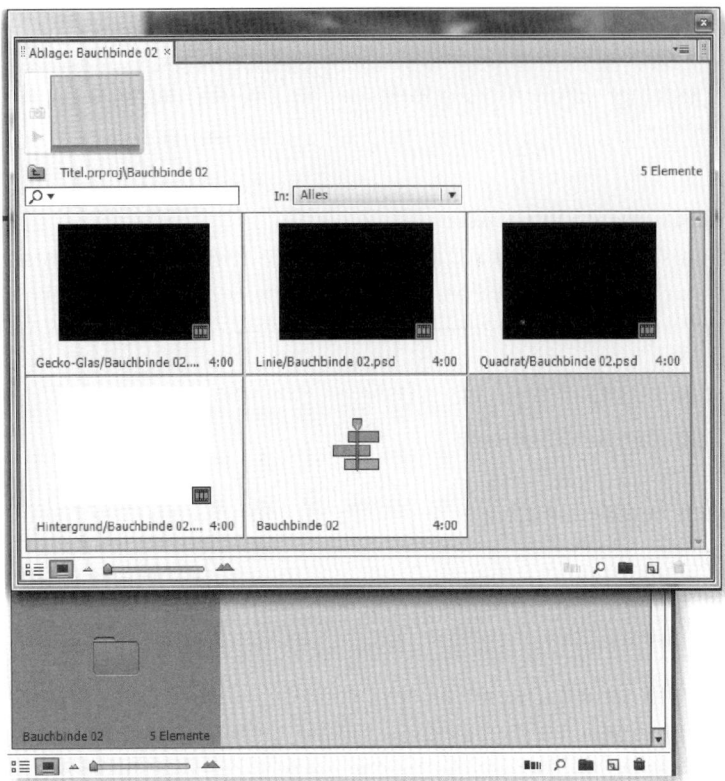

▲ **Abbildung 11.40** Premiere Pro hat im Projektfenster automatisch einen Ordner erzeugt. Darin befinden sich alle Bildebenen.

Doch damit nicht genug: Das Wichtigste ist nämlich, dass Sie darin auch eine Sequenz finden, die den gleichen Namen trägt wie die Photoshop-Datei. Doppelklicken Sie auf diesen Eintrag im Projektfenster, wird die Sequenz auch im Schnittfenster sichtbar. Vergrößern Sie die Schnittfenster-Ansicht etwas. Sämtliche Ebenen des Photoshop-Dokuments liegen nun auf jeweils separaten Spuren. Die Ebenenreihenfolge ist im Übrigen auch eingehalten worden.

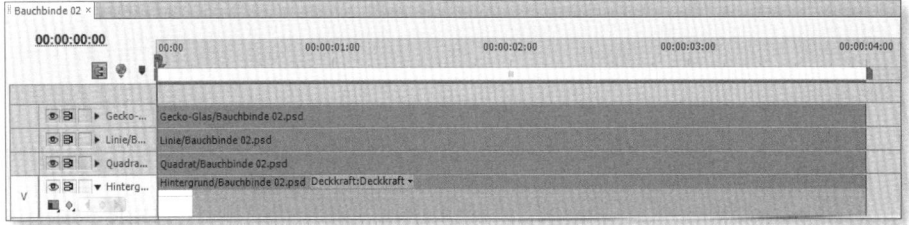

▲ **Abbildung 11.41** Die Sequenz enthält alle Ebenen der Photoshop-Datei.

3 Ebenen animieren

Ich möchte Sie jetzt nicht mit der expliziten Animation der einzelnen Ebenen langweilen. Das haben Sie ja schon mehrfach gemacht. Allerdings sollten Sie auch hier im Hinterkopf behalten, dass Sie jede einzelne Ebene über Keyframes steuern und so die Bewegungen und Zeitabläufe für jede Ebene generieren könnten. Wie wäre es z. B. damit, dass Sie zuerst die Linie und dann das Quadrat von rechts ins Bild kommen lassen und anschließend den Text über die Deckkraft einbinden?

Woran Sie aber noch denken sollten: Entfernen Sie am Schluss die unterste Videospur (sie enthält die Hintergrundebene). Wenn Sie sie erhalten wollen, was ja prinzipiell auch in Ordnung ist, dann müssen Sie dennoch dafür sorgen, dass sie im Projekt nicht sichtbar ist. Und das machen Sie, indem Sie das Augensymbol deaktivieren (andernfalls hätten Sie ja einen weißen Hintergrund).

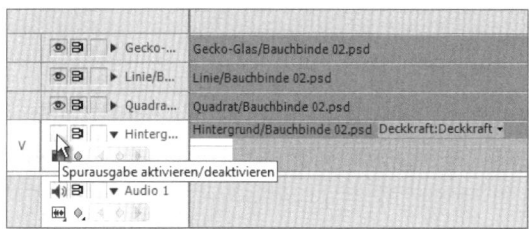

◄ **Abbildung 11.42** Schalten Sie die Spur unsichtbar.

4 Sequenz einbinden

Wechseln Sie anschließend wieder in die Master-Sequenz (im Beispielvideo SEQUENZ 01), und binden Sie die Sequenz BAUCHBINDE 02 aus dem Projektfenster in das Schnittfenster ein. An Position 00:07:49:15 des Beispielprojekts können Sie die Sequenz sehr schön verwenden.

◄ **Abbildung 11.43**
Der Titel erscheint jetzt im fertigen Video.

Da es sich hierbei ja um eine verschachtelte Sequenz handelt, können Sie, sofern Ihnen die eine oder andere Bewegung noch nicht zusagt, jederzeit wieder zur Sequenz BAUCHBINDE 02 zurückwechseln und dort Änderungen vornehmen. Diese werden dann selbstverständlich auch in der Master-Sequenz wirksam.

Änderungen am Photoshop-Dokument | In Sachen Integration arbeiten Adobe-Produkte ja ganz hervorragend zusammen. So können Sie z. B. jetzt immer noch Änderungen am Photoshop-Dokument vornehmen. Wenn Ihnen also irgendetwas nicht gefällt, öffnen Sie die PSD-Datei, nehmen die gewünschten Änderungen vor und bestätigen diese mit SPEICHERN. Sobald Sie zu Premiere Pro zurückkehren, werden Sie feststellen, dass die Änderungen übernommen wurden. Die in der Zwischenzeit zugewiesenen Keyframes bleiben natürlich erhalten. Dabei spielt es nicht einmal eine Rolle, ob Sie das Bild nun direkt in Photoshop geöffnet haben oder den Weg über das Kontextmenü von Premiere Pro, gefolgt von einem Klick auf IN ADOBE PHOTOSHOP BEARBEITEN, genommen haben.

Sie können das ganz schnell ausprobieren, indem Sie »Bauchbinde 02.psd« in Photoshop öffnen. Markieren Sie die Ebene LINIE, und bewegen Sie sie nach oben. Anschließend bestätigen Sie mit DATEI • SPEICHERN oder [Strg]/[cmd]+[S] und wechseln zu Premiere.

12　Export

Wenn ein Film so richtig gut gelungen ist, muss er natürlich nicht nur archiviert, sondern der Nachwelt auch würdig präsentiert werden. Deshalb erfahren Sie in diesem Kapitel z. B., wie Sie Ihre Filme aus Premiere Pro heraus an Encore übergeben können bzw. wie sich ein Film als Datei für unterschiedliche Verwendungszwecke ausgeben lässt. Hierbei müssen allerdings einige Dinge beachtet werden. Für unterschiedliche Verwendungsformen gelten nämlich ganz unterschiedliche Exportbedingungen. Lernen Sie deshalb die Einstelloptionen kennen.

Sie erfahren in diesem Kapitel:

▶ Wie werden Filme an Encore übergeben?
▶ Wie gibt man Filme mit dem Adobe Media Encoder aus?
▶ Wie gibt man Filme für unterschiedliche Verwendungen aus?
▶ Wie lassen sich Einzelbilder exportieren?
▶ Wie archiviert man Projekte sinnvoll?

12.1　Sequenzen rendern

Bevor Sie aus dem Projekt eine Filmdatei zur Weiterverarbeitung erzeugen, sollten Sie sich alles noch einmal in Ruhe ansehen. Lassen Sie die Sequenz abspielen. Wenn es irgendwo ruckelt oder langsamer läuft, achten Sie darauf, ob sich rote Balken unterhalb der Schnittfensterskala befinden. Diese deuten nämlich an, dass die Stelle als Vorschaudatei gerendert werden könnte.

Vorschaudateien erzeugen | Nun benötigen Sie diese Vorschaudateien nicht für den Export, aber zur Begutachtung des Films – zumindest dann, wenn es bei der Wiedergabe nicht flüssig läuft. Ziehen Sie in diesem Fall zunächst die Arbeitsbereichsleiste ❶ mit Hilfe der beiden Anfasser ❷ so weit auseinander, dass alle Clips von der Leiste überdeckt sind. Der Grund: Es wird nur das berechnet, was sich innerhalb der Arbeitsbereichsleiste befindet. Vorab sollten Sie so weit aus dem Schnittfenster herauszoomen, dass alle Clips sichtbar sind.

Im Anschluss daran drücken Sie ⏎, und der Rechenvorgang beginnt. Premiere Pro erzeugt jetzt Vorschaudateien aller Segmente, die extra erzeugt werden müssen, d. h., die nicht bereits als Originalfilme vorliegen. Das können z. B. Überblendungen sein, aber auch Clips, die mit Effekten versehen wurden.

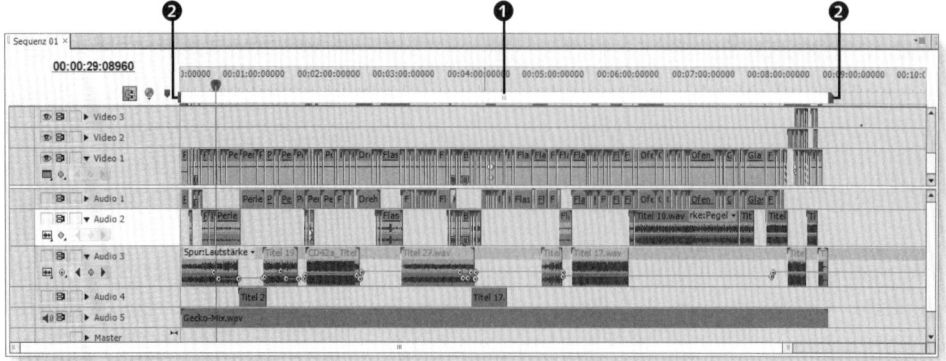

▲ **Abbildung 12.1** Platzieren Sie die Arbeitsbereichsleiste so, dass sie den gesamten Sequenzinhalt überdeckt.

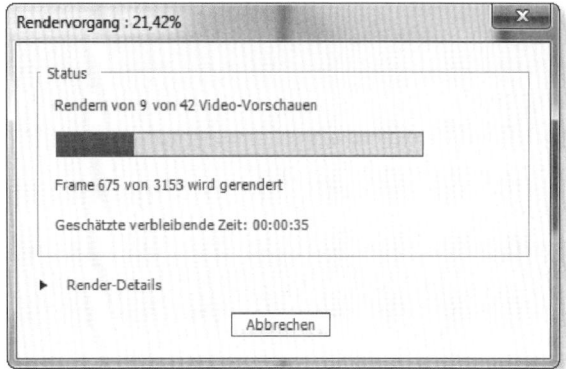

▲ **Abbildung 12.2** Der Render-Vorgang dürfte auch beim Buchprojekt recht zügig vonstattengehen.

12.2 Sequenzen an Encore übergeben

Grundsätzlich sind von hier an zwei unterschiedliche Wege aufgezeigt. Wollen Sie Ihren Film als Datei ausgeben, dann gehen Sie über den Adobe Media Encoder. Allerdings liegt Premiere Pro auch das Profi-Tool Encore bei, mit dem Sie die Möglichkeit haben, DVD- und Blu-ray-Menüs zu erstellen und auf Datenträger auszugeben.

An Encore senden | Eine direkte Übergabe an Encore ist vor allem dann angezeigt, wenn das erklärte Ziel beispielsweise die Ausgabe auf DVD oder Blu-ray ist. Dazu muss zunächst einmal das Schnittfenster markiert sein. Wenn das versäumt wird, kann der Export-Befehl innerhalb des Menüs nicht eingeleitet werden. In diesem Fall klicken Sie auf die Registerkarte des Schnittfensters, das ausgegeben werden soll, oder markieren Sie die Sequenz im Projektfenster. Danach wählen Sie DATEI • ADOBE DYNAMIC LINK • AN ENCORE SENDEN aus. Alles Weitere zum Thema Encore erfahren Sie in Kapitel 15, »DVD-Authoring mit Encore CS6«.

Encore nicht als Testversion

Auch in der aktuellen Version CS6 steht Encore nicht zum Test zur Verfügung. Die Anwendung läuft nur nach Lizenzerwerb oder Installation einer gültigen Vollversion.

Encore als Allesfresser

Sie müssen in Premiere Pro keine ausgabefähige Datei produzieren, da Sie auch mit Encore in der Lage ist, Filme zur Ausgabe zu berechnen. Wenn noch Änderungen in Premiere Pro anstehen, ist es gar nicht sinnvoll, die Berechnung bereits in Premiere Pro erfolgen zu lassen. In diesem Fall bietet es sich eher an, die Projektdatei als Asset in Encore einzubinden. Denn die Authoring-Software kann nicht nur mit fertigen Filmdateien (z. B. ».mpeg«) oder mit Container-Formaten (wie ».avi«) umgehen, sondern auch mit Premiere Pro-Dateien (».prproj«).

12.3 Exporteinstellungen

Eine MPEG-Datei, die Sie für die Erzeugung einer herkömmlichen DVD benötigen, können Sie auch aus Premiere Pro heraus erzeugen. Dann ersparen Sie sich das spätere Encodieren in Encore. Denn einmal muss der Film auf jeden Fall encodiert werden – entweder direkt in Premiere Pro oder später in der Authoring-Software. In jedem Fall bringt das den Adobe Media Encoder ins Spiel, der als separate Applikation arbeitet und aus beiden Applikationen heraus angesprochen werden kann.

Es ist aber auch durchaus denkbar, dass Sie nur ein Zwischenergebnis rendern wollen und derzeit an eine DVD-Ausgabe noch gar nicht zu denken ist. Ein großes Projekt beispielsweise, an dem mehrere Personen arbeiten, ist ein denkbares Szenario. Dann ist es möglich, dass jeder seinen Teil ausgibt und die Ergebnisse später in einem zentralen Projekt zusammengefügt werden. Ebenso ist denkbar, ein Intro zu produzieren, dessen fertige Filmdatei in allen künftigen Premiere-Pro-Projekten Verwendung finden soll. In diesem Fall ist es angezeigt, das Ganze zunächst als Datei auszugeben. Im Folgenden werden wir uns beide Varianten einmal ansehen – zunächst die DVD-Ausgabe.

12.3.1 Für DVD oder Blu-ray ausgeben

Um es gleich vorwegzunehmen: In Encore können später sowohl AVI- bzw. MOV- als auch MPEG- bzw. H.264-Dateien (für Bu-ray, Internet oder mobile Endgeräte) verarbeitet werden. Wenn Sie aber bereits hier in Premiere Pro encodieren, können Sie sich diesen Vorgang in der Authoring-Umgebung sparen.

Grundsätzlich muss das zu wählende Filmformat natürlich zum Format der verarbeiteten Assets passen. Aber nicht nur das: Es muss auch mit dem Ausgabemedium harmonieren. Das bedeutet: Wenn als Ausgangsbasis Filme in Format DV herangezogen worden sind, sollten Sie auch eine DVD davon machen. Ebenso sollten HD-Assets später auf eine Blu-ray gebrannt werden. Sie können zwar HD-Filme kleiner machen und auf eine DVD bringen (wohl gemerkt mit den Abmessungen eines DV-Films); es macht jedoch überhaupt keinen Sinn, hochwertige HD-Videos auf eine DVD zu bringen. Dazu werden viel höhere Datenraten benötigt, als ein DVD-Player liefern kann – vom begrenzten Platzangebot einmal abgesehen. Deshalb gilt: HD-Material gehört auf eine Blu-ray, nicht auf eine DVD.

◢ Schritt für Schritt: Filme im DVD-Endformat ausgeben

Dieser Workshop befasst sich, wie der Name schon sagt, mit der Ausgabe einer DVD-konformen Datei. Allerdings werden wir ein wenig über den Tellerrand schauen und die eine oder andere Funktion genauer beleuchten. Das auf diese Weise erworbene Wissen können Sie dann auch prima für andere Ausgabearten nutzen. Dieser Workshop ist somit auch dann zu empfehlen, wenn der DVD-Export gar nicht im Vordergrund Ihrer Tätigkeiten steht.

1 Export-Dialog öffnen

Sollten Sie noch nicht gleich brennen, sondern zunächst mehrere Filme sammeln oder für andere Bereiche als die DVD ausgeben wollen, entscheiden Sie sich für DATEI • EXPORTIEREN • MEDIEN. Alternativ betätigen Sie Strg/cmd+M. Achtung: Denken Sie an das Schnittfenster oder das Sequenz-Asset im Projektfenster, das markiert sein muss, damit dieser Befehl ausführbar ist. Aber das hatten wir ja bereits.

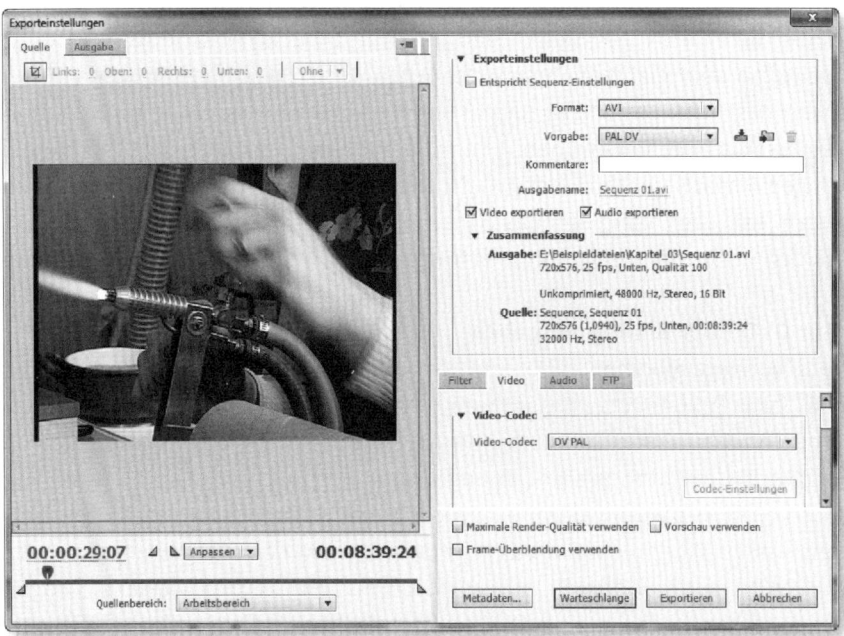

▲ **Abbildung 12.3** Der Dialog EXPORTEINSTELLUNGEN in seiner schlichten Schönheit

2 Ausgabebereich festlegen

Ganz wichtig ist, dass Sie jetzt unten links, unterhalb der Vorschau, kontrollieren, welcher Arbeitsbereich zur Ausgabe markiert ist. Dieser ist prinzipiell identisch mit der zuvor eingestellten Arbeitsbereichsleiste. Die blaue Linie (bei dunklen Arbeitsoberflächen ist sie gelb) sollte sich bei Ausgabe des kompletten Films über den gesamten Bereich erstrecken. Ziehen Sie erforderlichenfalls an den unteren Dreiecken ❶. Welche Position in der Vorschau angezeigt wird, können Sie übrigens mit dem Regler ❷ bestimmen. Dieser fungiert hier als Abspielmarke und kann ebenfalls »gescrubbt« werden.

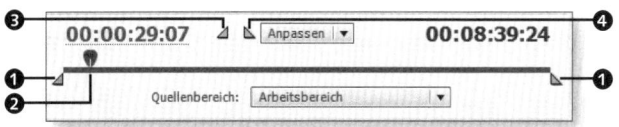

◄ **Abbildung 12.4** Diese Leiste bestimmt, welcher Bereich für die Ausgabe herangezogen wird.

Vorsicht bei Verwendung der Eingabetaste

Um die Einfügemarke zu positionieren, dürfen Sie auch den Timecode unterhalb des Videobildes verwenden. Doch hier ist Vorsicht geboten: Wenn Sie die neue Position, wie üblich, mit ⏎ bestätigen, wertet die Anwendung dies als Bestätigung des gesamten Dialogs und übergibt den Film unvermittelt an den Media Encoder. Das ist auch der Fall, wenn Sie ⏎ auf dem Nummernblock verwenden. Deshalb ist für die Bestätigung des Timecodes ⇥ die richtige Wahl.

Quellenbereich definieren

Mit Hilfe des Steuerelements QUELLENBEREICH unterhalb der Arbeitsbereichsleiste kann der Ausgabebereich ebenfalls definiert werden. So ist es beispielsweise möglich, einen zuvor im Schnittfenster platzierten Sequenz-In- und -Out-Point zur Ausgabe heranzuziehen.

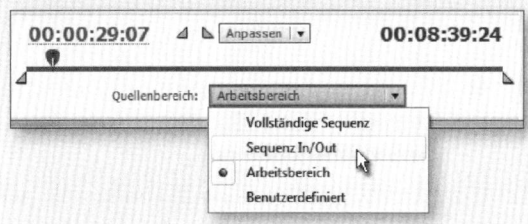

▲ **Abbildung 12.5** Sequenz-Points können zur Definition des Ausgabebereichs verwendet werden.

3 Optional: In- und Out-Point festlegen

Wenn Sie den Film beschneiden wollen, können Sie die beiden Schieber ❶ auch zur Mitte hin bewegen. Alternativ bringen Sie die Abspielmarke ❷ an die gewünschte Position und drücken dann IN-POINT SETZEN ❸ bzw. OUT-POINT SETZEN ❹. Bereiche jenseits der Schieber werden dann bei der Ausgabe nicht mehr berücksichtigt.

4 Optional: Sequenzeinstellungen übernehmen

Wenn Sie den Film in einem Format ausgeben wollen, das geeignet ist, auch in künftigen Projekten als AVI-Asset genutzt zu werden (am Mac QuickTime), aktivieren Sie die Checkbox ENTSPRICHT SEQUENZ-EINSTELLUNGEN. Dann müssen Sie sich um die weiteren Punkte keine Gedanken mehr machen. Die dort getroffenen Einstellungen werden dann nämlich auch für die Ausgabe übernommen, und Sie dürfen mit Schritt 7, »Speicherort festlegen«, fortfahren. Das setzt aber voraus, dass Sie bei Erstellung der Sequenz alles richtig gemacht haben. Sind Sie sich nicht sicher, lassen Sie das Häkchen lieber weg. Die Ausgabe als AVI (Windows) oder QuickTime (Mac) ist übrigens immer dann sinnvoll, wenn Sie z. B. ein Intro ausgeben, das künftig am Anfang eines jeden Projekts auftauchen soll.

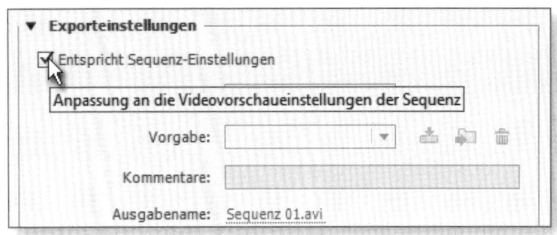

◄ **Abbildung 12.6** Diese Checkbox erspart Ihnen die weitere Arbeit.

5 Format wählen

In unserem Fall wollen wir allerdings eine DVD produzieren, weshalb Sie die Checkbox inaktiv lassen sollten. Treffen Sie im obersten Pulldown-Menü ❶ auf der rechten Seite eine Auswahl für das Ausgabeformat. Hier kommen lediglich MPEG-2 bzw. MPEG2-DVD in Betracht. Unterschiede liegen prinzipiell nur in der Normierung (dazu später mehr). Da unser Fernziel eine DVD ist, sollten Sie sich auch hier für die Normierung MPEG2-DVD entscheiden.

6 Eigene Vorgabe wählen

Jetzt kümmern Sie sich um die VORGABE ❷. Nehmen Sie den Eintrag PAL – HOHE QUALITÄT. Sollte es sich um eine 16:9-Sequenz handeln, würden Sie PAL WIDESCREEN – HOHE QUALITÄT nehmen.

Noch etwas Grundsätzliches zu den Formaten: Zunächst einmal können Sie alle Einträge, denen ein NTSC vorangestellt ist, vernachlässigen – es sei denn, Sie wollen den Film an Tante Edwina in Massachusetts übergeben. Die zweite Unterscheidung wird zwischen PAL und PAL Progressive getroffen. Wenn PAL allein steht, bedeutet das immer, dass Halbbildmaterial erzeugt wird, während die Progressive-Modi Vollbilder nutzen. Anhang A, »Fachkunde«, gibt hier jede Menge Aufschluss. Bedenken Sie, dass moderne DVD-Player und TVs prima mit Vollbildmaterial umgehen können. Und wenn Sie Dateien für Ihren Rechner ausgeben, sollten Sie ohnehin stets auf Vollbilder zurückgreifen. Unser Material besteht hingegen aus Halbbildern.

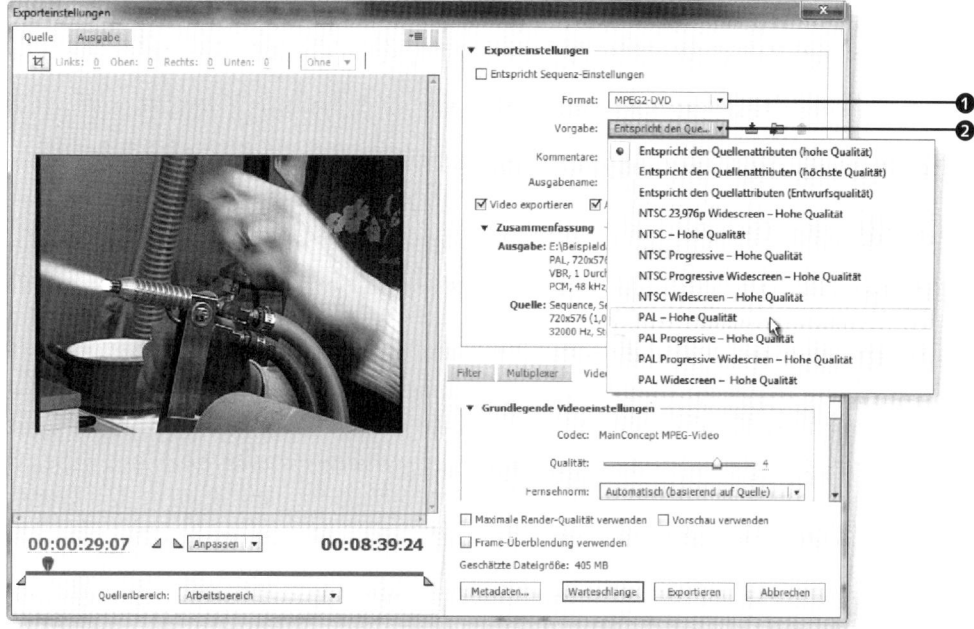

▲ **Abbildung 12.7** Wählen Sie eine der Quellattribut-Vorgaben.

7 Speicherort festlegen

Klicken Sie auf die blaue (bei dunklen Oberflächen orangefarbene) Dateibezeichnung neben AUSGABENAME, um den Speicherort für die Datei festzulegen.

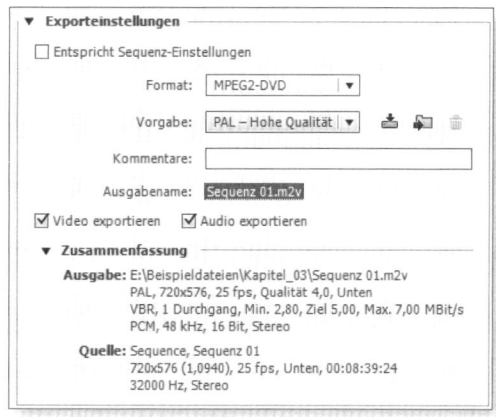

◀ **Abbildung 12.8** Unter AUSGABENAME lässt sich auch der Speicherort ändern.

8 Videoeinstellungen vornehmen

Kontrollieren Sie, ob die Checkboxen VIDEO EXPORTIEREN und AUDIO EXPORTIEREN im unteren rechten Bereich des Fensters angewählt sind, es sei denn, Sie wollen nur eines von beiden ausgeben. Das wäre z. B. dann angezeigt, wenn Sie mit mehreren Sprachversionen eines Films arbeiten würden. Dann könnten Sie zunächst einmal Audio und Video ausgeben und für jede weitere Sprache anschließend nur noch jeweils eine

Audiodatei erzeugen lassen. Wenn Sie sich nicht für die weiteren Exportoptionen interessieren (Sie benötigen für diesen Workshop keine einzige davon), dürfen Sie mit Schritt 16, »Datei codieren«, fortfahren.

9 Optional: Qualität festlegen

Möchten Sie aktiv auf die Qualität einwirken? Dann öffnen Sie die Registerkarte VIDEO, die sich in der unteren Hälfte des Fensters befindet. Zunächst lässt sich hier die QUALITÄT über einen Schieberegler einstellen. Ziehen Sie den Regler nach rechts, wenn Qualität Ihr oberstes Gebot ist. Klar, dass damit auch die Berechnungszeit für die Ausgabe des Films erhöht wird. Was die Dateigröße betrifft, ändert sich hier allerdings nichts.

Wenn Sie weiter nach unten scrollen, sehen Sie, dass sich auch hier noch einmal sowohl die FERNSEHNORM (PAL oder NTSC) als auch die Halbbild-Funktion (FELDREIHENFOLGE) beeinflussen ließe. Auch das Seitenverhältnis könnte hier noch angeglichen werden. Alle diese Einstellparameter würden die Vorgabe oben in den EXPORTEINSTELLUNGEN allerdings nicht verändern, sondern eine neue Vorgabe mit dem klangvollen Namen BENUTZERDEFINIERT erzeugen (wo zuvor PAL – HOHE QUALITÄT gestanden hatte).

10 Optional: CBR oder VBR?

Doch nun zu den BITRATENEINSTELLUNGEN etwas weiter unten: CBR steht hier für eine konstante, VBR für eine variable Bitrate. Was ist besser? Die variable! Weil dann nämlich nicht jeder Bereich des Videos gleich stark komprimiert wird. Einige Szenen brauchen eine höhere Kompression, andere begnügen sich mit einer geringeren. Stellen Sie jedoch CBR ein, werden alle Bereiche gleich stark komprimiert.

11 Optional: Ein oder zwei Durchgänge?

Wann immer Sie sich jedoch für eine variable Bitrate entscheiden, stehen Sie vor der Wahl, einen Durchgang oder zwei festzulegen. Was ist hier besser? Zwei Durchgänge! Weil der Film beim Encodieren gewissermaßen zweimal durchlaufen wird. Beim ersten diagnostiziert der Media Encoder, welche Bereiche stärker und welche weniger stark komprimiert werden müssen (lesen Sie dazu bitte auch die Hinweise in Anhang A, »Fachkunde«). Das zweifache Encodieren dauert zwar länger als das einfache, bringt aber letztlich auch die bessere Qualität hervor.

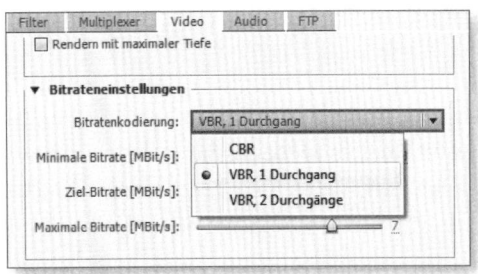

◄ **Abbildung 12.9** Die BITRATENEINSTELLUNGEN haben großen Einfluss auf die Qualität eines Films.

12 *Optional: Bitraten einstellen*

Unterhalb lässt sich noch eine Datenrate festlegen, die auf keinen Fall unterschritten werden sollte (Minimale Bitrate), sowie eine Bitrate, die im Durchschnitt der Berechnung angestrebt werden sollte (Ziel-Bitrate). Letztendlich können Sie noch eine Rate vergeben, die niemals überschritten werden soll (Maximale Bitrate). Moderne DVD-Player kommen mit Datenraten jenseits von 9000 MBit/s prima zurecht. Dabei müssen Sie allerdings berechnen: Sollten beim späteren Authoring noch weitere Dateien hinzukommen (wie z. B. Untertitel o. Ä.), müssen diese mit eingerechnet werden. Dann müssten Sie bereits hier mit der Qualität heruntergehen, damit am Schluss die Gesamt-Bitrate nicht überschritten wird. Bei alldem sollten Sie aber niemals die Angabe Geschätzte Dateigrösse ❶ außer Acht lassen, da Sie entsprechend reagieren können, wenn der Speicherplatzbedarf größer wird als die DVD aufnehmen kann.

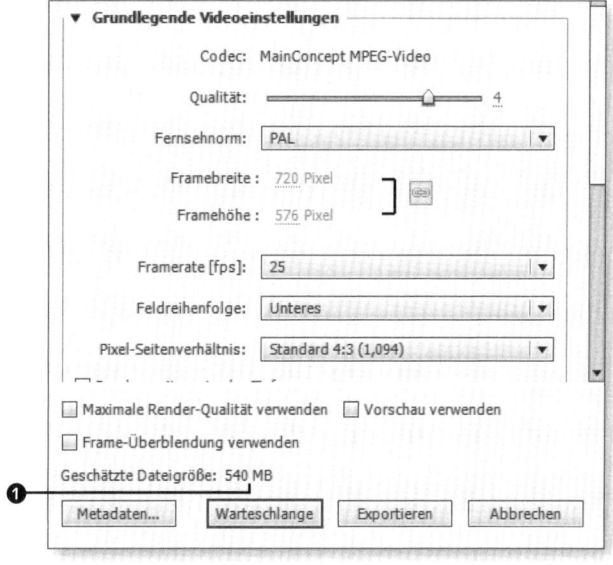

◀ **Abbildung 12.10** Verlieren Sie die Dateigröße nicht aus den Augen. Am Schluss muss alles auf die DVD passen.

13 *Optional: Datei filtern*

Die ganz links befindliche Registerkarte Filter gestattet jetzt noch eine Störungsverringerung. Die Verwendung ist allerdings abzuwägen. Sie können damit zwar Störungen verringern, werden dadurch aber einen nicht unbeträchtlichen Verlust an Schärfe in Kauf nehmen müssen.

14 *Optional: Registerkarte »Audio« bedienen*

Auf der Registerkarte Audio können Sie nur festlegen, ob der Ton als unkomprimiertes und qualitativ ausgezeichnetes PCM oder als das etwas schlechtere, aber immer noch ausreichend gute, wesentlich Speicherplatz-freundlichere MPEG angelegt werden soll. Wenn Sie sich für Dolby interessieren, beachten Sie bitte die Hinweise im Anschluss an diesen Workshop.

15 *Optional: Multiplexing einstellen*

Widmen Sie sich nun der Registerkarte MULTIPLEXER. Wenn Sie hier DVD einstellen, wird die Datei als zusammenhängendes MPEG ausgegeben – also Audio und Video in einer Datei. Das entspricht im Übrigen dem Exportformat MPEG-2. Stellen Sie um auf OHNE, werden Audio und Video voneinander getrennt. Sie erhalten dann anstelle einer AV-Datei (.mpeg) eine reine Videodatei (.m2v) sowie eine Sounddatei (.wav). Das wiederum entspricht dem Exportformat MPEG2-DVD. Nach allem Experimentieren sollten Sie im Pulldown-Menü VORGABE wieder auf PAL – HOHE QUALITÄT zurückgehen.

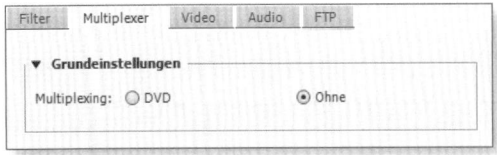

◄ **Abbildung 12.11** Im Bereich MULTIPLE-XING wird entschieden, ob Audio und Video zusammenbleiben oder (wie hier) voneinander getrennt werden.

16 *Datei codieren*

Wenn Sie mit allem fertig sind, dürfen Sie gleich auf EXPORTIEREN klicken. Seit Premiere Pro CS5 übergehen Sie damit visuell den Media Encoder. Das ist immer dann sinnvoll, wenn Sie jetzt sofort nur diesen einen Film auszugeben haben.

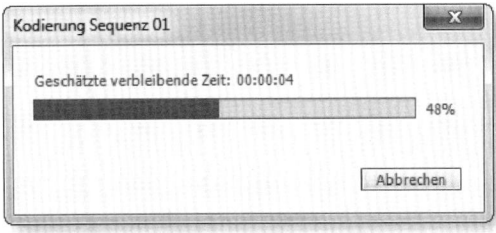

◄ **Abbildung 12.12** Das Codieren des Films dauert länger als der AVI- oder QuickTime-Export.

Wollen Sie jedoch mehrere Filme erzeugen oder das Ergebnis zu einem späteren Zeitpunkt berechnen lassen, können Sie den Film (oder die Filme) vorab in einer Warteschlange sammeln. Das ist beispielsweise immer dann interessant, wenn Sie tagsüber mehrere Projektarbeiten fertigstellen und diese abends berechnen lassen wollen – wenn Sie längst Feierabend haben (siehe dazu auch Abschnitt 12.4, »Der Adobe Media Encoder«).

12.3.2 Dolby Digital

In den EXPORTEINSTELLUNGEN haben Sie grundsätzlich zwei Optionen, wenn es um die Erzeugung von Dolby-Digital-Ton geht. Wählen Sie auf der Registerkarte AUDIO zunächst den Listeneintrag DOLBY DIGITAL an (im Pulldown-Menü AUDIOFORMAT). Danach werden Ihnen unten zwei Optionen angeboten (CODEC).

Sollte Ihr Videomaterial bereits in Dolby aufgenommen worden sein, reicht es, wenn Sie den linken Radiobutton aktivieren. Dabei müssen Sie wissen, dass Sie aus herkömmlichen Stereoaufnahmen so natürlich kein Dolby erzeugen können. Alternativ setzen Sie den CODEC namens SURCODE ein (rechter Radiobutton). Der kostet jedoch mehrere hundert US-Dollar und muss vor der ersten Benutzung aktiviert werden. Seinerzeit gab es drei Test-Encodings, doch die Zeiten sind leider vorbei.

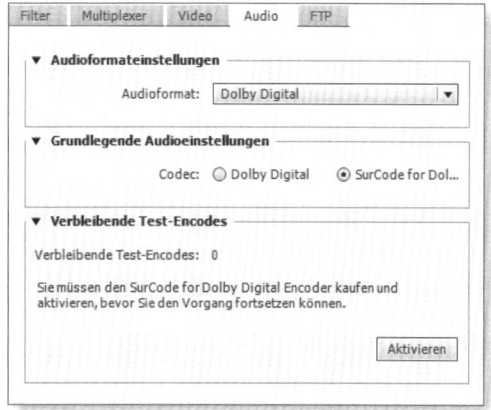

◀ **Abbildung 12.13** SurCode muss extra erworben und aktiviert werden.

12.3.3 Als DV-AVI exportieren

Sie werden Ihren Film eventuell noch weiterverarbeiten wollen. So ist es ja denkbar, dass Sie eine qualitativ hochwertige Datei für künftige Projekte benötigen. Sie wären schlecht beraten, für diesen Zweck ein MPEG zu verwenden, weil die Datei durch die Kompression Qualitätseinbußen erfährt. Außerdem denkbar: Sie wollen das Umwandeln nach MPEG-2 erst in Encore vornehmen. Das ist z. B. dann interessant, wenn Sie erst dort Kapitelmarken einfügen wollen. In beiden Fällen können Sie DV-AVI-Dateien (Windows) bzw. MOV-QuickTime (Mac) produzieren. Diese sind qualitativ hochwertiger als MPEGs und lassen sich obendrein besser verarbeiten – sind allerdings auch gefräßiger, was den Speicherplatzbedarf angeht.

■ *Schritt für Schritt: Filme als DV-AVI oder QuickTime ausgeben*

Für die weitere Verarbeitung des Buchprojekts soll unter Windows ein AVI und unter Mac ein QuickTime ausgegeben werden. Das gibt uns später in Encore mehr Flexibilität und ist zunächst einmal wesentlich schneller erstellt als ein MPEG.

1 *Export-Dialog öffnen*

Für die Ausgabe eines AVI- bzw. MOV-Films (QuickTime) wird ebenfalls der Dialog EXPORTEINSTELLUNGEN benötigt. Auch hier gehen Sie (natürlich nachdem Sie das Schnittfenster markiert haben) über DATEI • EXPORTIEREN • MEDIEN. Der Tastatur-Profi bedient sich hier der Kombi [Strg]/[cmd]+[M] (das kann man sich übrigens gut merken: M für Movie). Danach sorgen Sie dafür, dass unterhalb des Monitors die gesamte Sequenz ausgewählt ist. Die blaue (bei dunklen Oberflächen gelbe) Linie muss sich über die gesamte Breite erstrecken. Ist das nicht der Fall, stellen Sie im Menü den QUELLENBEREICH auf VOLLSTÄNDIGE SEQUENZ um.

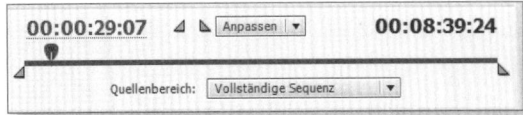

◀ **Abbildung 12.14** Wenn hier VOLL-STÄNDIGE SEQUENZ angezeigt wird, können Sie zu 100 % sicher sein, dass die gesamte Sequenz ausgegeben wird.

2 Allgemeine Einstellungen vornehmen

Sorgen Sie dafür, dass unter FORMAT die Auswahl AVI getroffen ist, sofern Sie an einem Windows-System sitzen. Unter Apple Mac entscheiden Sie sich für QUICKTIME. Die VORGABE sollte wieder mit PAL DV bestückt werden. Spätestens jetzt sind auch die Anzeigen QUELLE ❹ und AUSGABE ❸ identisch.

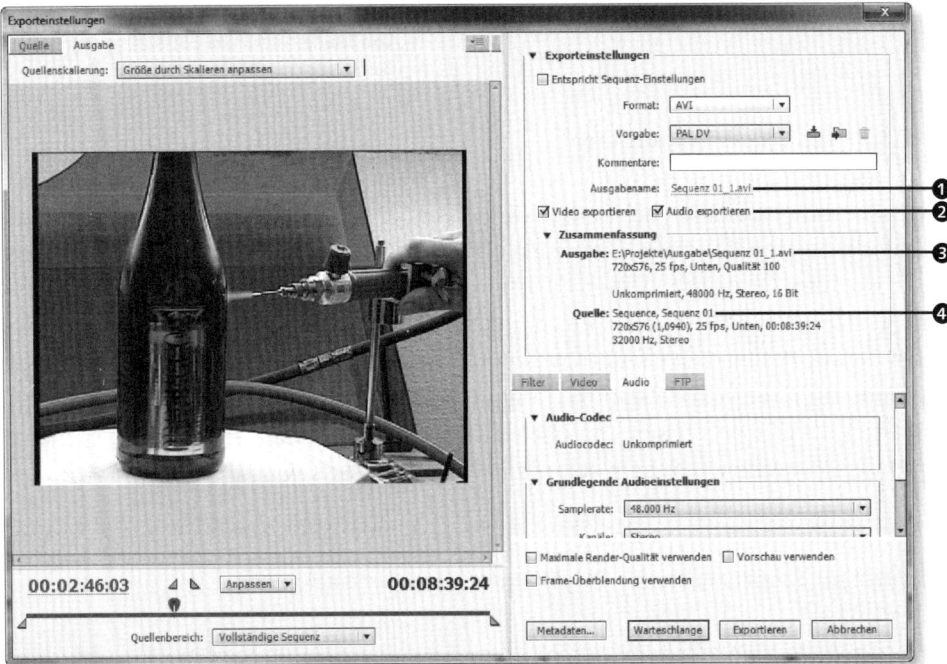

▲ **Abbildung 12.15** Alles bereit zur Ausgabe.

16:9-Projekte

Für 16:9-Projekte würden Sie statt PAL DV den Eintrag PAL DV WIDESCREEN einstellen.

3 Optional: Audio nicht exportieren

Achten Sie auch hier darauf, dass die Möglichkeit besteht, nur Video auszugeben und den Ton zu ignorieren. In diesem Fall wählen Sie die Checkbox AUDIO EXPORTIEREN ❷ ab (im Beispiel sollten Sie das jedoch nicht machen).

4 Export starten

Klicken Sie noch auf die Schrift neben AUSGABENAME ❶, um einen Speicherort zu bestimmen. Am Ende wird der Vorgang mit EXPORTIEREN abgeschlossen.

12.3.4 Filme beschneiden

Bei geöffnetem Dialog EXPORTEINSTELLUNGEN (DATEI • EXPORTIEREN • MEDIEN) ist die Registerkarte QUELLE ❻ ganz oben links im Fenster des Media Encoders standardmäßig angewählt. Hier können Sie den Film noch beschneiden. Klicken Sie dazu auf die Schaltfläche AUSGEGEBENES VIDEO BESCHNEIDEN ❼, und ziehen Sie den Rahmen, der sich auf dem Vorschaubild zeigt, an dessen Ecken ❽, bzw. setzen Sie den Mauszeiger hinein, und verschieben Sie den kompletten Ausschnitt mit gedrückter linker Maustaste.

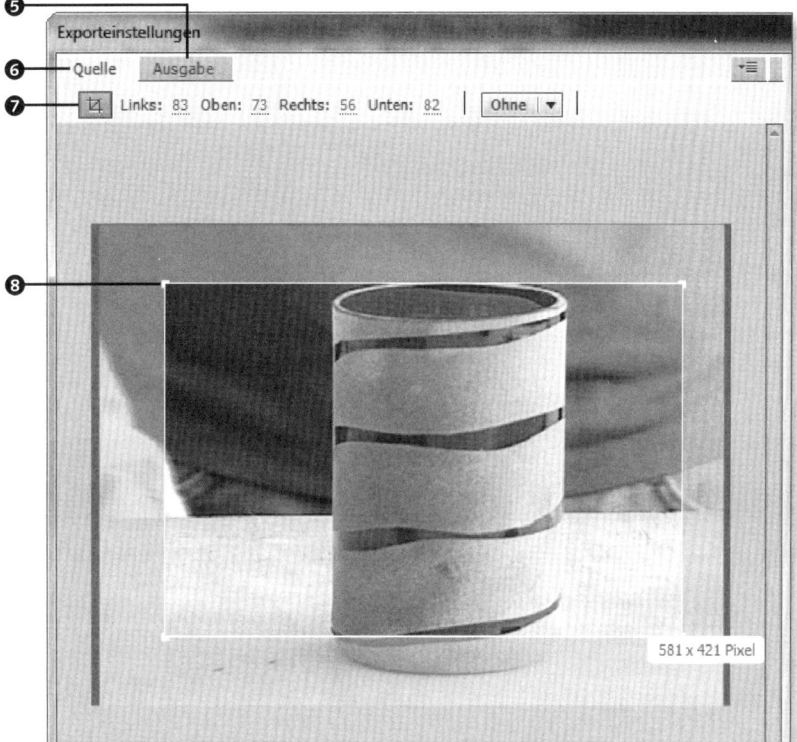

▲ **Abbildung 12.16** Beschneiden Sie das Video, falls erforderlich.

Seitenverhältnis festlegen

Falls Sie beabsichtigen, einen Film mit dem Seitenverhältnis 4:3 beispielsweise auf 16:9 zurechtzuschneiden, wählen Sie das einzige Pulldown-Menü in der Kopfleiste an (es steht standardmäßig auf OHNE) und listen hier den Eintrag 16:9. Danach ziehen Sie den Rahmen in Form. Bedenken Sie aber, dass das Original dann oben und unten beschnitten wird.

Wohl gemerkt: Das Ganze macht keinen Sinn, wenn Sie es mit DVD-Codierungen zu tun haben, sondern bietet sich eher bei der Ausgabe von Webformaten oder Sonderformaten zur Nutzung in anderen Projekten an. Deshalb verwenden Sie diese Einstellung nur dann, wenn Sie nicht für die Ausgabe am TV produzieren. Wenn Sie kontrollieren wollen, wie das Ganze im Ergebnis aussieht, schalten Sie um auf das Register AUSGABE ❺. Hier lässt sich dann auch festlegen, ob das Video auf die eingestellte Ausgabegröße skaliert oder der Rest des Bildes mit Schwarz versehen werden soll.

▲ **Abbildung 12.17** Schwarze Ränder bedeuten, dass das Seitenformat der Beschneidung nicht mit dem der Exporteinstellungen harmoniert. Außerdem ist das Bild in der Breite auseinandergezogen worden.

Ohne Skalierung beschneiden | Wenn Sie ein Video auf die zuvor beschriebene Methode beschneiden, wird das Bild auf die in den EXPORTEINSTELLUNGEN festgelegten Abmessungen vergrößert (hier 720 × 576), ohne dass es dabei verzerrt wird. Wenn das Seitenverhältnis nicht zu den Einstellungen passt, werden schwarze Balken hinzugefügt. Bei dieser Methode sind Qualitätseinbußen in Kauf zu nehmen, denn der noch vom Videobild erhalten gebliebene Rest muss ja auf das ursprüngliche Format vergrößert werden. Nun existiert aber noch eine Sonderform der Beschneidung – nämlich SKALIEREN UND IN SCHWARZE RAHMEN EINPASSEN. Das Steuerelement finden Sie auf der Registerkarte AUSGABE ganz oben und ist zudem nur aktiv, wenn im Register QUELLE bereits ein Rahmen aufgezogen worden ist. Bei dieser Methode wird das Video nicht skaliert, sondern die Bereiche außerhalb des Beschneidungsrahmens entfernt und durch schwarze Flächen ersetzt.

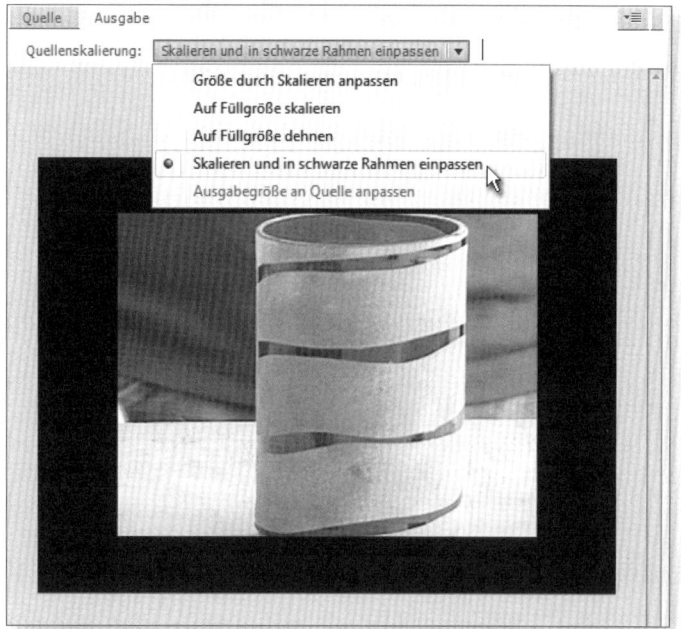

▲ **Abbildung 12.18** Hier wird nicht skaliert, sondern mit Schwarz aufgefüllt.

12.4 Der Adobe Media Encoder

Wie Sie ja bereits wissen, haben Sie die Möglichkeit, mehrere Ausgabedateien zu sammeln und diese später alle gemeinsam auszugeben. Dies bietet sich aus zweierlei Gründen an: Zunächst einmal verlieren Sie keine kostbare Arbeitszeit, die Sie mit Warten auf die Ausgabedatei verbringen müssten, zum anderen lassen sich die Aufgaben an eine weitere Adobe-Anwendung übergeben und während des Berechnens der Filme sogar mit Premiere Pro weiterarbeiten. Oder Sie lassen die Anwendung »ackern«, während Sie den Feierabend genießen. In all diesen Fällen geht kein Weg am Adobe Media Encoder vorbei. Ein derartiges Vorgehen wird im Übrigen auch als **Stapelverarbeitung** oder **Batch-Encoding** bezeichnet.

12.4.1 Stapelverarbeitung

Der standardisierte Weg zur Stapelverarbeitung mit dem Media Encoder ist folgender: Wann immer Sie eine Sequenz zur Ausgabe vorsehen, übergeben Sie diese an die EXPORTEINSTELLUNGEN (DATEI • EXPORTIEREN • MEDIEN). Nun betätigen Sie im Anschluss an die Eingabe der Exportparameter aber nicht die Schaltfläche EXPORTIEREN, sondern WARTESCHLANGE. Infolgedessen öffnet sich der Media Encoder.

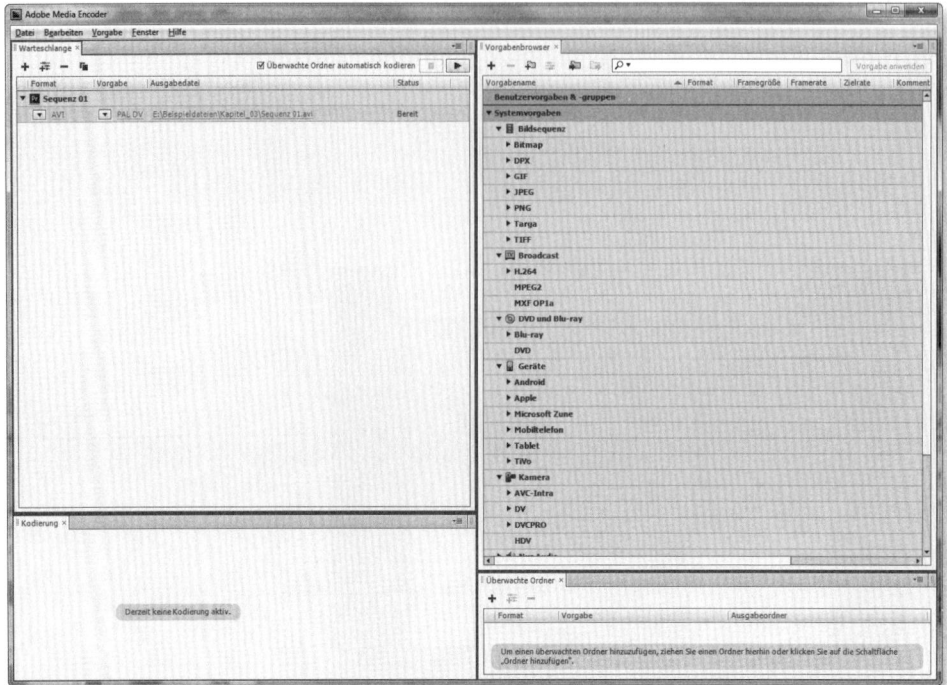

▲ **Abbildung 12.19** Der Media Encoder öffnet seine Pforten.

Sie können nun eine weitere Sequenz oder sogar ein ganz anderes Projekt auf die zuvor beschriebene Methode in Premiere Pro bearbeiten und hinterher per Dialog EXPORTEINSTELLUNGEN weiterleiten. Auch Sounddateien oder Formate anderer Creative-Suite-Anwendungen, wie z. B. After Effects oder Audition, können Sie dem Media Encoder zuspielen. Und sogar die Übergabe von Assets oder Projekten per Drag & Drop ist gestattet. Wollen Sie beispielsweise eine beliebige Videodatei in AVI (Windows) oder QuickTime (Mac) umwandeln, ziehen Sie diese einfach in den Frame WARTESCHLANGE des Media Encoders. Die Liste wird Stück für Stück erweitert, und für jeden Auftrag kommt eine Zeile hinzu, wobei die Formate, Vorgaben, Ausgabeeinstellungen und Speicherorte natürlich bei jeder Datei individuell eingestellt werden dürfen.

Das machen Sie, indem Sie auf die Beschriftung in der Spalte FORMAT ❷ oder VORGABE ❹ klicken. Das bringt Sie nämlich zurück in den bereits bekannten Dialog EXPORTEINSTELLUNGEN, in dem die individuellen Ausgabeparameter bestimmt werden können. Wer den Dialog nicht benötigt und die neuen Formate lediglich aus einer Liste auswählen möchte, der betätigt die Pfeilschaltflächen ❶ oder ❸.

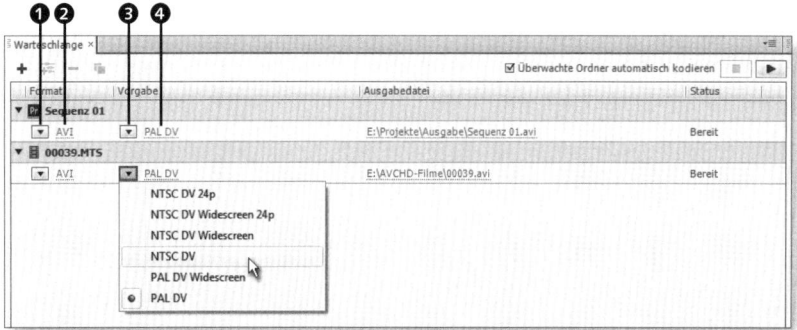

▲ **Abbildung 12.20** Hier wird beispielhaft ein PAL-Film in NTSC gewandelt – für die Tante in Massachusetts.

Nun ist es auch denkbar, dass verschiedene Formate ausgegeben werden sollen. Stellen Sie sich vor, ein Film muss als AVI (oder QuickTime) zur Verfügung stehen sowie ein weiteres Mal als H.264 (z. B. für eine Internetversion). Dann klicken Sie mit rechts auf die Filmzeile und entscheiden sich für DUPLIZIEREN. Daraufhin wird die Zeile ein weiteres Mal eingefügt und kann nun mittels Klick auf ❹ entsprechend umgestaltet werden. In den daraufhin zur Verfügung gestellten EXPORTEINSTELLUNGEN ist nun nichts weiter zu tun, als das Format von AVI (oder QuickTime) auf H.264 umzustellen.

Einzelne Arbeitsbereiche definieren

Stellen Sie sich vor, Sie wollen Ihrem Auftraggeber mehrere einzelne Szenen zur Begutachtung schicken. Dann ließe sich der Filmeintrag im Media Encoder ebenfalls duplizieren und eine bestimmte Stelle des Films durch Neueinstellung der Arbeitsbereichsleiste in den EXPORTEINSTELLUNGEN ausgeben. Komfortabel, oder?

Sollten Sie wider Erwarten einen Eintrag zu viel gelistet haben und eine Zeile doch lieber wieder entfernen wollen, markieren Sie diese, und drücken Sie [Entf] bzw. [←]. Daraufhin müssen Sie allerdings noch eine Kontrollabfrage bestätigen.

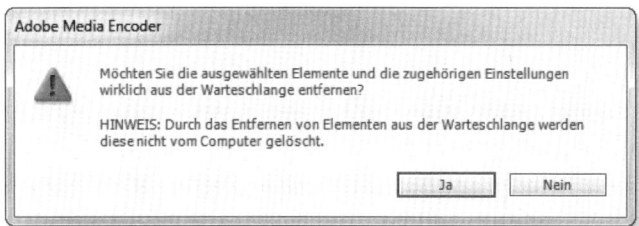

▲ **Abbildung 12.21** Der Media Encoder zeigt sich besorgt, dass eventuell etwas aus der Liste entfernt werden könnte, das gar nicht entfernt werden soll.

Wenn alles im Kasten ist, betätigen Sie WARTESCHLANGE STARTEN ❶ oder betätigen
⏎. Von jetzt an könnten Sie den Media Encoder mit Nichtachtung strafen und Ihre
Arbeiten in Premiere Pro fortsetzen. Währenddessen erledigt der Encoder zuverlässig
alle Jobs und zeigt nach jeder Codierung mittels Häkchen in der Zeile an, was bereits
erledigt ist. Ganz unten ist zu sehen, was gerade abgearbeitet wird. Je nach Leistungsfähigkeit Ihres Rechners werden hier mehr oder weniger Filme gleichzeitig erstellt.

▲ **Abbildung 12.22** Ein Klick auf den grünen Pfeil startet den Job.

▲ **Abbildung 12.23** Ganz unten im Fenster ist zu sehen, welche Filme gerade erstellt werden.

▲ **Abbildung 12.24** Fertige Jobs werden abgehakt.

12.4.2 Vorgabenbrowser

In diesem Kapitel haben Sie bereits eine Menge über Formate und Exporteigenschaf-
ten in Erfahrung gebracht. Wem das alles zu viel ist, der kann nun auch auf den VORGA-
BENBROWSER zurückgreifen, der unzählige praxisnahe Einstellungen bereithält. Immerhin gibt es ja heutzutage so viele unterschiedliche Verwendungsmöglichkeiten, dass
man wirklich den Überblick verlieren kann.

Um die WARTESCHLANGE zu löschen, markieren Sie alle Einträge (am besten geht das, indem Sie diese mit gedrückter linker Maustaste von außerhalb der Einträge beginnend ❺ überfahren und anschließend auf das Minus ❹ klicken.

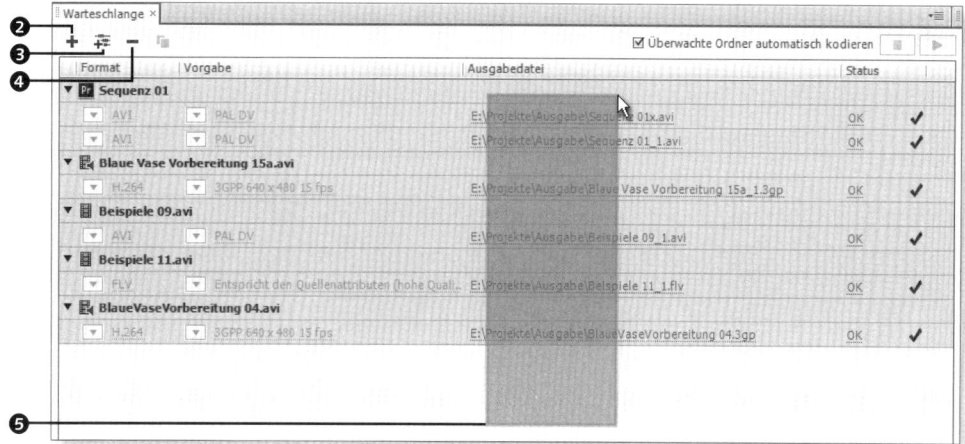

▲ **Abbildung 12.25** Zunächst wird aufgeräumt.

Danach klicken Sie auf die Plustaste ❷ und fügen den Film hinzu, den Sie ausgeben wollen. Alternativ schicken Sie eine Sequenz aus Premiere Pro, wie gewohnt, in den Media Encoder. Legen Sie den gewünschten Speicherort, wie beschrieben, fest. Danach ließe sich der Eintrag duplizieren, indem Sie auf AUSGABE HINZUFÜGEN ❸ gingen. Da wir jedoch vordefinierte Vorgaben verwenden, ist dieser Schritt gar nicht nötig.

Ausgabe auf Blu-ray | Gehen wir davon aus, wir wollten einen Full-HD-Film für die Ausgabe auf Blu-ray erzeugen. Schauen Sie rechts in die Liste VORGABENBROWSER ❽. Unterhalb des Eintrags DVD UND BLU-RAY ❾ finden Sie den Eintrag BLU-RAY ❿. Öffnen Sie die Liste, indem Sie auf das vorangestellte Dreieck klicken. Entscheiden Sie sich für die hiesige TV-Norm (25 Bilder pro Sekunde), und verweilen Sie mit dem Mauszeiger auf der Zeile HD 1080I 25 ⓫. Die QuickInfo ⓬ verrät einiges über dieses Format. Zuletzt klicken Sie diese Zeile an und ziehen sie mit gedrückter linker Maustaste auf den obersten Eintrag der WARTESCHLANGE (hier SEQUENZ 01 ❻). Als Folge dessen wird eine zweite Zeile ❼ angelegt. Diese verfügt übrigens über die gleichen Speicherattribute wie die darüber befindliche Zeile.

Nicht auf vorhandenen Film ziehen

Achten Sie beim Ziehen darauf, dass Sie die Maustaste nicht auf einer bereits bestehenden Filmzeile loslassen. Das hätte nämlich zur Folge, dass anstelle einer neuen Zeile die Attribute der bestehenden überschrieben würden. Sie dürfen die Vorgabe jedoch auch in den freien Bereich der WARTESCHLANGE ziehen und sogar zwischen zwei Einträgen fallen lassen.

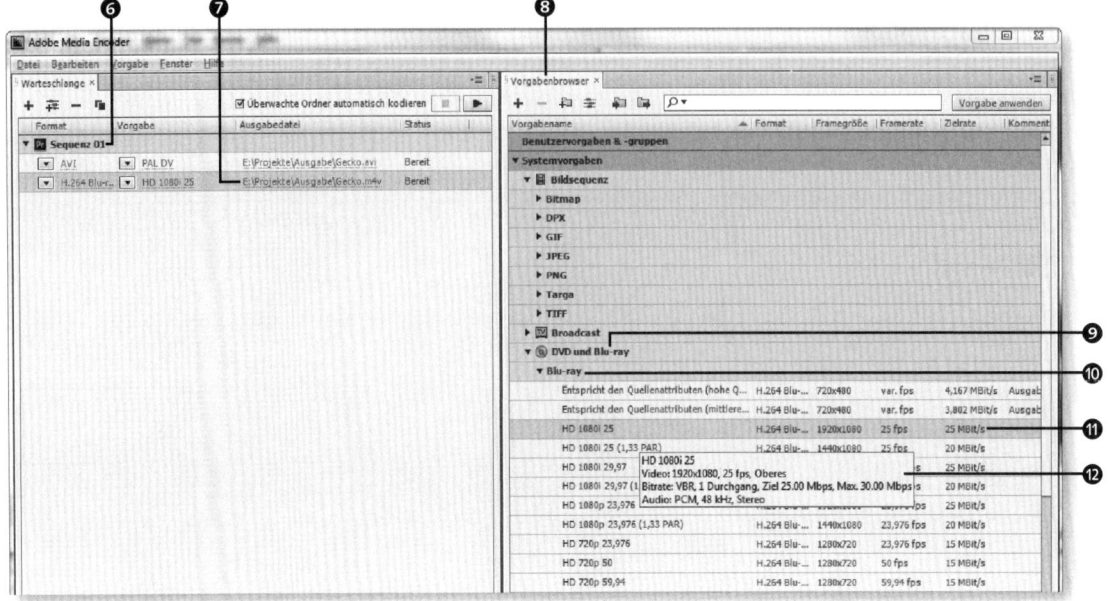

▲ **Abbildung 12.26** Sie benötigen eine neue Ausgabeform? Dann ziehen Sie die Vorgabe einfach herüber.

Für iPhone ausgeben | Nun wollen wir den Film auch noch für ein iPhone ausgeben. Klar, dass wir dann im VORGABENBROWSER unter GERÄTE nachsehen müssen. Öffnen Sie den Untereintrag APPLE, werden Sie erschreckend viele Möglichkeiten vorfinden. Ja, so ist das iPhone-Leben. Es gibt zahllose Versionen und Bildschirmgrößen. Um nun Ihrem persönlichen iPhone einen Film zu spendieren, müssen Sie auch die richtige Bildgröße festlegen. Dazu ziehen Sie die Spalte am besten etwas breiter auf ❶.

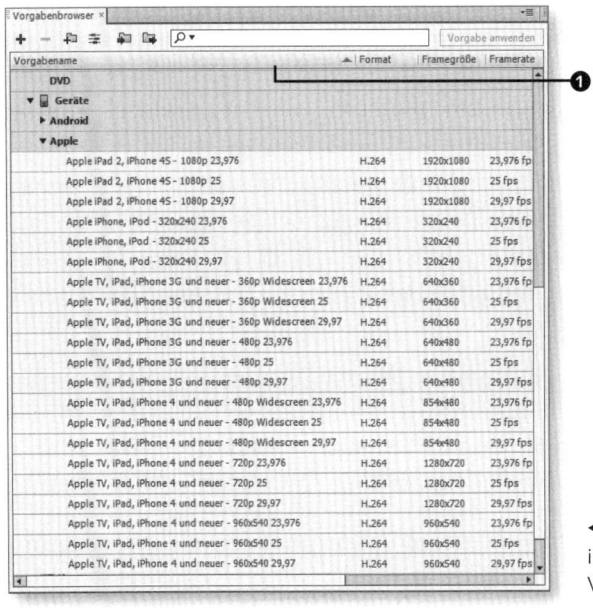

◄ **Abbildung 12.27** Nahezu jede iPhone-Version hat ihre eigene Vorgabe.

Besitzern eines iPhone 4 beispielsweise werden hier neun Vorgaben angeboten. Doch anhand der ersten dreistelligen Ziffer lässt sich das Ergebnis bereits bis auf drei Vorgaben eingrenzen. Dabei handelt es sich nämlich stets um die Bildpunkte der kürzesten Seite. 480p beispielsweise steht für 854 × 480 Pixel. Auch hier verrät die QuickInfo eine Menge. Zuletzt müssen Sie sich nur noch um die FRAMERATE kümmern, die in der rechten Spalte angegeben ist (23,976 oder 25 oder 29,97). Ziehen Sie danach auch diesen Eintrag in die WARTESCHLANGE. Derartige Aktionen ließen sich nun unentwegt fortführen, bis auch die letzte Vorgabe integriert ist. Wie am Ende alles ausgegeben wird, wissen Sie ja bereits.

YouTube-Ausgabe | Scrollen Sie einmal ganz nach unten. Dort finden Sie die Liste YOUTUBE. Wenn Sie beispielsweise einen Full HD-Film einstellen wollen, verwenden Sie idealerweise den Eintrag YOUTUBE HD 1080P 25 (sofern auch das Quellmaterial derart hochauflösend ist). Stellen Sie den Mauszeiger darauf, werden Sie sehen, dass für den Film eine Ziel-Bitrate von 8 MBit pro Sekunde vorgesehen ist. Das ist fürs Internet viel zu viel. Die Adobe-Programmierer haben sich aber offenbar aus gutem Grund für die hohe Datenrate entschieden. Beim Upload wird der Film nämlich von YouTube ohnehin noch einmal neu codiert. Das vorherige Absenken der Datenrate hätte also gar keinen Sinn. Außerdem bekommt die YouTube-Engine auf diese Weise qualitativ optimales Material angeliefert.

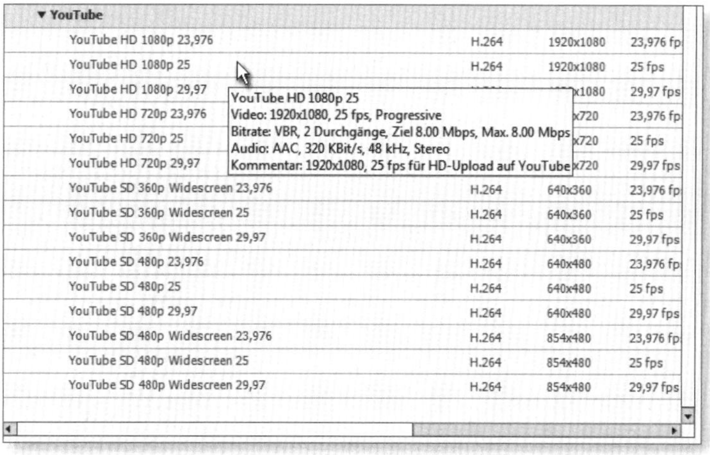

◀ **Abbildung 12.28**
8.00 Mbps sind gigantisch für die Darstellung im Netz.

Datenrate herabsetzen

Sollten Sie den Film mit den gleichen Attributen wie YouTube-Filme auf Ihre eigene Website stellen wollen, empfiehlt es sich, mit der Datenrate drastisch herunterzugehen. Versuchen Sie es zunächst mit einer Ziel-Bitrate von 1,0 und einer maximalen Bitrate von 1,3 bis 1,5. Tasten Sie sich von dort ausgehend durch einige Probe-Codierungen bei Veränderung der Bitraten an die von Ihnen gewünschte Mindestqualität (bei möglichst geringer Bitrate) heran.

12.4.3 Ordner überwachen

Der Frame ÜBERWACHTE ORDNER, den Sie unten rechts im Media Encoder finden, ermöglicht eine permanente Aufsicht des Media Encoders über ein bestimmtes Verzeichnis. Wird eine Filmdatei dort integriert, nimmt der Encoder automatisch seine Arbeit auf. Und so geht's: Ziehen Sie einen Ordner per Drag & Drop in das Feld unten rechts, oder bestimmen Sie per Klick auf das Plussymbol, welcher Ordner künftig überwacht werden soll (es dürfen übrigens auch mehrere sein). Stellen Sie danach die Attribute ein, die beim Codieren eingehalten werden sollen (z. B. Codierung als MPEG-2). Auch diese Codierungszeile kann durch Duplizieren für die Ausgabe unterschiedlicher Formate sorgen.

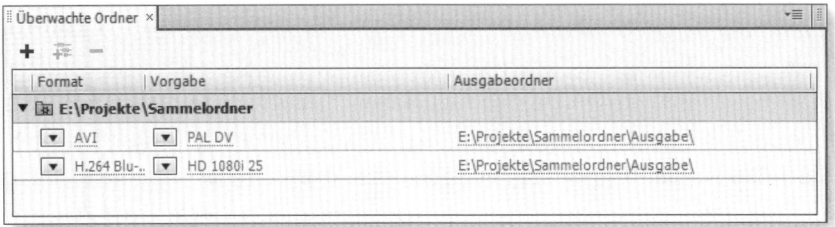

▲ **Abbildung 12.29** In diesem Beispiel wird ein hinzugefügtes Asset automatisch in AVI sowie in H.264 codiert.

Darüber hinaus legen Sie oben links im Frame WARTESCHLANGE fest, ob überwachte Ordner automatisch codiert werden sollen oder nicht. Bei aktivierter Funktion werden die Filme automatisch berechnet. Ist die Checkbox leer, werden sie lediglich der Warteschlange hinzugefügt.

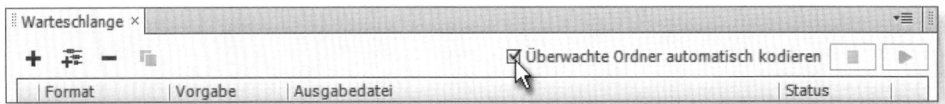

▲ **Abbildung 12.30** Entscheiden Sie vorab, ob die Filme gleich encodiert oder zunächst nur in die Warteschlange befördert werden.

Ein besonderes Highlight bei der Überwachung von Ordnern: Premiere Pro legt innerhalb des überwachten Ordners noch zwei weitere Verzeichnisse an – und zwar AUSGABE und QUELLE. Sie vermuten richtig: Das zu encodierende Material wird nach getaner Arbeit in den Ordner QUELLE verschoben. Dieser Ordner könnte von Zeit zu Zeit entsorgt oder dessen Inhalt in die ursprünglichen Verzeichnisse zurückgelegt werden. Die fertigen Filme landen hingegen im Unterordner AUSGABE.

12.5 Einzelbilder exportieren

Mitunter ist es erforderlich, dass Sie einen Film in Einzelbilder »zerkleinern« müssen. Bei der Kinowerbung beispielsweise wird man nicht selten von Ihnen erwarten, dass Sie durchnummerierte TIFFs anliefern. Außerdem könnte eine aufwendige Retusche (z. B. das Entfernen einer Drahtseilsicherung bei einem gewagten Sprung des Hauptdarstellers) eine Zergliederung in einzelne Frames sinnvoll machen.

12.5.1 Ein einzelnes Bild exportieren

Der einfachste Weg, an ein Einzelbild zu gelangen, ist der beherzte Klick auf das Fotoapparatsymbol in der Schaltflächenleiste des Programmmonitors. Danach müssen Sie einen Dialog abarbeiten und das Format festlegen.

◄ **Abbildung 12.31** Der Einzelbild-Export

Wenn Sie eine ganze Sequenz in Form von Einzelbildern benötigen, ist diese Vorgehensweise natürlich nur mäßig spannend. Wer hat schon Lust, das 25x pro Sekunde Film zu wiederholen.

12.5.2 Fortlaufende TIFFs ausgeben

Sehr viel schneller geht die Ausgabe über die EXPORTEINSTELLUNGEN, mit denen auch gleich eine sinnvolle Bezeichnung vergeben wird, welche die Position jedes einzelnen Fotos chronologisch angibt.

■ *Schritt für Schritt: Eine Sequenz als Einzelbilder ausgeben*

In diesem Beispiel bleiben wir bei der Ausgabe als TIFFs, da dieses Bildformat qualitativ hochwertig ist. Es kann verlustlos komprimiert werden und bringt bei der Übergabe auf andere Plattformen (z. B. von Windows auf Mac) in der Regel keine Probleme mit sich.

1 *Sequenz vorbereiten*

Zunächst einmal sollten Sie die Sequenz wie üblich vorbereiten. Das bedeutet: Arbeitsbereichsleiste einstellen und Sequenz im Projektfenster markieren. Alternativ wählen

Sie das Schnittfenster an. Leiten Sie den Export in die Wege (Strg/cmd+M oder DA-
TEI • EXPORTIEREN • MEDIEN).

2 Format wählen

Oben rechts in den EXPORTEINSTELLUNGEN gehen Sie nun auf das FORMAT TIFF. Im Steuerelement VORGABE wird meist schon das zur Sequenz passende Format eingestellt. Allerdings wird die Vorgabe ohnehin noch verändert.

▲ **Abbildung 12.32** Zunächst muss auf TIFF umgestellt werden.

3 Datei benennen

Als Nächstes vergeben Sie AUSGABENAME und Speicherort. Es ist sinnvoll, die Bezeichnung beispielsweise mit einem Unterstrich enden zu lassen, da Premiere Pro die fort-
laufende Nummerierung dann ohne Leerzeichen anhängt.

Länge der Zeichenkette
Vor dem Export prüft Premiere Pro, wie viele Einzelbilder zu exportieren sind. Sollten es weniger als 100 sein, begnügt sich die Anwendung mit einer zweistelligen Nummerie-rung, beginnend bei 00. Größere Sequenzen beginnen entsprechend mit 000 oder 0000. So wird gewährleistet, dass keine Bilder durcheinandergeraten.

4 Weitere Einstellungen vornehmen

Ziehen Sie den Dialog etwas höher auf. Die Registerkarten und deren Inhalte im unteren
Drittel sollten gut einsehbar sein. Auf der Registerkarte VIDEO ändern Sie zunächst die

FELDFOLGE. Schalten Sie um auf PROGRESSIV. Sie sollten auch die oberhalb befindlichen Abmessungen (BREITE und HÖHE) kontrollieren. Bei Full HD benötigen Sie 1.920 × 1.080 sowie QUADRATISCHE PIXEL (1,0) im Pulldown-Menü SEITENVERHÄLTNIS. MIT MAXIMALER TIEFE RENDERN macht ebenfalls Sinn, da dadurch die Qualität verbessert wird, wenngleich die Dauer der Codierung zunimmt. Das ist allerdings zu vernachlässigen, da Premiere Pro den Job ohnehin ruck zuck erledigt, sobald Sie EXPORTIEREN betätigen.

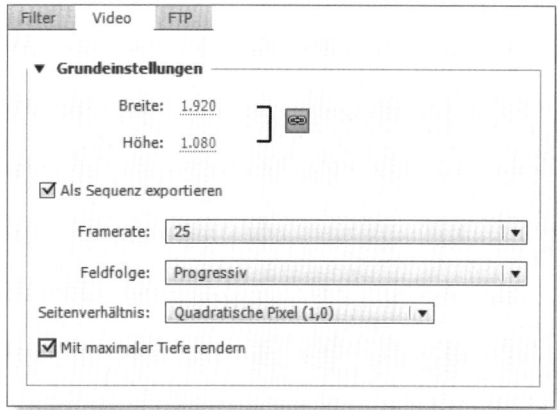

◄ **Abbildung 12.33** So passt alles. Die Halbbilder sind zusammengefügt worden.

Warum keine Halbbilder?

Man sollte meinen, es sei sinnvoll, die Einzelbilder in Form von Halbbildern auszugeben. Bei einer Retusche beispielsweise könnte man dann jedes Halbbild einzeln korrigieren. Das ist aber nicht so, da die Anwendung beide Halbbilder in eine einzelne TIFF-Datei schreibt. Real erhalten Sie also bei einer Sekunde Film keine 50 Halbbilder sondern 25 zusammengefügte Vollbilder – mit Zeilensprung (siehe Anhang A, »Fachkunde«). Schauen Sie sich ein derartiges Ergebnis auf Abbildung 12.34 an.

▲ **Abbildung 12.34** Beide Halbbilder werden bei der TIFF-Ausgabe zusammengefügt. Keine Option, also.

5 Auf Einzelbilder zugreifen

Nach erfolgtem Export gehen Sie in das Zielverzeichnis. Dort finden Sie nun alle erstellten Bilder fortlaufend nummeriert, beginnend bei »_00« oder »_000« usw., je nachdem wie groß die Sequenz gewesen ist. Von hier aus können die Bilder nun weiterverarbeitet werden.

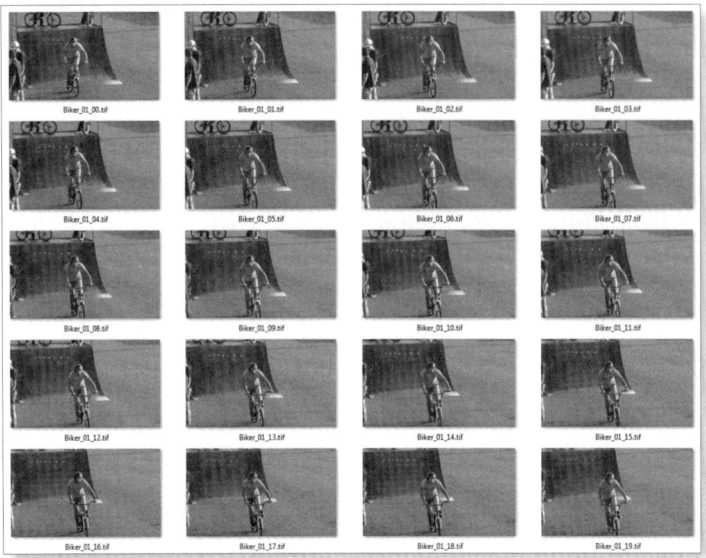

▲ **Abbildung 12.35** Die ersten 20 Einzelbilder einer Sequenz

12.5.3 Einzelbilder reimportieren

Ihr Kinobetreiber ist befriedet, wenn Sie ihm den Satz TIFF-Einzelbilder vorlegen. Job beendet! Sollten Sie die Fotos allerdings aus Retusche-Gründen exportiert haben, so müssen diese ja nach der Bearbeitung in Photoshop wieder in Premiere Pro integriert werden. Wie das geht, zeigt der Workshop.

Schritt für Schritt: Reimport als Sequenz

Sie haben ja bereits erfahren, dass Einzelbilder problemlos importiert werden können. Dabei sind allerdings Voreinstellungen, wie z. B. die Standbilddauer, zu verändern. Zu umständlich. Denn eigentlich benötigen wir ja jetzt gar keine Einzelbilder mehr, sondern einen zusammenhängenden Clip.

1 Import-Dialog öffnen

Zunächst wählen sie DATEI • IMPORTIEREN. Navigieren Sie zum Ordner, der Ihre TIFF-Fotos enthält und öffnen Sie ihn. Markieren Sie das erste darin befindliche Foto. Anschließend versehen Sie die Checkbox BILDSEQUENZ ❶ mit einem Häkchen.

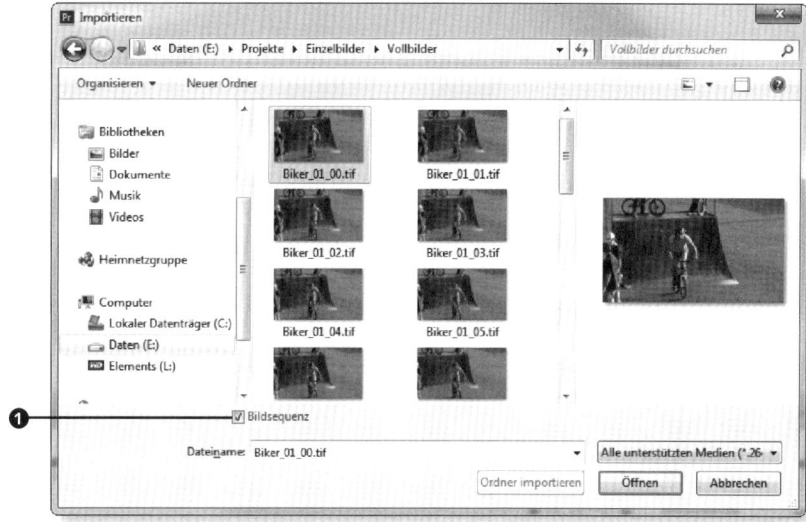

▲ **Abbildung 12.36** Nur das erste Foto wird markiert.

Begeben Sie sich jetzt zum letzten Foto des Ordners, und aktivieren Sie auch dieses. Hier ist es besonders wichtig, währenddessen ⬆ gedrückt zu halten. Nur dann werden nämlich auch alle dazwischen befindlichen Fotos selektiert und das erste nicht wieder abgewählt. Zuletzt klicken Sie auf ÖFFNEN.

Warum nicht sofort alle Fotos markieren?

Man sollte meinen, dass auch der umgekehrte Weg möglich ist, nämlich alle Fotos zu markieren und erst danach BILDSEQUENZ zu aktivieren. Doch das funktioniert nicht. Sind mehrere Dateien ausgewählt, lässt sich die Checkbox nicht mehr bedienen.

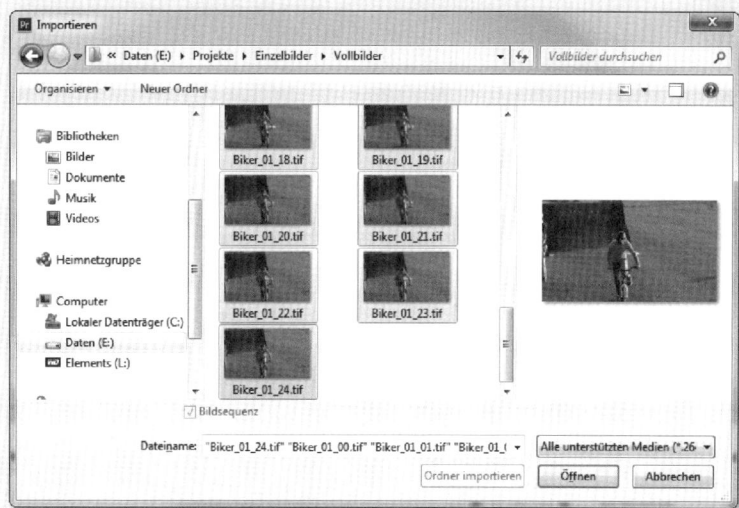

▲ **Abbildung 12.37** Sobald mehrere Dateien markiert sind, erscheint die Checkbox ausgegraut.

2 Import begutachten

Schauen Sie sich einmal das Asset an, das dem Projektfenster soeben hinzugefügt worden ist. Scheinbar handelt es sich um ein Einzelbild ❶ (Dateiendung ».tif«). Aber irgendwie verfügt das Bild auch über eine gewisse Länge ❷. Wie kann das denn sein?

▲ **Abbildung 12.38** Einzelbild? Eine Sekunde lang? Seltsam.

3 Sequenz erzeugen

Licht kommt ins Dunkel, wenn Sie dieses Asset auf das Symbol AUTOMATISCH IN SEQUENZ UMWANDELN in der Fußleiste des Projektfensters ziehen und dort fallenlassen. Die Alternative: Rechtsklick gefolgt von NEUE SEQUENZ AUS CLIP. Das Ergebnis: Sie erhalten eine Sequenz. Darin befindet sich ein einzelner Videoclip (im Beispiel mit einer Dauer von 1:00 Sekunde).

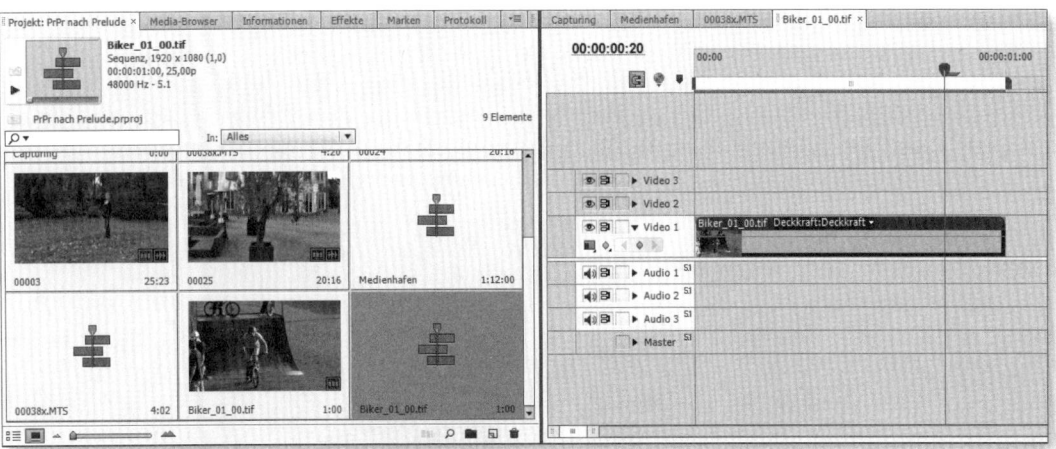

▲ **Abbildung 12.39** Die Einzelbilder sind wieder zu einem Clip verschmolzen.

12.5.4 Einzelbilder beim Reimport erhalten

Falls Sie die Einzelbilder lieber erhalten wollen, sollten Sie in den VOREINSTELLUNGEN auf ALLGEMEIN gehen und die STANDARDDAUER DER STANDBILDER auf »1« FRAMES zurücksetzen. Danach importieren Sie den gesamten Bildordner mit Hilfe des Buttons ORDNER IMPORTIEREN. Ziehen Sie den Ordner auf das Sequenzsymbol in der Fußleiste des Projektfensters, wobei eine CLIP-ÜBERLAPPUNG ❹ von »0« FRAMES erforderlich ist. Zuletzt setzen Sie die Standbilddauer in den VOREINSTELLUNGEN wieder herauf.

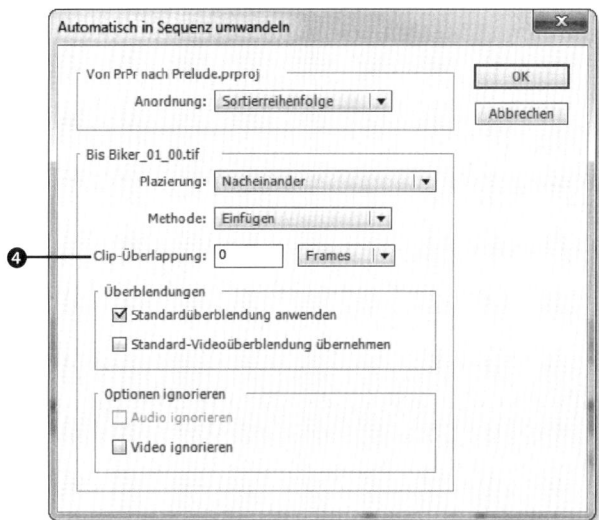

▲ **Abbildung 12.40** So lassen sich die Fotos hintereinander anordnen.

12.6 Projekte archivieren

Die Arbeit mit Premiere Pro neigt sich dem Ende zu. Sie haben Ihren Film komplett geschnitten, mit Effekten versehen und ausgegeben. Jetzt möchten Sie sicherlich Ihr Projekt noch sinnvoll abspeichern oder auf eine externe Festplatte auslagern. Denn wenn Sie grundsätzlich alles auf dem Rechner behalten, was Sie im Laufe der Zeit aufgenommen und verarbeitet haben, könnte es sein, dass die internen Festplatten irgendwann aus allen Nähten platzen.

Schritt für Schritt: Projekte archivieren

Möglicherweise haben Sie im Laufe einer Projektarbeit sehr viel experimentiert. Deshalb sind nun zahlreiche Assets im Projektfenster, die überhaupt nicht verwendet worden sind. Es ist auch denkbar, dass Sie von zahlreichen längeren Clips jeweils nur wenige Sekunden benutzt haben. Dann stellt sich die Frage: Warum soll ich das Material eigentlich in voller Länge archivieren? Spätestens an diesem Punkt sollten Sie den Projektmanager einsetzen.

1 Projektmanager öffnen

Entscheiden Sie sich in der Premiere-Pro-Menüleiste zunächst für PROJEKT • PROJEKTMANAGER. Danach dürfen Sie sich je nach Projektumfang einen oder zwei Augenblicke zurücklehnen. Die Anwendung prüft das Ganze zunächst einmal, um einen ungefähren Überblick über die zu erwartende Größe des archivierten Projekts zu vergeben.

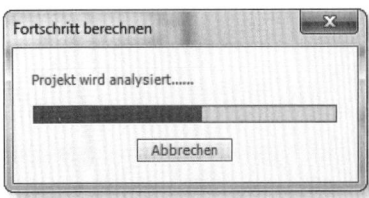

◄ **Abbildung 12.41** Zunächst wird eine Analyse durchgeführt.

Danach präsentiert sich ein nicht zu verachtender Dialog, der das Ergebnis der Analyse ganz unten als Schätzwert präsentiert (RESULTIERENDE PROJEKTGRÖSSE (SCHÄTZUNG) ❽).

2 Quelle wählen

In der obersten Steuerelement-Sammlung QUELLE dürfen Sie entscheiden, welche Sequenz denn nun archiviert werden soll. Wenn Sie die zahlreichen Workshops im Beispielprojekt durchgeführt haben, jetzt aber nur dieses Beispielprojekt archivieren wollen, ist anzuraten, alle Checkboxen mit Ausnahme von SEQUENZ 01 ❶ abzuwählen.

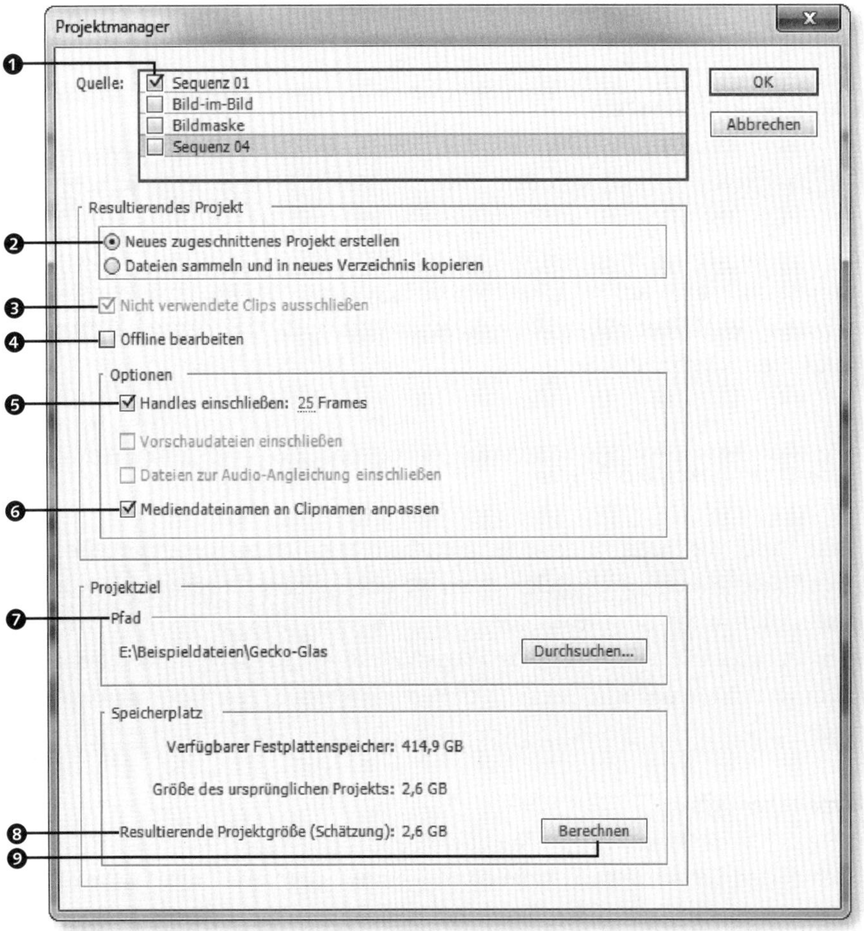

▲ **Abbildung 12.42** Die Übungssequenzen müssen nicht archiviert werden.

3 Ergebnis festlegen

Nun sollten Sie sich den beiden darunter befindlichen Radiobuttons widmen. Mit NEUES ZUGESCHNITTENES PROJEKT ERSTELLEN ❷ werden die Original-Clips gekürzt, und es wird prinzipiell nur das verwendet, was Sie auch innerhalb der Sequenz benutzt haben. Anders ist das, wenn Sie sich für DATEIEN SAMMELN UND IN NEUES VERZEICHNIS KOPIEREN entscheiden. Dann werden nämlich die Original-Assets berücksichtigt und nicht nur Teile davon.

Ein weiterer Unterschied: Verwenden Sie den obersten Eintrag, werden weder Vorschaudateien noch die Dateien zur Audioangleichung eingeschlossen. Das ist auch nicht weiter schlimm, denn diese könnten ja anhand der vorhandenen Daten jederzeit neu erstellt werden. Sie nähmen also nur unnötig Platz weg. Achten Sie auch darauf, dass in diesem Fall die entsprechenden Checkboxen im Frame OPTIONEN nicht zur Verfügung stehen. Grundsätzlich sollten Sie also diese Überlegung anstellen: Wenn sicher ist, dass ich nie mehr neu schneiden will, nehme ich den obersten Radiobutton. Das spart zudem eventuell enorm viel Speicherplatz, der sogar noch weiter optimiert werden könnte, wenn Sie HANDLES EINSCHLIESSEN ❺ deaktivieren. Lassen Sie die Checkbox aber nach Möglichkeit angewählt, damit an jedem durch In- und Out-Points begrenzten Clip-Enden 25 Einzelbilder, sprich eine Sekunde zusätzliches Material verbleiben (sofern vorhanden, natürlich) – falls Sie einmal einen Schnitt verschieben müssen. Wenn Sie mögen, können Sie diese Zahl auch noch verändern.

4 Clips ausschließen

Mit der Anwahl der Checkbox NICHT VERWENDETE CLIPS AUSSCHLIESSEN ❸ werden nur Clips in das Archiv übernommen, die auch tatsächlich im Projekt verwendet wurden. Ist die Schaltfläche ausgegraut, sind derartige Clips nicht vorhanden.

5 Offline erstellen

Falls Sie sich für ein neu zugeschnittenes Projekt entschieden haben, können Sie Offlines erstellen. Hier werden Bandname und Timecode des Original-Filmmaterials archiviert. Dies ist sehr nützlich, wenn Sie beispielsweise die Premiere-Pro-Projektdatei mitsamt Original-Videobändern an eine andere Person weitergeben wollen. Diese kann die Filme dann anhand der Offline-Informationen vom Band holen. Bitte wählen Sie aber nur in diesem Fall OFFLINE BEARBEITEN ❹ an.

6 Clip-Namen anpassen

Die kopierten Filmmaterialdateien erhalten den Namen der aufgenommenen Clips, wenn Sie MEDIENDATEINAMEN AN CLIPNAMEN ANPASSEN ❻ angewählt haben.

7 Berechnen und speichern

Geben Sie im Frame PFAD ❼ jetzt noch den Speicherort Ihres zu archivierenden Projekts an, indem Sie auf DURCHSUCHEN klicken. Am Schluss können Sie mit Hilfe der Schaltfläche BERECHNEN ❾ noch einmal ermitteln, wie groß das fertige Projektarchiv schätzungsweise sein wird. Nach einer kurzen Analyse sollte das Ergebnis vorliegen. Vergleichen Sie die GRÖSSE DES URSPRÜNGLICHEN PROJEKTS mit der jetzt noch resultierenden Projektgröße.

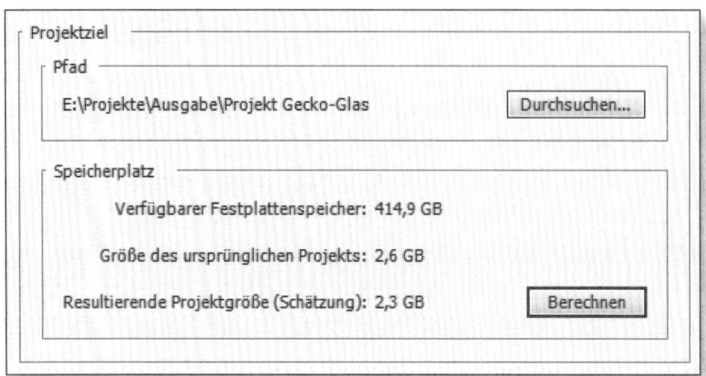

▲ **Abbildung 12.43** Hier beträgt die Differenz 0,3 GB. Je nach Menge des Filmmaterials können hier aber auch weitaus höhere Einsparungen erzielt werden.

Teil III
Premiere im Workflow

13   Import und Aufnahme

Ebnen Sie Ihren Takes den Weg in den Rechner. Dazu stellt Premiere Pro verschiedene Werkzeuge und Möglichkeiten zur Verfügung. Zu unterscheiden ist grundsätzlich, ob sich das Material auf Band oder einem anderen Speichermedium, wie z. B. einer Festplatte oder einer Speicherkarte, befindet. Wer eine der Suiten Production Premium oder Master Collection sein Eigen nennt, der kann außerdem auf das neu integrierte Give-away Adobe Prelude CS6 zugreifen, welches am Ende des Kapitels angesprochen wird.

Und darum geht's in diesem Kapitel:

▶ Wie bewältige ich einen bandlosen Workflow?
▶ Wie bereite ich Bandprojekte für die Aufnahme vor?
▶ Wie konfiguriere ich die Gerätesteuerung?
▶ Wie nehme ich digitales Bandmaterial auf?
▶ Wie lässt sich analoges Filmmaterial digitalisieren?
▶ Wie erzeuge ich eine Batchaufnahme?
▶ Wie können Batchlisten im- und exportiert werden?
▶ Welche Möglichkeiten bietet Prelude CS6?

13.1   Der bandlose Workflow

Im Prinzip ist es so, dass Videoaufnahmen von Bändern, selbst wenn sie digitalen Ursprungs sind, zunächst einmal in ein Format umgewandelt werden müssen, mit dem Premiere Pro auch in der Lage ist, zu arbeiten. So ist das beispielsweise bei Digital-DV-Material oder HDV. Bei neueren Formaten, wie z. B. AVCHD, ist dieser Schritt nicht mehr erforderlich, da die Daten auf einem festen Speichermedium (Speicherkarte, Festplatte) vorliegen und Ihre Videoschnitt-Applikation in der Regel mit den ursprünglich von der Kamera erzeugten Dateiformaten umgehen kann. Die Aufnahmeübertragung zwischen Aufnahmegerät und Rechner (*Capturing*) entfällt also in diesem Fall. Dennoch ist einiges zu beachten. Im Folgenden wollen wir uns beispielhaft für alle bandlosen Workflows mit AVCHD beschäftigen.

13.1.1   Kamera anschließen

Bei Karten-Camcordern gibt es prinzipiell zwei unterschiedliche Wege, auf das Material zuzugreifen. Entweder Sie entnehmen die Karte und verwenden einen Kartenleser, oder Sie greifen direkt auf die Kamera zu. Bei Festplatten-Camcordern besteht nur die zweite Möglichkeit. Zudem ist generell zu beachten, dass herkömmliche CardReader oft weit weniger leistungsfähig sind als Ihre Kamera. Deswegen ist der Verbleib des Chips in der Kamera und der direkte Import von dort zum Rechner vorzuziehen.

Verbinden Sie Kamera und PC miteinander. In der Regel gelingt das prima via USB oder (sofern vorhanden) HDMI. Danach schalten Sie den Camcorder ein und aktivieren den Wiedergabemodus. Die Kamera wird entsprechend reagieren und Ihnen verschiedene Optionen zur Verfügung stellen. Entscheiden Sie sich hier für den PC-ANSCHLUSS oder AVCHD-ANSCHLUSS. Sollte das Betriebssystem mit einer Hinweistafel antworten, können Sie über diese auf das Speichermedium der Kamera zugreifen. Entscheiden Sie sich in diesem Fall für ORDNER ÖFFNEN, UM DATEIEN ANZUZEIGEN (Windows). Beim Mac wird die Kamera in der Regel als Laufwerk auf dem Schreibtisch angezeigt. Ein Doppelklick darauf genügt.

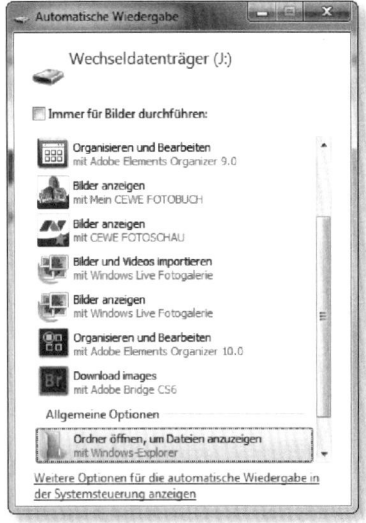

▲ **Abbildung 13.1** Auf dem Windows-Rechner lässt sich auf das Verzeichnis der Kamera mittels ORDNER ÖFFNEN zugreifen.

▲ **Abbildung 13.2** Am Mac erscheint das Aufnahmegerät als Festplatte – auch wenn es sich um Chip-Camcorder handelt.

13.1.2 Direkt auf bandlose Daten zugreifen

Einmal ganz davon abgesehen, dass Camcorder oft Software mitbringen, mit der die Übertragung der Filme auf den Rechner ermöglicht wird, können Sie auch direkt auf das Speichermedium zugreifen. Sie müssen dazu aber ein wenig suchen. Der Pfad zu den Clips könnte beispielsweise dieser sein: PRIVATE\AVCHD\BDMV\STREAM. Wenn Sie einen der Filme (im Beispiel mit der Dateiendung .mts) doppelt anklicken, öffnet sich im Idealfall der Media Player oder QuickTime-Player, und Sie dürfen die Filme erstmals auf dem Rechner ansehen. Rein theoretisch könnten Sie also die Filme schauen, und nur das, was Sie wirklich benötigen, in einen bereitgestellten Ordner des Computers ziehen.

Kein Import via Media-Browser | Falls Sie direkt über den Media-Browser von Premiere Pro auf das Speichermedium zugreifen, können Sie die Filme zwar prima ins Projektfenster ziehen, jedoch werden sie dadurch nicht auf den Rechner importiert. Kappen Sie die Verbindung zur Kamera, stehen die Clips nur noch als Offline-Dateien zur Verfügung. Anstelle eines Films gibt es dann lediglich eine Hinweistafel. Das betrifft auch Clips, die sich bereits im Schnittfenster befinden.

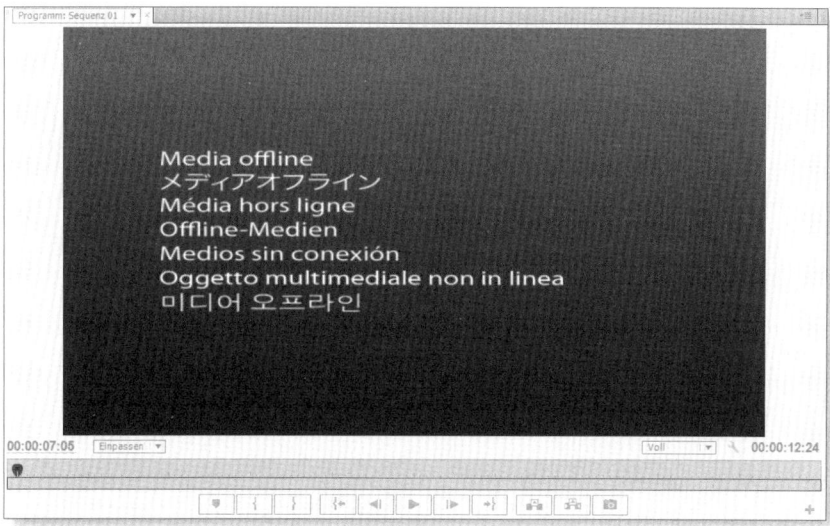

▲ **Abbildung 13.3** Hier geht nichts mehr. Premiere Pro kann nicht mehr auf die Medien zugreifen, nachdem die Kamera entfernt worden ist.

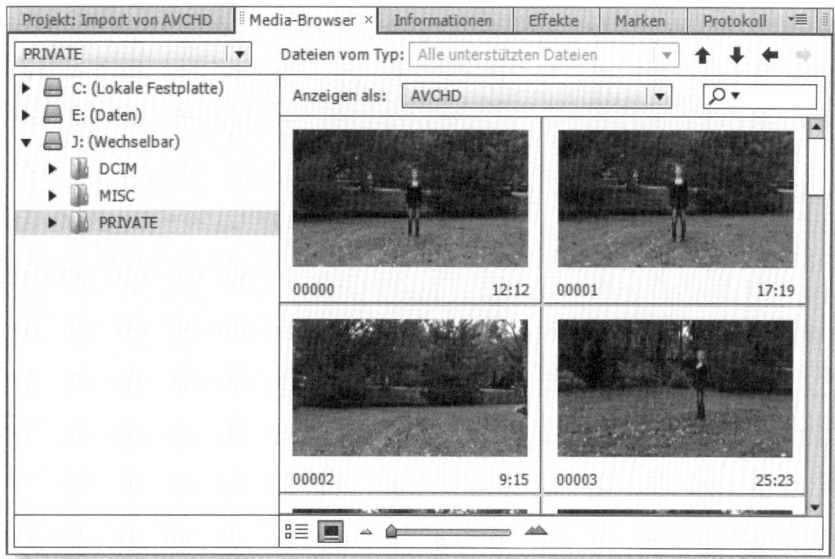

▲ **Abbildung 13.4** Solange die Kamera online ist, gelingt der Zugriff auf die Daten ganz hervorragend.

Medien aktualisieren | Sollten Sie diesen Schritt ebenfalls nachvollzogen haben und die Kameraverbindung nun wiederherstellen, reagiert Premiere Pro mit einem Dialog, der die erneute Verbindung wiederherstellen kann. Nun könnte es ja durchaus sein, dass der liebe Kollege gerade mit dem Aufnahmegerät unterwegs ist. Also müssen Sie den Dialog abbrechen – und die Filmdateien bleiben weiterhin offline.

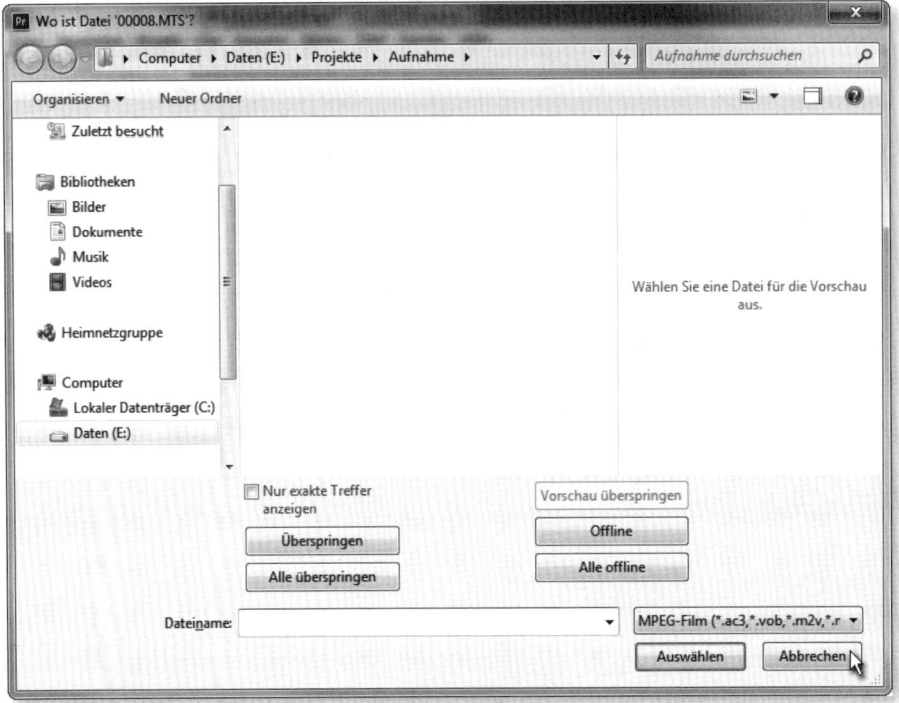

▲ **Abbildung 13.5** Wenn keine Kamera angeschlossen ist, nutzt der Dialog auch nichts.

Gott sei Dank, nach nur wenigen Minuten kommt der werte Kollege mitsamt Kamera zurück. Was hat er sich nur dabei gedacht. Aber Glück gehabt. Schnell die Kamera wieder anschließen – und warten … aber nichts passiert. Die Daten bleiben offline. Abhilfe schaffen hier nur das Markieren aller Offline-Assets im Projektfenster und ein anschließender Rechtsklick auf eine der Miniaturen. Klicken Sie im Kontextmenü auf MEDIEN VERBINDEN, und wählen Sie genau das Asset aus, das im Dialog gesucht wird. Die übrigen Filme werden dabei gleich mit online gesetzt.

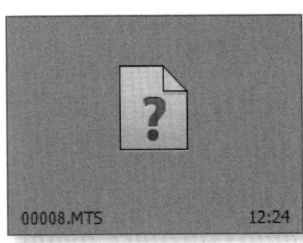

◄ **Abbildung 13.6** Dieser Film ist offline.

13.1.3 Clips auf Festplatte transferieren

Nun ist gegen den Zugriff auf die Kamera während des gesamten Produktionsprozesses prinzipiell nichts einzuwenden. Mitunter werden ja auch nur wenige Clips benötigt, geschnitten und ausgegeben. Dann macht es wenig Sinn, das gesamte Material zu importieren. Wollen Sie jedoch unabhängig von der Kamera arbeiten, importieren Sie die benötigten Clips am besten direkt auf eine Ihrer Festplatten. Das lässt sich, wie erwähnt, mittels Drag & Drop, aber auch über die Adobe Bridge realisieren, die Sie mit Premiere Pro bzw. der Production Premium Suite gleich mit erworben haben.

Schritt für Schritt: Filme mit Adobe Bridge importieren

Die erwähnte Drag-&-Drop-Methode ist zwar recht intuitiv, doch sollte man sich vergegenwärtigen, dass Bridge sehr viel mehr Komfort bietet. In diesem Workshop soll lediglich der Dateiimport aufgezeigt werden. Alle weiteren Infos zur Bridge entnehmen Sie bitte dem folgenden Kapitel.

1 Kamera-Ordner wählen

Nach dem Öffnen der Anwendung stellen Sie das Register ORDNER ❶ nach vorne. Stellen Sie den Pfad zum Speichermedium Ihrer Kamera her ❷. Daraufhin zeigen sich die enthaltenen Clips in der Mitte der Anwendung.

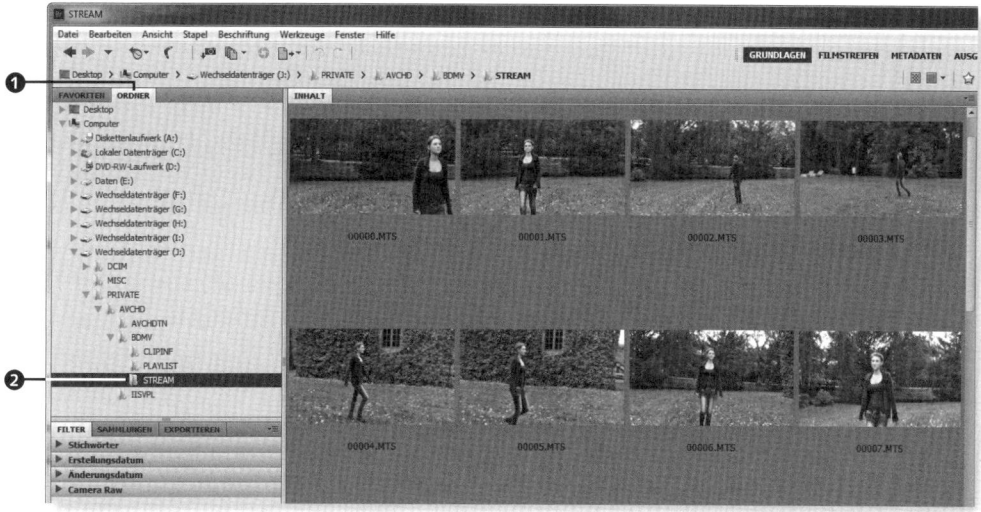

▲ **Abbildung 13.7** Der Pfad zur Kamera lässt sich auch mittels Bridge herstellen.

2 Zielpfad herstellen

Nun gibt es verschiedene Möglichkeiten. Sie können im Register ORDNER den Pfad zum gewünschten Zielordner herstellen. Dazu dürfen Sie aber ausschließlich die vorangestellten Dreiecksymbole betätigen. Würden Sie auf einen der nebenstehenden Einträge klicken, würde der Inhalt dieses Verzeichnisses statt der Clips in der Mitte der Anwendung präsentiert. Alternativ stellen Sie den Zielordner neben die Anwendung.

3 Clips transferieren

Jetzt können Sie die Clips betrachten, indem Sie einen der Filme in der Bildmitte markieren und auf der rechten Seite abspielen ❷. Gefällt Ihnen der Clip? Dann ziehen Sie dessen Miniatur entweder in den Ordner, den Sie zuvor neben der Bridge bereitgestellt haben oder in das Verzeichnis im Bedienfeld ORDNER. Sobald dort eine Markierung erscheint ❶, lassen Sie los.

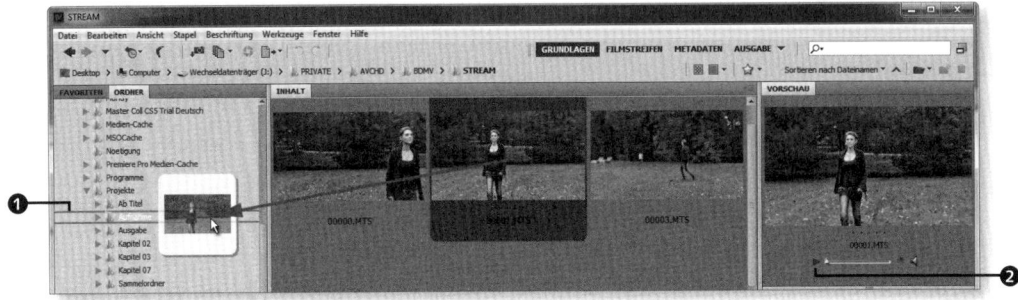

▲ **Abbildung 13.8** Der Filmimport geht auch hier per Drag & Drop.

13.2 Band-Workflow vorbereiten

Arbeiten Sie mit Band-Camcordern (z.B. DV oder HDV), ist die Übertragung vorhandener Aufnahmen auf die Festplatte nicht mehr optional. Hier müssen Sie sogar dafür sorgen, dass das Material auf den Rechner gelangt.

13.2.1 Erforderliche Hardware

Damit das Filmmaterial den Weg in den Rechner findet, muss es über eine OHCI-fähige Schnittstelle übertragen werden. Wenn der Camcorder über einen digitalen Port (z.B. FireWire, i.Link, HDMI) verfügt und ein entsprechender Eingang im Rechner bereitsteht, sind bereits alle Voraussetzungen geschaffen. USB 2.0 ist prinzipiell auch kompatibel, jedoch kommt es bei der Verarbeitung nicht selten zu Verzögerungen.

OHCI

Die Abkürzung steht für **O**pen **H**ost **C**ontroller **I**nterface und bezeichnet eine Standardschnittstelle zwischen FireWire-Geräten und einer Software. Sinn des Ganzen ist es, die Kompatibilität zwischen Software und FireWire-Geräten mit Hilfe universeller Treiber zu gewährleisten. Diese Treiber sind standardmäßig in Ihrem Betriebssystem enthalten, so dass eine zusätzliche Treiberinstallation im Allgemeinen entfällt.

13.2.2 Neues Projekt erstellen

Welche Einstellungen Sie in den Dialogen NEUES PROJEKT und NEUE SEQUENZ verwenden (sofern Sie denn mit einem neuen Projekt beginnen), spielt zunächst einmal keine Rolle. Immerhin können Sie ja zu einem späteren Zeitpunkt eine neue Sequenz anhand des aufzunehmenden Materials erzeugen. Wie das vonstatten geht, schauen wir uns gleich noch an.

Standardmäßig gilt, dass sämtliche Video- und Audioaufnahmen, die Sie im Zusammenhang mit dem aktuellen Projekt anfertigen, im gleichen Verzeichnis gespeichert werden wie die Projektdatei. Es kann interessant sein, beides voneinander zu trennen. Wenn Sie die aufzunehmenden Videos lieber auf eine angeschlossene, externe Festplatte auslagern wollen, damit Ihre Systemplatte nicht zu voll wird, ist dagegen nichts einzuwenden. In diesem Fall sollten Sie, sofern Sie ein neues Projekt erstellen, vor dem Klick auf OK noch das Register ARBEITSLAUFWERKE ❸ anwählen. Stellen Sie die Speicherorte für VIDEOAUFNAHME ❹ und AUDIOAUFNAHME ❺ nach Wunsch um, indem Sie jeweils auf DURCHSUCHEN klicken und den gewünschten Pfad festlegen.

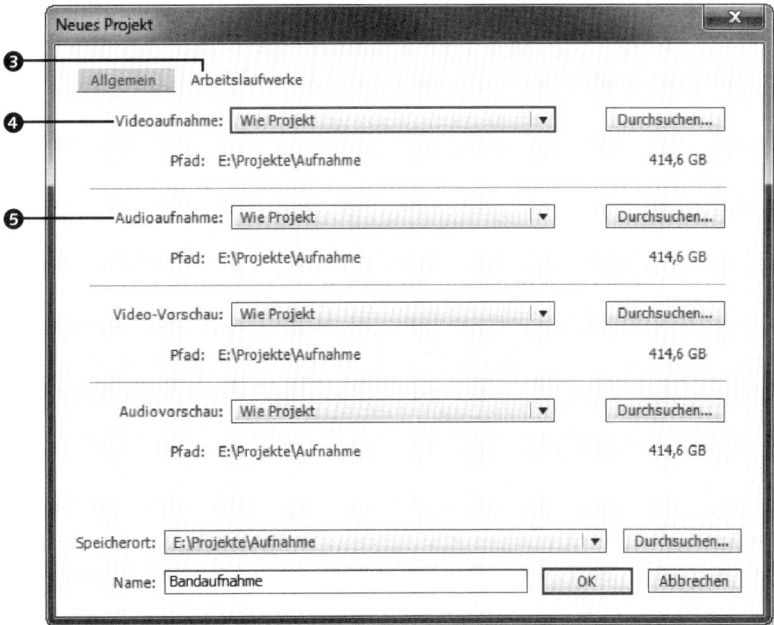

▲ **Abbildung 13.9** Bereits an dieser Stelle können die Arbeitslaufwerke eingerichtet werden.

Voreinstellungen nachträglich festlegen

Sollten Sie bereits ein neues Projekt geöffnet haben und jetzt für die Aufnahmen lediglich mit einer neuen Sequenz arbeiten, gehen Sie auf PROJEKT • PROJEKTEINSTELLUNGEN • ARBEITSLAUFWERKE. Hier finden Sie dann den gleichen Dialog vor. Bereits im Projekt vorhandene Dateien werden dabei allerdings nicht automatisch verschoben.

Speicherorte für die Video- und Audiovorschau lassen sich ebenfalls angeben. Damit gemeint sind von Premiere Pro zu berechnende Arbeitsdateien, wie z. B. eine Überblendung zwischen zwei Clips. Dieses Material gibt es ja noch gar nicht und muss eigens erzeugt werden. Und wo diese eigens erzeugten Dateien abgelegt werden sollen, bestimmen Sie mit den unteren beiden Zeilen.

13.2.3 Aufnahme-Voreinstellungen ändern

Die Anwendung selbst bietet ebenfalls noch einige Möglichkeiten in Sachen Voreinstellungen, die Sie zumindest vor der ersten Aufnahme einmal ansehen sollten. Gehen Sie deshalb zunächst auf BEARBEITEN/PREMIERE PRO • VOREINSTELLUNGEN • AUFNEHMEN. Hier werden nämlich weitere Einstelloptionen zugänglich. Zwar sollen diese jetzt nicht geändert werden, doch möchte ich Ihnen kurz vorstellen, welche Funktionen sich dahinter verbergen:

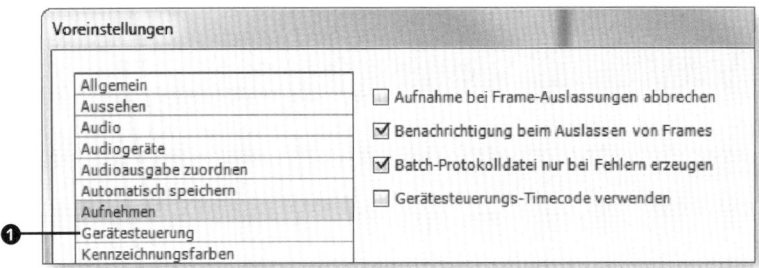

▲ **Abbildung 13.10** Werfen Sie noch einen kurzen Blick auf die Aufnahme-Voreinstellungen.

▶ AUFNAHME BEI FRAME-AUSLASSUNGEN ABBRECHEN: Aktivieren Sie diese Checkbox, wird Premiere Pro die spätere Aufnahme sofort abbrechen, sobald einzelne Bilder während der Aufnahme ausgelassen werden. Da Sie hierüber, wie Sie gleich noch sehen werden, ohnehin stets im Bilde sind, ist diese Funktion nicht sonderlich sinnvoll.

▶ BENACHRICHTIGUNG BEIM AUSLASSEN VON FRAMES: Wenn bei der Aufnahme Bilder vernachlässigt wurden, sollte dies in einem anschließenden Bericht angezeigt werden. Lassen Sie diese Checkbox bitte ebenso angewählt wie die darunter befindliche.

▶ BATCH-PROTOKOLLDATEI NUR BEI FEHLERN ERZEUGEN: Ein entsprechendes Protokoll wird nur dann erzeugt, wenn sich auch tatsächlich ein Fehler ergeben hat.

▶ GERÄTESTEUERUNGS-TIMECODE VERWENDEN: Beachten Sie bitte hierzu die Ausführungen im Anschluss an den folgenden Workshop, und verzichten Sie zunächst darauf, diese Checkbox zu aktivieren.

13.3 Filmmaterial vom Band einspielen

Sobald die Vorarbeiten erledigt sind, können Sie mit der eigentlichen Aufnahme beginnen. Na ja, noch nicht ganz. Einige kleine Einstellungen sind noch erforderlich. So wollen wir zunächst dafür sorgen, dass Premiere Pro und Ihr Camcorder überhaupt Bereitschaft zur Zusammenarbeit zeigen. Machen wir beide also miteinander bekannt.

13.3.1 Die Gerätesteuerung

Mit Hilfe der Gerätesteuerung können Sie einen angeschlossenen Camcorder gleich aus Premiere Pro heraus bedienen.

Schritt für Schritt: Die Gerätesteuerung aktivieren

Es sei darauf hingewiesen, dass der Camcorder zunächst mit dem Rechner verbunden und erst danach eingeschaltet werden sollte. Wählen Sie den Wiedergabemodus. Daraufhin dürfte sich das Betriebssystem melden, dessen bereits bekannten Dialog Sie abbrechen können.

1 Aufnahmeumgebung öffnen

In den eigentlichen Aufnehmen-Dialog von Premiere Pro gelangen Sie, indem Sie entweder DATEI • AUFNEHMEN wählen oder F5 drücken.

2 Optional: Verbindungen prüfen

Sollte irgendetwas mit der Verbindung nicht in Ordnung sein – sei es, dass die Kabel nicht richtig miteinander verbunden sind oder der Camcorder nicht eingeschaltet ist –, meldet die Anwendung »Aufnahmegerät offline« oben links im Fenster. Des Weiteren werden sämtliche Steuerelemente im unteren Bereich dieses Dialogs ausgegraut dargestellt – ein Indiz dafür, dass sie nicht bedienbar sind.

Wird der Camcorder hingegen nicht offline, sondern mit dem Eintrag ANGEHALTEN ❷ präsentiert, haben Sie allen Grund zum Jubeln, denn das Gerät wurde erkannt. Die Steuerelemente sollten jetzt auch bedienbar sein.

Wenn Sie HD-Material auf den Rechner bringen wollen, müssen Sie eine mit Premiere Pro kompatible HD-Aufnahmekarte mit SDI-Eingang einsetzen.

Wird FESTGESTELLT ausgewiesen, bedeutet dies, dass Ihr Gerät zwar erkannt wurde, eine Steuerung aber nicht möglich ist. Die häufigste Ursache: Im Camcorder befindet sich kein Band.

3   Optional: Aufnahmepfad ändern

Aktivieren Sie zunächst oben rechts die Registerkarte EINSTELLUNGEN ❸. Hier können Sie im Bereich AUFNAHME-SPEICHERORT bestimmen, wo die Aufnahmen abgelegt werden sollen. Falls Sie diese Einstellung noch nicht vorgenommen haben, klicken Sie auf DURCHSUCHEN.

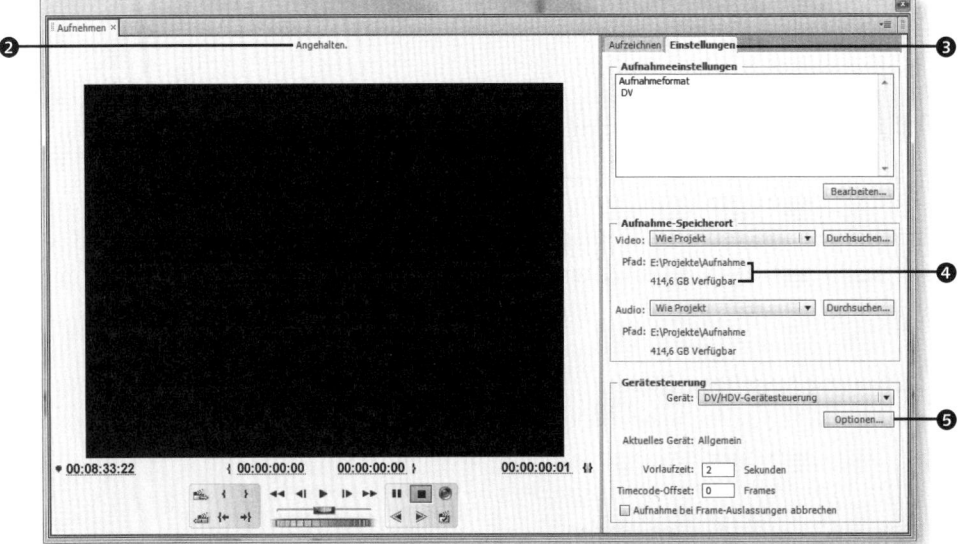

▲ **Abbildung 13.11** Ändern Sie den AUFNAHME-SPEICHERORT, falls gewünscht.

Achten Sie auch darauf, dass sowohl der Pfad als auch der auf der Festplatte noch zur Verfügung stehende Speicherplatz ❹ präsentiert werden.

4   Optionen für die Gerätesteuerung aktivieren

Sollte ANGEHALTEN noch nicht ausgewiesen sein oder sollte nach Druck des Play-Buttons nur ein Schwarzbild gezeigt werden, gehen Sie folgendermaßen vor: Falls noch die Registerkarte AUFZEICHNEN im Vordergrund steht, klicken Sie oben rechts auf EINSTEL-LUNGEN. Wählen Sie jetzt im Frame GERÄTESTEUERUNG den Button OPTIONEN ❺ an.

5   Camcorder-Steuerung auswählen

Nachdem sich der Dialog OPTIONEN geöffnet hat, können Sie zunächst den VIDEO-STANDARD (PAL oder NTSC) einstellen. Entscheiden Sie sich zunächst für PAL. Wechseln Sie danach auf das zweite Steuerelement GERÄTEMARKE. Hier wählen Sie das Fabrikat, das Ihrem Camcorder entspricht. Sollte das gewünschte Fabrikat hier nicht auftauchen, gehen Sie im obersten Pulldown-Menü auf NTSC. Keine Angst – Sie werden dadurch keine NTSC-Aufnahmen erzeugen. Vielmehr geht es hier ausschließlich um die Geräte-steuerung. Suchen Sie in GERÄTEMARKE und GERÄTETYP abermals nach Ihrer Kamera. Ist sie auch dann noch nicht zu finden, lassen Sie den Eintrag STANDARD stehen. Zuletzt klicken Sie auf STATUS PRÜFEN.

◄ **Abbildung 13.12** Optionen der Geräte-steuerung

Hardware-Kompatibilität im Internet ermitteln

Falls Ihr Gerät nicht aufgelistet wird, können Sie ermitteln, ob der Camcorder unter-stützt wird, indem Sie ONLINE GEHEN FÜR GERÄTEINFOS anklicken. Nun wird eine Verbin-dung zur Adobe-Homepage hergestellt. Dort wählen Sie im obersten Feld zunächst die Premiere-Pro-Version, die Sie benutzen. Unter TYPE OF HARDWARE entscheiden Sie sich für CAMERAS & VTRS, ehe Sie im dritten Listenfeld wählen, ob Sie unter PAL oder NTSC suchen wollen. Klicken Sie anschließend auf SUBMIT. Aber selbst wenn das Gerät hier nicht gelistet wird, besteht die Möglichkeit einer fruchtbaren Zusammenarbeit mit Pre-miere und Ihrem Camcorder, denn mit der Einstellung STANDARD im Bereich GERÄTETYP funktioniert es ja meist auch.

6   Optional: Weitere Einstellungen festlegen

Bestätigen Sie anschließend mit OK. Das aktuelle Gerät sollte jetzt unterhalb der Schalt-fläche OPTIONEN gelistet sein. Darunter finden Sie noch drei Steuerelemente, die nor-malerweise keine Umstellung verlangen.

Dennoch sollen sie an dieser Stelle kurz beschrieben werden:

▶ VORLAUFZEIT: Wenn Sie die Aufnahmen später mit In- und Out-Points steuern, geben Sie mit diesem Wert an, wie weit das Band vor den In-Point zurückgespult werden soll. Eine Erhöhung dieses Wertes ist nur dann zu empfehlen, wenn Premiere Pro bei der späteren Aufnahme meldet, dass der In-Point nicht gefunden werden konnte.

▶ TIMECODE-OFFSET: Der Timecode Ihrer fertigen Aufnahme wird vom Original übernommen. Ändern Sie den Wert, legen Sie damit fest, wie viele Frames zur Anpassung dieses Timecodes verwendet werden sollen. Auch hier ist eine Änderung des Wertes 0 (Erhöhung) nur dann zu empfehlen, wenn es beim Capturing zu einer Fehlermeldung kommt.

▶ AUFNAHME BEI FRAME-AUSLASSUNGEN ABBRECHEN: Sollten Frames bei der Aufnahme ausgelassen worden sein, meldet das Premiere Pro im Anschluss. Deshalb ist es nicht zu empfehlen, die Aufnahme wegen eines einzelnen ausgelassenen Bildes gleich abzubrechen. Hinzu kommt: Wenn Sie über ausreichende Rechnerleistung und eine zeitgemäße Peripherie verfügen, wird es ohnehin nicht zu Frame-Auslassungen kommen.

13.3.2 Standardaufnahmen

Damit wären alle Einstellungen in Bezug auf die Gerätesteuerung erledigt. Nun ist es Zeit für eine erste Probeaufnahme. Die hier beschriebene Funktion stellt außerdem eine unkomplizierte Möglichkeit dar, einzelne Clips zu überspielen, wenngleich es elegantere Methoden gibt. Doch dazu später mehr.

◢ *Schritt für Schritt: Eine Probeaufnahme erzeugen*

Ist der Camcorder eingeschaltet (Wiedergabemodus) und der Aufnehmen-Dialog von Premiere Pro geöffnet (F5)? Wird die Kamera außerdem als ANGEHALTEN gemeldet? Glückwunsch! Dann steht der ersten Aufnahme nichts mehr im Wege.

1 *Optional: Aufnahmeart ändern*

Im Frame EINRICHTEN der Registerkarte AUFZEICHNEN haben Sie die Möglichkeit, zu bestimmen, was aufgenommen werden soll. In den meisten Fällen möchte man sowohl Bild als auch Ton aufzeichnen, weshalb Sie kontrollieren sollten, ob hier AUDIO UND VIDEO angegeben ist.

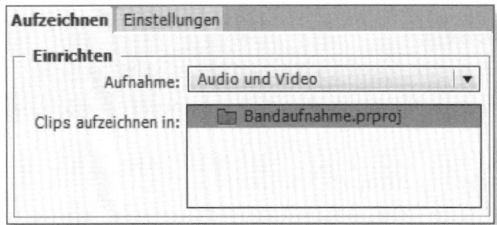

▲ **Abbildung 13.13** Nur dieser Eintrag sorgt für Bild *und* Ton.

Sie müssen wissen, dass Sie durch bloßes Drücken von Ⓐ oder Ⓥ eine Umstellung erreichen. Danach steht die Aufnahme nur noch für die Video- oder Audioseite zur Verfügung. Aus diesem Grund schadet ein kurzer Blick auf das Steuerelement vor der Aufnahme nicht.

Wenn Sie nur das Bild ohne Ton aufzeichnen wollen, schalten Sie hier auf VIDEO um. Dies bietet sich z. B. an, wenn von vornherein klar ist, dass der Originalton im Projekt keine Verwendung finden wird. Klassisches Beispiel: Das gesamte Video wird mit Musik untermalt, ohne dass der Originalton mit einwirken soll. Umgekehrt könnte natürlich auch das Bild vernachlässigt und nur der Ton aufgenommen werden. In beiden Fällen sparen Sie viel Speicherplatz, da die aufzunehmenden Dateien natürlich entsprechend kleiner werden.

2 Film abspielen und aufnehmen

Drücken Sie jetzt die Abspielen-Schaltfläche ❶. Kurz darauf sollte das Bild auch im oberhalb befindlichen Monitor wiedergegeben werden. Betätigen Sie nun den Button AUFNAHME ❸, und lassen Sie das Band einige Sekunden weiterlaufen. Wenn Sie die Aufnahme beenden möchten, klicken Sie entweder erneut auf den Aufnahme-Button oder bedienen sich der Stopp-Schaltfläche ❷.

▲ **Abbildung 13.14** Starten Sie den Abspielvorgang, und nehmen Sie auf.

3 Aufnahme speichern

Sobald die Aufnahme beendet wurde, benötigt Ihre Software wieder Input. Erfüllen Sie ihr den Wunsch, indem Sie zunächst einen Clip-Namen vergeben. Wenn Sie mögen, können Sie anschließend noch eine Beschreibung hinzufügen. Bestätigen Sie das Ganze mit OK.

▲ **Abbildung 13.15** Setzen Sie einen Titel ein, und geben Sie optional noch eine Beschreibung ab.

4 Aufnahme kontrollieren

Schieben Sie das Aufnahmefenster etwas zur Seite, oder schließen Sie es. Widmen Sie sich anschließend dem Projektfenster. Die soeben vollzogene Aufnahme sollte sich jetzt auch als Asset in Ihrem Projektfenster befinden. Hier können Sie den Clip ganz normal weiterverarbeiten.

▲ **Abbildung 13.16** Die Probeaufnahme befindet sich jetzt im Projektfenster.

Der Clip im Projektfenster trägt selbstverständlich den zuvor vergebenen Namen. Doch was ist mit der Beschreibung? Diese finden Sie auf der Registerkarte Metadaten, und zwar in der Rubrik Beschreibung. Sie taucht sowohl in den Clip-Daten (oben) als auch in den XMP-Daten in der Dublin Core (unten) auf (benannt nach der *Dublin Core Metadata Initiative*). Wenn Sie nicht sicher sind, wo die Felder auftauchen, geben Sie ganz oben ein Stichwort ein, das im Text enthalten ist (hier »vor«).

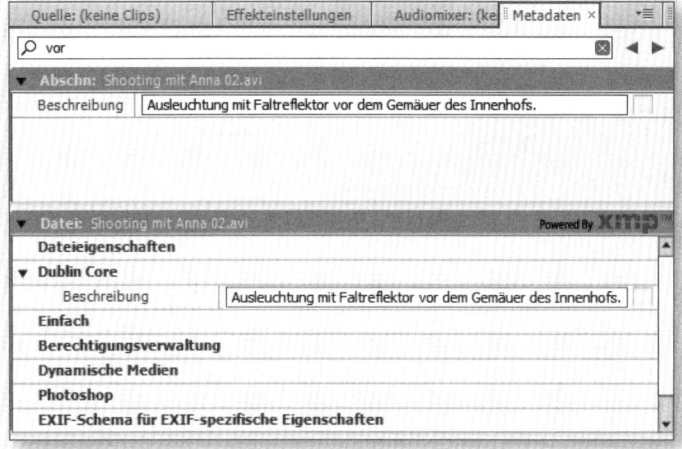

▲ **Abbildung 13.17** Die Beschreibung taucht auch in den Metadaten auf.

13.3.3 Aufnahmen mit In- und Out-Points

In der zuvor beschriebenen Weise lassen sich Aufnahmen natürlich ganz schnell realisieren. Der Nachteil: Anfang und Ende sind eher dem Zufall überlassen und wenig präzise. Da Digitalaufnahmen mit einem Timecode versehen sind, ist es möglich, bildgenau aufzunehmen. Den Einsatz von In- und Out-Points haben Sie ja bereits kennengelernt. Genau diese Technik kann man sich auch bei der Aufnahme zunutze machen.

◢ *Schritt für Schritt: Einzelne Timecode-Aufnahmen erzeugen*

Ziel dieses Workshops ist es, eine genaue Aufnahme zwischen zwei Punkten zu realisieren und auf diese Weise redundantes Material auszusparen.

1 *Startpunkt der Aufnahme festlegen*

Die Steuerelemente, die sich im Fuß des Aufnahmefensters befinden, haben Sie bei der Arbeit mit den Monitoren ja bereits kennengelernt. So können Sie z. B. zunächst den Wiedergabemodus aktivieren und grob an die Stelle navigieren, die Sie aufnehmen möchten. Danach setzen Sie den Camcorder in den Pause-Modus.

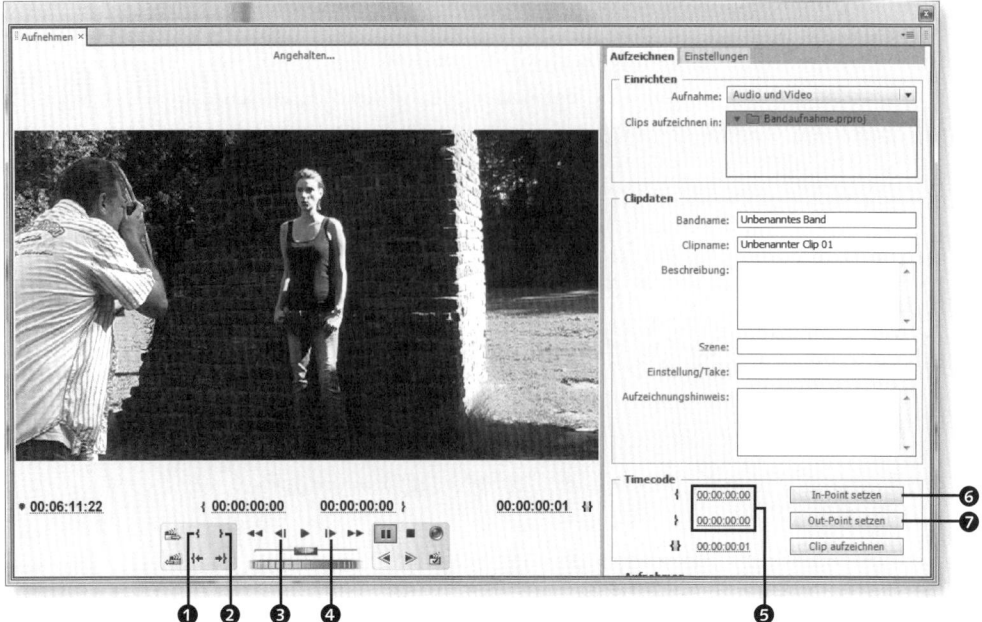

▲ **Abbildung 13.18** Navigieren Sie zum gewünschten Startpunkt der Aufnahme.

Mit Hilfe des Jog-Wheels, des Shuttle-Schiebers oder der Einzelbild-Tasten (Schritt zurück ❸ und Schritt vor ❹) navigieren Sie nun an die Stelle, die den Startpunkt Ihrer Aufnahme darstellen soll. Belassen Sie die Kamera im Pause-Modus, und setzen Sie einen In-Point, indem Sie entweder ❶ oder ❻ drücken. Alternativ reicht ein Druck auf das ⌨ Ihrer Tastatur.

Hot-Text-Steuerelemente benutzen

Bei den blau eingefärbten Timecode-Angaben ❺ (bei dunkler Arbeitsoberfläche sind sie orange) handelt es sich ebenfalls um die bereits bekannten Hot-Text-Steuerelemente, die per Drag & Drop verstellt werden können. Entsprechendes gilt für die vier unterhalb der Vorschau befindlichen Timecodes. Aber damit nicht genug: Auch alle nebenstehenden Symbole (Klammern) sind mit dieser Eigenschaft ausgestattet.

---

2 Den Endpunkt der Aufnahme festlegen

Spielen Sie anschließend das Band weiter ab, und legen Sie in der zuvor beschriebenen Weise auch den Endpunkt der Aufnahme fest. Das machen Sie mit den Tasten Out-Point setzen (❷ und ❼) oder ⌨ auf Ihrer Tastatur.

3 Clip zwischen In und Out aufnehmen

Wenn beide Punkte gesetzt sind, markieren Sie die Schaltfläche In/Out ❽ im Frame Aufnehmen. Jetzt wird der Camcorder kräftig spulen und die Aufnahme anschließend erzeugen.

▲ Abbildung 13.19 Jetzt ist alles bereit zur Aufnahme zwischen In- und Out-Point.

4   Clip speichern

Der bereits bekannte Dialog AUFGENOMMENEN CLIP SPEICHERN sorgt für den Rest. Geben Sie auch hier wieder einen Namen an, sofern Ihnen der vorgegebene nicht zusagt, und schließen Sie die Aktion mit einem Klick auf OK ab.

13.3.4   Szenenerkennung

Sicher wird es Ihnen keine große Freude bereiten, jede einzelne Aufnahme auf diese Art und Weise durchzuführen; es sei denn, es ist Ihnen an wenigen, auf dem Band verstreuten Aufnahmen gelegen. Wenn Sie jedoch ein ganzes Videoband »capturen« wollen, ist das viel zu mühsam. In diesem Fall ist es wesentlich komfortabler, die einzelnen Szenen von Premiere Pro trennen zu lassen. Der folgende Workshop verrät Ihnen, wie das funktioniert.

Schritt für Schritt: Mit der Szenenerkennung aufnehmen

Ziel dieses Workshops ist es, ein DV-Band (oder zumindest einen Teil davon) auf den Rechner zu übertragen, während Premiere Pro die Szeneneinteilung für Sie übernimmt.

1   Startpunkt einstellen

Spulen Sie zunächst das Band an die Stelle, an der Sie mit der Aufnahme beginnen möchten. Mitunter ist es erforderlich, einige Bilder zurückzuspulen, damit Sie den Anfang des ersten relevanten Clips nicht verpassen.

2   Band benennen

Falls Sie mehrere Bänder aus dem Urlaub mitgebracht haben, sollten Sie sich die Mühe machen, das Band zu benennen (siehe hierzu auch den Abschnitt 13.4, »Batchaufnahmen«). Das machen Sie in der Mitte der Registerkarte AUFZEICHNEN, und zwar im Bereich CLIPDATEN ❶.

3 *Clip-Namen vergeben*

Unter CLIPNAME ❷ geben Sie außerdem einen Namen für die folgenden Szenen an. Premiere Pro wird alle Szenen anschließend durchnummerieren.

4 *Szenenerkennung aktivieren*

Im unteren Frame AUFNEHMEN aktivieren Sie jetzt die Checkbox SZENE SUCHEN ❹. Dies hat zur Folge, dass Premiere Pro für jede neue Szene auf Ihrem Band auch einen neuen Clip anlegt. Dabei orientiert sich die Anwendung an den Informationen des Bandes. Genauer gesagt, wird registriert, wann Sie seinerzeit die Kamera mit Hilfe der Pause- oder Stopptaste angehalten haben. An dieser Stelle wird beim Überspielen auf den Rechner ein neuer Clip erzeugt. Dies ist nicht der Fall, wenn Sie SZENE SUCHEN inaktiv lassen.

▲ **Abbildung 13.20** Gleich kann das Capturing erfolgen.

5 *Aufnahme starten*

Klicken Sie am Schluss auf die Schaltfläche BAND ❸, und genießen Sie die neu gewonnene Freizeit. Während Premiere Pro nämlich die Arbeit für Sie erledigt und alle Szenen nacheinander in das Projektfenster manövriert, können Sie Ihren wohlverdienten Feierabend genießen.

6 *Optional: Aufnahme vorzeitig beenden*

Premiere Pro wird in der Regel den gesamten Job abarbeiten und sich bis zum Bandende vorkämpfen. Dabei wird Clip für Clip im Projektfenster abgelegt. Wenn Sie jedoch vorzeitig abbrechen wollen, klicken Sie einfach auf STOPP. Die bis dahin gewonnenen Aufnahmen bleiben natürlich erhalten.

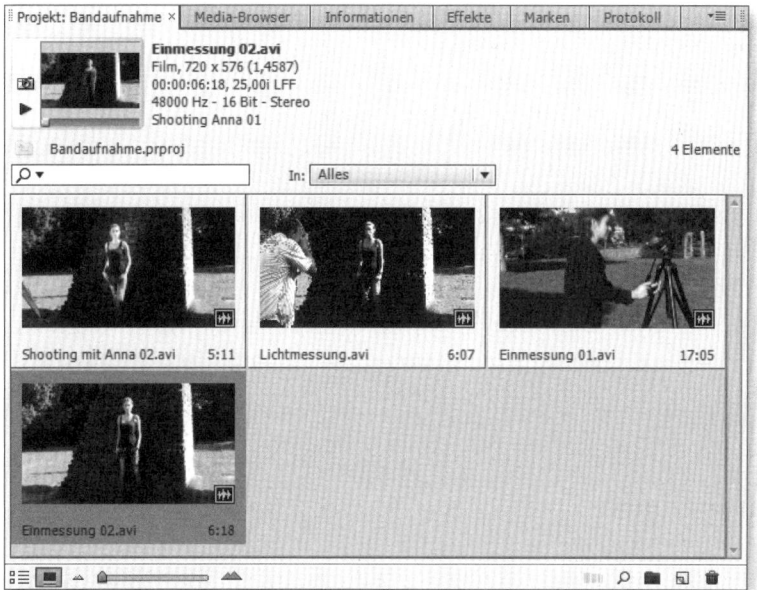

▲ **Abbildung 13.21** Ein Clip nach dem anderen wird in das Projektfenster gelegt.

13.3.5 Timecode-Unterbrechungen

In der Regel wird Premiere Pro zuverlässig das gesamte Band aufnehmen. Allerdings reagiert die Szenenerkennung ziemlich allergisch auf Timecode-Unterbrechungen. Dann ist nämlich der Anschluss nicht mehr möglich und die Anwendung wird mit der Aufnahme abbrechen. Aber wie kommt es überhaupt zu Timecode-Unterbrechungen? Die häufigste Ursache: Das Band ist irgendwann einmal entnommen und später wieder eingelegt worden (vielleicht um zwischendurch ein anderes Band anzusehen).

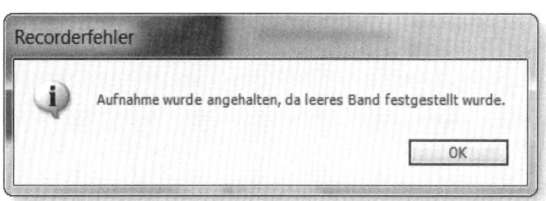

◀ **Abbildung 13.22** Hier geht nichts mehr, obwohl noch Aufnahmen auf dem Band vorhanden sind.

Lassen Sie das Band in diesem Fall ein wenig weiter abspielen. Stoppen Sie, sobald wieder ein Bild zu sehen ist, und fahren Sie mit der Szenenerkennung fort, nachdem Sie den Clip-Namen geändert haben. Ansonsten ändert Premiere Pro den Namen nämlich selbstständig, ohne dabei jedoch besonders fantasievoll vorzugehen. So folgt beispielsweise dann auf »Der Süden 03« nicht »Der Süden 04«, sondern »Der Süden 03 1«. Da blickt dann später niemand mehr durch.

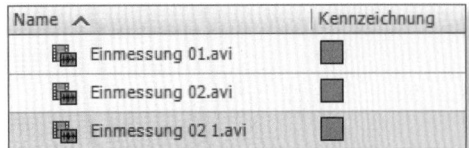

▲ **Abbildung 13.23** Was soll das denn? So wird die Nummerierung in der Listenansicht des Projektfensters fortgeführt.

Um derartige Unterbrechungen zu vermeiden, folgender Tipp: Bevor Sie das Band der Kamera entnehmen, fertigen Sie noch eine wenige Sekunden dauernde, redundante Aufnahme an. Nachdem Sie das Band wieder eingelegt haben, setzen Sie einfach mitten in dieser Aufnahme an. Dann schließt sich der Timecode nahtlos an die letzte Aufnahme an. Und den redundanten Clip entfernen Sie später einfach aus dem Projektfenster.

13.4 Batchaufnahmen

Die Möglichkeit, Aufnahmen in einer Stapelverarbeitung abzuwickeln, stellt zweifellos ein besonderes Highlight dar. Zur Vorgehensweise: Sie nehmen nicht mehr (wie im vorangegangenen Workshop beschrieben) alle Szenen eines Bandes auf, sondern nur solche, die Sie wirklich haben wollen. Noch besser: Das Ganze funktioniert sogar bildgenau, will heißen: Sie können Ihre Szenen von redundantem Material befreien, noch ehe sie sich auf Ihrem Rechner befinden. Es wird also nur das auf die Festplatte übertragen, was später tatsächlich Verwendung finden soll. Cool, oder?

Schritt für Schritt: Clips im Stapel aufnehmen (Batchaufnahme)

Auch bei der Batchaufnahme wird Premiere Pro wieder den eigentlichen Aufnahmevorgang für Sie erledigen. Sie müssen der Software vorab nur mitteilen, welche Szenen Sie benötigen und wie sie heißen sollen.

1 Band benennen

Bevor Sie mit einer Batchaufnahme beginnen, sollten Sie dem Band einen aussagekräftigen Namen geben. Dies ist vor allem dann wichtig, wenn Sie Batchdateien von mehreren Bändern anlegen wollen. Deshalb tragen Sie auf der Registerkarte AUFZEICHNEN im Frame CLIPDATEN den gewünschten Namen im Eingabefeld BANDNAME ein.

2 Szenen vorbereiten

Spielen Sie das Band ab, und navigieren Sie zum ersten In-Point. Klicken Sie anschließend auf die Schaltfläche IN-POINT SETZEN. Fahren Sie bis zum gewünschten Ausstieg der Szene, und platzieren Sie dort einen Out-Point.

3 Batchdatei erzeugen

Wenn der Clip durch die Punkte selektiert worden ist, klicken Sie auf die Schaltfläche CLIP AUFZEICHNEN. Jetzt wird sich abermals der bereits bekannte Dialog CLIP AUFZEICHNEN öffnen, wobei Sie nun die Möglichkeit haben, den Namen zu ändern bzw. eine BESCHREIBUNG anzugeben. Bestätigen Sie das Ganze mit OK.

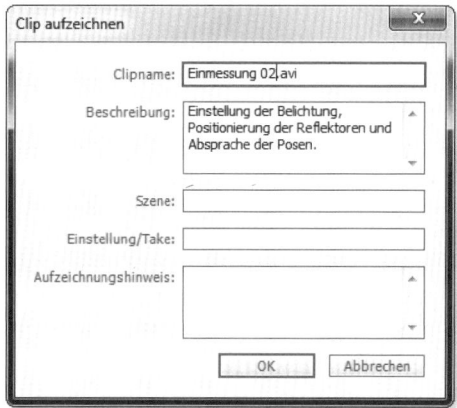

◀ **Abbildung 13.24** Auch hier können wieder Metadaten verfasst werden.

Werfen Sie nun einen Blick auf Ihr Projektfenster. Dort wird nämlich ein sogenannter **Offline-Clip** gelistet. Dieser steht, wie Sie wissen, für eine Datei, die sich gar nicht auf Ihrem Rechner befindet. Tatsächlich haben Sie der Anwendung ja bislang auch lediglich mitgeteilt, welche Szene Sie aufnehmen möchten und wie diese heißen soll.

4 Weitere Batchdateien erzeugen

Bestimmen Sie jetzt per In- und Out-Point die nächste Szene, dann die übernächste usw. Wenden Sie die soeben beschriebenen Schritte auf jeden Clip erneut an. Ganz wichtig dabei ist, dass Sie jede vorbereitete Aufnahme an Premiere Pro übergeben, indem Sie auf die Schaltfläche CLIP AUFZEICHNEN klicken.

5 Band aufnehmen

Wann immer Sie wollen, markieren Sie nun den einen oder anderen Offline-Clip im Projektfenster (es dürfen natürlich auch alle angewählt werden) und klicken anschließend mit rechts auf eines der ausgewählten Symbole. Im Kontextmenü entscheiden Sie sich für BATCHAUFNAHME. Wenn Sie mögen, dürfen Sie noch etwas mehr Material vor und hinter den Points mit aufnehmen. Dazu müssten Sie jedoch die oberste Checkbox ❶ anwählen und rechts daneben die Anzahl der Frames bestimmen. Aber das ist zumeist gar nicht nötig – zumindest dann nicht, wenn Sie die Ein- und Ausstiegspunkte zuvor korrekt gesetzt haben. Bestätigen Sie mit OK.

◀ **Abbildung 13.25** Offline-Clips werden im Projektfenster mit einem Fragezeichen gekennzeichnet.

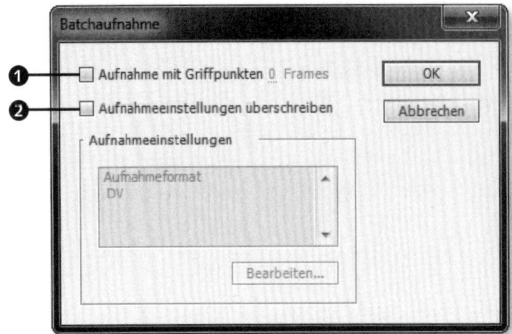

◀ **Abbildung 13.26** Nach Klick auf OK wird die Offline-Datei zum Leben erweckt.

Aufnahmeeinstellungen überschreiben

Aktivieren Sie die zweite Checkbox ❷, wird der Button BEARBEITEN aktiv, mit dessen Hilfe Sie im Folgedialog von DV auf HDV umstellen könnten – oder umgekehrt.

Jetzt werden Sie noch gebeten, das korrekte Band einzulegen, und nach einiger Zeit wird Premiere Pro melden, dass die Batchaufnahme beendet ist. Die Offline-Symbole innerhalb des Projektfensters sind jetzt durch Originalsymbole ausgetauscht worden. So bleibt stets die Übersicht erhalten, was bereits online und was noch offline ist.

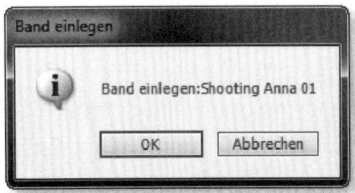

▲ **Abbildung 13.27** Zuerst muss das richtige Band zur Verfügung stehen.

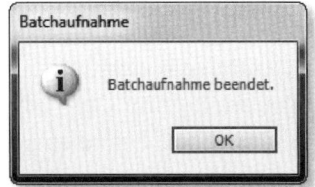

▲ **Abbildung 13.28** Nach Ende der Batch-aufnahme erfolgt eine entsprechende Meldung.

13.4.1 Offline-Clips weiterverarbeiten

Offline-Clips verfügen bereits über sämtliche Parameter, die zur Bearbeitung erforderlich sind. So steht z. B. die Länge des Clips fest, bevor das Originalmaterial in den Rechner gespielt worden ist. Ferner kann er, wie im Übrigen jeder andere Clip auch, ganz normal weiterverarbeitet werden. Sie können einen Offline-Clip sogar schon in der Timeline platzieren und Effekte und dergleichen hinzufügen. Das Einzige, was noch fehlt, ist der Clip selbst. Und der wird dem Schnittfenster, wie Sie ja wissen, später nachgereicht.

Sofern der Clip noch offline ist, werden Sie natürlich kein Originalbild sehen. Premiere Pro verdeutlicht aber anhand einer Platzhalterdatei, dass es sich bei diesem Clip um eine Offline-Datei handelt. Geometrische Parameter, wie z. B. das Skalieren oder Verformen des Clips, wären schon jetzt sichtbar.

13.4.2 Batchlisten importieren/exportieren

Zum Zweck der Weiterverarbeitung auf anderen Schnittplätzen kann von Ihren Projekten eine Batchliste exportiert werden. Premiere Pro erstellt daraufhin eine .csv-Datei, die z. B. in Microsoft Excel oder im Editor des Betriebssystems bearbeitet werden kann.

Für den Export haben Sie folgende Möglichkeiten:

- Sie können einzelne Dateien des Projektfensters als Batchliste exportieren. Markieren Sie dazu zunächst im Projektfenster alle Dateien, die in die Batchliste geschrieben werden sollen.
- Sie können alle Dateien des Projektfensters als Batchliste exportieren. Stellen Sie sicher, dass keine Datei innerhalb des Projektfensters markiert ist.

Das Erzeugen der Liste realisieren Sie über PROJEKT • BATCHLISTE EXPORTIEREN.

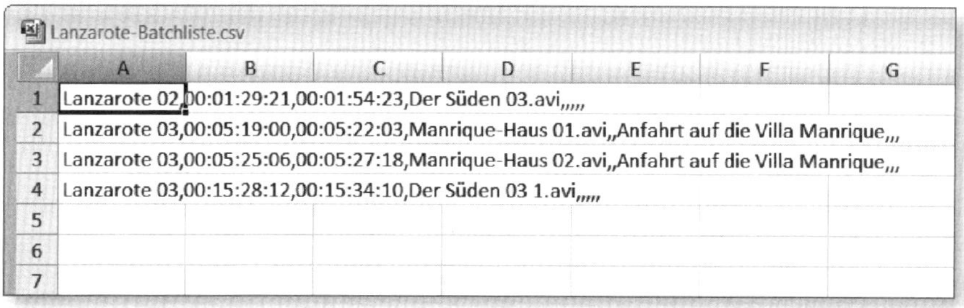
Lanzarote-Batchliste.csv

	A	B	C	D	E	F	G
1	Lanzarote 02,00:01:29:21,00:01:54:23,Der Süden 03.avi,,,,,						
2	Lanzarote 03,00:05:19:00,00:05:22:03,Manrique-Haus 01.avi,,Anfahrt auf die Villa Manrique,,,						
3	Lanzarote 03,00:05:25:06,00:05:27:18,Manrique-Haus 02.avi,,Anfahrt auf die Villa Manrique,,,						
4	Lanzarote 03,00:15:28:12,00:15:34:10,Der Süden 03 1.avi,,,,,						
5							
6							
7							

▲ **Abbildung 13.29** Eine aus Premiere Pro exportierte Batchliste ist hier in Excel geöffnet worden.

Beispieldatei

Die exportierte Batchliste finden Sie zur Ansicht auf der Buch-DVD im Ordner KAPITEL_13. Sie trägt den Namen »Lanzarote-Batchliste.csv«. Wollen sie diese einmal in eines Ihrer Projekte importieren? Dann lesen Sie weiter, wie das funktioniert.

Hier könnten nun weitere Arbeiten erfolgen. So lassen sich z. B. die Zeiten für den jeweiligen In- und Out-Point ändern. Eventuell werden Sie aber auch gewillt sein, eine solche Batchliste zusammen mit dem Originalvideoband weiterzugeben. Der Empfänger hat dann nämlich seinerseits die Möglichkeit, die Clips auf seinen Rechner zu übertragen.

Der Reimport einer Batchliste in Premiere Pro gelingt im Übrigen über PROJEKT • BATCHLISTE IMPORTIEREN. Daraufhin wird im Projektfenster ein Ordner erzeugt, der die gleiche Benennung hat wie die importierte .csv-Datei. Darin finden Sie dann alle gelisteten Clips als Offline-Dateien.

13.5 Analoges Filmmaterial mit Premiere Pro digitalisieren

Mit analogem Filmmaterial, also Aufnahmen, die möglicherweise einer analogen Hi8-Kamera, einem VHS- oder SVHS-Rekorder entstammen, kann Ihr Rechner leider so gar nichts anfangen. Voraussetzung für eine Nachbearbeitung am Computer ist nämlich digitalisiertes Filmmaterial.

Um analoges Filmmaterial zu digitalisieren, bieten sich grundsätzlich zwei Wege an. Beide machen den Einsatz zusätzlicher Peripherie erforderlich:

▸ Digitalisierung über eine Video-Capture-Karte
▸ Digitalisierung über ein externes Digitalgerät

13.5.1 Digitalisieren mit einer Video-Capture-Karte

Wenn Sie Ihren Rechner mit einer Video-Capture-Karte ausgestattet haben, sollten Sie zunächst kontrollieren, ob Premiere Pro diese auch erkennt. Über den Pfad PROJEKT • PROJEKTEINSTELLUNGEN • ALLGEMEIN lässt sich das Aufnahmeformat einstellen. Da Capture-Karten das Video bei der Aufnahme komprimieren, wird ein sogenannter Codec erforderlich, der in der Liste AUFNAHMEFORMAT enthalten sein sollte.

Ist dies nicht der Fall, kontrollieren Sie, ob der Gerätehersteller ein entsprechendes Plug-in mitgeliefert hat, und installieren Sie es gegebenenfalls nach. Starten Sie Premiere Pro anschließend neu.

Die meisten Schnittkarten machen außerdem eine allgemeine Konfiguration erforderlich, die aber je nach Karte differiert. Anschließend sollten Sie in den zuvor beschriebenen Aufnehmen-Dialog von Premiere Pro gelangen.

13.5.2 Digitalisieren mit einem externen Digitalgerät

Wenn für den Einsatz des Digitalisierens keine Capture-Karte zur Verfügung steht, kann ein kleiner, aber effizienter Trick weiterhelfen. Sofern Sie im Besitz eines digitalen Camcorders sind, lassen sich die alten VHS-Schätzchen prima auf den Rechner spielen, indem Sie den Camcorder einfach dazwischensetzen. Dieser muss seinerseits aber in der Lage sein, das Eingangssignal direkt zu digitalisieren, und sollte sinnigerweise über analoge Eingänge sowie digitale Ausgänge verfügen. Einige Camcorder-Hersteller liefern dazu benötigtes Kabelmaterial gleich mit oder bieten es zumindest zum Kauf an.

Sollte der Camcorder nicht in der Lage sein, das Eingangssignal direkt zu digitalisieren, bleibt Ihnen nur die Möglichkeit, das analoge Material zunächst auf dem Camcorder aufzunehmen (analoge Eingänge erforderlich) und erst im zweiten Schritt von dort aus auf den Rechner zu übertragen.

13.6 Prelude CS6

Adobe Prelude CS6 ist ein Novum der *Master Collection CS6* bzw. *Production Premium CS6* und zeichnet sich vor allem durch seine Vielfältigkeit im Umgang mit Rohmaterial aus. In Sachen Integration und Umwandlung von Dateiformaten bleiben fast keine Wünsche offen. Aber nicht nur das, denn selbst die Schnittvorbereitung des Videomaterials ist kein Problem. Grund genug, sich Prelude etwas genauer anzusehen.

Kein einzelner Download

Obwohl Adobe Prelude CS6 als separate Anwendung zu erwerben ist (379,00 € zzgl. MWSt im Adobe-Store, Stand: Juni 2012), ist (zur Drucklegung diese Buches) keine entsprechende Testversion verfügbar. Im Bedarfsfall muss also die gesamte *Creative Suite Master Collection CS6* (als Testversion) heruntergeladen werden.

13.6.1 Filme mit Prelude erfassen

Wie üblich beginnt auch in Prelude alles mit der Erstellung eines Projekts. Geben Sie im Anschluss einen Speicherort an. Das alles wird Ihnen von Premiere Pro her bereits bestens bekannt sein.

Helligkeit der Arbeitsoberfläche

Prelude ist in Sachen Oberflächengestaltung stark verwandt mit Premiere Pro. Auch hier lässt sich die HELLIGKEIT der Arbeitsoberfläche über BEARBEITEN/ADOBE PRELUDE • VOREINSTELLUNGEN • AUSSEHEN anpassen. Standardmäßig ist auch hier eine dunkle Oberfläche eingestellt.

Schritt für Schritt: Filme mit Prelude von der Kamera importieren

Um Missverständnissen vorzubeugen: Mit Prelude lassen sich nur dateibasierte Filme auf den Rechner bringen. Bandmaterial kann damit nicht eingespielt werden. Dazu benutzen Sie den Aufnahmerekorder von Premiere Pro.

1 *Dialog öffnen*

Um einen Film vom Aufnahmegerät aus zu importieren, klicken Sie oben rechts auf ERFASSEN oder wählen DATEI • ERFASSEN (bzw. `Strg`/`cmd`+`I`). Die Kamera ist zudem angeschlossen und befindet sich im PC-Modus.

2 *Dateien anzeigen*

Es ist verwunderlich, dass die zu Beginn des Kapitels angesprochene Ordnerstruktur (hier AVCHD) auf einem Speichermedium der Kamera nicht mehr komplett angezeigt wird. Der Ordner PRIVATE beispielsweise zeigt (nach Öffnen des Laufwerks ❶) keine

Unterordner mehr an – selbst dann nicht, wenn Sie das vorangestellte Dreieck ❷ betätigen. Wenn Sie die Zeile allerdings selektieren, erscheinen die gesuchten Filmdateien in der Bildschirmmitte – und zwar in Listenansicht ❸. Schalten Sie hier am besten erst einmal um auf Miniaturansicht ❹, und vergrößern Sie die Darstellung der Clips ❺.

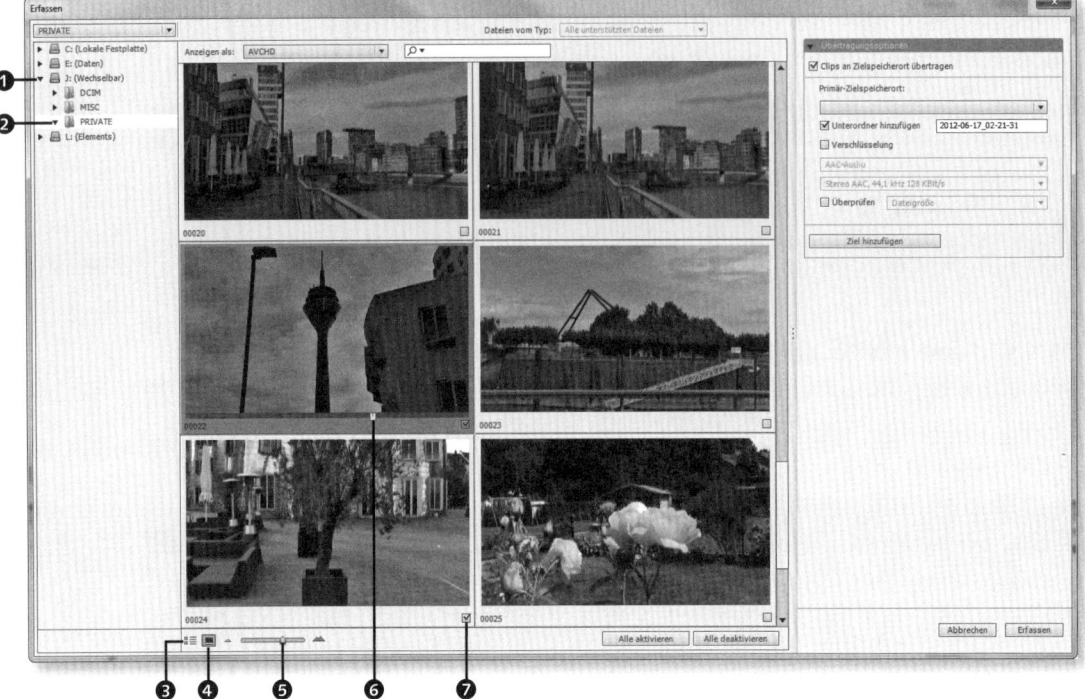

▲ **Abbildung 13.30** Das Zentrum des Fensters erinnert an Media-Browser und Projektfenster.

3 *Clips begutachten*

Wenn Sie eine der Filmminiaturen anklicken und danach mit dem Mauszeiger darauf verweilen, finden Sie den bereits bekannten Abspielkopf ❻, den Sie auch scrubben dürfen. Zudem funktioniert die JKL-Steuerung, wie gewohnt. Selbst der Einsatz von In- und Out-Points geht hier genauso vonstatten, wie in Premiere Pros Projektfenster. Das bedeutet: Durch Setzen der Ein- und Ausstiegspunkte in Prelude lässt sich bereits hier redundantes Material entfernen.

4 *Clips markieren*

Anschließend platzieren Sie ein Häkchen ❼ an jedem Clip, den Sie auf die Festplatte holen möchten und haken zudem oben rechts im Frame Übertragungsoptionen die Funktion Clips an Zielspeicherort übertragen an. Öffnen Sie das darunter befindliche Pulldown-Menü, und legen Sie einen Speicherort für Ihre Filme fest. Zuletzt betätigen Sie Erfassen unten rechts im Fenster. Am Ende befinden sich die Clips dann nicht nur auf Ihrer Festplatte, sondern auch oben links im Projektfenster.

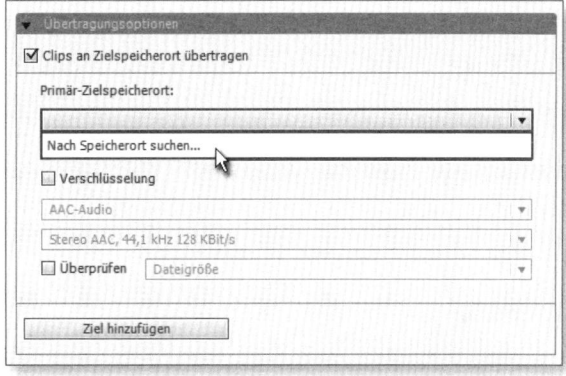

◀ **Abbildung 13.31** Wählen Sie den gewünschten Speicherort.

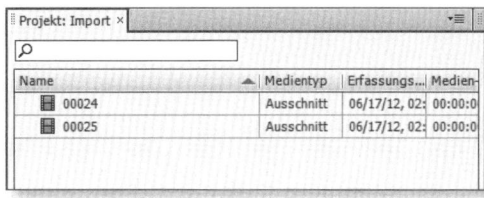

◀ **Abbildung 13.32** Nach der Erfassung werden die Clips in das Projektfenster befördert.

Clips mit Prelude von Festplatte erfassen | Das Erfassen von Clips ist im Übrigen nicht auf Kameramaterial beschränkt. Innerhalb des Dialogs dürfen Sie Ihrem Projekt gerne Clips hinzufügen, die sich bereits auf der Festplatte befinden. Achten Sie jedoch unbedingt darauf, dass Sie CLIPS AN ZIELSPEICHERORT ÜBERTRAGEN abwählen. Dann wird der Original-Clip ins Schnittfenster eingebunden. Bleibt die Checkbox aktiv, wird stattdessen eine Kopie des Clips in den Import-Ordner gepackt.

13.6.2 Filme mit Prelude umwandeln

Ein herausragendes Merkmal Preludes ist die Vielfalt der importierbaren Dateien. Noch erwähnenswerter ist aber, dass sich direkt von hier aus Filme konvertieren lassen. Wenn Sie also statt einer MTS-Datei (AVCHD) lieber mal ein MPEG mit gleichen Abmessungen hätten – kein Problem.

Konvertierung

Die hier gezeigte Codierung sorgt übrigens für eine Reduktion der Dateigröße auf rund ein Zehntel bei vergleichsweise guter Qualität.

Schritt für Schritt: Dateien mit Prelude konvertieren

Um Filme zu konvertieren, gehen Sie zunächst genauso vor, wie im letzten Workshop beschrieben. Lassen Sie lediglich den allerletzten Arbeitsgang (den Klick auf ERFASSEN) zunächst noch außen vor.

1 Codierung wählen

Nachdem die zur Konvertierung vorgesehenen Clips markiert worden sind, aktivieren Sie oben rechts VERSCHLÜSSELUNG. Dadurch teilen Sie Prelude mit, dass der zu importierende Film gleich in ein anderes Format umgewandelt werden soll. Wir haben uns hier für MPEG2 und HDTV 1080P 25 – HOHE QUALITÄT entschieden. Das bedeutet: Unser Halbbildmaterial wird in diesem Beispiel zu HDTV-konformen Vollbildern konvertiert.

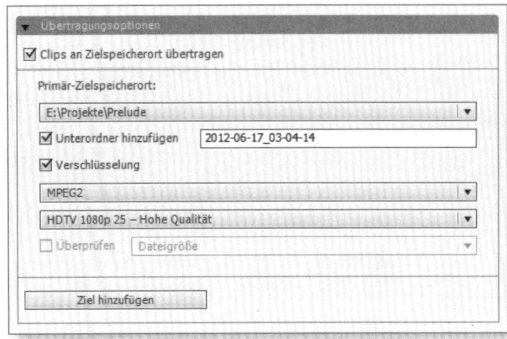

◄ **Abbildung 13.33** Hier wird eine Konvertierung in die Wege geleitet.

2 Optional: Mehrere Versionen speichern

Im Anschluss an die vorangegangene Aktion werden Sie lediglich ein MPEG erhalten. Nun kann es aber durchaus sein, dass Sie auch das Originalmaterial importieren wollen. Dazu wäre so vorzugehen: Zunächst lassen Sie VERSCHLÜSSELUNG abgewählt und klicken stattdessen auf ZIEL HINZUFÜGEN. Daraufhin ist ein zweiter Speicherort anzugeben. Aktivieren Sie anschließend im neu hinzugefügten Feld die Checkbox VERSCHLÜSSELUNG, und stellen Sie die gewünschte Konvertierung ein. Nun erhalten Sie im Ergebnis zwei Dateien in zwei verschiedenen Ordnern.

◄ **Abbildung 13.34** Mit dieser Einstellung wird das Original in den Ordner AVCHD gelegt. Die MPEG-Konvertierung kommt auf der gleichen Ebene in das Verzeichnis MPEG.

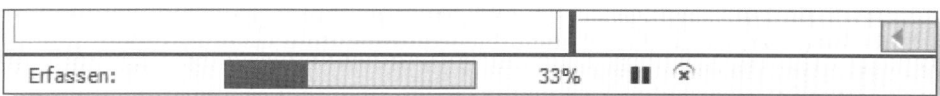

Erfassen: 33%   ❚❚ ⓧ

▲ **Abbildung 13.35** Wie weit die Erfassung vorangeschritten ist, lässt sich auch anhand der Fußleiste der Anwendung unten links ersehen.

Mehrere Variationen

Die Ausgabe ist nicht auf zwei Formate begrenzt. Wann immer Sie die Schaltfläche ZIEL HINZUFÜGEN betätigen, kann eine weitere Ausgabevariante eingesetzt werden. Das Umwandeln übernimmt übrigens der Media Encoder diskret im Hintergrund, ohne dass sich dessen Anwendungsfenster öffnet.

13.6.3 Rohschnitt mit Prelude

Nach dem Import ist es möglich, einen Rohschnitt anzufertigen. Der Schnitt in Prelude ist nicht vergleichbar mit dem Premiere-Pro-Schnitt, da es nicht wirklich zum Schneiden des Materials kommt, sondern lediglich zum Festlegen der Clip-Reihenfolge. Zunächst einmal wird, wen wundert's, ein Schnittfenster benötigt.

Schritt für Schritt: Clips mit Prelude aneinanderhängen

Zwar sehen Sie hier auf der Arbeitsoberfläche bereits ein Schnittfenster, jedoch ist das zum Aneinanderreihen von Clips noch nicht geeignet.

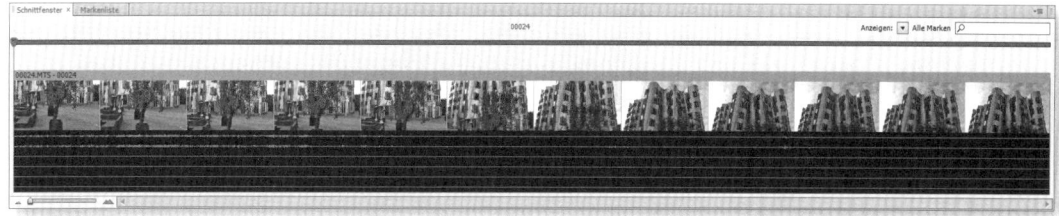

▲ **Abbildung 13.36** Der Schnittfensterinhalt lässt sich lediglich abspielen.

1 Clips sichten

Mit Hilfe eines Doppelklicks auf eines der Film-Assets im Projektfenster ❶ erreichen Sie gleich zweierlei. Zum einen wird der Monitor gefüllt, zum anderen zeigt sich unten ein Schnittfenster. Im Monitor lassen sich die Clips nun abspielen und begutachten.

2 Rohschnitt erstellen

Nun sollten Sie ⌈Strg⌉/⌈cmd⌉+⌈N⌉ wählen oder DATEI • ROHSCHNITT ERSTELLEN selektieren. Alternativ benutzen Sie das kleine Schnittfenster-Icon im Fuß des Projektfensters. Dabei wird übrigens eine Datei mit der Endung .arcut erzeugt.

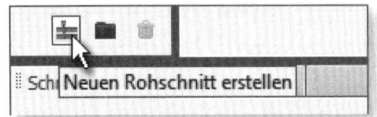

▲ **Abbildung 13.37** Zunächst muss ein Rohschnitt in die Wege geleitet werden.

3 Clips hinzufügen

Setzen Sie einen Doppelklick auf das soeben erzeugte Schnittfenster-Icon ❷ im Projektfenster. Sie sehen jetzt nicht mehr das Schnittfenster des einzelnen Clips, sondern das Rohschnittfenster. Wenn Sie jetzt Clips in das nun leere Schnittfenster ziehen, werden diese hinzugefügt. Das Platzieren mehrerer Clips hintereinander ist ebenfalls möglich, indem Sie diese an den Anfang ❸ oder das Ende des Schnittfensters ziehen.

▲ **Abbildung 13.38** Ein Schnittfenster wird gefüllt – wie in Premiere Pro.

4 Optional: Clips sortieren

Sollten Sie einen der Filme versehentlich falsch einsortiert haben, ziehen Sie diesen innerhalb des Schnittfensters einfach an die gewünschte Position. Das Ablegen zwischen zwei Clips ist möglich.

Zwischen den Prelude-Schnittfenstern navigieren | Vielleicht ist es etwas befremd-lich: Sie müssen stets darauf achten, ob Sie sich im Schnittfenster des Rohschnitts oder des einzelnen Clips befinden. Wer bereits Erfahrungen mit Encore gemacht hat, wird diese Technologie wiedererkennen.

Wechseln Sie zwischen beiden Ansichten, indem Sie das Rohschnitt-Asset oder ein Film-Asset im Projektfenster mit einem Doppelklick versehen. Innerhalb eines Clip-Schnittfensters gelangen Sie zudem schnell ins Rohschnittfenster, indem Sie auf die Zeile ROHSCHNITT [NAME] ❹ klicken.

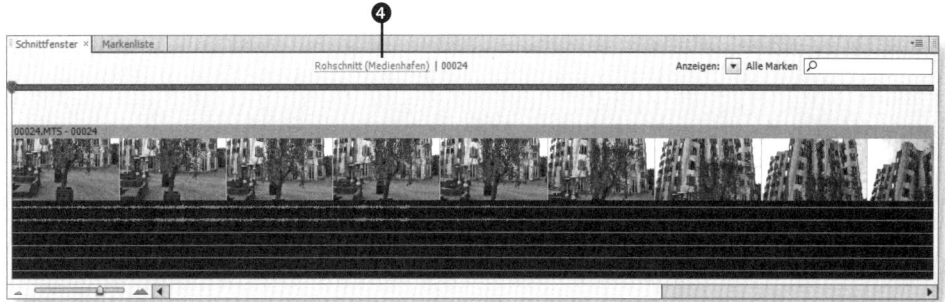

▲ **Abbildung 13.39** Aus dem Clip-Schnittfenster heraus gelangen sie mit nur einem Klick ins Roh-schnittfenster.

Ist die Bezeichnung nicht als Link ausgelegt, befinden Sie sich bereits im Rohschnitt-fenster. Von dort aus lassen sich die einzelnen Clip-Schnittfenster aktivieren, indem der jeweilige Clip im Rohschnittfenster mit einem Doppelklick versehen wird. Danach positionieren Sie den Abspielkopf und drücken dann die Zifferntaste der Marke, die Sie einfügen wollen.

13.6.4 Marken in Prelude hinzufügen
Solange Sie sich im Rohschnittfenster befinden, sind die Steuerelemente des Bedien-feldes MARKENTYP ausgegraut dargestellt.

◀ **Abbildung 13.40** Fügen Sie Marken ein, um dem Premiere Pro-Cutter wichtige Hinweise zu übermitteln.

Wollen Sie eine Marke hinzufügen, geht das nur in der jeweiligen Clip-Ansicht. Platzieren Sie zunächst die Einfügemarke, und betätigen Sie anschließend die entsprechende Ziffer. Zur Platzierung eines *Kommentars* wäre also ② zu drücken (das funktioniert übrigens auch, während der Clip abgespielt wird). Danach kann der gewünschte Kommentar gleich oberhalb des Schnittfensters eingetragen werden ❺.

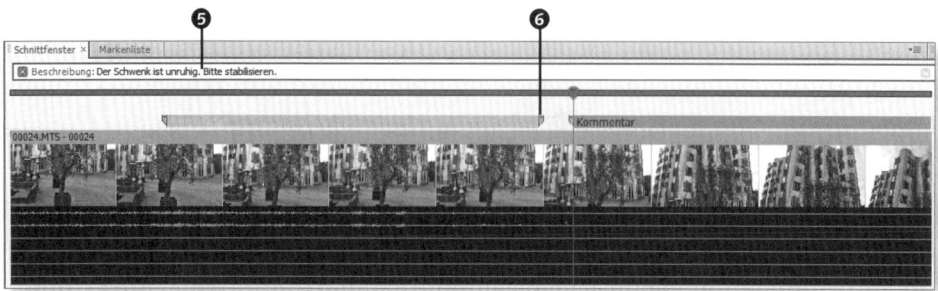

▲ **Abbildung 13.41** Verfassen Sie einen Kommentar.

Der Kommentar reicht grundsätzlich bis an das Ende des Schnittfensters, kann allerdings per Drag & Drop in der Länge verändert werden (wie die Marken in Premiere Pro) ❻. Alternativ lassen sich In- und Out-Point auch im oben rechts befindlichen MARKENINSPEKTOR verändern.

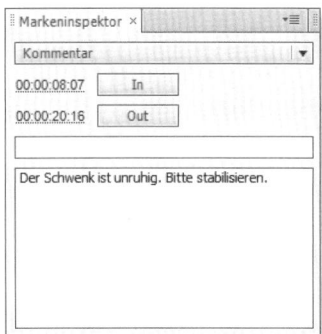

▲ **Abbildung 13.42** MARKENINSPEKTOR und Rohschnittfenster arbeiten synchron, was die Metadaten angeht.

Schalten Sie einmal um auf das Fenster MARKENLISTE (es befindet sich standardmäßig hinter dem Schnittfenster). Eine bessere Ansicht erreichen Sie, wenn Sie oben rechts auf LISTE ❶ umschalten. Jetzt lässt sich die jeweilige Marke per Doppelklick anwählen.

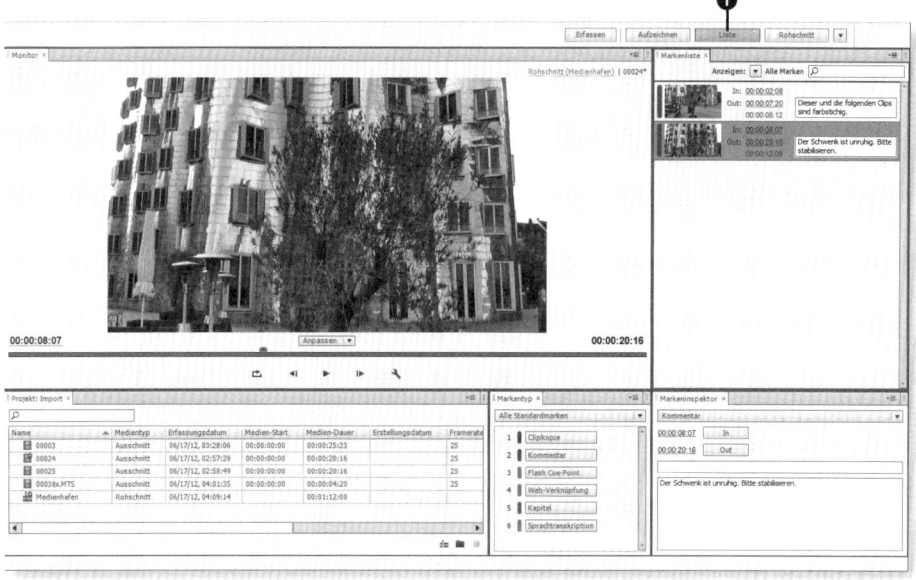

▲ **Abbildung 13.43** Die Metadaten lassen sich in Prelude optimal bearbeiten.

13.6.5 Prelude-Projekte an Premiere Pro weitergeben

Zuletzt übergeben Sie ein Rohschnitt-Projekt an Premiere Pro, indem Sie zunächst den Schnittfenstereintrag im Projektfenster markieren. Ein Rechtsklick darauf, gefolgt von An Premiere Pro senden ist genauso effektiv wie Datei • An Premiere Pro senden (alternativ wir das Schnittfenster-Bedienfeld markiert – wie in der Schnitt-Software). Schauen Sie anschließend in das Projektfenster von Premiere Pro. Dort ist nun eine Sequenz mit dem Namen des Prelude-Schnittfensters sowie allen dazugehörigen Assets eingefügt worden. Zur besseren Ansicht ist das relevante Footage sogar automatisch markiert worden.

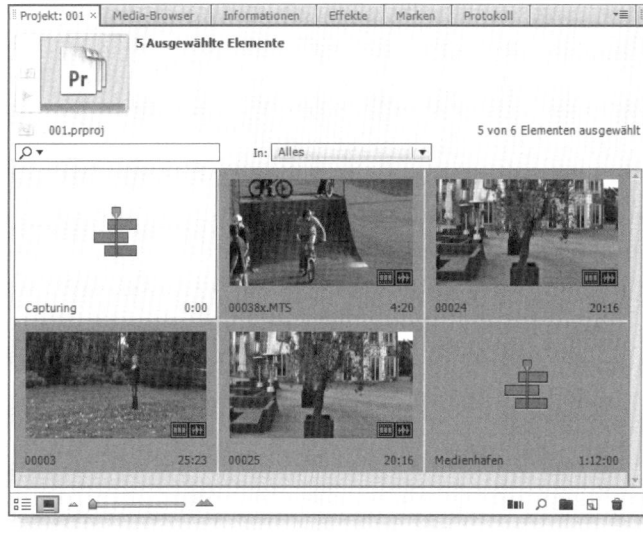

◀ **Abbildung 13.44** Jetzt geht es weiter mit Premiere Pro.

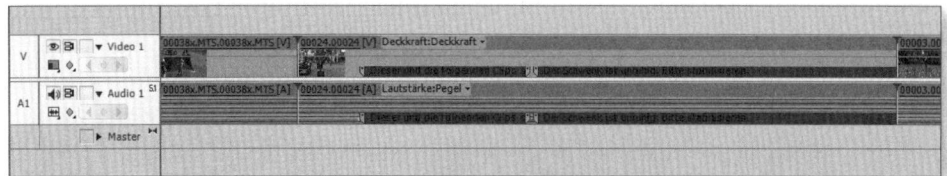

▲ **Abbildung 13.45** Die in Prelude verfassten Kommentare tauchen auch im Premiere-Pro-Schnittfenster auf.

13.6.6 Projektdatei erzeugen

Nun ist im Zusammenhang mit Prelude noch zu klären, wie Sie aus Prelude heraus eine eigenständige Premiere-Pro-Projektdatei erstellen können.

Nach dem Rohschnitt entscheiden Sie sich für DATEI • EXPORTIEREN. Wählen Sie als Ziel die LOKALE FESTPLATTE, und aktivieren Sie die Checkbox PROJEKT. Geben Sie dem Projekt einen Namen, und setzen Sie den TYP auf PREMIERE PRO. Falls die Videodateien mit hinzugefügt werden sollen, aktivieren Sie MEDIEN. Für den Fall, dass alles auf »einem« Rechner erledigt wird, ist das jedoch nicht nötig, da dies ja lediglich zu einer Verdoppelung der bereits vorhandenen Assets führen würde. Zuletzt bestätigen Sie mit OK und legen anschließend den Speicherort fest.

◄ **Abbildung 13.46** Der Prelude-Export

Jetzt haben Sie eigentlich nichts weiter zu tun, als den Exportordner aufzusuchen und die darin enthaltene Premiere-Pro-Projektdatei (.prpoj – erzeugt von Prelude) zu öffnen. Alternativ lässt sich diese natürlich auch aus einem bereits bestehenden Premiere-Pro-Projekt heraus öffnen.

14 Bridge CS6 – Ordnung im Archiv

Mit dem Erwerb von Premiere Pro CS6 sind Sie zugleich stolzer Besitzer von Adobe Bridge geworden. Mit dieser Applikation wird die Verwaltung der Assets sowie das Auffinden bestimmter Dateien deutlich erleichtert. Und da die Bridge nicht nur auf Fotos oder Videos beschränkt ist, sondern auch Sounds, PDFs und vieles mehr erkennt, lässt sich damit im Prinzip alles archivieren, sortieren und auszeichnen. Deshalb wollen wir in diesem Kapitel vor allem folgende Fragen klären:

- ▶ Was ist Adobe Bridge?
- ▶ Welche Ansichtsoptionen kann ich wählen?
- ▶ Wie werden Inhalte der Bridge beschriftet und sortiert?
- ▶ Wie filtert man Clips?
- ▶ Wie kann ich gezielt nach Assets suchen?

Bridge-Software

Adobe Bridge ist in unterschiedlichen Adobe-Anwendungen enthalten. Sowohl die verschiedenen Creative Suites wie auch einzelne Applikationen (z. B. Adobe Premiere Pro CS6, Photoshop CS6, After Effects CS6) beherbergen die Anwendung. Dabei wird natürlich stets nur »eine« Bridge vorhanden sein – ganz egal, wie viele Adobe-Apps Sie im Einsatz haben. Geringfügige Änderungen sind jedoch in den Bridge-Versionen ausfindig zu machen, je nachdem, ob Sie die Anwendung nun beispielsweise mit Photoshop oder Premiere Pro installieren (z. B. Registerkarte FILTER – DATEITYP).

Bridge ist ein recht effektiver Dateibrowser, der im Laufe der Zeit recht eindrucksvoll erweitert worden ist. Er ermöglicht den schnellen und unkomplizierten Zugriff auf die Dateien innerhalb Ihres Festplattenarchivs. Dank der Möglichkeit, ihn in einen kompakten Modus zu versetzen, kann er ständig geöffnet bleiben, ohne übermäßig viel Platz auf der Arbeitsfläche zu beanspruchen. Doch das ist nur eine der Stärken des Browsers. Ein weiteres Highlight stellt nämlich die Möglichkeit dar, aus gängigen Anwendungen heraus (wie z. B Photoshop, After Effects oder Premiere Pro) direkt auf das Archiv zuzugreifen.

14.1 Die Oberfläche

Die Anwendung lässt sich unabhängig von den anderen Applikationen starten und ausführen. Die Oberfläche sieht zunächst einmal spartanisch aus – doch das täuscht.

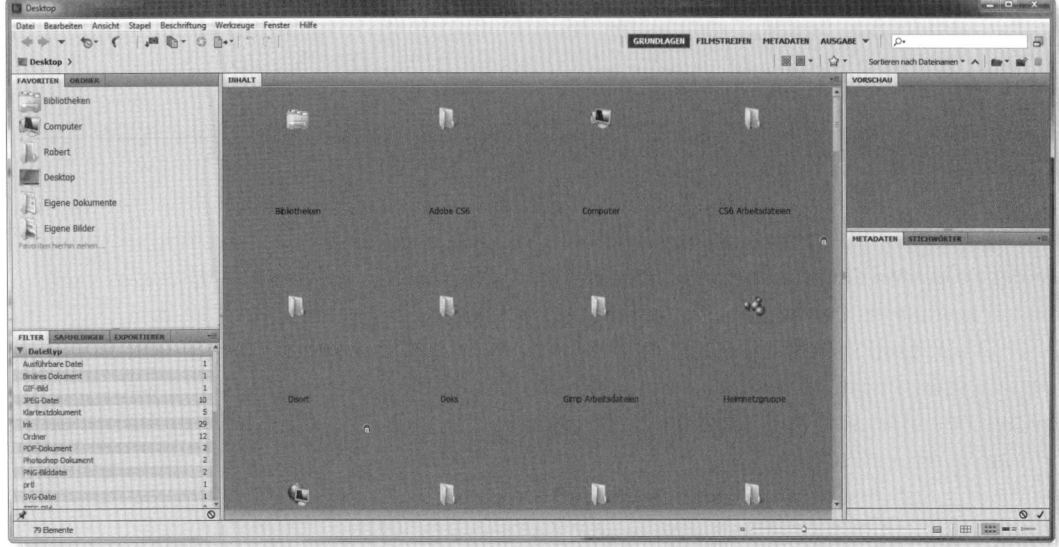

▲ **Abbildung 14.1** Zunächst etwas schmucklos – die Oberfläche der Bridge

14.1.1 Bridge von Premiere Pro aus starten

Wenn Sie die Bridge aus Premiere Pro heraus starten wollen, gehen Sie einfach über
DATEI • IN ADOBE BRIDGE DURCHSUCHEN oder betätigen `Strg`/`cmd`+`Alt`+`O`. Viel
interessanter ist aber die Option, direkt nach einem bestimmten Clip Ausschau zu halten. Wenn Sie also nicht genau wissen, an welchem Speicherort sich ein bestimmtes
Projekt-Asset befindet, klicken Sie dieses (im Projektfenster) mit rechts an und entscheiden sich im Kontextmenü für IN ADOBE BRIDGE ANZEIGEN. Bridge wechselt gleich
in den Zielordner, der die gesuchte Datei beinhaltet, und markiert das Ergebnis.

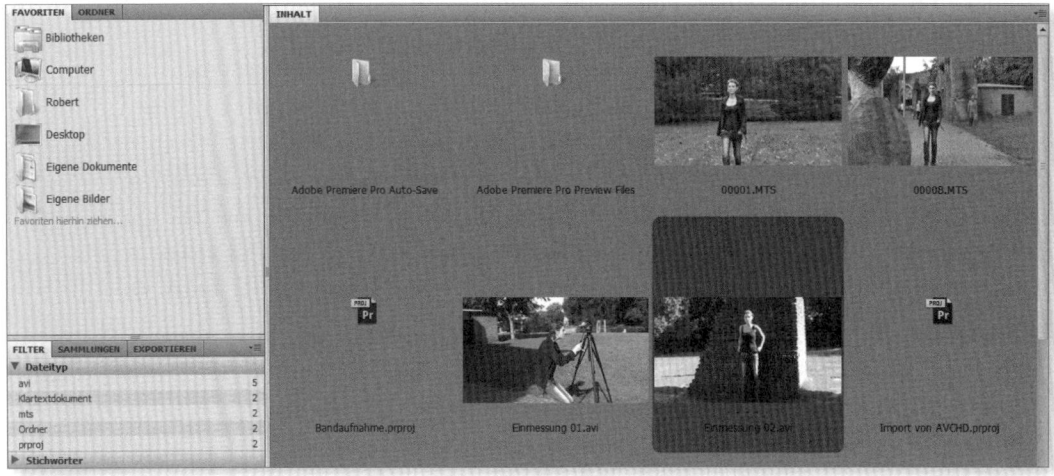

▲ **Abbildung 14.2** So schnell können Sie ein Asset aus Premiere Pro heraus ausfindig machen.

14.1.2 Explorer anzeigen

Es ist wahrscheinlich, dass Sie beim Zusammentragen von Assets für Ihren Film auf zahlreiche Ordner zugreifen müssen. Aus diesem Grund ist zu empfehlen, oben links in der Bridge das Register ORDNER ❶ nach vorne zu stellen (hinter FAVORITEN). Um von einem zum anderen Ordner zu wechseln, betätigen Sie aber bitte ausschließlich die vorangestellten Dreiecksymbole. Klicken Sie hingegen auf einen Ordner-Eintrag, wird dessen Inhalt in der Fenstermitte der Anwendung präsentiert.

▲ **Abbildung 14.3** Die Ordner-Ansicht ist zu empfehlen.

14.1.3 Ansicht wechseln

Die Standardansicht zeigt die Vorschaubilder in der Mitte des Fensters recht klein. Wenn Ihnen diese zu klein sind, vergrößern Sie die Ansicht, indem Sie den Regler in der Fußleiste ❷ nach rechts verschieben. Weitere Ansichtsoptionen lassen sich über die nebenstehenden Schaltflächen aktivieren.

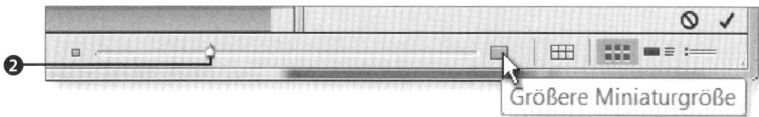

▲ **Abbildung 14.4** Die Steuerelemente zur Änderung der Darstellungsoptionen befinden sich im Fuß der Anwendung.

14.1.4 Kompaktmodus aktivieren

Zu den Stärken von Bridge gehört sicherlich, dass man die Anwendung ganz schön klein machen kann. Wenn Sie nämlich auf die Schaltfläche IN KOMPAKTMODUS WECHSELN ❸ klicken, verkleinert sich die Ansicht beträchtlich. Durch die Verkleinerung haben Sie jetzt einen Nebeneffekt erzielt. Die Anwendung bleibt stets im Vordergrund.

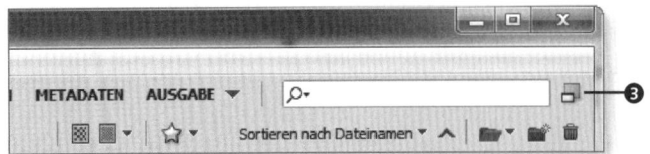

▲ **Abbildung 14.5** Rechts neben dem Suchfeld befindet sich eine kleine Schaltfläche zur Verkleinerung der Ansicht.

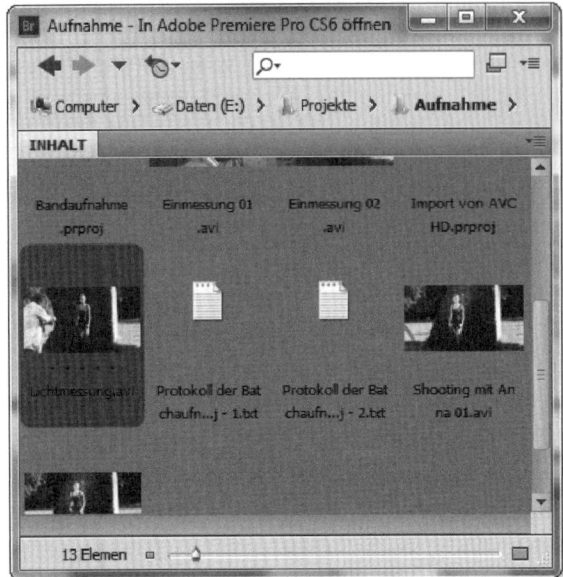

◀ **Abbildung 14.6** Die Adobe Bridge in der Mini-Ausgabe

14.1.5 Mehrere Browser bereitstellen

Gerade wenn Sie Dateien und Ordner verschieben wollen, ist es interessant, mit mehreren Bridge-Fenstern zu arbeiten. Sie können dann die Dateien nämlich von einem Fenster in das andere ziehen und so die Festplatteninhalte an Ihre persönlichen Wünsche anpassen. Drücken Sie dazu einfach ⌨Strg⌨/⌨cmd⌨+⌨N⌨. So macht das Sammeln und Sortieren von Assets richtig Spaß.

Verknüpfungen beachten

Beachten Sie in dem Zusammenhang, dass Premiere Pro die verwendeten Assets grundsätzlich nicht einbindet, sondern diese lediglich verknüpft. Wenn Sie jetzt ein Asset verschieben, dass sich bereits in einem Schnittprojekt befindet, verliert Premiere Pro den Pfad dorthin, und das Asset kann dort zunächst nicht mehr angezeigt werden. Sie können die Verknüpfung zwar manuell reparieren (wie das funktioniert, erfahren Sie in Abschnitt 1.3.3, »Projektverknüpfungen reparieren«), aber der Aufwand könnte ungleich höher sein, als der Nutzen, den Sie durch die Sortierung in Bridge erreicht haben. Verschieben Sie sämtliche Assets also am besten, *bevor* Sie mit einem Schnittprojekt beginnen.

14.1.6 Weitere Ansichtsoptionen

Innerhalb der Bridge besteht die Möglichkeit, direkt oben in der Anwendung zwischen verschiedenen Ansichtsmodi ❶ zu wechseln. Hier ist vor allem der Button METADATEN zu erwähnen, der eine Fülle zusätzlicher Informationen zum jeweiligen Asset zur Verfügung stellt. Gerade wenn Sie mit Videos arbeiten, werden Sie Spalten wie GRÖSSE, MASSE usw. zu schätzen wissen.

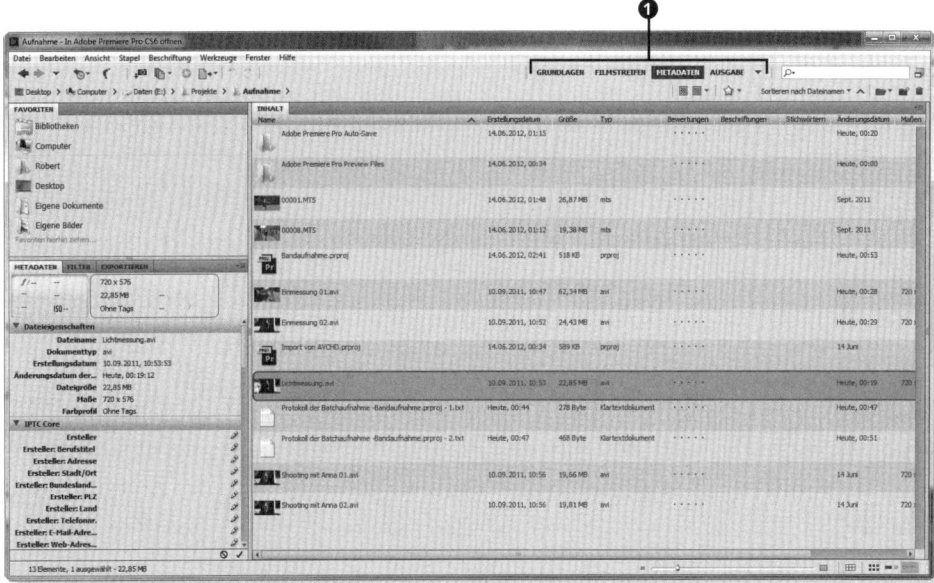

▲ **Abbildung 14.7** In der Metadaten-Ansicht werden wichtige Infos sichtbar.

Liste erweitern

Achten Sie darauf, dass links neben der Darstellungsoption GRUNDLAGEN eine kleine unscheinbare Grifffläche angebracht ist. Ziehen Sie diese nach links, tauchen weitere Begriffe auf.

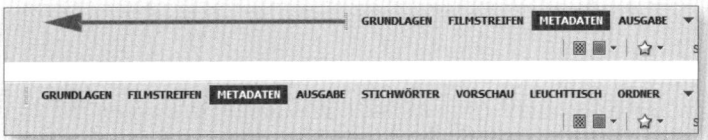

▲ **Abbildung 14.8** Es verbergen sich noch weitere Einträge in der Liste.

14.2 Clips organisieren mit Adobe Bridge

Sie werden vielleicht nicht mit jeder Ihrer Aufnahmen zufrieden sein. Um die Unterschiede der Assets zu katalogisieren, bietet Bridge zwei Möglichkeiten der Sortierung an: ein Bewertungsschema und die Arbeit mit Beschriftungen.

14.2.1 Clips auszeichnen

Markieren Sie einen der Clips, und vergeben Sie anschließend einen bis fünf Sterne, indem Sie in der Metadaten-Ansicht auf einen der kleinen Punkte in der Spalte Bewertungen klicken. Nehmen Sie den linken Punkt, vergeben Sie einen Stern, bei einem Klick auf den rechten Punkt dagegen fünf Sterne (das sind dann Ihre Highlights).

Werfen Sie einmal einen Blick auf »Perle_5.avi.« Hier ist bereits eine Bewertung abgegeben worden. Sie sehen, dass derartige Auszeichnungen beim Asset verbleiben – selbst dann, wenn Sie die Datei auf einen anderen Rechner transferieren.

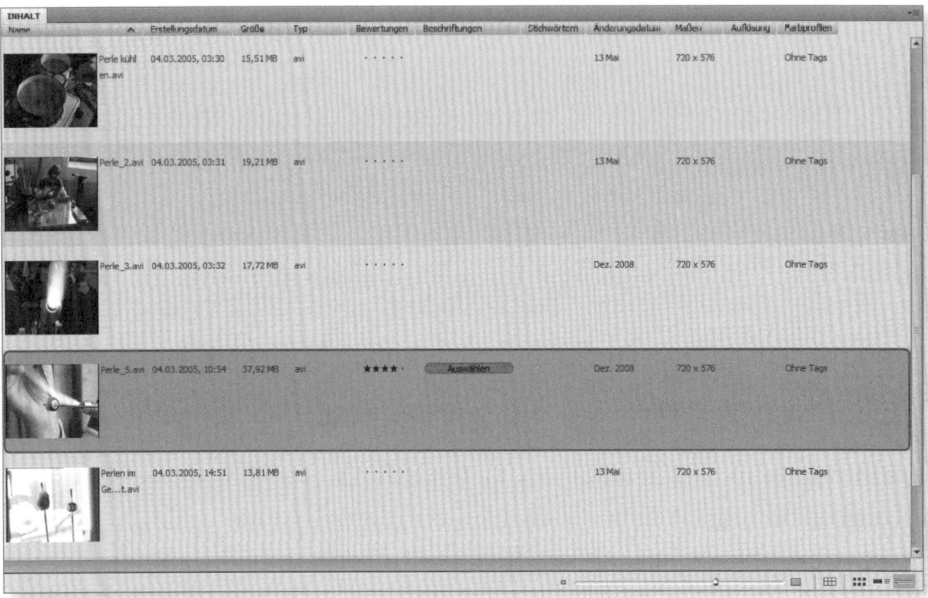

▲ **Abbildung 14.9** And the Winner is ... – bewerten Sie Ihre Clips.

Nun können Sie beliebig viele Sterne vergeben – und diese Wertung auch jederzeit wieder ändern, indem Sie auf einen anderen Punkt bzw. Stern klicken. Doch was ist zu tun, wenn Sie nachträglich doch wieder alle Sterne entfernen wollen? Dann klicken Sie in den freien Bereich links neben dem ersten Stern. Hier ist zunächst einmal nichts zu sehen. Wenn Sie aber Sterne vergeben, ist genau an dieser Stelle kurzzeitig ein kleines, weißes Halt-Symbol zu entdecken.

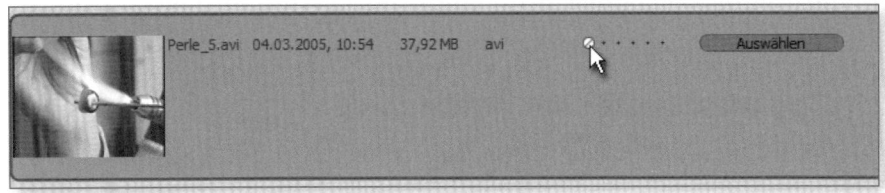

▲ **Abbildung 14.10** Der Clip wird degradiert.

14.2.2 Beschriftungen anlegen

Neben der Möglichkeit, Sterne zu vergeben, können die Clips auch je nach gewünschter Verwendung farbig markiert werden. Wie das aussehen kann, sehen Sie ebenfalls am Clip »Perle_05.avi« (rechts neben den Sternen) – und zwar an dem horizontalen, roten Balken. Um selbst Beschriftungen hinzuzufügen, klicken Sie mit der rechten Maustaste auf eine der Zeilen, und entscheiden Sie sich im Kontextmenü für BESCHRIFTUNG sowie die gewünschte Beschriftung.

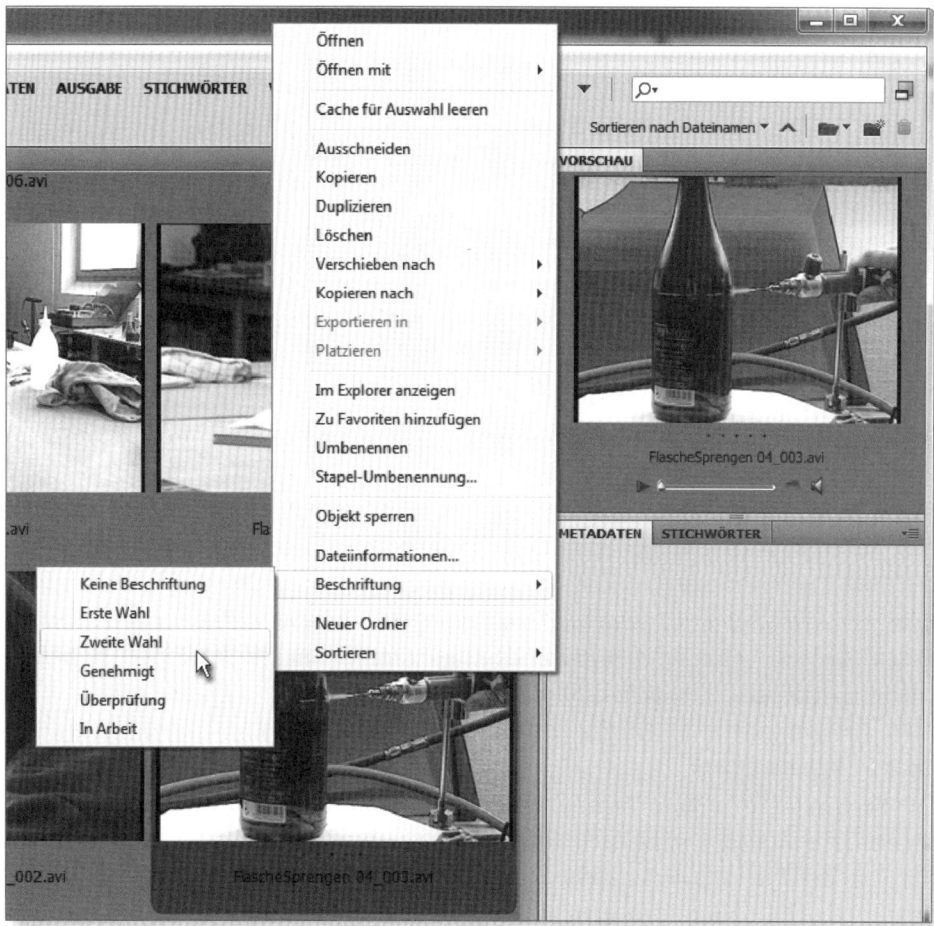

▲ **Abbildung 14.11** Mit Hilfe des Kontextmenüs lassen sich die Beschriftungen anpassen.

Im Beispiel wird der Datei »Perlen im Gegenlicht.avi« die Bewertung ZWEITE WAHL zuteil. Das hätte zur Folge, dass das Asset einen gelben Balken erhielte. Wollen Sie eine derartige Beschriftung wieder entfernen, klicken Sie die Zeile erneut mit rechts an, und entscheiden Sie sich für BESCHRIFTUNG • KEINE BESCHRIFTUNG.

Die Bezeichnungen zu den einzelnen Farben sind natürlich nicht verbindlich. Wenn Sie hier etwas ändern wollen, können Sie das über BEARBEITEN/ADOBE BRIDGE CS6 • VOREINSTELLUNGEN • BESCHRIFTUNGEN erledigen. Hier lässt sich dann auch gleich einmal checken, welche Tastenkombinationen für die einzelnen Beschriftungen vorgesehen sind.

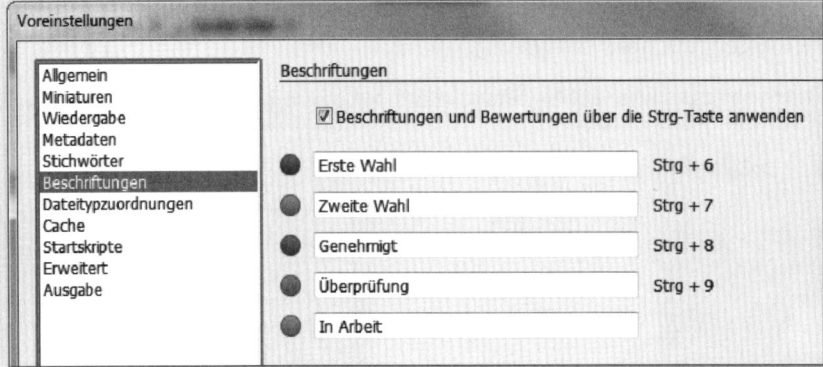

▲ **Abbildung 14.12** Selbst für BESCHRIFTUNGEN lassen sich VOREINSTELLUNGEN definieren.

14.3 Filtern und sortieren

Damit haben Sie aber Ihre Clips nicht nur bewertet und farbig markiert, sondern können diese auch nach Kategorien sortiert anzeigen lassen. Wenn Sie beispielsweise nur die Clips sehen möchten, denen Sie zuvor mindestens drei Sterne gegeben haben, oder jene, die Sie mit Rot ausgezeichnet haben, erreichen Sie das über das Bedienfeld FILTER, das sich unten links in der Bridge befindet. Gehen Sie dazu aber am besten wieder zurück auf die Ansicht GRUNDLAGEN.

14.3.1 Assets filtern

Der Bereich DATEITYP ❶ der Filter-Palette ist standardmäßig geöffnet und das vorangestellte Dreiecksymbol weist nach unten (vorausgesetzt, die Bridge wurde zusammen mit Premiere Pro installiert). Wenn Sie nun beispielsweise einmal nach Premiere-Pro-Dateien suchen wollen, aktivieren Sie die Zeile PRPROJ ❷. Es ist auch legitim, mehrere Zeilen zu markieren. So ließen sich beispielsweise nach Projektdateien und WAVE-Sounds ❸ suchen.

Das Resultat finden Sie in der Mitte der Anwendung. Zum Löschen der einzelnen Suchparameter betätigen Sie diese entweder erneut oder klicken auf das kleine Verbotssymbol ❹. Wollen Sie diese Suchoptionen beibehalten, klicken Sie den kleinen Pin unten links ❺ an.

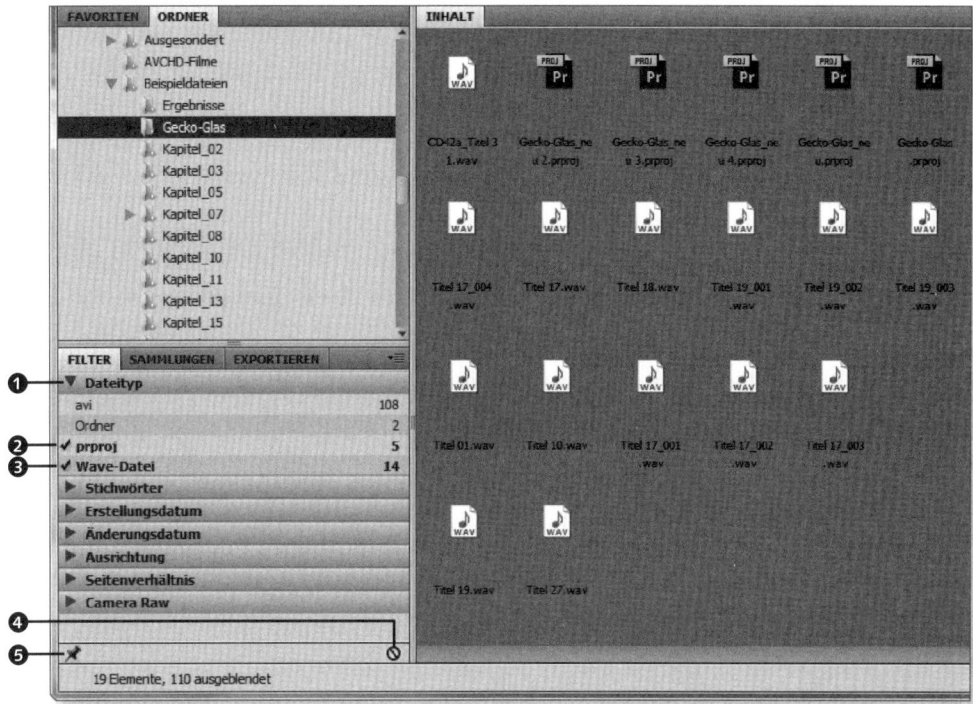

▲ **Abbildung 14.13** Die Filter-Palette hilft beim Suchen.

14.3.2 Assets sortieren

Bei der Vorbereitung eines Projekts wollen Sie sicher die Clips auf der Festplatte sortieren. Auch das lässt sich prima mit Hilfe des Dateibrowsers erledigen. Eine komfortable Möglichkeit haben Sie ja bereits kennengelernt: die Verwendung mehrerer Bridge-Fenster. Sie können aber auch über die Registerkarte ORDNER zu einem Ihrer Festplattenordner navigieren. Öffnen Sie die gewünschten Ordner, indem Sie das jeweils vorangestellte Dreiecksymbol markieren.

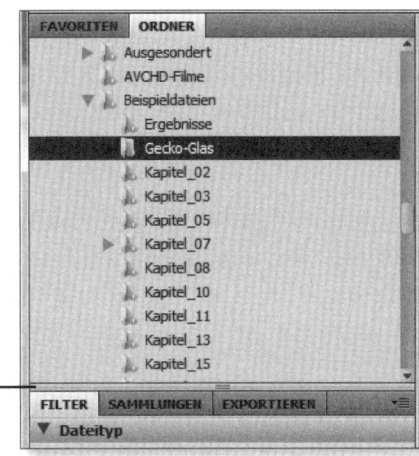

◀ **Abbildung 14.14** Der Explorer macht das Auffinden potenzieller Zielordner zum Kinderspiel. Videoclips können per Drag & Drop einsortiert werden.

Nun kann es sinnvoll sein, die Liste der Ordner so weit zu öffnen, dass Sie auch andere Ordner sehen können, in die Sie Clips verschieben können. Das erreichen Sie, indem Sie den Steg ❻ mit gedrückter linker Maustaste nach unten ziehen. Im nächsten Schritt ziehen Sie die Miniaturen aus der Mitte einfach auf den gewünschten Ordner oben links.

> **Mehrere Dateien gleichzeitig verschieben**
>
> Natürlich funktioniert das Verschieben auch mit mehreren Dateien gleichzeitig. Markieren Sie zusammenliegende Objekte, indem Sie ⇧ gedrückt halten, während Sie einzelne, nicht zusammenliegende Dateien mit Strg/cmd markieren. Klicken Sie anschließend erneut auf eine der Miniaturen, und ziehen Sie alle markierten Assets gemeinsam herüber.

14.3.3 Objekte löschen

Das Löschen eines zuvor markierten Objekts mit Hilfe des Papierkorbsymbols oben rechts bedarf sicher keiner großen Erläuterung mehr. Doch Vorsicht: Damit verschieben Sie das Objekt tatsächlich in den Papierkorb des Betriebssystems und entfernen es nicht nur aus Bridge.

> **Weitere Sortieroptionen**
>
> Natürlich steckt noch eine ganze Menge mehr in Bridge. So ist etwa erwähnenswert, dass es im Menü ANSICHT weitere Sortieroptionen gibt, die gerade im Zusammenhang mit Ihrer Schnitt-Software eine sinnvolle Ergänzung darstellen. Sie können hier Dateien z. B. NACH TYP sortieren. Dies offenbart ja die Möglichkeit, Videoclips gezielt von anderen Dateiformaten zu trennen und entsprechend anzeigen zu lassen. Aber auch die Dateigröße könnte mitunter ein wichtiges Kriterium beim Verschieben Ihrer Dateien sein.

14.4 Assets suchen

Mit zunehmender Größe eines Videoarchivs wird der Bestand auch zwangsläufig unübersichtlicher. Deshalb kann es vorkommen, dass Sie Assets suchen müssen.

14.4.1 Einfache Suche

In der Bridge gibt es eine einfache Suche, mit der Sie oft schon ans Ziel kommen, die so ähnlich wie die Suche nach Effekten im Effekte-Bedienfeld von Premiere funktioniert. Aber was sage ich? Wie wäre es mit einem Workshop dazu?

Lassen Sie uns jetzt nach bestimmten Assets Ausschau halten. Suchen Sie doch einmal die Filme heraus, die in irgendeiner Form mit Tellern bzw. Drehtellern zu tun haben.

1 Dateien auf den Rechner kopieren

Falls Sie es nicht bereits getan haben, sollten Sie jetzt den kompletten Ordner BEISPIEL-DATEIEN von der Buch-DVD auf Ihren Rechner kopieren.

2 Ordner einstellen

Damit Bridge nicht den gesamten Rechner inklusive aller Peripherie durchsucht, stellen Sie zunächst oben links das Bedienfeld ORDNER nach vorne. Navigieren Sie auf dieser Registerkarte zu dem Ordner, der die Beispieldateien zum Hauptfilm beinhaltet. Gemeint ist der Ordner GECKO-GLAS.

3 Suchwort eingeben

In der Mitte der Bridge werden nun die ersten enthaltenen Assets gezeigt. Da der Ordner aber prall gefüllt ist mit den unterschiedlichsten Assets, sollten Sie oben rechts im Eingabefeld mit der kleinen Lupe ❶ nun »teller« eintragen (auf Großschreibung können Sie verzichten). Bestätigen Sie mit ⏎.

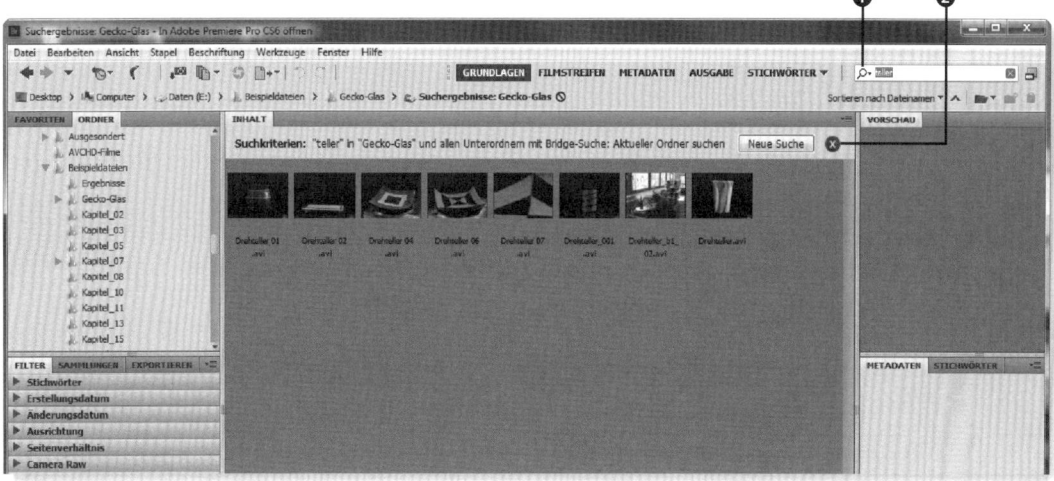

▲ **Abbildung 14.15** Bridge liefert das Suchergebnis.

4 Suchergebnis löschen

Schauen Sie auf die Bezeichnungen in der Mitte der Anwendung, unterhalb der Vorschaubilder. Diese Clips sind übrig geblieben, und die Namen weisen alle in irgendeiner Weise das Wort »teller« auf. Damit Sie aber das Ergebnis auch wieder verwerfen und letztendlich wieder alle Clips anzeigen lassen können, müssen Sie auf die kleine Kreuz-

Schaltfläche ❷ in der Kopfleiste der Inhalt-Palette klicken. Dadurch wird das Such-ergebnis gelöscht.

14.4.2 Fortgeschrittene Suche
Sollte die schnelle Suche nicht zum gewünschten Ergebnis führen oder werden einfach zu viele Treffer angezeigt, können Sie eine kombinierte Suchmaske verwenden.

◢ Schritt für Schritt: Assets nach Kriterien filtern

Falls Sie sich zuvor an der Suche nach »teller« (siehe letzter Workshop) beteiligt haben, taucht in der Maske, die Sie über BEARBEITEN • SUCHEN erreichen, bereits der verwen-dete Suchbegriff auf. Doch das soll uns zunächst nicht weiter beschäftigen.

1 Erstes Kriterium formulieren
Legen Sie lieber ganz oben unter SUCHEN IN fest, in welchem Ordner Bridge nach den relevanten Dateien Ausschau halten soll. Das ist natürlich unser Ordner GECKO-GLAS. Unterhalb formulieren Sie Ihre erste Suchoption. Obwohl – das müssen Sie ja gar nicht, da der Suchsatz bereits lautet: [Dateiname] – [enthält] – [teller]. Genau so soll es ja auch sein.

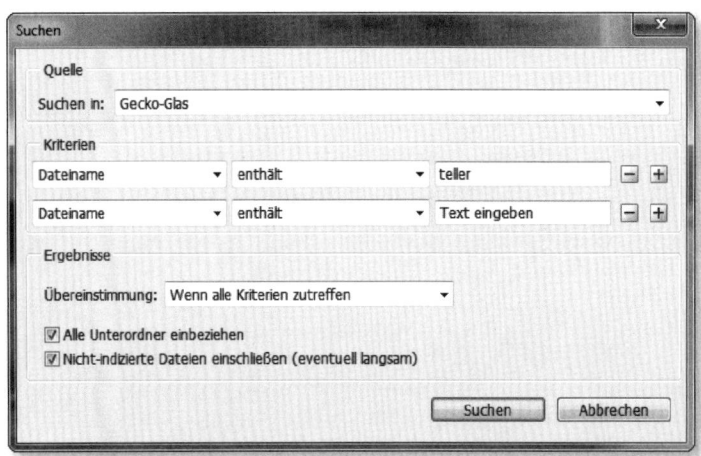

▲ **Abbildung 14.16** In diesem Dialog lassen sich mehrere Suchparameter formulieren.

2 Zweites Kriterium formulieren
Da diese Option allein aber noch nicht ausreicht, wie wir im vorangegangenen Work-shop bestürzt feststellen mussten, sollten wir den zweiten Suchsatz ausformulieren. Wenn Sie beispielsweise wissen, dass die gesuchte Videodatei im Jahr 2005 integriert worden ist, könnte der zweite Satz lauten: [Erstellungsdatum] – [ist größer als] – [31.12.2004].

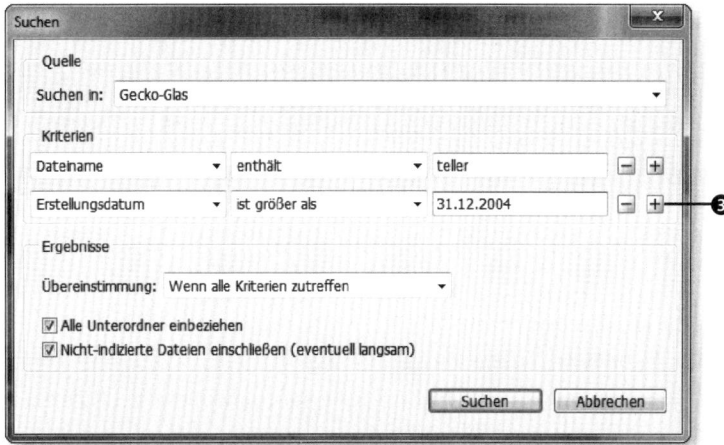

▲ **Abbildung 14.17** Der zweite Satz ist ebenfalls angepasst worden.

3 Drittes Kriterium formulieren

Jetzt müssen Sie noch einen dritten Satz formulieren. Deshalb klicken Sie am Ende der zweiten Zeile auf das Plussymbol ❸. Geben Sie hier ein: [Erstellungsdatum] – [ist kleiner als] – [01.01.2006]. So beschränken wir uns auf das Jahr 2005.

4 Übereinstimmungsoption festlegen

Zudem müssen Sie noch darauf achten, dass es im Bereich ÜBEREINSTIMMUNG heißt: WENN ALLE KRITERIEN ZUTREFFEN ❹. Missachten Sie das, zeigt die Anwendung ein Asset auch dann als Treffer an, wenn nur eine einzige der zuvor formulierten Bedingungen erfüllt ist. Und das würde im Ergebnis nicht wirklich weiterhelfen. Am Ende klicken Sie auf SUCHEN.

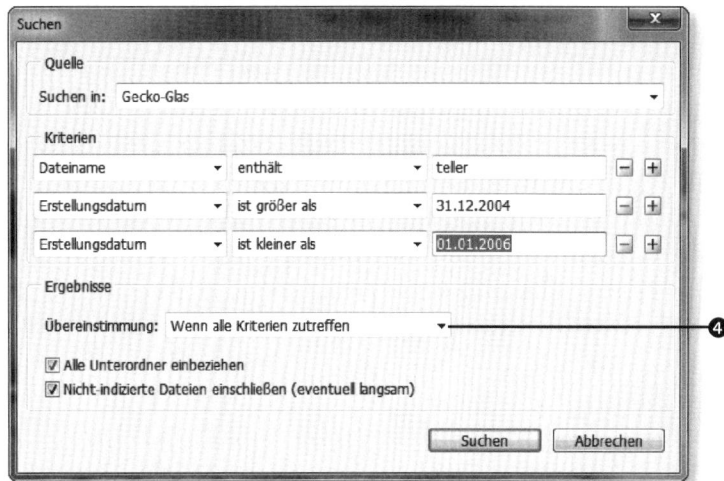

▲ **Abbildung 14.18** Diese drei Parameter sowie die Bedingung, dass alle Kriterien übereinstimmen müssen, sorgen dafür, dass alle »teller«-Filme des Jahres 2005 gefunden werden.

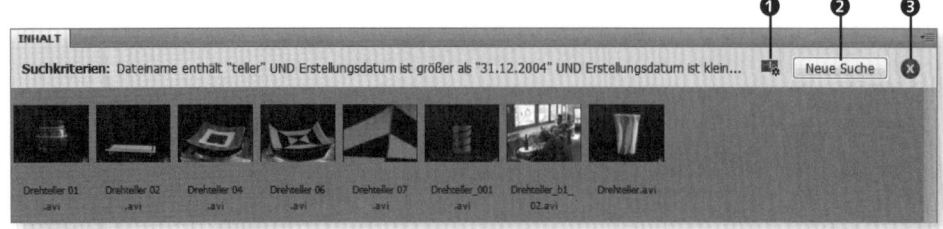

▲ **Abbildung 14.19** Die Suchkriterien werden in der Kopfleiste noch einmal angezeigt. Unterhalb befinden sich die gesuchten Assets.

5   *Optional: Suchkriterien löschen*

Am Ende lässt sich das Ergebnis der Suche verwerfen, indem Sie auf das kleine Kreuz oben rechts ❸ klicken. Wenn Sie gleich eine NEUE SUCHE starten wollen, betätigen Sie den gleichnamigen Button ❷. Daraufhin stellt Bridge den Suchdialog abermals zur Verfügung. Lassen Sie aber das Suchergebnis bitte noch einen Moment geöffnet. Sie müssen nämlich unbedingt noch die Smart-Sammlungen kennenlernen.

14.4.3   Smart-Sammlungen

Schauen Sie sich die Kopfzeile im Inhaltsbereich (in der Mitte der Bridge) noch einmal etwas genauer an. Hier finden Sie auch den Button ALS SMART-SAMMLUNG SPEICHERN ❶. Und dieser ist wirklich nützlich, denn Sie sind damit imstande, das Suchergebnis »aufzubewahren«. Betätigen Sie den Knopf, werden Sie zunächst gefragt, wie denn die Sammlung heißen soll. Nennen wir es einmal Teller-Clips.

◀ **Abbildung 14.20** Die Smart-Sammlung wird aussagekräftig benannt.

Wenn Sie jetzt auf SPEICHERN klicken, passiert augenscheinlich gar nichts – außer dass sich die Dialogbox schließt. Beachten Sie aber einmal den unteren linken Bereich der Bridge. Hier finden Sie (in der Grundlagen-Ansicht) drei Register (FILTER, SAMMLUNGEN, EXPORTIEREN). Betätigen Sie doch jetzt einmal den Reiter SAMMLUNGEN. Siehe da, hier gibt es einen Posten mit dem klangvollen Namen »Teller-Clips«. Und dieser Eintrag bleibt ihnen erhalten. Wenn Sie also irgendwann noch einmal auf dieses Resultat zurückgreifen wollen, wissen Sie, wo Sie es finden.

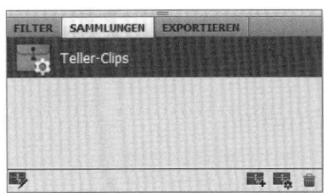

◀ **Abbildung 14.21** Hier ist das Ergebnis der Suche gespeichert.

Wenn Sie eine derartige Sammlung löschen möchten, markieren Sie diese im Bedienfeld Sammlungen, und klicken Sie anschließend auf das Papierkorbsymbol unten rechts. Die anschließende Kontrollabfrage bestätigen Sie mit Ja. Wollen Sie den Dialog künftig umgehen, ist zu empfehlen, vor der Bestätigung Nicht mehr anzeigen zu aktivieren.

14.5 Assets an Premiere Pro übergeben

Bereits in Kapitel 13 haben Sie ja erfahren, wie sich Assets per Drag & Drop in bestimmte Ordner transferieren lassen. Hier sollen nun Techniken vorgestellt werden, mit denen es direkt nach Premiere Pro geht.

Assets an Premiere Pro übergeben | Zur Übergabe an Premiere Pro markieren Sie die gewünschte Datei in der Bridge und gehen in das Menü Datei • Öffnen (alternativ betätigen Sie Strg/cmd+O). Damit wird das Asset ohne Umwege an das Projekt-fenster von Premiere Pro übergeben. Dort ist übrigens entscheidend, welche Ablage Sie zuvor selektiert hatten, denn das Asset wird automatisch in die aktive Ablage gepackt. Das bedeutet aber auch: Ist diese Ablage geschlossen, sehen Sie das impor-tierte Asset zunächst nicht.

Assets per Drag & Drop übergeben | Noch einfacher haben Sie es übrigens, wenn Sie die Anwendungen auf Ihrem Monitor derart anordnen, dass Sie sowohl die Bridge als auch das Projektfenster von Premiere Pro einsehen können. In diesem Fall lässt sich das Asset nämlich per Drag & Drop integrieren. Übrigens lassen sich auf diese Art auch mehrere markierte Dateien in einem Arbeitsgang übergeben.

15 DVD-Authoring mit Encore CS6

Wer bei der Erstellung von DVDs, Blu-rays oder interaktiven Webinhalten professionelle Ergebnisse erzielen möchte, der kann auf die in Premiere Pro integrierte Authoring-Lösung Encore CS6 zurückgreifen. Nun wird der Einsteiger vielleicht zunächst zurückschrecken. Profi-DVDs? Das ist doch bestimmt schwierig. Genau hier setzt dieses Kapitel an. Lesen Sie es in Ruhe durch, »bauen« Sie die Anleitungen nach, und stellen Sie am Schluss beruhigt fest: Eigentlich ist das viel leichter, als ich gedacht habe. Auf geht's …

In diesem Kapitel erhalten Sie Antworten auf folgende Fragen:

▸ Wie bereite ich Dateien für Encore vor?
▸ Wie wird ein DVD-Projekt erzeugt?
▸ Wie kann ich Filme in Encore kürzen?
▸ Wie werden die Menüs erzeugt?
▸ Wie setze ich Kapitelmarken?
▸ Wie erstelle ich Szenenmenüs?
▸ Wie werden die Funktionsabläufe festgelegt?
▸ Wie teste ich das Projekt?
▸ Wie gebe ich das Projekt auf eine DVD aus?

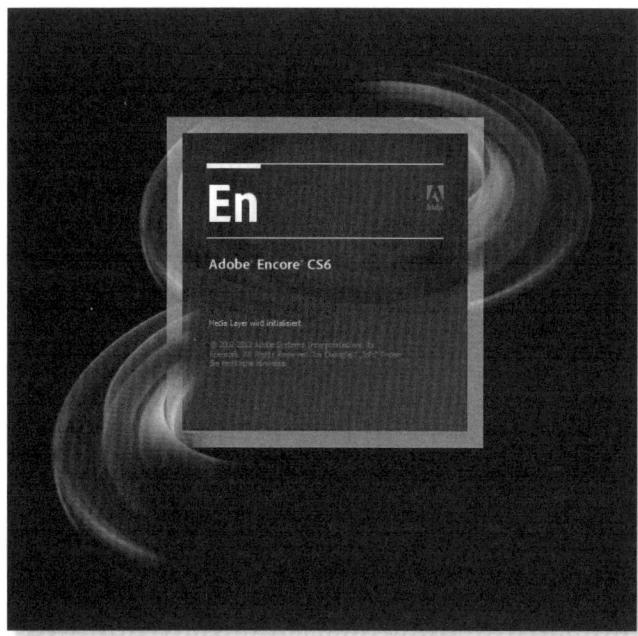

◀ **Abbildung 15.1**
Encore CS6 – ein intuitiver
Weg zur professionellen
DVD

Bitte beachten Sie, dass sich Encore CS6 in der Testversion auch diesmal wieder nicht ausprobieren lässt (wie schon unter CS4 und CS5)! Das Programm wird zwar ebenfalls installiert, kann aber de facto nicht ausgeführt werden – auch nicht in der Master-Collection-Testversion. Wenn Sie es dennoch versuchen, erhalten Sie eine Fehlermeldung (siehe dazu auch Hinweise in Kapitel 1, »Kontaktaufnahme mit Premiere Pro CS6«).

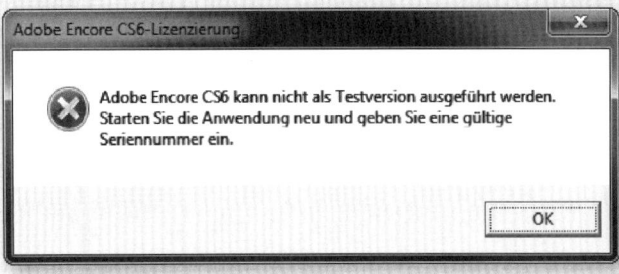

▲ **Abbildung 15.2** Kein Testlauf für die Authoring-Software

15.1 DVD-Projekte in Premiere Pro vorbereiten

Bevor die eigentliche Arbeit mit Encore beginnt, schauen wir uns Premiere Pro noch einmal etwas genauer an. Sie können nämlich bereits auf komfortable Weise Kapitelmarken für Encore erzeugen. Zwar gestattet auch Ihr DVD-Authoring-Tool die interne Erzeugung von DVD-konformen Dateiformaten, doch auch das können Sie bereits mit Premiere Pro erledigen. Wenn Sie also gerne so viel wie möglich in Ihrer Schnitt-Software erledigen, sollten Sie zunächst Kapitelmarken setzen und im nächsten Schritt die Datei entsprechend ausgeben.

15.1.1 Kapitelmarken für Encore erzeugen

Auch die Kapitelmarken lassen sich in Premiere Pro komfortabel über das Schnittfenster platzieren. An einem Beispiel soll dies im folgenden Workshop realisiert werden.

 Schritt für Schritt: Kapitelmarkierungen für Encore erzeugen

 Bevor Sie eine Sequenz in Premiere Pro ausgeben, sollten Sie Encore-Kapitelmarken vergeben. Zwar geht das auch noch in der Authoring-Software, doch liegt es nahe, das bereits in der Editing-Umgebung zu tun. Hier hat man mehr Überblick über das Gesamtprojekt.

1 Projekt vorbereiten

Falls Sie nicht mit Ihrem aktuellen Buchprojekt arbeiten wollen, können Sie auch ein neues Projekt in DV-PAL • STANDARD 48 kHz erzeugen und dort einige Beispieldateien einbetten. Im weiteren Verlauf simulieren wir das Ganze aber am Beispielprojekt.

2 Kapitelmarkierung einrichten

Ganz am Anfang des Films ist grundsätzlich bereits eine Kapitelmarkierung vorhanden (auch wenn diese nicht zu sehen ist). Das erledigt Premiere Pro ganz automatisch beim Erstellen einer Sequenz. Der Filmstart ist also bereits entsprechend ausgezeichnet.

Stellen Sie den Abspielkopf jetzt an eine Position, an der Sie das erste Kapitel erzeugen möchten. Als Nächstes müssen Sie das Kontextmenü über der Zeitskala öffnen (mit rechts auf die Skala klicken) und den Eintrag ENCORE-KAPITELMARKE HINZUFÜGEN auswählen. Den gleichen Eintrag finden Sie aber auch im Menü MARKE. Alternativ dazu lässt sich die Marke auch mit einem Klick auf die Schaltfläche ❶ hinzufügen. Suchen Sie sich aus, was Ihnen am besten liegt.

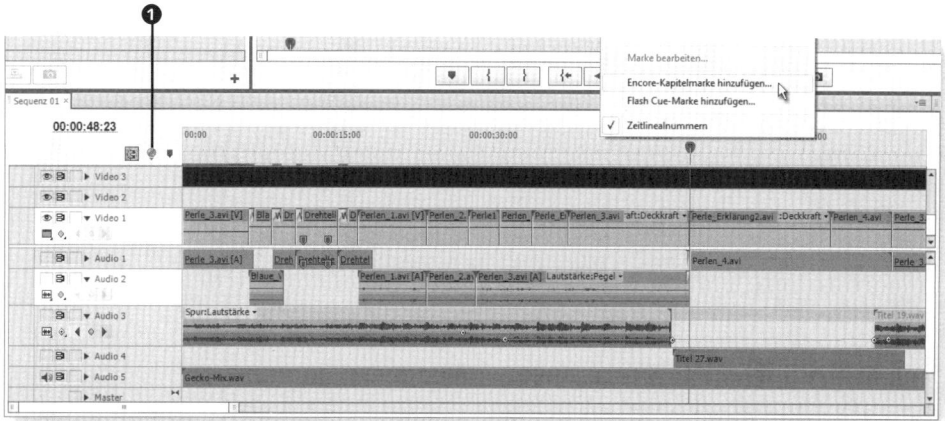

▲ **Abbildung 15.3** Nach der Positionierung der Einfügemarke kann mittels Rechtsklick auf die Zeitskala ein Kapitel erzeugt werden.

Der Nachteil bei der zuletzt genannten Methode: Sie müssen einen Doppelklick auf die soeben hinzugefügte Marke setzen, um den herkömmlichen Dialog zu öffnen. Diesen finden Sie bei der Kontextmenü-Methode automatisch vor. Die Möglichkeit, das Marken-Bedienfeld zu benutzen, schauen wir uns sogleich an.

3 Marke benennen

Im Dialog lassen sich gleich weitere Optionen festlegen. Beachten Sie auch bitte, dass es eine ZURÜCK- und eine WEITER-Schaltfläche gibt, mit deren Hilfe Sie sämtliche Marken in einem Arbeitsgang benennen können. Für Flash-Anwender sei noch der Hinweis angebracht, dass sich über diesen Dialog auch Cue-Points integrieren lassen.

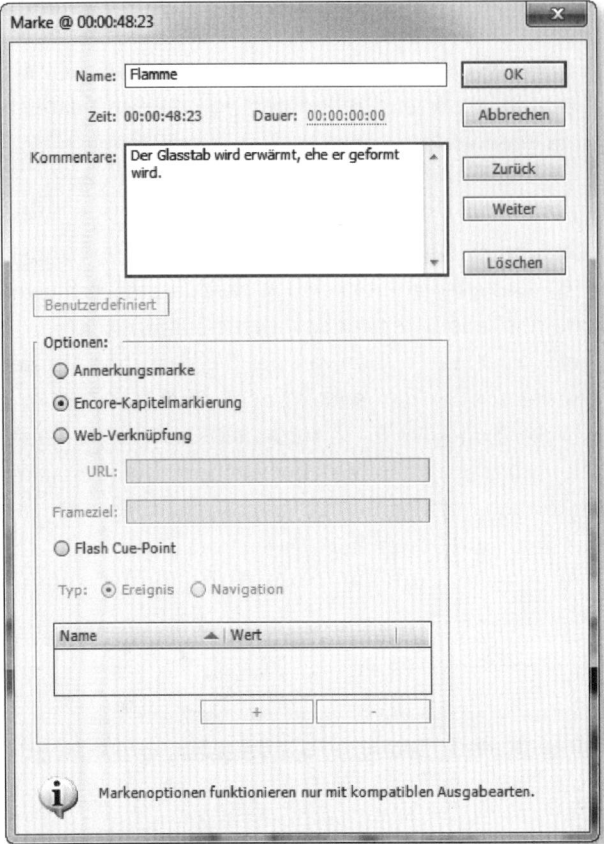

▲ **Abbildung 15.4** Die Marke kann an dieser Stelle gleich benannt werden.

4 *Optional: Marken-Bedienfeld benutzen*

Alternativ zum vorangegangenen Dialog dürfen Sie auch mit dem Marken-Bedienfeld arbeiten, dass sich in der Standardansicht hinter Projektfenster und Media-Browser befindet. Um eine Marke anzuspringen, reicht ein Mausklick auf die gewünschte Zeile des Fensters. Wenn Sie Namen und Kommentare vergeben wollen, ist die Zeile hingegen mit einem Doppelklick zu versehen.

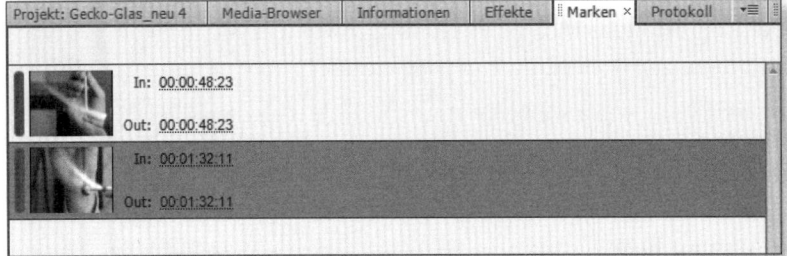

▲ **Abbildung 15.5** Auch Encore-Kapitelmarken werden im Marken-Bedienfeld verwaltet. Sie sind am Zeilenanfang mit einem roten Balken gekennzeichnet (normale Marken sind grün).

5 Markierungen verschieben

Zur Feinjustierung können die Marken noch per Drag & Drop verschoben werden. Achten Sie jedoch darauf, dass sich die Einfügemarke nicht darüber befindet, weil Sie sie ansonsten verziehen würden. Einzelne Marken löschen Sie, indem Sie sie doppelt anklicken und im Dialog den Löschen-Button betätigen. Ein Rechtsklick, gefolgt von AKTUELLE MARKE LÖSCHEN ist ebenfalls eine Option. Ob Sie sich gerade auf einer Markierung befinden, zeigt sich im Programmmonitor links unterhalb des Bildes.

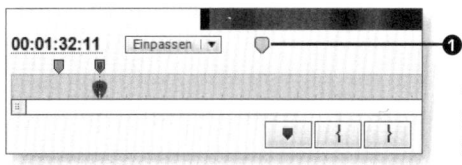

◄ **Abbildung 15.6** Dieses Zeichen ❶ ist nur sichtbar, wenn sich die Schnittfenstermarke auf einer Sequenz- bzw. Kapitelmarke befindet.

6 Marken exakt positionieren

Am Sequenzanfang muss keine Marke produziert werden. Diese wird ja automatisch gesetzt. Im Beispielprojekt habe ich mich für die folgenden Marken entschieden:

- ▶ 00:00:17:02 – Perle
- ▶ 00:02:26:15 – Flaschenhals
- ▶ 00:04:09:04 – Schneiden
- ▶ 00:06:04:09 – Ofen
- ▶ 00:08:07:08 – Abspann

Das sind insgesamt sechs Marken inklusive Start der Sequenz, was für die weiteren Arbeiten ganz gut geeignet ist. Sie dürfen aber auch Ihre ganz eigenen Marken setzen, falls Ihnen diese Aufteilung nicht gefällt.

15.1.2 Filme für Encore ausgeben

Nachdem Sie alle Kapitelmarken gesetzt und benannt haben, geht es nun darum, den fertigen Film auszugeben. Auch an dieser Stelle muss einfach noch einmal darauf hingewiesen werden, dass Sie das Erzeugen der DVD-konformen Datei auch in Encore erledigen können. Dennoch bietet auch Premiere Pro diese Möglichkeit.

▮ *Schritt für Schritt: Filme mit Kapitelmarken ausgeben*

Die Kapitelmarken sind gesetzt, nun soll das Buchprojekt mitsamt der Marken als MPEG2-DVD ausgegeben werden.

1 Exportdialog anwählen

Wenn Sie sich entschieden haben, den Film bereits innerhalb von Premiere Pro DVD-konform rendern zu lassen, müssen Sie dort zunächst das Schnittfenster markieren, da

ansonsten die Exportoptionen nicht zur Verfügung stehen. Im Anschluss stellen Sie DA-
TEI • EXPORTIEREN • MEDIEN ein.

2 Format wählen

Entscheiden Sie sich in den EXPORTEINSTELLUNGEN oben rechts für das Format MPEG2-
DVD. Das ist besonders wichtig, denn bei Verwendung des normalen MPEG2-Eintrags
werden keine Kapitelmarken mit ausgegeben. Wir werden uns das später in Encore
noch ansehen. Bei Erzeugung von Blu-ray-Medien stellen Sie hier H.264 BLU-RAY ein.

Exporteinstellungen im Detail

Ausführlichere Hinweise zu den Funktionen innerhalb der EXPORTEINSTELLUNGEN finden
Sie in Kapitel 12, »Export«.

---

3 Vorgabe wählen

Entscheiden Sie sich jetzt im Pulldown-Menü VORGABE für genauere Angaben in Bezug
auf das Format. Das Beispielprojekt kann in PAL – HOHE QUALITÄT ausgegeben werden.
Geben Sie unterhalb noch Namen und Speicherort an, und betätigen Sie EXPORTIEREN.
Eine Warteschlange ist ja bei Ausgabe eines einzelnen Projekts nicht erforderlich.

◀ **Abbildung 15.7** Legen Sie die EXPORT-
EINSTELLUNGEN fest.

AVCHD für Blu-ray

Sie arbeiten mit AVCHD-Filmen? Dann können Sie diese direkt in Encore nutzen und
ohne Transcodierung auf Blu-ray-Discs ausgeben. Das ist möglich, weil AVCHD nativ
unterstützt wird, und erspart außerdem lange Encodiervorgänge. Allerdings kann Encore
bei der Erstellung einer Blu-ray keine AVCHD-Dateien (MTS, M2TS) konvertieren.

15.1.3 Sequenzen direkt an Encore senden

Sequenzen, die über den Adobe Media Encoder in AVI ausgegeben werden, beinhalten Sequenzmarken nur noch als zeitliche XMP-Metadaten. Diese tauchen im

Encore-Schnittfenster nicht mehr auf. Entsprechend verhält es sich mit MOV-Dateien (QuickTime) unter Apple Macintosh.

Wenn Sie allerdings jetzt noch kein MPEG erzeugen wollen und dennoch in Premiere Pro erzeugte Kapitelmarkierungen übergeben möchten, dann können Sie das über Dynamic Link veranlassen. Markieren Sie dazu das Schnittfenster, und entscheiden Sie sich für DATEI • ADOBE DYNAMIC LINK • AN ENCORE SENDEN. Bei dieser Art der Übergabe bleiben Quelle und Ziel dynamisch miteinander verbunden. Sollten Sie nachträglich noch Änderungen an der Sequenz vornehmen, werden diese auch in Encore übernommen – und zwar ohne dass ein nachträgliches Abspeichern in Premiere Pro nötig wäre. Dies stellt also in einem offenen Projekt die vielleicht komfortabelste Art der Dateiverarbeitung dar.

15.2 DVD-Projekt erzeugen

Anhand der Beispieldateien, die Sie auf der DVD zum Buch finden, soll jetzt eine DVD erzeugt werden, in der vier Filme des Ordners BEISPIELMATERIAL • ERGEBNISSE enthalten sind. Der Hauptfilm ist natürlich »Gecko-Glas.mpg«. Sollten Sie soeben eine MPEG-2 für DVD produziert haben, könnten Sie die entsprechende Bild- und Tondatei stattdessen ebenfalls verwenden. Sie können sich dann später das Hinzufügen von Kapitelmarken sparen. Allerdings wird das Hinzufügen von Kapitelmarken in diesem Kapitel noch explizit erläutert.

Zusätzlich setzen wir noch »Palindrom.avi«, »Vierpunktmaske.avi« und »Zeitverzerrung.avi« ein – gewissermaßen als Stellvertreter für allgemein übliche Bonusmaterialien, wie ein »Making-Of«, die »Credits« oder die »Outtakes« (Filmpannen).

◢ *Schritt für Schritt: Projekt einstellen*

Wie auch in Premiere Pro besteht der erste Schritt in Encore darin, ein neues Projekt zu erstellen. Danach werden die Projekteinstellungen vorgenommen. Alles wie gehabt also – mit der Ausnahme, dass hier natürlich ganz andere Einstellungen zum Tragen kommen als in Premiere Pro.

1 *Ordner erstellen*
Ich möchte Ihnen empfehlen, zunächst einen Ordner mit dem Namen ENCORE oder ENCORE-BUCHPROJEKT anzulegen. Dieser Ordner wird die eigentliche Projektdatei beherbergen. Sie können das natürlich auch direkt aus dem Startdialog von Encore heraus machen, indem Sie auf NEUES PROJEKT klicken.

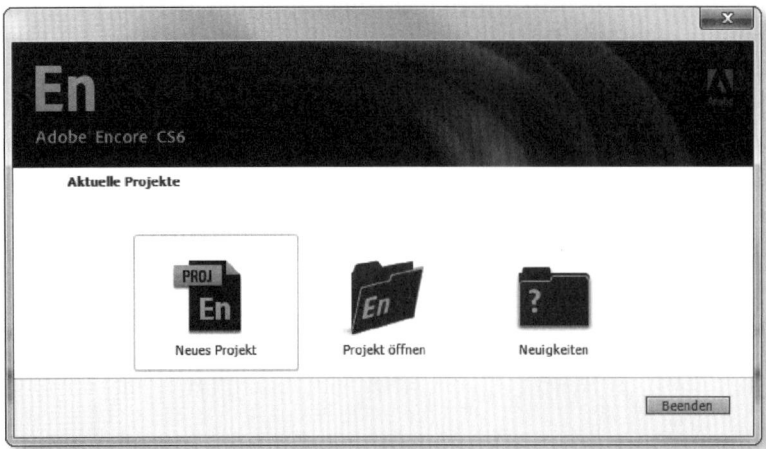

▲ **Abbildung 15.8** Der Startdialog ist auch in Encore das erste Fenster, das sich offenbart.

Helle Arbeitsoberfläche einstellen

Möchten Sie die Encore-Oberfläche an die Abbildungen im Buch anpassen? Dann geht in dieser Anwendung der Weg zunächst über Bearbeiten/Adobe Encore CS6 • Vorein- stellungen • Layout. Ziehen Sie dort den Regler Helligkeit ganz nach rechts.

2 Standards einstellen

Im nächsten Fenster (Registerkarte Standard) vergeben Sie einen aussagekräftigen Na- men ❶ und betätigen den Durchsuchen-Button ❷. Stellen Sie danach den Pfad zum soeben erzeugten Ordner her. Den Authoring-Modus setzen Sie auf DVD ❸, und der TV-Standard ❹ soll PAL entsprechen.

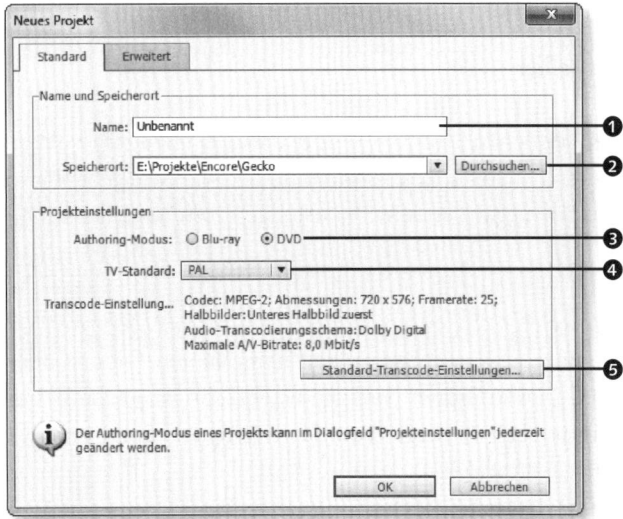

▲ **Abbildung 15.9** Zunächst werden die Projekteinstellungen vorgenommen.

3 Erweiterte Einstellungen ändern

Über den Button STANDARD-TRANSCODE-EINSTELLUNGEN ❺ machen Sie die Einstellungen für die Speichermedien (DVD oder BLU-RAY) zugänglich. Dort haben Sie die Möglichkeit, die maximale Audio/Video-Bitrate zu verändern. 8,0 MBit/s ist jedoch ein guter Wert, der für hohe Qualität sorgt. Wenn Sie Filme inkludieren, die höhere Bitraten aufweisen, werden diese gewissermaßen heruntergerechnet. Außerdem verringert Encore die Bitrate automatisch, wenn das Projekt anders nicht auf der DVD unterzubringen ist.

4 Optional: Blu-ray-Abmessungen einstellen

Sollten Sie eine Blu-ray-Disc produzieren, achten Sie bitte darauf, dass die Abmessungen hier idealerweise noch an die Größe des Originalmaterials angepasst werden. Nehmen Sie keine Änderungen vor, wird Encore die DVD automatisch an 1.920 x 1.080 Bildpunkte anpassen.

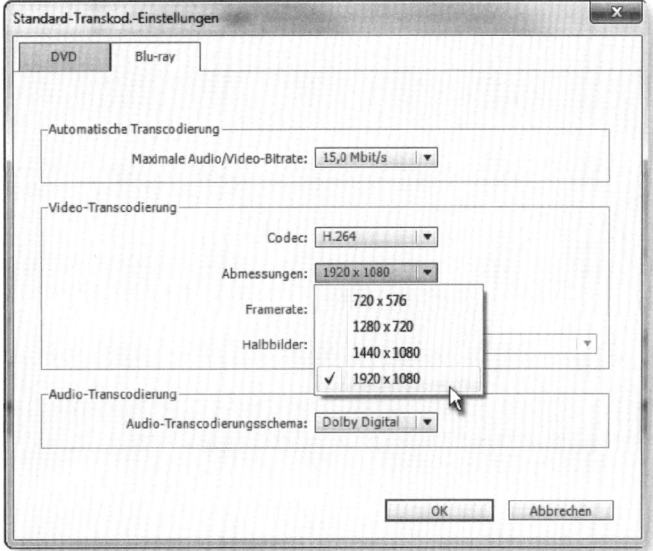

▲ **Abbildung 15.10** Die Größe von HD-Videomaterial kann hier noch angepasst werden.

5 Audio-Transcodierung

Weiter unten findet sich auf beiden Registerkarten (DVD und BLU-RAY) die Möglichkeit, die AUDIO-TRANSCODIERUNG einzustellen. Hier können Sie generell DOLBY DIGITAL stehen lassen. Selbstverständlich werden hier aus Stereoaufnahmen keine Mehrkanaltöne. Sollten Sie jedoch bereits in Dolby aufgenommen haben (gerade HD-Kameras machen das ja zumeist von Haus aus), wird auch Dolby Digital auf die DVD bzw. Blu-ray gebrannt.

6   Optional: Einstellungen nachträglich ändern

Übrigens können Sie die hier vorgenommenen Einstellungen auch noch editieren, nachdem Sie mit OK bestätigt haben. Dazu selektieren Sie DATEI • PROJEKTEINSTELLUNGEN im Menü.

 ### Schritt für Schritt: Assets importieren und Schnittfenster erzeugen

Die Arbeitsoberfläche sieht ja nicht völlig anders aus als die von Premiere Pro. Auch hier finden Sie ein Projektfenster ❶, das ebenfalls als Archiv Ihrer Assets dient.

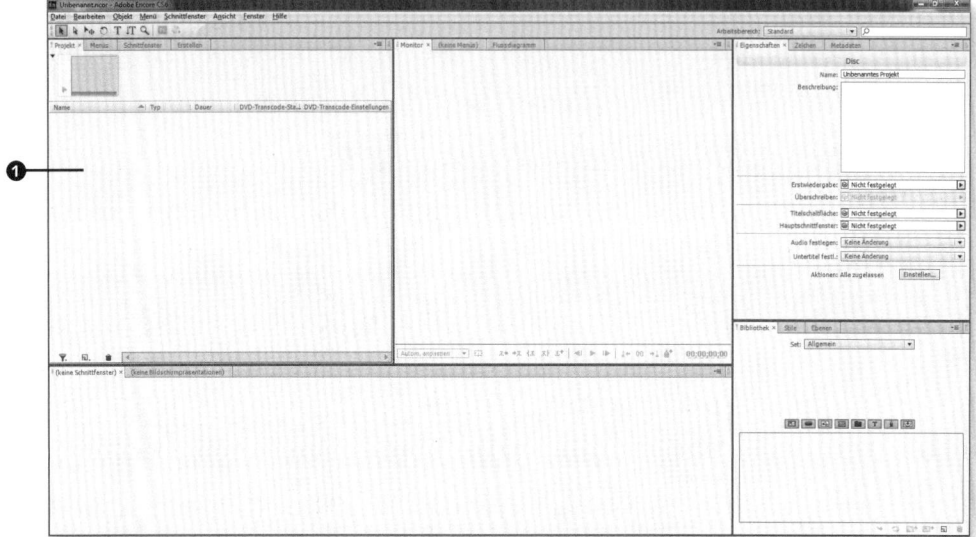

▲ **Abbildung 15.11** Auch die Arbeitsoberfläche von Encore ist zunächst ein wenig karg.

1   MPEG importieren

Doppelklicken Sie, genau wie in Premiere Pro, auf den leeren Bereich des Projektfensters, um Assets hinzuzufügen. Damit haben Sie die Möglichkeit, die einzelnen Filme in Ihr Projekt zu importieren. Ich möchte Sie aber an dieser Stelle bitten, zunächst nur den Hauptfilm »Gecko-Glas.mpg« aus dem Ordner ERGEBNISSE zu importieren.

Falls erforderlich, vergrößern Sie das Fenster horizontal etwas, indem Sie den Zwischensteg zum Monitor-Bedienfeld nach rechts ziehen. Schauen Sie in die Spalte DVD-TRANSCODE-STATUS. Dort finden Sie den Eintrag NICHT TRANSKODIEREN. Das liegt daran, dass Sie den Film bereits als MPEG ausgegeben haben. Und das ist ja genau das Format, das für die Erstellung einer DVD benötigt wird.

▲ **Abbildung 15.12** NICHT TRANSKODIEREN bedeutet, dass diese Datei bereits transcodiert ist.

Korrekte Spalte beachten

Würden Sie statt einer DVD eine Blu-ray erzeugen, wären die beiden rechts daneben befindlichen Spalten maßgebend. Im BLU-RAY-TRANSCODE-STATUS wird NICHT TRANSKO-DIERT gelistet. Falls erforderlich, ziehen Sie das Projektfenster noch etwas mehr in die Breite.

Typ	Dauer	DVD-Transcode-Sta...	DVD-Transcode-Einstellungen	Blu-ray-Transcode-Sta...	Blu-ray-Tran...
MPEG-Video	00:08:41:02	Nicht transkodieren	Nicht transkodieren	Nicht transkodiert	Automatisch

▲ **Abbildung 15.13** Bei Blu-rays sind andere Spalten maßgeblich.

2 AVI importieren

Binden Sie hingegen eine andere Datei ein, beispielsweise AVI oder QuickTime, würde an dieser Stelle NICHT TRANSKODIERT stehen. Dieser kleine, aber sehr bedeutende Unterschied weist darauf hin, dass die Datei grundsätzlich noch in Encore transcodiert werden muss. Importieren Sie jetzt »Palindrom.avi« (ebenfalls im Ordner ERGEBNISSE zu finden).

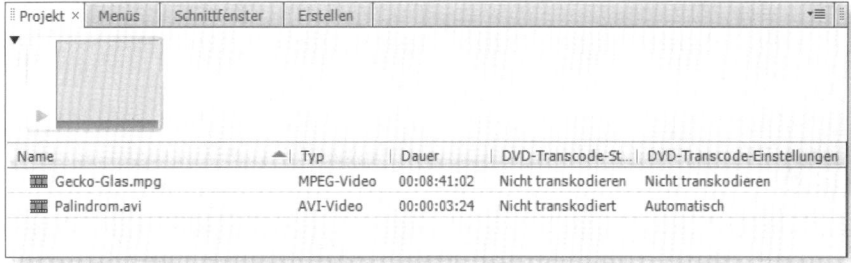

▲ **Abbildung 15.14** Die zweite Datei muss noch transcodiert werden.

3 Assets als Schnittfenster importieren

Die anderen beiden Dateien importieren Sie auf anderem Weg: Klicken Sie mit rechts in den freien Bereich des Projektfensters, und entscheiden Sie sich für IMPORTIEREN ALS • SCHNITTFENSTER. Binden Sie jetzt die Dateien »Vierpunktmaske.avi« und »Zeitverzerrung.avi« ein. Sie dürfen das ruhigen Gewissens in einem Arbeitsgang tun. Encore wird beides pfleglich auseinanderhalten.

4   *Schnittfenster anlegen*

Daraufhin sollten sich auch diese Dateien zu den ersten beiden Import-Assets hinzuge-sellt haben. Einen ganz markanten Unterschied gibt es aber: Sie finden sowohl die je-weilige Datei als auch zusätzliche Zeilen mit den gleichen Namen. Der Grund: Sie haben nicht nur die Filme importiert, sondern diese auch gleich ins Schnittfenster eingefügt. Und genau das benötigen Sie auch, wenn Sie mit Filmen in Encore arbeiten wollen.

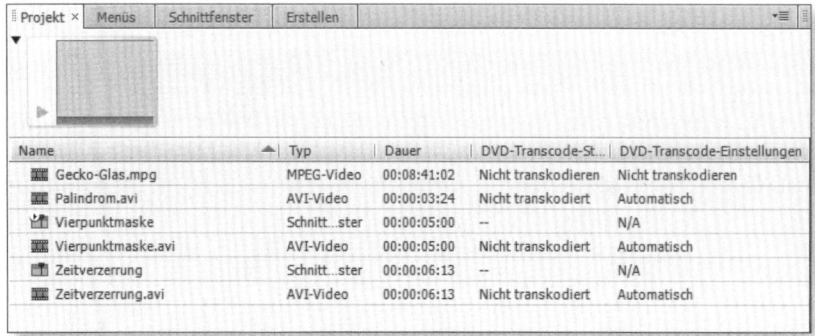

▲ **Abbildung 15.15** Sämtliche Assets befinden sich nun im Projektfenster.

5   *Schnittfenster nachträglich erzeugen*

Nun ist aber unser Hauptfilm eingangs ebenso wenig als Schnittfenster angelegt worden wie die erste AVI-Datei. Markieren Sie deshalb den Eintrag »Gecko-Glas.mpg«, und kli-cken Sie in der Fußleiste des Projektfensters auf das Blattsymbol Neues Element erstel-len. Entscheiden Sie sich in der Liste für den Eintrag Schnittfenster. Daraufhin wird ein weiteres Asset im Projektfenster zu sehen sein – nämlich das Gecko-Glas-Schnitt-fenster ❶. Wiederholen Sie den Vorgang mit dem letzten Asset, das noch kein Schnitt-fenster hat, »Palindrom.avi«. Jeder der vier Einträge taucht jetzt einmal als herkömm-liches Asset und einmal als Schnittfenster auf.

▲ **Abbildung 15.16** Das Projektfenster füllt sich.

Die Assets werden grundsätzlich alphabetisch angeordnet. Falls es Ihnen jedoch lieber ist, sie zusätzlich noch nach Typ anzeigen zu lassen (zunächst alle Clips, danach alle Schnittfenster), klicken Sie auf die Überschrift Typ. Entsprechend ließen sich die Assets auch nach Dauer oder Transcode-Status anordnen. Zurück zur ursprünglichen Ansicht geht es mit Klick auf Name.

Warum ist es erforderlich, Schnittfenster zu erzeugen? Weil Film-Assets innerhalb der DVD-Struktur nicht direkt miteinander verknüpft werden können, sondern nur dann, wenn sie in einem Schnittfenster liegen. Schauen Sie sich doch einmal den unteren Bereich der Arbeitsoberfläche an. Sie finden hier nämlich für jeden Film auch ein entsprechendes Fenster, das Sie über die jeweilige Registerkarte oder per Doppelklick auf dem Schnittfenster-Eintrag im Projektfenster anwählen können (dazu später mehr).

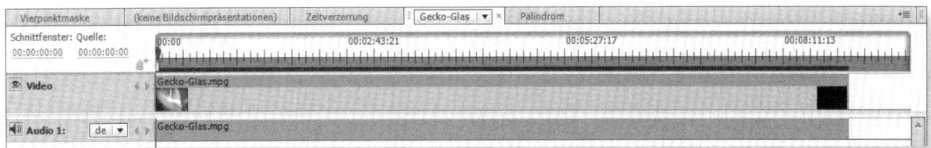

▲ **Abbildung 15.17** So präsentiert sich das Schnittfenster nach Anwahl des Hauptfilms.

6 Filme abspielen

Sie können hier die Abspielmarke (Einfügemarke) nach Wunsch positionieren und den Film mit Hilfe der Leertaste starten und stoppen. Das können Sie aber auch, indem Sie innerhalb des Monitorfensters (Fenster • Monitor) die Abspielen-Schaltfläche benutzen.

15.2.1 Filme kürzen

Sie dürfen vom Schnittfenster keine Bearbeitungsmöglichkeiten wie in Premiere Pro erwarten. Dennoch ist hier das eine oder andere möglich, dass Sie bereits von der Videoschnittapplikation her kennen. Sie können beispielsweise Marken setzen (dazu später mehr) und Clips kürzen. Setzen Sie den Mauszeiger dazu an den Anfang oder das Ende eines Clips, und ziehen Sie den Clip nach Wunsch in Form. Bitte machen Sie das aber nicht beim Beispielprojekt. Wenn doch, drücken Sie anschließend Strg/cmd+Z. Alternativ gehen Sie über Bearbeiten • Rückgängig Clips zuschneiden.

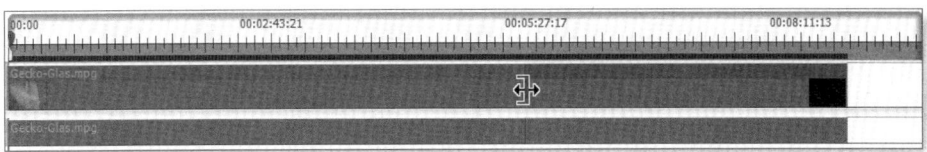

▲ **Abbildung 15.18** Das Kürzen funktioniert prinzipiell genauso wie in Premiere Pro.

Nur Audio oder nur Video kürzen | Audio und Video lassen sich aber auch getrennt voneinander kürzen. Dazu müssen Sie allerdings zunächst einmal den Clip abwählen, indem Sie in einen freien Bereich der Video- oder Audiospur klicken. Danach halten Sie Alt gedrückt. Am Schluss klicken Sie auf das Ende des Streifens, den Sie kürzen wollen (also entweder Audio oder Video), und schieben den Clip mit gedrückter linker Maustaste in Form.

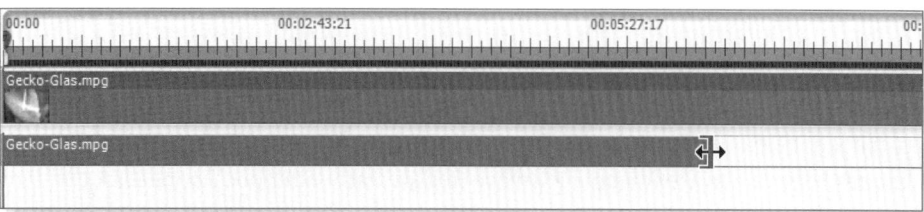

▲ **Abbildung 15.19** Clips können auch »einseitig« gekürzt werden.

15.2.2 Audiospuren entfernen

Auf die gleiche Weise können Sie sich auch komplett von Audiospuren trennen, um nur das Video zu erhalten. Wählen Sie den Clip zunächst wieder ab. Anschließend markieren Sie nur den Audio-Part, während Sie Alt gedrückt halten, und betätigen Entf bzw. ←.

15.2.3 Mehrere Filme einbetten

Grundsätzlich dürfen mehrere Filme in einem Schnittfenster untergebracht werden. Sie können also ein Film-Asset (kein Schnittfenster!) mit gedrückter linker Maustaste hinter einen bereits vorhandenen Film ins Schnittfenster ziehen. An ihrem Übergang befindet sich jetzt sogar eine Marke. Sie dürfen auch mischen, also einen MPEG-Film beispielsweise in ein AVI-Schnittfenster ziehen. Allerdings geht das nicht umgekehrt – zumindest dann nicht, wenn Sie versuchen, einen nicht transcodierten Film in ein Schnittfenster zu ziehen, dessen Inhalt bereits transcodiert ist. In diesem Fall wird am Ende lediglich eine Kapitelmarkierung erzeugt.

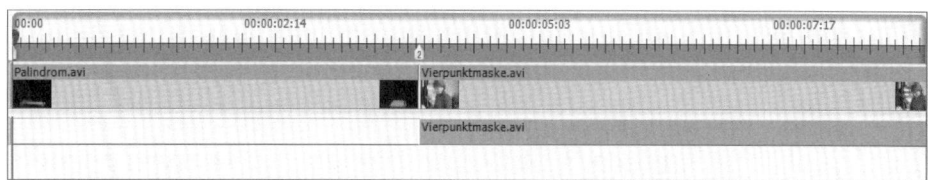

▲ **Abbildung 15.20** Packen Sie weitere Clips in ein bereits gefülltes Schnittfenster.

15.3 Menüs

Jede DVD benötigt natürlich mindestens ein Menü. Die Anwendung wartet mit einer Fülle vordefinierter Menüs auf, die Sie Ihren individuellen Bedürfnissen anpassen können. Voraussetzung dafür ist allerdings, dass der Encore-Inhalt bereits installiert ist.

15.3.1 Content installieren

Werfen Sie zunächst einen Blick auf das Bedienfeld BIBLIOTHEK unten rechts. Sind darin Menüeinträge gelistet? Glückwunsch! Sie dürfen den Rest dieses Abschnitts überspringen und zu Abschnitt 15.3.2, »Menüs erzeugen«, wechseln.

▲ **Abbildung 15.21** Hier ist alles Nötige vorhanden, keine weiteren Aktionen erforderlich.

▲ **Abbildung 15.22** Der Content glänzt durch Abwesenheit. Installieren Sie ihn nach.

Falls Sie über eine Installations-DVD verfügen, kann der Inhalt zusammen mit der Premiere-Pro-Software oder auch nachträglich installiert werden. Sollten Sie die Software jedoch aus dem Internet geladen und später freigeschaltet haben (durch Erwerb einer Seriennummer oder mittels Creative Cloud), muss der sogenannte *Encore Content* heruntergeladen und nachinstalliert werden. Dabei ist es leider zum Zeitpunkt der Drucklegung dieses Buches zu Problemen gekommen. Es wurde nämlich nicht der komplette Content, sondern nur ein Teil davon installiert. Laut Adobe-Support wird an einer Lösung gearbeitet. Bis es soweit ist, gehen Sie bitte folgendermaßen vor:

Haben Sie sich bereits mit Kapitel 11, »Titel erzeugen«, beschäftigt? Falls Sie dort den Anweisungen zum Herunterladen der Titel-Vorlagen gefolgt sind (siehe Kasten »Vorlagen für Testversion nachinstallieren« in Abschnitt 11.3.1), müssen Sie lediglich noch den bereits heruntergeladenen Encore-Inhalt hinzufügen (Ordner ADOBE ENCORE CS6 FUNCTIONAL CONTENT).

Um weitere Hinweise sowie die Content-Datei zu finden, gehen Sie ins Internet auf die Seite *http://helpx.adobe.com/x-productkb/multi/library-functional-content-missing. html.* Laden Sie den CS6 FUNCTIONAL CONTENT für Mac oder Windows gemäß SOLUTION 1 herunter, sofern Sie Premiere Pro mittels DVD-Datenträger oder Creative Cloud erhalten haben. ESD-Benutzer (Electronic Software Delivery) folgen den Anweisungen unter SOLUTIONS 2.

Nach dem Entzippen der Download-Datei begeben Sie sich in das Verzeichnis ADOBE ENCORE CS6 FUNCTIONAL CONTENT und starten die darin enthaltene ausführbare Datei. Nachdem Sie die Lizenzbestimmungen akzeptiert haben, wählen Sie einen Speicherort und klicken auf INSTALLIEREN.

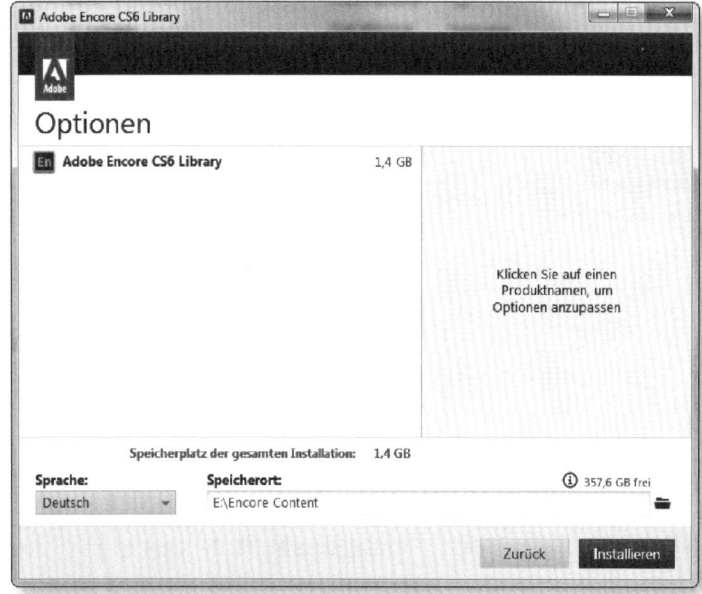

◀ **Abbildung 15.23**
Es spielt zunächst keine Rolle, wohin Sie die Library befördern.

Nachdem der Installationsassistent Vollzug gemeldet hat, öffnen Sie Encore und gehen auf BEARBEITEN/ADOBE ENCORE CS6 • VOREINSTELLUNGEN • MEDIEN/MEDIUM. Werfen Sie einen Blick auf den obersten Frame BIBLIOTHEKSINHALT. Aktualisieren Sie den dort eingestellten Speicherort, falls erforderlich.

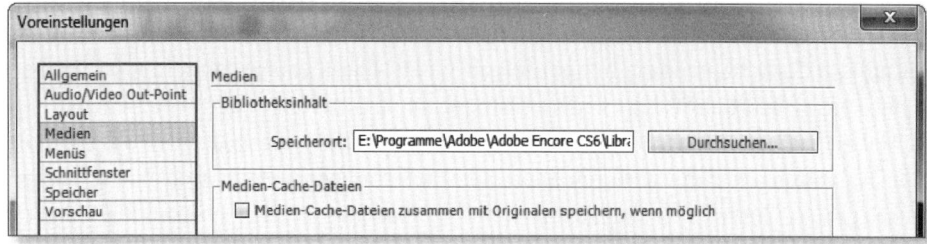

▲ **Abbildung 15.24** Hier wird das Verzeichnis LIBRARY auf dem Laufwerk E: angezeigt.

15.3.2 Menüs erzeugen

Prinzipiell ist nichts dagegen einzuwenden, ein Menü von der Pike auf (beginnend bei Photoshop) selbst zu gestalten. Dabei müssen allerdings Konventionen beachtet werden. Einfacher ist die Verwendung vorhandener Menüs, die sich problemlos und individuell anpassen lassen.

Schritt für Schritt: Ein DVD-Menü erzeugen

Unsere Beispielfilm-DVD wird mit mehreren Menüs ausgestattet. In den folgenden Schritten wird jedoch zunächst nur das Hauptmenü gestaltet.

1 Standardmenü wählen

Klicken Sie zunächst in der Fußleiste des Projektfensters auf NEUES ELEMENT ERSTELLEN ❷. Aus der Liste entscheiden Sie sich für MENÜ. Encore wird daraufhin ein weiteres Asset ❶ (genauer gesagt, ein Menü) in das Projektfenster integrieren. Dass es sich dabei keinesfalls um das gewünschte, sondern um irgendein Menü handelt, wollen wir im Moment noch vernachlässigen.

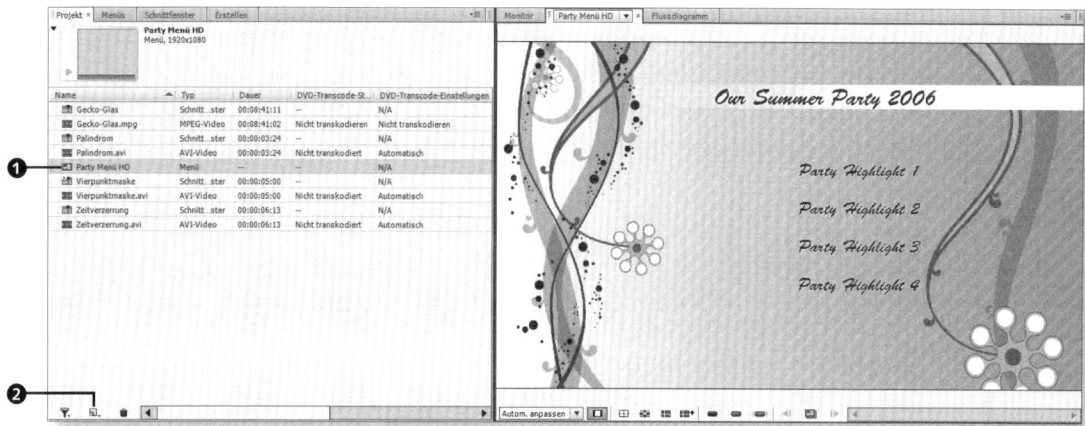

▲ **Abbildung 15.25** Hier wurde ein HD-Menü integriert.

2 Menü austauschen

Widmen Sie sich jetzt dem Bedienfeld BIBLIOTHEK unten rechts auf Ihrer Arbeitsfläche. Sollte dieses Fenster nicht angezeigt werden, können Sie es über [F7] oder über FENSTER • BIBLIOTHEK einschalten. Zunächst sollten Sie nur Menüs anzeigen lassen, indem Sie ❹ betätigen. Schalten Sie danach um auf das SET: TECHNOLOGIE ❸, und entscheiden Sie sich per einfachem Mausklick für MENÜ ABSTRAKT2 ❺. Klicken Sie danach in der Fußleiste auf ERSETZEN ❻.

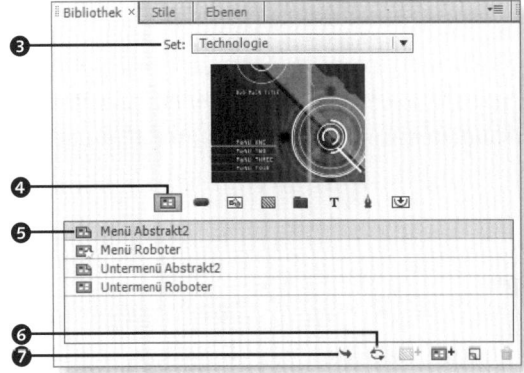

◄ **Abbildung 15.26** Mit dem Menü Abstrakt2 geht es weiter.

3   Optional: Menüs platzieren

Dies hat zur Folge, dass das ursprünglich platzierte Menü gegen das aktuell gewählte ausgetauscht wird. Hätten Sie vorab kein Menü eingefügt, hätten Sie das Bibliotheksmenü jetzt über PLATZIEREN ❼ hinzufügen müssen.

4   Menü umbenennen

Im Projektfenster befinden sich nun zwei neue Einträge. Das sind PAL_ABSTRACT2 MENU und PAL_ABSTRACT2 MENU.M2V. Anhand der Dateiendung (.m2v) ist zu erkennen, dass ein Film-Asset hinzugefügt worden ist. Sie ahnen es. Das Menü ist animiert. Doch dazu später mehr. Widmen Sie sich zunächst dem Menüeintrag (ohne Dateiendung), und klicken Sie diesen im Projektfenster mit rechts an. Entscheiden Sie sich im Kontextmenü für UMBENENNEN. Im folgenden Dialog legen Sie »Hauptmenü« fest und bestätigen mit OK.

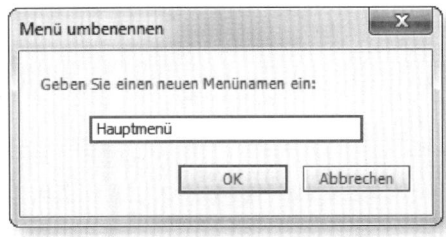

◄ **Abbildung 15.27** Benennen Sie Ihr Menü aussagekräftig.

Name		Typ	Dauer	DVD-Transcode-Sta...	DVD-Transcode-Einstell
Gecko-Glas		Schnitt...ter	00:08:41:11	--	N/A
Gecko-Glas.mpg		MPEG-Video	00:08:41:02	Nicht transkodieren	Nicht transkodieren
Hauptmenü		Menü	--	--	N/A
PAL_Abstract2 Menu.m2v		MPEG-Video	00:00:16:17	Nicht transkodieren	Nicht transkodieren
Palindrom		Schnitt...ter	00:00:03:24	--	N/A
Palindrom.avi		AVI-Video	00:00:03:24	Nicht transkodiert	Automatisch
Vierpunktmaske		Schnitt...ter	00:00:05:00	--	N/A
Vierpunktmaske.avi		AVI-Video	00:00:05:00	Nicht transkodiert	Automatisch
Zeitverzerrung		Schnitt...ter	00:00:06:13	--	N/A
Zeitverzerrung.avi		AVI-Video	00:00:06:13	Nicht transkodiert	Automatisch

▲ **Abbildung 15.28** Das Umbenennen ist sehr wichtig, damit Sie die Menüs später auseinanderhalten können.

5 Menüeinträge löschen

Sie können jetzt das Menü nach Wunsch anpassen. So lassen sich die einzelnen Schaltflächen beispielsweise umpositionieren und nicht benötigte löschen. Das können Sie
direkt im Fenster HAUPTMENÜ erledigen (wenn es nicht sichtbar ist, doppelklicken Sie
HAUPTMENÜ im Projektfenster). Entfernen Sie die Schaltfläche PARTY HIGHLIGHT 4, indem Sie sie markieren und anschließend (Entf) oder (←) drücken bzw. BEARBEITEN •
LÖSCHEN wählen.

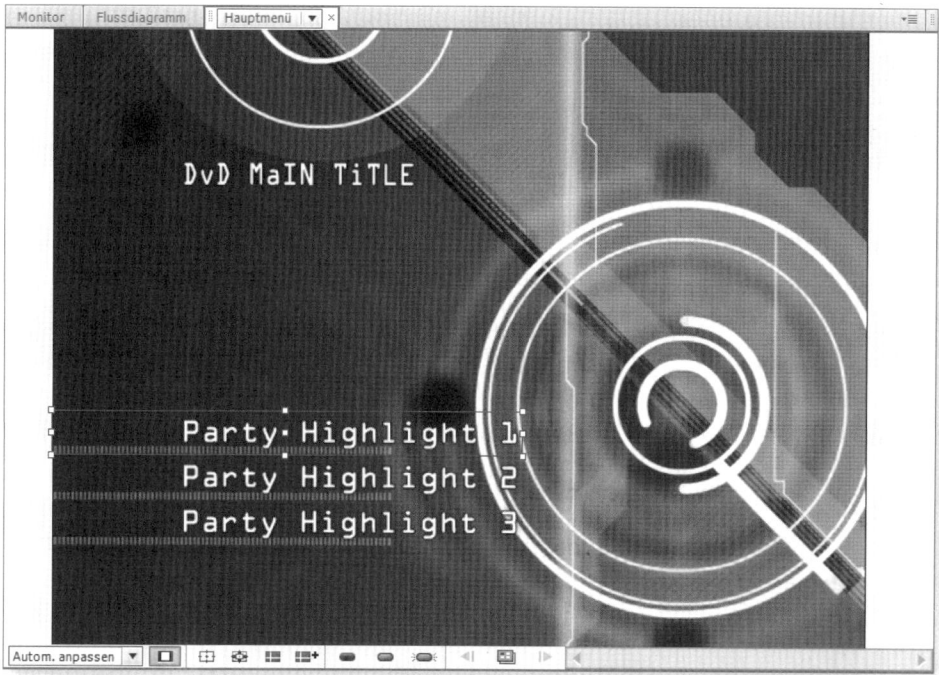

▲ **Abbildung 15.29** Der unterste Button wurde entfernt.

6 Bezeichnungen ändern

Nun sind die vorhandenen Bezeichnungen ja wirklich alles andere als aussagekräftig.
Spätestens hier kommt dem Eigenschaften-Bedienfeld große Bedeutung zu. Markieren
Sie deshalb die erste Schaltfläche, PARTY HIGHLIGHT 1, und tragen Sie im Register STAN-
DARD des Eigenschaften-Bedienfeldes (oben rechts) unter NAME den neuen Text »Film
abspielen« ein. Bestätigen Sie mit (←). Wiederholen Sie diese Schritte anschließend
auch für für die zweite Schaltfläche, die »Kapitel auswählen« heißen soll, und bezeich-
nen Sie die dritte als »Bonusmaterial«.

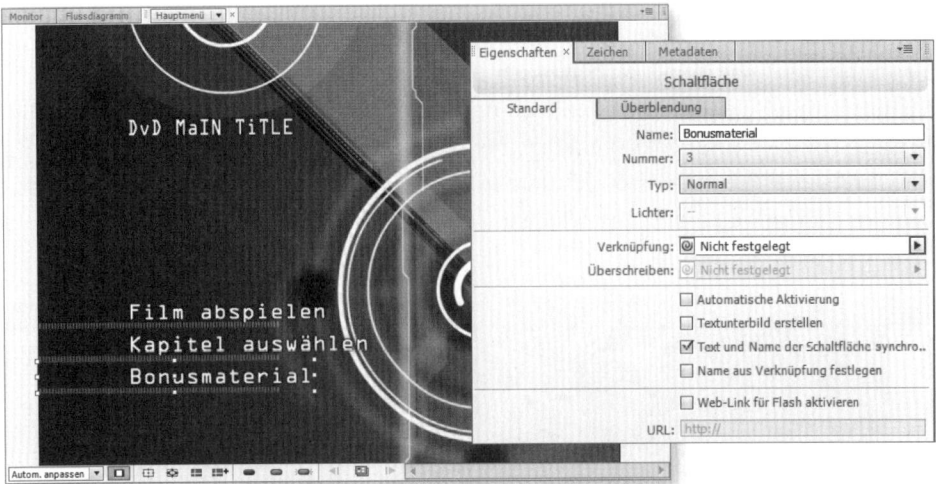

▲ **Abbildung 15.30** In den EIGENSCHAFTEN lassen sich die Namen der Buttons verändern.

7 Direktänderungen durchführen

Wenn Sie versuchen, jetzt den vorhandenen Text »DvD MaIN TiTLE« zu ändern, wird Ihnen das nicht gelingen. Das liegt daran, dass Hintergrund und Schriftzug eine Einheit bilden. Ebenso wenig könnten Sie beispielsweise den Text der einzelnen Buttons innerhalb der Schaltfläche bewegen, da auch hier eine Einheit aus Button und Text gebildet wurde.

Schauen Sie deshalb einmal oben links auf die Werkzeugleiste. Dort ist standardmäßig das Auswahl-Werkzeug V aktiv. Wollen Sie einzelne Elemente innerhalb einer Gruppe bearbeiten, müssen Sie sich für das nebenstehende Direkt-Auswahl-Werkzeug A entscheiden. Damit hätten Sie die Buttons im Übrigen auch umbenennen können.

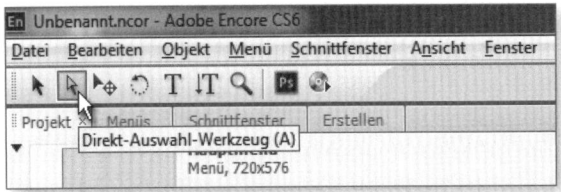

▲ **Abbildung 15.31** Das DIREKT-AUSWAHL-WERKZEUG befindet sich wie alle anderen Tools in der Werkzeugleiste.

Klicken Sie mit diesem Werkzeug auf den Schriftzug eines Buttons, können Sie ihn auf der Schaltfläche nach Wunsch verschieben. Die direkte Textänderung der Headline (Dvd MaIN TiTLE) erfolgt, indem Sie den Text doppelklicken oder das Text-Werkzeug T aktivieren und den Schriftzug damit überfahren. Geben Sie danach »Faszination: Glas« ein.

8 Schaltflächen neu anordnen

Am Schluss wechseln Sie auf das Verschieben-Werkzeug und platzieren die Schaltflächen neu. Ziehen Sie sie weiter auseinander. Am besten gelingt das, indem Sie sie einzeln markieren und mit ⌂+↑ weiter auseinanderbewegen.

9 Objekte gemeinsam verschieben

Nur am Rande sei noch erwähnt, dass Sie mehrere Objekte markieren können, indem Sie einen Rahmen aufziehen, der die gewünschten Objekte (im Beispiel alle drei Schaltflächen) berührt. Danach klicken Sie auf eine der Schaltflächen, lassen die Maustaste nicht mehr los und verschieben alle gemeinsam nach Wunsch.

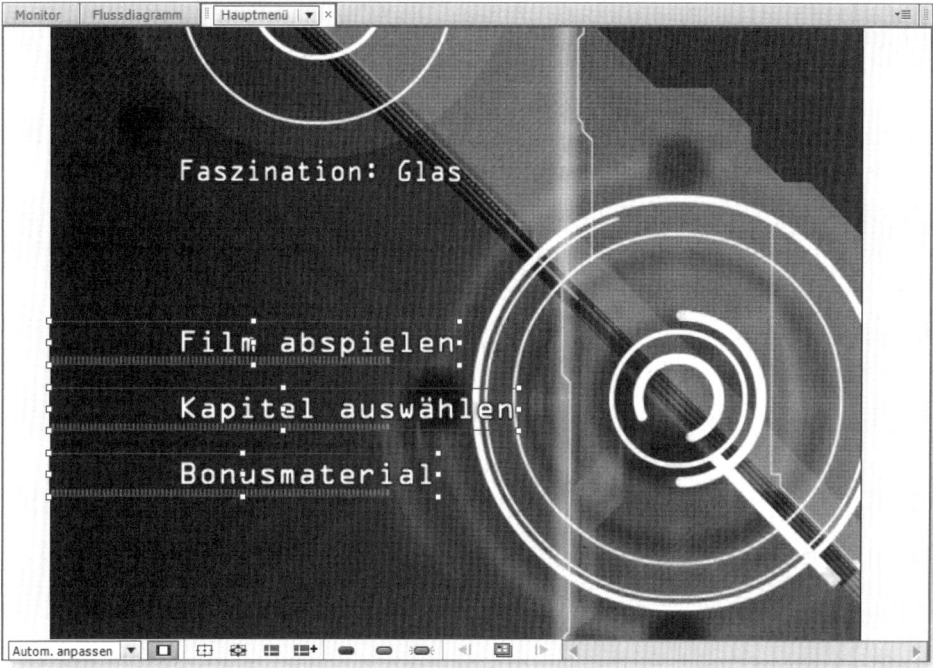

▲ **Abbildung 15.32** Der Platz zwischen den Buttons ist größer geworden. Außerdem stehen sie nun alle etwas höher. Der mittlere Button befindet sich in etwa auf der horizontalen Mitte des Kreises.

Geschützten Bereich anzeigen

Wie bereits aus Premiere Pro bekannt, lassen sich auch in Encore die Bereiche für geschützte Titel und geschützte Aktionen anzeigen. Klicken Sie dazu einfach in der Fußleiste des Hauptmenü- oder Monitorfensters auf die Schaltfläche GESCHÜTZTEN BEREICH ANZEIGEN. So stellen Sie sicher, dass Sie keine Elemente zu weit außerhalb platzieren.

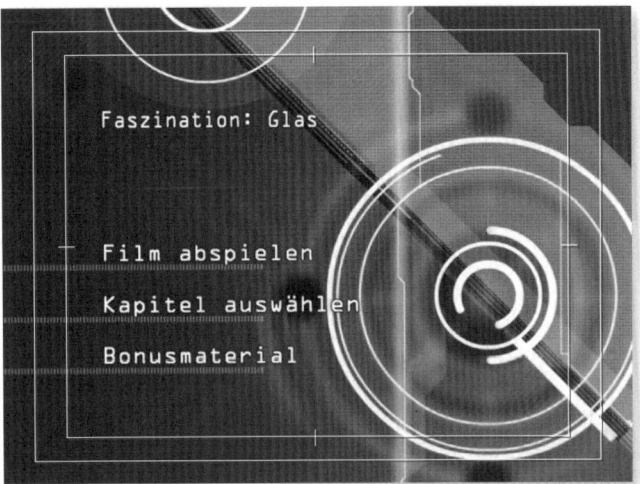

▲ **Abbildung 15.33** Innerhalb des Title-Safe-Bereichs sind Ihre Texte bestens aufgehoben.

Damit wäre das Hauptmenü fertiggestellt. Prinzipiell werden aber noch zwei weitere Menüs benötigt. Das erste soll erlauben, einzelne Kapitel anzuwählen, während das zweite den Zugriff zum Bonusmaterial ermöglicht. Letzteres soll im Anschluss erzeugt werden.

Projekt speichern

Bitte vergessen Sie nicht, Ihr Projekt ab und an zu speichern. Immerhin verfügt Encore nicht über eine Automatik, die regelmäßig sichert, wie Sie das von Premiere Pro her kennen. Deshalb drücken Sie von Zeit zu Zeit $\boxed{\text{Strg}}$/$\boxed{\text{cmd}}$+$\boxed{\text{S}}$ oder gehen über DATEI • SPEICHERN.

 Schritt für Schritt: Bonuskapitel-Menü erzeugen

 Da Sie ja bereits ein Menü erzeugt haben, können Sie dieses auch gleich als Vorlage verwenden. Dann passen die Menüs auch optisch zusammen.

1 *Menü kopieren*
Wenden Sie sich wieder dem Projektfenster zu, und markieren Sie mit rechts den Eintrag HAUPTMENÜ. Wählen Sie hier KOPIEREN und anschließend EINFÜGEN. Natürlich funktionieren $\boxed{\text{Strg}}$/$\boxed{\text{cmd}}$+$\boxed{\text{C}}$, gefolgt von $\boxed{\text{Strg}}$/$\boxed{\text{cmd}}$+$\boxed{\text{V}}$, ebenfalls bestens.

2 *Bonus-Menü benennen*
Sie erhalten jetzt ein zusätzliches Menü-Asset mit dem Namen HAUPTMENÜ KOPIE. Klicken Sie diesen Eintrag mit rechts an, und entscheiden Sie sich im Kontextmenü für UMBENENNEN. Na klar, das gute Stück soll »Bonusmaterial« heißen.

Name	Typ	Dauer	DVD-Transcode-Sta...	DVD-Transcode-Einstellungen
Gecko-Glas	Schnitt...ter	00:08:41:11	--	N/A
Gecko-Glas.mpg	MPEG-Video	00:08:41:02	Nicht transkodieren	Nicht transkodieren
Hauptmenü	Menü	--	--	N/A
Bonusmaterial	Menü	--	--	N/A
PAL_Abstract2 Menu.m2v	MPEG-Video	00:00:16:17	Nicht transkodieren	Nicht transkodieren
Palindrom	Schnitt...ter	00:00:03:24	--	N/A
Palindrom.avi	AVI-Video	00:00:03:24	Nicht transkodiert	Automatisch
Vierpunktmaske	Schnitt...ter	00:00:05:00	--	N/A
Vierpunktmaske.avi	AVI-Video	00:00:05:00	Nicht transkodiert	Automatisch
Zeitverzerrung	Schnitt...ter	00:00:06:13	--	N/A
Zeitverzerrung.avi	AVI-Video	00:00:06:13	Nicht transkodiert	Automatisch

▲ **Abbildung 15.34** Die Menü-Kopie soll für die Steuerung des Bonusmaterials verwendet werden.

3 Objekte umbenennen

Nun müssen Sie nichts weiter tun, als die einzelnen Texte zu ändern. Achten Sie aber vorher unbedingt darauf, dass im Hauptfenster jetzt auch das Menü BONUSMATERIAL angezeigt wird (Doppelklick auf das Asset im Projektfenster). Ansonsten würden sich sämtliche folgenden Änderungen nämlich auf das Hauptmenü auswirken. Ändern Sie die Namen doch diesmal mit dem Direkt-Auswahl-Werkzeug. Geben Sie der Überschrift die Bezeichnung »Bonusmaterial«, und ändern Sie die Schaltflächenbezeichnungen (im Beispiel verwenden wir »Palindrom«, »Vierpunktmaske« und »Zeitverzerrung«). Denken Sie daran, auch das Direkt-Auswahl-Werkzeug sowie das Text-Werkzeug zu benutzen.

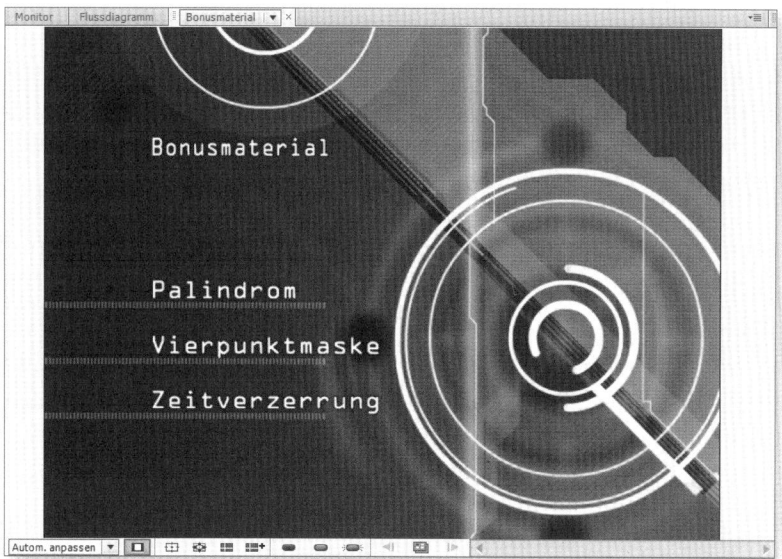

▲ **Abbildung 15.35** Achten Sie darauf, dass die folgenden Änderungen im richtigen Menü (BONUSMATERIAL) wirksam werden.

4 Szenenmenü erzeugen

Erzeugen Sie, wie in Schritt 1, »Menü kopieren«, beschrieben, ein Szenenmenü. Nehmen Sie als Vorlage das Hauptmenü, und nennen Sie es »Szenenmenü«. Den Inhalt des neuen Menüs lassen Sie aber bitte noch unverändert. Um dessen Gestaltung kümmern Sie sich, nachdem Sie die Kapitelmarken gesetzt haben. Auch die Funktionen der Menü-Buttons bleiben derzeit noch außen vor. Das Projektfenster sollte jetzt dieselben Assets beinhalten wie in Abbildung 15.36.

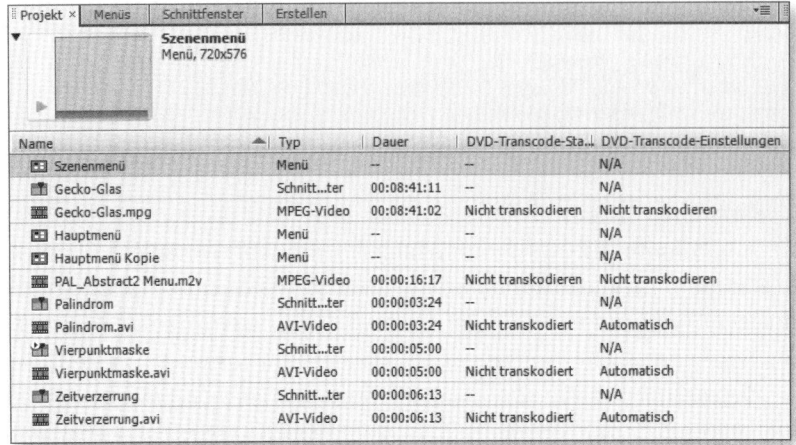

▲ **Abbildung 15.36** Der Projektfensterinhalt ist bereits ordentlich angewachsen.

15.4   Menüs in Photoshop bearbeiten

Die Encore-Menüs sehen zwar schick aus und sind in der Regel auch individuell anpassbar, doch werden Sie nicht selten Ihre eigenen kreativen Ideen in eine solche Menüoberfläche mit einfließen lassen wollen. Deswegen besteht die Möglichkeit, Photoshop zu Hilfe zu nehmen. Damit lassen Sie dann Ihren Wünschen freien Lauf und können Menüs erzeugen, die definitiv kein anderer hat.

15.4.1   Vorlagen überarbeiten

Wenn Sie ein Menü auf Grundlage eines Encore-Menüs produzieren wollen, können Sie das direkt aus der Authoring-Software heraus in die Wege leiten. Markieren Sie das Menü dazu im Projektfenster, und entscheiden Sie sich in der Werkzeugleiste für den Photoshop-Button (Menü in Photoshop bearbeiten).

◀ **Abbildung 15.37** Von hier aus geht es zu Photoshop.

Änderung der Vorlage speichern | Führen Sie dort die gewünschten Arbeiten aus, und speichern Sie das Dokument in Photoshop ab. Sobald Sie zu Encore zurückkehren, werden auch dort die Änderungen aktualisiert. Allerdings bleibt eines zu bedenken: Die Encore-Vorlage wird dabei »zerschossen«. Denn die Originaldatei, immerhin Bestand von Encore, wird verändert. Dieser Weg ist also nur dann zu empfehlen, wenn Sie das Originalmenü definitiv nicht mehr verwenden werden.

Neue Datei erzeugen | Deshalb ist es sinnvoll, die Datei in Photoshop unter einem anderen Namen zu speichern (Datei • Speichern unter und Format »PSD« wählen). Wenn Sie anschließend einmal in Ihren Projektordner schauen, werden Sie im Verzeichnis [Projektname] • Sources • Menus genau diese Datei wiederfinden. Das Asset selbst ist zwischenzeitlich in Encore berücksichtigt worden. Cool, oder?

15.4.2 Eigene Menüs in Photoshop erzeugen

Ebenso ist es aber auch möglich, eigene Menüs direkt in Photoshop zu produzieren und diese in Encore zu verwenden. Encore ist in der Lage, eine PSD-Datei zu lesen und zu interpretieren. Hier gilt es aber, bestimmte Konventionen zu beachten. So müssen Sie grundsätzlich, wenn Sie innerhalb dieses Menüs eine Schaltfläche anlegen wollen, ein Ebenen-Set erzeugen (Neue Gruppe erstellen ❸ im Ebenen-Bedienfeld). Dieses Set muss mit der Bezeichnung **(+)** ❶ beginnen. Sollte es sich hierbei um Kapitelindizes handeln, müssen Sie hingegen das Präfix **(+#)** benutzen. Wenn Sie das missachten, wird die Ebene später in Encore nicht als Schaltfläche erkannt. Wenn Sie den Button zudem noch mit einer Highlight-Funktion ausstatten wollen, die dem Benutzer anzeigt, dass die Schaltfläche vorausgewählt ist, müssen Sie den Namen dieser Ebene innerhalb des Sets mit **(=1)** beginnen lassen ❷. Die weiterführende Bezeichnung ist hingegen optional.

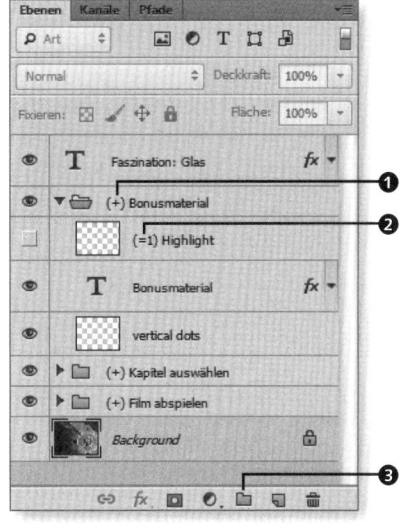

◀ **Abbildung 15.38** Achten Sie auf die Bezeichnungskonventionen.

Die Präfixe im Überblick:

- ▶ **(+)** – Schaltfläche
- ▶ **(+#)** – Kapitel-Schaltfläche (zum Kapitel bzw. zur Kapitelmarke)
- ▶ **(+>)** – Weiter-Schaltfläche (zum nächsten Kapitelmenü)
- ▶ **(+<)** – Zurück-Schaltfläche (zum vorhergehenden Kapitelmenü)
- ▶ **(+^)** – Hauptmenü-Schaltfläche (zum Hauptmenü)
- ▶ **(=1)** – vorausgewählte Schaltfläche
- ▶ **(=2)** – Schaltfläche mit Kontur versehen
- ▶ **(=3)** – Schaltfläche markiert
- ▶ **(%)** – Miniaturbild des Videos
- ▶ **(!)** – Ersetzungsebene

Für alle weiteren Elemente, die dem allgemeinen Erscheinungsbild des Menüs dienlich sind, werden keine Präfixe angegeben.

15.5 Objekte zu Schaltflächen machen

Nun kann es ja sein, dass Sie Photoshop gar nicht im Einsatz haben und dennoch bestimmte Elemente (z. B. Bilder) aus Ihrem eigenen Fundus als Button benutzen wollen. In diesem Fall müssen Sie diese Bilddatei zunächst einmal in Encore integrieren.

◾ Schritt für Schritt: Eigene Schaltflächen verwenden

Sie werden in den folgenden Schritten erfahren, wie Sie eine Bilddatei (im Beispiel PNG) in eine Schaltfläche umwandeln und mit einer Funktion ausstatten können.

1 Menü erzeugen

Damit unser Beispielprojekt nicht leidet, sollten Sie zunächst ein neues Menü erzeugen, das Sie später wieder entsorgen können. Aktivieren Sie dazu ANZEIGE VON MENÜS AKTIVIEREN/DEAKTIVIEREN ❷ im Bedienfeld BIBLIOTHEK, und entscheiden Sie sich für das Set SCHULUNG ❶. Selektieren Sie MENÜ KLASSISCHE AUSBILDUNG ❸, und bestätigen Sie diese Auswahl mit NEUES MENÜ ❹ in der Fußleiste des Bibliotheksfensters.

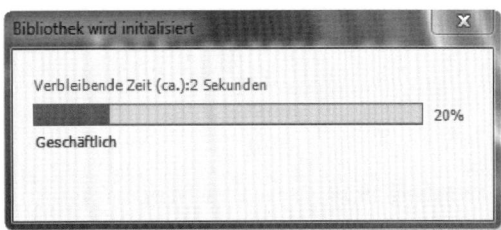

◀ **Abbildung 15.39** Gedulden Sie sich einen Augenblick. Durch Anwahl eines anderen Sets muss der Inhalt der Bibliothek aktualisiert werden.

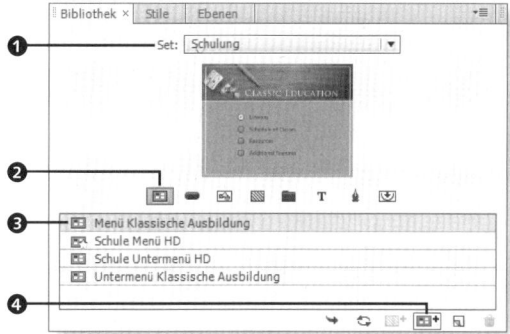

◀ **Abbildung 15.40** Dieses Menü soll als Beispiel dienen.

2 Bild importieren

Jetzt geht es um die Integration des Bildobjekts. Dazu verwenden wir als Beispiel »Button.png« aus dem Ordner KAPITEL_15. Nachdem die Datei als Asset integriert worden ist, ziehen Sie den gleichnamigen Eintrag aus dem Projektfenster auf das Menü und ordnen das gute Stück nach Wunsch an.

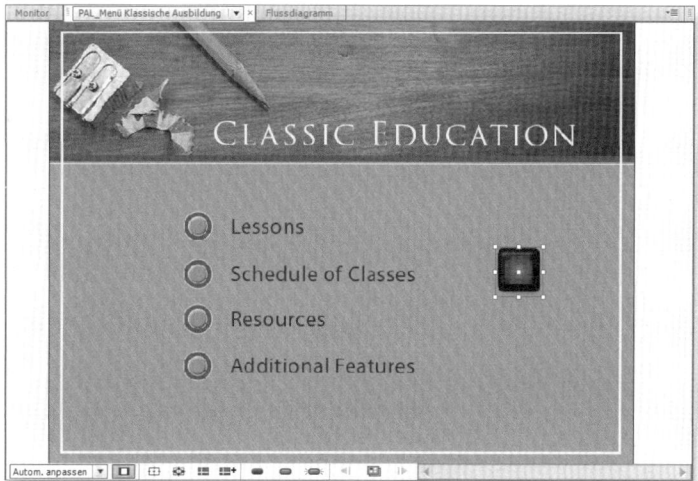

▲ **Abbildung 15.41** Die Bilddatei sieht ein wenig befremdlich aus.

3 Einzelnes Objekt anwählen

Wenn Sie jetzt einmal auf das Menü klicken und anschließend erneut versuchen, das Bildobjekt zu markieren, wird das Ganze nicht von Erfolg gekrönt sein. Sie wissen ja: Zum Markieren einzelner Objekte benötigen Sie das Direkt-Auswahl-Werkzeug. Falls erforderlich, schalten Sie also auf dieses Tool um, und sorgen Sie dafür, dass die PNG-Datei ausgewählt ist.

4 Ebenen-Bedienfeld aktivieren

Aktivieren Sie das Ebenen-Bedienfeld von Encore (FENSTER • EBENEN). Hier werden jetzt sämtliche Elemente dieses Menüs aufgelistet. Wenn Sie die Bilddatei ausgewählt haben, ist die erste Zeile zudem markiert. Sie benötigen zwar das Ebenen-Bedienfeld nicht, um eine Schaltfläche zu erzeugen, jedoch sehen Sie hier gleich sehr schön, was passiert, wenn Sie eine entsprechende Umwandlung vornehmen.

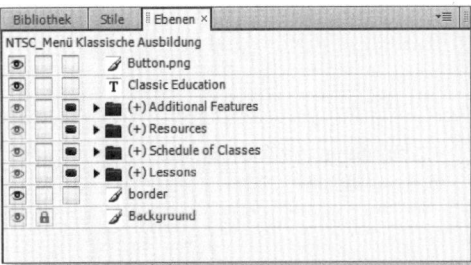

◄ **Abbildung 15.42** Die PNG-Datei wird ganz oben angezeigt.

5 Schaltfläche erzeugen

Entscheiden Sie sich abschließend lediglich noch für OBJEKT • IN SCHALTFLÄCHE KONVERTIEREN aus dem Menü, bzw. drücken Sie Strg/cmd+B. Dabei sollten Sie unbedingt das Ebenen-Bedienfeld im Auge behalten. Hier wird nämlich jetzt nicht nur ein Ebenen-Set angelegt, sondern auch gleich alles entsprechend den Konventionen benannt. Sie sehen: Wenn Sie Schaltflächen direkt in Encore erzeugen, müssen Sie sich um Konventionen überhaupt nicht kümmern.

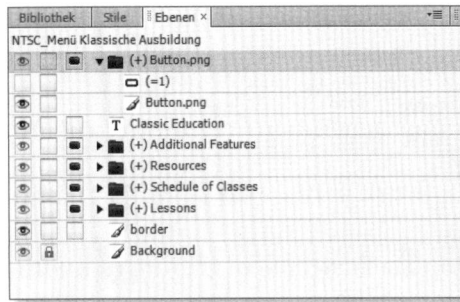

◄ **Abbildung 15.43** Die Schaltfläche wurde korrekt benannt.

6 Funktion festlegen

Jetzt müssten Sie mit Hilfe des Eigenschaften-Bedienfeldes nur noch festlegen, welche Funktion der Button erfüllen soll. Wie Sie das machen, erfahren Sie in der Schritt-für-Schritt-Anleitung »Szenenmenüs anlegen« in Abschnitt 15.7.1.

Ebenen-Bedienfeld

Beachten Sie, dass sich das Ebenen-Bedienfeld prinzipiell genauso einsetzen lässt, wie Sie das von Photoshop her kennen. Sie können auch einzelne Objekte markieren und verschieben, austauschen, skalieren und was immer Sie für erforderlich halten. Umfangreichere Arbeiten sollten Sie jedoch mit Photoshop erledigen.

15.5.1 Dateien als Stilobjekte einbinden

Im vorangegangenen Workshop haben Sie gesehen, dass Sie auch herkömmliche Bilddateien als Assets in ein Projektfenster einbinden können. Dieser Weg ist immer dann sinnvoll, wenn Sie die Datei nur für dieses eine Projekt integrieren wollen. Sollten Sie aber mit der Zeit dazu übergehen, Ihre ganz individuellen Elemente für jedes Ihrer Projekte einsetzen zu wollen (beispielsweise Ihr Logo), ist es sinnvoller, diese direkt in die Bibliothek zu integrieren. Dann ersparen Sie sich das permanente Hinzufügen über das Projektfenster.

Und das geht so: Suchen Sie im Bedienfeld BIBLIOTHEK zunächst ein SET aus ❷, in das Sie das Objekt integrieren wollen. Markieren Sie anschließend die Gruppe, die das Objekt am treffendsten beschreibt (bei Bilddateien bietet sich grundsätzlich ANZEIGE VON BILDERN AKTIVIEREN/DEAKTIVIEREN ❸ an). Danach öffnen Sie das Bedienfeldmenü ❶ und entscheiden sich für NEUES OBJEKT. Stattdessen ist auch ein Klick auf das kleine Blattsymbol im Fuß des Bibliothek-Bedienfeldes in Ordnung. Navigieren Sie zur Bilddatei, wählen Sie diese aus, und bestätigen Sie mit ÖFFNEN. Fortan wird der Eintrag in der Liste angezeigt ❹. Damit steht er permanent zur Verfügung und kann per Drag & Drop in jedes vorhandene Menü integriert werden.

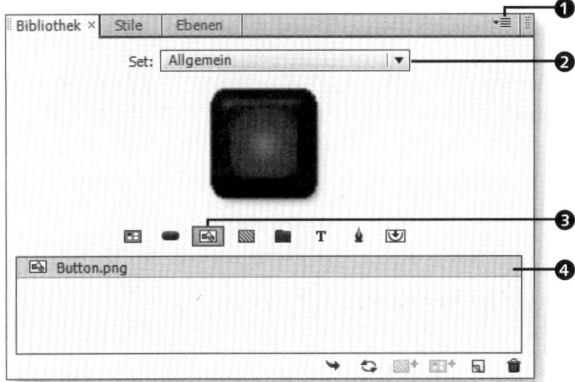

▲ **Abbildung 15.44** Der Button ist der BIBLIOTHEK hinzugefügt worden.

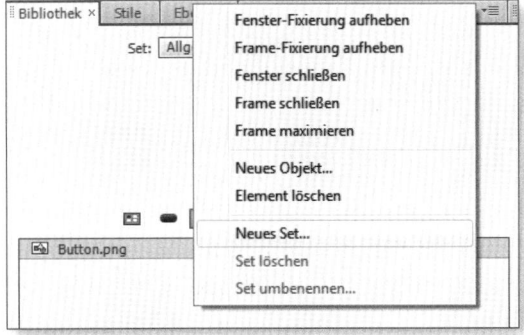

▲ **Abbildung 15.45** Auf die gleiche Weise lassen sich auch komplett neue Sets anlegen.

15.6 Kapitelmarken setzen

Bei längeren Filmen sollte der Benutzer grundsätzlich die Möglichkeit haben, einzelne Kapitel dieses Films anzuwählen. Wenn er nach einer unterbrochenen Wiedergabe erneut einsteigen möchte, sollte er schnell an einen bestimmten Punkt des Films springen können. Sie haben eingangs bereits erfahren, dass solche Kapitelmarken schon in Premiere Pro eingebaut werden können. Der gerenderte Film verfügt dann auch in Encore über diese Marken. Das ist aber nur dann der Fall, wenn Sie einen Film im Format MPEG2-DVD ausgegeben haben (siehe Abschnitt 15.1.1, »Kapitelmarken für Encore erzeugen«). Sollten Sie sich für MPEG-2 entschieden haben (wie in unserem Beispielfilm »Gecko-Glas.mpg«), sind die Kapitelmarken hingegen nicht integriert.

Sie können das direkt vergleichen: Nehmen Sie einmal Ihr Ergebnis aus Ihrem ersten Workshop in diesem Kapitel, indem Sie die dort erstellten Assets »Gecko-Glas-Encore.m2v« und »Gecko-Glas-Encore.wav« als Schnittfenster in die Authoring-Software integrieren. Sie sehen: Es ist bereits alles erledigt, und Sie können den folgenden Schritt-für-Schritt-Workshop übergehen.

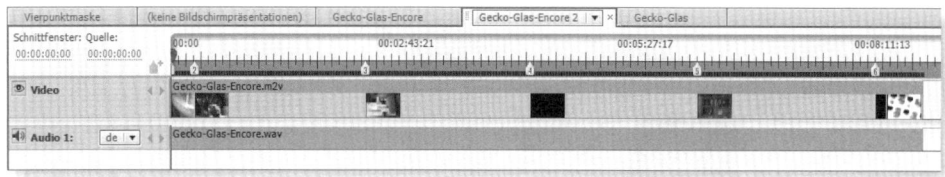

▲ **Abbildung 15.46** Hier ist alles erledigt. Die zuvor platzierten Schnittmarken sind vorhanden.

◢ *Schritt für Schritt: Den Hauptfilm mit Kapitelmarken ausstatten*

Sollten Sie den ersten Workshop dieses Kapitels nicht gemacht haben oder interessieren Sie sich für die Erzeugung von Kapiteln in Encore, ist dieser Workshop genau das Richtige für Sie.

1 *Schnittfenster öffnen*

Hier geht es um den Hauptfilm, der noch in einzelne Kapitel unterteilt werden muss. Doppelklicken Sie deshalb den Schnittfenstereintrag GECKO-GLAS (nicht die Videodatei!) im Projektfenster.

2 *Kapitelmarken setzen*

Bringen Sie zunächst die Schnittfenstermarke (Einfügemarke) an die gewünschte Position, und klicken Sie anschließend auf KAPITEL HINZUFÜGEN. Führen Sie die Arbeiten fort, indem Sie sämtliche Kapitelmarken setzen, die Sie für erforderlich halten. Dabei sollten Sie bedenken, dass sich die Einfügemarke auch vor der Erzeugung der Marke exakt in Position bringen lässt, wenn Sie dazu die Pfeiltasten Ihrer Tastatur benutzen. Klicken erst danach auf KAPITEL HINZUFÜGEN ❶. Noch einfacher ist es, wenn Sie den Timecode oben links im Schnittfenster bedienen (Sie kennen das ja von Premiere Pro). Ob Sie dazu den linken (Schnittfenster) oder rechten (Quelle) verwenden, spielt keine Rolle, da hier nur ein Clip integriert ist und demzufolge beide Codes identisch sind.

Wie wäre es, wenn Sie die Marken so setzen würden, wie das im Eingangs-Workshop geplant gewesen ist? Setzen Sie im ersten Arbeitsgang nur die Marken. Die Benennungen fügen wir im nächsten Schritt hinzu. Hier noch einmal die Liste:

- ▶ 00:00:17:02 – Perle
- ▶ 00:02:26:15 – Flaschenhals
- ▶ 00:04:09:04 – Schneiden
- ▶ 00:06:04:09 – Ofen
- ▶ 00:08:07:08 – Abspann

▲ **Abbildung 15.47** Auf dieser Abbildung wird gerade die Position für die letzte Kapitelmarke eingegeben (siehe Schnittfenster-Timecode oben links).

3   *Kapitel benennen*

Die Benennung der einzelnen Marken nehmen Sie vor, indem Sie die Marke selbst per Maus anwählen und das Eingabefeld NAME im Fenster EIGENSCHAFTEN benutzen. Danach aktivieren Sie die nächste usw. Vergessen Sie dabei nicht, auch die automatisch generierte erste Marke am Anfang zu benennen (z. B. »Filmstart« o. Ä. würde sich hier anbieten).

◀ **Abbildung 15.48** Der Name wird im Eigenschaften-Bedienfeld vergeben.

4 *Kapitelnamen anzeigen lassen*

Es ist zu empfehlen, zwischendurch einmal [Strg]/[cmd]+[8] zu drücken oder ANSICHT • KAPITELNAMEN ANZEIGEN zu wählen. Dadurch werden die Kapitelnamen nämlich gleich im Schnittfenster angezeigt. Alternativ dazu können Sie auch irgendwo auf die Skala klicken und KAPITELNAMEN ANZEIGEN wählen.

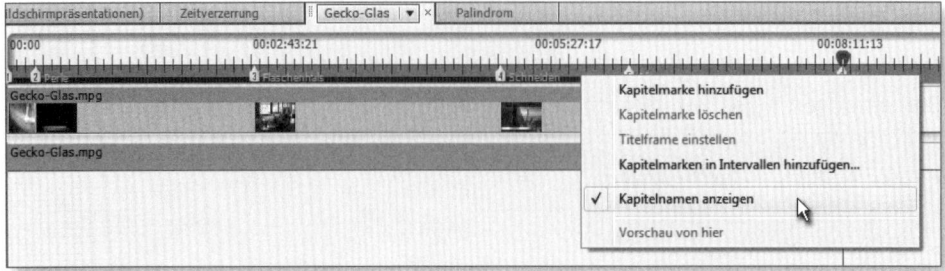

▲ **Abbildung 15.49** Die Kapitelmarken sind platziert. Daneben werden die einzelnen Bezeichnungen ausgewiesen.

Kapitelmarken verschieben und löschen

Natürlich können Sie Kapitelmarken auch auf der Skala per Drag & Drop verschieben, sofern Sie diese noch umpositionieren wollen. Des Weiteren können Sie Kapitelmarken löschen, indem Sie sie mit rechts markieren und KAPITELMARKE LÖSCHEN aus dem Kontextmenü anwählen.

Schnittfenster vergrößern/verkleinern

Das Schnittfenster lässt sich prima vergrößern, indem Sie in der Werkzeugleiste die Lupe aktivieren und damit auf den Film im Schnittfenster klicken. Machen Sie das, während Sie [Alt] gedrückt halten, verkleinern Sie die Ansicht. Noch schneller geht es über die Tasten [+] und [-].

15.7 Szenenmenüs erzeugen

Nachdem Sie im Hauptfilm alle erforderlichen Kapitelmarken gesetzt haben, können Sie sich daranmachen, Szenenmenüs zu erzeugen. Zunächst müssen Sie aber noch ein Menü gestalten.

15.7.1 Kapitelindex erzeugen

Encore hilft Ihnen bei der Erzeugung der Szenenmenüs. Was Sie aber vorher machen müssen: Sie sollten der Anwendung verraten, wie die Szenenmenüs aussehen sollen, indem Sie das erste selbst gestalten – zumindest teilweise.

Als Ausgangsbasis soll unser Szenenmenü herhalten. Doppelklicken Sie diesen Eintrag im Projektfenster.

1 Texte verändern

Der erste Schritt ist jetzt keine große Herausforderung mehr. Aktivieren Sie das Text-Werkzeug, und führen Sie mit dem Direkt-Auswahl-Werkzeug einen Dreifach-Klick auf der Menü-Überschrift aus (bestünde die Headline aus nur einem Wort, wäre ein Doppelklick ausreichend). Schreiben Sie hier »Szenenmenü«. Danach schalten Sie wieder um auf das Auswahl-Werkzeug V.

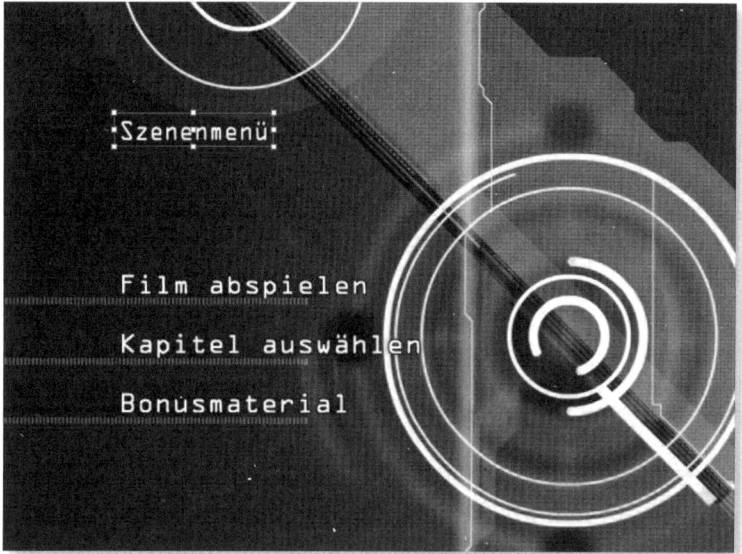

▲ **Abbildung 15.50** Das noch wenig bearbeitete Szenenmenü-Menü

2 Schaltflächen löschen

Markieren Sie jetzt die unterste Schaltfläche. Löschen Sie diese, indem Sie Entf drücken.

3 Schaltflächentypen ändern

Um Kapitelmarken ansteuern zu können, reicht eine normale Schaltfläche nicht aus. Deshalb müssen Sie die beiden noch vorhandenen Buttons zunächst in Kapitel-Schaltflächen umwandeln. Das machen Sie, indem Sie beide Buttons markieren (während Sie ⇧ gedrückt halten). Danach sollte Ihre gesamte Aufmerksamkeit wieder dem Eigenschaften-Bedienfeld gelten. Hier finden Sie nämlich auf der Registerkarte STANDARD das Pulldown-Menü TYP. Wie Sie sehen, ist hier NORMAL eingestellt. Ändern Sie das, indem Sie KAPITEL festlegen.

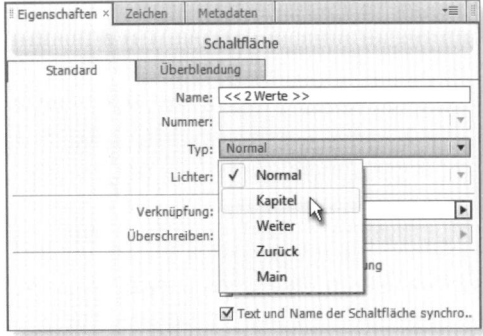

▲ **Abbildung 15.51** Sie müssen jetzt die Schaltflächeneigenschaften ändern.

4 Schaltflächen duplizieren

Nachdem Sie den Typ geändert haben, legen Sie von einer der beiden Schaltflächen Duplikate an. Warum? Nun, Sie haben es mit insgesamt sechs Kapiteln zu tun (den Filmstart mit eingerechnet). Deshalb wollen wir zwei Menüseiten zu je drei Kapiteln produzieren. Und so geht das ganz prima: Markieren Sie nur die unterste Schaltfläche, und drücken Sie ⌈Strg⌉/⌈cmd⌉+⌈C⌉, gefolgt von ⌈Strg⌉/⌈cmd⌉+⌈V⌉ (alternativ selektieren Sie im Menü zunächst BEARBEITEN • KOPIEREN und dann BEARBEITEN • EINFÜGEN). Drücken Sie mehrfach ⌈⇧⌉+⌈↓⌉, bis die Abstände zueinander passen. Die roten Linien verdeutlichen übrigens, dass Schaltflächen übereinanderliegen. Das darf nicht sein. Deshalb verschieben Sie den Button zumindest so weit, dass die roten Markierungen verschwinden.

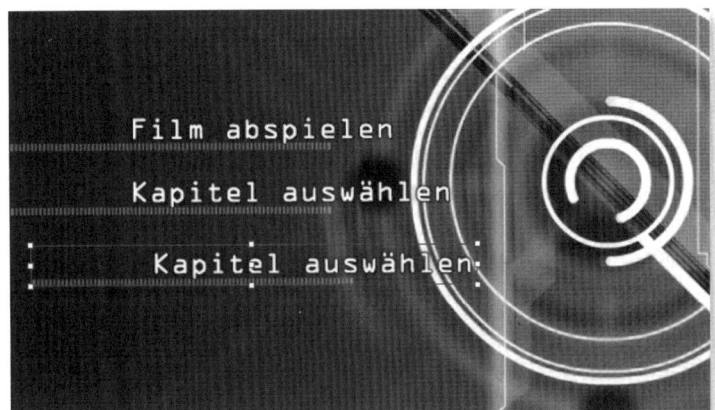

▲ **Abbildung 15.52** Die Schaltfläche muss nach unten verschoben werden.

5 Schaltflächen ausrichten

Jetzt halten Sie erneut ⌈⇧⌉ gedrückt und markieren auch die beiden ursprünglichen Buttons. Alle drei sollten jetzt ausgewählt sein. Entscheiden Sie sich im Menü für OBJEKT • AUSRICHTEN • LINKS, gefolgt von OBJEKT • VERTEILEN • VERTIKAL. Damit wären die Abstände zueinander exakt die gleichen.

▲ **Abbildung 15.53** Die Schaltflächen sind jetzt präzise aneinander ausgerichtet.

6 Reihenfolge prüfen/ändern

Jetzt müssen Sie die Reihenfolge der Schaltflächen prüfen, die später bei Benutzung der DVD-Fernbedienung Gültigkeit hat. Markieren Sie dazu eine Schaltfläche nach der anderen, und schauen Sie im Eigenschaften-Fenster nach dem Eintrag NUMMER. Es sollten von oben nach unten die Einträge 1 bis 3 erscheinen. Ist die logische Reihenfolge in Übereinstimmung mit der Position nicht in Ordnung (was im Beispiel nicht zu erwarten ist), können Sie den Wert einer markierten Schaltfläche im Pulldown-Menü ändern.

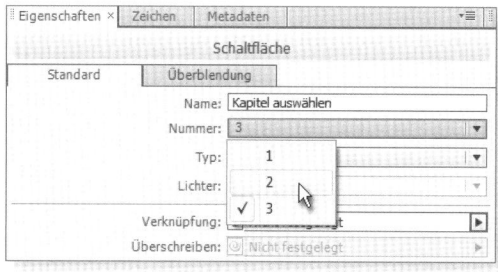

◀ **Abbildung 15.54** Sie sollten unbedingt die Reihenfolge prüfen.

Sie können sich das Ganze übrigens auch grafisch anzeigen lassen, indem Sie in der Fußleiste des Szenenmenü-Fensters auf die Schaltfläche SCHALTFLÄCHENABFOLGE ANZEIGEN klicken. Die erneute Betätigung hebt die Anzeige wieder auf. Entscheidend ist jetzt jeweils die Ziffer, die in der Mitte des Kreuzes steht. Die anderen vier Ziffern verraten nur, wohin verzweigt würde, wenn der Anwender später die jeweilige Richtungstaste drückt.

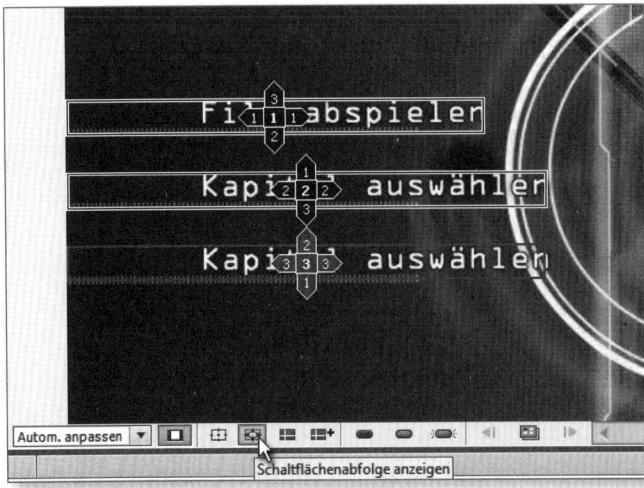

▲ **Abbildung 15.55** Die Schaltflächenabfolge kann auch grafisch sichtbar gemacht werden.

7 Zielnamen optionieren

Wenn die Reihenfolge stimmt, legen Sie fest, dass alle Schaltflächen bei der späteren Indexierung umbenannt werden dürfen. In diesem Fall werden den Buttons nämlich automatisch die Bezeichnungen zugewiesen, die auch für die Kapitelmarken gültig sind. Dazu müssen Sie noch einmal alle Buttons gemeinsam markieren und auf der Registerkarte STANDARD des Eigenschaften-Bedienfeldes NAME AUS VERKNÜPFUNG FESTLEGEN aktivieren.

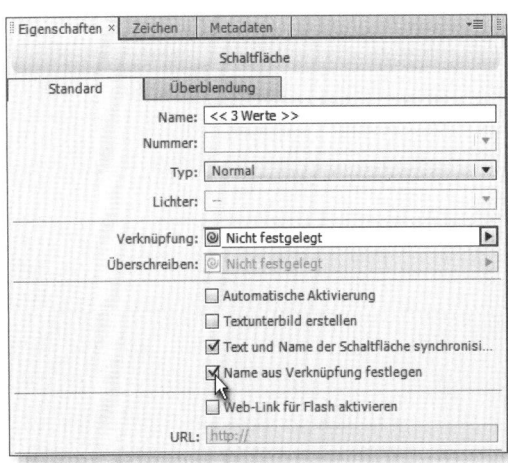

◄ **Abbildung 15.56** Damit ist gewährleistet, dass die Buttons umbenannt werden dürfen.

Point & Shoot

Diese Art der Steuerelemente erlaubt es, eine Verbindung von einem Punkt zum anderen zu ziehen und dadurch Verknüpfungen anzulegen. Die Technik wird auch in anderen Adobe-Anwendungen, wie z. B. After Effects, eingesetzt (auch *Pick Whip* genannt).

8   *Kapitel-Schaltfläche verknüpfen*

Jetzt wird es noch einmal richtig spannend! Denn jetzt werden Sie die erste Schaltfläche verknüpfen und den Rest von Encore erledigen lassen.

Sorgen Sie dafür, dass das Schnittfenster GECKO-GLAS sichtbar ist. Aktivieren Sie danach nur die oberste Schaltfläche Ihres Szenenmenüs, und zeigen Sie im Eigenschaften-Fenster auf die Point-&-Shoot-Schaltfläche VERKNÜPFUNG – das Ding mit dem Kringel ❶.

Klicken Sie darauf, und halten Sie die Maustaste gedrückt, während Sie sich langsam in Richtung Schnittfenster bewegen. Führen Sie den Mauszeiger (Maustaste immer noch gedrückt halten!) auf die erste Kapitelmarke innerhalb des Schnittfensters (GECKO-GLAS). Sobald Sie diese erreicht haben (sie wird mit einem schwarzen Quadrat umrandet), lassen Sie los.

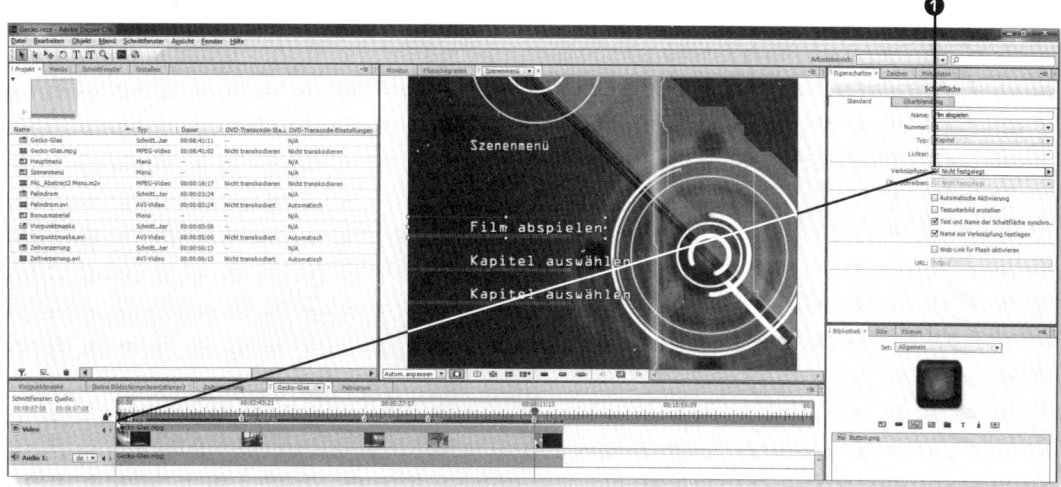

▲ **Abbildung 15.57** Der Filmstart wird verknüpft.

9   *Kapitelindex erstellen*

Damit haben Sie der ersten Schaltfläche bereits eine Funktion zugewiesen. Da Sie diese ja als Kapitel-Button angelegt haben, weiß Encore nun, welcher Film mit diesem Menü gesteuert werden soll.

Nun wäre prinzipiell nichts dagegen einzuwenden, alle Schaltflächen auf die zuvor beschriebene Weise einzeln zu belegen. Je nach Projektumfang könnte das aber ziemlich langweilig werden. Deshalb können Sie auch ganz einfach MENÜ • KAPITEL-INDEX ERSTELLEN wählen. Sie sehen schon, wie die Anwendung reagiert. Sie werden nämlich darauf hingewiesen, dass Sie noch keine Zurück- und Weiter-Schaltflächen integriert haben. Muss auch nicht sein, denn das kann Encore ganz von allein. Bestätigen Sie deshalb mit OK.

Sollte der Kapitelindex-Eintrag im Menü ausgegraut dargestellt sein, liegt es daran, dass das SZENENMENÜ im Projektfenster nicht ausgewählt ist. Holen Sie das nach, ehe Sie abermals in das Menü gehen.

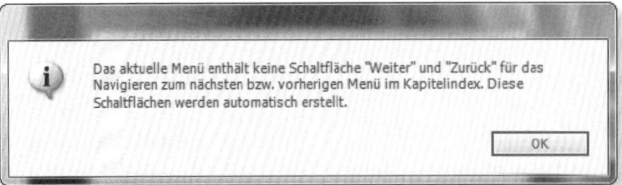

▲ **Abbildung 15.58** Trotz des Hinweises wird der Index erstellt.

Werfen Sie noch einmal einen Blick auf das Projektfenster. Sie werden feststellen, dass Ihr aktuelles Szenenmenü dort in »Szenenmenü 1« umbenannt wurde. Des Weiteren finden Sie auch ein »Szenenmenü 2« vor. Das hat Encore automatisch erzeugt, weil ein einzelnes Menü für die vorhandenen Kapitelmarken nicht ausreichte. Außerdem sind die Schaltflächen ihren Kapitelnamen entsprechend benannt worden.

▲ **Abbildung 15.59** Jetzt gibt es zwei Szenenmenüs.

10 *Menü-Schaltflächen kontrollieren*

Generell sollten Sie noch kontrollieren, ob sich Schaltflächen überlappen. Wenn nämlich die erwähnten Buttons WEITER und ZURÜCK mit anderen kollidieren (übereinanderliegen), dann gibt es später Probleme. Deshalb müssen Sie in einem solchen Fall unbedingt manuell nachbessern. In unseren Menüs wird das nicht der Fall sein, da wir nur sehr wenige Buttons verwenden.

11 *Headlines umbenennen*

Encore macht seine Arbeit ja wirklich gut. Was die Anwendung aber verständlicherweise nicht für Sie erledigen kann, ist die Umbenennung der Headlines. Wenn Sie also Szenenmenü 1 auch mit »1« und Szenenmenü 2 mit »2« betiteln wollen, ist noch einmal Handarbeit gefragt. Ändern Sie das manuell mit dem Direkt-Auswahl- oder Text-Werkzeug.

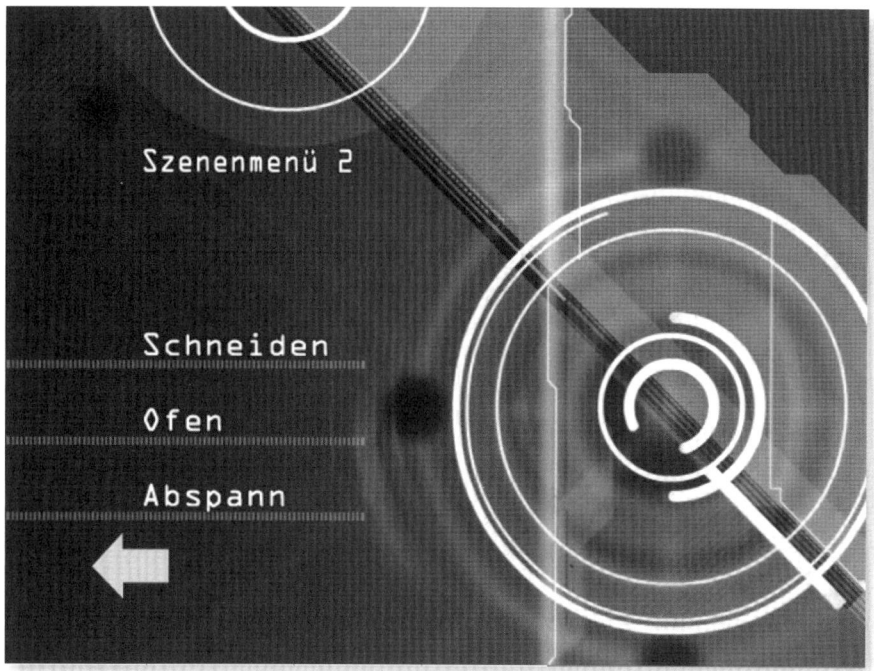

▲ **Abbildung 15.60** Die Headlines der beiden Szenenmenüs müssen noch aussagekräftiger formuliert werden.

15.7.2 Weiter- und Zurück-Buttons selbst erzeugen

Im vorangegangenen Workshop haben Sie die Weiter- und Zurück-Schaltflächen direkt von Encore erzeugen lassen. Das ist ja auch eine praktikable Lösung. Allerdings haben Sie dabei keinen direkten Einfluss auf das Aussehen des Buttons. Für den Fall, dass Sie derartige Entscheidungen aber grundsätzlich selbst treffen wollen, dürfen Sie auch Buttons aus der prall gefüllten Bibliothek verwenden. Dazu klicken Sie im Bedienfeld BIBLIOTHEK auf ANZEIGE VON SCHALTFLÄCHEN AKTIVIEREN/DEAKTIVIEREN ❹ und sehen sich an, was Encore so alles im Gepäck hat, sprich, was in der Liste unterhalb angeboten wird. Wenn Ihnen das nicht reicht, können Sie auch noch andere Sammlungen durchstöbern, indem Sie statt ALLGEMEIN eine andere Option im Pulldown-Menü SET ❸ wählen.

Wenn Sie eine passende Schaltfläche gefunden haben, ziehen Sie sie (hier ❺) mit gedrückter linker Maustaste auf das Szenenmenü ❶. Danach müssen Sie im Eigenschaften-Bedienfeld noch festlegen, dass es sich hierbei um eine Weiter- bzw. Zurück-Schaltfläche handelt, indem Sie den TYP ❷ entsprechend ändern. Die Buttons dürfen Sie natürlich nach Wunsch skalieren und platzieren, wobei allerdings auch hier keine Überlappungen mit anderen Buttons erlaubt sind.

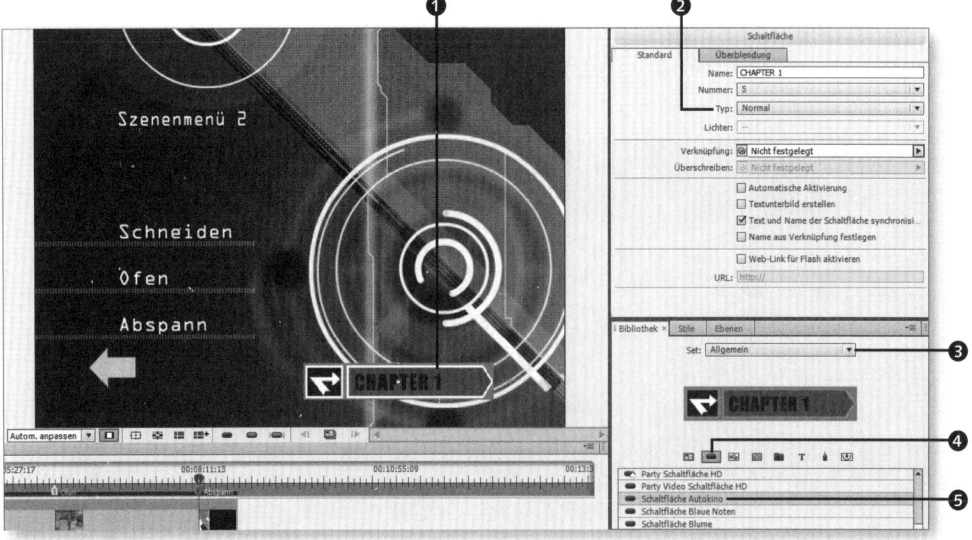

▲ **Abbildung 15.61** Keine Frage: Stylisch passen sollte das neue Knöpfchen natürlich auch!

 ### Schritt für Schritt: Hauptmenü-Button hinzufügen

Nun werden Sie bei genauer Betrachtungsweise feststellen, dass Sie zwar jetzt von Szenenmenü 1 zu 2 und zurückspringen können, aber Sie haben niemals mehr die Möglichkeit, ins Hauptmenü zu wechseln. Gut, das erreicht der Anwender ja generell, indem
er die Menü-Schaltfläche auf der Fernbedienung seines DVD-Players drückt, doch
sollten Sie ihm eine visuelle Alternative bieten.

1 Schaltfläche duplizieren

Aktivieren Sie zunächst das SZENENMENÜ 1, indem Sie es im Projektfenster doppelt anklicken. Unten rechts finden Sie die Schaltfläche, mit der Sie nun zu Menü 2 wechseln
können. Halten Sie Alt gedrückt, klicken Sie den Button an, und ziehen Sie nach links.
Sie erzeugen damit eine Kopie. Wenn Sie zeitgleich auch noch ⇧ festhalten, sorgen
Sie dafür, dass der Button beim Ziehen nach links seine Höhe nicht verändern kann. So
bleiben beide Schaltflächen auf einer Linie.

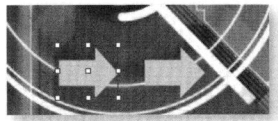

◀ **Abbildung 15.62** Zwei Buttons auf gleicher Höhe. So soll es sein.

2 Schaltfläche drehen

Nun weiß der Zuschauer aber noch nicht, was das soll. Pfeile nach rechts bedeuten im
Allgemeinen »eine Seite weiter«, während Pfeile nach oben auf übergeordnete oder
Hauptmenüs hindeuten. Entscheiden Sie sich für OBJEKT • DREHEN • 90° GEGEN UZS.

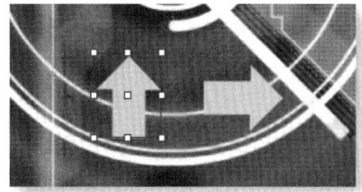

◄ **Abbildung 15.63** Aus eins mach zwei – ein neuer Button für den Sprung ins Hauptmenü.

3 Button verzerren

Nun darf bemängelt werden, dass die Schaltfläche etwas zu hoch ist. Das sieht gar nicht schön aus, weshalb Sie das gute Stück am Anfasser ❻ etwas in Form ziehen sollten. Halten Sie zeitgleich [Alt] gedrückt, wird die gegenüberliegende Seite gleich mit verzogen.

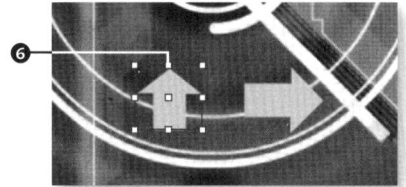

◄ **Abbildung 15.64** So sieht es besser aus.

4 Schaltfläche neu verknüpfen

Bedenken Sie, dass der linke Button jetzt zwar anders aussieht als der rechte, aber immer noch einen Sprung zu »Szenenmenü 2« realisiert. Das müssen Sie ändern. Lassen Sie ihn deshalb markiert, und ziehen Sie ein GUMMIBAND aus dem Point-&-Shoot-Steuerelement VERKNÜPFUNG ❼ des Eigenschafen-Fensters. Ziehen Sie es quer über Ihre Arbeitsfläche bis in das Projektfenster. Lassen Sie die Maustaste los, wenn Sie sich über dem Eintrag HAUPTMENÜ befinden. Sie sehen, dass das Anlegen von Verknüpfungen keine Hexerei ist. Dank der Gummiband-Steuerelemente gelingt das problemlos.

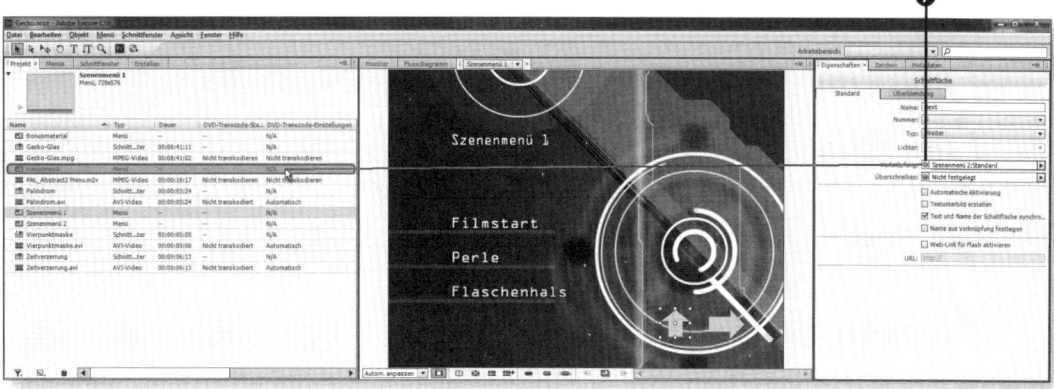

▲ **Abbildung 15.65** Verknüpfungen können auch mit Hilfe des Projektfensters angelegt werden.

5 Schaltfläche duplizieren

Am Ende müssen Sie dem Benutzer noch ermöglichen, auch vom Menü »Bonusmaterial« aus ins Hauptmenü zurückzuspringen. Das geht ganz schnell, indem Sie den fertigen Button markieren und mit ⌈Strg⌉/⌈cmd⌉+⌈C⌉ in die Zwischenablage befördern. Danach wechseln Sie zum Bonusmaterial-Menü und fügen das Duplikat mit ⌈Strg⌉/⌈cmd⌉+⌈V⌉ ein.

Wenn Sie wollen, platzieren Sie den Button zusätzlich noch im Szenenmenü 2. Dann muss der Benutzer nicht extra über Menü 1 gehen, wenn er aus diesem Bereich zum Hauptmenü möchte. Da sich der Button ja aufgrund des ersten Kopiervorgangs noch in der Zwischenablage befindet, reicht es, wenn Sie einen Doppelklick auf SZENENMENÜ 2 im Projektfenster setzen und abermals ⌈Strg⌉/⌈cmd⌉+⌈V⌉ drücken.

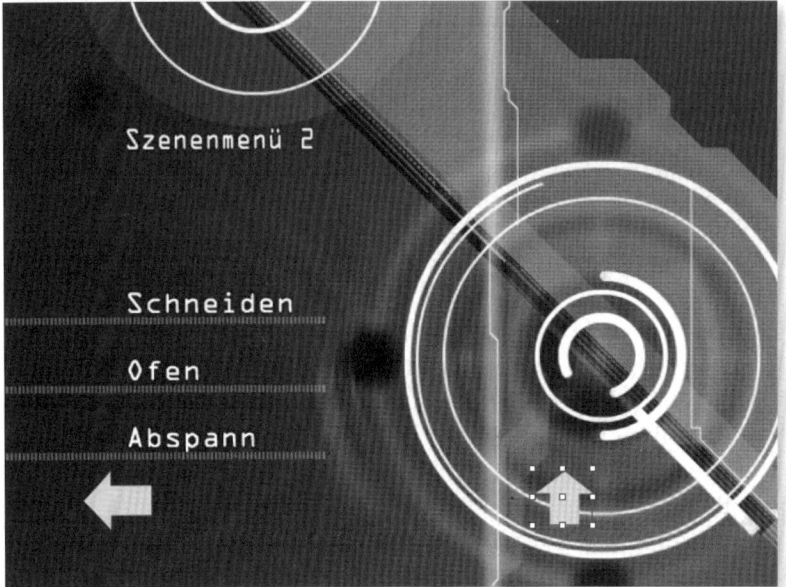

▲ **Abbildung 15.66** Die Schaltfläche wird ganz einfach auf das zweite Menü übertragen – mit Copy & Paste.

15.8 Funktionsablauf festlegen

Damit sind die Vorarbeiten abgeschlossen, und Sie können sich voll und ganz auf die Vorbereitung der DVD-Steuerung konzentrieren. Und das ist ein wirklicher Genuss.

15.8.1 Erste Wiedergabe festlegen

Aktivieren Sie die Registerkarte FLUSSDIAGRAMM, die sich hinter dem Menü- bzw. Monitor-Bedienfeld befindet, oder wählen Sie in der Menüleiste FENSTER • FLUSSDIAGRAMM. Hier sehen Sie schon, was passieren wird, wenn die fertige DVD eingelegt wird. Zunächst würde der Film »Vierpunktmaske« abgespielt. Sie erkennen das auch daran, dass genau dieses Schnittfenster im Projektfenster mit einem kleinen Play-Button ❶ versehen ist.

◀ **Abbildung 15.67** Das Asset, das als Erstes wiedergegeben wird, ist im Projektfenster mit einem entsprechenden Symbol ausgestattet.

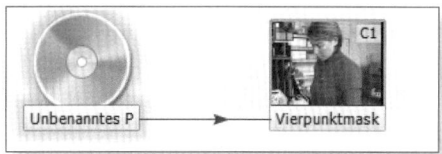

◀ **Abbildung 15.68** Im Flussdiagramm wird deutlich: Nach dem Einlegen des Mediums wird der Film »Vierpunktmaske« abgespielt.

Nur werden Sie diesen Film kaum als ersten anbieten wollen. Wenn Sie nun ein anderes Schnittfenster oder sogar ein Menü bestimmen möchten, das nach Einlegen der DVD erscheinen soll, markieren Sie dieses Objekt im Projektfenster mit rechts und wählen daraus Als erste Wiedergabe festlegen. Für unser kleines Filmbeispiel soll das für das »Hauptmenü« zutreffen. Schauen Sie sich in diesem Zusammenhang auch das Flussdiagramm an. Hier ist die Änderung ebenfalls übernommen worden.

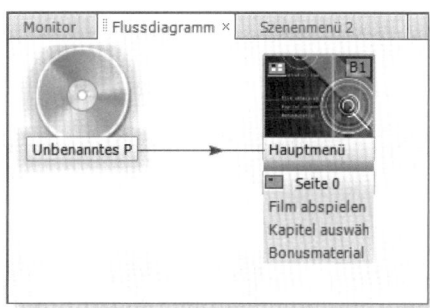

◀ **Abbildung 15.69** Das Flussdiagramm beweist: Zunächst wird das Hauptmenü zu sehen sein.

15.8.2 Nicht überspringbare Hinweise

In professionellen DVD-Produktionen ist es in der Regel so, dass als erste Wiedergabe der nicht überspringbare Hinweis auf die FSK-Kennzeichnungen zu erfolgen hat – und zwar mindestens fünf Sekunden lang. So will es der Gesetzgeber (zumindest bei Spielfilmen o. Ä.). Sie müssten also diese Tafel Als erste Wiedergabe festlegen. Danach müssen Sie dafür sorgen, dass der Benutzer diesen Bereich nicht überspringen oder im Schnelldurchlauf abspielen kann.

Viele Hersteller wollen auch, dass der Benutzer sich das Firmenlogo ansehen muss, ohne dass er dies überspringen kann. Sie müssen also sämtliche Funktionen seiner Fernbedienung vorübergehend deaktivieren. Und das machen Sie so: Markieren Sie das Intro im Projektfenster, und klicken Sie anschließend auf die Schaltfläche Einstellen im Eigenschaften-Fenster. Standardmäßig sind alle Funktionen verfügbar. Sie können nun den Radiobutton Keine anwählen, was zur Folge hätte, dass die Fernbedienung des Benutzers vorübergehend »klinisch tot« ist. Alternativ wählen Sie Benutzerdefiniert und können mit Hilfe der unterhalb befindlichen Checkboxen bestimmte Bereiche zulassen bzw. deaktivieren.

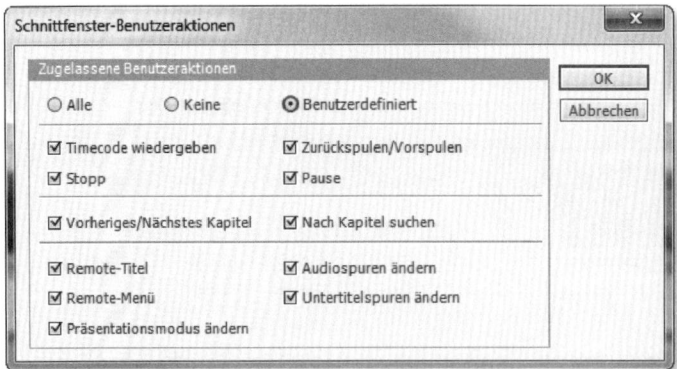

▲ **Abbildung 15.70** Bestimmen Sie, was dem Benutzer erlaubt ist und was nicht.

15.8.3 Schnittfenster und Menüs miteinander verbinden

Nachdem Sie das Hauptmenü als erste Aktion festgelegt haben, können Sie sich nun daranmachen, die einzelnen Schnittfenster zu verknüpfen. Das machen Sie ganz einfach über das Flussdiagramm. Sie behalten hier auch den Überblick darüber, was bereits verknüpft ist und was noch nicht. Nicht verknüpfte Elemente befinden sich im Fuß des Fensters.

▲ **Abbildung 15.71** Drei Menüs und vier Filme müssen noch irgendwie verbunden werden. Nur das Hauptmenü ist bereits an seinem Platz.

■ *Schritt für Schritt: Assets verknüpfen*

Sie haben eben bereits mit Point-&-Shoot-Schaltflächen gearbeitet. Hierin begründet sich auch eine der Stärken des Flussdiagramm-Fensters. Sie können nämlich einfach bestimmte Einträge anwählen und diese auf ein anderes Objekt ziehen – Verknüpfung fertig.

1 Hauptfilm einbinden

Klicken Sie innerhalb des Flussdiagramms auf den obersten Eintrag, der sich im Haupt-menü-Feld befindet (FILM ABSPIELEN). Ziehen Sie dort wieder ein Gummiband heraus, das Sie auf der Miniatur GECKO-GLAS in der Fußleiste des Flussdiagramm-Fensters en-den lassen. Dies bedeutet: Wenn der Anwender in diesem Menü die Schaltfläche FILM ABSPIELEN betätigt, soll der Hauptfilm beginnen.

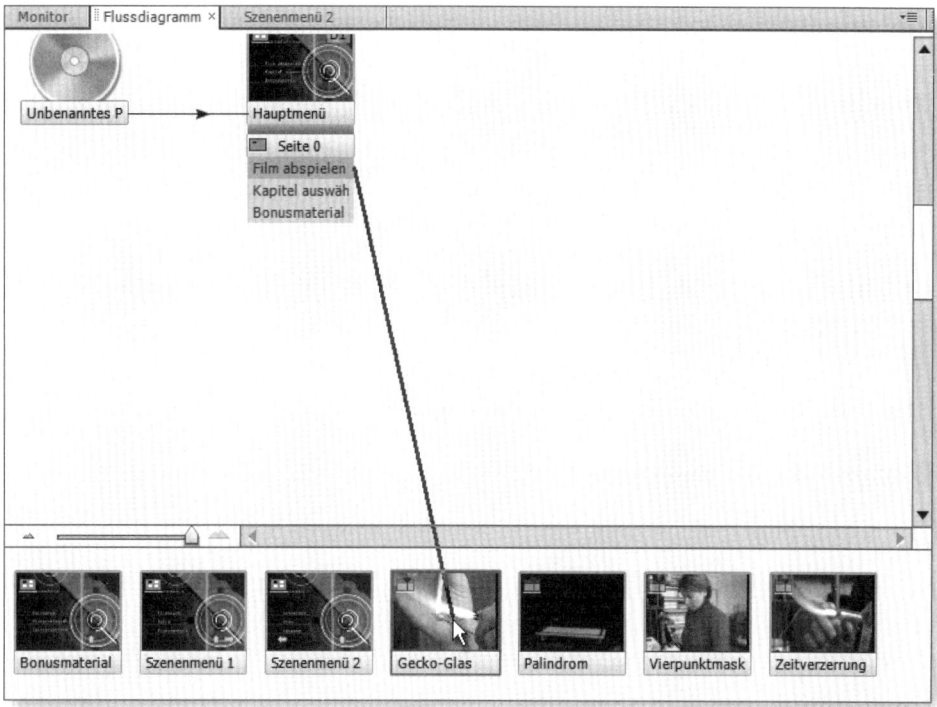

▲ **Abbildung 15.72** Verknüpfen Sie den Eintrag FILM ABSPIELEN mit dem Hauptfilm GECKO-GLAS.

2 Kapitelmenüs einbinden

Infolgedessen wird GECKO-GLAS aus der Fußleiste gelöscht und taucht im oberen Dia-grammbereich auf. Danach klicken Sie auf KAPITEL AUSWÄHLEN (eine Zeile tiefer) und verknüpfen diese Schaltfläche mit SZENENMENÜ 1. Mehr müssen Sie in Sachen Szenen-menüs nicht machen. Sie werden feststellen, dass sich das Flussdiagramm dadurch be-trächtlich füllt. Skalieren Sie das gleichnamige Bedienfeld doch etwas auf.

Diagrammansichten ändern

Wenn Sie Ansichten anpassen möchten, um z. B. an einer Verknüpfung arbeiten zu kön-nen, klicken Sie einfach auf eine der Miniaturen. Daraufhin wird das Diagramm automa-tisch zurechtgerückt, ohne dass sich die Verknüpfungen selbst ändern. Diese Funktion dient lediglich der Orientierung.

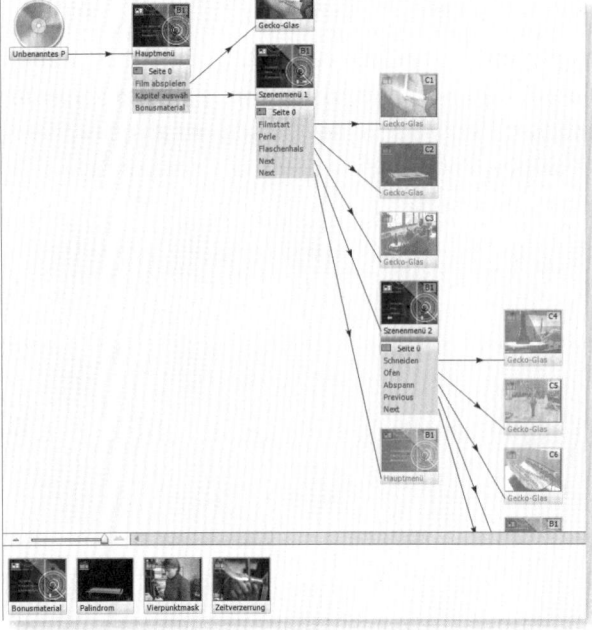

▲ **Abbildung 15.73** Langsam wird es voll im Flussdiagramm.

3 Bonus-Kapitel verknüpfen

Verknüpfen Sie noch das Menü BONUSMATERIAL auf die zuvor beschriebene Weise mit dem untersten Hauptmenü-Eintrag. Zuletzt gestalten Sie das Menü BONUSMATERIAL aus. Hier finden sich noch drei Einträge, von denen noch keine Pfeile abgehen. Sie ahnen es: Diese müssen entsprechend ihren Bezeichnungen noch mit den drei verbliebenen Film-Assets verbunden werden.

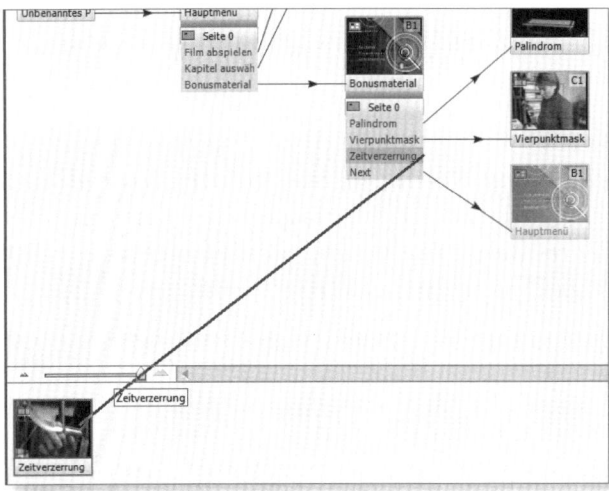

▲ **Abbildung 15.74** Die letzte Verknüpfung verzweigt von der Zeitverzerrung-Schaltfläche des Menüs BONUSMATERIAL auf das Schnittfenster ZEITVERZERRUNG.

4 Endaktion checken

Menüs sind generell mit der Endaktion STOPP ausgestattet. Das bedeutet in der Praxis: Sollte das Menü zur Laufzeit der DVD nicht durch den Benutzer bedient werden, bleibt es erhalten – es wird nichts anderes abgespielt. Sie sehen die eingestellten Endaktionen grundsätzlich im Eigenschaften-Fenster auf der Registerkarte EINFACH. Dazu klicken Sie eine der Miniaturen im Flussdiagramm an.

5 Schnittfenster-Endaktionen festlegen

Anders sieht das bei den Filmen aus, die Sie soeben eingebettet haben. Wenn Sie eine dieser Miniaturen anklicken, sehen Sie im Eigenschaften-Fenster, dass nach dem Abspielen eines Films keine Aktion erfolgt. Hier steht NICHT FESTGELEGT ❶ (in der Abbildung sehen Sie PALINDROM als Beispiel).

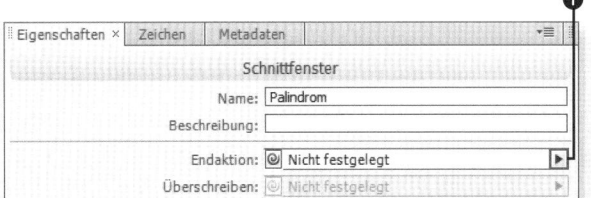

◄ **Abbildung 15.75** Die Endaktion des Films wurde noch nicht bestimmt.

Um dem Film PALINDROM nun eine Endaktion zuzuweisen, betätigen Sie die kleine Point-&-Shoot-Schaltfläche, die sich in der Zeile ENDAKTION vor NICHT FESTGELEGT befindet. Ziehen Sie das Lasso auf die Miniatur BONUSMATERIAL im Flussdiagramm. So ermöglichen Sie dem Benutzer, nach Ende des Films weiterhin in diesem Menü zu bleiben. Möglicherweise möchte er sich ja noch weitere Bonusfilme ansehen und nicht jedes Mal ins Hauptmenü geschickt werden. Verfahren Sie anschließend entsprechend mit den beiden anderen Bonusfilmen (VIERPUNKTMASKE und ZEITVERZERRUNG).

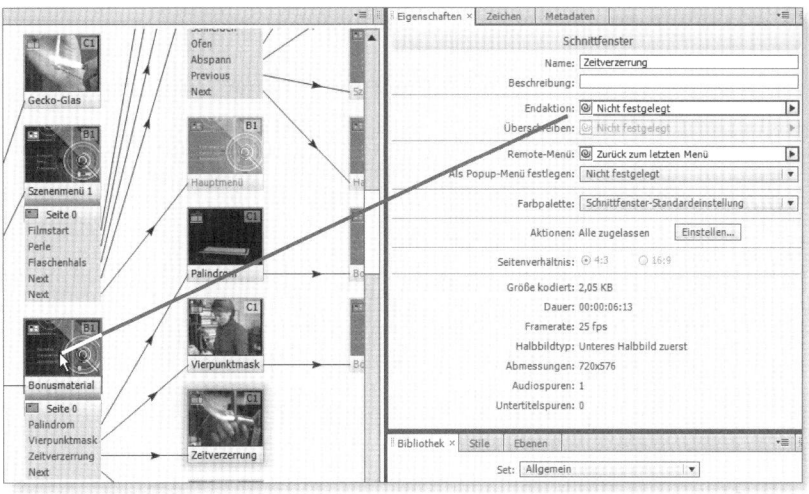

▲ **Abbildung 15.76** Am Ende dieses Clips soll das Bonusmaterial erneut angeboten werden.

6 *Fehler nicht korrigieren!*

Was jetzt noch fehlt, ist die Endaktion für den Hauptfilm. Diese lassen Sie aber bitte bewusst noch außen vor. Ansonsten kann ich Ihnen gleich nicht präsentieren, wie Encore diesen Fehler ausfindig macht. Wir klären das gleich. Einverstanden?

15.9   DVD testen und ausgeben

Bevor Sie einen Rohling brennen, sollten Sie sich vom ordnungsgemäßen Zustand Ihres Projekts überzeugen. Dazu gehört auch ein kleiner Testlauf.

15.9.1   Projekt testen

Zunächst einmal sollten Sie das Projekt jetzt ausgiebig testen. Es empfehlen sich grundsätzlich zwei Vorgehensweisen. Zum einen sollten Sie einen praktischen Test vollziehen, indem Sie in der Werkzeugleiste auf VORSCHAU klicken. Da wir es im Beispiel innerhalb der Menüs mit Filmdateien zu tun haben, das Menü also bewegt ist, sollten Sie zunächst einen Klick auf den Render-Button ❶ setzen. Das bewirkt nämlich, dass eine entsprechende Vorschaudatei erzeugt wird, die den Menüfilm innerhalb des Tests letztendlich ans Laufen bringt. Im Fuß des Folgedialogs erhalten Sie zudem Steuerelemente, welche die Knöpfe einer Fernbedienung des DVD-Players imitieren ❷. Bedienen Sie jedes Menü, und lassen Sie die Filme abspielen.

◀ **Abbildung 15.77** Den praktischen Test leiten Sie über einen Klick auf VORSCHAU ein.

▲ **Abbildung 15.78** Testen Sie die DVD-Struktur ausgiebig.

Um die DVD nicht jedes Mal von Anfang an testen zu müssen, können Sie auch mit rechts auf ein Menü oder ein Schnittfenster im Projektfenster klicken und aus dem Kontextmenü VORSCHAU VON HIER wählen. Dann startet der Testmodus von dieser Position aus.

◾ Schritt für Schritt: Buchprojekt von Encore prüfen lassen

Jetzt fehlt noch eine rechnergestützte Projektprüfung. Wenn Sie sich dafür entscheiden (und das sollten Sie, denn immerhin haben wir ja noch einen Fehler eingebaut), überlassen Sie Encore den Job der Projektanalyse. Dadurch werden sämtliche Verknüpfungen, Endaktionen, Konventionen und dergleichen in Windeseile getestet.

1 Prüfdialog öffnen

Den Dialog öffnen Sie, indem Sie $\boxed{\text{Strg}}$/$\boxed{\text{cmd}}$+$\boxed{\diamond}$+$\boxed{\text{L}}$ drücken oder DATEI • PROJEKT PRÜFEN wählen. Alternativ stellen Sie die Registerkarte ERSTELLEN nach vorne (sie befindet sich standardmäßig hinter dem Projektfenster) und betätigen dort PROJEKT PRÜFEN.

2 Prüfungsergebnis ablesen

Sollten sich Probleme zeigen, werden diese im unteren Bereich des Fensters angezeigt. Encore ist es natürlich nicht entgangen, dass eine Endaktion fehlt, und weist die Problemstelle auch entsprechend aus.

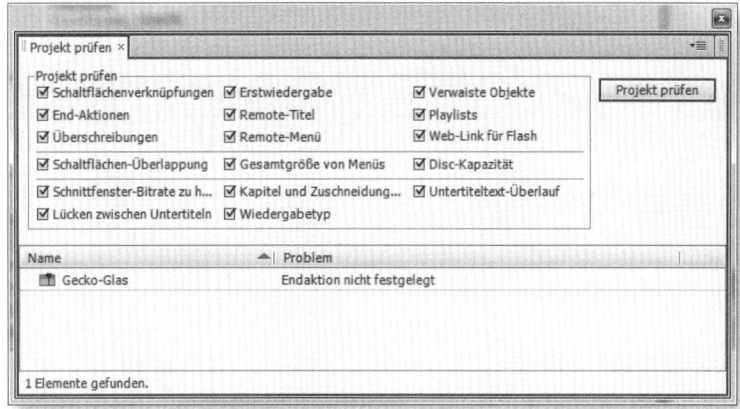

▲ **Abbildung 15.79** Das kleine Versäumnis ist natürlich sofort aufgefallen.

3 Endaktion bestimmen

Korrigieren Sie den Fehler, indem Sie das Prüfen-Bedienfeld zunächst schließen und das Flussdiagramm einstellen. Weisen Sie dem Asset »Gecko-Glas« die Endaktion HAUPTMENÜ zu. Anschließend prüfen Sie das Projekt erneut.

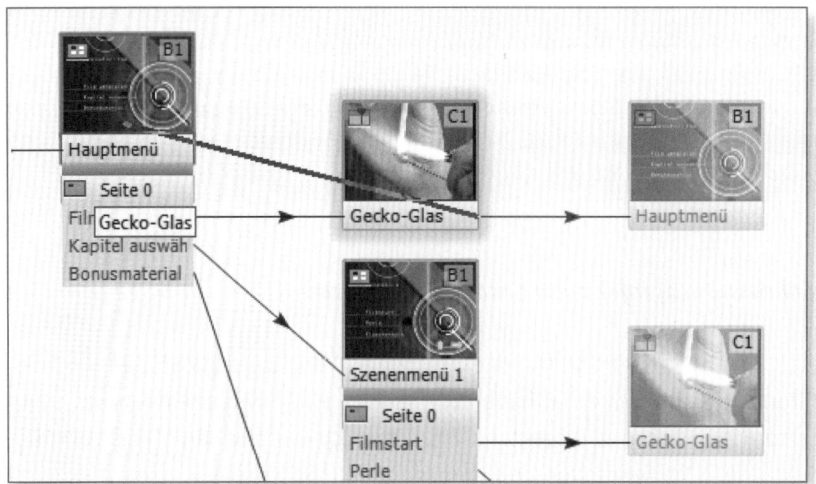

▲ **Abbildung 15.80** Der Hauptfilm wird jetzt ebenfalls noch mit einer Endaktion versehen.

Auch wenn keine Fehler mehr vorhanden sind, bleibt eine Hurra-Bekundung der Anwendung aus. Dass die Prüfung durch ist, erkennen Sie lediglich daran, dass in der Fußleiste ganz unscheinbar Keine Elemente gefunden ➊ angezeigt wird – Grund genug für Sie, das Fenster wieder zu schließen.

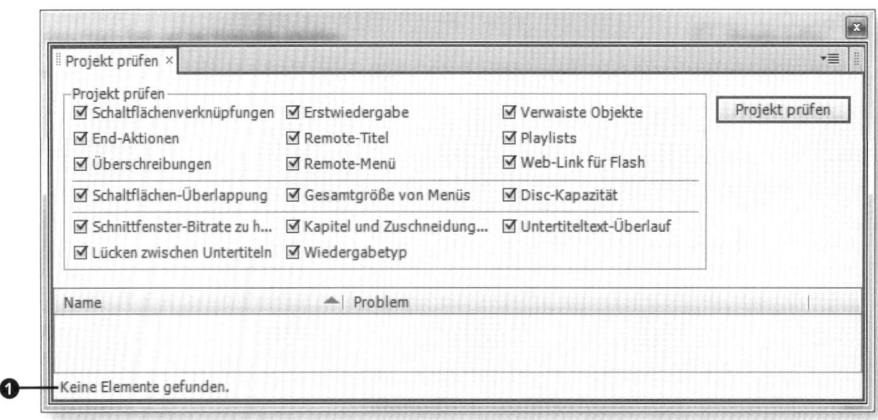

▲ **Abbildung 15.81** Alles klar! Das Projekt ist »sauber«.

15.9.2 Einzelne Assets transcodieren

Sie können einzelne Assets mit unterschiedlichen Einstellungen transcodieren. Das ist vor allem dann interessant, wenn Platzmangel auf dem Ausgabemedium herrscht und Sie vielleicht einzelne Filme, wie z. B. das Bonusmaterial, stärker komprimieren wollen als den Hauptfilm. In diesem Fall klicken Sie im Projektfenster mit rechts auf das Film-Asset (nicht das Schnittfenster-Asset!) und entscheiden sich für Transcode-Einstellungen aus dem Kontextmenü. Machen Sie das aber bitte nur, wenn es wirklich eng wird auf der DVD.

Sie müssen keinen der Filme manuell transcodieren. Spätestens dann nämlich, wenn Sie den Brennvorgang einleiten, wird die Anwendung für das Rendering sorgen. Dennoch haben Sie die Möglichkeit, bereits vorab einzelne Filme berechnen zu lassen – Encore muss ja nicht unbedingt untätig bleiben, während Sie Ihre wohlverdiente Mittagspause machen. Außerdem kann Encore transcodieren, während Sie weiterarbeiten. Klicken Sie einen Film, der in der Spalte DVD-TRANSCODE-STATUS mit NICHT TRANSKODIERT angegeben ist, mit rechts an, und selektieren Sie JETZT TRANSKODIEREN. Im Fenster STATUS (standardmäßig oben rechts hinter den Eigenschaften) wird der Fortschritt dieses Vorgangs dargestellt.

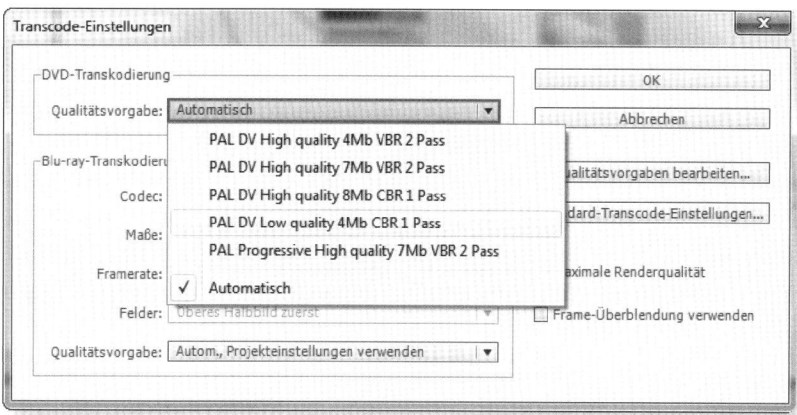

▲ **Abbildung 15.82** Hier kann die Transcode-Qualität für jedes Asset individuell bestimmt werden.

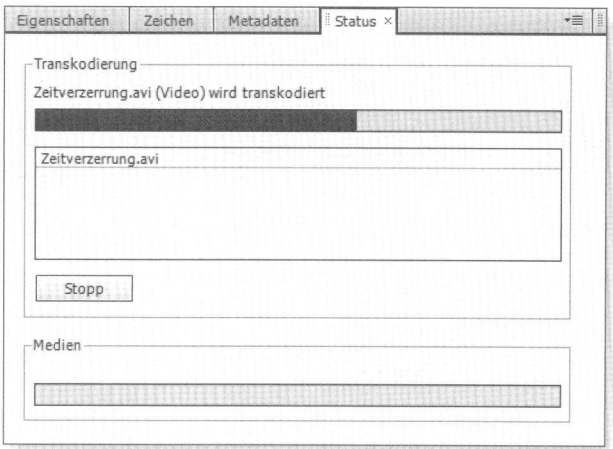

▲ **Abbildung 15.83** Das Einzel-Transcodieren kann nebenher ablaufen.

15.9.3 DVD ausgeben

Mit DATEI • ERSTELLEN • DISC nähern Sie sich strammen Schrittes Ihrem fertigen Produkt. Im Dialog ist zunächst einmal wichtig, das FORMAT (DVD, BLU-RAY oder FLASH) anzugeben.

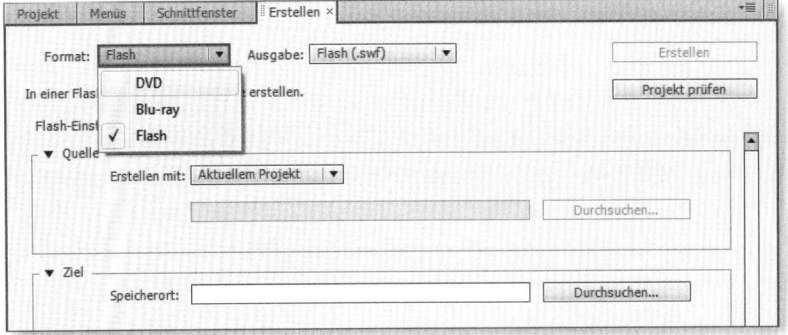

▲ **Abbildung 15.84** Das Format BLU-RAY muss manuell gewählt werden.

Nebenstehend ist im Pulldown-Menü AUSGABE zudem noch auf DVD-DISC umzustellen, da andernfalls ein Image erzeugt wird. Dabei handelt es sich um eine Datei, die technisch mit den auf DVD zu brennenden Daten identisch ist. Allerdings wird keine DVD gebrannt, sondern der Datensatz auf die Festplatte geschrieben. Sollte das Ziel eine Dual-Layer-DVD sein, müssen Sie auch das noch manuell umstellen. Encore erkennt das auch dann zunächst nicht selbstständig, wenn Sie einen entsprechenden Rohling einlegen (obwohl die Anwendung den Rohling selbst vor dem Brennen analysieren wird). Danach klicken Sie auf ERSTELLEN oben rechts.

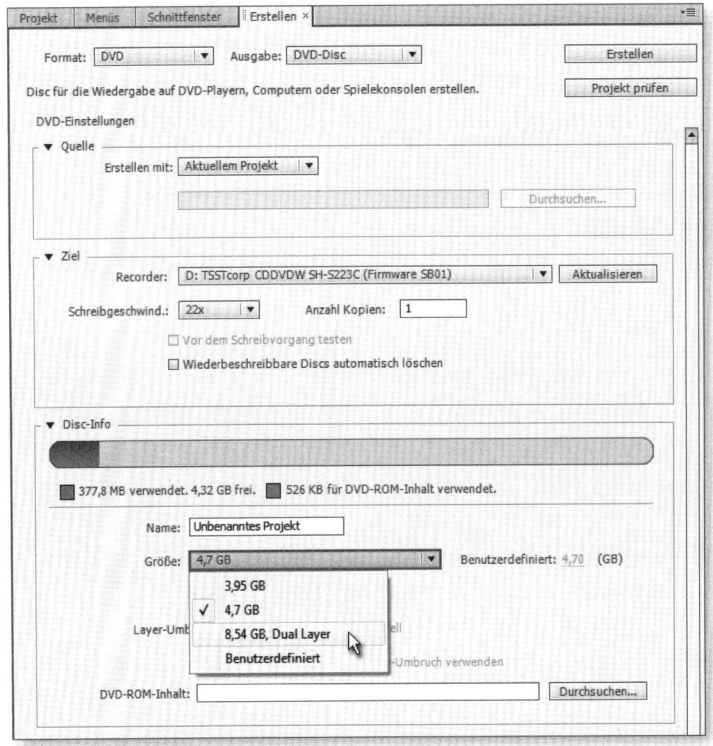

▲ **Abbildung 15.85** Doppel-DVDs müssen extra angegeben werden.

15.9.4 Regionalcodes festlegen

Encore ist imstande, DVDs für bestimmte Regionen abspielbar zu machen und für andere zu sperren. Bei Kauf-DVDs ist das Standard. Wenn Sie das für Ihre Medien auch wollen, dann müssen Sie unten im Fenster ERSTELLEN, im Frame REGIONALCODES, den Radiobutton BENUTZERDEFINIERT anwählen. Danach lässt sich über Checkboxen festlegen, wo die DVD funktionieren soll und wo nicht. Und noch etwas: Sobald Sie die vorletzte Checkbox deaktivieren, wird der letzte noch aktive Eintrag ausgegraut dargestellt. Wenn Sie diesen nämlich dann auch noch deaktivieren könnten, wäre die DVD ja nirgendwo auf der Welt nutzbar. Und das wäre ja richtig blöd.

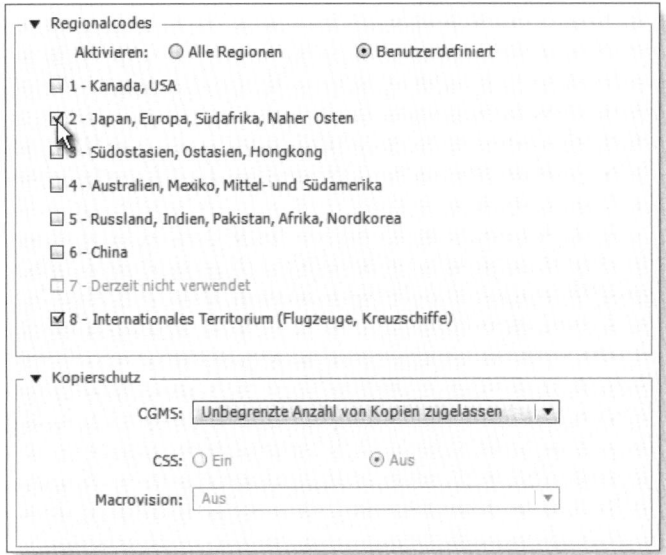

▲ **Abbildung 15.86** In diesem Zustand ist die DVD immer noch in Europa (sowie in Japan, Südafrika, im Nahen Osten sowie auf internationalem Territorium) einsetzbar.

15.9.5 CSS-Kopierschutz

Der unterste Frame KOPIERSCHUTZ suggeriert, dass Sie Ihre DVDs damit gegen unerlaubte Vervielfältigung absichern könnten. Das ist aber nicht so. Kopierschutz-Funktionen wie CSS gibt es nicht zum Nulltarif, sondern müssen teuer eingekauft werden. Die Funktion ist dennoch enthalten, damit Sie Ihrem Kopierwerk Daten übertragen können, die durch CSS geschützt werden *sollen*. In der Praxis erzeugen Sie dann auch keine DVD-Disc, sondern stellen die Ausgabe ganz oben auf DVD-MASTER. Der eigentliche DVD-Inhalt wird dann auch auf ein DLT-Band (Digital Linear Tape) geschrieben.

16   Korrekturen mit Audition CS6

Wenn Premiere Pro nicht mehr ausreicht, um Ihre Audioclips zu korrigieren, oder wenn Sie Ihre eigenen Arrangements abmischen wollen, sollten Sie auf eine leistungsfähige Audio-Software zurückgreifen. An dieser Stelle kommt Adobe Audition ins Spiel und sorgt für ein nicht zu verachtendes Umfeld in Sachen Nachbearbeitung und Restauration. Audition ist separat erhältlich und arbeitet prima mit der Videoschnittapplikation zusammen. Und wenn Sie ein Production-Premium- oder Master-Collection-Bundle haben, sind Sie bereits stolzer Audition-Besitzer. Wenn nicht – Audition lässt sich auch separat erwerben.

Audition? Soundbooth?

Wer Premiere Pro und die damit verbundenen Suites (Production Premium und Master Collection) schon etwas länger kennt, der weiß, dass Adobe fast ständig zwei Audioanwendungen im Programm hatte. Zur Version CS2 wurde Audition beigelegt. Von CS3 bis CS5 fiel die Wahl auf Soundbooth. Jetzt ist es wieder Audition. Eine gute Wahl – bleibt nur zu hoffen, dass es künftig auch dabei bleibt.

Und das erfahren Sie in diesem Kapitel:

▶ Wie können Audiodateien geschnitten werden?
▶ Wie füge ich Pausen hinzu?
▶ Wie werden Sounds ein- und ausgeblendet?
▶ Wie können Störgeräusche präzise entfernt werden?

16.1   Dateien übergeben

Beginnen wir in Premiere Pro. Meist fällt ja erst bei der Bearbeitung auf, dass eine Sounddatei nicht Ihren Anforderungen entspricht. Wenn die zur Verfügung stehenden Mittel der Editing-Anwendung nicht mehr ausreichen, übergeben Sie den Clip an Audition. Dabei spielt es übrigens keine Rolle, ob sich der Clip im Schnitt- oder Projektfenster befindet.

In Adobe Audition bearbeiten | Aus dem Schnittfenster heraus transferieren Sie eine Audiodatei mittels Rechtsklick und CLIP IN ADOBE AUDITION BEARBEITEN. Nachdem die Audiobearbeitung dort abgeschlossen ist, speichern Sie das Dokument (in Audition) und kehren zu Premiere Pro zurück. Dort ist der Clip automatisch aktualisiert worden.

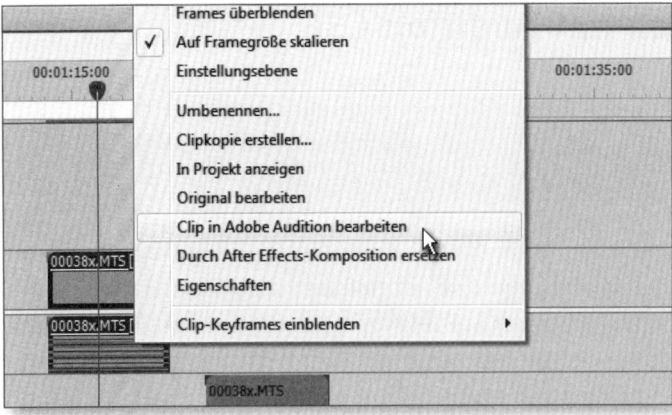

▲ **Abbildung 16.1** Beliefern Sie Audition direkt aus dem Schnittfenster heraus.

Aus dem Projektfenster heraus führen Sie ebenfalls einen Rechtsklick aus und wählen IN ADOBE AUDITION BEARBEITEN. Interessant hierbei ist, dass Sie nicht nur einen Clip, sondern auch eine ganze Sequenz transferieren können. So lässt sich die Projektarbeit vor der Ausgabe noch in einem Arbeitsgang akustisch aufwerten. Im Gegensatz zur Übergabe eines Schnittfenster-Clips wird sowohl beim Projektfenster-Clip als auch bei der Sequenz jedoch keine Dateiaktualisierung vorgenommen. Vielmehr fertigt Audition ein neues Asset an. Aufgrund dessen bringt die Anwendung auch noch einen zusätzlichen Dialog hervor, in dem Sie einen Speicherort für die Ergebnisdatei festlegen können. Betätigen Sie dazu DURCHSUCHEN.

▲ **Abbildung 16.2** Eine komplette Sequenz wird übergeben.

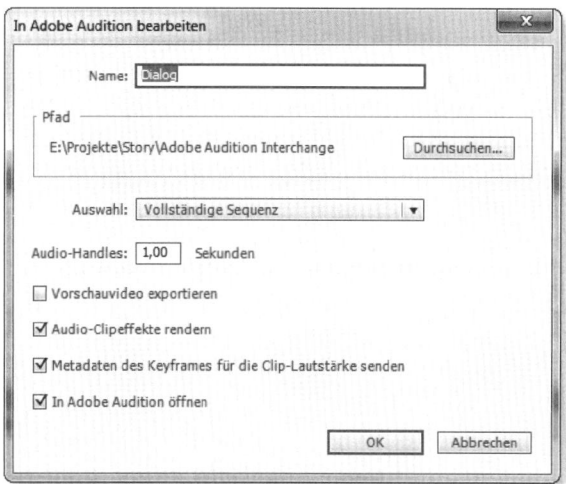

▲ **Abbildung 16.3** Geben Sie einen PFAD an.

Teil der Sequenz bearbeiten

Sie müssen nicht die gesamte Sequenz übergeben. Wenn nur ein Teil nachbearbeitet werden soll, stellen Sie zuvor die Arbeitsbereichsleiste entsprechend ein. Legen Sie anschließend den ARBEITSBEREICH im Pulldown-Menü AUSWAHL des besagten Dialogs fest.

Im Falle einer Sequenz muss das nachbearbeitete Ergebnis separat ausgegeben werden (z. B. über DATEI • EXPORTIEREN • MULTITRACK-ABMISCHUNG • GESAMTE SESSION) und kann anschließend als separate Tonspur in Premiere Pro integriert werden. Sollten Sie lediglich einen Clip übergeben haben, werden Sie im Projektfenster ein neues Asset vorfinden. Mit einem Rechtsklick und IN EXPLORER ANZEIGEN sehen Sie, wo auf der Festplatte sich nun dieses neue Asset befindet.

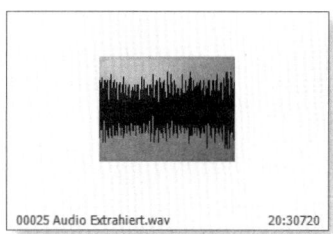

▲ **Abbildung 16.4** Eine neue Sounddatei ist entstanden.

16.2 Die Oberfläche

Wenn Sie Audition öffnen, ohne zuvor einen Clip aus Premiere Pro heraus übergeben zu haben, stellt sich die Anwendung zunächst noch recht spartanisch dar.

Sollten Sie auch in Audition auf die hier gezeigte, helle Arbeitsoberfläche umstellen wollen, müssen Sie in das Menü BEARBEITEN/AUDITION • VOREINSTELLUNGEN gehen. Anders als in anderen Adobe-Applikationen müssen Sie in Audition aber in die Rubrik DARSTELLUNG wechseln, um den Regler HELLIGKEIT zu finden. Ziehen Sie diesen ganz nach rechts, und bestätigen Sie mit OK.

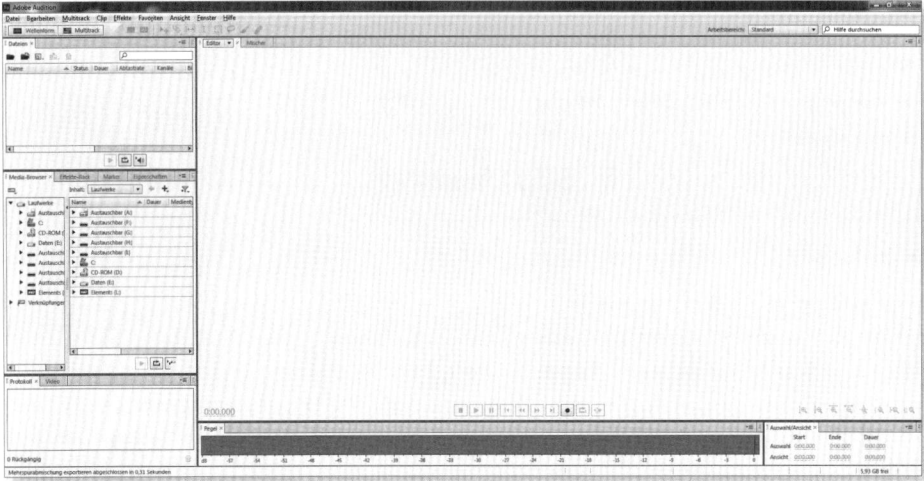

▲ **Abbildung 16.5** Grau in grau und zunächst eher unspektakulär: das Audition-Interface

16.2.1 Arbeitsbereich wählen

Sie haben allerdings auch hier, genau wie in Premiere Pro, die Möglichkeit, verschiedene Ansichten einzustellen. Benutzen Sie dazu FENSTER • ARBEITSBEREICH. Gleich unterhalb der Menüleiste finden Sie zudem ein Pulldown-Menü, das diese Funktionen ebenfalls zur Verfügung stellt.

◄ **Abbildung 16.6** Auch in Audition lassen sich vordefinierte Arbeitsbereiche einstellen.

16.2.2 Wellenform und Multitrack

Des Weiteren wird unterschieden zwischen Wellenform- und Multitrack-Editor. Von Premiere Pro übergebene Sequenzen erscheinen automatisch im Multitrack-Editor, während einzelne Clips in Wellenform dargestellt werden. Entsprechende Buttons befinden sich oben links (❶ und ❷).

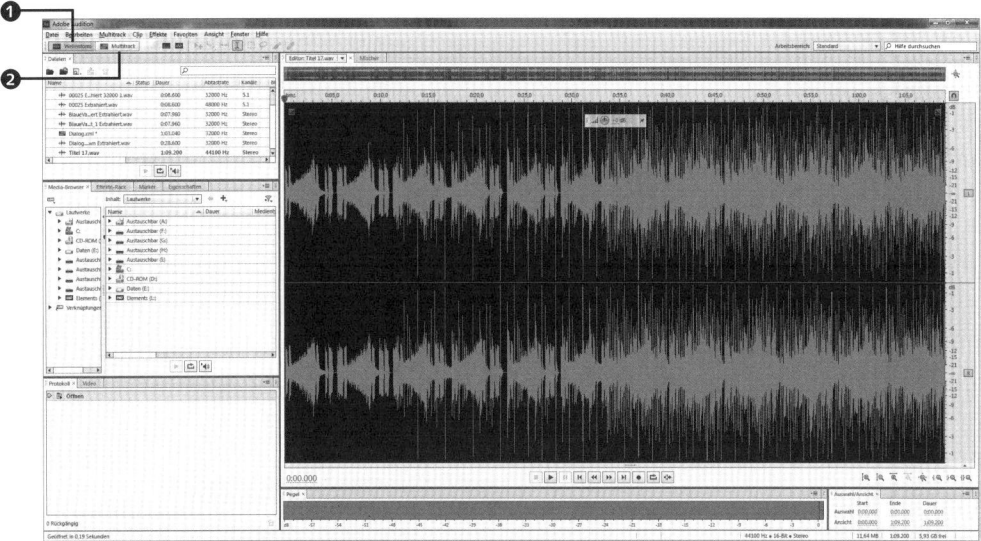

▲ **Abbildung 16.7** In der Wellenform-Ansicht werden die Pegel angezeigt.

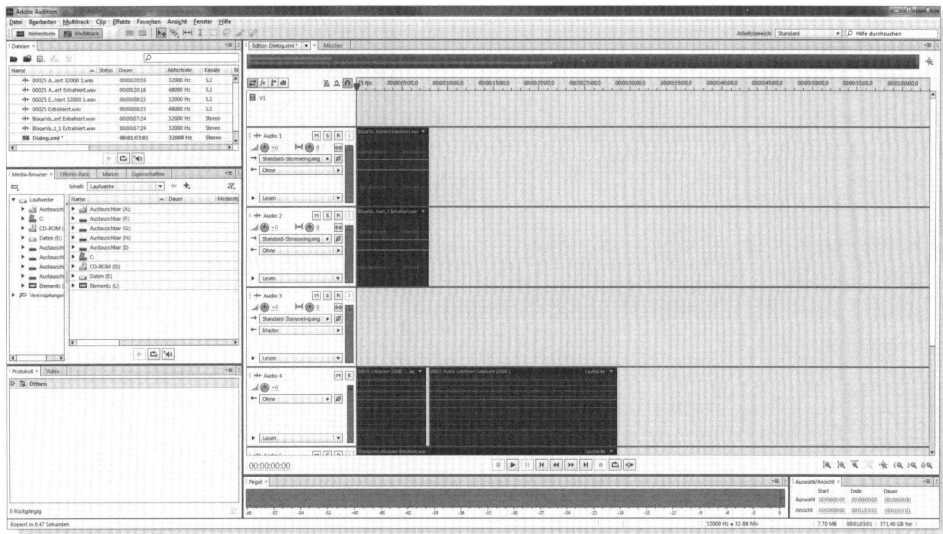

▲ **Abbildung 16.8** Die Multitrack-Ansicht liefert einen Überblick über alle Spuren einer Sequenz.

16.3   Grundlagen

Bevor Sie sich um die Nachbearbeitung kümmern, müssen Sie meist einige individuelle Vorbereitungen treffen.

16.3.1 Dateien importieren

Der Import von Dateien erfolgt über das Dateimenü (DATEI • IMPORTIEREN), den Shortcut Strg/cmd+I oder per Doppelklick in einen freien Bereich des Dateien-Bedienfeldes, das prinzipiell mit dem Projektfenster von Premiere Pro vergleichbar ist. Selbstverständlich ist es auch möglich, den unterhalb des Dateien-Bedienfeldes integrierten Media-Browser zu benutzen. Bedenken Sie, dass sich hier nicht nur gängige Audio-, sondern auch Videoformate integrieren lassen. Immerhin besteht ja in Audition auch die Möglichkeit, Audios von AV-Clips zu bearbeiten. Das geht so: Nach dem Import markieren Sie beide Dateien (Audio und Video erscheinen hier nämlich getrennt) und klicken mit rechts auf eine der Zeilen. Entscheiden Sie sich für IN MULTITRACK EINFÜGEN • NEUE MULTITRACK-SESSION. Im Folgedialog vergeben Sie Name und Speicherort und bestätigen mit OK.

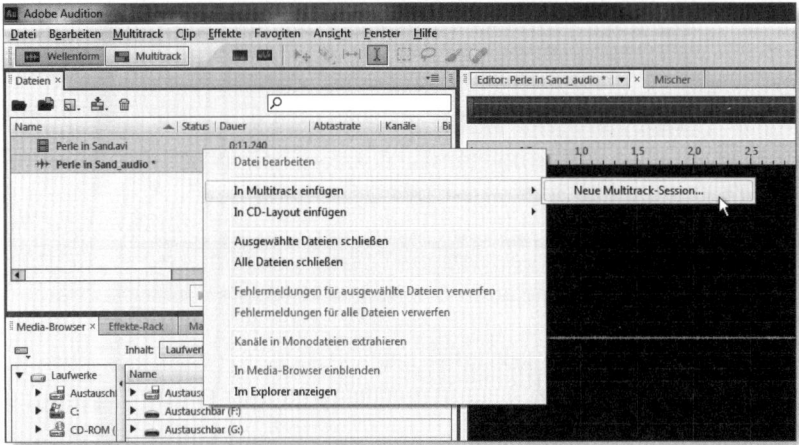

▲ **Abbildung 16.9** Erzeugen Sie eine Multitrack-Session.

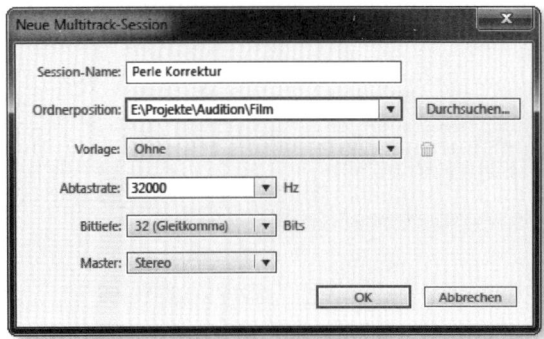

◀ **Abbildung 16.10** Die Abtastrate (hier 32.000 Hz) ist zunächst einmal von der Beschaffenheit der Datei abhängig.

Zur besseren Ansicht ist zu empfehlen, vorübergehend auf den Arbeitsbereich AUDIODATEN FÜR VIDEO BEARBEITEN ❶ umzuschalten, da Sie dann auch eine Video-Ansicht genießen können.

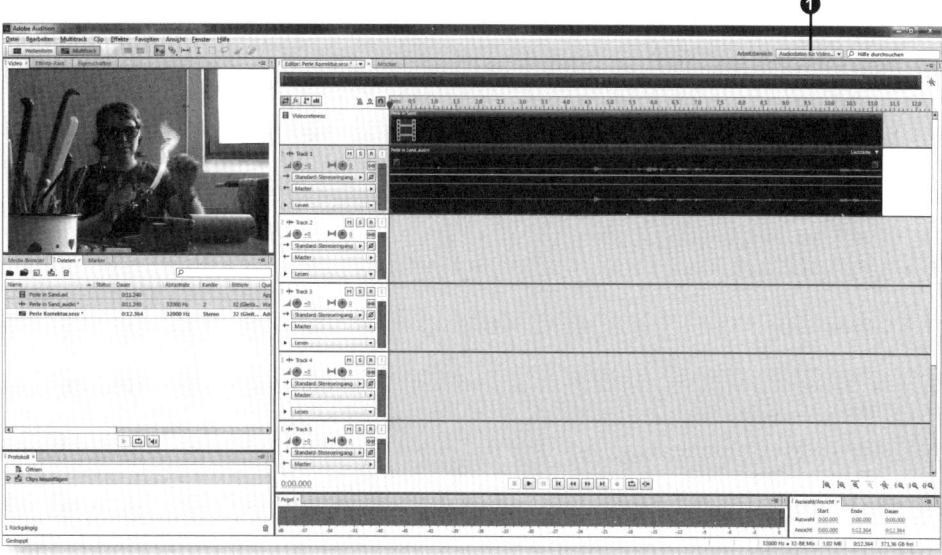

▲ **Abbildung 16.11** Ein Video in Audition

16.3.2 Zoomen

Wenn Sie einen bestimmten Bereich des Clips vergrößert darstellen wollen, ziehen Sie eines der blau eingefärbten Enden ❷ oberhalb der Zeitskala zur Mitte (bei dunklen Oberflächen sind die Enden gelb). Wollen Sie den gesamten Ausschnitt verschieben, greifen Sie den Anfasser ❸ und ziehen ihn in die gewünschte Position. Was sich jetzt in dem eingefassten Bereich befindet, sehen Sie auch unten in der Wellenform-Darstellung ❹. Ein Klick auf die Lupe ❺ stellt wieder den gesamten Clip dar. Wenn Ihnen die Bedienung mit Hilfe der Tastatur lieber ist (bestimmt ist es das), können Sie auch ⊞ und ⊟ verwenden. Alternativ dürfen auch die Lupensymbole rechts unterhalb der Tracks benutzt werden.

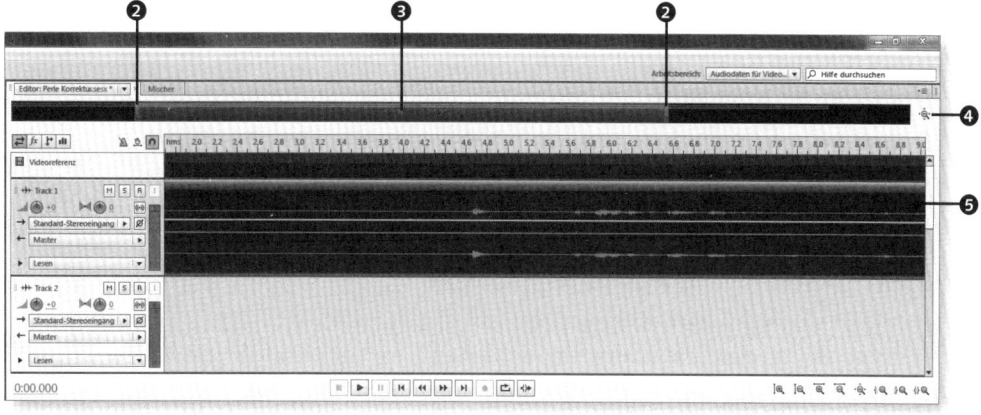

▲ **Abbildung 16.12** Längere Tonstücke lassen sich prima zoomen.

16.3.3 Dateien erstellen

Über DATEI • NEU • AUDIODATEI lässt sich eine LEERE AUDIODATEI erzeugen, deren Parameter im Folgedialog festgelegt werden. Über den gleichen Menüeintrag ließe sich auch mit einer neuen MULTITRACK-SESSION beginnen.

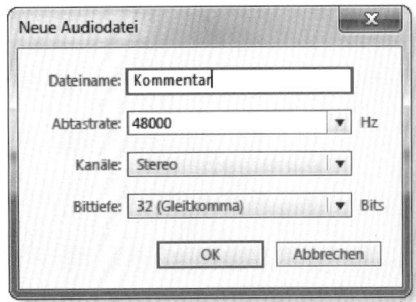

▲ **Abbildung 16.13** Die gewünschten Einstellungen nehmen Sie gleich zu Beginn vor.

16.3.4 Speicheroptionen

Grundsätzlich müssen Sie hier (genauso wie in Premiere Pro) unterscheiden, ob Sie ein Projekt speichern oder eine Sounddatei ausgeben wollen. Das hauseigene Speicherformat für einzelne Audioclips (Wellenform) ist .wav, das für Multitracks .sesx.

16.4 Audiobearbeitung

So viel zur Vorbereitung und zur ersten Orientierung. Jetzt sind Sie wieder an der Reihe. Bestimmt wollen Sie längst eine Datei bearbeiten. Dann werden Sie nun den ersten Audioclip schneiden. Stellen Sie aber zuvor bitte wieder den Arbeitsbereich STANDARD ein. Sollten Sie innerhalb dieses Arbeitsbereichs Fenster verschoben haben, entscheiden Sie sich für STANDARD ZURÜCKSETZEN, und bestätigen Sie die Kontrollabfrage mit JA.

16.4.1 Audio schneiden

Im folgenden Workshop wollen wir einen Kommentar nachbearbeiten. Ziel ist es, einen Teil des Satzes nachträglich zu entfernen.

◢ *Schritt für Schritt: Eine Audiodatei schneiden*

Bevor wir uns an den Schnitt machen, schließen Sie bitte alle geöffneten Dateien (DATEI • ALLE SCHLIESSEN). Ansonsten wird es vielleicht etwas zu unübersichtlich.

1 Projekt vorbereiten

Im Ordner KAPITEL_16 der Buch-DVD finden Sie die Audiodatei »Ofentemp.wav«. Importieren Sie diesen Clip durch Doppelklick in den freien Bereich des Dateien-Bedienfeldes. Die Datei wird automatisch in Wellenform angezeigt.

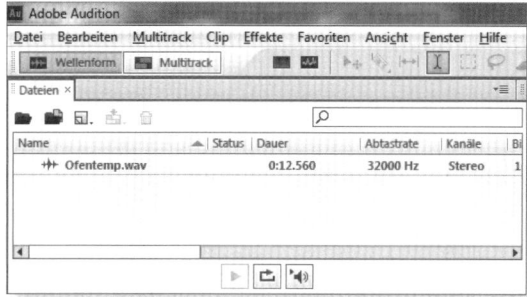

◄ **Abbildung 16.14** Die importierte Datei im Dateien-Bedienfeld

2 Clip anhören

Spielen Sie das Audio ab. Hier reicht natürlich der Druck auf die Leertaste. Alternativ stehen Ihnen aber auch die Steuerelemente unterhalb der Wellenform zur Verfügung.

3 Bereich markieren

Der Satzteil «[…] zwischen Glas und Raumluft […]« soll entfernt werden. Versuchen Sie, auf diesen Bereich großzügig einzuzoomen. Halten Sie die Wiedergabe an, und fahren Sie mit dem Mauszeiger einmal quer über die Wellenform dieses Bereichs. Sie wird daraufhin weiß markiert. Aktivieren Sie die Schleifenfunktion (ENDLOSWIEDERGABE) ❸, und lassen Sie den Bereich permanent abspielen.

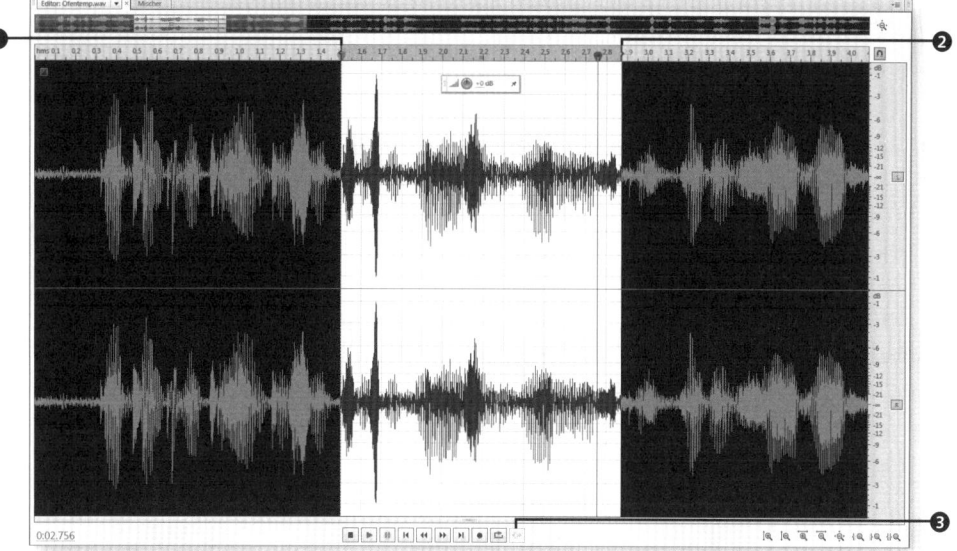

▲ **Abbildung 16.15** Diese Stelle soll entfernt werden.

4   Fein-Tuning vornehmen

Sollte der Bereich mit dem ersten Versuch nicht exakt eingegrenzt worden sein, macht das rein gar nichts. Ziehen Sie in diesem Fall die Klammern ❶ und ❷ (sie symbolisieren den In- und Out-Point) so in Form, dass Sie nur noch den erwähnten Satz hören. Noch einfacher geht das übrigens, wenn Sie den Mauszeiger direkt auf eine der Wellenformen setzen, den Übergang zwischen markiertem und nicht markiertem Bereich aufsuchen (ein Doppelpfeil wird sichtbar) und die Markierung in Form ziehen.

Beachten Sie letztendlich auch das Bedienfeld unten rechts (AUSWAHL/ANSICHT). In der oberen Zeile sind der markierte Bereich (von START bis ENDE) sowie dessen DAUER hinterlegt. Diese Hot-Text-Steuerelemente lassen sich bedienen wie in Premiere Pro.

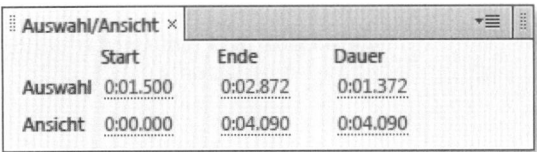

▲ **Abbildung 16.16** Die Markierung kann sogar Sample-weise verschoben werden. Genauer geht es nicht.

On-Air-Bedienung

Spielen Sie den markierten Clip-Teil in Schleife ab, lassen sich die Begrenzungen per Drag & Drop anpassen. So sollte die akustische Selektion des benötigten Bereichs ebenfalls kein Problem darstellen.

---

5   Bereich entfernen

Hören Sie die Stelle mehrfach an. Erst wenn Sie sicher sind, dass Sie genau diesen Bereich gefunden haben, drücken Sie ⬅ oder klicken mit rechts in die markierte Stelle, wobei Sie anschließend LÖSCHEN betätigen. Die Stelle ist nun entfernt.

Zwischenablage benutzen

Natürlich stehen Ihnen auch hier sämtliche Funktionen der Zwischenablage zur Verfügung. So lässt sich beispielsweise eine Stelle ausschneiden und woanders wieder einfügen.

---

6   Datei exportieren

Speichern Sie die Datei am besten unter einem anderen Namen, indem Sie DATEI • SPEICHERN UNTER wählen. Audition bietet Ihnen jetzt WAV als Ausgabeformat an. Klicken Sie auf OK. Sie finden den Anfang der bearbeiteten Datei unter »Ofentemp_fertig.wav« im Ordner ERGEBNISSE der Buch-DVD.

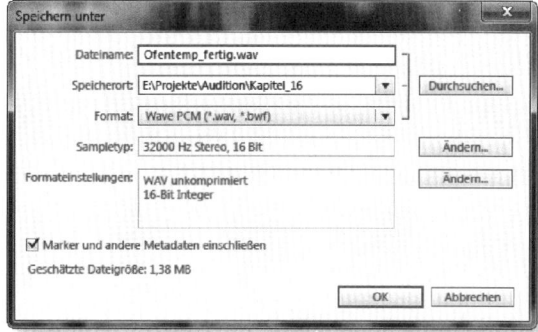

◄ **Abbildung 16.17** Wenn Sie keine Veränderungen im Vergleich zum Original wollen, müssen Sie mit Ausnahme des Dateinamens in diesem Dialog nichts ändern.

7 Clip erneut markieren

Achten Sie darauf, dass jetzt der Ziel-Clip im Editor sowie im Dateien-Bedienfeld zu finden ist. Wollen Sie anstelle des Ergebnisses das Original erneut bearbeiten, müssen Sie es abermals integrieren.

16.4.2 Clip-Bereich ausgeben

Anstelle des gesamten Clips lässt sich aber auch nur ein bestimmter Bereich ausgeben. Markieren Sie dazu den Teil, den Sie ausgeben wollen, wie im Workshop beschrieben. Danach klicken Sie mit rechts in die Auswahl hinein und wählen AUSWAHL SPEICHERN UNTER.

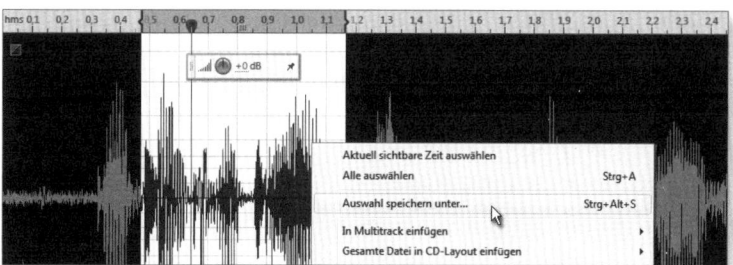

▲ **Abbildung 16.18** Mit dieser Einstellung wird nur ein Teil des Clips exportiert.

16.4.3 Pause verlängern

Im Beispiel-Clip »Ofentemp.wav« aus dem Ordner KAPITEL_16 der Buch-DVD verbirgt sich eine kleine Pause, die ausgedehnt werden sollte. Lassen Sie den Clip doch einmal abspielen, und achten Sie auf die Unterbrechung hinter dem ersten Satz.

Schritt für Schritt: Sprechpause ausdehnen

Die Pause könnte an dieser Stelle eigentlich etwas verlängert werden. Auch das ist natürlich kein Problem mit Audition.

1 Bereich eingrenzen

Setzen Sie die Abspielmarke direkt hinter die Aussage »[...] dass die Glasplatte zerspringen würde [...]«. Markieren Sie einen Teil des Bereichs, in dem der Sprecher nichts sagt, wobei Sie darauf achten müssen, dass wirklich nur der inhaltlose Zeitpunkt markiert ist. Am besten lässt sich dieses Stück in der Wellenform ausmachen. Hören Sie sich den Teil in der Endlosschleife an. So können Sie prima beurteilen, ob Sie nicht versehentlich doch ein Kommentarfragment mit eingefangen haben.

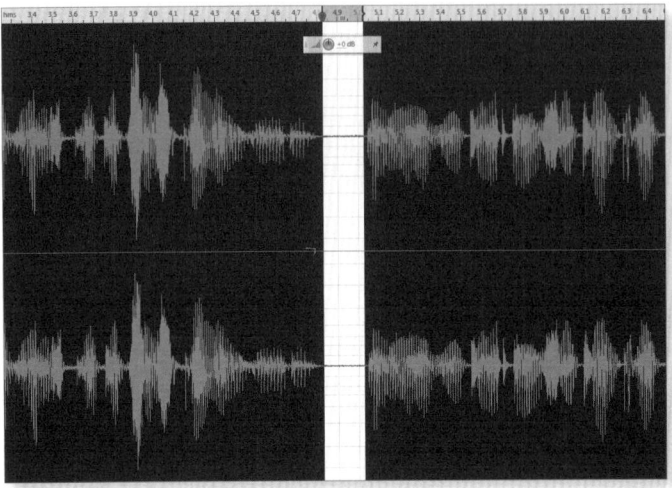

▲ **Abbildung 16.19** Bringen Sie die Markierung an die richtige Position.

2 Pause ausdehnen

Anschließend betätigen Sie `Strg`/`cmd`+`C` und klicken noch einmal kurz in die Markierung. Das hat zur Folge, dass der markierte Bereich abgewählt wird. Achten Sie darauf, dass sich die Abspielmarke in der Mitte des kommentarlosen Bereichs befindet, und betätigen Sie `Strg`/`cmd`+`V`. Wählen Sie die Markierung durch erneuten Mausklick ab, und hören Sie sich die Stelle an. Sind Sie zufrieden? Falls nicht, platzieren Sie die Einfügemarke erneut in der Mitte, und betätigen Sie die letzte Tastenkombination abermals.

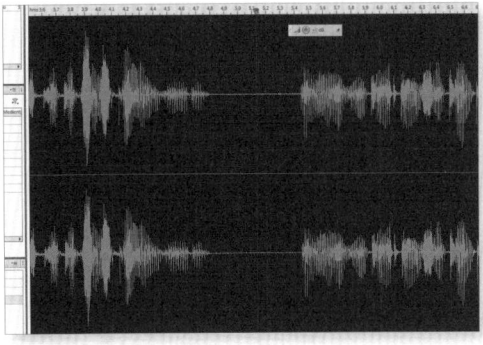

◄ **Abbildung 16.20** Am Ende dürfte die Pause lang genug sein.

16.4.4 Lautstärke regeln

Die Lautstärke ist in Audition ebenfalls intuitiv bedienbar. Allerdings gibt es dabei auch ein paar Feinheiten, die sich dem Einsteiger vielleicht nicht auf den ersten Blick erschließen.

◢ *Schritt für Schritt: Lautstärke an einer bestimmten Stelle verändern*

Schauen Sie sich die Wellenform im Beispiel-Clip »Ofentemp.wav« etwas genauer an. Skalieren Sie diese dazu mit der Lupe. Die Ausschläge der Wellenformen nach oben und unten sind insgesamt in Ordnung. Am Schluss wird es jedoch zu laut. Sie sehen das auch anhand der Pegel, die bis ganz oben ausschlagen ❶. Hier ist insbesondere der Satzanfang: »Erst nach 24 Stunden […]« bemerkenswert.

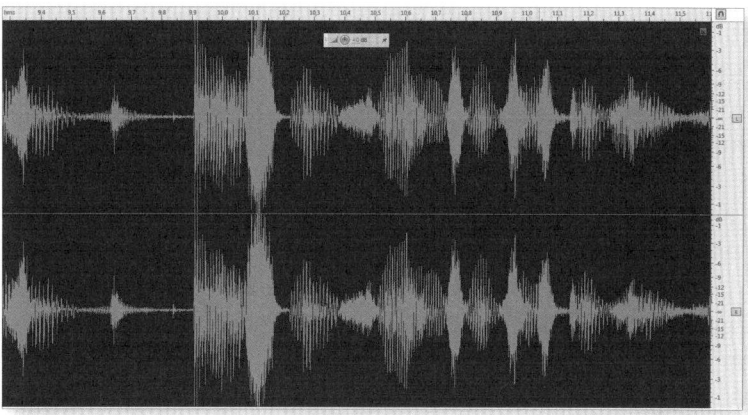

▲ **Abbildung 16.21** Hier sind die Spitzen bereits abgeschnitten.

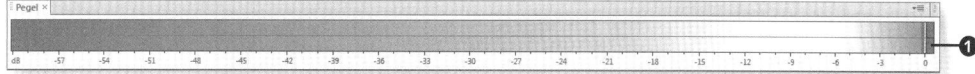

▲ **Abbildung 16.22** An dieser Stelle verheißt auch der Pegel nichts Gutes.

1 *Lautstärke insgesamt reduzieren*

Markieren sie den Bereich, der bis an die Begrenzung des Fensters hochgeht. Führen Sie den Mauszeiger jetzt auf die kleine Overlay-Schaltflächenleiste, und zwar genau auf den Wert 0,0 dB. Klicken Sie diesen Wert an, halten Sie die Maustaste gedrückt, und ziehen Sie nach links, bis ein Wert von etwa –1,8 angezeigt wird. An dieser Stelle lassen Sie los.

2 *HUD einschalten*

Sollte die kleine Overlay-Palette ❷ nicht sichtbar sein, aktivieren Sie diese mit ⬆+Ⓤ oder über ANSICHT • HUD ANZEIGEN.

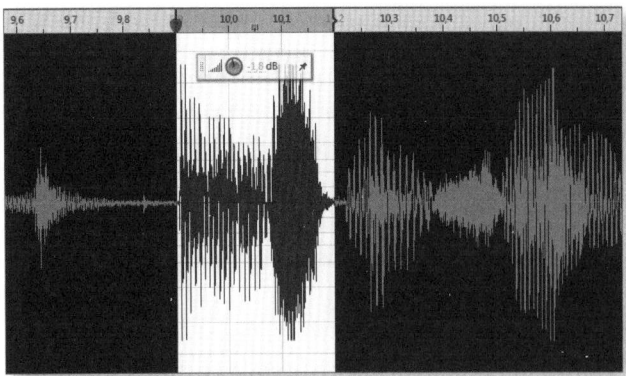

▲ **Abbildung 16.23** Mit diesem Schritt senken Sie die Lautstärke ausschließlich im markierten Bereich ab.

Gesamtlautstärke verändern

Wenn Sie nichts markieren und den Pegel mit Hilfe der Overlay-Palette korrigieren, wirkt sich das auf den gesamten Clip aus.

16.4.5 Fade-in und Fade-out

Vielfach bietet es sich an, Audiodateien am Anfang weich einzublenden bzw. am Ende langsam verstummen zu lassen. Dazu finden Sie jeweils am Anfang ❸ und am Ende ❹ der Waveform-Anzeige jeweils ein kleines Quadrat, das Sie verschieben können. Bewegen Sie den Mauszeiger bei gedrückter linker Taste horizontal, können Sie die Länge des Übergangs bestimmen. Wenn Sie die Ein- bzw. Ausblendung nicht konstant, sondern dynamisch steuern wollen (siehe Abschnitt 10.5.3, »Konstante Leistung«), bewegen Sie die Maus vertikal.

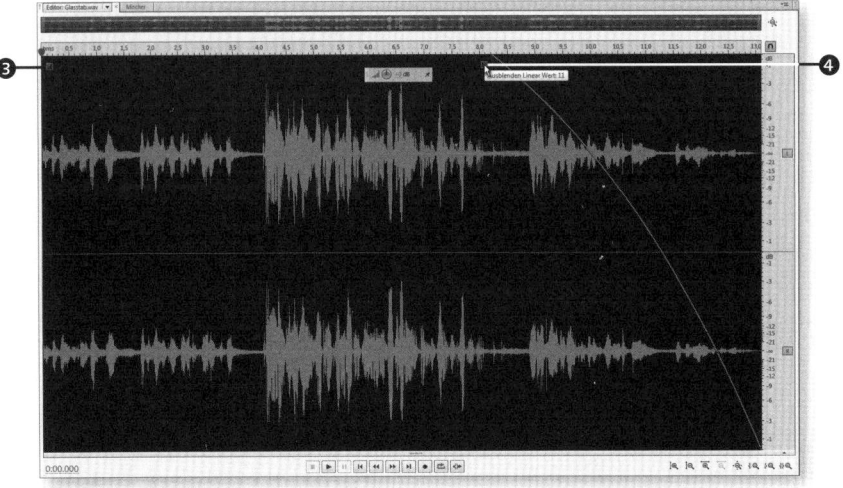

▲ **Abbildung 16.24** Beim Aufziehen eines Fades ist es entscheidend, ob Sie den Mauszeiger gleichzeitig auch nach oben oder unten bewegen.

16.4.6 Anfang und Ende kürzen

Wollen Sie nur einen bestimmten Bereich des Audios erhalten? Dann markieren Sie diesen auf die zuvor beschriebene Weise, klicken Sie mit rechts auf die Wellenform, und entscheiden Sie sich für BESCHNEIDEN. Alle Bereiche, die sich jenseits der Markierung befinden, werden daraufhin entfernt.

16.5 Effekte und Stapelprozesse

Erfahren Sie in diesem Abschnitt zunächst, wie Effekte hinzugefügt und eingestellt werden. Danach werfen wir noch einen Blick auf Stapelprozesse.

16.5.1 Effekte einsetzen

Anhand der Lautstärkeregelung wollen wir uns ansehen, wie sich ein Effekt hinzufügen lässt. Markieren Sie zunächst den Bereich in der Wellenform, der lauter oder leiser werden soll. Danach gehen Sie auf das EFFEKTE-RACK (FENSTER • EFFEKTE-RACK) und betätigen zum Hinzufügen eines ersten Effekts das oberste Dreiecksymbol ❶. Im Weiteren zeigen Sie auf AMPLITUDE UND KOMPRIMIERUNG und setzen einen Klick auf VERSTÄRKEN.

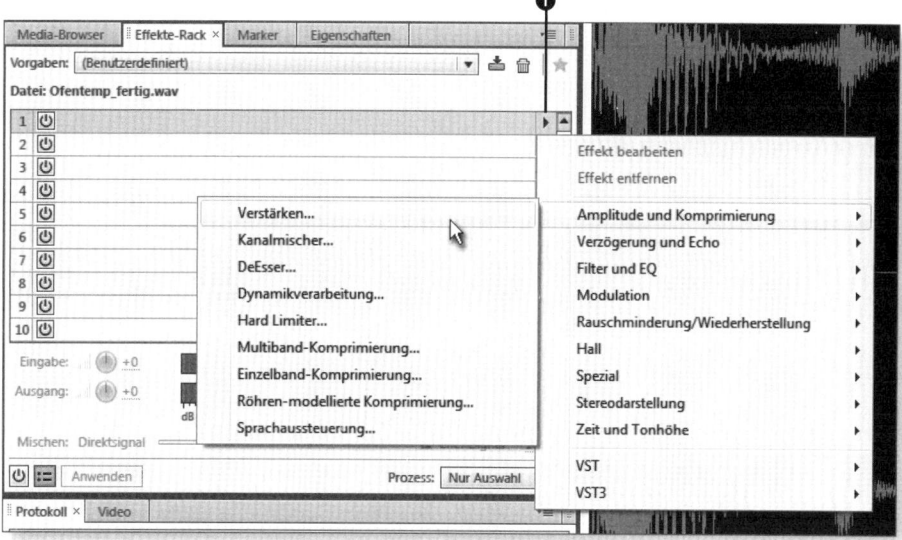

▲ **Abbildung 16.25** Fügen Sie den ersten Effekt hinzu.

Im nächsten Dialog lässt sich nun die Lautstärke individuell anpassen. Vorausgesetzt, es wäre nur einer der Kanäle zu korrigieren, könnten Sie zunächst REGLER VERBINDEN deaktivieren. Jetzt ließe sich jeder der Kanäle unabhängig voneinander bearbeiten (sind die Regler verbunden, werden Sie stets gemeinsam verschoben).

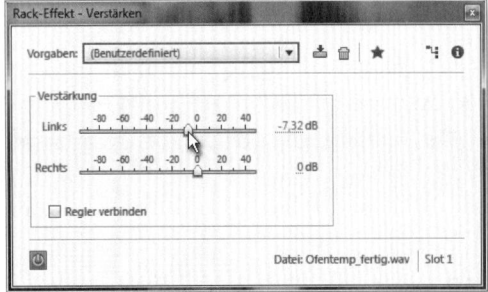

◄ **Abbildung 16.26** Nur der linke Kanal wird abgesenkt.

Etwas ungewöhnlich ist die Tatsache, dass es hier keinen OK- oder Hinzufügen-Button gibt. Nach erfolgter Einstellung schließen Sie den Dialog einfach wieder. Sie finden den Effekt nun in Zeile eins des Effekte-Racks und müssen letztendlich noch auf ANWEN-DEN ❷ klicken.

Der unschlagbare Vorteil: Die Einstellung wird nicht unmittelbar an den Clip übergeben, sondern kann jederzeit durch Doppelklick auf die Zeile nachjustiert werden. Erst wenn Sie komplett zufrieden sind (es könnten auch ab Zeile zwei noch weitere Effekte hinzugefügt werden), betätigen Sie ANWENDEN.

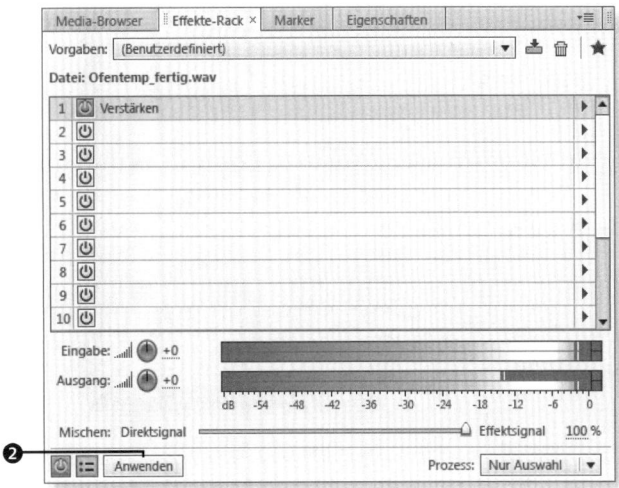

◄ **Abbildung 16.27** Der Effekt ist zugewiesen, jedoch noch nicht angewendet worden.

16.5.2 Stapelprozesse

Audition verfügt gewissermaßen über eine Stapelverarbeitungsfunktion. Diese ist wirklich sinnvoll, denn oft muss ja gleich eine Fülle von Clips korrigiert werden. In diesem Fall bringen Sie die relevanten Audios in das Dateien-Bedienfeld, öffnen das Bedienfeld

STAPELPROZESS via Menü FENSTER und ziehen alle Clips vom Dateien-Bedienfeld aus in das Stapelprozess-Bedienfeld hinein.

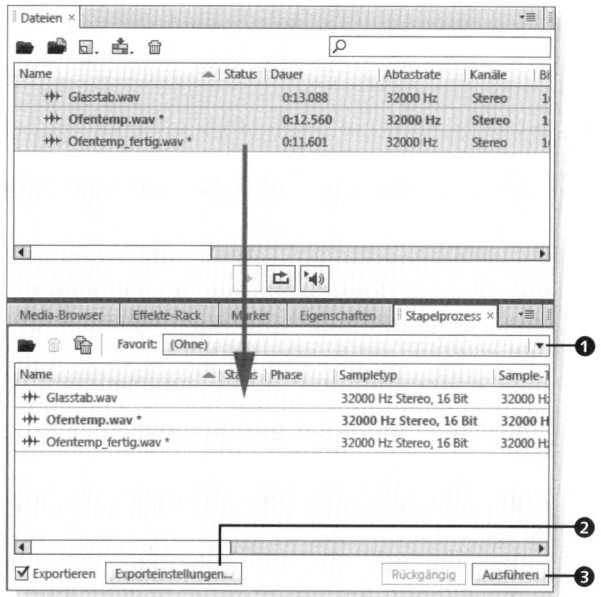

◀ **Abbildung 16.28** Ziehen Sie die Dateien, die korrigiert werden müssen, nach unten.

Falls Sie eine bloße Konvertierung von Dateien in ein anderes Format wünschen, belassen Sie das Pulldown-Menü FAVORIT ❶ bei OHNE. Andernfalls weisen Sie den gewünschten Effekt zu. Danach betätigen Sie den Schalter EXPORTEINSTELLUNGEN ❷. Legen Sie fest, wo und in welchem Format die Dateien abgelegt werden sollen. Falls Sie zur Ausgabe den gleichen Ordner wie den Quellordner verwenden, kann es sinnvoll sein, ein Präfix oder Suffix zu vergeben. Bei Vergabe eines Präfixes beginnen die Dateien mit dieser Bezeichnung. Das Suffix steht am Ende des Namens (vor der Dateiendung).

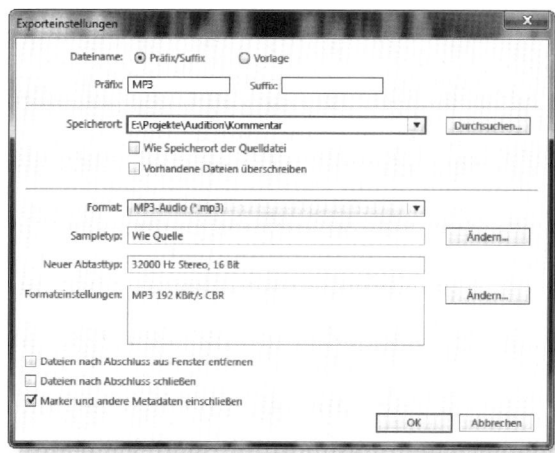

◀ **Abbildung 16.29** Hier erfolgt eine Stapelkonvertierung in das Format MP3.

Damit ist aber noch nicht alles erledigt. Denn bislang sind nur die Dateien ausgesucht und die Einstellungen vorgenommen worden. Leiten Sie den Export mit Hilfe des Buttons AUSFÜHREN ❸ in die Wege.

16.6 Restauration

Während die bisher vorgestellten Techniken mehr dazu geeignet waren, das gesamte Audiomaterial in irgendeiner Form zu verändern, geht es jetzt um die punktuelle Bearbeitung. Was ist zu tun, wenn beispielsweise ein einzelnes Geräusch entfernt werden soll? Immerhin sollen ja andere Frequenzen (z. B. Kommentar oder Sound) erhalten bleiben. Deshalb müssen Sie hier anders vorgehen.

Schritt für Schritt: Störgeräusche entfernen

In diesem Workshop wird ein kleiner Knacker innerhalb der Spektralfrequenzanzeige entfernt, ohne dass der Rest der Datei nennenswert in Mitleidenschaft gezogen wird.

1 Datei importieren

Sie benötigen die Datei »Störgeräusch.avi« aus dem Ordner KAPITEL_16, deren Audiospur automatisch im Wellenform-Editor von Audition bereitgestellt wird. Dass es sich bei diesem Clip um ein AVI handelt, bleibt Audition natürlich nicht verborgen, weshalb auch ein Video-Asset im Dateien-Bedienfeld angezeigt wird. Doch das soll uns nicht weiter stören.

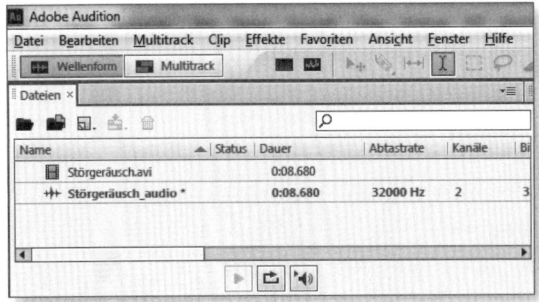

▲ **Abbildung 16.30** Uns interessiert nur die Audiodatei.

2 Knackgeräusch markieren

Legen Sie Ihr Augenmerk jetzt auf das Ende der Wellenform. Das Knackgeräusch ist nicht nur gut zu hören, sondern fällt auch optisch ins Auge (die kurze, aber sehr hohe Erhebung ziemlich am Ende). Zoomen Sie stark ein, und markieren Sie diese Stelle. Beim Abspielen in der Endlosschleife ist der Knacker deutlich wahrzunehmen.

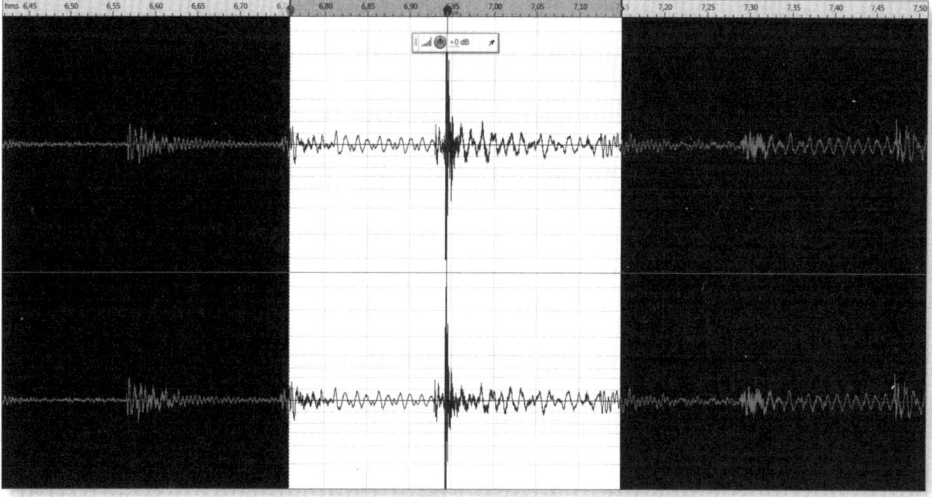

▲ **Abbildung 16.31** Dieser Knacker muss weg!

3 Lösung finden

Sie wissen bereits, dass Sie diese Stelle nun kurzerhand entfernen könnten. Durch das Herausschneiden würde aber die Zeit des Audios verändert – und somit wäre die Synchronisation zum Video nicht mehr gewährleistet. Ein folgender Dialog oder Kommentar wäre auf einmal nicht mehr lippensynchron. Die Absenkung der Lautstärke wäre ebenfalls keine Option, da dabei das dumpfe Hintergrundgeräusch unterbrochen würde. Unsere kleine Audiokosmetik fiele also auf.

4 Anzeige ändern

Deshalb muss versucht werden, das lästige Knacken zu eliminieren, ohne dass Spurlänge oder Hintergrundgeräusch in Mitleidenschaft gezogen werden. Heben Sie die Markierung der besagten Stelle auf (ansonsten funktionieren die nächsten Schritte nicht), und schalten Sie auf die SPEKTRALFREQUENZANZEIGE um. ⇧+D oder ein Klick auf den gleichnamigen Button oben links ist der erste Schritt in die richtige Richtung.

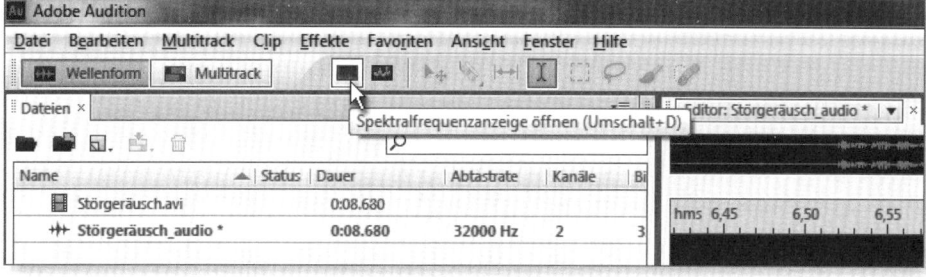

▲ **Abbildung 16.32** Jetzt ist eine andere Anzeige vonnöten.

▲ **Abbildung 16.33** Der Knacker lässt sich in der Spektralanzeige gut ausmachen.

5 Frequenzbereich markieren

Aktivieren Sie das BEREICHSREPARATUR-PINSEL-WERKZEUG oben in der Werkzeugleiste. Danach klicken Sie auf das obere Ende des rot-gelben Bereichs und fahren mit gedrückter linker Maustaste über die rot-gelbe Fläche, die den Knacker repräsentiert. Lassen Sie aber das untere Ende der Spur (Gelbfärbung) außen vor. Sobald Sie loslassen, beginnt Audition mit einer kurzen Berechnung, und weg ist der Knacker. Spielen Sie die Stelle ab.

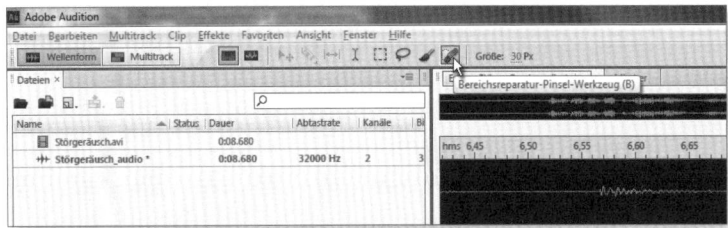

▲ **Abbildung 16.34** Zunächst muss das richtige Werkzeug aktiviert werden.

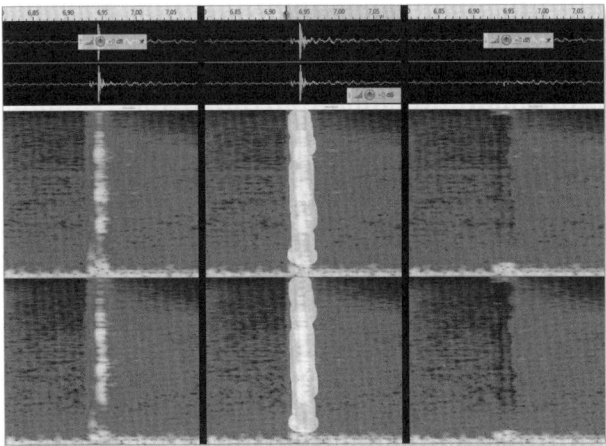

▲ **Abbildung 16.35** Hier sind die Arbeitsschritte deutlich zu erkennen (von links nach rechts): vor der Korrektur, währenddessen (Maustaste ist noch gedrückt) und am Ende.

6 Stelle anhören

Zum direkten Vergleich empfiehlt sich Folgendes: Markieren Sie die Stelle großzügig (das geht derzeit nur oberhalb der SPEKTRALFREQUENZANZEIGE), und spielen Sie diesen Bereich in Schleife ab. Drücken Sie nach kurzer Zeit $\boxed{\text{Strg}}$/$\boxed{\text{cmd}}$+$\boxed{\text{Z}}$, um den letzten Schritt rückgängig zu machen. Jetzt hören Sie den Unterschied, da derzeit der Zustand vor der Korrektur wiedergegeben wird. Durch Betätigung von $\boxed{\text{Strg}}$/$\boxed{\text{cmd}}$+$\boxed{\Delta}$+$\boxed{\text{Z}}$ wird die Korrektur wiederhergestellt. Diesen Schritt dürfen Sie mehrfach wiederholen. Das hat doch gut geklappt, oder?

16.6.1 Korrektur mit dem Lasso

Wenn Sie sich noch ein wenig in die Technik einarbeiten wollen, öffnen Sie doch einmal »Frequenz.avi« aus dem Ordner KAPITEL_16. Dort haben Sie es gleich mit mehreren Störgeräuschen zu tun. Probieren Sie auch einmal das Lasso-Werkzeug aus.

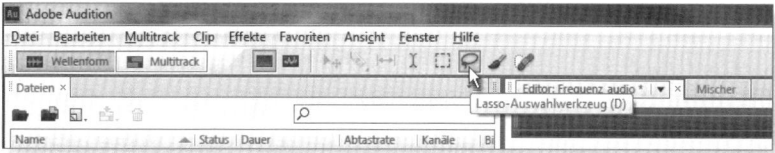

▲ **Abbildung 16.36** Aktivieren Sie das Lasso.

Dieses wenden Sie derart an, dass Sie den gestörten Bereich mit gedrückter linker Maustaste umfahren. Sobald Sie loslassen, wird eine Auswahl erzeugt. Senken Sie danach die Lautstärke Stück für Stück mit Hilfe des HUD-Overlays ab. Achten Sie darauf, dass die roten und lila eingefärbten Frequenzbereiche erhalten bleiben. Sollte die markierte Stelle schwarz werden, machen sie den letzten Schritt rückgängig. Am Ende heben Sie die Markierung auf, indem Sie kurz an eine andere Stelle klicken.

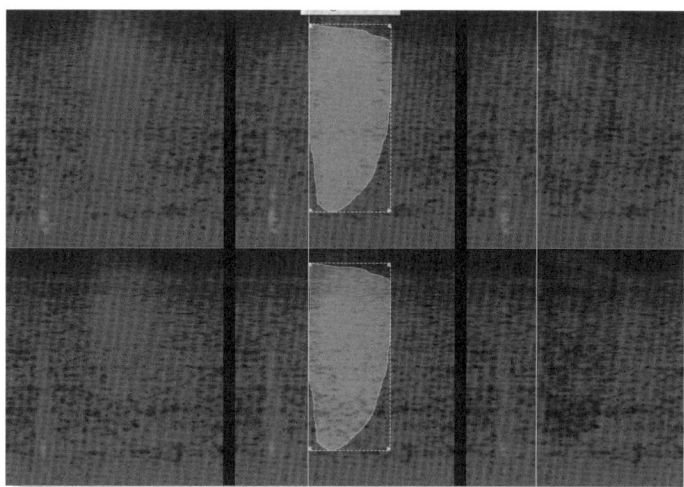

◄ **Abbildung 16.37**
Auch hier sieht man wieder, wie es vor, während und nach der Korrektur aussieht (von links nach rechts). Das Ergebnis sieht noch besser aus als bei der Bereichsreparatur-Methode.

16.6.2 Audio bereinigen

Das Bereinigen von Audiodateien ist immer dann sinnvoll, wenn sich ein Störgeräusch quer über die Aufnahme erstreckt. Ein solches Geräusch punktuell herauszuarbeiten, ist fast unmöglich. Allerdings können Sie der Anwendung mitteilen, welche Bereiche nicht Inhalt des Clips sein dürfen.

◢ Schritt für Schritt: Permanentes Störgeräusch entfernen

Vor allem monotone Geräusche werden als störend wahrgenommen. Wenn sich derartige Laute über den gesamten Clip ziehen, wie das beispielsweise bei »Glasstab.wav« der Fall ist, ist das kaum hinnehmbar. Hören Sie sich den Clip aus dem Ordner KAPITEL_16 zunächst einmal an. Im Hintergrund ist permanent das Rauschen des Gasbrenners zu vernehmen.

1 Oberfläche einstellen

Zunächst einmal ist es besser, hier wieder in der Wellenform-Ansicht zu arbeiten. Falls erforderlich, betätigen Sie also abermals den Button SPEKTRALFREQUENZANZEIGE oben links, oder drücken Sie ⌂+D. Dabei wird das Lasso-Werkzeug aus dem vorangegangenen Workshop deaktiviert und das übliche ZEITAUSWAHLWERKZEUG wieder eingestellt. Im Übrigen ließe es sich auch mittels T wieder aktivieren.

2 Störgeräusch suchen

Als Nächstes müssen Sie eine Stelle im Audio finden, an der ausschließlich das Störgeräusch zu hören ist. Bei rund vier Sekunden ist eine solche Stelle. Zoomen Sie ein, und markieren Sie den Bereich vor der ersten Wellenerhebung (Bereich zwischen 3,80 und 4,0).

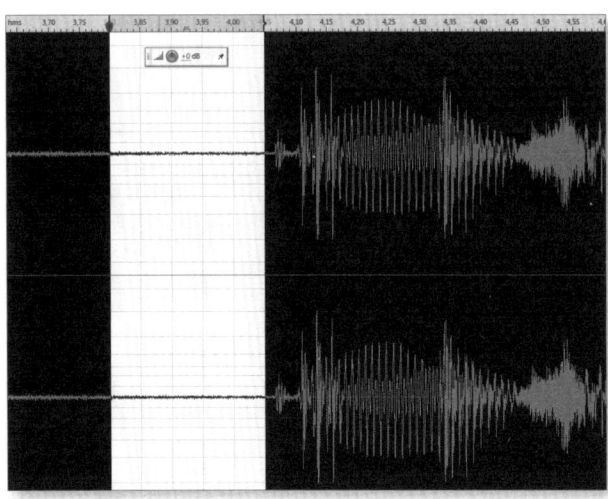

◄ **Abbildung 16.38** Hier ist ausschließlich das Störgeräusch zu hören.

3 Geräuschmuster speichern

Jetzt müssen Sie nichts weiter tun, als der Anwendung mitzuteilen, dass genau dieser Frequenzbereich eigentlich gar nicht gewünscht ist. Das machen Sie, indem Sie mit rechts auf die Wellenform klicken und im Kontextmenü GERÄUSCHMUSTER SPEICHERN einstellen oder ⌂+P drücken. Audition dankt es mit einer Hinweistafel.

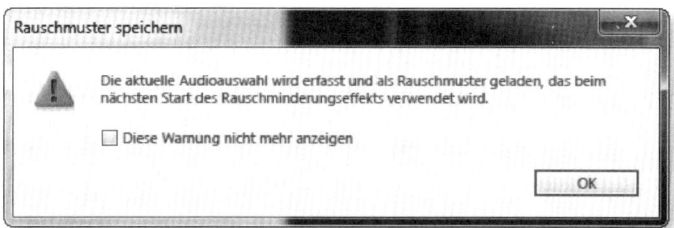

▲ **Abbildung 16.39** Danke für den Hinweis.

4 Effekt einstellen

Wählen Sie die markierte Stelle nun wieder ab, damit die folgende Einstellung auf den gesamten Clip wirken kann. Begeben Sie sich auf das EFFEKTE-RACK, und weisen Sie über RAUSCHMINDERUNG/WIEDERHERSTELLUNG die ADAPTIVE RAUSCHMINDERUNG zu. Den Warnhinweis dürfen Sie mit Ok bestätigen.

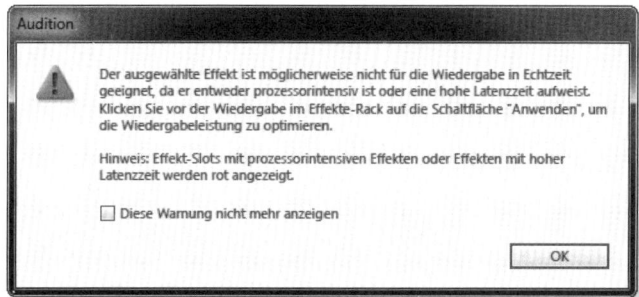

▲ **Abbildung 16.40** Da der Effekt ohnehin noch angewendet werden muss, ist der Hinweis zu vernachlässigen.

5 Störgeräusch entfernen

Die nächste Tafel ist da schon wichtiger. Hier wird nämlich eingestellt, um welchen Wert das Rauschen gemindert werden soll. Ziehen Sie den obersten Schieberegler ganz nach rechts. Auch hier gilt wieder: Der Effekt muss durch Klick auf ANWENDEN im EFFEKTE-RACK wieder zugewiesen werden, ehe er auf den Clip wirken kann.

Wenn Sie jetzt einen Blick auf die Wellenform werfen, werden Sie feststellen, dass der mittlere Bereich stark abgesenkt wurde. Tatsächlich sind jetzt genau die Bereiche aus dem Clip herausgerechnet worden, die zuvor innerhalb der Markierung gelegen haben. Spielen Sie ihn doch einmal ab. Sie finden das Resultat im Ordner ERGEBNISSE. Es ist mit »Glasstab_fertig.wav« bezeichnet.

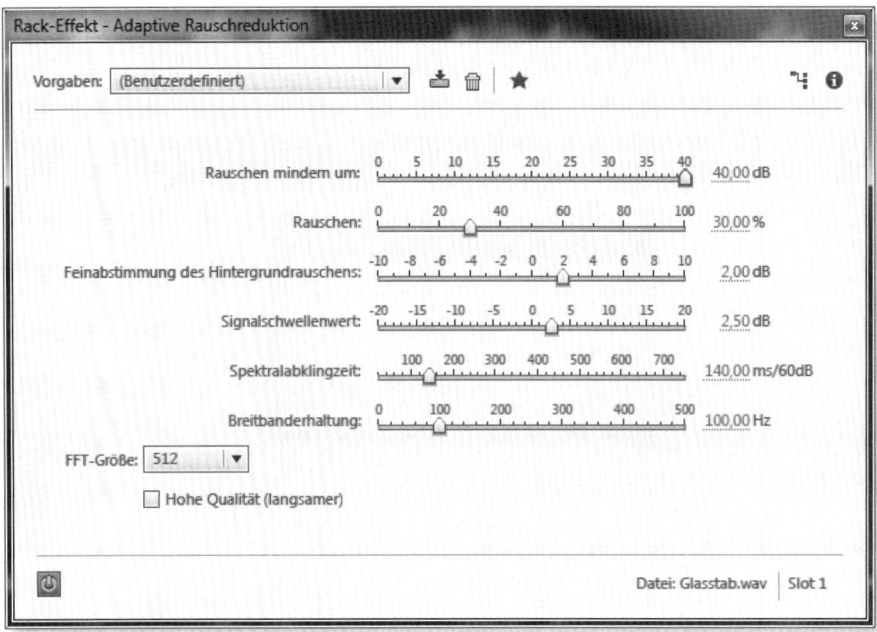

▲ **Abbildung 16.41** Das Störgeräusch wird gemindert.

17   Integration in der Production Premium Suite

Premiere Pro ist eine leistungsfähige und intuitive Editing-Lösung, mit der Sie viele Aufgaben des täglichen Bewegtbild-Prozesses erledigen können. Aber das wissen Sie ja längst. Doch selbstverständlich stößt auch Premiere Pro an seine Grenzen. Sie haben bereits im Buch erfahren, dass manchmal der Einsatz einer anderen Software unausweichlich ist. Wenn Sie jedoch auf ein Creative-Suite-Bundle zurückgreifen können (Production Premium oder Master Collection), steht der Gestaltung nichts mehr im Wege. Die Verlockung ist groß, sich gleich die gesamte Suite zuzulegen. Denn das Premium-Paket kostet insgesamt nicht mehr als Premiere Pro und Photoshop Extended einzeln. Und dann können Sie es wirklich krachen lassen im Gebälk.

In diesem Kapitel erfahren Sie Folgendes:

▶ Wie läuft der Workflow mit After Effects ab?

▶ Wie werden After-Effects-Kompositionen aus Premiere Pro heraus erzeugt?

▶ Wie lassen sich Assets schnell zwischen Premiere Pro und After Effects übergeben?

17.1   Der praktische Workflow

Mit Adobe Production Premium erhalten Sie eine Fülle unterschiedlichster Software-Lösungen. Nun stellt sich die Frage: Brauche ich die alle? Sie werden eventuell auf das eine oder andere Tool verzichten können, aber wenn Sie regelmäßig und auf hohem Niveau produzieren wollen, werden Sie über kurz oder lang an keiner der Anwendungen vorbeikommen.

Stark gerafft, sieht die Praxis innerhalb eines Projekts also folgendermaßen aus:

1. Sie werden geneigt sein, zunächst mit *Prelude* eine Art Rohschnitt zu bewerkstelligen. Mit dieser Anwendung können Sie aber auch auf bereits im Rechner vorhandene Dateien zugreifen.

2. Ebenso ließe sich die *Bridge* nutzen, um schnell durch Ihr Archiv zu huschen. Haben Sie das relevante Asset gefunden, ziehen Sie es per Drag & Drop in die CS-Anwendung, in der es gerade benötigt wird. *Bridge* im Kompaktmodus betrieben, ist ein stiller Begleiter durch den gesamten Workflow.

3. Mit *Adobe Story* könnten Sie zudem ein Skript erzeugen, welches Sie während der gesamten Produktionsphase begleitet – Metadaten inklusive.

4. Danach beginnt die eigentliche Postproduktion, meist mit *Premiere Pro* als Dreh- und Angelpunkt. Sie stellen die Clips in Premiere Pro zusammen, übergeben einzelne Filmteile zur Weiterverarbeitung an *After Effects* (dort entwickeln Sie auch

effektvolle Animationen) und führen Soundkorrekturen der Audioclips mit *Audition* durch.

5. Am Schluss geben Sie das Ganze aus, wobei das Medium DVD, Blu-ray oder Web-DVD (*Encore*), Internet (*Flash*), oder auch ein mobiles Endgerät bzw. schlicht der Rechner selbst sein kann (*Adobe Media Encoder*).

6. Wer vor der finalen Ausgabe eine durch und durch professionelle Farbkorrektur mit sämtlichen Raffinessen wünscht, der macht noch einen kleinen Umweg über *SpeedGrade*.

7. Wenn Sie mit Ihren Arbeiten fertig sind, archivieren Sie das Premiere-Pro-Projekt, wobei Sie die Projektdaten sammeln und auf ein externes Speichermedium auslagern.

17.2   Integration mit After Effects CS6

Eigentlich arbeiten sämtliche Standardapplikationen der Creative Suite Production Premium hervorragend zusammen. Dabei ist die simpelste Art, Dateien untereinander zu tauschen, die Zwischenablage. Damit lässt sich schon eine ganze Menge hin- und herschieben. Dass Sie Dateien auch über Kontextmenübefehle austauschen können, haben Sie spätestens bei der Arbeit mit Audition erlebt. So richtig beeindruckend wird der Integrationsgedanke der Suite aber erst bei der Zusammenarbeit zwischen Premiere Pro und After Effects.

17.2.1   Von Premiere Pro zu After Effects – und zurück

Wann immer Premiere Pro mit seinen integrierten Effekten an seine Grenzen stößt, ruft dies After Effects auf den Plan. Mit dieser Anwendung können Sie weit mehr realisieren als mit der Editing-Lösung von Adobe. Seinerzeit mussten Sie aber zunächst eine Komposition in After Effects erzeugen und diese dann als Asset in Premiere Pro einbetten. So weit, so gut. Doch wenn sich später einmal Änderungen ergeben hatten, musste das Asset ausgetauscht werden. Diese Zeiten sind glücklicherweise lange vorbei. Sie können eine After-Effects-Komposition nämlich gleich in Premiere Pro erzeugen. Das wollen wir jetzt auch anhand eines einfachen Beispiels in Angriff nehmen.

> **Dynamic Link nur Bestandteil des Bundles**
>
> Bitte beachten Sie, dass Dynamic Link nur dann integriert ist, wenn Sie ein Bundle (Production Premium oder Master Collection) im Einsatz haben. Verwenden Sie Premiere Pro und beispielsweise After Effects als einzelne Applikationen, steht Dynamic Link nicht zur Verfügung. Entsprechend verhält es sich mit den diesem Buch beigefügten Testversionen.

Sie finden die Komposition, die hier benutzt wird, unter dem Namen »Gleitender Schriftzug.aep« im Ordner Kapitel_17 der Beispieldateien.

1 Komposition in Premiere Pro öffnen

Öffnen Sie diese Datei aus Premiere Pro heraus, indem Sie auf Datei • Adobe Dynamic Link • After Effects-Komposition importieren gehen. Sollte sich der Dynamic-Link-Eintrag noch gar nicht im Menü befinden, importieren Sie die Komposition bitte zunächst als ganz normales Asset. Dann sollte es klappen. Nach kurzer Zeit erhalten Sie einen entsprechenden Dialog, mit dessen Hilfe Sie die AEP-Datei auf der linken Seite markieren. Rechts klicken Sie auf den einzigen Eintrag (test_01 Verbundene Komposition), gefolgt von OK.

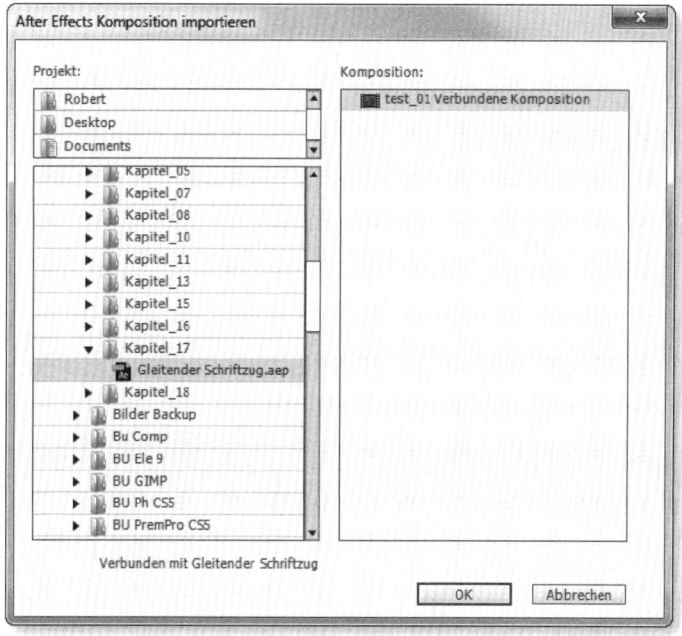

▲ **Abbildung 17.1** Die Komposition wird importiert.

2 Komposition in After Effects öffnen

Schauen Sie sich die Animation im Quellmonitor an. Öffnen Sie das Kontextmenü auf dem neu hinzugefügten Asset (Rechtsklick), und wählen Sie Original bearbeiten. Dadurch wird die Datei auch in After Effects geöffnet. Die Anwendung fragt nun nach, wo die Datei gespeichert werden soll. Legen Sie die gleiche Datei fest. Die Nachfrage, ob die vorhandene Datei ersetzt werden soll, beantworten Sie mit Ja.

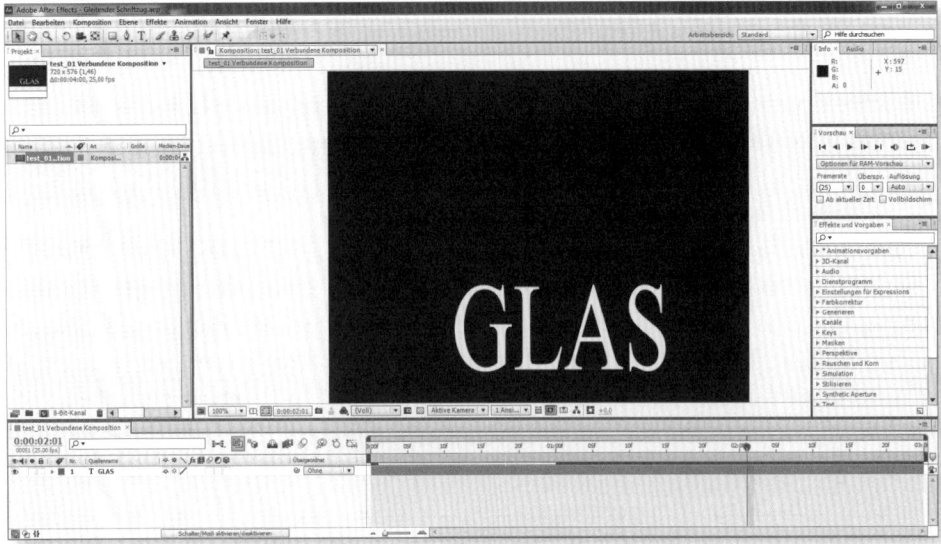

▲ **Abbildung 17.2** Die Komposition befindet sich nun auch in After Effects.

3 *Optional: Neue Komposition erstellen*

Falls Sie einmal mit einer komplett neuen Komposition starten wollen, gehen Sie zunächst über DATEI • ADOBE DYNAMIC LINK • NEUE AFTER EFFECTS-KOMPOSITION. Das gestattet Ihnen den Wechsel zu After Effects, nachdem Sie entsprechende Videoeinstellungen festgelegt haben.

Einstellungen ändern

Für den Fall, dass Sie noch Änderungen an den Kompositionseinstellungen vornehmen wollen (z. B. an der Dauer), müssen Sie KOMPOSITION • KOMPOSITIONSEINSTELLUNGEN anwählen bzw. ⌈Strg⌉/⌈cmd⌉+⌈K⌉ drücken. Ändern Sie die DAUER der Komposition, indem Sie auf das gleichnamige Eingabefeld doppelklicken, dort »400« eingeben (für 4:00 Sekunden) und mit OK bestätigen (die beiliegende Beispieldatei wurde jedoch schon auf vier Sekunden reduziert).

Helle Arbeitsoberfläche

Zur Nutzung der hellen Oberfläche auch in After Effects gehen Sie auf BEARBEITEN/AFTER EFFECTS • VOREINSTELLUNGEN • ERSCHEINUNGSBILD und ziehen den Regler HELLIGKEIT ganz nach rechts. Auch hier sei der Hinweis gestattet, dass sich die dunkle Oberfläche prinzipiell sehr gut eignet. Wir haben uns dennoch für die Umstellung entschieden, damit die Abbildungen im Buch besser zu beurteilen sind.

---

4 *Optional: Komposition bearbeiten*

Führen Sie nun eine markante Änderung an der Komposition durch. Eine ganz schnelle Möglichkeit wäre beispielsweise das Verschieben des Schriftzuges per Drag & Drop.

▲ **Abbildung 17.3** Die Beispielkomposition kann jetzt in After Effects nach Wunsch weiter bearbeitet werden.

5 *Komposition in Premiere Pro verarbeiten*

Speichern Sie die Komposition nach der Änderung nicht, sondern wechseln Sie gleich zu Premiere Pro. Schauen Sie die Komposition abermals im Quellmonitor an. Verblüffend, oder? Die Änderung würde übrigens genauso übernommen, befände sich die Komposition bereits im Premiere Pro-Schnittfenster.

6 *Sequenz begutachten*

Wenn Sie den Clip abspielen, werden Sie feststellen, dass hier bereits die komplette Animation aus After Effects vorliegt – ohne dass Sie die Datei jemals in After Effects nachgespeichert hätten.

17.2.2 Clips durch Komposition ersetzen

In Premiere Pro lassen sich im Schnittfenster befindliche Clips markieren und per Befehl DATEI • ADOBE DYNAMIC LINK • DURCH AFTER EFFECTS-KOMPOSITION ERSETZEN direkt in eine Komposition umwandeln. Das ist besonders deshalb praktisch, weil die involvierten Clips direkt als Assets an After Effects übergeben werden. Anstelle des/der Clips im Schnittfenster von Premiere Pro wird jetzt eine VERBUNDENE KOMPOSITION angezeigt. Ebenso verhält es sich im Projektfenster. Und auch hier werden die Änderungen, die Sie in After Effects vornehmen, direkt wirksam. Ist das cool?

◀ **Abbildung 17.4** Im Projektfenster taucht das Asset als verbundene Komposition auf, ...

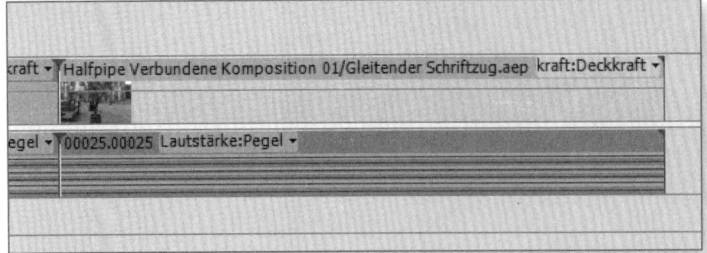

▲ **Abbildung 17.5** ... im Schnittfenster ebenfalls.

17.2.3 Übergabe über die Zwischenablage

Aber damit ist die Integration zwischen beiden Anwendungen noch lange nicht erschöpft. Um einen Clips wollen in After Effects nachzubearbeiten, müssen Sie keinesfalls den Original-Clip in After Effects öffnen, nachbearbeiten und dann den alten gegen den neuen in Premiere Pro austauschen. Auch die zuvor genannte Übergabe ist nicht zwingend erforderlich.

⬛ *Schritt für Schritt: Clips über die Zwischenablage tauschen*

Stellen Sie sich vor, Sie haben eine Fülle von Clips in Premiere Pro aneinandergehängt. Bei einem der Clips wollen Sie nun eine Nachbearbeitung in After Effects realisieren.

1 *Clip in die Zwischenablage einfügen*
Markieren Sie irgendeinen Clip in der Timeline von Premiere Pro, den Sie gerne mit Hilfe von After Effects ändern möchten. Danach drücken Sie $\boxed{\text{Strg}}$/$\boxed{\text{cmd}}$+$\boxed{\text{C}}$ oder wählen BEARBEITEN • KOPIEREN aus dem Premiere-Pro-Menü aus.

2 *Clip in After Effects einfügen*
Lassen Sie Premiere Pro im Hintergrund geöffnet, und springen Sie zu After Effects. Dort erzeugen Sie zunächst über den Menüeintrag KOMPOSITION eine NEUE KOMPOSITION oder betätigen $\boxed{\text{Strg}}$/$\boxed{\text{cmd}}$+$\boxed{\text{N}}$. Im Anschluss sollten Sie den Inhalt der Zwischenablage an die neue Komposition übergeben. Sie wissen ja: $\boxed{\text{Strg}}$/$\boxed{\text{cmd}}$+$\boxed{\text{V}}$ oder BEARBEITEN • EINFÜGEN.

3 *Clip zurückgeben*
Führen Sie die gewünschten Änderungen aus, und markieren Sie den Clip im Kompositionsfenster von After Effects. Jetzt übergeben Sie den geänderten Clip mit Hilfe der bereits beschriebenen Methoden an die Zwischenablage, kehren zu Premiere Pro zurück und bringen die Schnittfenstermarke in Position. Fügen Sie jetzt den Inhalt der Zwischenablage in das Schnittfenster ein – fertig.

4   Clip rendern

Das wirklich Interessante an dieser Vorgehensweise ist nun: Sie müssen die Arbeit in After Effects nicht speichern. Sie können die Anwendung sogar komplett schließen, ohne das Dokument jemals abgesichert zu haben. In Premiere Pro bleibt die Bearbeitung des Clips erhalten. Danach rendern Sie den Clip, falls erforderlich, in Premiere Pro. Na, wenn das nicht cool ist, dann weiß ich es auch nicht.

After-Effects-Plug-ins | Bleibt abschließend nur noch, darauf hinzuweisen, dass die meisten After-Effects-Plug-ins mit Premiere Pro kompatibel sind. Und wenn es doch einmal umfangreicher sein sollte, arbeiten Sie einfach mit einer dynamisch verlinkten Komposition. Damit dürfte dann auch dem ausgefeiltesten Kreativgedanken nicht mehr viel im Wege stehen.

17.2.4   Zugriff auf Premiere-Pro-Sequenzen

Sie haben aber auch die Möglichkeit, direkt auf Sequenzen einer Premiere-Pro-Datei zuzugreifen – nein, nicht nur auf das gesamte Projekt, sondern tatsächlich auf jede einzelne Sequenz. Dazu gehen Sie innerhalb von After Effects über den Rechtsklick im Projektfenster auf IMPORTIEREN • ADOBE PREMIERE PRO-PROJEKT. Im Anschluss daran steuern Sie die Projektdatei von Premiere Pro an und wählen diese aus. Ein unscheinbarer, aber äußerst effizienter Dialog gestattet es Ihnen nun, entweder auf alle oder exakt auf eine einzelne Sequenz der .prproj-Datei zuzugreifen.

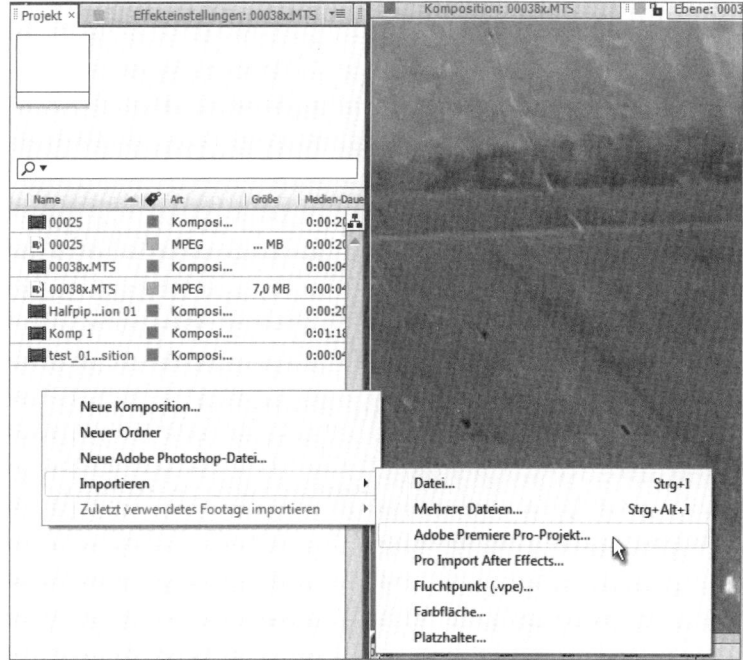

▲ **Abbildung 17.6** Arbeiten ohne Grenzen – After Effects und Premiere Pro als »Dream-Team«

17.3   Integration mit anderen Schnittprogrammen

Beim Import von Projektdateien aus anderen Schnittprogrammen, wie z. B. *Apple Final Cut Pro* oder *AVID Media Composer*, zeigt sich Premiere Pro ebenfalls leistungsstark. Voraussetzung ist, dass das Projekt von Final Cut aus als XML- und vom Media Composer aus als AAF-Dokument exportiert worden ist. Zusätzlich zu diesem Dokument muss der Absender einen Ordner mit dem verwendeten Footage mitgeben. Immerhin sind die Original-Assets auch in den anderen Anwendungen lediglich verknüpft.

Der Import nach Premiere Pro gelingt in beiden Fällen einfach über DATEI • IMPORTIEREN. Stellen Sie die Verbindung zum zuvor exportierten Dokument her. Im Beispiel wird ein XML-Dokument aus Final Cut Pro importiert.

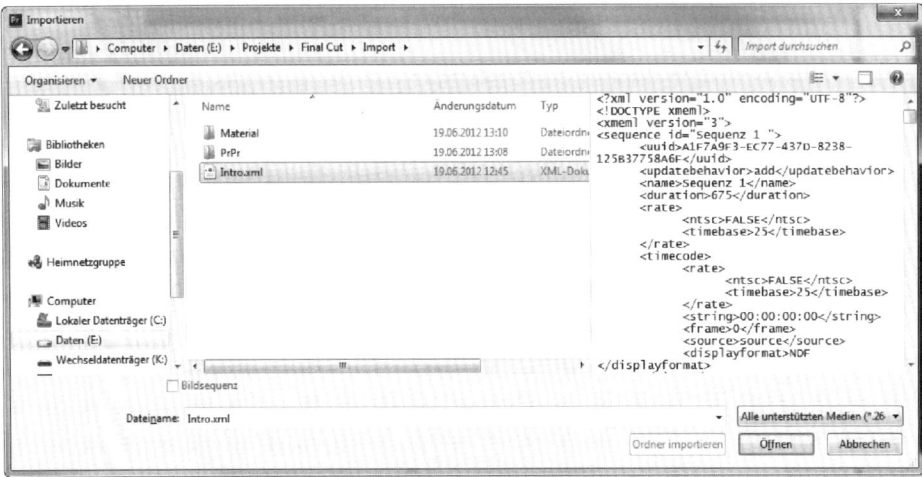

▲ **Abbildung 17.7** Wenn Sie den Dialog nach rechts hin ein wenig aufziehen, sehen Sie die XML-Daten.

EDL

Importe müssen nicht zwangsläufig per XML erfolgen. Auch EDL-Dokumente (*Edit Decision List*) sind dafür geeignet. Auch in diesem Fall wählen Sie von Premiere Pro aus DATEI • IMPORTIEREN.

Im günstigsten Fall bleibt eine Warnmeldung aus. Sollten jedoch Probleme festgestellt werden, informiert Premiere Pro per Hinweistafel darüber. Die Anwendung schreibt einen Bericht dazu, den wir uns später noch ansehen werden. Bestätigen Sie zunächst diesen und den darunter befindlichen Hinweis mit OK. Anschließend müssen Sie das mitgelieferte Footage neu verknüpfen. Aber wie das geht, haben Sie ja bereits in Abschnitt 1.3.3, »Projektverknüpfungen reparieren«, erfahren.

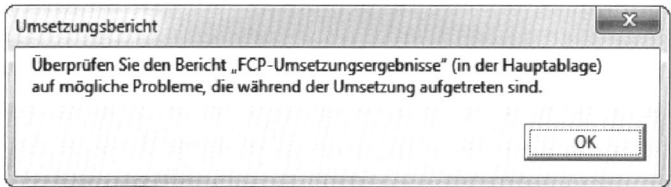

▲ **Abbildung 17.8** Premiere Pro weist auf einen Bericht hin.

Nach erfolgter Neuverknüpfung finden Sie im Projektfenster einen Ordner mit dem gesamten verwendeten Material. Darin befindet sich auch eine Sequenz, die nun per Doppelklick geöffnet werden kann.

Sollte es beim Öffnen des Austauschdokuments zum oben erwähnten Hinweis gekommen sein, befindet sich in dem Ordner auch eine Datei mit dem Namen FCP-UMSETZUNGSERGEBNISSE. Öffnen Sie diese per Doppelklick, und schauen Sie nach, was von Premiere Pro nicht so umgesetzt werden kann, wie es ursprünglich vorgesehen war. Es können beispielsweise Meldungen auftreten, dass die Lautstärke abgesenkt worden ist. In diesem Fall müssen Sie nichts weiter unternehmen. Denkbar aber auch, dass Überblendungen oder Effekte von Premiere Pro nicht interpretiert werden können (hier Übergang QUETSCHEN, den es in Premiere Pro nicht gibt). Bei derartigen Problemen müssen Sie das Importergebnis eventuell anpassen und Überblendungen austauschen. Denn Premiere Pro hat an den Stellen die Standardblende eingesetzt.

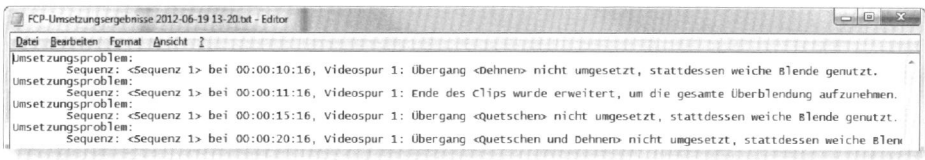

▲ **Abbildung 17.9** Prüfen Sie den Umsetzungsbericht.

▲ **Abbildung 17.10** Wo einst die Überblendung QUETSCHEN vorgesehen war, ist nun eine WEICHE BLENDE zu finden.

Premiere Pro an Final Cut Pro oder AVID Media Composer

Ebenso ließe sich übrigens auch ein Premiere-Pro-Projekt an Final Cut Pro übergeben. Da der Weg auch hier über XML geht, müssen Sie DATEI • EXPORTIEREN • FINAL CUT PRO XML selektieren. Für den Export an AVID Media Composer entscheiden Sie sich für DATEI • EXPORTIEREN • AAF.

Anhang

A   Fachkunde

Um es gleich vorwegzunehmen: Dieses Kapitel befasst sich nicht direkt mit Premiere Pro, sondern eher mit Hintergrundinformationen zu Normen, Datenraten & Co. Wenn Sie sich dafür interessieren, wie ein Codec funktioniert und was es mit Frame- und Pixel-Seitenverhältnissen auf sich hat, nur zu. Dieses Kapitel ist zu empfehlen, denn für Ihre Arbeit mit der Videoschnitt-Software ist die dahinterstehende Technik allemal hilfreich.

Dieses Kapitel beantwortet folgende Fragen:

▶ Welche Fernsehnormen gibt es?
▶ Was ist Overscan?
▶ Was sind Bildpunkte und Seitenverhältnisse?
▶ Wie werden Farben interpretiert?
▶ Wie funktionieren Codecs?
▶ Was muss ich über Bit- und Datenraten wissen?
▶ Welche gängigen Bildformate kann ich verwenden?

A.1   Von Fernsehnormen

Die Entwicklung von TV-Standards hat seinerzeit im wahrsten Sinne des Wortes auf den unterschiedlichsten »Baustellen« stattgefunden. Deshalb gibt es noch immer viele variierende Systeme. Die etabliertesten sind PAL (**P**hase **A**lternation **L**ine), NTSC (**N**ational **T**elevision **S**tandards **C**ommittee) und SECAM. Das erste entwickelte TV-System war NTSC. Später kam das in weiten Teilen Europas gültige PAL-System auf, das sich nicht nur in der Anzahl der Zeilen, sondern auch in der Bildwiederholfrequenz von NTSC unterscheidet.

Während PAL mit einer Frequenz von 50 Hz arbeitet, liegen NTSC 60 Hz zugrunde. Die Erklärung für diesen Unterschied ist denkbar einfach: die allgemeingültigen Frequenzen in den unterschiedlichen Stromnetzen (hierzulande 50 Hz, in den USA 60 Hz). Diese Netzfrequenzen wurden in den jeweiligen Systemen der Einfachheit halber auch für die Bildwiederholrate übernommen. Es bedeutet, dass im PAL-System eine Bildwiederholrate von 50 Einzelbildern pro Sekunde vorliegt.

A.1.1   Halbbilder

Nun wird ein Fernsehbild aber nicht auf einmal projiziert, sondern zeilenweise aufgebaut. Das bedeutet: Die einzelnen Zeilen des Bildes werden von links nach rechts

»Stück für Stück« aufgebaut. Dadurch entsteht aber visuell ein Ruckeln. Das menschliche Auge nimmt diese Art der Bildwiedergabe als Störung (Flackern) wahr. Deshalb kam man auf die Idee, die Zeilen aufzuteilen. Man nahm die geraden Zeilen und die ungeraden Zeilen jeweils als eine Einheit und strahlte beide Einheiten geringfügig zeitversetzt aus.

▲ **Abbildung A.1** Das Komplettbild wird zeilenweise in zwei Halbbilder aufgegliedert.

Das menschliche Auge nimmt diese Art der Wiedergabe erfreulicherweise als störungsfreies und vor allem ruhiges Bild wahr. Das Halbbild war geboren. Und weil sich dieses Wort nicht so schön anhört, waren gleich ein paar neue Begriffe entstanden. **Zeilensprung** und **Interlace** wurden zu gebräuchlichen Bezeichnungen. Problematisch ist jedoch, dass all dies nur im herkömmlichen TV zum Tragen kommt. Ihr PC-Monitor kommt prima ohne Interlacing zurecht. Aber dazu gleich mehr.

▲ **Abbildung A.2** Wenn Sie Halbbild-Videos am PC-Monitor betrachten, werden Sie den Effekt gut beurteilen können.

Aus der Halbbildaufgliederung in Verbindung mit dem allgemeingültigen Spannungsnetz lässt sich dann auch sehr gut ableiten, warum PAL mit 25 Einzelbildern pro

Sekunde arbeitet: 50 Hz = 50 Einzelbilder macht 50 Halbbilder (also 25 Vollbilder) pro Sekunde. Beim NTSC-Verfahren werden hingegen 30 Bilder ausgesendet (weil 60 Hz). Jetzt können Sie sich vorstellen, dass es nicht unproblematisch ist, PAL- und NTSC-Clips miteinander zu verbinden, weshalb Sie schon vor Beginn Ihrer Arbeit mit Premiere Pro Projekteinstellungen definieren müssen.

A.1.2 Interlacing und Deinterlacing

Wir haben soeben den Begriff Interlace bzw. Interlacing erwähnt, der genau dieses Aufteilen von Vollbildern in Halbbilder beschreibt. Wenn Sie also eine Videoaufnahme besitzen, die aus Vollbildern besteht, können Sie diese zunächst auf Halbbilder aufteilen, ehe Sie das Ganze im herkömmlichen TV ausstrahlen. Das ist Interlacing. Der umgekehrte Weg ist das Zusammenfügen einzelner Halbbilder in ein Vollbild – **Deinterlacing**.

Beides kommt öfter zum Einsatz, als man zunächst annimmt. Nehmen wir doch die herkömmliche DV-Aufnahme. Hier werden Halbbilder in Premiere Pro importiert. Damit sind die Aufnahmen digitalisiert und kommen im Rechner eigentlich prima ohne Zeilensprungverfahren aus. Nun genießen Sie also für die weitere Arbeit (zumindest in der Ansicht) Vollbilder. Wenn Sie das Ganze zum Schluss auf eine DVD ausgeben, benötigen Sie aber möglicherweise wieder Halbbilder. Erfreulicherweise müssen Sie sich bei Ihrer Arbeit mit Premiere Pro aber nur sehr selten Gedanken darüber machen. Die Software unterstützt Sie hier nämlich nach Kräften und erledigt das im Hintergrund.

Beim HDTV-Standard kommt die Halbbild-Geschichte nicht mehr zwingend zum Tragen. Hochauflösende Videos können einem anderen Verfahren zugrunde gelegt werden – und zwar dem *Progressive Scan*. Hier werden Vollbilder angeboten. Nicht zu vergessen ist aber auch hier die Tatsache, dass auch hier das Aufsplitten auf Halbbilder prinzipiell möglich ist.

A.1.3 Halbbilddominanz

Doch zurück zum herkömmlichen TV-Standard: Wenn es bei einer fertigen Aufnahme zu Störungen kommt, könnte das an einer falschen Halbbilddominanz liegen. Grundsätzlich ist es so, dass bei analogem Video (hier mag wieder das Beispiel VHS herhalten) das obere Halbbild zuerst ausgestrahlt wird; das untere kommt etwas später. Beim Digital-Video (z. B. DVD) ist das umgekehrt. Hier wird zunächst das untere Halbbild ausgestrahlt. Die Folge ist, dass je nach Verwendungszweck genau diese Halbbilddominanz umgekehrt werden muss, etwa wenn Sie Ihre alten VHS-Schätze für eine DVD-Ausgabe digitalisieren möchten. Wollen Sie Ihr Video hingegen als Datei ausgeben, die ausschließlich ein Rechner wiedergeben soll, werden beide Halbbilder zu einem Vollbild zusammengefügt (Progressive Scan).

A.2 Von Underscan und Overscan

Im ersten Abschnitt haben Sie bereits erfahren, dass sich ein TV-Bild zeilenweise aufbaut. In diesem Zusammenhang ist natürlich auch wichtig zu wissen, aus wie vielen Zeilen es besteht: aus 625. Das gilt zumindest für das herkömmliche TV-Bild. Bei HDTV ist die Anzahl größer. Die erwähnten 625 Zeilen entsprechen aber dem PAL-Format (sowie dem französischen SECAM). Im NTSC-Format sind es 525.

A.2.1 Overscan

Nun haben Sie allen Grund, zu widersprechen. Zumindest wenn Sie sich einmal die Mühe gemacht haben, an den Fernseher heranzutreten und die Zeilen zu zählen. Sie haben Recht, es sind tatsächlich viel weniger Zeilen – aber nur viel weniger sichtbare! Am TV sehen Sie nämlich nicht alle Zeilen, die die Sendeanstalt verlassen. Diese Problematik tritt übrigens nicht nur bei Fernsehbildern auf. Legen Sie doch einmal eine DVD ein, dann werden Sie mit dem gleichen Phänomen konfrontiert. Und wer ist schuld? Der **Overscan**.

Ich möchte Sie jetzt nicht mit Kathodenstrahl, Austastlücke oder Zeilenrücklauf langweilen. Nur so viel: Diese ominöse Kathode, die für den Aufbau der Zeilen verantwortlich ist, braucht einige Zeilen, um sich neu ausrichten zu können. An diesen Zeilen kommt es zu Störungen. Und so etwas wollen wir nicht sehen. Also weg damit, indem man das Bild etwas aufskaliert (vergrößert).

▲ **Abbildung A.3** Das Bild wird vergrößert. Die Randbereiche sind dadurch nicht sichtbar.

Probieren Sie das doch einmal mit einer DVD, die Sie in Ihren Stand-alone-Player legen und am TV betrachten. Der Rand ist abgeschnitten, da es zum Overscan kommt. Danach legen Sie die DVD in Ihren Rechner. Dort werden Sie wesentlich mehr sehen als auf dem TV. Es kommt nämlich hier zum sogenannten **Underscan**, was wiederum bedeutet, dass das gesamte Video sichtbar ist. Das Prinzip des Bildaufbaus ist nämlich ein anderes als am TV.

A.2.2 Sichere Ränder

In Premiere Pro haben Sie die Möglichkeit, den Bereich, der möglicherweise später am TV abgeschnitten wird, grafisch anzeigen zu lassen. Das funktioniert sowohl im Zuschneiden-Fenster als auch im Quell- und Programmmonitor. Dort finden Sie nämlich eine Fläche mit dem klangvollen Namen Sichere Ränder.

Ist dieser Button aktiv, werden innerhalb der Vorschaubereiche zwei Rechtecke sichtbar. Der größere Rahmen bezeichnet den Bereich für geschützte Aktion. Das bedeutet: Alles, was sich außerhalb dieses Rahmens befindet, wird möglicherweise später am TV abgeschnitten. Der innere Rahmen hingegen definiert den Bereich für geschützten Titel. Wenn Sie später mit dem Titeldesigner arbeiten, sollten Sie dafür sorgen, dass keine Schriften über diesen Rahmen hinausragen. Andernfalls bestünde die Gefahr, dass der fertige Titel im TV zu dicht an den Rand gepresst wird.

▲ **Abbildung A.4** Achten Sie darauf, dass die für das Bild relevanten Inhalte nicht jenseits der äußeren Begrenzung liegen.

A.2.3 Sichere Ränder definieren

Standardmäßig geht Premiere Pro von einem zehnprozentigen Bildverlust aus. Beim Bereich für den geschützten Titel sind es sogar 20 %. Wenn Sie diese Werte ändern wollen, wählen Sie Projekt • Projekteinstellungen • Allgemein. Hier lassen sich die Bereiche für beide Rechtecke sowohl horizontal als auch vertikal einstellen.

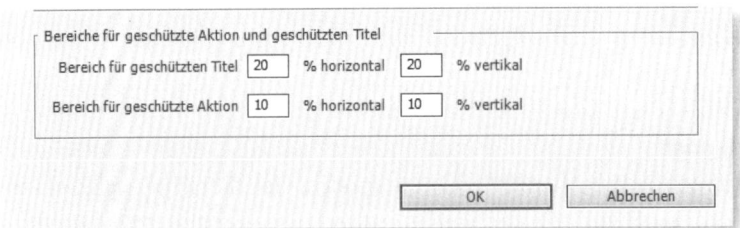

▲ **Abbildung A.5** Legen Sie selbst fest, wie groß die Rechtecke im Monitor sein sollen.

A.3   Von Bildpunkten und Seitenverhältnissen

Jetzt wissen wir, aus wie vielen Zeilen unser Fernsehbild besteht. Aber ist es nicht immer so: Wo es Zeilen gibt, gibt es auch Spalten? Richtig. Aber eine feste Spaltenanzahl gibt es nicht. Nicht einmal die Spaltenbreite ist identisch. Sie sehen, hier lauern schon die nächsten Probleme.

A.3.1   Bildpunkte

Im PAL-DV-Standard ist ein Bild 720 Pixel breit und 576 Pixel hoch. In NTSC ist alles ganz anders. Hier besteht das Bild aus 720 x 480 Pixeln. Bei Verwendung von HD-Material können prinzipiell unterschiedliche Auflösungsformate zugrunde liegen, da es hier mehrere Standards gibt. Bei der Angabe des Standards wird in der Regel die Anzahl der vertikalen Bildpunkte angegeben. Wenn Sie es also beispielsweise mit 1080i zu tun haben, besagt dies, dass von oben nach unten 1.080 Bildpunkte vorhanden sind, während es in der Horizontalen 1.920 Bildpunkte sind. Allerdings wird dieser Spitzenwert auch heute noch von vielen Kameras nur durch Interpolation erreicht. Hier beschränkt sich die Auflösung in Wahrheit auf 1.440 Bildpunkte.

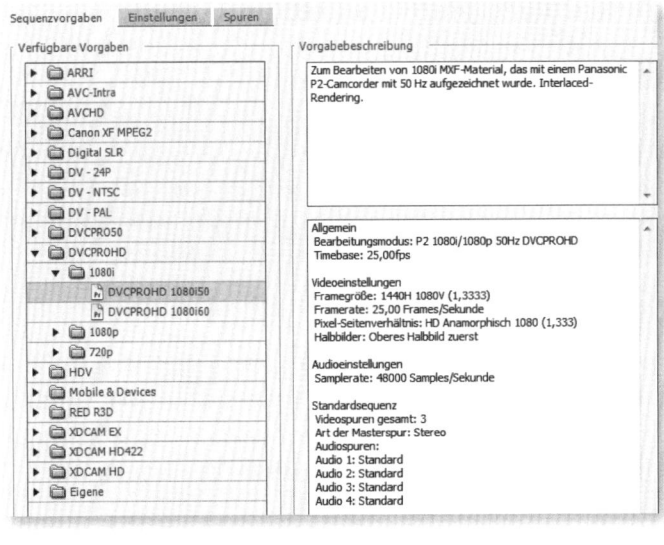

◄ **Abbildung A.6** Die Vorgabebeschreibung (wie hier für eine Panasonic P2) ist besonders wichtig bei der Projekt- und Sequenzerstellung.

Aber es gibt noch weitere Formate: Bei HDV 720p25 z.B. haben Sie es mit 1.280 x 720 Bildpunkten zu tun. Grundsätzlich sollten Sie bei der Projekterstellung oder bei der Erzeugung einer neuen Sequenz darauf achten, was im Zusammenhang mit der gewählten Vorlage auf der rechten Seite angezeigt wird (Vorgabebeschreibung). Hier sind sämtliche Informationen enthalten – auch die der Framegröße.

Pixel

Mit Pixel ist die kleinste sichtbare Einheit eines Bildes gemeint. In der digitalen Bildbearbeitung hat man kleine, meist quadratische Flächen, aus denen sich das Gesamtbild zusammensetzt, im TV Bildpunkte genannt.

Und dann wären da noch die eben angesprochenen Zeilenbreiten, die gleichfalls – Sie ahnten es – völlig unterschiedlich sind. Auf einem Computermonitor werden die Pixel quadratisch dargestellt. Das Verhältnis Breite zu Höhe eines einzelnen Pixels ist demnach 1:1. Im TV weicht das ab. Hier haben wir es nicht mehr mit quadratischen, sondern mit rechteckigen Pixeln zu tun. Die Pixel-Seitenverhältnisse sind anders.

▲ **Abbildung A.7** Quadratische Pixel an einem PC-Monitor

A.3.2 Pixel-Seitenverhältnisse 4:3

Bevor wir uns mit den Verhältnissen zueinander beschäftigen, müssen wir uns Gedanken über zwei Begriffe machen. Da ist zum einen das Bild-Seitenverhältnis und zum anderen das Pixel-Seitenverhältnis. Ersteres bezeichnet immer die gesamte Wiedergabefläche, während Letzteres das Verhältnis zwischen Breite und Höhe des einzelnen Pixels bezeichnet. Diese stehen natürlich in Abhängigkeit zueinander. Bei DV-PAL (720 x 576) beispielsweise sind diese Pixel aber wie gesagt nicht quadratisch, sondern rechteckig. Sie sind in der Breite gestreckt. Und weil das alles noch nicht genug ist, gibt es jenseits des großen Teiches wieder ganz andere Pixel-Seitenverhältnisse. Bei DV-NTSC (640 x 480) sind die Pixel zwar ebenfalls rechteckig, werden aber vertikal gestreckt.

▲ **Abbildung A.8** DV-PAL (links) und DV-NTSC (rechts)

A.3.3 Pixel-Seitenverhältnisse 16:9

Das Bildformat 16:9 hat das Format 4:3 fast schon komplett verdrängt. HD-Formate sehen gar kein 4:3-Seitenverhältnis vor. Schon jetzt werden nicht nur viele Spielfilme, sondern auch TV-Sendungen und Sportereignisse in 16:9 ausgestrahlt. Plasma- und LCD-Fernseher weisen ebenfalls dieses Format aus. Dabei ist auch zu berücksichtigen, dass 4:3 unseren Sehgewohnheiten nicht so gut Rechnung trägt wie das breitere 16:9.

▲ **Abbildung A.9** Der Programmmonitor in Premiere-Pro-Projekten mit Seitenverhältnissen von 16:9 (rechts) und der gleichen Aufnahme in 4:3 (links) mit seitlichem Beschnitt.

A.3.4 16:9 und 4:3 im Team

Wie Sie bereits wissen, entscheiden Sie beim Start von Premiere Pro, mit welchem Seitenverhältnis ein neues Projekt angelegt wird. Damit ist das Frame-Seitenverhältnis (also das Seitenverhältnis des gesamten Bildschirms) festgelegt. Prinzipiell können Sie aber mischen. Das bedeutet, es ist nichts dagegen einzuwenden, ein 16:9-Projekt zu erstellen und in dieses 4:3-Aufnahmen einzubetten. Allerdings müssen Sie dann links und rechts mit schwarzen Rändern vorlieb nehmen. Außerdem müssen Sie die Hinweistafel der Anwendung mit VORHANDENE EINSTELLUNGEN BEIBEHALTEN beantworten. Andernfalls werden die SEQUENZEINSTELLUNGEN an den 4:3-Clip angepasst.

▲ **Abbildung A.10** Behalten Sie die 16:9-Einstellung bei.

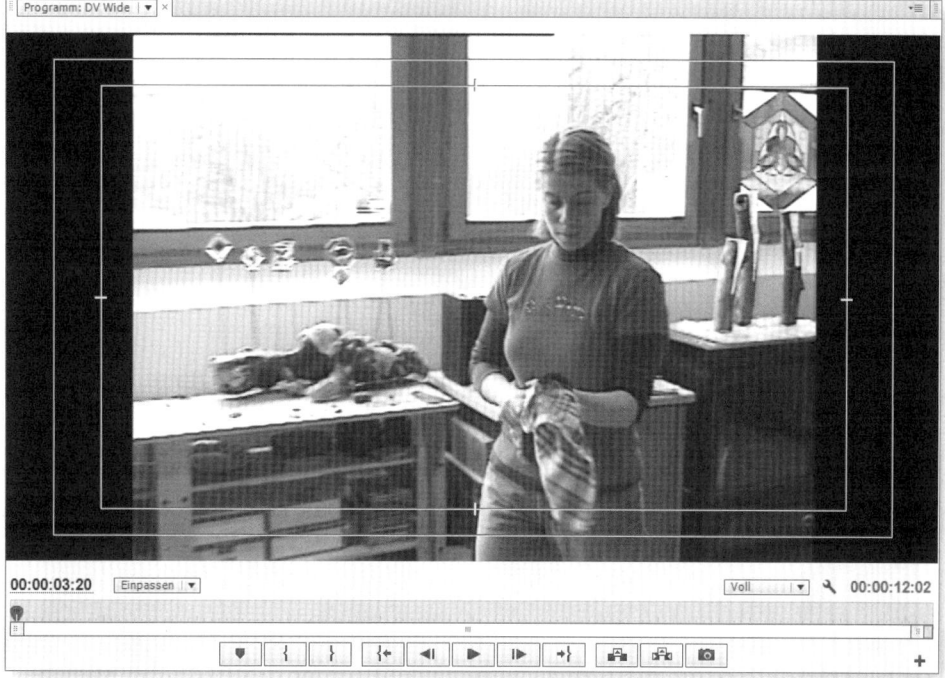

▲ **Abbildung A.11** So sieht ein 4:3-Clip in einem 16:9-Projekt (Widescreen) aus.

Wenn Sie also Ihre vorhandenen 4:3-Aufnahmen, weil es ja zeitgemäß ist, in 16:9 umrechnen wollen, müssen Sie das Bild irgendwie aufskalieren.

Schritt für Schritt: 4:3-Aufnahmen in 16:9 konvertieren

In diesem Workshop erfahren sie, welche Möglichkeiten sich ergeben, um 4:3-Material in 16:9 umzuwandeln.

1 Neues Projekt anlegen

Erzeugen Sie zunächst eine neue Sequenz (indem Sie das Blattsymbol im Fuß des Projektfensters betätigen und den Eintrag SEQUENZ markieren). Im folgenden Dialog entscheiden Sie sich für eine zu Ihren Clips passende 16:9-Vorlage. Falls Sie das Beispielmaterial zu diesem Buch nutzen, stellen Sie DV-PAL WIDESCREEN 48 kHz ein (das ist übrigens Standard für herkömmliche DVDs im Seitenverhältnis 16:9).

2 Clip hinzufügen

Fügen Sie jetzt einen Clip in das Projektfenster ein, der dem Seitenverhältnis von 4:3 entspricht. Das kann im Prinzip jeder Gecko-Clip sein. Ich habe mich für die Datei »Flaschenhals08.avi« entschieden, weil man anhand von Personenaufnahmen sehr gut beurteilen kann, wie sich Seitenverhältniskorrekturen auswirken. Ziehen Sie den Clip anschließend in das Schnittfenster, beantworten Sie die Kontrollabfrage, wie zuvor beschrieben, und werfen Sie einen Blick auf den Programmmonitor.

3 Bildgröße verändern

Sie können es sich schon denken: Ohne die Veränderung der Bildgröße geht hier zunächst gar nichts mehr. Das können Sie aber in Premiere Pro ganz schnell realisieren, indem Sie einfach innerhalb des Programmmonitors auf das Video doppelklicken. Daraufhin wird eine weiße Umrandung sichtbar, die Sie an einem der acht Anfasser mittels Drag & Drop verschieben können.

▲ **Abbildung A.12** Fügen Sie den 4:3-Clip ein, und skalieren Sie ihn.

Ziehen Sie das Bild an dessen Eckpunkten entsprechend in Form, bis es an den Seitenrändern links und rechts mit den Begrenzungen des Programmmonitors bündig ist. Achten Sie beim Verziehen aber auch darauf, dass dies proportional geschieht. Wenn das

Bild also die seitlichen Ränder erreicht hat, ist es zugleich oben und unten abgeschnitten; ein Umstand, der je nach aufgenommenem Material mehr oder weniger schmerzlich in Kauf zu nehmen ist.

4 *Optional: Clip einseitig skalieren*

Eine Möglichkeit, die sich nur für sehr wenige Aufnahmen eignet, ist das einseitige Verziehen. Dazu müssen Sie die Liste BEWEGUNG in den EFFEKTEINSTELLUNGEN öffnen und GLEICHMÄSSIGE SKALIERUNG deaktivieren. Danach setzen Sie die Skalierungshöhe wieder auf 100 %. Das geht allerdings bei Personenaufnahmen überhaupt nicht. Sie sollten den Schritt also rückgängig machen.

▲ **Abbildung A.13** Die einseitig horizontale Verzerrung geht bei Personenaufnahmen gar nicht.

Es kommt noch hinzu, dass jede Art von Skalierung (Vergrößerung des Originals) auch Qualitätseinbußen mit sich bringt – sowohl die eine als auch die andere Methode. Auf dem kleinen Programmmonitor werden Sie das kaum sehen können. Wenn Sie das Endergebnis auf einem großen TV-Bildschirm anschauen, wird es jedoch möglicherweise sofort ins Auge fallen.

A.3.5   4:3-Material maskieren

Wenn Sie alte 4:3-Aufnahmen in einem 16:9-Projekt verwenden müssen, beispielsweise um Zeitdokumente in einem aktuellen Beitrag zu präsentieren, ist es wesentlich eleganter, das Material auch innerhalb der 16:9-Sequenz nicht zu skalieren, sondern stattdessen eine Maske zu bauen. Sie finden eine entsprechende Bilddatei im Ordner ANHANG_A; sie trägt den Namen »Maske.png«.

▲ **Abbildung A.14** Die Maske ist in der Mitte transparent.

Dabei handelt es sich um eine in der Mitte transparente Bilddatei. Bringen Sie die Datei in das Schnittfenster von Premiere Pro, und platzieren Sie das gute Stück auf einer Spur oberhalb des Videos. Die Dauer, für die die Maske angezeigt werden soll, können Sie prima verändern, so dass diese Maske das gesamte 4:3-Video überdeckt. Ziehen Sie dazu einfach an den Enden des »Clips« im Schnittfenster. Jetzt macht Ihr Video auch auf einem 16:9-Bildschirm eine gute Figur.

▲ **Abbildung A.15** Die Seiten sind maskiert. Das Video muss also nicht verzerrt werden.

Eine solche Bilddatei können Sie prima in Photoshop, Photoshop Elements oder einer anderen Bildbearbeitungs-Software bauen. Sie müssen lediglich darauf achten, dass Sie ein Format ausgeben, das auch Transparenz unterstützt. Zudem muss das Format mit Premiere Pro kompatibel sein. Deshalb bieten sich vor allem PSD, TIFF und PNG an. Aber selbst ohne entsprechende Software ist eine derartige Maske ruck, zuck realisierbar. Produzieren Sie sie doch einfach im Titelgenerator. Links und rechts jeweils ein Rechteck, vielleicht noch ein paar Accessoires dazu – und fertig ist die Formatmaske (genauere Hinweise zum Titelgenerator finden Sie in Kapitel 11, »Titel erzeugen«.)

A.3.6 Cinemascope

Nun wären noch die herrlich breiten Kinofilme zu erwähnen, die selbst auf neuen Plasma- und LCD-TVs für Balken oben und unten sorgen – wenngleich diese schon wesentlich kleiner sind als am 4:3-Fernseher. Hier erstrecken sich die Pixel über ein Format von 2,35:1 – das sei aber nur am Rande erwähnt.

▲ **Abbildung A.16** Ein Cinemascope-Film auf einem 4:3-TV. Da wird es in der Vertikalen ganz schön knapp.

A.4 Von Farben und Kanälen

Bevor wir uns anschauen, wie sich Farben an einem Fernsehgerät aufbauen, werfen wir einen Blick auf die Grundsätze der additiven Farbmischung. So ist es möglich, mit den drei Grundfarben Rot, Grün und Blau ein Spektrum von rund 16,7 Millionen Farben darzustellen.

A.4.1 Farbtiefe

Wie setzen sich diese rund 16,7 Millionen Farben nun zusammen? Dazu müssen wir zunächst ein wenig zurückgehen, und zwar in die Elementareinheit eines Rechners. 1 Bit kann demnach zwei Zustände erlangen, und zwar »1« oder »0« (= 2^1). Auf Farben reproduziert bedeutet das Schwarz oder Weiß. Bei 2 Bit (2^2) besteht die Möglichkeit, vier Zustände (bzw. bei Farben vier Abstufungen) zu erhalten. Bei 4 Bit (2^4) sind es 16 und bei 8 Bit (2^8) 256.

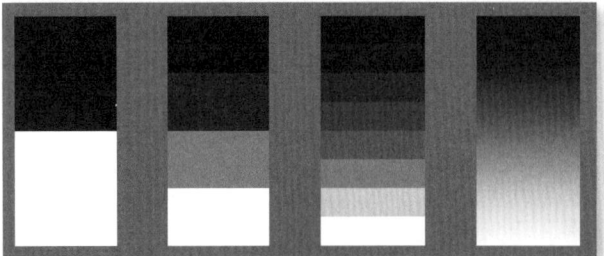

▲ **Abbildung A.17** Die Abstufungen von links nach rechts: 1-Bit-, 2-Bit-, 4-Bit-, 8-Bit-Kanal

Nun stellt jede einzelne Grundfarbe einen 8-Bit-Farbkanal dar. Das bedeutet: In dieser Konstellation lassen sich 24 Bit (2^{24}) darstellen. Dies ergibt 16.777.216 unterschiedliche Abstufungen, sprich *True Color*. Liegen hier alle drei Grundfarben in voller Intensität vor, erhalten Sie reines Weiß. Ist keine der Farben vorhanden, sehen Sie Schwarz (also nicht Sie persönlich, selbstverständlich).

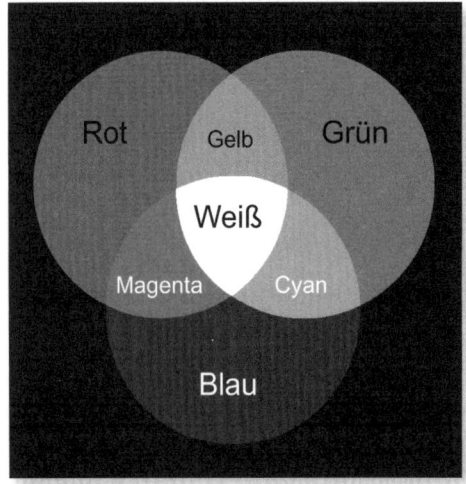

▲ **Abbildung A.18** Das additive Farbsystem

Grundsätzlich werden die Farben auch im Film nach diesem System erzeugt. Allerdings würde eine derartige Definition der Farben einen unzumutbar großen Speicherplatz benötigen, der das flüssige Abspielen eines Videos unmöglich machte. Die Datenmengen wären einfach zu groß. Gehen wir etwas näher darauf ein: Bei der elektronischen Bildbearbeitung verfährt man nach dem Prinzip, wonach jedes einzelne Pixel beschrieben wird. Genauer gesagt, speichert man, wie viele Anteile Rot, Grün und Blau in jedem einzelnen Bildelement enthalten sind.

Da eine derartige Beschreibung schon bei Einzelbildern zu einem nicht zu verachtenden Speicherplatzbedarf führen würde, werden Kompressionsverfahren eingesetzt. Umso wichtiger werden diese Verfahren, wenn man jede Sekunde 25 oder mehr Bilder präsentieren möchte.

A.4.2 Sampling

In Sachen Bewegtbilddarstellung ging man deshalb andere Wege. So machte man sich z. B. die Tatsache zunutze, dass das menschliche Auge wesentlich unempfindlicher auf Farbveränderungen reagiert als auf Helligkeitsveränderungen. Damit sind wir bei der **YCC-Farbgebung** (analog = YUV). Diese erlaubt, 1/3 der Informationen der Luminanz (Helligkeit) und 2/3 der Chrominanz (Farbton/Sättigung) zuzuordnen. Damit allein gäbe es aber im Vergleich zu RGB noch keine Unterschiede in Sachen Dateigröße.

◀ **Abbildung A.19** Jedes Pixel besteht aus drei Informationen.

Also lässt man bei der Beschreibung jedes einzelnen Pixels einfach einige Farbinformationen außer Acht, um so die Datenmenge möglichst gering zu halten. Das Auge bemerkt das Fehlen der Informationen nicht. Anders wäre das, wenn man die Helligkeit vernachlässigte. Im Klartext: Man nimmt beispielsweise vier zusammenliegende Pixel und bestimmt beim ersten sowohl die Luminanz als auch die Chrominanz. Beim zweiten, dritten und vierten Pixel lässt man die Chrominanz-Information einfach weg. Dieses Verfahren nennt sich Sampling. Um genauer zu sein, handelt es sich hierbei um das sogenannte **4:1:1-Sampling**.

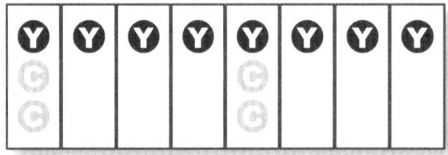

◀ **Abbildung A.20** Nur jedes vierte Pixel wird mit Farbinformationen versehen (4:1:1-Sampling).

NTSC-Farbprobleme

Aufgrund der geringen Trägerfrequenzrate des ursprünglichen NTSC-Formats kam es hier im Laufe der Zeit zu recht deutlichen Farbverfälschungen, was dem System bisweilen den Namen »**N**ever **T**he **S**ame **C**olor« (engl. für »niemals die gleiche Farbe«) eingebracht hatte. Diese Probleme gehören jedoch mittlerweile der Vergangenheit an.

Dieses Modell entspricht übrigens DV-NTSC. Man kann sich vorstellen, dass sich durch dieses Außerachtlassen von Informationen bereits eine gewaltige Speicherplatzersparnis erreichen lässt. Es gibt aber noch weitere Sampling-Modelle. Beim digitalen PAL

z. B. wird 4:2:0 verwendet. Dies bedeutet, dass das erste Pixel mit einer Helligkeits- und einer Farbinformation versehen wird, während das zweite nur eine Helligkeitsinformation erhält. Das Ganze macht man viermal und greift dann den zweiten Chrominanzwert auf.

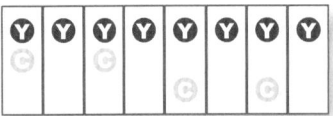

◄ **Abbildung A.21** Weit verbreitet – das 4:2:0-Sampling, das auch bei DV und AVCHD zum Tragen kommt.

A.5   Von Kompressoren

Damit wären wir mitten in der Kompressionsthematik. Ein digitales Vollbild-Video mit einer Frequenz von 25 Bildern pro Sekunde würde rund 30 MB Speicherplatz verschlingen – und zwar jede Sekunde. Damit wäre nicht nur die DVD in null Komma nichts gefüllt, sondern auch Festplatten wären außerstande, solche Datenströme zu verarbeiten. Deshalb ist Kompression unerlässlich. Im vorangegangenen Abschnitt haben Sie ja bereits einiges darüber erfahren. Dort bestand die Möglichkeit der Dateigrößenverringerung darin, einfach einige weniger relevante Informationen wegzulassen. Damit allein ließe sich aber noch kein Staat machen. Irgendwie müssen auch die übrig gebliebenen Informationen noch weiter zusammengepresst werden.

Ein Grundprinzip dessen ist, nicht mehr jeden einzelnen Bildpunkt zu beschreiben, sondern nur einen zu definieren. Beim nächsten Pixel werden lediglich die Abweichungen beschrieben. Deshalb kommt es auch zu unterschiedlichen Dateigrößen bei im Grunde gleichen Formaten. Nehmen wir ein Bild als Beispiel, wie das in der folgenden Abbildung.

◄ **Abbildung A.22** Strahlend blauer Himmel über München

München – 10.00 Uhr – wolkenlos – die Frisur sitzt! Schauen Sie sich den gleichmäßigen Himmel an (wenngleich es in Graustufen nicht ganz so gut zu erkennen ist). Stellen Sie sich vor, wir müssten nun oben links beginnen und jedes Bildelement farblich beschreiben. Das sähe dann folgendermaßen aus: Rot = 153, Grün = 204, Blau = 255. Danach käme das nächste Pixel an die Reihe: Rot = 153, Grün = – den Rest kennen Sie ja.

Wäre es dann nicht viel einfacher, wir würden das erste Pixel beschreiben und als Information für das zweite festhalten: Farben = vorangegangenes Pixel? So könnten wir ganz schön lange fortfahren. Zumindest die ersten Zeilen lassen sich ja komplett ohne Veränderungen dokumentieren. Und wenn sich wirklich einmal etwas ändert, z. B. beim Erreichen der Türme, definieren wir einfach eine neue Beschreibung mit den neuen Farbwerten. Das ist das Grundprinzip einer Dateikompression (wenngleich etwas frei interpretiert).

A.5.1   Codecs

Um es gleich vorwegzunehmen: Nur mit einer Codierung ließe sich ein solches System in der Praxis nicht realisieren. Prinzipiell sind nämlich zwei Arbeitsgänge erforderlich. Stellen Sie sich vor, Sie wollen eine DVD erzeugen. Dann müssen Sie die vorhandenen Datenströme zunächst komprimieren – also codieren. Wenn das Ganze nun aber auf dem TV ausgegeben werden soll, müssen diese codierten Dateien wieder decodiert, also in den ursprünglichen Zustand zurückversetzt werden. Ermöglicht wird das durch sogenannte Codecs.

Die Erklärung liegt schon im Wort selbst: **Co**dieren und **dec**odieren. Allerdings geht das nicht ohne Qualitätsverluste vonstatten. Informationen, die einmal herausgerechnet worden sind, können in der Regel nicht wiederhergestellt werden. Dennoch gibt es äußerst leistungsstarke Codecs, bei denen die Qualität nicht allzu sehr leidet.

A.5.2   MPEG-2

Wenn Sie eine Standard-DVD erzeugen, egal welches Ausgangsmaterial Sie verwenden, werden Sie am Schluss immer ein MPEG-2 erhalten (MPEG: **M**otion **P**icture **E**xperts **G**roup). Bei einer derartigen Kompression werden mehrere Bilder zu sogenannten GOPs (**G**roup **O**f **P**ictures) gebündelt. Diese GOPs setzen sich zusammen aus:

- I-Frames
- P-Frames
- B-Frames

Ein I-Frame steht immer am Anfang einer GOP. Er wird für sich allein komprimiert und ist unabhängig von allen nachfolgenden oder vorangegangenen Einzelbildern.

In einem P-Frame hingegen werden nur jene Bereiche gespeichert, die im vorangegangenen I-Frame nicht enthalten gewesen sind. Im Prinzip sieht ein P-Frame aus wie eine Maske. Stellen Sie sich vor, der vorangegangene I-Frame zeigt eine Landschaft.

Plötzlich taucht ein Vogel im Bild auf. Der Vogel wäre nun im P-Frame gespeichert – ohne die Landschaft. Demzufolge müssten natürlich auch nur diese Pixel beschrieben werden. Allerdings benötigt ein P-Frame Informationen aus dem vorangegangenen I-Frame, um überhaupt festmachen zu können, was anders ist als im I-Frame.

Ein B-Frame hingegen kann diese Änderungen (Bewegungen) sowohl aus einem P- als auch einem I-Frame ziehen. Alle diese Frames gemeinsam bilden die GOP. Wie groß sie ist, hängt von den jeweiligen Einstellungen ab.

▲ **Abbildung A.23** Eine GOP mit I-Frame am Anfang und P- sowie B-Frames

A.5.3   MPEG-4

Eine Weiterentwicklung von MPEG-2 ist MPEG-4. Bei diesem Verfahren werden noch bessere Kompressionen bei vergleichsweise sehr guter Qualität erreicht. Das Format eignet sich besonders zur Kompression großer Datenmengen, wie sie beispielsweise bei HDV anfallen. MPEG-4 wird allerdings in einem Container untergebracht. Dieser wird als MP4 bezeichnet. Containerformate sind keine Seltenheit. Auch bei AVI beispielsweise handelt es sich um einen Container, der im Prinzip eine Ursprungsdatei ganz anderen Formats in sich trägt.

A.5.4   H.264

Schließlich ist in dieser Riege noch H.264 erwähnenswert. Dieses Format ist überaus populär, da es noch effizienter ist – und noch wesentlich stärker komprimiert werden kann. Deshalb ist es geradezu ideal für HDTV und Blu-ray, aber auch für Multimedia und portable Geräte.

A.5.5   MJPEG

Auch wenn MJPEG (**M**otion **J**oint **P**hotographic **E**xperts **G**roup) gute Ergebnisse erzielt, unterscheidet sich das Prinzip der Kompression völlig von MPEG. Hier wird nämlich nicht mit GOPs o. Ä. gearbeitet, sondern jedes einzelne Bild komprimiert und gespeichert. Man kann dieses Verfahren für die Aufnahme (Digitalisierung) analoger Filme einsetzen.

A.6   Von Bit- und Datenraten

Letztendlich können wir mit Bitraten und Datenraten nahtlos an die Kompression anschließen. Die Datenrate ist nämlich entscheidend dafür, wie gut (oder wie schlecht) das Ergebnis auf der fertigen DVD ist. Grundsätzlich gilt: Je höher die Datenrate, desto besser das Ergebnis. In Premiere Pro können Sie diese Datenrate festlegen. Mehr dazu erfahren Sie in Kapitel 12, »Export«.

Wenn jedoch der zur Verfügung stehende Speicherplatz nicht ausreicht (z. B. um den gesamten Film auf eine DVD zu brennen), sind Sie gezwungen, mit der Datenrate herunterzugehen, sprich die Qualität zu verringern.

VBR und CBR | Das ist eigentlich schade, denn bei einer variablen Bitrate (VBR) besteht immerhin – im Gegensatz zur konstanten Bitrate (CBR) – die Möglichkeit, den Datenstrom an die Erfordernisse anzupassen. Prinzipiell gilt nämlich: Je mehr Bewegung in einem Video vorhanden ist, desto höher sollte die Bitrate sein. Wenn die Action-Helden wieder einmal die Welt retten müssen und dabei zahllose Nobelkarossen in Flammen aufgehen, darf es durchaus etwas mehr sein in Sachen Bitrate.

Haben Sie im Gegenzug Aufnahmen, in denen kaum eine Bewegung stattfindet (z. B. Maddin Schneider oder Rüdiger Hoffmann »hasten« über den Bildschirm), könnten Sie mit der Datenrate drastisch heruntergehen, ohne sonderliche Qualitätseinbußen in Kauf nehmen zu müssen.

Entscheidend für eine hohe oder geringere Datenrate ist aber weniger der Umstand, mit welcher Geschwindigkeit sich die Protagonisten bewegen, sondern vielmehr, wie viele Veränderungen in welcher Zeit in einem Pixel auftreten. Dazu zwei Beispiele: Stellen Sie sich hohes Gras vor, in dem die Halme vom Wind sanft hin und her geweht werden. Oder nehmen Sie das Plätschern eines Gebirgsbaches. Beides sind eher beschauliche Sequenzen. Entscheidend ist aber, dass sich die Inhalte fast jedes Bildpunktes permanent ändern – und der Encoder in diesem Moment Höchstleistungen vollbringen muss. Hier sollten Sie mit einer möglichst hohen Datenrate zu Werke gehen.

A.7   Von Einzelbildern

Wenn Sie mit Einzelbildern in Premiere Pro arbeiten, können Sie verschiedene Dateiformate nutzen. Die wichtigsten sind hier in Kurzform beschrieben.

BMP | Bitmap-Bilder, die durch gute Qualität ansprechen. Dieses Dateiformat wird überwiegend für die Anzeige am Bildschirm genutzt. Deshalb ist es auch zur Verwendung im Video gut geeignet. Die Dateigrößen sind jedoch im Vergleich zu JPEG recht hoch.

JPEG | Stark komprimiertes Bildformat, das sich aufgrund der geringen Dateigrößen vor allem für Bilder im Internet eignet. Die JPEG-Kompression ist mit Verlust behaftet. Das bedeutet: Wenn Sie eine JPEG-Datei in einem Bildbearbeitungsprogramm öffnen und anschließend neu abspeichern, wird die Qualität abermals gemindert.

PSD | Das Photoshop-Format eignet sich hervorragend, da es in Premiere Pro nahtlos integriert werden kann. Zudem werden Ebenen, Masken und Alphakanäle unterstützt. Photoshop-Dokumente sind darüber hinaus zur Erstellung von DVD-Menüs für die Weiterverarbeitung in Encore DVD geeignet.

TIFF | Gilt als verlustfreies Kompressionsverfahren. Da Alphakanäle und Transparenz unterstützt werden, eignet es sich hervorragend zur Maskenerstellung. Darüber hinaus liefert es eine erstklassige Bildqualität, die auch durch mehrmaliges Neuspeichern nicht beeinträchtigt wird.

PRTL | Hierbei handelt es sich um Titeldesigner-Dateien für Premiere Pro. Im Gegensatz zu den vorgenannten Dateiformaten lässt sich PRTL nicht anwendungsübergreifend einsetzen. Das Format eignet sich dazu, Titel zu erstellen und dort zur erneuten Verwendung abzuspeichern.

B   Die DVD zum Buch

Die beiliegende DVD ist prall gefüllt mit Beispielfilmen, Test-Software und Video-Lektionen. Hier finden Sie alles, was Sie zur Arbeit mit diesem Buch benötigen.

B.1   Beispieldateien

Im Ordner BEISPIELDATEIEN finden Sie das Filmmaterial für die Workshops des Buchs. Hier liegen sowohl Premiere-Projektdateien als auch Original-Footage für eigene Experimente und Tests.

B.1.1   Der Ordner »Gecko-Glas«

Dieser Ordner beinhaltet alle Beispielfilme des Buchprojekts. Außerdem finden Sie hier die Premiere Pro-Datei »Gecko-Glas.prproj«. Wenn Sie also den Film nicht selbst schneiden wollen, können Sie diese Dateien benutzen und damit weiterarbeiten. Zuvor sollten Sie aber den kompletten Ordner GECKO-GLAS auf Ihre Festplatte befördern.

B.1.2   Der Ordner »Ergebnisse«

Dieses Verzeichnis beherbergt fertige AVI-Dateien zu wichtigen Workshops sowie das geschnittene und exportierte Buchprojekt (»Gecko-Glas.mpg«). Wenn Sie also bereits vor Ihrer Arbeit mit Premiere Pro CS6 das Endergebnis sehen wollen, können Sie es jederzeit im Windows Media Player o. Ä. abspielen.

B.1.3   Die Kapitel-Ordner

In einzelnen Lektionen werden speziell ausgewählte Clips verwendet, die Sie im Ordner zum jeweiligen Kapitel finden. An relevanten Stellen im Buch erfahren Sie, welche Dateien im jeweiligen Workshop benutzt werden.

Copyright

Beachten Sie: Die Daten auf der DVD sind ausschließlich für Sie zum Üben vorgesehen! Sie dürfen nicht in kommerziellen Projekten verwendet und auch nicht weitergegeben werden.

B.2   Testversion

Sie möchten sich zunächst mit der im Buch angesprochenen Software vertraut machen, ohne viel Geld für die Vollversion ausgeben zu müssen? Kein Problem. Adobe Systems stellt kostenlos Testversionen seiner Produkte zur Verfügung, die wir freundlicherweise an Sie weitergeben dürfen. Daher finden Sie auf der Buch DVD die Testversion von Adobe Premiere Pro CS6, und zwar jeweils für Windows und Mac. Mitinstalliert werden zugleich Testversionen von Adobe Bridge CS6 und dem Adobe Media Encoder CS6, die ebenfalls im Buch vorgestellt werden. Bitte beachten Sie, dass Adobe **keine** Testversion von Encore CS6 zur Verfügung stellt. Das Programm wird zwar mitinstalliert, wenn Sie die Testversion von Premiere Pro CS6 von der Buch-DVD installieren, kann aber nicht ausgeführt werden

Bevor Sie mit der Installation beginnen, sollten Sie den kompletten Ordner WINDOWS bzw. MAC auf Ihren Rechner kopieren. Danach entpacken Sie die jeweilige Datei auf Ihren Rechner und starten dann den Installationsprozess mit einem Doppelklick auf die .exe-Datei am PC bzw. auf die .app-Datei am Mac.

Aus Platzgründen finden Sie auf der Buch-DVD keine Testversionen von Audition CS6, After Effects CS6 und Photoshop CS6. Sie können sich diese aber, nach einer einmaligen Registrierung, unter *www.adobe.com/de* kostenlos herunterladen. Wenn Sie sich dort für die Testversion der Master Collection entscheiden, bekommen Sie übrigens auch gleich noch die Programme Adobe SpeedGrade CS6 und Adobe Prelude CS6 dazu, die die Arbeit mit Premiere Pro erleichtern.

Systemvoraussetzungen

Die Systemvoraussetzungen finden Sie auf der Adobe-Website unter *http://www.adobe. com/de/products/premiere/systemreqs/*. Außerdem erhalten Sie auch hier im Buch in Kapitel 1, »Kontaktaufnahme mit Premiere Pro CS6«, eine Menge Informationen zur Testversion sowie zu Voraussetzungen, die Ihr Computer erfüllen muss.

B.3   Video-Lektionen

In diesem Ordner finden Sie ein attraktives Special: Unser Autor Robert Klaßen hat zur Version Premiere Pro CS6 auch ein Video-Training aufgenommen – »Adobe Premiere Pro CS6. Das umfassende Training« (ISBN 978-3-8362-1904-4). Exklusiv für Leser des Buchs haben wir deshalb relevante Lehrfilme ausgekoppelt, die Premiere live im Einsatz zeigen und wichtige Funktionen noch einmal per Video veranschaulichen.

Um das Video-Training zu starten, legen Sie bitte die DVD-ROM in das DVD-Laufwerk Ihres Rechners ein. Führen Sie im Ordner VIDEO-LEKTIONEN die Anwendungsdatei »start.exe« (Windows) bzw. »start.app« (Mac) mit einem Doppelklick aus. Das Video-Training sollte nun starten. Bitte vergessen Sie nicht, die Lautsprecher zu aktivieren oder gegebenenfalls die Lautstärke zu erhöhen. Sollten Sie Probleme mit der Leistung Ihres Rechners feststellen, können Sie alternativ die Datei »start.html« aufrufen. Sie finden folgende Filme:

Auszüge aus »Premiere Pro CS6 – Das umfassende Training«

1.1   Auf Takt schneiden (05:30 Min.)

1.2   Power Editing (13:30 Min.)

1.3   Fotos ins Video einbauen (06:41 Min.)

1.4   Selektive Farbkorrektur (06:00 Min.)

1.5   Greenscreen-Effekte (06:29 Min.)

1.6   Eine animierte Bauchbinde erstellen (06:48 Min.)

1.7   Mehrsprachige DVDs mit Encore (05:55 Min.)

Index

S

Sample 343
Sampling 585
Schaltflächeneditor 106
Schatten/Glanzlicht 313
   mit Original mischen 316
Schattenstärke 314
Schatten-Tonbereich 316
Schatten verbessern 314
Schlagschatten 286
Schlüsselbilder 242
Schnelle Farbkorrektur 324
Schnitt
   im Projektfenster 129
   im Quellmonitor 124
   mit Timecode 56
Schnittfenster 48, 70
   Ansicht verändern 52
   Anzeigestil 267
   Balken 172
   Clip bearbeiten 138
   erster Blick 49
   Keyframes anzeigen 269
   Organisation 110
   Schlosssymbol 113
   skalieren 111
   Spurauswahl 137
   Spur vergrößern 266
   Zielspur 137
Schnittfenster-Timecode 133
Schnittpunkt, mehrere bearbeiten 142
Schnitttechniken 153
Schwarzbild einfügen 387
Schwarzstreifen 387
Schwellenwert 308
Schwellenwertabgrenzung 308
Scrollleisten 73
Scrubbing 53, 347
   Definition 53
SECAM 571
Seitenbildlauf 111
Sequenz 163
   als Einzelbilder ausgeben 419
   an Encore senden 486
   automatisch in Sequenz umwandeln 128
   importieren 178
   mehrere einsetzen 176
   neue 163
   öffnen 178
   rendern 397
   übergeben 398

   verschachteln 179
Sequenzeinstellungen 163
Sequenzfenster → Schnittfenster 70
Sequenzmarke
   löschen 183
   setzen 182
   verschieben 183
Sequenzmonitor 70
Sequenz-Nullpunkt 181
Sequenzspur 173
Sequenz-Startzeit verändern 181
Sequenzvorgabe 166
Sichere Ränder 107, 575
   definieren 575
   einschalten 244
   Voreinstellungen 575
Sicherung, automatische 34
Skalieren, gleichmäßig 233
Skalierung 231
   Bereichsskalierung 264
   verändern 245
S-Laute mindern 358
Snapping 161, 162
Sortieren 45
Sound abspielen 344
Soundbooth 535
SpeedGrade CS6 31, 330
Spitzenamplitude 349
Sprachanalyse 98
   deutsche 98
   durchführen 101
   Referenzskript 102
   Sprachwörterbuch nachinstallieren 98
Sprachanalysewörterbuch 98
Sprachausgabe 101
Spur
   ausblenden 112
   auswählen 161
   benennen 175
   deaktivieren 112
   erweitern 112
   hinzufügen 174
   löschen 176
   Masterspur 349
   öffnen 58, 112
   platzieren 174
   schützen 113
   stumm schalten 364
   vergrößern 266
   zusammenfalten 112
Spurauswahl 137

Wir hoffen sehr, dass Ihnen dieses Buch gefallen hat. Bitte teilen Sie uns doch Ihre Meinung mit. Eine E-Mail mit Ihrem Lob oder Tadel senden Sie direkt an die Lektorin des Buches: *katharina.geissler@galileo-press.de*. Im Falle einer Reklamation steht Ihnen gerne unser Leserservice zur Verfügung: *service@galileo-press.de*. Informationen über Rezensions- und Schulungsexemplare erhalten Sie von: *julia.mueller@galileo-press.de*.

Informationen zum Verlag und weitere Kontaktmöglichkeiten finden Sie auf unserer Verlags-website *www.galileo-press.de*. Dort können Sie sich auch umfassend und aus erster Hand über unser aktuelles Verlagsprogramm informieren und alle unsere Bücher versandkostenfrei bestellen.

An diesem Buch haben viele mitgewirkt, insbesondere:

Lektorat Katharina Geißler
Korrektorat Annette Lennartz, Bonn
Herstellung Katrin Müller
Layout Vera Brauner
Einbandgestaltung Klasse 3b
Coverbild Fotolia: Maksim Toome #13665157, lassedesignen #37581853, masterric3000 #10207342, James Thew #3166063, yellowj #15526679, Benn #3217878
Satz SatzPro, Krefeld
Druck Beltz Druckpartner, Hemsbach

Dieses Buch wurde gesetzt aus der Linotype Syntax (9,5 pt/13,75 pt) in Adobe InDesign CS5.5. Gedruckt wurde es auf chlorfrei gebleichtem Offsetpapier (90 g/m^2).

Der Name Galileo Press geht auf den italienischen Mathematiker und Philosophen Galileo Galilei (1564–1642) zurück. Er gilt als Gründungsfigur der neuzeitlichen Wissenschaft und wurde berühmt als Verfechter des modernen, heliozentrischen Weltbilds. Legendär ist sein Ausspruch *Eppur si muove* (Und sie bewegt sich doch). Das Emblem von Galileo Press ist der Jupiter, umkreist von den vier Galileischen Monden. Galilei entdeckte die nach ihm benannten Monde 1610.

Bibliografische Information der Deutschen Nationalbibliothek:
Die Deutsche Nationalbibliothek verzeichnet diese Publikation in der Deutschen National-bibliografie; detaillierte bibliografische Daten sind im Internet über *http://dnb.d-nb.de* abrufbar.

ISBN 978-3-8362-1891-7
1. Auflage 2012
© Galileo Press, Bonn, 2012

In unserem Webshop finden Sie unser aktuelles
Programm mit ausführlichen Informationen,
umfassenden Leseproben, kostenlosen Video-Lektionen –
und dazu die Möglichkeit der Volltextsuche in allen Büchern.

www.galileodesign.de

Galileo Design

Know-how für Kreative.